"祭祀黄帝陵与建设中华民族现代文明"

黄帝文化学术论坛论文选集

陕西省黄帝陵文化园区管理委员会
(陕西省公祭黄帝陵工作委员会办公室) 编
西北大学中国思想文化研究所

西北大学出版社
·西安·

图书在版编目（CIP）数据

"祭祀黄帝陵与建设中华民族现代文明"黄帝文化学术论坛论文选集／陕西省黄帝陵文化园区管理委员会（陕西省公祭黄帝陵工作委员会办公室），西北大学中国思想文化研究所编． --西安：西北大学出版社，2025.1.

ISBN 978-7-5604-5612-6

Ⅰ.K203-53

中国国家版本馆CIP数据核字第2025BP6116号

"祭祀黄帝陵与建设中华民族现代文明"黄帝文化学术论坛论文选集

作　　者：	陕西省黄帝陵文化园区管理委员会（陕西省公祭黄帝陵工作委员会办公室）
	西北大学中国思想文化研究所　编
出版发行：	西北大学出版社
地　　址：	西安市太白北路229号
邮　　编：	710069
电　　话：	029-88303059
经　　销：	全国新华书店
印　　装：	西安华新彩印有限责任公司
开　　本：	787毫米×1092毫米　1/16
印　　张：	33.25　插页：8
字　　数：	520千字
版　　次：	2025年1月第1版第1次印刷
书　　号：	ISBN 978-7-5604-5612-6
定　　价：	138.00元

陕西省人民政府副省长徐明非在学术论坛开幕式上致辞

黄帝陵基金会理事长白阿莹在学术论坛开幕式上致辞

西北大学副校长(主持行政工作)孙庆伟在学术论坛开幕式上致辞

陕西省社科联主席甘晖在学术论坛开幕式上致辞

西北大学副校长吴振磊主持学术论坛开幕式

学术论坛开幕式

学术论坛分会场

"祭祀黄帝陵与建设中华民族现代文明"黄帝文化学术论坛代表合影

在"祭祀黄帝陵与建设中华民族现代文明"
黄帝文化学术论坛开幕式上的致辞

陕西省人民政府副省长　徐明非

（2024年4月2日）

尊敬的白阿莹理事长，各位专家学者、嘉宾们、朋友们：

大家上午好！

花开盛世，锦绣长安。后天就是中华民族的传统节日清明节，一年一度的清明公祭轩辕黄帝典礼也即将举行。今天，群贤毕至，少长咸集，很高兴与大家一起参加2024年"祭祀黄帝陵与建设中华民族现代文明"黄帝文化学术论坛。在此，我谨代表省人民政府对出席今天论坛的各位专家学者们表示热烈的欢迎！对长期以来关注支持陕西事业发展的学界朋友表示衷心的感谢！

黄帝是中华民族人文始祖，黄帝文化是中华优秀传统文化的重要构成部分。习近平总书记指出："黄帝陵是中华文明的精神标识。"通过论坛深入研究黄帝文化，促进黄帝文化传承的弘扬，是贯彻落实习近平文化思想，坚定文化自信，彰显中华文明的连续性、创新性、统一性、包容性、和平性，推进建设中华民族现代文明，凝聚海内外炎黄子孙的重要举措、具体实践。

文化是一个民族的特性，反映了一个民族最根本的气质，承载着民族自我认同的价值取向，是这个民族存在和发展的精神支柱。中华文明历经数千年而绵延不绝、迭遭忧患而经久不衰，这是人类文明的奇迹，也是我们自信的底气。坚定文化自信，就是坚持走自己的路。中华优秀传统文化维系了中国社会几千年的发展历程，承载着中国人最深层的精神诉求，积淀着中华民族最根本的精神基因，彰显着炎黄子孙最独特的精神标识。

如今，我们祭祀轩辕黄帝、举办学术论坛，就是做好历史传承，就是在弘扬优秀传统文化。众所周知，在仰韶文化向龙山文化过渡的时期，陕西渭河流域先后崛起炎帝与黄帝两个部落。古史传说中歧义丛生的炎黄史迹，都是中国走向早期文明社会的历史投影，记录着华夏先民筚路蓝缕的征程。中华民族很早就开始祭祀黄帝活动，并逐渐成为国家制度，迄今已有5000年的历史。经过历史发展和历朝历代各族人民不断地交往、认同、融合，黄帝陵已成为中华文化源远流长的文化符号，成为中华民族生生不息的民族象征，成为凝聚海内外炎黄子孙的精神纽带。可以说，今天坐落在延安市黄陵县的"人文初祖"轩辕黄帝陵，是黄帝文化具象化的载体，是凝聚中华民族的精神象征，更是中华文化源远流长的符号。

今天，我们以"祭祀黄帝陵与建设中华民族现代文明"为主题召开学术会议，围绕"黄帝与黄帝文化""文化传承与创新""中华文明发展"等内容进行讨论交流，恰逢其时，很有必要。这是对中华优秀传统文化的一次全面审视和综合考量，也是对传统文化现代性价值与意义的充分挖掘与阐扬，更是对传统文化与中国式道路如何结合所进行的有益思考与积极探索。我对这次会议充满了期待，也希望这次会议能够结出丰硕的理论成果，以实现对传统文化的创造性转化与创新性发展，从而为建设中华民族现代文明贡献力量，为实现中国式现代化提供不竭的自信动力与智力支持。

预祝本次论坛取得圆满成功。祝愿各位专家学者在陕期间身心愉悦，工作顺利。

谢谢大家。

在"祭祀黄帝陵与建设中华民族现代文明"论坛上的致辞

黄帝陵基金会理事长　白阿莹

（2024年4月2日）

尊敬的各位来宾、学者们、朋友们：

大家好！

首先在这里向莅临本次大会的各位专家学者表示热烈的欢迎！

今天，我们在这里举办第17届黄帝文化论坛，今年的主题是"祭祀黄帝陵与建设中华民族现代文明"。习近平总书记在最近的文化传承发展座谈会上强调："在新的起点上继续推动文化繁荣、建设文化强国、建设中华民族现代文明，是我们在新时代新的文化使命。"

在这里，习近平总书记指出，建设中华民族现代文明，文化发展是重中之重。优秀的传统文化是我们建设中华民族现代文明的"魂脉"与"根脉"，奠定了中华民族现代文明的基石。

我们陕西的黄帝陵具有悠久的历史文化意义和生动的现实文化意义。犹记2015年2月，习近平总书记在陕西视察时指出："黄帝陵是中华文明的精神标识。"当时他强调："对历史文化，要注重发掘和利用，溯到源、找到根、寻到魂，找准历史和现实的结合点，深入挖掘历史文化中的价值观念、道德规范、治国智慧。"这是总书记对黄帝文化建设的指示。黄帝以及黄帝陵文化需要我们不断思考，持续深入挖掘。

黄帝陵基金会成立于1992年，基金会的宗旨是：弘扬民族文化，振奋民族精神，增强民族凝聚力和向心力，为保护和助建黄帝陵筹集资金。基金会成立30多年来，在推动黄帝文化研究、传播中华优秀传统文化、黄帝陵文物保护和自身建设等方面做出了不懈努力。

近几年来，新一届黄帝陵基金会秉承本会宗旨，继续深入做好黄帝陵保护建设及黄帝文化发展事业。去年我们启动了黄帝陵碑廊改造提升工程。黄帝陵现存的120多通自宋朝以来历代的官方致祭碑、纪事碑，题词、题字、题咏碑，这些碑刻是极其珍贵的历史文物，具有独一无二的历史文化价值。它们既是赓续数千年绵延至今的黄帝陵祭祀传统的活的见证，也印证了陕西黄帝陵是国家公祭的重要场所。因此，对它们的保护和文化价值发掘具有十分重要的意义。针对目前碑廊存碑全开放设置，已因时间的洗礼出现风化、破损及人为损坏的现状和如何规划设计最佳游览动线能达到更好的碑刻文化展示和传播效果，2023年，基金会会同黄帝陵文化园区管理委员会、省文化遗产研究院、高校研究机构相关文化专家、文物保护专家在实地调研考察、反复论证的基础上形成了碑廊改造提升方案，并已着手实施，预计未来2年将完成碑廊的整体改造提升工作。

除此之外，为深入挖掘黄帝文化精神、阐释黄帝文化的当代价值，鼓励高质量研究成果推出，推动中华优秀传统文化创造性转化、创新性发展。黄帝陵基金会大力支持和促进黄帝文化的研究和传播，不仅积极参与组织举办黄帝文化学术论坛、加强黄帝文化的海内外宣传，而且自2022年起设置"黄帝文化奖"，将其作为一项具有持续性和广泛影响力的奖项进行建设。希望经过经年累积不断完善，将其打造成为国内具有影响力的、作为引领黄帝文化研究重要指标的奖项。

另外，我认为，陕西公祭黄帝陵历史最悠久且意义重大，具有至高性、唯一性和权威性，因此，黄帝陵祭祀活动理应不断传承创新，与时俱进，使其具有更强的文化引领性和更大的传播影响力。因此，应十分重视"黄帝陵祭祀现状的研究"，深入分析当前面临的问题和挑战，形成高质量的决策咨询报告，以期对未来进一步提升黄帝陵祭祀活动影响力起到积极推动作用。

还有，我们要积极鼓励和支持黄帝文化的宣传普及工作，使黄帝文化、黄帝陵祭祀文化等作为中华文明精神标识的中华优秀传统文化能够春风化雨、深入人心。为此，我们已颁布出台《黄帝陵基金会鼓励支持黄帝文化宣传资金奖补暂行办法》，将对具有广泛社会影响、有助于提升黄帝文化宣传的优秀文化产品，如影视剧本创作、拍摄和网络短视频制作等给予资金支持与奖励，期待诸位黄帝文化研究专家也能积极参与创作!

　　同志们,黄帝时代是中华文明的第一次爆发式发展时期。黄帝是中华民族踏进文明门槛时期的重要领袖人物。正是在他的领导下,中原各部族逐渐成为一个统一的整体,经济、文化、制度方面的交流融合进一步加强,开创了泽被后世的物质文化、精神文化与制度文化,为中华文明的源远流长与不断创新奠定了坚实基础。

　　"圣躬昭百代,俎豆合千年。"今天,我们一起追思黄帝的功绩,让我们以黄帝的名义,担当起中华文化建设的重任!当今世界百年未有之大变局加速演进,中华民族伟大复兴也进入了关键时期,当此之时,我相信诸位定能够以黄帝文化研究为契机,在新的历史时期共同推进中华文化自信自强,铸就社会主义文化的新辉煌!

　　最后,祝各位专家学者与会期间身体健康,也预祝本次研讨会取得圆满成功!

　　谢谢大家!

在"祭祀黄帝陵与建设中华民族现代文明"
黄帝文化学术论坛上的致辞

西北大学副校长（主持行政工作）　　孙庆伟

（2024年4月2日）

尊敬的徐明非副省长、白阿莹理事长，各位专家、各位来宾：

上午好！

四月芳菲、春和景明。在中华民族传统节日清明节来临之际，各位嘉宾共聚一堂，缅怀先祖、研讨文化、传承文明，是一场颇具意义和影响的盛会。首先，我谨代表西北大学，向出席论坛的各位专家学者表示热烈的欢迎！向长期以来关心支持我校事业发展的各界朋友表示衷心的感谢！

去年6月2日，习近平总书记在文化传承发展座谈会上发表重要讲话时指出："只有全面深入了解中华文明的历史，才能更有效地推动中华优秀传统文化创造性转化、创新性发展，更有力地推进中国特色社会主义文化建设，建设中华民族现代文明。"黄帝是海内外华人公认的人文初祖，他的功绩与贡献，泽被后世、彪炳千秋。源远流长的黄帝文化，滋养着一代又一代华夏儿女的精神与灵魂，使得中华民族生生不息、文明绵延，始终屹立于世界民族之林。木无本必枯，水无源必竭。我们祭祀轩辕黄帝、研究弘扬黄帝文化，事关全体中华儿女的凝聚团结，事关中华文脉的传承赓续，事关中华民族的伟大复兴，具有重要的现实意义和时代价值。

西北大学肇始于1902年的陕西大学堂和京师大学堂速成科仕学馆，是在陕西这片深受黄帝文化熏陶的土地上成长起来的一所综合性高等学府。早在创建之初，就提出"学风当绍横渠之大，文化求复汉唐之隆"，培育"博古通今适于世用，砥德励行报以国华"的庠序通才。在上个世纪30年代的西北联大时期，就明确了"发扬民族精神，融合世界思想，肩负建设西北之重任"的办学愿景，致力于传承中华五千年灿烂文明，融会世界优秀文化成果，建设祖国辽阔西部。在122年的风雨历程中，我校培养了40余万奋战在各个领域的优秀人才，产出了一大批高水平创新成果，为人类进步和文明复兴作出了重要贡献，被誉为"中华石油英才之母""经济学家的摇篮""作家摇篮"。

长期以来，西北大学依托西部自然与人文资源，构建起以地质、考古国家"双一流"建设学科为引领，并辐射带动相关领域协同发展的综合学科集群，在科学揭示文化发展历史、挖掘中华民族精神遗产、建设中华民族现代文明、推进文化交流传播等方面发挥了重要作用。上个世纪90年代初期，我校依托中国思想文化研究所，成立了陕西省轩辕黄帝研究会，在张岂之先生的主持和指导下，黄帝与黄帝陵研究、中华传统文化和精神研究与普及等工作取得长足进展。2021年，我校成立了黄帝文化研究院，充分发挥考古学、历史学、中国文学等学科优势，持续推动黄帝文化研究阐释、成果发布、宣传推广等工作迈上新台阶。经过诸多学人的不懈努力和长期积淀，西北大学在中华优秀传统文化和中华现代文明建设研究和服务等方面产生了广泛而深远的影响，走在了全国高校的前列。

各位嘉宾、各位学者，习近平总书记指出："每一种文明都延续着一个国家和民族的精神血脉，既需要薪火相传、代代守护，更需要与时俱进、勇于创新。"参加此次论坛的嘉宾都是有着深厚学术底蕴的专家学者，我相信，通过大家的深入研讨，一定能够进一步把握黄帝文化的基本精神与现代价值，增强文化自信，为建设中华民族现代文明作出新的贡献！

最后，祝各位嘉宾身体健康、万事顺遂，在西安度过一段美好时光。

谢谢大家！

弘扬和传承黄帝文化，建设中华民族现代文明
——在"祭祀黄帝陵与建设中华民族现代文明"黄帝文化学术论坛上的发言

陕西省社科联主席　甘　晖

（2024年4月2日）

各位同仁：

大家上午好！

非常荣幸受邀参加"祭祀黄帝陵与建设中华民族现代文明"黄帝文化学术论坛。根据会议安排，我结合工作，围绕"弘扬和传承黄帝文化，建设中华民族现代文明"这个主题作一发言。

文化关乎国本、国运。没有高度的文化自信，没有文化的繁荣兴盛，就没有中华民族伟大复兴。党的十八大以来，以习近平同志为核心的党中央站在中华民族和中华文明永续传承的战略高度，就传承弘扬中华优秀传统文化与文化建设提出了许多新的思想。2023年6月2日，习近平总书记在文化传承发展座谈会上指出："中国文化源远流长，中华文明博大精深。只有全面深入了解中华文明的历史，才能更有效地推动中华优秀传统文化创造性转化、创新性发展，更有力地推进中国特色社会主义文化建设，建设中华民族现代文明。"

黄帝为五帝之首。他一统华夏、东夷、苗蛮三大氏族部落，创立了中国古代社会基本的政治、经济、文化制度，为中国古代帝制的建立和华夏文化的形成奠定了坚实的基础，结束了华夏民族蛮荒时期，标志着中华民族跨入了文明时代，对中华民族的发展产生了深远的影响，被尊祀为中华民族的"人文初祖"。因此，轩辕黄帝的陵寝——黄帝陵，也就不仅仅是中华文明源远流长的一个文化符号，不仅仅是海内外炎黄子孙拜谒轩辕黄帝的民族圣地，更代表着

中华民族生生不息、自强奋进的精神图腾，是中华文明的精神标识和地理标识，是凝聚海内外中华儿女民族情感和民族精神的精神家园和桥梁纽带。

"问渠那得清如许？为有源头活水来。"黄帝文化是中华文明的源头，今天我们赓续文化根脉，弘扬中华文明，建设文化强国，就必须传承和弘扬黄帝文化，深入挖掘黄帝文化蕴含的丰富历史文化基因，深入研究阐释好黄帝文化所具有的重要现实意义与时代价值，发挥好黄帝文化在推进中国特色社会主义文化建设、建设中华民族现代文明中的重要作用。

一是要深入研究阐释黄帝文化，推动中华优秀传统文化创造性转化、创新性发展。

习近平总书记强调："轩辕黄帝陵文化积淀十分深厚，对历史文化要注重发掘和利用，溯到源，找到根，寻到魂。找到历史和现实的结合点，深入挖掘历史文化中的价值观念、道德规范、治国智慧，做到以文化人，以史资政。"黄帝通过修德振兵，战炎帝于阪泉，胜蚩尤于涿鹿，会诸侯于西泰山，融万国氏族部落于一家而缔造华夏，创统一和谐社会而奠定中华。庄子曰："世之所高，莫若黄帝。"黄帝始艺五种、播百谷、制冠冕、造宫室、挖水井、烧陶器、吃熟食、定律历、创文字、别男女、建舟车、行慈爱、讲仁义、修德政、用能人、求和平、重教化，肇造中华物质文明、政治文明和精神文明，泽被后代，形成了中华文明长河的源头和中华民族的文化基因和血缘基因。在中华文明的形成过程中，黄帝时代无疑是起到奠基性作用的时期。我们要深入研究阐释黄帝文化，说清楚中华文明一脉相承的历史脉络，更好地从源远流长的历史连续性角度来认识中国，充分论证"中华文明是世界上唯一绵延不断且以国家形态发展至今的伟大文明"这一重大论断，增强国人文化自信和民族自豪感；要通过研究黄帝文化所形成的社会背景、历史渊源，进一步回答好中华文明起源、形成、发展的基本图景、内在机制以及各区域文明演进路径等重大问题；要深入挖掘黄帝文化蕴含的思想观念、人文精神、道德规范、治国智慧，总结提炼黄帝文化丰富的内涵和特质，深入挖掘和阐释黄帝文化的表象特征、精神内核和价值意蕴，挖掘马克思主义基本原理与黄帝文化的结合点，推动中华优秀传统文化创造性转化、创新性发展，为建设中华民族现代文明提供强大的精神动力和文化动力。

二是要精心打造黄帝陵精神标识，巩固中华民族共同体意识。

中华文明博大精深、内涵丰富，在五千多年的发展演进中形成了独特的精神标识和精深厚重的文化精髓。党的二十大报告提出："坚守中华文化立场，提炼展示中华文明的精神标识和文化精髓。"黄帝陵就是中华文明的精神标识，是新时代我们铸牢中华民族共同体意识，凝聚海内外中华儿女团结一心，实现中华民族伟大复兴的重要精神资源。从历史上看，在黄帝时期，匈奴、鲜卑等民族可以入主中原，华夏人可以散居于"夷狄"地区，推动了华夏和"夷狄"逐步融合，产生了汉族，汉族与其他民族融合，逐步形成了中华民族。随着华夏汉族和其他民族愈益密切的交往交流，都认同黄帝是民族始祖，民族认同意识日益增强。黄帝成为中华各族交往交流交融的中心，成为中华民族共同的"母亲"，黄帝陵成为中华儿女共同的"老家"。从现实来看，黄帝陵每年吸引着千千万万的中华儿女回到"老家"，寻根问祖，拜祭祖先，把中华儿女的心和魂紧紧凝聚在一起。今天，我们要实现祖国的完整统一，将黄帝陵打造为中华文明的精神标识，对于团结海内外中华儿女，巩固中华民族共同体意识具有非常重要的现实意义。打造黄帝陵中华文明精神标识，巩固中华民族共同体意识，在理论层面，要深入挖掘黄帝文化，加深历史认识，深度分析、研究和阐释中华文明的起源、形成与发展以及黄帝文化的现实意义和时代价值；在实践层面，要以铸牢中华民族共同体意识为主线，持续开展黄帝陵公祭活动，引导广大群众树立正确的历史观、民族观、国家观、文化观，激励海内外炎黄子孙不断增强民族的认同感、凝聚力和向心力。

三是要讲好黄帝故事，增强中华文化软实力和影响力。

"中华开国五千年，神州轩辕自古传。"黄帝作为中华民族始兴的象征，黄帝文化作为中华民族的根基和血脉，汇聚着中华文明的无穷力量，是社会主义核心价值观的源泉。讲好黄帝故事，对于进一步坚定文化自信，增强中华文化软实力和影响力具有重要意义。有关黄帝的故事既有口头传说，也有正史记载，描述了黄帝的出生、生平、业绩、成就、家庭、子孙、去世、葬地等等，其核心展示了黄帝百折不挠的创新精神、坚韧不拔的开拓精神、自强不息的进取精神、为民服务的奉献精神，这些都是我们中华民族自尊、自立、自信、自强精神的源泉。我们要发挥主流媒体的引领作用，激发民间自媒体平台的创新作用，用全球化视野，全方位、多维度、立体式讲好黄帝故事，透过黄帝故事，讲述好中华儿女在农耕文化下形成的众志成城、面对自然和人为灾害抗争不屈的民族凝聚力，阐释好炎黄子孙面对危机与困难，坚毅果敢、自强不息、创新发展的伟大品格。特别是，要做好黄帝故事、黄帝文化的全球翻译推介工作，采用受众国喜闻乐见的话语方式、话术技巧和叙事美学生动地讲好黄帝故事，深入阐释黄帝文化，以"小故事"阐明"大道理"，向世界展示真实、立体、全面的中国，不断增强中华文化软实力和影响力。

四是要牢牢把握五个突出特性，为建设中华民族现代文明贡献社科力量。

习近平总书记在文化传承发展座谈会上鲜明指出，中华优秀传统文化有很多重要元素，共同塑造出中华文明的突出特性。中华文明具有突出的连续性、创新性、统一性、包容性、和平性"五大突出特性"。他还强调："只有全面深入了解中华文明的历史，才能更有效地推动中华优秀传统文化创造性转化、创新性发展，更有力地推进中国特色社会主义文化建设，建设中华民族现代文明。"广大哲学社会科学工作者要牢牢把握五个突出特性，勇担新时代新的文化使命，在新的起点上继续推动文化繁荣、建设文化强国、建设中华民族现代文明。要充分认识黄帝文化是中华文明的源头，通过梳理有关黄帝的史料记载，从源头寻找蕴含于其中的中华文明的突出特性，阐释其形成机理；要深入研究解读中华文明的五个突出特性，探寻五个突出特性的相互关系，研究其内在的逻辑和历史联系，讲好中华文明故事；要通过中华文明五个突出特性的研究、阐释和解读，构建中华民族现代文明的基本内涵和理论基础。省社科联也将通过开展科普活动、学术活动、课题研究等，引导广大社科工作者在深入研究阐释五大突出特性、讲好黄帝故事、研究黄帝文化、打造黄帝陵精神标识上持续用力，为谱写当代文化华章、建设中华民族现代文明贡献社科智慧与力量。

目 录

黄帝与黄帝文化

黄帝文化的南迁 …………………………………………………… 赵世超 / 3
黄帝名号的由来及其意义 ………………………………………… 王震中 / 13
中华民族应称黄炎子孙论 ………………………………………… 黄开国 / 22
黄帝时代与早期中国文明 ………………………………………… 葛承雍 / 34
炎黄时代与中华文明探源研究
　　——从"炎黄学"学科研究谈起 ……………………………… 霍彦儒 / 41
"黄色文明"正论 …………………………………………………… 韩　星 / 61
论黄帝陵独特的文化内涵 ………………………………………… 张茂泽 / 79
辽夏金元时期的黄帝认同 ………………………………………… 高　强 / 88
清华简《五纪》中的黄帝传说与夷夏融合 ……………………… 李桂民 / 97
新时代黄帝陵祭祀文化的德育价值 ……………………… 王长坤　靳　熠 / 107
经史记忆与黄帝信仰的形成
　　——以荣格的"集体无意识"为参照 …………………… 孔德立　刘熠然 / 115
数字媒介视角下清明黄帝陵公祭的传播过程及机制 …………… 吴　南 / 124
黄帝陵《冲和大德雷公寿堂记》《黄帝陵承启亭记》补释 …… 朱兆虎 / 136
黄帝陵祭祀活动的现状研究调研报告 ……………… 彭东梅　李　瑞　王春泉 / 141
舜与黄帝文化
　　——先秦舜文化形象的建构及其现代意义 …………………… 陈战峰 / 165
战国黄老道家"道法自然"观论析
　　——以《黄帝四经》《管子》为考察中心 …………………… 黄　熙 / 177

文化传承与创新

孙中山对传统文化的因袭与创新……李振武 / 187

经学的三种含义与儒学的现代化……陈声柏 / 198

心体与证道：林希元《四书存疑》之学脉思考……陈逢源 / 207

从圣贤到儒者
　　——司马迁述荀探析……江心力 / 234

"制天命而用之"还是"制天而用之"……谢晓东 / 246

论荀子的"帝王之术"及其政治儒学特质……宋洪兵 / 253

早期儒学多元嬗变的历史启示……宋立林 / 276

王吉相四书学思想发微……许　宁 / 285

"辑朱子之语，以注朱子之书"
　　——清代《近思录》的训解轨范建构……田富美 / 298

从"十三分野"论刘向、刘歆父子非"殊异"……朱浩毅 / 318

解析《中庸》与张栻心性论……郑　熊 / 328

论明清之际关学的演变及其特征……李江辉 / 344

理学影响下的元代书院教育与取士……朱　军 / 353

王夫之论宋明理学的理论主题……赵　阳 / 365

中华优秀传统文化与建设中华民族现代文明

论张载"为万世开太平"的价值目标和理论特征……赵馥洁 / 385

对中华文明从早期源头到奴隶制文明出现的若干思考……任大媛 / 391

中华文明三大认知体系的早期建构、发展与启示……郑杰文　佟亨智 / 394

中华文艺思想与中华文脉的传承发展……党圣元 / 408

中华文化的天道观
　　——以王充思想为论……陈福滨 / 414

重思祭祀祖先的意义……………………………………………… 谢阳举 / 426

论古人论"墓祭":司马迁、顾炎武、阎若璩的对话 …………… 李纪祥 / 432

张载的气质论对现代人格培养的启示及思考………………… 王维生 / 438

先秦儒家"智"德思想对中国普通民众社会地位的影响 ……… 陈荣庆 / 445

构建人类命运共同体的文化考量………………………………… 张志宏 / 456

圣贤祭祀的天道依据及其秩序体验
　　——以朱熹的论述为中心…………………………………… 张清江 / 473

理同道合
　　——从中华文明的哲理理解中华文明的包容性与文明互鉴 … 赵金刚 / 481

中华文明突出的连续性的哲学基础……………………………… 胡海忠 / 496

我国的"尊祖"传统与宗教"中国化方向" …………………… 曹振明 / 506

黄帝与黄帝文化

黄帝文化的南迁

赵世超

陕西省社科联名誉主席、陕西师范大学原校长、教授

一

2000年10月初,忽奉浙江省缙云县人民政府大札,邀我参加"中国首届黄帝文化学术研讨会"①。多年参与行政管理,已很少读书,一时竟忆不起黄帝与远在南方的缙云县有什么关系。急忙翻检旧籍,方知县名与氏名有关,而对缙云氏,历来却有两种解释。

第一种意见认为缙云氏是黄帝属下的官职。源出《左传·昭公十七年》"昔者黄帝氏以云纪,故为云师而云名"等语,到《史记·五帝本纪》,已改写为黄帝"官名皆以云命,为云师"。汉儒服虔、应劭,晋人杜预,及唐人陆德明等,一脉相承,都说因黄帝受命时有"云瑞",故百官师长皆以云为名号,"缙云氏盖其一官也"。应劭进一步指出:"春官为青云,夏官为缙云,秋官为白云,冬官为黑云,中官为黄云。"因缙云主夏,居火德,炎帝又为夏天之帝,故贾逵便附会说:"缙云氏,姜姓也,炎帝之苗裔,当黄帝时任缙云之官。"② 许慎《说文解字·叙》也曰:"曾曾小子,祖自炎神,缙云相黄,共承高辛",把许姓的家世同缙云氏联系在一起。贾、许两人的看法显然受到阴阳五行说的强烈影响,是对第一种意见的引申和扩展。

第二种意见认为缙云氏就是黄帝本人。出自唐代张守节所著《史记正义》。其文曰:"黄帝有熊国君,乃少典国君之次子,号曰有熊氏,又曰缙云氏,又曰帝鸿氏,亦曰帝轩氏。"因被郭沫若主编的《中国史稿》采用而影响

---

① 研讨会10月5日至8日在缙云县进行。会后由浙江人民出版社出版了《轩辕黄帝与缙云仙都》一书。本文参考了书中所收各位专家的大作,特别是使用了书后所附由王达钦先生整理的《轩辕黄帝缙云仙都文献资料辑录》,特此致谢。

② 《史记》集解引应劭、贾逵说,北京:中华书局,1959年。

巨大。不过直到《史记·五帝本纪》记述"缙云氏有不才子，贪于饮食，冒于货贿，天下谓之饕餮"时，张氏的《史记正义》才说："今括州缙云县，盖其所封也。"似又暗示封到缙云县的仅是黄帝后裔中的一支。因文字简略，尚不能完全明了，但黄帝与缙云县的密切关系，到张守节时，似乎已被正式确定下来。

　　黄帝为传说中的英雄，被奉为人文初祖，历史上如果实有其人的话，他只不过是原始社会后期一位杰出的部落首领罢了。同时，也很可能仅代表一个时代，或由某部族的名号渐渐转化为帝号。记录他事迹的材料，都出现在春秋战国以后的典籍中，但"百家言黄帝，其文不雅驯，荐绅先生难言之"，若"择其尤雅者"，或有两点可信度较大。其一是《国语·晋语》曾说："昔少典娶于有蟜氏，生黄帝、炎帝。黄帝以姬水成，炎帝以姜水成。成而异德，故黄帝为姬，炎帝为姜，二帝用师以相济也，异德之故也。"由此可知，黄帝族源于少典及有蟜氏，其发祥地在姬水之旁，黄、炎两族从很早的时候起便关联较多。姬水、姜水究竟是哪两条河虽不能确指，但大致总不离今陕、甘两省，所以，我们便可进一步指出，黄帝族最初形成于我国西北。其二是黄帝曾与炎帝大战于阪泉之野，与蚩尤大战于涿鹿之野，都取得了胜利，并擒杀了蚩尤。两大战事不仅见于《左传》《逸周书》《管子》《山海经》《史记》《大戴礼记》《淮南子》等书，而且也见于出土文献长沙马王堆帛书《十六经》，临沂银雀山竹简《孙子兵法》《孙膑兵法》，江陵王家台秦简《归藏》，相互印证，有较强的真实性，又很符合氏族社会后期人们以战争为"经常性职业"的时代特征。至于阪泉、涿鹿的地望，各家的说法当然相去较远，但都承认应是在古代黄河漫流的华北大平原上。从西北到华北，已不止千里之遥，说明在战争或其他因素的驱动下，古代部族迁徙流动的幅度相当大。关于黄帝族东迁的路线，徐旭生先生认为可能是从今陕西北部，顺北洛水南下，到今大荔、朝邑一带渡河，沿着中条山及太行山逐渐向东北走。并怀疑今山西南部沿黄河的姬姓建国里，有一部分就是黄帝族东迁时留下的分族，而非西周的封国①。对于徐先生的说法，至今还找不到强有力的证据将其推翻。黄帝死后，葬于桥山，近代的

---

　　① 徐旭生：《中国古史的传说时代》，桂林：广西师范大学出版社，2003年，第50-51页。

书皆说桥山在旧中部县,即今黄陵县,实则北宋以前的书却说是在汉阳周县,约在今靖边县、子长市境内。总之,应该肯定的是,黄帝的传说产生于北方,黄帝族的活动范围没有超出黄河流域。

然而,到了张守节生活的唐代,黄帝或黄帝后裔的封地却被认为是远在江南浙东的缙云县,岂非咄咄怪事?百思不得其解,带着疑问上路了。

二

赶到温州时,已是下午。承蒙温州师范学院盛情接待,派车送我们去缙云。车子一出市区,便沿着瓯江跑,抬眼望去,天飘起细细的雨丝来,江面被灰白色的水汽罩着,偶尔看到一两条采砂船,也都变得模糊不清,倒更增加了几分神秘。不久,雨下得大了,如黛的远山纷纷用轻纱遮起了姣好的面容。夜宿缙云宾馆,窗子隔不断水的轰鸣,问过好客的主人,方知是穿城而过的好溪江迎来了它的第一次秋汛。

次日一大早,雨过天晴,晨光微曦中,我们先乘大巴到缙云的仙都参加公祭黄帝大典。一下汽车,我就被眼前的景色迷住了。好溪流经此处,突然变宽,蜿蜒曲折之间,汇成几泓深潭,水波不惊,其平如镜,朝阳洒下的道道金光正撩拨着乳白色的雾霭,在镜子上轻歌曼舞。此岸是丰树茂竹,青翠欲滴,对岸是长松秀岭,云雾缭绕,坐落在苍龙峡口的黄帝祠宇,红砖黄瓦,若隐若现。江面不时漂过几片竹筏,赶起几只鱼鹰,传来一串渔歌。身临其境,无论是谁都会承认,把这样的地方叫作仙都,真是再贴切不过了。更奇特的是,江边有一孤峰,状如春笋,一柱擎天,直把它无比修长的倒影横入水中。当地学者介绍说:"此峰高170.8米,是世界上最高的石笋,素有天下第一峰之称。顶端在群树环抱中有一天然小湖,虽大旱而不竭。所以人们称此峰为鼎湖峰。"听到这里,脑子里一闪,我似乎有点明白了。明明是顶湖,却偏要叫鼎湖,莫非就是因为这峰、这湖,才把黄帝的传说搬到南方来了?

三

如前所言,历史上的黄帝充其量不过是一个强大部落的杰出首领,但随着时间的推移,却被幻化为无所不能的神话人物。因为黄帝族影响久远,黄帝便成了古代长寿的典型,有的书说他活了三百岁,有的书竟说他活了八百岁;因为古代部族"以师兵为营卫""迁徙往来无常处",便认为黄帝曾"东至于海,登丸山,及岱宗。西至于空桐,登鸡头。南至于江,登熊湘,北逐荤粥,合符釜山,而邑于涿鹿之阿",其足迹几乎遍及华夏大地;因为在军事科技十分原始落后的情况下,战争的胜负确实与天气的变化关系极大,黄帝对蚩尤的战争便有了应龙、女魃同风伯、雨师斗法的内容;因为黄帝族的图腾与龙有关,也或许是受了南方苗蛮集团伏羲、女娲故事的影响,黄帝的形貌便成了"人面蛇身,尾交首上";因为四方四时观念日渐发展,而黄帝又确曾"取合己者四人,使治四方",于是就有了"黄帝四面"的说法,不一而足。而古代许多重要的发明创造,如宫室、舟车、服冕、书契、历法、音乐等等,也都记到了黄帝身上。《大戴礼记·五帝德》记宰我问于孔子曰:"昔者予闻诸荣伊令,黄帝三百年。请问黄帝者,人耶?抑非人耶?何以至于三百年乎?"孔子解释说:"生而民得其利百年,死而民畏其神百年,亡而民用其教百年,故曰三百年。"如此强做解人,自然未必能使疑问冰释,却反映了以实用理性为特征的原始儒家对上边这套近乎"怪力乱神"的东西是不相信的。但谬误一旦成为风气,便会推着人往前走。"言奇者见疑",可贵的求真精神反而不会被看重,关于黄帝的新话题并未因孔子不信而停止造作。《淮南子·修务训》曰:"世俗之人,多尊古而贱今,故为道者必托之于神农、黄帝而后能入说。"《庄子·盗跖》篇曰:"世之所高,莫若黄帝",他既是传说中公认的最了不起的英雄,又在势头甚猛的阴阳五行说中被列为五帝之首,为土德,居中。在尊古的大气候下,地位最为特殊的黄帝怎能不成为箭垛式的人物?怎能不越来越显赫?怎能不由人而成为半神半人?真是挡都挡不住。

战国秦汉间,在神话、道家出世思想及巫术的基础上,以追求长生不死、飞升成仙为主题的仙话开始流行起来,黄帝又由半神半人变成了仙人。

《庄子·大宗师》已有"黄帝得之,以登云天"之语。《韩非子·十过》篇则说:"黄帝合鬼神于西泰山之上,驾象车而六蛟龙""腾蛇伏地,凤凰覆上",虽然讲的是登山,却也很有些升天的模样。《楚辞·远游》:"轩辕不可攀援兮,吾将从王乔而娱戏!"轩辕就是黄帝,作者将他与王乔、赤松子一类的仙家并列,似乎又认为他飞得更高,故不得已而求其次,表示只要能与王乔同游就很满足了。而对黄帝飞升描绘得最具体的是汉武帝时的方士公孙卿。据《史记·封禅书》所载,汉武帝是继秦始皇之后又一个笃信祠灶、辟谷、却老、能仙登天等方术的皇帝，曾上过李少君、齐人少翁、上郡巫、栾大等人的当，却始终不肯醒悟。凑巧汾阳地方名字叫作锦的巫师在脽上后土祠旁的地下，发现了"异于众鼎"的特号大鼎，公孙卿便趁机说："黄帝采首山铜，铸鼎于荆山下。鼎既成，有龙垂胡髯下迎黄帝。黄帝上骑，群臣后宫从上者七十余人，龙乃上去。余小臣不得上，乃悉持龙髯，龙髯拔，堕，堕黄帝之弓。百姓仰望黄帝既上天，乃抱其弓与胡髯号，故后世因名其处曰鼎湖，其弓曰乌号。"意思是说过去黄帝曾经铸鼎升天，现在您的运气好，黄帝之鼎竟自动出土了，不用再铸，只要用此鼎行封禅礼，也可升天。本为一派缺乏逻辑的胡言，武帝听了却十分兴奋，叹道："嗟乎！吾诚得如黄帝，吾视去妻子如脱屣耳。"于是，拜公孙卿为郎，"使候神于太室"①。从此，鼎湖也成了一个特殊的符号，像标签一样紧紧地贴在黄帝身上。

四

东汉末年，道教基本形成。道教徒以"黄帝为宗，老子为教"，这固然和"五斗米道"的创始人张道陵称自己是黄帝之后有关，但更可能是因为他们在理论上要依托黄老之学。据《后汉书》记载，汉桓帝宫中"立黄老、浮屠之祠"，楚王刘英"晚节更喜黄老，学为浮屠斋戒祭祀""诵黄老之微言"，张角"自称大圣贤师，奉事黄老道"②，都表明黄帝已和老子连在一起，被当作神灵加以膜拜，而早期的太平道正是从黄老崇拜中孕育出来的。到梁朝，陶弘景写《真灵位业图》，构建道教统一的神仙谱系，黄帝便正式进入了主仙的行列。由此可见，随着宗教的发展，原来已经严重神话化、仙话化的黄帝，又成了地位很高的道教神。

道教分符箓派和炼丹派。符箓派重符咒、祈禳，致力于为人解除痛苦，求得福泰。炼丹派则重修炼，其间又有内丹和外丹之分。内丹提倡通过静功和气功养护精、气、神，以达到长生的目的；外丹却相信用炉火烧炼药石，制成金丹，服用后才可延年益寿，羽化成仙。完成于东汉顺、桓之际，由魏伯阳所著

---

① （汉）司马迁：《史记·封禅书》，北京：中华书局，1959年。
② （南朝宋）范晔：《后汉书·襄楷传》，北京：中华书局，1965年；（南朝宋）范晔：《后汉书·楚王英传》，北京：中华书局，1965年；（南朝宋）范晔：《后汉书·皇甫嵩传》，北京：中华书局，1965年。

的《周易参同契》是最早的一部外丹经。参者,三也。该书的中心思想就是运用《周易》揭示的阴阳之道,参合黄老的自然之理,讲述炉火炼丹之事①。这样,黄帝和炼丹也发生了联系。

非但如此,东晋炼丹派的主要代表人物葛洪,在《神仙传》一书中,居然活灵活现地记录了张道陵曾于嵩山石室中得到过《黄帝九鼎丹经》一事,又在《抱朴子·金丹》篇里续记道:会汉末大乱,左慈将此书与《太清丹经》《金液丹经》一起带到了江东,洪之从祖葛玄受之于左慈,洪之师郑隐又受之于葛玄,最后都落在了他自己的手上,别的道士"了无知者"。于是,葛洪就以唯一握有宝典的理论权威的身份宣称,"按《黄帝九鼎丹经》曰:黄帝服之,遂以升仙",可见"虽呼吸道引","服草木之药",只"可得延年,不免于死也",必须"服神丹",才能"令人寿无穷已,与天地相毕,乘云驾龙,上下太清"②。他还批驳宣扬采阴补阳御女术的邪道之徒说:"俗人闻黄帝以千二百女升天,便谓黄帝单以此事致长生,而不知黄帝于荆山之下,鼎湖之上,飞九丹成,乃乘龙升天也。"③ 因炼丹的主要工具是鼎炉,故炼丹派又称丹鼎派。丹、鼎二字乃其常用术语。道教理论家通过对已有仙话的剪裁,把黄帝捧为炼丹术的发明者,把黄帝铸鼎升天的故事改编为服用金丹后才乘龙升天,显然是为了抬高本派的地位,但从此以后,《道藏》中的鼎湖一词却有了新的含义,它不再仅仅是铸鼎之处,也变成黄帝炼丹的场所了。

五

不过,一般都认为黄帝铸鼎的荆山在河南阌乡,今属灵宝市,那么,荆山下的鼎湖如何又搬到浙江了呢?与会学者经过热烈的讨论,意见仍不能完全统一,问题却越辩越明,正如黄文等先生所说,这大约与道教徒和笃信道教的士大夫大量南迁密切相关④。

---

① 牟钟鉴,张践:《中国宗教通史》,北京:社会科学文献出版社,2000年,第275页。
② 王明:《抱朴子内篇校释·内篇·金丹》,北京:中华书局,1986年。
③ 王明:《抱朴子内篇校释·内篇·微旨》,北京:中华书局,1986年。
④ 黄文:《黄帝与仙都关系初探》,载《轩辕黄帝与缙云仙都》编辑委员会:《轩辕黄帝与缙云仙都》,杭州:浙江人民出版社,2001年,第259页。

道教最初是以民间传教形式进行传播的。但是，太平道发动了黄巾起义，五斗米道以汉中为中心，建立了政、教、军合一的割据政权，由此引起了统治者的高度警觉。在黄巾起义被镇压和张鲁降曹以后，魏、蜀、吴三国及西晋朝廷都加强了对道教活动的控制。东晋十六国时期，北方沦为各族冲突的战场，少数民族的首领因为相信"佛是戎神"而多有重佛轻道的倾向，这便迫使大量道士陆续到江南传教，另行寻找发展机遇。来自山东的于吉，来自蜀中的李宽，应属其中最主要的先行者，而张道陵的四世孙张盛，可能也是在这一潮流的推动下，迁居江西龙虎山，开辟了新的道场。

魏晋南北朝的世家大族正在日益走向腐朽。他们既感叹于世事无常，人命不永，又极其留恋恣情纵欲、富贵荣华的生活，在纷纷避乱江东的同时，也普遍地由贪生畏死转而信奉道教的长生成仙之术。侨姓大族中的王氏、谢氏、郗氏、桓氏、殷氏，土著大族中的葛氏、孙氏、许氏、陶氏、沈氏、华氏、孔氏、陆氏等，都出过著名的道教信徒，或与道士关系密切。如《晋书·王羲之传》曰："王氏世事张氏五斗米道"，羲之"与道士许迈共修服食，采药石不远千里"，而其次子凝之信教"弥笃"，以至于孙恩的军队攻到了会稽城下，时任会稽内史的他还在净室中"请祷"，欲邀"鬼兵"相助，竟至被杀。由这一典型事例即可说明，东晋南朝的崇道之风远较北方为盛。

"仙，迁也，迁入山也。"① 道教徒认为"合丹当于名山之中，无人之地"，不与俗人往来，"又不令不信道者知之"，以免"谤毁神药"，药才可成，成则"举家皆仙""不单一身耳"，故而，著名的道士多选择名山大川，风景秀美，而又避远精洁之处居之。据葛洪《抱朴子》所列，有"正神"在其中，适于"精思合作仙药者"，有华山、泰山、霍山、恒山、嵩山、少室山、长山、太白山、终南山、女几山、地肺山、王屋山、抱犊山、安丘山、潜山、青城山、峨眉山、绥山、云台山、罗浮山、阳驾山、黄金山、鳖祖山、大小天台山、四望山、盖竹山和括苍山，这应该是当时道教的共识。可惜中原的名山因为战乱已经"不可得至"，"江东名山之可得住者"，只剩下"霍山，在晋安；长山、太白，在东阳；四望山、大小天台山、盖竹山、括苍山，并在会稽"②。选择

---

① （汉）刘熙：《释名·释长幼》，北京：中华书局，2016年。
② 王明：《抱朴子内篇校释·内篇·金丹》，北京：中华书局，1986年。

的范围既然有限,处于括苍山与仙霞岭的过渡地带,而又峰岩奇绝、云水飘逸的缙云山被道士所爱,并誉为仙都,便一点也不奇怪了。崇奉道教的王羲之"采药石不远千里,遍游东中诸郡,穷诸名山",是否到过缙云,尚乏确证;从小在道教教主杜家寄养达十五年之久的谢灵运曾经亲临缙云,则已通过他的《游名山志》和《归途赋》加以坐实。《游名山志》曰:"永嘉有缙云堂""又有孤石从地特起,高三百丈而临水"①;《归途赋》云:"停余舟而淹留,搜缙云之遗迹,漾百里之清潭,见千仞之孤石。"所谓孤石指的就是鼎湖峰。葛洪的修炼之所虽在丽水南明山,但当地学者指出,缙云县有葛竹、丹址等地名,应与他曾经在此处炼过丹关系密切②。显名于晋末及宋、齐两朝的道士孙游岳隐居仙都四十余年,他的师父陆修静"好方外游",到过仙都料无问题。梁朝时有"山中宰相"之称的陶弘景早年曾从孙游岳学习符图经法,并"东游浙越",以后才"退隐茅山"③,他拜会孙游岳的地点很可能也在缙云。恐怕正是凭借此类人物的搬运之功和宗教的影响力,黄帝传说的发生地才由北而南,落户江左,而在中国方术文化中原本就被视为天梯的柱状石峰,也因顶上有湖,而被命名为鼎湖峰,并与黄帝铸鼎、炼丹、飞升挂了钩。中原既无法去,就近另造一套物化的崇拜对象,以资寄托和推崇,也不失为一种合乎情理的现实选择。

六

还值得一提的是,缙云黄帝文化的定型和固化,很可能并不是很早。因为生活于东晋末刘宋初的谢灵运在诗文中只把这凸起潭畔的石笋叫孤石,可见当时尚无鼎湖峰的名称。谈到东阳、永嘉一带的龙须草时,他说:"意者谓鼎湖攀龙须有坠落,化而为草。"虽已言及黄帝鼎湖飞升一事,但语气并不肯定。谈到孤石顶间的小湖时,他又说,"顶有湖生莲花……古老云:黄帝炼丹于此",似也仅限于客观记录民间异闻,自己未加任何评论。而于西晋惠帝朝做

---

① (宋)李昉等:《太平寰宇记》,载谢灵运:《游名山志》,北京:中华书局,1960年。

② 黄文:《黄帝与仙都关系初探》,载《轩辕黄帝与缙云仙都》编辑委员会:《轩辕黄帝与缙云仙都》,杭州:浙江人民出版社,2001年,第267页。

③ (唐)姚思廉:《梁书·陶弘景传》,北京:中华书局,1973年。

过太傅的崔豹,则根本不相信龙须化草之类的奇谈。据崔氏所著的《古今注》,孙兴公曾问:"世称黄帝炼丹于凿砚山,乃得仙,乘龙上天,群臣援龙须,须坠而生草,曰龙须,有之乎?"答者直截了当地表示:"无也。"并解释说,确有一种草叫作龙须草,"一名缙云草,故世人为之妄传"。这就证明,缙云黄帝文化顶多可以追溯到东晋。

但只要有宗教力量的推动,无论起步多晚,也会很快发展起来。刘宋郑缉之《东阳记》曰:"独峰山,一名丹峰山,昔黄帝尝乘龙车登此山,辙迹尚存。"梁朝刘峻《东阳金华山栖志》曰:黄帝"游斯铸鼎,雨师寄此乘烟,故涧勒赤松之名,山贻缙云之号"。唐代王瓘《广轩辕本纪》曰:"黄帝往,炼石于缙云堂,于地炼丹,时有非红非紫之云见,是曰缙云,因名缙云山。"《太平御览》卷四十七引《郡国志》曰:"括州括苍县缙云山,黄帝游仙之处……有龙须草,云群臣攀龙须所坠者。"① 武则天圣历元年(698),干脆析括苍及婺州永康置缙云县②。至此,缙云黄帝文化的要件已基本具备,只剩下一道正式审批手续了。凑巧,在唐玄宗天宝七年(748)六月八日,"有彩云起于李溪源,复绕缙云山独峰之顶,云中仙乐响亮。鸾鹤飞舞,俄闻山呼万岁者九,诸山皆应,自申至亥乃息"。于是,刺史苗奉倩"上其事于朝,敕改今名"③。敕改今名即改缙云山为仙都山,原来,仙都一名是唐玄宗听了地方官员的报告后钦赐下来的。

苗奉倩的做法当然是故意讨皇帝欢心。因为李隆基不仅崇尚道教,在全国遍立庙观,使道观总数增至一千六百八十七所④;而且,自开元之末起,即"怠于庶政,志求神仙,惑方士之言";上有所好,下必甚焉,自是以后,很快便形成了"言祥瑞者众,而迂怪之语日闻,谄谀成风"的局面⑤。"彩云仙乐"之瑞虽然根本靠不住,却合乎时代潮流,故玄宗闻奏,丝毫没有怀疑,在

---

① 王达钦:《轩辕黄帝与缙云仙都文献资料辑录》,载《轩辕黄帝与缙云仙都》编辑委员会:《轩辕黄帝与缙云仙都》,杭州:浙江人民出版社,2001年,第305-306页。

② (宋)欧阳修,宋祁:《新唐书·地理志》,北京:中华书局,1975年。

③ (元)陈性定:《仙都志》,载《轩辕黄帝与缙云仙都》编辑委员会:《轩辕黄帝与缙云仙都》,杭州:浙江人民出版社,2001年,第307页。

④ 牟钟鉴,张践:《中国宗教通史》,北京:社会科学文献出版社,2000年,第551页。

⑤ (宋)范祖禹:《唐鉴》卷9,上海:上海古籍出版社,1986年。

"敕封缙云山为仙都山"的同时,又令"周回三百里禁樵采捕猎,建黄帝祠宇,岁度道士七人,以奉香火"。有了朝廷的护符,缙云黄帝文化便取得了官方文化的合法身份。接下来一切就都变得顺理成章了。道教将缙云山定为三十六小洞天中的第二十九洞天,名曰仙都祈仙天;著名的小篆书法家李阳冰写了"黄帝祠宇"碑额;诗人白居易留下了"黄帝旌旗去不回,片云孤石独崔嵬。有时风卷鼎湖浪,散作晴天雨点来"的著名诗篇;迄于两宋元明,不断有专使奉诏祈雨,投金龙玉简致祭;宫观时而称黄帝祠宇,时而称玉虚宫,时而称仙都宫,毁而复建,不断修缮,愈翻愈新;皇帝常钦命道长主领宫事,一度还兼领本路诸道场,俨然成为东南最具影响力的道教中心;于是,文人墨客纷至沓来,碑刻题记遍列山间。宋王十朋在诗中说:"皇都归客入仙都,厌看西湖看鼎湖。"我们完全有理由相信,他所赞美的缙云胜景已经不单是指环境的幽清静雅,更多的是欣赏这里丰富的道教文化。

综括上述,不妨归纳出一种假说以求教于同好。那就是黄帝或黄帝后代的封地根本不在浙江,黄帝族的活动区域也不可能远达东南,只是因为仙都一带风景绝佳,又有顶端成湖的石笋屹立干云,世所罕见,于是,道士们便利用当地的某些传说,将音同义异的顶湖附会为黄帝铸鼎、炼丹的鼎湖,又因黄帝与缙云氏有关,故而便以缙云名山置县,并在宗教和政治力量的推动下,形成了以道教文化为核心的缙云黄帝文化。张守节《史记正义》于唐玄宗开元二十四年(736)"杀青斯竟"①,显然是受到当时强势文化的影响,才把黄帝说成缙云氏,并谓"括州缙云县,盖其所封也"。至于《民国浙江通志稿》说:"古代所传,夏禹以前,浙江盖有二国,一为缙云氏,在缙云县""一为防风氏,在今武康县",则是依据张氏成说,参以《左传》和《国语》等书,倒推出来的。

---

① (唐)张守节:《史记正义序》,《史记》,北京:中华书局,1959年。

黄帝名号的由来及其意义

王震中

中国社会科学院学部委员、历史学部副主任

黄帝名轩辕，又称为有熊。黄帝、轩辕、有熊的名号是如何来的呢？黄帝名号的由来及其意义，涉及黄帝究竟是人还是神的问题，也涉及早期华夏民族形成的问题。

一、黄帝与土德

关于黄帝，《史记·五帝本纪》说黄帝"有土德之瑞，故号黄帝"。《论衡·验符篇》说："黄为土色，位在中央，故轩辕德优，以黄为号。"这是按照"金木水火土"五行中的"土德"来解释黄帝名号的来源。

对于五行的起源，20世纪40年代，胡厚宣先生发表《甲骨文四方风名考证》①一文之后，再加上甲骨文有"中"和"中商"的概念，有人认为四方加上"中"的方位，可构成五行观念。我们认为，即便如此，这样的五行也只是方位上的五行，尚未涉及"金木水火土"由五种物质构成的五行。《尚书·甘誓》里有"五行""三正"，顾颉刚、刘起釪《尚书校释译论》对此"五行"的注释是："五行——指天上五星的运行，即以之代表天象。注疏家以秦汉以来流行的'阴阳五行说'来解释是错误的。"并在其后"论"的部分对此作了专门讨论。②《尚书·洪范》箕子说到"五行"。但是这里的"五行"，究竟是周人编写《洪范》时"杂采旧籍而成"（于省吾《尚书新证》），借箕子之口说出来的，还是商末周初即已流行的观念，一时难以确定。《国语·郑

---

① 胡厚宣：《甲骨学商史论丛初集》，济南：齐鲁大学国学研究所专刊之一，1944年。
② 顾颉刚，刘起釪：《尚书校释译论》（第2册），北京：中华书局，2005年，第857、868-871页。

语》记载，西周末年周幽王的史官史伯对郑伯说的一段话中出现"土与金、木、水、火"①这样的五行说法。

中国古代五行最盛行的时期是战国，从战国到秦汉，"五德始终说"政治哲学影响深远，司马迁和王充用土德来解释黄帝名号的由来，是不难理解的。但黄帝及其所在的时代远在远古，此时还没有五行的说法，所以黄帝因土德之瑞得名不足为据。

二、黄帝与"皇天""皇天上帝"

在先秦文献中，"黄"与"皇"可通用。例如，《庄子·齐物论》"是皇帝之所听荧也"，（唐）陆德明《经典释文·庄子音义》（以下仅称《经典释文》）："皇帝，本又作黄帝。"又《庄子·至乐篇》曰："吾恐回与齐侯言尧、舜、皇帝之道……。"《经典释文》："皇帝，谓三皇五帝也，司马本作黄帝。"《吕氏春秋·贵公》："丑不若黄帝。"毕沅校曰："黄帝，刘本（明刘如宠本）作皇帝，黄、皇古通用。"《易传·系辞》："黄帝、尧、舜，垂衣裳而天下治。"《风俗通义·音声篇》作"皇帝"。可见黄帝与皇帝通用的例子甚多。而在《尚书·吕刑》中，"黄帝"乃皇天上帝，如《吕刑》说："蚩尤惟始作乱……皇帝清问下民……"又曰："上帝监民……皇帝哀矜庶戮之不辜，报虐以威，遏绝苗民，无世在下，乃命重黎绝地天通。"依据这些文献中黄帝与皇帝通用的例子，当年古史辨派主张黄帝是神而不是人。② 在"黄帝"与"皇帝"相通用的例子中，也有"皇帝"写作"皇天"的例子。如西周青铜器铭文《师訇簋》有"肆皇帝亡斁"语句，《毛公鼎》有"肆皇天亡斁"语句，郭沫若《两周金文辞大系图录考释》中指出二者"语例全同，知古言皇帝即皇天"。但也有许多先秦文献说黄帝是人，例如《国语·晋语》说："昔少典娶于有蟜氏，生黄帝、炎帝。黄帝以姬水成，炎帝以姜水成，成而异德，故黄帝为姬，炎帝为姜。"

从文献来看，黄帝既是神又是人。这究竟是怎么回事？这是因为从远古开始，人名、族名、图腾名、神名就可以同一。就神名而言，黄帝之所以与皇天

---

① 《国语》（下），上海：上海古籍出版社，1978年，第515页。
② 杨宽：《中国上古史导论·黄帝与皇帝及上帝》，载《古史辨》第7册上编，上海：上海古籍出版社，1982年，第197页。

上帝之皇帝相同,缘于"天"是黄帝族最重要的图腾。我们知道黄帝姬姓,而在周代的青铜器铭文中以"天"为族徽者也是姬姓。邹衡先生在《论先周文化》中说他曾找到有这样族徽的铜器50余件,其中《天姬自作壶》"可以证明天族是姬姓"。① 所以,"黄帝"即"皇天上帝",亦即"天帝",它来源于以天为图腾。

三、轩辕与天鼋

"轩辕"一名也来自图腾名。郭沫若先生曾依据《国语·周语》"我姬氏出自天鼋",指出铜器铭文中的族徽铭文(图一:A)可释为"天鼋",就是轩辕黄帝之轩辕。② 后来,于省吾先生把它释为"天黾",他说:"我认为黾即天黾二字的合文。之为天,毋庸赘述。《说文》谓'黾,鼃(蛙)也。'黾与龟都是象形字。但在古文字中的构形迥然不同。龟形短足而有尾,黾形无尾,其后两足既伸于前,复折于后,然则黾字本象蛙形,了无可疑。"③ 黾是青蛙,鼋是龟鳖。现在学者们多遵从于先生的说法将轩辕释读为"天黾"。我认为,就字形而论,应释为"天黾",但"天黾"之"黾"与"天鼋"之"鼋"在读音上可通假。"黾"(发音即"渑池"之"渑")字古音可归入元部韵,与"鼋"字古音为元部韵相同,叠韵可通假,因而"天黾"与"天鼋"乃一声之转。因为发音上的通假,周人把"天黾"写作"天鼋",后来到春秋战国时期又写作"轩辕",都是通假的缘故。这样,天黾族徽即轩辕黄帝之轩辕。这个族徽可与仰韶文化和马家窑文化彩陶上的蛙形纹样(图二至图五)相联系,是黄帝族在仰韶时代的图腾艺术表现。

---

① 邹衡:《夏商周考古学论文集》,北京:科学出版社,2001年,第311页。
② 郭沫若:《殷彝中图形文字之一解》,载《殷周青铜器铭文研究》卷1,《郭沫若全集》考古编第4卷,北京:科学出版社,2002年,第7页。
③ 于省吾:《释黾、鼋》,载《古文字研究》第7辑,北京:中华书局,2005年,第2-3页。

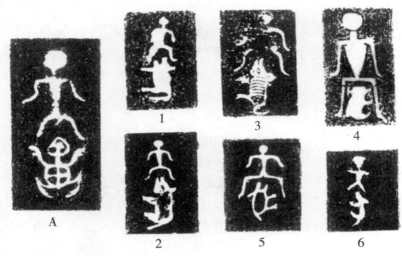

图一 天鼋与天兽族徽

(A 天鼋,1-6 天兽)

图二 临潼姜寨出土蛙纹彩陶盆图（W63：1）

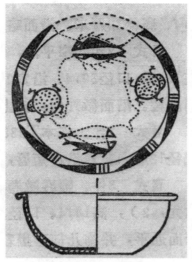

图三　姜寨蛙纹彩陶盆俯视图（W63：1）

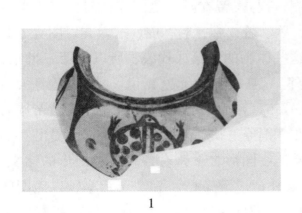
　　　　　1　　　　　　　　　　　　　2

图四　仰韶文化和马家窑文化中的蛙纹
（图1 河南陕县庙底沟遗址出土；图2 甘肃天水市师赵村遗址出土）

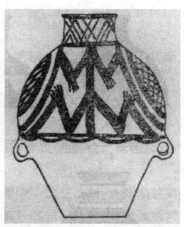

图五　青海乐都柳湾马家窑文化马厂类型人形蛙纹（拟蛙纹）

四、有熊与天兽

黄帝又号称有熊氏，有熊一名也来自黄帝族的图腾名。皇甫谧《帝王世纪》说："黄帝有熊氏，少典之子，姬姓也……有熊，今河南新郑是也。"也许有人认为《帝王世纪》是西晋时期的书，不足为据。但是《史记·五帝本纪》和《大戴礼记·五帝德》记载黄帝与炎帝在阪泉之野作战时，曾用了以兽为名的六支不同图腾的军队：熊、罴、貔、貅、豹、虎。这六支以图腾为名号的军队以熊为首领，"有熊"是这些图腾的概括或代表，所以《帝王世纪》说"黄帝有熊氏"是有依据的。此外，《庄子·徐无鬼》说："黄帝将见大隗乎具茨之山。"具茨山就在今河南新郑市区西南15公里。由此也可证黄帝族后来来到了中原腹地。有熊氏也可以在青铜器上找到其族徽铭文。邹衡提出"天兽"族徽（图一：1-6），即在"天"字图形之下铸有各种兽类图形的铭文，他联系《史记·五帝本纪》和《大戴礼记·五帝德》记载黄帝率领以熊图腾为首的六支军队与炎帝作战的史实，认为这些天兽类族徽是与黄帝有联系的①，即青铜器铭文中的天兽类族徽是由黄帝族中以兽为图腾转化而来的。

五、黄帝族名号中的总名与分名

黄帝号称轩辕氏，又称有熊氏；既以天为图腾，也以青蛙（天鼋）和熊罴貔虎等（天兽）为图腾。究其原因，是因为"黄帝"也代表一个族团。如

---

①　邹衡：《夏商周考古学论文集》，北京：科学出版社，2001年，第313页。

《国语·晋语》说:"黄帝之子二十五宗,其得姓者十四人,为十二姓:姬、酉、祁、己、滕、箴、任、荀、僖、姞、儇、依是也。唯青阳与苍林同于黄帝,故皆为姬姓。"二十五宗、十二姓显然不是一个人,也不是一个氏族,而属于一个部族。在这个部族中,有的首领以天为图腾,有的首领以天黾(青蛙)为图腾,有的首领以天兽(熊等)为图腾。图腾(totem),意为"我的血亲",表示其个人和本族由何而来,并转而成为其名号或标志,是人类学中许多土著民族中存在的较为广泛的一种现象。我曾提出氏族图腾是由氏族酋长的个人图腾转化而来的,这些图腾还可以进而转化为部族宗神。① 黄帝族与周人乃为一个族系,其依据:一是黄帝与周人同为姬姓,即同一个姓族;一是《国语·周语》有"我姬氏出自天鼋"的说法,此"天鼋"即"天黾",亦即"轩辕",三者都包含有"天"图腾在内,而周王称天子,即天的儿子,其渊源也是来自以"天"为图腾,西周以天为至上神,也是由此而来的。② 这也进一步证明了远古时代的人名、族名、图腾名、宗神名可以同一。

总括上述,关于黄帝名号,从文献看,有"黄帝""轩辕""有熊";从族徽的视角看,有"天""天黾""天兽"等。在"天""天黾""天兽"之中,"天"是共同的;在"黄帝""轩辕""有熊"之中,"黄帝"是共同的。从这两个方面的共同性出发,我认为,对于黄帝族而言,"天"是总名,"天黾"和"天兽"可以包括在"天"之下,这与春秋战国以来"黄帝"是总名,"轩辕氏"和"有熊氏"是其别名一样。与此相关联,春秋战国时期在华夏民族融合日益加深的情况下,"黄帝"一名既可与"皇天""皇天上帝""天帝"相通,亦为华夏文明的人文初祖,还成为春秋战国时期华夏民族的共同标识。

我们说春秋战国时期黄帝已成为华夏民族的共同标识,是因为我们看到:黄帝原本与颛顼、帝喾、舜、禹不属于同一姓族,却被这些族群共同作为始祖来祭祀。黄帝族的主姓是姬姓,包括姬姓在内共有十二姓。《国语·晋语四》说:"凡黄帝之子,二十五宗,其得姓者十四人,为十二姓:姬、酉、祁、己、滕、箴、任、荀、僖、姞、儇、依是也。"这是说黄帝族有十二姓。《史记·

---

① 王震中:《图腾的起源、转型与考古发现》,载王震中:《重建中国上古史的探索》,昆明:云南人民出版社,2015年。
② 王震中:《商周之变与从帝向天帝同一性转变的缘由》,《历史研究》,2017年第5期。

五帝本纪》中的五帝——黄帝、颛顼、帝喾、尧、舜,其中颛顼和帝喾不知何姓,"颛顼—祝融"属于一个集团,祝融有八姓:己、董、彭、秃、妘、曹、斟、芈,都不在黄帝十二姓之列;帝舜姚姓,也不在黄帝十二姓之列,而且孟子还说舜是"东夷之人"①;只有帝尧祁姓,在黄帝十二姓之中。上古的姓与姓族表现的是血缘关系,由此我认为在司马迁所说的五帝中,只有帝尧与黄帝属于同一族系,其他三帝与黄帝在血缘族系上不是一系。但是,《国语·鲁语》和《礼记·祭法》中皆有有虞氏和夏后氏等都以黄帝为其远祖的说法,例如《国语·鲁语上》说:"有虞氏禘黄帝而祖颛顼,郊尧而宗舜;夏后氏禘黄帝而祖颛顼,郊鲧而宗禹;商人禘舜而祖契,郊冥而宗汤;周人禘喾而郊稷,祖文王而宗武王。"②《礼记·祭法》开篇即曰:"有虞氏禘黄帝而郊喾,祖颛顼而宗尧;夏后氏亦禘黄帝而郊鲧,祖颛顼而宗禹;殷人禘喾而郊冥,祖契而宗汤;周人禘喾而郊稷,祖文王而宗武王。"③ 从《国语·鲁语》和《礼记·祭法》看,黄帝与颛顼、帝喾、尧、舜、禹是有祖先关系的,也就都有了血缘关系。也有学者把五帝之间的血缘关系称为"拟血缘关系"。《国语》和《礼记》都是战国时期成书的,那么,战国时期的人为何要把原本不属于同一姓族的诸帝描述为同一血缘系统,并都以黄帝为远祖而进行祭祀呢?我认为这主要是春秋战国时期华夏民族融合的结果:当时华夏民族的民族自觉意识特别强烈,已越过了自在民族,早已成为自觉民族,实际上从西周开始,华夏民族就已进入自觉民族的发展阶段。④ 成为自觉民族的华夏民族需要一个民族标识,姬姓的黄帝族与姬姓的周人乃属同一族系⑤,这样,华夏民族共推黄帝为自己的始祖就成为一种时代意识和时代需求。黄帝之外的其他四帝虽说多数不具与黄帝族为同一姓族的血缘关系,但他们在五帝时代就先后成为华夏集团的组成部分,并从夏代开始融合为华夏民族一员,所以从战国到汉代采用"拟血

---

① 《孟子·离娄下》:"舜生于诸冯,迁于负夏,卒于鸣条,东夷之人也。"
② 《国语》(上),上海:上海古籍出版社,1978 年,第 166 页。
③ 胡平生,张萌译注:《礼记》(下),北京:中华书局,2019 年,第 884 页。
④ 关于华夏民族由夏商时期的"自在民族"发展为周以后的"自觉民族"的过程,参见王震中:《从复合制国家结构看华夏民族的形成》,《中国社会科学》,2013 年第 10 期。
⑤ 王震中:《商周之变与从帝向天帝同一性转变的缘由》,《历史研究》,2017 年第 5 期。

缘关系"把他们组合成为一系是不难理解的。当时实际情况应该是这样：黄帝、颛顼、帝喾、尧、舜原本代表着不同的部族，他们先后来到中原或活动于中原地区，之后又都融合而形成华夏民族，在融合成为华夏民族的过程中，他们在中原地区的称雄有先有后，《五帝本纪》中"黄帝—颛顼—帝喾—尧—舜"的排列，就透露出称雄的先后。《国语》和《礼记》的作者以及司马迁正是鉴于华夏民族的组成和融合情况才作出了五帝之间血缘乃为同一族系的记述，这主要是因为战国秦汉时期并没有今日的民族学概念而只得按照传统做法把民族融合表达为血缘或拟血缘关系并用祭祀谱系表现出来。若从华夏民族形成过程来看，炎帝、黄帝、颛顼、帝喾、尧、舜、禹或因其先后来到中原或因其原本就在中原，最后都成为华夏民族的组成部分，在民族共同体的意义上他们都同属于华夏民族成员，只是有一个形成过程而不是自古一系而已。①

以上我们既论述了"黄帝"这个总名，也论述了"轩辕"和"有熊"这些分名。实际上，轩辕（天鼋）和有熊（天兽）是总名的"天"与分名的"鼋""兽"的合成，即轩辕（天鼋）和有熊（天兽）分别都是复合族徽。上述认识是把各方面的材料和现象融会贯通的结果，黄帝名号的由来及其意义也就清晰起来了。

---

① 王震中：《古史辨的贡献和局限与上古史的重建》，《文史哲》，2023年第5期。

中华民族应称黄炎子孙论*

黄开国

四川师范大学哲学学院荣誉教授

从汉代以后，传世文献讲中华民族多以炎黄子孙为说，这也是现代论中华民族的常见观念。但炎黄子孙的说法，出于刘歆之后，是受到刘歆为汉王朝受命编造的历史序列影响的产物，而先秦汉初的文献中只有黄炎。只要跳出刘歆的陷阱，就得承认黄帝的巨大历史功绩，不仅是融合中华各民族的始祖，构成中华氏族的主体，而且是中国文化的人文始祖。

一、炎黄子孙的称谓没有文献根据

炎黄子孙的称谓之所以被认可，是由历史上的炎帝即神农说而引发。神农在黄帝之先，这是古代文献一再肯定的，三皇五帝的三皇也以神农排在黄帝之先，若炎帝与神农为同一人，则炎帝先于黄帝，这是炎黄顺序的排列根据。但以炎帝为神农，不过是刘歆《世经》编造的伪史，周及徐教授在《"炎帝神农说"辨伪》一文中，通过考辨先秦汉初的20多部文献，50多处言及神农或炎帝的文字，确凿地证明神农与炎帝是不同时代的人，从时代特征、重要言行和重大事件等方面作出判别，证明先秦到西汉初期都没有混淆神农为炎帝之说的记载。神农炎帝说，出于刘歆的《世经》为建立五行相生的五德终始说，而对古代帝王世系的编造。② 刘歆的编造古史，不过是借助五德终始说的理论，论证汉为尧后，同为五运的火德，以证明刘氏有圣王之后的高贵血统。刘歆的编造将炎帝与神农原本是两个不同时代的人物混淆为一，原本是黄帝弟弟也是手下败将的炎帝不仅成为黄帝之先的帝王，神农的光辉也被加在炎帝之上，这

---

* 国家社会科学基金项目《经学的分期分派研究》（编号：22XZX006）阶段性成果。
② 周及徐：《"炎帝神农说"辨伪》，《四川师范大学学报》，2006年第6期。

是造成"炎黄子孙"长期相沿的根本原因。

依据史实与文献,只要不受刘歆的影响,误以为炎帝即神农,就会清楚自东汉以来通行的炎帝子孙一语,将炎帝排在黄帝之先,是不符合历史事实的。因为炎帝与黄帝原本是兄弟的关系,《国语》《新语》等先秦西汉早期文献都有明确的说明。如《国语·晋语四》:"昔少典娶于有蟜氏,生黄帝、炎帝。黄帝以姬水成,炎帝以姜水成。成而异德,故黄帝为姬,炎帝为姜,二帝用师以相济也,异德之故也。"贾谊说:"黄帝者,炎帝之兄也。""炎帝者,黄帝同父母弟也,各有天下之半。"(《新书》卷一)孔颖达疏《左氏春秋传》也讲到,三国蜀人"谯周考古史,以为炎帝与神农各为一人"。(《春秋左传注疏》昭公十七年)这些文献都肯定黄帝与炎帝不是不同时代的两个人,而是同时代具有兄弟关系之人。兄应该排列在弟之先,这是中国传统文化称兄道弟的准则。而炎黄子孙、炎黄族裔、炎黄民族等称谓,根本不符合传统文化的精神,必须得到纠正。

正是先秦汉初都知道黄帝和炎帝是兄弟关系,故西汉前的文献论及黄帝、炎帝时,只有"黄炎",而无"炎黄"。如《国语·周语下》:

> 此一王四伯,岂繄多宠?皆亡王之后也。唯能厘举嘉义,以有胤在下,守祀不替其典。有夏虽衰,杞、鄫犹在;申、吕虽衰,齐、许犹在。唯有嘉功,以命姓受祀,迄于天下,及其失之也,必有慆淫之心间之。故亡其氏姓,踣毙不振;绝后无主,湮替隶圉。夫亡者岂繄无宠?皆黄、炎之后也。唯不帅天地之度,不顺四时之序,不度民神之义,不仪生物之则,以殄灭无胤,至于今不祀。及其得之也,必有忠信之心间之。(《国语》卷三)

再如《吕氏春秋·孟秋纪·荡兵》:

> 古圣王有义兵而无有偃兵。兵之所自来者上矣,与始有民俱。凡兵也者,威也,威也者,力也。民之有威力,性也。性者所受于天也,非人之所能为也,武者不能革,而工者不能移。兵所自来者久矣,黄、炎故用水火矣,共工氏固次作难矣,五帝固相与争矣。

先秦只有"黄炎"一词,说明人们都清楚黄帝和炎帝是兄弟关系,而不是炎帝所生活的时代先于黄帝。直到西汉末年,也不见文献有"炎黄"一词。"炎黄"一词,最早见于《汉书·魏豹田儋韩王信传》的赞语:"周室既坏,至春秋末,诸侯耗尽,而炎黄唐虞之苗裔尚犹颇有存者。秦灭六国,而上古遗烈扫地尽矣。"(《汉书》卷二十八)班固是东汉人,写作《汉书》时,刘歆的五德终始说已经得到官方大力推崇,"炎黄唐虞之苗裔"一词就是根据刘歆的伪史而成。尽管此后所谓"炎黄子孙"被普遍接受,甚至有"炎帝有天下,以传黄帝"(《越绝书·计倪内经》)之说。但"黄炎"之称依然被一些学者所肯定:如马融《广成颂》:"自黄炎之前,传道罔记;三五以来,越可略闻。"(《后汉书·马融列传》)龚自珍言黄帝炎帝,也是黄帝在先,炎帝在后,称之为"黄炎":"古之有姓氏有谱系者,必公卿大夫之族,尽黄炎之裔,姬姜子姒,嬴芉之人也。若夫草莽市井之人,丛丛而虱虱,不出于黄炎,其先未尝有得姓受氏之荣也。"(《定盦文集》续集卷四)这说明黄炎之称,在炎黄之称通行后,并没有消失,黄帝与炎帝的兄弟关系仍被马融、龚自珍等宿学所知晓。

二、黄帝是中华民族融合的始祖

根据《国语·晋语四》的记载,黄帝与炎帝都是少典与有蟜氏的儿子,黄帝以姬水成,故以姬为姓;炎帝以姜水成,故以姜为姓。神农末期,黄帝、炎帝成为两大部落的首领,两个部落之间发生了著名的涿鹿(一说阪泉)之战。关于这次大战,古代许多文献都有记载:

> 轩辕之时,神农氏世衰。诸侯相侵伐,暴虐百姓,而神农氏弗能征。于是轩辕乃习用干戈,以征不享,诸侯咸来宾从。而蚩尤最为暴,莫能伐。炎帝欲侵陵诸侯,诸侯咸归轩辕。轩辕乃修德振兵,治五气,艺五种,抚万民,度四方,教熊罴貔貅貙虎,以与炎帝战于阪泉之野。三战然后得其志。蚩尤作乱,不用帝命。于是黄帝乃征师诸侯,与蚩尤战于涿鹿之野,遂禽杀蚩尤。而诸侯咸尊轩辕为天子,代神农氏,是为黄帝。天下有不顺者,黄帝从而征之,平者去之,披山通道,未尝宁居。(《史记·五帝本纪》)

> 兵之所由来者远矣!黄帝尝与炎帝战矣,颛顼尝与共工争矣。故黄帝战于涿鹿之野,尧战于丹水之浦,舜伐有苗,启攻有扈。自五帝而弗能偃也,又况衰世乎!(《淮南子·兵略训》)

> 黄帝者,炎帝之兄也。炎帝无道,黄帝伐之涿鹿之野,血流漂

杵，诛炎帝而兼其地，天下乃治。(《新书》卷第一)

炎帝者，黄帝同父母弟也，各有天下之半。黄帝行道，而炎帝不听，故战涿鹿之野，血流漂杵。(《新书》卷第一)

(黄帝) 与赤帝战于阪泉之野。三战，然后得行其志。(《大戴礼记·五帝德》)

黄帝与炎帝争为天子，教熊罴貔虎以战于阪泉之野，三战得志，炎帝败绩。(《论衡》卷第二)

这些明确讲黄帝与炎帝之战的文献，都出自汉代及其以后。但有两种不同的说法，汉代贾谊、刘安以为黄帝与炎帝战于涿鹿之野，司马迁、戴德、王充以为黄帝与炎帝战于阪泉之野。这两种说法，司马迁的说法更为有据。《左传》载（晋文侯）"使卜偃卜之，曰：'吉，遇黄帝战于阪泉之兆。'"（《春秋左传注疏》僖公二十五年）尽管这里没有讲黄帝与谁战，但讲到阪泉是黄帝大战的地方，这说明在春秋时期就已经有黄帝战于阪泉之说。司马迁著《五帝本纪》，不仅参考各种古文献，还实地访问了各地的长老，他说："学者多称五帝，尚矣。然《尚书》独载尧以来；而百家言黄帝，其文不雅驯，荐绅先生难言之。孔子所传宰予问五帝德及帝系姓，儒者或不传。余尝西至空桐，北过涿鹿，东渐于海，南浮江淮矣，至长老皆各往往称黄帝、尧、舜之处，风教固殊焉，总之不离古文者近是。予观《春秋》《国语》，其发明五帝德、帝系姓章矣，顾弟弗深考，其所表见皆不虚。书缺有闲矣，其轶乃时时见于他说。非好学深思，心知其意，固难为浅见寡闻道也。余并论次，择其言尤雅者，故著为本纪书首。"（《史记·五帝本纪》）可见，司马迁亲自到涿鹿考察过，若黄帝与炎帝大战于涿鹿，司马迁在涿鹿走访时，应该有所闻，但司马迁说黄帝与炎帝发生大战的地方是阪泉，涿鹿是黄帝与蚩尤大战的地方。所以，在两种说法中，黄帝与炎帝战于阪泉较为可信。

根据司马迁的说法，黄帝与炎帝的战争发生在阪泉，涿鹿之战是黄帝讨伐蚩尤的战争，这是两次性质不同的战争。《庄子·盗跖》说：黄帝"与蚩尤战于涿鹿之野，流血百里"。《新书》说涿鹿之战"血流漂杵"，显然是从《庄子》之语变化而来，但将蚩尤误作炎帝。司马迁说阪泉之战"三战然后得其志"。这应该是中国历史上两次十分惨烈的大战。黄帝、炎帝、蚩尤是远古中华大地上三个最强大的部落，这两次战争都以黄帝获胜结束，根据贾谊、司马迁的说法，黄帝能够取得胜利，是因为黄帝修德、行道，得到其他部落人民的拥护，炎帝、蚩尤的失败是因为无道、作乱，失去人心。所以，黄帝的胜利，是文明对野蛮的胜利，并没有导致炎帝、蚩尤部落被消灭，而是被融合。融合是以胜利者黄帝为主导，对炎帝部落和蚩尤部落的融合，说黄帝是中华民族融合的始祖，根据就在于此，中华民族应称黄炎后裔，其历史根源就在这里。

通过对炎帝、蚩尤的战争，奠定了黄帝在中国历史上融合中华民族的始祖地位。远古中华大地上存在不同的部族，这些部族之间相互缺乏联系，各自相对独立地分离，缺乏统一的民族与文化认同。这些不同部族能够最终融合为中华民族，认同中华文化，黄帝这两次大战起到了极大的作用。因此，在传世文献中，有不少关于黄帝与万国的记载：

《史记》云：黄帝置左右大监，以监万国。(《御定渊鉴类函》卷六十)

黄帝方立万国，帝营始置九州。(《群书考索》卷五十九)

昔黄帝旁行天下，分建万国。(原注：神农氏末，诸侯相侵伐，暴虐百姓，黄帝既为天子，天下有不服者，从而征之，平者去之，置左右大监，监于万国。)(《通典》卷三十一)

昔黄帝方制天下，立为万国，《易》称：首出庶物，万国咸宁 (原注：盖举其大数)。(《文献通考》卷三百十五)

所谓万国之国，并不是现代人理解的国家，而是指古代的部族；万国之万，也只是表示有较多部族，而不可能有上万之多。从《左传》《国语》记载春秋时期的国家数量，主要的国家只有十多个就可以知道这一点。在古代文献所说的远古帝王中，黄帝是第一位被如此多叙及与万国关系的帝王，这些所谓黄帝立万国、建万国的记载，并不是说各部族都是黄帝所设立，而是隐含了黄帝通过两次大战，统一了华夏大地各部族的历史印迹。康有为在《民功篇》中说："人道求美，人道求乐。宫室舟车、衣服文字、历数伎乐、什器礼治，皆以乐民。宫室舟车、衣服文字、历数伎乐、什器礼治，皆创于黄帝。其佐臣皆神灵，统一中国自黄帝。中国有人民四千年，皆用黄帝制度乐利，实万王民功之魁。"康有为的中国统一始于黄帝说，正是对黄帝通过两次大战，统一了华夏大地各部族的肯定。历史是胜利者的历史，炎帝作为失败者，绝不可能起到一统华夏民族的作用。称谓某一民族只能以胜利者命名，决不能将失败者置于胜利者之前,炎黄之称恰好将失败者置于胜利者之前,这是对历史的讽刺。

三、黄帝是中国氏族众多姓氏之祖

同时,黄帝对炎帝、蚩尤作战的胜利,为形成以黄帝一族为主的中华民族奠定了基础。在历代文献中,后来的许多帝王、诸多姓氏都可以追溯到黄帝一族:

> 凡黄帝之子,二十五宗,其得姓者十四人为十二姓。姬、酉、祁、己、滕、箴、任、荀、僖、姞、儇、依是也。唯青阳与苍林氏同于黄帝,故皆为姬姓。(《国语》卷第三)

> 黄帝二十五子,其得姓者十四人。(《史记·五帝本纪》)

> 张夫子问褚先生曰:"《诗》言契、后稷皆无父而生。今案诸传记咸言有父,父皆黄帝子也,得无与《诗》谬乎?"孔子曰:昔者尧命契为子氏,为有汤也。命后稷为姬氏,为有文王也。大王命季历,明天瑞也。太伯之吴,遂生源也。天命难言,非圣人莫能见。舜、禹、契、后稷,皆黄帝子孙也。黄帝策天命而治天下,德泽深后世,故其子孙皆复立为天子。是天之报有德也,人不知以为汜从布衣,匹夫起耳。夫布衣匹夫,安能无故,而起王天下乎?其有天命然。(《史记集解》卷十三)

> 后尝问诸儒言氏族,皆本炎黄之裔,则上古无乃百姓乎?(张)说曰:"古未有姓,若夷狄然。自炎帝之姜、黄帝之姬,始因所生地而为之姓,其后天子建德,因生以赐姓黄帝二十五子而得姓者十四。德同者姓同,德异者姓殊。其后或以官,或以国,或以王父之字,始为赐族,久乃为姓。降唐虞,抵战国,姓族渐广,周衰列国既灭,其民各以旧国为之氏,下及两汉,人皆有姓。故姓之以国者,韩、陈、许、郑、鲁、卫、赵、魏为多。"(《新唐书》卷一百二十五)

这些记述认为从颛顼到三代,都是黄帝一系的居于帝王之位,褚少孙补《三代世表》就以颛顼为黄帝子孙,帝喾为黄帝三世孙,帝尧为黄帝四世孙,虞舜为黄帝九世孙,夏商周三代君王也以黄帝多少世为说,都被说成是黄帝子孙。东汉的王充就说:"五帝、三王皆祖黄帝;黄帝圣人,本禀贵命,故其子孙皆为帝王。"(《论衡》卷第三)不少圣贤、名族大家也都是黄帝之后,如契、后稷等是黄帝子孙,蜀王、汉代大将军霍光也是黄帝后世。这些记载皆见于《三代世表》。宋代赵氏王朝也以黄帝为赵姓的始祖。张说答武则天问更是以为历代大家名族多为黄帝之后。《元和姓纂》载,公孙、资、夷鼓、元、任、董、辅、采、苟、路、敬、祝、薛、拓跋、翟、酈等姓皆为黄帝之后。不仅历史上的许多汉族溯源黄帝,一些少数民族也攀附黄帝,如"匈奴、氐族贵族竞相表达对黄帝的尊崇,鲜卑族贵族更是以黄帝子孙自居……甚至有斛斯人自称是黄帝之后,粟特人自称是夏后氏之后,焉耆人自称是少昊之后。各族各姓争相溯源至黄帝。"① 以至于有人说:"中华姓氏主要源自黄帝谱系"②,这是有道理的。

除黄帝外,炎帝一系也是构成中华民族最重要的一族,并与黄帝一族长期保持着联盟或婚姻关系。在与蚩尤的战争中,据《逸周书·尝麦解》,黄帝与炎帝有结盟关系,在周取代商的战争中,有姬姓与姜姓的合作,周王朝成立之初的封邦建国,齐国就是因姜太公的功绩而建立的。炎帝的姜氏及其分支也一直是古代名族大家较多的一系。但总体说来,炎帝姜氏远不如黄帝姬姓一族繁盛,这也是中华民族不宜称为炎黄子孙、炎黄后裔,而应该称为黄炎子孙、黄炎后裔的原因。

正因为黄帝对中华民族的统一与形成所起的巨大作用,所以从先秦到清代都有不少关于黄帝的文献记载。刘宝才教授《黄帝文化的文献通考》梳理历代记载黄帝事迹的主要文献:《国语》《左传》《逸周书》《竹书纪年》《世本》《穆天子传》《庄子》《管子》《尸子》《吕氏春秋》《新书》《淮南子》《史记》《大戴礼记》《汉书》《白虎通义》《论衡》《列仙传》《列子》《古史考》《帝王世纪》《古今注》《抱朴子》《孙绰子》《博物志》《搜神记》《拾遗记》《晋书》《北史》《魏书》《太白阴经》《广黄帝本行记》《中华古今注》《黄治通鉴外传》《稽古录》《路史》《轩辕黄帝传》《日下旧闻考》,有近 40 部之多。检索《学衡》网页,黄帝一词有一万多个页面,而炎帝只有 3311 个页面,不到黄帝的三分之一。可以说,三皇五帝中有如此多文献记载的,唯黄帝一人而

---

① 陕西省黄帝陵文化园区管理委员会(陕西省公祭黄帝陵工作委员会办公室)、西北大学中国思想文化研究所编:《中华五千多年文明与民族伟大复兴学术交流会论文集》,西安:西北大学出版社,2018 年,第 62-63 页。

② 王震中:《炎黄文化研究》第 19 辑,郑州:大象出版社,2019 年,第 7 页。

已。这是应称黄炎,而不是炎黄的文献依据。

四、黄帝是中华人文始祖

人文始祖是现代人对黄帝在文化贡献方面的尊称。《四库全书》没有人文始祖一词,只有人文一词,见于《周易》贲卦的象辞:"刚上而文柔,故小利有攸往,天文也;文明以止,人文也。观乎天文,以察时变;观乎人文以化成天下。"(《子夏易传》卷三)据说子夏的解释是:"观其天文,可以敬授人时,察其人文,可以自己,而化成天下治也。"(《子夏易传》卷三)王弼注:"解天之文,则时变可知也;解人之文,则化成可为也。"(《周易注疏》卷四)贲卦上经卦为艮,艮为山;下经卦为离,离为火,为山下有火之象。孔颖达疏:"文明,离也;以止,艮也。用此文明之道,裁止于人,是人之文德之教,此贲卦之象。既有天文、人文,欲广美天文、人文之义,圣人用之以治于物也。"《辞海》说:"人文指人类社会的各种文化现象。"这是广义的人文之义。就《易经》所说的人文而言,含义更为深刻。《易经》所谓的人文有一个特点,就是人文是本于天文,相对天文而言的。因此,子夏、王弼皆将天文与时变,人文与化成联系为说,孔颖达更以"用此文明之道,裁止于人"来解说。据此而论,古代传统文化所说人文就是"文明之道"或"文德之教"。这个"文明之道"或"文德之教"不是简单地讲人文,而是将人文上升到"道""教"的高度,是本于天文的人文,这是中国文化所讲人文的重要含义。康有为说:"凡生民千制百学,至黄帝而大备,后世加者寡矣。"(《康有为全集·民功篇》(第一卷))生民的千制百学,就是人文的具体化,千制百学大备于黄帝,正是对黄帝作为中华人文始祖的肯定,康有为的《民功篇》之黄帝篇正是迄今为止对于此论最为全面的论说。

现代有关中华文化研究的论著,关于人文始祖有多种说法。有的说包括有巢、燧人、伏羲、神农氏、黄帝等,有的认为是伏羲、神农、黄帝三人,有的只讲伏羲,但讲得最多的是黄帝。这些说法都有一定的道理,但从文教的人文意义上说,只有黄帝最配得上称人文始祖,这可以从两个方面来说明。

第一,古代的各种文献记载表明,黄帝是三皇五帝中唯一有诸多著述,其思想被称为黄帝之道的君王。古代人文的"文明之道"是本于天,在人世间的化成,但其文明最重要的体现只能是依赖文字而写成的著作。人类各民族的文明都是通过著作的形式来表达其精神智慧,并借著作而得以保存流传的。据《汉书·艺文志》记载,黄帝名下的著作有12类20部之多,其中属道家的有《黄帝四经》4篇、《黄帝铭》6篇、《黄帝君臣》10篇、《杂黄帝》58篇;阴阳家有《黄帝泰素》20篇;小说家有《黄帝说》40篇;阴阳有《黄帝》16篇;天文有《黄帝杂子气》33篇;历谱《黄帝五家历》33卷;五行有《黄帝阴阳》25卷;《黄帝诸子论阴阳》25卷;杂占有《黄帝长柳占梦》11卷;医经有《黄帝内经》18卷;经方有《泰始黄帝扁鹊俞拊方》23卷、《神农黄帝食禁》7卷;房中有《黄帝三王养阳方》20卷;神仙有《黄帝杂子步引》12卷、《黄帝岐伯按摩》10卷、《黄帝杂子芝菌》18卷、《黄帝杂子十九家方》21卷。这些著作有的流传至今,如《黄帝内经》;但大多已经失传,有的在当代通过文物考古,而得以重见天日,如1973年在长沙马王堆汉墓出土的帛书《经法》《十大经》《称经》《道原经》,经过学术界的研究,证明就是失传的《黄帝四经》。

  第二,这些著作都不是黄帝所著,而是托名黄帝。如《黄帝泰素》,据刘向《别录》,当为"六国时韩诸公子所作","言阴阳五行以为黄帝之道也,故曰《泰素》"(《汉书》卷二十七下之下)。虽然只是托名黄帝,但道家、阴阳家、小说家、阴阳、天文、历谱、五行、杂占、医经、经方、房中、神仙等皆托名黄帝,足以证明黄帝的影响之大,已经成为各家公认的文化偶像。而且这些著作在历史上产生了巨大的影响,如《黄帝内经》一直是中医信奉的经典,对两千多年的中国中医学的发展具有奠基与指导作用;而以《黄帝四经》作为经典的黄老之学,在中国文化史上具有重要历史地位与重大影响。黄老之学以黄帝排列在老子之前,这种排列顺序表明黄帝之学在黄老之学中居于领先的地位。黄老之学不仅是齐国稷下学宫的显学,而且影响到诸子百家的许多代表性人物。《史记·老子韩非列传》说,申不害"本于黄老而主刑名",韩非"喜刑名法术之学,而其归于黄老";《史记·孟荀列传》说,慎到、田骈、接子、环渊"皆学黄老道德之术";蒙文通先生说:"百家盛于战国,但后来却是黄老独盛压倒百家。"[①] 这是对黄老之学在先秦历史上地位与文化影响的准

---

① 蒙文通:《略论黄老学》,载《古学甄微》(《蒙文通文集》第1卷),成都:巴蜀书社,1987年,第276页。

确说明。为适应西汉初期与民休息的政治需要，黄老之学还在一段时期内成为官方的统治思想，产生过重大的历史作用，从而有文景之治的历史盛世。汉武帝即位之初，黄老之学依然盛行，以至于"窦太后好黄帝、老子言，帝及太子诸窦不得不读黄帝、老子，尊其术"（《史记·外戚世家》），《史记》《汉书》中有详细记载。关于黄帝著作与黄帝之学的这些相关记载，在三皇五帝的其他人物中是绝无仅有的，说明黄帝在文化上的贡献之巨大，黄帝理所当然地应该是中华人文始祖。

与这一现象相关的是，第一，从先秦到汉代出现了不少引用《黄帝书》、黄帝言的记录。如：

《黄帝书》曰："谷神不死，是谓玄牝。玄牝之门，是谓天地之根。绵绵若存，用之不勤。"故生物者不生，化物者不化。自生自化，自形自色，自智自力，自消自息。谓之生化、形色、智力、消息者，非也。（《冲虚至德真经》卷第一）

《黄帝书》曰："形动不生形而生影，声动不生声而生响，无动不生无而生有。"（《冲虚至德真经》卷第一）

《黄帝书》："泰帝使素女鼓瑟而悲，帝禁不止，故破其瑟为二十五弦。"（《风俗通义》第六）

《黄帝书》："上古之时，有荼与郁垒昆弟二人，性能执鬼。度朔山上章桃树，下间阅百鬼，无道理，妄为人祸害，荼与郁垒缚以苇索，执以食虎。"（《风俗通义》第八）

黄帝有言曰："上下一日百战。"（《韩非子》卷二）

黄帝曰："日中必熭，操刀必割。"（《汉书》卷四十）

黄帝曰："道若川谷之水，其出无已，其行无止。"（《韩非子》卷二）

此外，吕不韦在《吕氏春秋·季冬纪·序意》中说他"尝得学黄帝之所以诲颛顼"。

《列子》是道家经典，《韩非子》是法家经典，《吕氏春秋》是杂家经典，《新书》《风俗通义》是儒家经典，这些不同学派的著作都引《黄帝书》、据黄帝言为说。某一论著能够被大量引用，往往是带有经典性质的文献，一个人的言论被引以为说，这个人多是被视为有智慧的圣贤，从古至今，皆是如此，古代尤为严格,说明了黄帝在先秦汉代的文化中具有崇高地位。

第二,黄帝的这些著作与言论,还被抬高到道的高度,而有"黄帝之道"一词的出现:

> 颜渊东之齐,孔子有忧色。子贡下席而问曰:"小子敢问:回东之齐,夫子有忧色,何邪?"孔子曰:"善哉汝问!昔者管子有言,丘甚善之,曰:'褚小者不可以怀大,绠短者不可以汲深。'夫若是者,以为命有所成而形有所适也,夫不可损益。吾恐回与齐侯言尧、舜、黄帝之道,而重以燧人、神农之言。彼将内求于己而不得,不得则惑,人惑则死。"(《南华真经注疏》卷二十)

> 昔者帝颛顼年十五而佐黄帝,二十而治天下。其治天下也,上缘黄帝之道而行之,学黄帝之道而常之。昔者帝誉年十五而佐帝颛顼,三十而治天下。其治天下也,上缘黄帝之道而明之,学帝颛顼之道而行之。(《鹖子·数始五帝治天下第七》)

> 故黄帝之道,义经天地,纪人伦,序万物以信与仁为天下先,然后济东海,入江内,取绿图而济积石,涉流沙登于昆仑。于是还居中国,以平天下,天下太平,唯躬道而已。帝颛顼曰:"至道不可过也,至义不可易也,是故以后者复迹也。故上缘黄帝之道而行之,学黄帝之道而赏之,加而弗损,天下亦平也。"(《新书》卷第九)

> 帝誉曰:"故士缘黄帝之道而明之,学帝颛顼之道而行之,而天下亦平矣。"(《新书》卷第九)

> 武王践阼三日,召士大夫而问焉,曰:"恶有藏之约、行之行,万世可以为子孙常者乎?"诸大夫对曰:"未得闻也!"然后召师尚父而问焉,曰:"昔黄帝、颛顼之道存乎?意亦忽不可得见与?"师尚父曰:"在丹书,王欲闻之,则齐矣!"(《大戴礼记》卷六)

由上可见,先秦时期的《庄子》《鹖子》,西汉贾谊的《新书》、戴圣的《大戴礼记》中都有"黄帝之道"之语。刘向《别录》解释《黄帝泰素》的得名,也以"黄帝之道"为说;郑玄注《易·系辞》"黄帝、尧、舜垂衣裳",也据黄帝之道为解:"金天、高阳、高辛遵黄帝之道,无所改作,故不述焉。"这说明在先秦及至汉代,已经出现了用"黄帝之道"表彰黄帝学说的现象,而且得到较为广泛的认可。

关于"黄帝之道"的出现,葛志毅在《黄帝对上古文明的创制贡献》一文中评价说:

"黄帝之道"的概念,说明中国古代认为,关于施政化民的政教设施、制度文明等因素的出现,由来已久,应该从黄帝之世已经有其发端。与"黄帝之道"相关,《汉书·艺文志》著录了诸多黄帝君臣名下的经籍,包括诸子略道家、阴阳家、小说家,兵书略阴阳,数术略天文、历谱、五行、杂占,方技略医经、经方、房中、神仙等,层面广博,内容丰赡。固然其中大多可能出于后世依托,但无疑应该有较多可由黄帝之世引出其端绪的思想文化因素。①

这是对"黄帝之道"的内容与意义的深刻论说。更进一步说,被认为具有"道"意义的学说,在中国传统文化中往往带有至高无上的经典意义,如儒学有孔孟之道之称,道学有老庄之道之称。先秦汉代关于黄帝之道的定位也是从这一高度来评定的,特别是贾谊以为黄帝之道义经天地,具有平天下的功效,借颛顼、帝喾之语,说黄帝之道不可过、不可易,具有平天下的绝对意义,都与经学时代称颂的经学常道相吻合。

黄帝这一文化始祖的历史地位,司马迁在《史记·历书》中有明确说明:

太史公曰:"盖黄帝考定星历,建立五行,起消息,正闰馀,于是有天地神祇物类之官,是谓五官。各司其序,不相乱也。民是以能有信,神是以能有明德。民神异业,敬而不渎,故神降之嘉生,民以物享,灾祸不生,所求不匮。"

《国语》中讲民神异业是颛顼,司马迁则以黄帝为说,而根据贾谊等人的说法,颛顼、帝喾都是遵循黄帝之道的,所以司马迁的说法更有理有据。民神异业与绝地天通的天人之分是密不可分的,是人开始自觉与神相区分的人文精神出现的标志,司马迁将其归属黄帝,正是以黄帝为人文始祖的说明。

一个民族得以存在和发展的根本在文化,从黄帝为中国文化的人文始祖来说,中华民族也应称为黄炎民族,而不是炎黄民族。

---

① 葛志毅:《黄帝对上古文明的创制贡献》,《湖南科技学院学报》,2017年第3期。

黄帝时代与早期中国文明

葛承雍

中华炎黄文化研究会副会长、中国文化遗产研究院教授

黄帝时代，人文初祖，记载繁多，众说纷纭，年代难定，跨度自公元前4660年到公元前2599年，传统推定为公元前3000年至公元前2700年。目前随着早期考古的进展，从惊世露面的距今一百万年的湖北郧县人到稻作文明起源的距今万年的浙江浦江上山，从骨笛声悠的新石器贾湖到距今5000多年的王国良渚古城，从"王者之城"陕西石峁到"初露王气"的河南二里头，从安阳甲骨文发现地殷墟到成都平原古蜀之光三星堆，中华文明探源工程、"考古中国"重大项目的研究成果等，正在以前所未有的"实证"叙说着早期中国文明。

按照苏秉琦《中国文明起源新探》一书所说，中国是超百万年的文化根系，上万年的文明起步，五千年的古国，两千年的中华一统实体。现在总结为一百万年人类史、一万年文化史、五千多年文明史。见诸大小报刊的宣传。

这些都说明我们中华优秀文化源远流长，但是，考古学家不能将分析结果作为事实。研究黄帝时代的中国早期文明，文物、文献和文字承载的历史必须结合在一起研究，我们追忆、重建黄帝时代的古代社会时，必须使用人类学、考古学、历史学、社会学、生理学和自然科学方法获得的诸种信息，考古学的材料只是提供了一个框架。

一

黄帝时代的早期中国文明以原始农业和畜牧业的产生为主要标志、以磨制石器为概念表达的新石器时代，其出现推测是一万年文化史的发端。农业、畜牧业是古代人类在旧石器时代漫长的生存实践中摸索创造出来的重大发明，是对自然界的规律性发现，也是人类社会发展史上具有划时代里程碑意义的重大

事件，而黄帝时代具有新石器时代最本质的特征。人们从此可以过上自主选择环境的定居式生活。

现代人看似简单的一步，人类实际上走了几百万年。

从农业考古看，考古发现和多学科综合研究表明，浙江浦江上山遗址距今约1万年的炭化稻米是我国迄今发现最早的人工栽培稻；距今6000年前后，不论是长江流域的稻作农业还是黄河流域的粟黍旱作农业，农耕生产均逐步取代了采集狩猎成为生业经济的主体；至迟在距今5500年前后，以农业生产为主导的农业社会正式建立。

从动物考古看，河北徐水县南庄头遗址出土的距今1万年前后的狗是我国迄今发现最早的家畜；河南舞阳县贾湖遗址发现的大约9000年前的猪是目前所知我国最早的家猪；我国目前所知最早的家养绵羊出现在距今5600—5000年的甘肃和青海一带；黄牛作为家养动物的起始时间至迟在距今4500—4000年，发现地域涉及黄河中下游地区；齐家文化发现的马骨暗示在甘青地区距今3700年左右存在驯化的马，家养山羊基本同时出现；距今3600年前后已经存在家鸡。

黄帝时代是中国传统的农业精神产生的起源，与原始农业、畜牧业基本同时出现的是以磨制为特征的石器加工业和制陶业，农耕定居成为人们的主要生产生活方式。但这对古代游牧民族是否产生了深远的影响，并不清楚。这些涉及早期中国文明的特性，成为海内外学术界引人注目的热点。

国际学术界曾依据两河流域文明和古埃及文明的特征，概括出文字、冶金术和城市为文明社会的标准，称之为"文明三要素"。如果依据西方学术界这样的标准，在目前中国考古发现中只能追溯到约3300年的历史，只能从发现甲骨文的商代才开始算进入文明。中国一些学者通过良渚、陶寺、石峁、石家河、二里头等遗址的考古探源，归纳出即使没有文字发现，也可辨识出进入文明社会的关键特征，例如史前农业发展、手工业技术进步、人口集中形成早期城市，社会分化形成贵族阶层，出现金字塔式的"王"，王权的管理机构，尤其是"国家"的出现是文明产生最根本的标志，认为中国这些特殊性符合早期中国文明的状况，但这种文明起源和文明标尺引起了广泛的争论与"全球普世规律"的讨论。

有人用文化基因和发展的连续性来说明"古国""酋邦"与中国文明的起

源。有人宣称陕西石峁不仅是黄帝的都城，而且是亚洲内陆的心脏，是"所有世界"的交汇点。也有人声称万年之前新石器时代中国先民就已烧制出目前所知世界最早的陶容器并开始向世界传播。最近又有研究早期中国的考古专家宣称甘肃庆阳南佐是新石器时代亚洲最大的都城。距今近8000年的长江中游高庙文化白陶器上的神鸟表现出中国先民的"天极宇宙观"。为了说明中国与世界文明产生的不同，又用玉器时代和礼玉制度、龙的象征形象、天人关系的独特宇宙观等等，强调中国不能照搬其他文明的固有"标准"。

近几年来炒作得很火的三星堆有无国家的结构和特征，其社会组织演进是否为华夷交融模式，是否来自殷墟和二里头，各种猜想往往令人找不着头绪。例如，三星堆存续年代为公元前3000—公元前1000年，殷墟为公元前1000—公元前1046年；三星堆城墙始建于公元前2100年，殷墟无城墙；玉器数量殷墟2300件，三星堆2000件；牙璋数量三星堆40件，殷墟只有1件。现在非要以三星堆来自中原殷墟表明"大一统"，本身就令人怀疑了。

安阳文物局局长李晓阳说殷墟的发现将中国信史上推了1000年。他在2024年3月中央台新闻报道中说："我们上世纪二三十年代的时候，中国人基本上失去了文化自信，特别是知识分子，就认为东周之前无信史，五千年历史那都是胡说的，有了殷墟的发现把中国的信史上推了1000年，重拾了我们的历史自信和文化自信。"对此，我们不愿作过度的解读，不过他说的知识分子恐怕带有蔑视侮辱性。

中华文明特别是黄帝时代的上古文明不必生搬硬套其他文明的标准，但也不能无标准地任意拓宽，基本观念还是应该有的。随意修改国际公认的标准，既容易走偏路，又容易与世界文明起源格格不入。一个地域过小的单个城址能不能承受文明这个称号颇令人怀疑，我们现在列出的中国境内的一系列作为文明体的遗址，其实并没有较大的地理覆盖面，不存在文明地域范围的普遍化。

二

我认为认识黄帝时代的早期中国，应该有世界眼光，将中华文明五千年放在全球文明史中，用世界史眼光看待其兼收并蓄的交流互动。由于地理环境的限制，早期中华文明与两河流域、古埃及、古希腊、古罗马之间阻隔着高山峻岭、沙漠戈壁等天然屏障，现在考古还很难找出确凿的证据，欧亚之间一些早

黄帝与黄帝文化

期文明交流的证据也不充分，胡编硬凑什么"史前丝绸之路"只能留下历史的笑柄。

近几年社会上打着"爱国"旗号的西方伪史论者，他们中的部分人怀疑某些地中海周边的文物是假的，从而认定欧洲历史大部分造假，甚至有人宣称整个世界史，除了中国历史，都是假的或伪造的。西方伪史论者在不认识埃及、两河流域文字的情况下，就开始全面否定这些地区的文化。这不仅是荒诞，简直就是胡闹出丑，严重影响了中国学术界的声誉，损毁了国家形象。

例如，幼发拉底河、底格里斯河流域早在公元前4000年上下就产生了辉煌的远古文明。那里第一个被证实的灌溉文明是苏美尔人创立的。他们来自两河北部的山区。有很多学术文献可提供证据，苏美尔文明的上限大约在公元前4800年。而更早的遗存显示，早在公元前6000年，就有奥贝德文化在这里萌芽，博物馆里有那个时期的系列陶罐。苏美尔文明后来消亡了，究竟是气候原因，还是战乱兵祸、人口迁徙等原因不得而知，就像历史上很多其他文明一样转瞬消失。因而很多伪史论者直接说，也不知道哪里来的苏美尔人，后来去哪里了也不知道。试图混淆视听，为否定苏美尔文明做铺垫。其实苏美尔人在两河南部存在了2000年，遗存很多，埃利都、基什、乌鲁克、乌尔、温马，都有考古发掘成果呈现。

尤其是古埃及人以其卓越的智慧创造了起源于绘画的象形文字，这一文字包括表意符号、表音符号和没有元音的所谓字母符号，后来还派生出僧侣体和世俗体文字，并从公元前4000年大约流行到公元4世纪。古埃及的象形文字体系是世界上最古老的文字之一，它对外部世界的其他文字，诸如源于西亚的腓尼基字母文字的形成，以及在腓尼基字母基础上演变而来的阿拉米字母、希腊字母和拉丁字母都产生了重大影响。如果对人类的这些文字都不承认，都说是假的、伪造的，睁着眼睛说瞎话，只能被人耻笑。

金字塔、卡纳克神庙、帝王谷、美农巨像等这些数千年前的瑰玮璀璨的历史遗存，不仅体现了古埃及人对宗教的寄托，更展示了其超凡的想象力和创造力。而在科技领域，古埃及发达的数学、几何学、建筑学、天文星象学和医学等，无不浓缩着古埃及人对人类文明的贡献。因此，一些人否定这些人类文明的真正精华，批判别人搞历史虚无主义，结果自己却大搞混淆是非的历史虚无主义。

正因为我们缺少看世界的眼光,从古至今多次错过了认识世界文明的机会,应该说 2000 多年来,我们并不清楚两河流域以及亚欧早期文明起源的信息,一直沉浸在自己"中州"天下观,或者"九州"世界观的认识中,沉浸在五千年的中华文明独立发展论中,中国就是天下的中心,中国是天下最大的王国,周边都是非常小的蛮夷之国,而与其他文明不进行对比就不能更好地认识自己文明的起源。

文明是说人类社会脱离了原始的蒙昧和野蛮状态而发展到一种高级水平,早期文明的人类社群很难说已演变成一种复杂的社会组织。文明出现的标志,包括文字的诞生、青铜器的使用、城市的兴起、私有制的起源、阶级的形成、国家的产生等,都在一定程度上与"复杂的社会组织"相关。虽说确实有很多早期的发明创造是后世附会上的,但扬言都是假的伪作,甚至说早期文明不存在,则是无视人类历史和文明发展史的胡言乱语,只能是贻笑大方。

应该承认世界各地的文明起源问题是最难回答的,包括地球生命进化的轨迹,生命是如何起源甚至是何时何地开始的至今也没有搞清楚。古往今来无数智者在文明的起源问题上倾注了毕生心血,中国研究早期文明的考古学者也力图解释中国文明的来龙去脉,甚至将纯粹的科学问题变成探讨人生意义的哲学问题,有时还会提高到政治角度去考虑,各人依据自己的学术背景和擅长领域收集自己偏爱的证据,提出符合自己世界观、历史观的假说,或互相指责、否定对方的理论没有道理,这就容易剑走偏锋、漏洞百出,最终将很难得到正确的答案,因为我们没法穿越回黄帝时代,不可能亲眼见证文明产生最初的奇迹。

三

黄帝时代的早期中国"文化形象"现在已经上升到"国家形象",不仅是我们民族不可或缺的灵魂支柱,也是民族身份认同的根脉和国家形象塑造的坚实基础。在国际文化的交流传播中,早期中国的历史记忆与民族身份标识,成为海内外关注的热点之一,如果不能让学术界心服口服,就无法诠释和构建我们的"国家形象"。

1996 年,国家重点科技攻关项目"夏商周断代工程"启动。"武王伐纣"到底发生于何时?中外历史学者对此众说纷纭,形成了至少 40 种结论,最早的和最晚的前后相差了112年。运用碳-14测年的手段，历时三年反复测定，最终得出，"武王伐纣"可能发生的年代范围在公元前1050年到公元前1020年之间，将原来112年的可能范围缩短至30年。根据测定的年代范围，专家通过分析古文献和青铜器上的金文，结合当时的天象和历日，最终确定公元前1046年为武王伐纣的最优答案。官方通报这是"夏商周断代工程"取得的重大突破。但是这个结论并没有得到国际同行的承认。

  2002年春，国家启动了中华文明探源工程。该项目由科技部立项作为国家"十五"到"十四五"重大科研项目，涉及考古学、历史学和自然科学在内的20多个学科，60多个单位的400多位专家学者直接参加工程，到2022年5月，工程进行了整整20年。其中以距今5500—3500年的浙江良渚、山西陶寺、陕西石峁和河南二里头等都邑性遗址为探讨重点，并进一步扩展到黄河、长江和辽河流域的广大地区开展大规模考古发掘和周围聚落分布调查，试图通过多学科、多角度、多层次、全方位的手段对中华文明起源、形成与早期发展进行研究。对这20多年的考古成果，涉及文明的定义及相关概念，国内外学术界存在诸多分歧，见仁见智，众说纷纭，我们不必强求统一的答案。

  有人根据恩格斯关于"国家是文明社会的概括"的观点，提出进入文明社会的标准：一是生产发展，人口增加，出现城市；二是社会分工，阶层分化，出现阶级；三是出现王权和国家。即都邑、阶级、王权国家"新标准"。与文字、冶金术、城市"旧标准"相比似乎软性更多些，但是否符合中国历史和世界历史的发展规律，是否具有文明的普世价值，都需要未来的检验。

  考古学依据越来越多的出土资料对早期中国文明进行最新的阐释，力图打破原先古史记载的鸿蒙混沌，将追溯中华文脉和解读"文明中国"的时间轴线延伸至中华文明起源和形成的时期。这一愿望是好的与值得肯定的，但是进一步说距今五千多年前世界上只有很少的人群完成了伟大文明的创立，而中国独立地开启了文明进程，将文明与协和万邦的政治理想、大一统的治理体系相互融合，构建起了多元一体的文明型国家，并生机勃勃地绵延了5000多年。这种又把早期中国文明置于其他文明之上的做法，显然是井底之蛙、井中观天的"自大自傲"心态。

  多元一体、东西互补的中国文明圈的形成，经历了3000年的发展过程，不是一蹴而就的。在早期中国经济很不发达的时代，还谈不上兼收并蓄，同样在早期中国各族争夺也非常激烈，还说不上和平共存、融通共荣。至于上古文明中先民的天地交合、天人合一等思想观念还只是处于萌芽状态，远没有后世总结的那样完善。一些重大考古新发现说什么在西安米家崖发现5000年前的啤酒，又说在良渚发现9000年前的啤酒，还说良渚玉器制作直接受到凌家滩文化的影响，越说越玄，文明线路不明，证据链空白越来越多，令人哭笑不得。

文明的生命在于交流，交流的价值在于文明，文明交流是社会发展的动力。文明交往和互鉴给我们的深刻启示是，物质本源是人类的共同成果，文明的演化是一个从低级向高级逐步发展的动态变化过程，没有一种文明可以毫不流动地存续下去，所有文明都通过各种交流得到了丰富和激励。这也是历史发展的必然趋势。只是在探索文明产生的延长线时，要注意过度解读和信口开河，容易误导人们。

总之，黄帝时代的早期中国文明起源的梳理、提出、标准、概念、演变等，离不开考古探源的进步，也离不开与世界文明的对比。要证实中华文明五千年的起源和形成，是一个既复杂又漫长的系统工程，不可急功近利、草草抛出，需要我们在困惑中一步步探究、一代代递进。

炎黄时代与中华文明探源研究
——从"炎黄学"学科研究谈起

霍彦儒

宝鸡市社会科学院研究员、宝鸡炎帝与周秦文化研究会会长

炎黄学是一门由"学问之学"上升为"学科之学"的新兴学科。前者仅仅是将炎黄文化研究局限于"学问"研究,后者是在"学问"研究的基础上,通过教材、课程、教学、人才等建设,使其学科化,成为高校一门学科。简单地说,炎黄学是以炎黄文化为研究基础,科学化和系统化地开展学科化研究的一门综合性学科。炎黄学研究的对象是炎黄时代所发生的文化以及后世与炎黄相关的文化。其中,"炎黄时代所发生的文化"与中华文明探源所涉及的时代和文化可以说是基本一致的。所以,炎黄学与中华文明探源有着极其密切的关系。炎黄学为中华文明龙头之学、根祖之学、核心之学,又是中华民族之魂,中华文化之根,中华文明之源。因此,研究二者之间的关系,不仅对认知、自信炎黄学学科的建立有意义,同时也对认知、自信中华文明起源5000多年有重要而深远的意义。

一、炎黄时代定位及与考古学文化之对应

关于炎黄时代的定位问题一直是学术界比较关注的问题之一。炎黄学学科研究也不例外。炎黄学学科研究关于炎黄时代的定位主要有三种观点:

其一,《炎黄学概论》(以下简称《概论》)"绪论"四"炎黄时代的年代问题"一节,作者以"炎黄时代,是指炎帝族、黄帝族称雄的时代"[①],"黄

---

① 王震中:《炎黄学概论·绪论》,载李俊、王震中主编:《炎黄学概论》,北京:人民出版社,2021年,第28页。

帝之前为炎帝时期，黄帝时期加上炎帝时期就是炎黄时代"① 为论证基点，通过对《左传》《国语》《山海经》《史记》等文献的梳理提出："炎黄是紧接神农氏而来的一个时代。神农氏时代因与农业的起源联系在一起，所以我们在本书的第二章'炎帝'中将其划定在距今 12000—7000 年前的新石器时代前期（早期和中期）。那么炎黄称雄的时代当拟划在距今 7000—5000 年的新石器时代晚期，若以黄河流域的考古学文化为坐标的话，距今 7000—5000 年的范围属于仰韶文化时期，可称之为仰韶时代。就国家社会的演进而言，黄帝时期属于即将跨入国家社会的前夕，是走向国家社会的转型期。"② 明确定位炎黄时代为距今 7000—5000 年之间。与考古学上的仰韶文化相对应。

其二，《概论》第七章第二节"炎黄时代与相应的考古学文化及年代"在说到炎帝时代时，作者通过对新石器中晚期考古学和农耕、社会发展等状况、特征的考察，认为神农时代和炎帝时代为前后接续的两个时期，"年代分别为公元前 7000 年至公元前 4000 年和公元前 4000 年至公元前 3000 年，前后共跨越了 4000 年"。神农时代"相当于考古学上的新石器时代中期与晚期前段"③，炎帝时代相当于"新石器时代晚期后段"④。在说到黄帝时代时，作者通过对《周易》《世本》《史记》等历史文献的有关记载以及黄帝时代社会特征的分析提出，黄帝时代（五帝时代）的"具体年代大致在公元前 3500 年至公元前 2000 年"⑤。其中，黄帝时期"大致在公元前 3500 年至公元前 3000 年"⑥。这

---

① 王震中：《炎黄学概论·绪论》，载李俊、王震中主编：《炎黄学概论》，北京：人民出版社，2021 年，第 29 页。
② 王震中：《炎黄学概论·绪论》，载李俊、王震中主编：《炎黄学概论》，北京：人民出版社，2021 年，第 30 页。
③ 朱乃诚：《炎黄时代与中华文明的起源和形成》，载李俊、王震中主编：《炎黄学概论》，北京：人民出版社，2021 年，第 286 页。
④ 朱乃诚：《炎黄时代与中华文明的起源和形成》，载李俊、王震中主编：《炎黄学概论》，北京：人民出版社，2021 年，第 286 页。
⑤ 朱乃诚：《炎黄时代与中华文明的起源和形成》，载李俊、王震中主编：《炎黄学概论》，北京：人民出版社，2021 年，第 287 页。
⑥ 朱乃诚：《炎黄时代与中华文明的起源和形成》，载李俊、王震中主编：《炎黄学概论》，北京：人民出版社，2021 年，第 287 页。

一时期约为500年,"大部分与狭义的炎帝时代的后半段重合"①;颛顼和帝喾时期"大致在公元前3000年至公元前2400年"②;唐尧和虞舜时期"大致在公元前2400年至公元前2000年"③。从对应的考古学文化来说,黄帝时期大致相当于仰韶文化庙底沟类型末段;颛顼、帝喾时期大致相当于良渚文化的中期等;唐尧、虞舜时期大致相当于中原地区的陶寺早中期等。④

据以上所述,炎帝时代(狭义)与黄帝时代相连,作者认为炎黄时代为公元前4000年至公元前2000年。对应的考古学文化为仰韶文化的后段和龙山文化。但从中华文明起源的角度来说,作者实际上是把炎黄时代的年代置于公元前4000年至公元前3000年,前后约1000年。⑤ 比前面"绪论"所说炎黄时代前后延续2000年少了1000多年。

其三,《概论》第一章第二节第一小节"炎黄时代的断限",笔者依据考古学文化和有关专家学者的研究成果认为,炎黄时代大致不会超出新石器晚期即仰韶文化这个范围,即距今7000—5000年前后。若将炎帝时代与黄帝时代做一划分,炎帝时代为距今7000—5500年前后,黄帝时代为距今6500—5000年前后。若以炎黄二帝的"称雄"时代来说,以距今6000年为界,炎帝大概称雄于仰韶文化的前段(距今7000—6000年),距今6000—5500年为炎帝和炎帝族的衰落期;黄帝大概称雄于仰韶文化的后段(距今6000—5000年),距今6500—6000年是黄帝和黄帝族的孕育起源期。二者之间有1000多年的并存发展期,即"相济(挤)"联盟(或对抗)期。

若再将炎黄时代与整个新石器时期联系起来看,以早、中、晚、末四期划分新石器时代,那么,其早期(距今12000—8000年)和中期为前仰韶文化时

---

① 朱乃成:《炎黄时代与中华文明的起源和形成》,载李俊、王震中主编:《炎黄学概论》,北京:人民出版社,2021年,第287页。
② 朱乃成:《炎黄时代与中华文明的起源和形成》,载李俊、王震中主编:《炎黄学概论》,北京:人民出版社,2021年,第288页。
③ 朱乃成:《炎黄时代与中华文明的起源和形成》,载李俊、王震中主编:《炎黄学概论》,北京:人民出版社,2021年,第288页。
④ 朱乃成:《炎黄时代与中华文明的起源和形成》,载李俊、王震中主编:《炎黄学概论》,北京:人民出版社,2021年,第288页。
⑤ 朱乃成:《炎黄时代与中华文明的起源和形成》,载李俊、王震中主编:《炎黄学概论》,北京:人民出版社,2021年,第289页。

期（距今8000—7000年），可称为前炎黄时代（也可称为神农时代），社会形态为氏族、部落；其晚期（距今7000—5000年）为仰韶文化时期，可称为炎黄时代，社会形态为部落、部族；其末期（距今5000—4000年）为龙山文化时期，可称为后炎黄时代，社会形态为酋邦或邦国（古国、方国）。整个新石器时期反映在经济和生产方式上，早中期为渔猎和农牧业，晚期和末期除了农牧业外，已有了手工业。

从炎黄时代所对应的考古学文化即"一定的时空框架"来说，炎帝时代相当于仰韶文化的早中期，可与陕西半坡类型、山东大汶口文化早期类型相对应；黄帝时代相当于仰韶文化的中晚期，可与河南庙底沟文化类型、陕西半坡四期文化类型、豫西晋西南庙底沟二期早期文化以及龙山文化的初期相对应。

以上三种观点，第二种观点与第一、第三种观点在具体时间的深度上虽有所不同，但也包含在距今7000—5000年之内，即仰韶文化时期。

诚然，目前学术界对炎黄时代的研究，在具体时间的定位上，观点纷呈，细分起来，少说有十几种。有些从广义划分，前后时间为七八千年；有些从狭义划分，前后时间为一二千年；有的定位在前仰韶文化和仰韶文化时期，有的定位在仰韶文化和龙山文化时期，即4000年、5000年，6000年、8000年等各种说法。实质上，这些说法归纳起来，大体都离不开仰韶文化时期，只不过有些是从广义来界定，有些是从狭义来界定罢了。

总之，依据炎黄学研究，将炎黄时代定位为广义和狭义。广义的炎黄时代，距今约12000—4000年，涵盖新石器时代的早、中、晚、末四个阶段，主要包括前仰韶文化、仰韶文化和龙山文化；狭义的炎黄时代，距今约7000—5000年，对应的是黄河流域的仰韶、大汶口等文化和长江流域中下游的河姆渡、屈家岭、良渚等文化。下文将从狭义上展开炎黄学与中华文明探源关系的论述。

二、中华文明探源工程的主要理论要点

中华文明探源工程（全称为"中华文明起源和早期发展综合研究"，以下简称"探源工程"）启动于2002年。这是一项多学科综合研究中国古代历史与文化的重大科研项目。在国家科技部和国家文物局等部门的支持下，在近20多个学科近400位学者经过20年的共同努力下取得了初步成果。其中一项

最为重要的研究成果是，"在中华文明探源工程实施过程中，我们坚持以辩证唯物主义和历史唯物主义为指导，坚持马克思主义关于'国家是文明社会的概括'的国家观，以国家的出现作为判断一个社会进入文明社会的根本标志，突破了判断进入文明社会（三要素）的桎梏。我们提出的进入文明社会的标志包括：生产发展、人口增加，出现城市；社会分工和社会分化，出现阶级；权力不断强化，出现王权和国家。"①简要来说，就是城市、阶级和国家，即根据中华文明起源、形成和发展历程，提出了中国式的"三要素"。习近平在肯定探源工程取得初步成果时指出：中华文明探源工程等重大工程的研究成果，实证了我国百万年的人类史、一万年的文化史、五千多年的文明史。

三、炎黄时代在中华文明探源工程中的地位

1. 神农时代与农耕文明之起源

中华文化万年史，其肇始是以农耕文化为代表的。考古发现，中国农耕文化大约起源于距今12000年前后，南方以稻作农业为核心，主要分布在长江中下游和淮河流域；北方以粟作农业为核心，主要分布在黄河流域的中下游广大地区。大概在距今10000年前后，南方和北方同时出现了植物耕作行为，农业经济孕育其中；距今8000年前后，南方和北方同时出现了早期农业生产，初步形成了南稻北粟的二元农业格局，但还以采集渔猎为主、以农耕生产和饲养家禽为辅；距今6000年前后，北方旱作农业首先向农业经济转变，长江中下游流域也相继完成了向农业经济的转变，农业走向成熟，形成农业社会；距今5000年前后，进入早期国家阶段，北方外来的小麦逐步取代了本地的小米，成为旱作农业的主体农作物，从此由早期的"南稻北粟"逐步走向"南稻北麦"的中国农业格局。在家庭牲畜饲养方面，有了黄牛、绵羊等。

农业的产生，是人类历史发展的一大飞跃，具有划时代的意义，是由采集渔猎经济走向农耕生产经济、由旧石器时代过渡到新石器时代的分水岭，为人类文明的起源和形成奠定了基础，做出了重大贡献。因此，英籍考古学家戈登·柴尔德誉之为"农业革命"。正如有些学者所说："谷物农业几乎是所有

---

① 王巍：《中华文明探源工程——揭示中华文明起源、形成、发展的历史脉络》，《人民日报》，2022年7月4日，第9版。

文明的基础。"① 亦如何星亮先生所说：在人与自然、人与人、人与自我三类文化中，"其中第一类最为关键。人类文明发生的关键是发明了植物的种植和动物的饲养，即被学术界称为'生产食物的革命'的阶段。人倘若不会种植植物和饲养动物，将永远处于渔猎采集的原始状态，文明也就无从产生"。②农业革命也随之使"人类为生存汲取的营养成分发生巨大变化，财富大幅度增加，分配制度和社会组织因此发生巨变，这为文明的核心要素——国家的诞生，准备了基础与条件"。③

在古史传说里，古代学者将农业起源这段原始历史概括为"神农之世""神农之时""神农氏"等。今天，我们称之为"神农时代"。从这些称呼可以看出，神农既不是一个人，也不是一个氏族或部落，而含有时代的意思，是一个时代特征即农耕时代的代称。神农之含义实际上是指"农业之神"，即古史传说中的"农神"。古人以此名来区别于古史传说中"教民以猎"的伏羲时代。为此，古代学者将古史传说中的中国农业的发明、起源这段历史以"神农"为"世号"予以记载。

在先秦古史传说中，关于神农时代发明农耕的事迹均记载在神农的名下。《周易·系辞下》："包牺氏没，神农氏作，斫木为耜，揉木为耒，耒耨之利以教天下。"《礼记·祭法》："历山氏之有天下也，其子曰农，能殖百谷。"历山氏（列山氏、烈山氏）即神农氏。《管子·形势解》："神农教耕，生谷以致民利。"管子另一篇《轻重戊》："神农作，树五谷［于］淇山之阳，九州之民乃知谷食，而天下化之。"《竹书纪年》：神农"作耒耜，教天下种谷"。在秦汉时期的古史传说中，也有类似的记载。《淮南子·主术训》："昔者神农之治天下也……甘雨时降，五谷蕃植，春生夏长，秋收冬藏，越省时考，岁终献功，以时尝谷，祀于明堂。"这些记载虽是口耳相传后世人的追记，但与考古学文化结合起来看，传说中的"教民种谷""斫木为耜，揉木为耒"却被出土文物证实。在距今8000年前的河南裴李岗遗址和距今7000年前的河北磁山遗址均

---

① 陈胜前：《史前的现代化》，北京：生活·读书·新知三联书店，2020年，第227页。

② 何星亮：《炎帝与中华文明的起源》，载霍彦儒：《炎帝与汉民族论集》，西安：三秦出版社，2003年，第157页。

③ 孟宪实：《关于炎黄传说的历史研究》，《先秦、秦汉史》，2023年第3期。

发现了数量很大的碳化粟谷和多件研磨粟粒的石磨棒和石磨盘,在距今七八千年前的陕西关桃园遗址和浙江河姆渡遗址均发现了几十件骨耜和木耜,印证了这些古史传说不虚,是真实存在的。同时也印证了农业的产生是神农时代的先民们漫长的反复实践的结果。

  古人对神农发明农耕的记忆表达,反映了古人对农耕文明在社会发展中的重要性已有了比较明确的认识。《艺文》卷一一一引贾谊《新书·补佚》:"神农以为走禽难以久养民,乃求可食之物,尝百草[之]实,察咸苦之味,教民食谷。"《淮南子·修务训》:"古者,民茹草饮水,采树木之实,食螺蚌之肉,时多疾病毒伤之害。于是神农乃始教民播种五谷,相土地宜燥湿肥硗高下,尝百草之滋味,水泉之甘苦,令民知所辟就,当此之时,一日而遇七十毒。"东汉班固《白虎通义·号》:"古之人民皆食禽兽肉。至于神农,人民众多,禽兽不足,于是神农因天之时,分地之利,制耒耜,教民农作,神而化之,使民宜之,故谓之神农也。"以上这三段文字记录,表达了两层意思:一是神农(时代)之前,采集渔猎"难以久养民",且"多疾病毒伤之害";二是神农(时代)于是"因天之时,分地之利,制耒耜,教民农作"。这完全符合农业发明、起源的历史逻辑,从尝草木之实到教民种谷再到食谷,与发明、种植、收割、食用农作物也是吻合的。反映了古史传说具有真实的历史性,不是所谓的神话传说。这也被考古学中发现的将野生稻驯化为人工种植稻所实证。当然,从发明到起源、形成再到成熟,是一个相当漫长的过程,不是一个或几个人所能完成的。从考古发现来看,从湖南道县玉蟾岩遗址发现第一例野生稻到浙江河姆渡遗址发现大量种植稻,其间经过了四五千年的发展过程。

  神农时代农耕文明的起源,为炎黄时代中华文明的起源和形成创造了条件。如何星亮先生所说:"生产性生产的产生——农业革命,是人类脱离原始状态的革命,同时也是文明起源的关键一环。都市的出现、文字的产生、复杂的社会组织的形成以及具有共同宗教信仰的艺术等都是在农业革命的基础上形成的。"[①]所以,有学者将距今9000—7000年的新石器时代中期认为是中华文

[①] 何星亮:《炎帝与中华文明的起源》,载霍彦儒:《炎帝与汉民族论集》,西安:三秦出版社,2003年,第157页。

明起源的第一步。①

2. 炎黄时代与中华文明之起源

历史发展到神农时代的后期，即距今 7000 年前后，诞生了一位伟大的人物——炎帝。因他在农业上也有突出的贡献，于是后世人们给他送了一个"神农氏"的尊号，所以，称他为"炎帝神农氏"。古史传说，炎帝有生有死，有妻有子，有发明创造，所以他是位传说性历史人物。他称雄于新石器晚期的前期，即仰韶文化的早中期，所以这一段历史也被称为"炎帝时代"。考古学上学者一般认为与仰韶文化的半坡类型相对应。到了新石器晚期的后期，即仰韶文化的中晚期，黄帝诞生，与炎帝一样有生有死，有妻有子，是一位传说性历史人物。这段历史是黄帝称雄的时代，所以将这段历史称为"黄帝时代"，考古学上学者一般认为与仰韶文化的庙底沟类型相对应。这两个时代前后相连，故被称为"炎黄时代"。根据考古学文化，学者大都认为炎黄时代大体属于仰韶文化时期。

炎黄时代的早中期，即炎帝时代，炎帝与炎帝族的重要功绩是在继承神农时代先民创造的农耕文明的同时，对农业生产又有新的推进和发展。古史传说，炎帝"火师而火名"，炎帝又号称"烈山氏"。"烈山"即"烈山泽而焚之"（《孟子·滕文公》），是说炎帝与炎帝族"修火之利"，将火的用途推广到农耕生产领域，发明了北方的"刀耕火种"和南方的"火耕水耨"②，由"柱（耒）耕"而发展到"刀（耜）耕"，由"荒耕"而发展到"火耕"，即由人工砍伐草木开垦土地发展到火烧草木开垦土地。刀耕火种和火耕水耨两种生产技术的实施，大大提高了农耕生产的效率。炎帝时代中期即 6000 年前后是农业的成熟期，形成农业社会，为炎黄时代中晚期中华文明起源和形成标志——城市、阶级、国家的产生创造了条件。

都邑性质的城市大概出现于炎黄时代的中晚期，即黄帝时代。古史传说和考古发现，房屋经过炎黄时代早中期（炎帝时代）及其以前的发展，进入炎

---

① 韩建业：《8000 年前古人观象授时，中华文明起源迈出第一步》，载冯时等：《万年中国：中华文明的起源于形成》，上海：中国出版集团东方出版中心，2023 年，第 35 页。

② 《史记集解》中应劭解释："烧草，下水种稻，草与稻并生，高七八寸，因悉芟去，复下水灌之，草死，独稻长，所谓之火耕水耨也。"

黄时代的中晚期（黄帝时代），也就是仰韶文化的中晚期，"在房屋结构的设计上和建筑工艺技术的发展上，都有明显的晚期超越于早期的进步性"。① 主要表现在三个方面：其一，地面建筑多于半地穴式建筑，出现了两面、四面坡房屋，有了较为齐备的功能设施，房屋结构出现了套间，初步有了"前堂后室"的格局②。《路史·后纪五·黄帝》曰：黄帝"广宫室，壮堂庑，高栋深宇"，"作合宫，建鉴殿，以祀上帝，接万灵以采民言"。考古学文化也印证了这种说法。1972 年发掘的郑州大河村仰韶晚期房基 8 座。其中 1—4 号房基为目前我国发现同时期房屋建筑中保存最好的一处，经碳 14 测定，距今 5040±100 年。它是一组地面建筑，东西并列、大小不同，门向有连间排房，均为木构房子，其中 1 号房基内有套间，即分堂分间。墙体采用了"木骨整塑"的建筑方法，墙壁及地面用火烧烤成砖红色。这种两面坡式的排房建筑奠定了中国北方传统民居的基本形制，是中国古代建筑史上的一座里程碑。其二，出现了"宫室"，即"宫殿式"的大房子，有了多种功能用途。《新语》云：黄帝"伐木构材，筑作宫室，上栋下宇，以避风雨"。《白虎通义》云："黄帝作宫室，以避寒暑，此宫室之始也。"《轩辕黄帝传》云："（黄）帝始作屋，筑宫室……"考古也提供了这方面的佐证。在陕西扶风案板仰韶文化晚期，发现了一座大型房子，整体平面略呈凹字形，总建筑面积约为 134.5 平方米。其房屋结构较为复杂，有主室，有前廊，仅在墙基内的前廊和主室地面就有柱洞 99 个。这类房子就不仅仅是"避风雨"或"避寒暑"，而具有了其他多种功能。所以，有专家推测，这座类似于殿堂式的大型建筑，绝非一般的平民房屋，而是一处举行巫术活动的中心地点，是进行祭祀活动的场所。③ 像上面提到的具有"宫室"性质的大房子，在甘肃秦安大地湾仰韶文化晚期、郑州西山仰韶文化古城等遗址也有多处发现。前者如 901 号房址，总面积达 420 平方米，主室总面积为 132 平方米。更值得注意的是居住面的外观与现代水泥地极为相

---

① 李学勤、张岂之总编，吴汝祚主编：《炎黄汇典·考古卷》，长春：吉林文史出版社，2002 年，第 22 页。

② 参见黄石林：《中国古史中的黄帝时代》，载《炎黄春秋》增刊《炎黄文化研究》，1998 年第 5 期。

③ 参见吴汝祚：《中原地区中华古代文明发展史》，北京：社会科学文献出版社，2012 年，第 63-64 页。

似,其抗压力据测定每平方厘米为120多公斤,约等于100号水泥砂浆地面的强度。"在距今5000年左右的仰韶文化时期,人能够制造出这样的人工制品,充分说明了他们的创造能力。"后者发现了一座100平方米左右的大房子。这座大房子,"是迄今为止中国史前时期规模最为宏伟的建筑,代表了5000年前的仰韶文化中晚期高水平的建筑技术"①,被称为中国"五千年前的殿堂"。隋王通《文中子》云:"黄帝有合宫之听。"意思是说黄帝在明堂听取臣子奏议。可见"宫室"不仅是祭祀之地,也是部落或部落联盟的议事场所。其三,出现了夯筑城池,显现出"城市"(实为大型聚落)的雏形。关于史前筑"城"的传说,《吕氏春秋》《淮南子》《世本》等书都说"作城"的人是鲧,但鲧在古史传说中是尧舜时期的人。如果说炎帝发明了原始建筑,那么,到了黄帝时代,由氏族居地而形成部落或部落联盟聚落,应无问题。所以,对于发明筑"城"的传说,与其归之于鲧,倒不如归诸黄帝,这更符合时代演化的特征。②从当时作"宫室"的建筑技术来看,可以说黄帝时代已具备了筑城的技术和力量。古代文献中也不乏这方面的记载。如《史记·封禅书》中记载方士言:"黄帝时为五城十二楼。"《轩辕本纪》云:"黄帝筑城邑,造五城。"《事物纪原》(卷八)引《春秋内事》曰:"轩辕氏始有堂室栋宇。"《轩辕黄帝传》云:黄帝"令筑城邑以居之,始改巢居穴处之弊。"但也有文献说:"神农之教,有石城十仞,汤池百步,又城池之设,自炎帝始矣。"(东汉班固:《汉书》)但结合考古发现,夯筑城墙始于黄帝时代是有可能的。从目前考古发现的城池看,时间上限均为距今6000年以后,这正好与黄帝时代为仰韶文化中晚期即距今6500—5000年相吻合。在这一时段,目前发现的城址有湖南澧县城头山古城址,距今6000年前后,是我国目前已知年代最早的古城;河南灵宝县西坡城址和辽宁西部牛河梁坛、庙、冢遗址,二者距今约5500—5000年,前者面积约40万平方米,后者约290万平方米,学者们将这两座古城都与黄帝与黄帝族相联系。在郑州西山发现一座仰韶文化晚期古城遗址,年代距今约5300—4800年,平面呈不规则圆形,面积约10万平方米。其年代与黄帝

---

① 吴汝祚:《中原地区中华古代文明发展史》,北京:社会科学文献出版社,2012年,第67页。
② 参见王仲孚:《黄帝制器传说试释》,载李学勤、张岂之主编:《炎黄汇典·文论卷》,长春:吉林文史出版社,2002年,第297页。

时代大体对应。再如,近年在陕西高陵县姬家乡发现的杨官寨遗址,其年代属于庙底沟和半坡四期文化,即仰韶文化的中晚期,与黄帝时代也正相符合。其面积达 80 万平方米。其址有巨大的环壕,发现了"疑似墙基的遗存",出土了"陶祖(男性生殖器)"等一批遗物。考古学家石兴邦先生说:杨官寨遗址"具有鲜明的都邑性质","是炎黄文化中心区域的关中地带,也是全国唯一保存完整的超大型庙底沟城址",其"北区环壕以庙底沟时期全国最大城垣遗存(24.5 万平方米)而与传说黄帝时代政教中心发生绝大关涉,故治历史文化的学者遂谓之为黄帝故都。"① 杨官寨遗址发掘者亦说:"我们有理由相信,这一遗址也许就是关中庙底沟文化的中心聚落。"又说:"该聚落很可能是一座庙底沟文化的城址。"② 2021 年新发现的甘肃庆阳南佐遗址,距今 5000 年前后,遗址面积达 600 万平方米,核心区有九个面积分别为 1600 平方米或更大的夯土台。"九台"围绕的核心区面积约为 30 万平方米,中间为宫殿区。其遗址宫城东侧祭祀区出土了大量遗物。韩建业称此遗址为一个中心古国的都城。③

都城的出现,是文明起源与形成的重要因素之一。黄帝时代多处城邑和宫室的出现,标志着黄帝时代开始显现出文明的曙光。所以,摩尔根在《古代社会》一书中说:"住宅建筑与家族形态和家庭生活方式有关,它对人类由蒙昧社会进至文明社会的过程提供了一幅相当全面的写照。"④

中华文明起源的另一个标志——阶级,也是形成于炎黄时代。当新石器时期进入炎黄时代的早中期(炎帝时代),随着农业生产效率的提高,出现了剩余产品。如《周易·系辞下》:炎帝"日中为市,致天下之民,聚天下之货,交易而退,各得其所"。《竹书纪年·前编》:炎帝"立历日。日中为市"。这是说让族民在一定的时间和地点以物易物,相互补缺。当然,这个时期的交

---

① 胡义成:《西安是"黄帝故都"吗?》,载胡义成、曾文芳、赵东:《周文化和黄帝文化管窥》(下),西安:陕西人民出版社,2015 年,第 317 页。

② 王玮林等:《陕西省高陵杨官寨遗址考古报告》,载胡义成、曾文芳、赵东:《周文化和黄帝文化管窥》,西安:陕西人民出版社,2015 年,第 297 页。

③ 参见韩建业:《8000 年前古人观象授时,中华文明起源迈出第一步》,载冯时等:《万年中国:中华文明的起源于形成》,上海:中国出版集团东方出版中心,2023 年,第 35 页。

④ (美)路易斯·亨利·摩尔根:《古代社会》(上),北京:商务印书馆,1977 年,第 5 页。

换,可能更多的是族与族之间进行交换。农业的发展,使新的行业如纺织业、制陶业、制玉业等手工业开始出现。如"耕而作陶",使社会开始出现专门制作陶器的行业。如《淮南子·齐俗训》说:"神农之法曰:丈夫丁壮而不耕,天下有受其饥者;妇人当年而不织,天下有受其寒者。故身自耕,妻亲织,以为天下先。"从这个传说记载来看,分工可能首先从纺织开始,而且首先从族内开始。进入炎黄时代中晚期(黄帝时代),随着社会生产力的进一步发展,分工越来越细,专业化程度也越来越高。《世本》记载:"黄帝作旃冕,胡曹作冕,伯余作衣裳,于则作扉履""骸作服牛,共鼓、货狄作舟""雍父作舂""挥作弓,牟夷作矢""伶伦作磬""大挠作甲子,容成作历,隶首作数"。古史还传说黄帝妻子嫘祖"缫丝制衣"等。如果不将这些"作"者看成单个人,而是作为一个氏族或家庭的代表来看待,足以说明当时手工业门类众多、规模巨大。考古资料也提供了这方面的例证,如陕西宝鸡北首岭、临潼姜寨等遗址发现了陶窑。说明已有了专门制作陶器的作坊。

　　手工业经济的发展,不仅提高了当时的社会生产力水平,更是推动形成了复杂的社会关系,对于整个社会的一体化进程产生了重要作用。因为手工业生产,涉及原料开采、生产技术、生产规模、组织管理等多个方面,产品使用与流通与古代人类的认知、观念、信仰密不可分。所以,有研究者将手工业经济定义为是一项"将物质资源、知识技术、劳动实践、政治文化等交互转化的人类实践活动"①。

　　这一时期手工业的普及和发展,使社会形态也开始发生转变,由原始的母系氏族社会开始向父系氏族社会过渡,或有个别氏族出现了父系氏族社会。婚姻制度也开始由对偶婚向一夫多妻或一夫一妻制转变,出现了一家一户的家庭单元,即父权家族。王震中先生在谈到阶级产生于父权家族时说:"大汶口、凌家滩等墓地的墓葬材料告诉我们:当时,社会经济、政治的不平等,人们不同身份地位的产生,社会分层的出现,都与父权家族或父家长权(patria podesta)的出现相关联。它是社会分化出阶级的过程中不可缺少的一环。是阶级、

---

　　① 秦岭:《藏礼于器——早期中国的手工业经济与中华文明起源》,来源于国家文物局网站。

私有制和国家起源的起点。"①

仰韶文化晚期及庙底沟时期，随着人口的急剧增加，开始出现了大型聚落群。考古发现，距今 5000 年前后，在黄河中下游地区的关中、晋南、豫西等地，就发现了几十处大型和超大型聚落群。如郑州和新郑 30 万平方米以上的大型聚落共有 9 处，50 万平方米以上的超大型聚落群有 4 处。宝鸡与延安 30 万平方米以上的大型聚落共有 15 处，50 万平方米以上的超大型聚落群有 24 处。② 甚至在这些地方还有 100—300 万以上的特大型中心聚落群遗址。在此时期，社会开始由氏族走向部落、部落联盟或部落集团，如徐旭生先生所说的"华夏集团""东夷集团"和"苗蛮集团"③，或如蒙文通先生所说的"江汉民族""河洛民族"和"海岱民族"④。

交易、分工、聚落群尤其是大型聚落群的出现，推动了社会生产力的发展和农业的成熟。随着社会的复杂化和财富的不断积累，氏族共有财产开始分化，平均分配财富的状况被打破；"神农之世，行政不用而治，甲兵不起而王"（《商君书·画策》）的和谐局面被争夺权力、掠夺财富的战争所代替，如《逸周书·尝麦》《史记·五帝本纪》等古文献所记载的炎帝与蚩尤之战、黄帝与蚩尤的涿鹿之战和与炎帝的阪泉之战等。所以，社会开始出现了贫富不均的现象。这些不均现象的发生，导致了社会群体开始向分化、分层发展，那些在部落中有职有权的人，占有比较多的财富，变成了贵族阶层或统治者，而一般劳动者，因无职无权得不到或很少有财富而沦为贫民阶层或成为被统治者。这种现象，从新石器晚期和末期的考古中便多有发现。如在仰韶文化庙底沟众多遗址中，有些墓葬发现有许多陪葬品，而有些墓葬就很少或者没有陪葬品。如此一来，由贫富而导致"阶等"，由阶等又逐渐导致分层、等级，阶级也便随之产生了。美国人类学学者埃尔曼·塞维斯将人类社会自发生至国家产

---

① 王震中：《中国古代国家的起源与王权的形成》，北京：中国社会科学出版社，2013 年，第 226 页。

② 参见霍彦儒：《陕西黄帝陵"国际"地位的形成》，《长安大学学报》（社会科学版），2016 年第 3 期。

③ 徐旭生：《中国古史的传说时代》，桂林：广西师范大学出版社，2003 年，第 44-45 页。

④ 蒙文通：《古史甄微》，载郑杰祥主编：《炎黄汇典》，长春：吉林文史出版社，2002 年，第 17-24 页。

生所经历的社会组织分为四个连续发展的进化阶段,即"游团、部落、酋邦和国家"。在谈到酋邦时说,酋邦是处在不平等的氏族社会组织阶段,其最大的特点是各分支结构发展成为一个尖锥形的分层的社会系统,处在尖锥顶端的酋长通常被认为是与整个系统中人们的共同祖先血缘关系最近之人,职位世袭,其他社会阶层人们的地位则依其与酋长亲属关系的远近而定。凭借这种集中的权威,酋长领导着一个常设机构,负责组织整个酋邦的经济生活与社会生活。由于社会各成员在政治上已分别成不同的阶等,他们在经济生活中充当的角色亦显示出很大的差异,部分上层人物占有更多的消费品已是司空见惯的事。这样的社会无疑已是一个不平等的社会了,虽然这个社会还维持着社会成员之间的血缘联系。① 沈长云先生引述童恩正的观点说:"等级、特权、物质资料占有不均、不同集团乃至个人之间政治影响力和权力的不平等,在前国家社会的许多实例中都明显地存在着。"② 王震中先生在《中国古代国家的起源和王权的形成》一书中的"阶级产生的三种途径"一章里,通过引述恩格斯在《反杜林论》中提出的阶级"是经过两条道路产生"的基础上,根据古代中国国家与古希腊、罗马国家形成的不同道路,提出了阶级产生的"三种途径"说,即"阶级产生的广泛基础与主要途径——父权家族""由战俘转化而来的奴隶阶级"和"有社会职务而产生的统治阶级"。恩格斯在谈到这一问题时,他在《家庭、私有制和国家起源》中指出:早在野蛮时代的中级阶段,"就产生了第一次社会大分工,即分裂为两个阶级:主人与奴隶,剥削者和被剥削者"③。恩格斯又接着说:到野蛮阶段的高级阶段,"除了自由人和奴隶之间的差别以外,又出现了富人与穷人的差别"④。这里所说的都是国家未正式成立之前,即处于国家成立的前夜。联系黄帝时代即炎黄时代的中晚期考古所反映的社会状况和有关炎帝、黄帝的古史传说,与上面塞维斯、王震中、恩格斯等人的说法基本一致。

---

① (美)塞维斯:《民族学百年争论 1860—1960》,转引自沈长云、张渭莲:《中国古代国家起源与形成研究》,北京:人民出版社,2009 年,第 34 页。

② 沈长云、张渭莲:《中国古代国家起源与形成研究》,北京:人民出版社,2009 年,第 33 页。

③ 《马克思恩格斯选集》(第 4 卷),北京:人民出版社,1972 年,第 157 页。

④ 《马克思恩格斯选集》(第 4 卷),北京:人民出版社,1972 年,第 160 页。

阶级的产生，是中华文明起源和形成的一项重要标志。它预示着社会各个方面出现了新的景象，尤其是社会财富的积累和丰富，使原始社会开始处于摩尔根所说的野蛮社会的高级阶段，即文明的前夜，也就是塞维斯所说的前国家的部落、酋邦阶段，即阶级孕育、产生的阶段。

在中华文明起源的中国方案中，国家是文明起源"三标志"中最重要的关键性标志。恩格斯说："国家是文明社会的概括。"所以，从某种意义上说，国家是文明的代名词。

关于国家的起源，国内外有多种理论，如国外的"酋邦理论""分层理论""强制理论"等等，而影响广泛的是恩格斯在《家庭、私有制和国家的起源》一文中提出的"按地区划分它的居民"和凌驾于社会之上的"公共权力的设立"。国内关于国家起源的研究也出现了几种理论，如苏秉琦先生将国家起源、发展的阶段概括为"三部曲"，即"古国、方国到帝国"①。严文明先生在其《黄河流域文明的发祥和发展》一文中，将苏先生的"三部曲"调整为"古国、王国和帝国"②。王震中先生在其《中国古代国家的起源与王权的形成》一书中，通过对国内外诸种国家起源理论的分析，在指出这些理论的贡献和局限的基础上，提出了自己的观点，即"邦国——王国——帝国"③ 三阶段，并提出了"文明与国家起源途径的'聚落三形态演进'说"④。王先生在对"聚落三形态演进"说进行解释时，将"古代文明和国家的起源过程划分为三个阶段：即由大体平等的农耕聚落形态发展为含有初步不平等和社会分化的中心聚落形态，再发展为都邑国家形态"⑤。具体来说，第一个阶段，即大体平等的农耕聚落群，包含了农业的起源和农业出现后农耕聚落的发展时期，这一时期大概处于新石器时代的早、中期和晚期前段，即距今 12000 年至 9000 年、

---

① 苏秉琦：《国家起源于民族文化传统（提纲）》，载《苏秉琦文集》（三），北京：文物出版社，2009 年，第 233 页。
② 严文明：《黄河流域文明的发祥和发展》，《华夏考古》，1997 年第 1 期。
③ 王震中：《中国古代国家的起源与王权的形成》，北京：中国社会科学出版社，2013 年，第 59 页。
④ 王震中：《中国古代国家的起源与王权的形成》，北京：中国社会科学出版社，2013 年，第 52 页。
⑤ 王震中：《中国古代国家的起源与王权的形成》，北京：中国社会科学出版社，2013 年，第 52 页。

距今9000年至7000年和距今7000年至6000年。距今7000年至6000年属于新石器时代晚期的前段、仰韶文化即炎黄时代的早中期;第二个阶段,即含有不平等的中心聚落形态阶段,时间范围约为距今6000年至5000年之间,为新石器时代晚期的后段、仰韶文化及炎黄时代的中晚期。另外,红山文化后期、大汶口文化的中期和后期、屈家岭文化前期、菘泽文化和良渚文化早期也属于这一时期;第三个阶段即都邑邦国阶段,主要指考古上的龙山时代早期国家的形成阶段。时间范围为距今约5000年至4500年。①

依据王先生上述"三阶段"论的第一、二阶段,对照新石器时代早、中、晚期,即神农时代、炎黄时代以及炎黄时代的中晚期即黄帝时代的晚期,我们不难发现,二者在文明和国家的起源上基本上是吻合的。传说神农时代和炎黄时代的早中期(炎帝时代)是大体平等的以农耕为主的聚落社会形态,进入炎黄时代的中晚期(黄帝时代),古史传说,这一时期与前期有了较大区别,尤其是黄帝时代的晚期,即距今5500年至5000年,如上文所说,社会形态基本上处于父系氏族社会时期,男子占据主导地位,不仅内部出现了不平等现象,而且部落与部落之间也出现了不平等现象,分工导致社会产生了贫富不均和等级差别,阶层、阶级开始显现。聚落由小型开始形成大型和特大型中心聚落——城邑陆续出现,社会已处在国家起源和形成的黎明时刻,"凌驾于社会之上的力量"②也开始显露端倪。据《史记·五帝本纪》记载:

> 轩辕之时,神农氏世衰。诸侯相侵伐,暴虐百姓,而神农氏弗能征。于是轩辕乃习用干戈,以征不享,诸侯咸来宾从。而蚩尤最为暴,莫能伐。炎帝欲侵陵诸侯,诸侯咸归轩辕。轩辕乃修德振兵,治五气,艺五种,抚万民,度四方,教熊罴貔貅貙虎,以与炎帝战于阪泉之野。三战,然后得其志。蚩尤作乱,不用帝命。于是黄帝乃征师诸侯,与蚩尤战于涿鹿之野,遂禽杀蚩尤,而诸侯咸尊轩辕为天子,代神农氏,是为黄帝。天下有不顺者,黄帝从而征之,平者去之,披山通道,未尝宁居。

---

① 王震中:《中国古代国家的起源与王权的形成》,北京:中国社会科学出版社,2013年,第52-56页。
② 恩格斯:《家庭、私有制和国家的起源》,载《马克思恩格斯选集》(第4卷),北京:人民出版社,1995年,第171页。

在这段话里，我们可以看到以下两层意思：一是黄帝所处的时代已是一个"诸侯相侵伐，暴虐百姓"、战争频仍，但人口众多的聚落形态繁荣发展的时代；二是黄帝具有"天子"（部落酋长）的身份和有"征师"、对"天下有不顺者""征之"的权力。这两种情况与前面所说的"聚落三形态演进"说的第二个阶段基本相似。这从考古学上也可得到印证。目前，大多学者认可黄帝时代与仰韶文化的庙底沟类型文化相对应。而在陕、晋、豫交界的金三角一角的关中和延安地区，据相关学者研究，在这个地区已判定为庙底沟类型的遗址共约380处，未判定类型的仰韶文化遗址还有1000多处，随着研究工作的深入，可能还有庙底沟类型遗址被发现。现仅依据已确认的380处庙底沟类型遗址来分析，在以庙底沟类型为主体的20个聚落群中有特级聚落15处，其面积均在50万平方米以上，最大的达300万平方米。若一万平方米可能就有一个氏族，最保守地说，陕西庙底沟类型的总面积要在4000万平方米上下，当有4000个氏族。若以两万平方米是一个氏族计算，也应有2000个氏族。如果将未判定类型的可能是庙底沟类型的聚落估计在内，其氏族数量将会更大。由2000多个氏族组成的庙底沟类型的仰韶族团生产、生活在关中及延安地区长达500年甚至上千年的时间，这是多么庞大的一个族团！"这样的聚落具备了古国的规模，也就是说出现了邦国，最大的聚落遗址可能就是邦国的国都所在地。"从这些遗址和遗存看，反映了"当时农业生产的社会化、手工业专门化和礼制的制度化，这是文明曙光的初现"①，也就是前国家的出现。当然，这还不能被看作是真正意义上的国家，有学者将这一时期出现的带有国家性质的族团称为"酋邦"或"古国"。沈长云先生在谈到"中国前国家社会和中国古代的酋邦"时说："考古学者勾勒的一幅上自仰韶时代（中晚期）……下至龙山时期……各地普遍出现的聚落群的图景，更可以断言，它是我国史前时期酋邦社会的生动写照。"②

司马迁在《史记·五帝本纪》里还对黄帝的"国家政权建制"等作了描述：

---

① 霍彦儒：《陕西黄帝陵"国祭"地位的形成》，《长安大学学报》（社会科学版），2016年第3期。

② 沈长云、张渭莲：《中国古代国家起源于形成研究》，北京：人民出版社，2009年，第102页。

黄帝"东至于海，登丸山，及岱宗。西至于空桐，登鸡头。南至于江，登熊、湘。北逐荤粥，合符釜山，而邑于涿鹿之阿。迁徙往来无常处，以师兵为营卫，官名皆以云命，为云师。置左右大监，监于万国。万国和，而鬼神山川封禅与为多焉。获宝鼎，迎日推策。举风后、力牧、常先、大鸿以治民"。

从司马迁这段文字记载看，黄帝不仅拥有了黄河、长江较大区域的地盘，而且拥有了"都邑"，建立了"师兵"，设置了"大监"，"合符釜山"与"万国"结盟，举行"封禅"以祭祀鬼神，分封"大臣"以管理"国家"事务。这俨然具有了国家或准国家的性质。当然，这里的描述虽有以后世国家政权建制推测黄帝的"国家政权建制"之嫌，但不能因此而将这段描述完全看作是"虚构"或说成"编造"。我们若联系当时农业文明和社会发展的背景，这种"国家政权建制"完全是有可能的。所以有学者说："司马迁把黄帝作为中国历史上第一位国家建立者，与今天的考古学观点基本上是吻合的，即认为在中国文明发展的进程中，国家产生是核心标志性事件。"① 不仅司马迁有此认识，班固在《汉书·地理志上》中亦说："昔者黄帝，作舟车以济不通，旁行天下，方制万里，画野分州，得百里之国万区。是故《易》称：'先王（以）建万国，亲诸侯'，《书》云：'协和万国'，此之谓也。"班固所说，进一步印证了司马迁的说法。

从以上所述，我们可以看出，距今7000—5000年前后的炎黄时代即仰韶时代，尤其是其中晚期是中华文明的起源和初步形成时期，与中华文明的探源有着密切的关系。之前的神农时代和炎黄时代是中华文明的孕育、起源时期，之后的龙山时期是中华文明的形成和发展时期。若从广义来说，炎黄时代为中华文明走向成熟奠定了基础。

四、结　语

炎黄学是一门新兴学科。它以科学性和系统性为特点。它是以炎黄时代所发生的文化和后世与之相关的文化为研究内容。炎黄学学科的理论研究和公开课的实施，是对习近平总书记提出的"创造性转化和创新性发展"重要指示

---

① 参见孟宪实：《关于皇帝传说的历史研究》，《先秦、秦汉史》，2023年第3期。

的具体落实和实践，将炎黄与炎黄文化的研究推进到一个新时代。

炎黄学研究将炎黄时代定位于距今7000年至5000年前后的仰韶文化时期，其中晚期与中华文明探源工程所提出的中华文明起源时间即距今5800年开始在黄河、长江及西辽河地区出现的文明迹象，距今5300年以来在中华大地各地区陆续进入文明阶段①是基本一致的。也就是说："中华文明5000多年历史起步阶段的状况，与'上古时期''先秦时期'炎黄二帝在古中国的活动，在时空上是相符的，在内容上是相融的，在成果上是相当的'。"所以，二者之间有着密切的联系。

中华文明探源工程是以考古及"物"为研究对象，而炎黄学是以"人物"为研究对象，但从历史创造者的角度来说，"上古时期历史发展的主导人物是炎黄二帝，炎黄二帝率领先民们创造的炎黄文化，作为黄河文化（即中华文化——作者注）的先导文化，开创了中华文明初始纪元，成为中华民族的根与魂"②。所以，把炎黄时代作为中华文明探源之时代，把炎黄文化作为中华文明探源之文化，突出了"人物"在创建和推动中华文明起源、形成、发展中的伟大作用，避免了文明探源中"见物不见人"的尴尬现象。

中华文明的起源，是在漫长的历史发展中，由多种文明因素汇聚、凝结而成的。古史传说，神农时代（新石器时代的早中期）是中国农耕文明起源、形成的时期，进入炎黄时代，农耕文明走向成熟。在农耕文明成熟的基础上，城市、阶级、国家（"酋邦"，亦称"古国""邦国""前国家""准国家"）开始孕育并初步显现。同时，古史传说，炎黄时代创造了多种物质文明和精神文明因素。这些文明因素的陆续产生，为中华文明起源奠定了深厚的物质和精神基础。所以，确切地说，中国有着5000多年的文明史。因为中国是以农立族立国，一万年前就产生了农耕文明，是世界农耕文明起源最早和核心的区域之一。再说8000年前陶器、音乐等文明因素也相继产生。所以，有学者将中国文明的起源说成是在距今8000年或10000年前后，也不是没有道理的。

炎黄文化研究若从春秋战国算起，已走过两千五六百年，若从20世纪初

---

① 参见李韵等：《探源工程实证中华大地五千年文明》，《光明日报》，2018年5月29日，第3版。

② 徐光春：《炎黄学概论·序》，载李俊、王震中主编：《炎黄学概论》，北京：人民出版社，2021年，第2页。

期算起，已走过百年，若从20世纪80年代算起，也已走过了四十多年。炎黄学从提出到实施仅仅过去了十余年。所以，我们说要将这门新兴学科建立起来，得到学术界及社会的广泛认同，需要一个较长的时间过程，需要经过一二代甚至数代学者的共同努力。因而，我们需要有长期奋斗的精神准备，也需要有"只争朝夕"的超越勇气。只要我们不懈研究、扎实推进，炎黄学这门学科定会在我们这一代或下一代建立起来，走进高校，走向社会。

"黄色文明"正论

韩 星

中国人民大学国学院教授

中国是世界文明古国之一,历史悠久。怎么讲清楚中国文明?20世纪80年代,6集电视政论片《河殇》提出过一个具有震撼力的观点:中国文明是一种以黄河以及黄土高原为象征的保守、野蛮、落后的"黄色文明",一种嵌入到"民族性"当中的农耕思维,形成了闭关自守、保守封闭、缺乏创业冲动、风险承受能力很低、依赖思想和听天由命观念浓厚、没有市场机制、神秘的超稳定结构等特征。它曾创造过辉煌的历史,却缺乏创新的动力,阻碍了向现代化的转型,惧怕和远离蓝色的海洋,导致中国错过了大航海时代和工业革命,"它已经衰老了。它需要补充新的文明因子。它需要一场大洪峰的冲刷,而这场大洪峰已经来到。它就是工业文明。它在召唤我们。黄河命定要穿过黄土高原。黄河最终要汇入蔚蓝色的大海。"西方文明是"蓝色文明",思想解放,鼓励创新,社会开放,敢于冒险,开创了大航海时代和工业革命,断言"'蓝色文明'一定会取代'黄色文明'"。《河殇》的观点在当时引起巨大反响,也在思想文化界引起了激烈争论,今天仍然有值得反思和匡正的必要。

什么是文明?怎么理解文明?文明与文化经常被看成是同义词,容易混淆。《辞源》解释"文明"一是"文采光明,文德辉耀";二是"有文化状态,与'野蛮'相对。"《辞海》认为"文化","从广义来说,指人类社会历史过程中所创造的物质财富和精神财富的总和";认为"文明""犹言文化。如物质文明、精神文明",是指"人类社会进步状态,与'野蛮'相对"。对此,需要正本清源地加以理解。在西方,"文明"一词来源于拉丁语的"civis"(市民)和"civilitas"(都市),在英文里是 civilization。从词源上看,文明与城市工商业的繁荣和都市化的兴起有关。在现代,"文明"一词有两种基本含义。第一,文明是不开化、野蛮、原始、兽性的对立面,指人类社会发展程度较高的形态、阶段或组织。摩尔根的社会发展史理论将人类历史分为蒙昧、野蛮和文明三个时期。文明的这一含义往往与文化、教育、科学、艺术、道德、礼仪的发达和精妙相联系。第二，文明是一个民族、国家、地域或具有共同精神信仰的群体的文化遗产、精神财富和物质财富的总和，也可以指其中的某一历史阶段或断层。

在中国，"文明"与"文化"在《周易》中已经出现。《周易·乾卦》："见龙在田，天下文明"，孔颖达疏："天下有文章而光明也。"《周易·贲卦·象传》："刚柔交错，天文也。文明以止，人文也。观乎天文，以察时变。观乎人文，以化成天下。"孔颖达疏："'文明以止，人文'者，文明，离也；以止，艮也。用此文明之道，裁止于人，是人之文德之教""'观乎人文，以化成天下'者，言圣人观察人文，则诗、书、礼、乐之谓，当法此教而化成天下也。"可见，"文明"是指圣人创制文字、典籍对人类进行文德之教，"文化"是以此文德之教化成天下。显然，这里的"文明"是"人文""文德之教"的意思，与"文化"以文化人、化成天下的意思差不多。又《周易·离卦》六二："黄离，元吉。"《象》曰："黄离元吉，得中道也。"王弼注曰："居中得位，以柔处柔，履文明之盛而得其中，故曰'黄离元吉'也。"孔颖达疏曰："黄者中色，离者文明，居中得位而处于文明，故元吉也。故《象》云'得中道'，以其得中央黄色之道也。"黄是中色，离是文明，中华文明因尊崇黄色而成为一种中道文明。《尚书·舜典》："濬哲文明，温恭允塞。"孔颖达疏："经天纬地曰文，照临四方曰明……舜既有深远之智，又有文明温恭之德，信能充实上下也。"这里的"文明"显然是指圣人的修养品德，可以经纬天地，照耀四方。

一、黄帝："黄色文明"的渊源

中国文明崇奉黄色，与黄帝密切相关。以黄色命名人文始祖黄帝，意味着黄色是中国文明的肇始之基，是五千年中华文化的重要标志。中国文化对黄土的尊崇，就思想文化渊源而言与对人文始祖黄帝的尊崇有关。

据古代文献记载，黄帝族发源于黄土高原，长期生活于黄河中下游，这里在当时是天下的中心地带。《国语·晋语四》："黄帝以姬水成，炎帝以姜水成。成而异德，故黄帝为姬，炎帝为姜。二帝用师以相济也，异德之故也。"

姬水在甘肃天水，境内有轩辕谷、轩辕溪、寿山（也叫寿丘），这里应是黄帝最早的居住地。后来黄帝沿渭水向东迁徙。白寿彝概括说："相传，在遥远的年代里，黄河流域有两个著名部落。一个部落是姬姓，它的首领是黄帝；一个部落是姜姓，它的首领是炎帝。这是两个近亲部落，它们结成了部落联盟。它们活动的地区，起初是在陕西渭河流域，后来沿着黄河两岸向东发展，达到今山西省、河南省、河北省一带。"① 张岂之认为："黄帝生于陕北黄土高原，炎帝生于今宝鸡市姜水一带。黄帝和炎帝部落曾经顺河移动，发展到黄河中下游和长江中游，后来成为华夏族。"② 刘起釪说："黄帝族在未向中原发展以前的居住活动地区，就在东起渭水北境，自陕西中部，西迄甘肃之境的地域。"③ 黄土高原，坦荡浑朴，博大雄沉，山丰土厚，其色呈黄，黄河及其诸多支流土壤深厚，水源丰富，植被茂密，就是黄帝族生长、繁衍、发达、壮大的地方。

《吕氏春秋·应同》："凡帝王之将兴也，天必先见祥乎下民。黄帝之时，天先见大螾大蝼。黄帝曰：'土气胜！'土气胜，故其色尚黄，其事则土。"《索隐》云："炎帝火，黄帝土代之，即黄龙、地螾见是也。"《吕氏春秋·季夏纪》："黄帝，少典之子，以土德王天下，号轩辕氏。死托祀为中央之帝。"《史记·秦始皇本纪》记载，秦始皇认为，"黄帝得土德，黄龙地螾见"。《集解》应邵曰："黄帝土德，故地见其神。"韦昭注曰："黄者地色，螾亦地物，故以为瑞。"《史记·五帝本纪·索隐》说黄帝"有土德之瑞，土色黄，故称黄帝……生日角龙颜，有景云之瑞，以土德王，故曰黄帝。"《论衡·验符篇》说："黄为土色，位在中央，故轩辕德优，以黄为号。"王符《潜夫论·卜列》："黄帝土精，承镇而王，夫其子孙咸当为宫。"《竹书纪年》说黄帝时"有大蝼如羊，大螾如虹。帝以土气胜，遂以土德王"。注引刘向《别录》："邹衍言：黄帝土德，有蝼蛄如牛大，如虹。"以上资料是说黄帝时因土气盛而以土德称王，即黄帝具有黄土那样厚德载物的伟大品德而成为"王"，以轩辕为号，后世故称为轩辕黄帝。黄土与黄帝的意象结合，既是对黄土的人格

---

① 白寿彝：《中国通史纲要》，上海：上海人民出版社，1980年，第47页。
② 张岂之：《从炎黄时代到周秦文化》，载宝鸡市社科联编：《炎帝论》，西安：陕西人民出版社，1996年，第3页。
③ 刘起釪：《姬羌与氐羌的渊源关系》，载刘起釪著：《古史续辨》，北京：中国社会科学出版社，1991年，第171页。

化，又是对黄帝功德的具象化。这样，中国人"把自己的传说祖先和黄土崇拜结合起来，使黄帝之形象具有'自然'与'社会'之'两重性'"。①

黄帝有土德之瑞，也是中国早期农业文明的重要推进者。据《史记·五帝本纪》，黄帝"时播百谷草木，淳化鸟兽虫蛾，旁罗日月星辰水波土石金玉，劳勤心力耳目，节用水火材物"，其功绩之一是"艺五种"，《索隐》："艺，种也，树也。五种即五谷也。"他所处的时代相当于仰韶文化后期，正是中国原始农业的成熟期。"五种"据郑玄注释，是指"黍、稷、菽、麦、稻"五谷。神农氏仅能种植黍、稷，而黄帝则能种植多种粮食作物，表明黄帝把中国古代农业生产水平向前推进了一大步。五谷中黍、稷就是小黄米，前者有粘性，后者无粘性，是黄土高原的主要农产品。稷在中国农耕文明中具有特殊重要性，因其色黄而位尊，具有文化象征意义。

在春秋战国时期，"百家言黄帝""世俗之人，多尊古而贱今，故为道者，必托之于神农、黄帝而后能入说"。(《淮南子·修务训》)《汉书·艺文志》著录的托名黄帝的书籍多达20余种，有450多篇，战国秦汉间"百家言黄帝"之盛况于此可见一斑。人们论道、论德、论政、论兵、论医、论阴阳、论术数、论方技、论房中等诸多领域都托名黄帝，使之成为中国文化的一个箭垛式人物。所以《庄子·盗跖》说："世之所高，莫若黄帝"，表明黄帝在当时人们心目中具有无可比拟的崇高地位。《孔子家语·五帝德》引孔子对黄帝在中华文明史上的贡献总结说："黄帝者，少皞之子，曰轩辕。生而神灵，弱而能言，幼齐睿庄，敦敏诚信。长聪明，治五气，设五量，抚万民，度四方，服牛乘马，扰驯猛兽，以与炎帝战于阪泉之野，三战而后克之。始垂衣裳，作为黼黻，治民，以顺天地之纪，知幽明之故，达死生存亡之说。播时百谷，尝味草木，仁厚及于鸟兽昆虫。考日月星辰，劳耳目，勤心力，用水火财物以生民。民赖其利，百年而死；民畏其神，百年而亡；民用其教，百年而移。故曰：黄帝三百年。"这是否是孔子所言还不能确定，但最起码是当时有些儒者尊崇黄帝的言论。

当代学者也有认为黄帝即"黄地"，这种称呼是地母崇拜的表现。党晴梵说："金文黄〔为〕日初出土之色。黄……从田，是田土沾濡于人身之色……

---

① 萧兵：《楚辞与神话》，南京：江苏古籍出版社，1986年，第397页。

黄帝即是后土，殷人犹有古代氏族母系传统的思想孑遗，以土象征母。所谓人生于土，即是人生于母。"① 萧兵说："我国原始人民的主体属蒙古人种，即黄种；中华民族的发祥地之一在西北黄土高原。所以我国人民崇拜黄土、黄色。黄帝族起于西北，很可能把黄土人格化——同时也神格化——为'黄地之神'。"② 由此看来，"黄地"被称为黄帝，很可能是把黄土神化，将它视若神祇，加以崇拜。

总之，黄帝起源于黄土高原，发展到黄河中下游，得天下之中，以土德胜，种植五谷，以土德王，成为"黄色文明"的象征符号。中华民国元年（1911年），民主革命先行者孙中山先生为黄帝陵题写"中华开国五千年，神州轩辕自古传。创造指南车，平定蚩尤乱。世界文明，唯有我先"。钱穆说："传说中的黄帝，是中国历史上第一个伟人，是奠定中国文明的第一座基石。"③ 因此，黄帝当之无愧是"黄色文明"的源头和根本。

二、"五色莫盛于黄"

土在五行中居中央之位，五色土中古人最推崇黄土，黄色在五色中又最为尊贵，"五色莫盛于黄"。《春秋繁露·五行对》："土者，火之子也，五行莫贵于土……五色莫盛于黄。"《汉书·律历志上》："黄，五色莫盛焉。"五色观中，黄色是正色，处于尊贵的地位。《说文》："黄，地之色也。从田、从光，光亦声。"黄字从光、从田，就是阳光照耀黄土地而显示出来的"地之色"。《周易·坤·文言传》："夫玄黄者，天地之杂也，天玄而地黄。"意即天色为玄，地色为黄，黄色是古人对大地的印象。大地是明亮的，日光照耀大地，黄又是日光之色。《释名·释采帛》："黄，晃也，犹晃晃，像日光色也"，黄色犹如日光之色，象征开阔明亮。五行之中火生土，土最为尊贵。相应地，土有五色，以黄最为尊贵。《尚书·虞书·益稷》："以五采彰施于五色作服，汝明。"孙星衍疏引《考工记》："'五色，东方谓之青，南方谓之赤，西方谓之白，北方谓之黑，天谓之玄，地谓之黄'，玄出于黑，故六者有黄无玄为五也。"《玉篇》："黄，中央色也"，黄色是中央之色。《宋史·隐逸传下·郭

---

① 党晴梵：《先秦思想史论略》，西安：陕西人民出版社，1959年，第294页。
② 萧兵：《楚辞与神话》，南京：江苏古籍出版社，1986年，第397页。
③ 钱穆：《黄帝传》，北京：生活·读书·新知三联书店，2005年，第7页。

雍》："黄，中色也，色之至美也。"黄色是阳光照耀黄土地而显示出来的"地之色"，是中央色。黄土地占据地理之中，而黄色又是红、青、黑、白的中间色，是最美的色，所以比其他色显赫尊贵。

中国自古以农业立国，中国境内之土以中原黄土最为广布，四周之土皆非黄色。《尚书·禹贡》载："雍州……厥土惟黄壤，厥田惟上上。"雍州黄壤俗称"黄土"，是九州最上等的土壤，主要在陕西关中一带。《史记·货殖列传》："关中自汧、雍以东至河、华，膏壤沃野千里，自虞夏之贡以为上田，而公刘适邠，大王、王季在岐，文王作丰，武王治镐，故其民犹有先王之遗风，好稼穑，殖五谷，地重，重为邪。"因此，古代关中被称为"天府之国"。《战国策·秦策》载苏秦始将连横说秦惠王曰："大王之国，西有巴蜀、汉中之利；北有胡貉、代马之用；南有巫山、黔中之限；东有殽、函之固。田肥美、民殷富，战车万乘，奋击百万，沃野千里，蓄积饶多，地势形便，此所谓天府，天下之雄国也！"这种"黄壤，为淡栗钙土，成土母质为黄土（loess）。黄土地层为西北黄土高原之自然地理特征。田第一等，赋第六等。雍州古代水利事业发达，关中为我国古代农业最发达之地区之一。"① 黄壤颗粒很细，质地疏松，内部多有空隙，"黄土土壤的特征之一，是具有垂直的柱形纹理，促成土层内柱形纹理的原因，是土中有相当多量的石灰质，石灰质来自碳酸钙，所以黄土多呈碱性"。② "黄土的化学组成的主要特点是含有大量的碳酸钙和一定的碳酸镁，故黄土中的钙含量很高，此外钾、硫、磷含量也较多，黄土母质含有大量的作物营养元素，具有一定的天然肥力。"③ 我们先民就是在黄土台地定居耕作，发展农业。"这些黄土台地，因土壤肥沃，适于耕种，又距水源较近，地势较高，生活方便安全，原始社会的晚期，我们的祖先乐于居住在这样的台地上。"④ 因为凝重浑厚的黄土及其物理特性，中华文明发源于黄土高原，中华民族繁衍生息于黄河流域，定居农业成为华夏先民的自然选择，农耕文化成为中华文化的主体文化。地理环境、生产方式、生活习俗、社会制度使中华文明的主根深植黄土地，这是自然的选择，是历史的必然，是中华文明具

---

① 李长傅著，陈代光整理：《禹贡释地》，郑州：中州书画社，1982年，第87页。
② 何炳棣：《黄土与中国农业的起源》，香港：香港中文大学，1969年，第18页。
③ 任美锷主编：《中国自然地理纲要》，北京：商务印书馆，1982年，第158页。
④ 何炳棣：《黄土与中国农业的起源》，香港：香港中文大学，1969年，第109页。

有连续性、持久性的一个重要因素。

中华文明以黄色为底色，在漫长的历史进程中形成了黄色崇拜。《金匮要略·金匮玉函经二注》："欲崇土以求类，莫如黄土，黄者，土之正色。"在土当中，黄土最为尊贵，从色彩看黄色是正色。刘师培说："近代以来，科学大明，称震旦之民为黄种。而征之中国古籍，则五色之中独崇黄色。"① 中国人独崇黄色，是因为"中国人不但是黄种人，而且自称'黄'帝子孙；吃的是黄米（粟）、黄豆，住的是黄河沿岸、黄海之滨。位到至尊则穿黄袍走黄道。死了以后的去处，叫黄泉……中国文化源于华北，而华北住民的生活环境里最具支配性的颜色，除了青天之青之外，便是黄土之黄；《易经》所谓'天玄而地黄'，刮风时候，'黄埃'飞物，连天也是黄的。"② 就是说，黄色在五行中为土，是以中原为地理中心的中华大地的主要地表土色，为土之正色，孕育了农耕文明，滋养了华夏儿女，形成了中国人对黄土的尊崇。

从人种上看中国人是黄色人种，有女娲用黄土造人的神话传说。《山海经》《世说新语》《太平御览》等众多典籍都记载了"女娲以黄土造人"的上古神话。《太平御览》卷七八引《风俗通》载："俗说开天辟地，未有人民，女娲抟黄土做人。剧务，力不暇供，乃引绳于泥中，举以为人。故富贵者，黄土人，贫贱者，引绳人也。"盘古开天辟地以后，女娲用黄土造出不同的人。这一神话类似于基督教的上帝造人说，隐喻了我们的祖先是黄色人种，与黄土生死相依的关系，是黄色崇拜的文化心理基因。

考古资料证明最早的黄土崇拜实例在中原。20世纪30年代，安阳殷墟曾发现两组建筑基址，其中一个黄土高台，南北长11.3米，东西长11.8米，厚0.5~1米，面积约为133.34平方米。高台所用黄土相当纯净，"绝对不掺杂他种泥土"③。李济认为这就是"崇拜最高神的地点"④，应该是黄土神坛的实例，

---

① 刘师培：《古代以黄色为重》，载《刘师培全集》第4册，北京：中共中央党校出版社，1997年，第46页。

② 张光直：《黄土期中国高级旧石器文化与现代人类的出现》，《中国上古史特定稿》第1本，台北：历史语言研究所，1972年，第185页。

③ 李济：《安阳最近发掘报告及六次工作之总估计》，《安阳发掘报告》，1937年第4期。

④ 李济：《〈殷虚建筑遗存〉序》，载张光直、李光谟编：《李济考古学论文选集》，北京：文物出版社，1990年，第306页。

说明黄土崇拜相当古老，或许就是崇奉黄土的黄帝族留下的遗迹。萧兵注意到，"这个黄土台基基本上是方形的，在天圆地方的'盖天论'模式里，它显然代表'四方形的大地'"。① 因黄色最为尊贵，古代凡皇宫、祭坛、太庙的台基必须用黄土筑成。

黄色后来成为王朝的御用颜色，为帝王所独占。王夫之说："开皇元年，隋主服黄，定黄为上服之尊，建为永制。"② 李唐代隋之后，唐高祖李渊沿用隋制，仍以黄色作为皇室使用之颜色，并禁臣民用黄色。据《新唐书·车服志》记载："初，隋文帝听朝之服，以赭黄文绫袍，乌纱帽……至唐高祖，以赭黄袍、巾带为常服……一品、二品銙以金，六品以上以犀，九品以上以银，庶人以铁。既而天子袍衫稍用赤、黄，遂禁臣民服。"宋代学者王楙《野客丛书·禁用黄》说："唐高祖武德初，用隋制，天子常服黄袍，遂禁士庶不得服。而服黄有禁自此始。"黄色自此被皇族所独享，成为封建帝王的专属色，被称为"帝王黄"。此后，皇帝的龙袍，皇宫的琉璃瓦，皇族用的餐具，皇上赐的马褂，黄色釉的瓷器，龙椅上的黄垫，圣上的轿子等，无一不用黄色以彰显皇家气派与尊贵。

清末西学东渐，列强环伺，"黄白种竞"，民族危机加深，中国人民族主义意识觉醒，"中国人的黄种自觉意识空前高涨。当时国人对'黄'和'黄色'等字词格外敏感，特别是那些以黄帝作为祖先的革命者，往往以'黄'字自名，用于表明自己的汉族认同并致力于激发同类的民族与种族自尊观念"。③ 黄色摆脱了帝王专属的观念，成为当时知识分子寻找民族记忆，建构民族国家，标识民族认同，激发民族精神的象征符号，在近代思想史上形成了一股影响颇大的崇黄思潮。

刘师培在《黄帝纪年论》中提出"欲保汉族之生存，必以尊黄帝为急"。④

---

① 萧兵：《中庸的文化省察——一个字的思想史》，武汉：湖北人民出版社，1997年，第184页。
② （清）王夫之：《读通鉴论》中册，北京：中华书局，1975年，第627页。
③ 黄兴涛、陈鹏：《畸变的历史：近代中国"黄色"词义变异考析》，《历史研究》，2010年第6期。
④ 无畏：《黄帝纪年论》，载《辛亥革命十年间时论选集》第1卷下册，北京：生活·读书·新知三联书店，1960年，第722页。

闻一多在1923年发表的《色彩》一文中写道："绿给了我发展，红给了我清热，黄教我以忠义，蓝教我以高洁。"① 把黄色看成是中华民族"忠义"品德的象征。1925年，《东方杂志》发表《颜色与心理》一文，强调"'黄'是色中最庄严的一种。我们一见宫殿的金碧辉煌，寺院的庄严灿烂，无不起一种崇拜偶像之感。这便是我们感觉黄色的一种习惯的反应……黄色含有表彰'尊严'和'高贵'的意味"。② 1929年，黎祯祥发表散文《我们的黄色》："我，素性喜欢黄色，喜欢我的黄色胜于其他各色……为我们所足践的，是结实的黄土；为我们所身衣口食的，都是从黄土中生产出来的。黄色是我们的人种；黄帝是我们的族祖；黄河两岸是我们所居的可爱家乡……我们是黄色的我们，我们爱我们的黄色！"③ 表达了以"黄色文明"为基础的民族认同，是当时尊黄文字的代表作之一。1935年，广州市市政会议上，时任广州市长的刘纪文提议定黄色为市色时阐发说："七色之中，以黄为尚，夫五行于土色为黄，是广土众民之义也。五方于中央为黄，是致中和育万物之义也。又黄，老人也，《诗》'乐只君子，遐不黄耇'，则绵历久远之意存焉。又黄，稚年也，男女始生为黄口，则发荣滋长之意存焉。况我族为黄帝轩辕氏之后，古称黄虞，又曰黄炎，黄之历史已久，黄之意义弥彰，因拟定黄色为本市市色。"④ 就是说黄色是五行中最尊贵的一种颜色；黄色既代表老人，又代表小孩；中华民族是黄帝之后，黄色历史悠久，意义重大。基于这三大理由，他推荐将黄色定为市色。该提案经该市第131次市政会议议决通过，黄色因此一度成为广州市的市色。"这一具有代表意义的事件表明，时至民国中期，20世纪初年所形成的以'黄色'作为民族国家象征色彩的概念含义，仍然在一定程度上得到了继承和重视。甚至可以说，它继续构成许多中国人现代民族国家意识及认同的有机组成部分。"⑤

---

① 闻一多：《闻一多选集》第1卷，成都：四川文艺出版社，1987年，第72页。
② 《东方杂志》，1925年，第22卷第4号。
③ 黎祯祥：《我们的黄色》，《我们的教育：徐汇师范校刊》，1929年，第3卷第6期。
④ 《市长提议拟定黄色为本市市色意见案》，《广州市政府市政公报》，1934年，第487期。
⑤ 黄兴涛、陈鹏：《畸变的历史：近代中国"黄色"词义变异考析》，《历史研究》，2010年第6期。

作为一种柔和温暖之色，黄色是构成缤纷瑰丽世界的重要色彩元素，从古至今一直受到中国人的认可、青睐与喜爱。在漫长历史的演变过程中，黄色已不再是单纯的自然色彩，其内涵和意蕴更多地投射到国人的世界观、人生观、价值观和审美意识、心理习惯、民俗民风等精神层面和人文界域，呈现出独特的文化象征意义，成为中华文明的底色和本色，蕴含着端庄、典雅、高贵和富庶，象征着兴旺、昌达、辉煌和崇高。

三、中道——"黄色文明"的精神内核

"黄色文明"的核心精神是中道，与其产生的自然环境密切相关。萧兵认为："上古华夏群团所处的以'黄土'为主的地理环境，对于建构中国人的生产——生活方式，对于保证原始、原始性农业的成功，对于形成以'中'、以'黄'为底蕴的中庸哲学、中和美学，对于保持中华民族的凝聚力和中国文明的持久性等方面，都有不可磨灭的积极贡献。"① 中国人把"黄"看成是一种"中和之色"，"很可能便跟中国人的黄色皮肤，华夏——汉族发祥的黄原，母亲之河的黄河，万汇所归的黄海，长眠之所的黄泉……有着千丝万缕的深层联系。可以说，'黄'跟黄色所体现的'中和'已经成了中国人'集体无意识'里最重要的内涵。"②

中国文明的宇宙观是天地人三才，人居天地之中，与天地并立为三，在天地之间有着特殊的地位、作用和价值，体现了"尚中"意识。这种"尚中"意识源于黄帝。《史记·太史公自序》："维昔黄帝，法天则地。"黄帝作为天下共主，效法天道，遵循地理。马王堆汉墓帛书《十六经·立命》载黄帝云："吾受命于天，定位于地，成名于人。"黄帝得天命，定地位，成人王。《事物纪原》卷二《公式姓讳部》引《黄帝内传》曰："黄帝始祀天祭地，所以明大道也。"黄帝尊天重地，开始祭祀天地，以明大道。《通典·礼典》云："黄帝封禅天地，则郊丘之始矣。"后世帝王郊祀天地之礼就源于黄帝。《史记·封禅书》："黄帝采首山铜，铸鼎于荆山下""作宝鼎三，象天、地、人也"，黄

---

① 萧兵：《中庸的文化省察——一个字的思想史》，武汉：湖北人民出版社，1997年，第234页。

② 萧兵：《中庸的文化省察——一个字的思想史》，武汉：湖北人民出版社，1997年，第308页。

帝作宝鼎分三层，象征着统合天地人。"鼎"原本是古代的一种煮食物的器具。《续博物志》卷三引《子华子》曰："鼎者，熟物之器也，上水而下火，二气升降以相济，中和之气也。"鼎本身就是利用水火相济，得中和之气，做出美味的食物。

　　黄帝的"尚中"意识与其生活的自然环境有关。"黄帝族所处的自然环境既不过分优裕，也不极端严酷，而是属于偏寒的'亚温带'，是所谓'中庸'式的。但他们并不满足于这种中庸，而是去寻觅，去开拓，去进攻。他们不但为自然和历史所选择，而且要自己选择自然和历史。他们是发明家、创造者和生活的艺术家。"① 黄帝生存的自然环境是中庸式的，是人与自然和历史双向选择、互动的结果。"中庸"观念源远流长，黄帝是其创始者、体现者、实践者。"中庸"并不意味着保守、落后、不思进取，黄帝作为中华民族的人文始祖，有诸多发明创造就充分证明了这一点。

　　黄帝的发明创造中重要的一项是衣裳之制，也蕴含着中道观念。《易传·系辞下》："黄帝、尧、舜垂衣裳而天下治，盖取诸乾坤。"黄帝由乾坤两卦设计出了上衣下裳，是乃衣冠文明。《九家易》："衣取象乾，居上覆物；裳取象坤，在下含物也。"衣取乾卦之象，居于上位，有覆盖之态；裳取坤卦之象，居于下方，有包含之能。《周易·坤卦》："六五，黄裳，元吉。"《周易集解》："黄，中之色。裳，下之饰。元，善之长也。中美能黄，上美为元，下美则裳。阴登于五，柔居尊位，若成昭之主，周霍之臣也。百官总已，专断万机，虽情体信顺，而貌近借疑，周公其犹病诸。言必忠信，行必笃敬，然后可以取信于神明，无尤于四海也。故曰'黄裳，元吉'也。"周人以黄裳为吉祥、尊贵之物，是因为黄是中色，体现了中和之美。《程氏易传》："黄，中色。裳，下服。守中而居下，则元吉，谓守其分也。元，大而善也。爻象唯言守中居下则元吉。"朱熹《周易本义》："黄，中色。裳，下饰。六五，以阴居尊，中顺之德，充诸内而见于外，故其象如此。"《周易·坤卦·象传》："黄裳元吉，文在中也。"黄是中色，衣裳象征守中居下，大吉大利。《程氏易传》："黄中之文，在中不过也。内积至美而居下，故为元吉。"朱熹《周易本义》："文在中

---

① 萧兵：《中庸的文化省察——一个字的思想史》，武汉：湖北人民出版社，1997年，第215页。

而见于外也。""黄裳"还象征着人内在美德的外显。

《左传·昭公十二年》:"黄,中之色也。"《礼记·郊特牲》:"黄者,中也。"黄色是大地之色,是一种中和之色,相较青、赤、白、黑的趋向于极端,黄色位于各色的中间,是一种中央颜色,所以五色之中以黄为尊贵。尹世积解释雍州黄壤时说:"按土以黄为正色,色以黄为中和,黄者乃真土。雍地最高,沉淤不积,则真土见于地上,黄而且壤,则膏腴至矣。"① 土乃万物之本,五行之尊,黄乃地之正色,在土当中黄土最为尊贵,从色彩看黄色是正色,是中和之道的象征。

《风俗通义》引《尚书大传》曰:"黄者,光也,厚也,中和之色,德施四季,与地同功,故先黄以别之也。"《白虎通·号》云:"黄者,中和之色,自然之性,万世不易。黄帝始作制度,得其中和,万世长存,故称黄帝也。"唐杜佑在其《通典》中注云:"黄者,中和美色。黄承天德,最盛淳美,故以尊色为谥也。"黄色是"中和之色",合乎自然本性,贯穿四季的生长收藏,蕴含着"天德"淳美,特别是黄帝以中和之道设计制度,流传至今,所以被奉为尊色。

《史记·五帝本纪》载黄帝"时播百谷草木""艺五种"。"五种"据郑玄注释,是指"黍、稷、菽、麦、稻"五谷。"稷"是居住在黄土高原上的先民的主食,也具有中和意蕴。《说文》说稷是"五谷之长",《白虎通·社稷》解释稷为什么是百谷之长时说:"稷者得阴阳中和之气而用尤多,故为长也。"并引《月令章句》曰:"稷,秋夏乃熟,历四时,备阴阳,谷之贵者。"引《淮南子·时则训》"食稷与牛"注曰:"稷、牛皆食土也。土居中央,得中和之气也。"黄土长黄米,养黄牛,得天地阴阳中和之气,人食黄米与黄牛,生于斯长于斯的黄帝及其子孙,就形成了中国古代农耕文明的本质特征——中和之道。

黄和中结合还成为君子修养的"黄中"境界。《周易·坤·文言》曰:"君子黄中通理,正位居体,美在其中,而畅于四支,发于事业,美之至也。"孔颖达疏曰:"'黄中通理'者,以黄居中,兼四方之色,奉承臣职,是通晓物理也。'正位居体'者,居中得正,是正位也;处上体之中,是居体也。黄

---

① 尹世积:《禹贡集解》,北京:商务印书馆,1941年,第43页。

中通理,是'美在其中'。有美在于中,必通畅于外,故云'畅于四支'。四支犹人手足,比于四方物务也。外内俱善,能宣发于事业。所营谓之事,事成谓之业,美莫过之,故云'美之至'也。"君子具有黄中修养,居中得正,由内而外,外内俱善,发于事业,就是美的极致。《程氏易传》:"黄中,文居中也。君子文中而达于理,居正位而不失为下之体。五尊位,在坤则惟取中正之义。美积于中,而通畅于四体,发见于事业,德美之至盛也。"朱熹《周易本义》:"黄中,言中德在内。释'黄'字之义也。虽在尊位,而居下体。释'裳'字之义也。美在其中,复释黄中。畅于四支,复释居体。"黄中本质上是文中,君子有德行之美积累于心中,必然通畅于身体,发用于事业,成就尽善尽美的人格。

从色彩学上说,黄色属于三原色之一,其与红色和蓝色平均分布在调色环上,位置距离相隔大约120度,是可见光光谱中处于绿色和橙色之间的颜色。不浓也不淡、不艳亦不素,介于白与青和黑与赤四色之间,从而合乎逻辑地成为中央之色,故《白虎通·号》云:"黄色,中和之色,自然之性,万世不易",《汉书·律历志上》:"黄者,中之色……地之中数六,六为律,律有形有色,色上黄。"这种突兀显赫却不十分刺眼的"中和之色",非常契合不急不躁、不温不火、性格温和、心态稳健的中华民族,自然也就成为了中华民族的首选之色。① 中国文明与世界上其他文明比较起来最典型的特征就是尊崇黄与中,所以被称为"黄色文明"。

四、"黄色文明"的基本特征

1. 主辅结构

中华大地土分五色,"五色土"还会"化生"出各种事物:"正土之气也御乎埃天。埃天五百岁生缺,缺五百岁生黄埃,黄埃五百岁生黄,黄五百岁生黄金,黄金千岁生黄龙,黄龙入藏生黄泉。黄泉之埃上为黄云。阴阳相薄为雷,激扬为电,上者就下,流水就通而合于黄海。偏土之气御乎清天,清天八百岁生青曾,青曾八百岁生青,青八百岁生青金,青金八百岁生青龙,青龙入藏生青泉,青泉之埃上为青云。阴阳相薄为雷,激扬为电,上者就下,流水就

---

① 刘金祥:《中华文化中的"以黄为尊"传统》,《学习时报》,2023年7月24日。

通而合于青海。壮土之气，御于赤天，赤天七百岁生赤丹，赤丹七百岁生赤，赤七百岁生赤金，赤金千岁生赤龙，赤龙入藏生赤泉，赤泉之埃上为赤云。阴阳相薄为雷，激扬为电，上者就下，流水就通而合于赤海。弱土之气，御于白天，白天九百岁生白礜，白礜九百岁生白，白九百岁生白金，白金千岁生白龙，白龙入藏生白泉，白泉之埃上为白云。阴阳相薄为雷，激扬为电，上者就下，流水就通而合于白海。牝土之气，御于玄天，玄天六百岁生玄砥，玄砥六百岁生玄，玄六百岁生玄金，玄金千岁生玄龙，玄龙入藏生玄泉，玄泉之埃上为玄云。阴阳相薄为雷，激扬为电，上者就下，流水就通而合于玄海。"（《淮南子·地形训》）中央之土是正土，东方之土是偏土，南方之土是壮土，西方之土是弱土，北方之土是牝土。不同的土化生出不同的事物，显示了中华文明以黄色为主，又兼有各色，有主有次，结构分明的特征。

很多古籍资料记载黄帝居天下之中，有"三公""七辅""六相""四面""五正"辅佐他治理天下。《太平御览》卷七十九引《尸子》云："子贡曰：'古者黄帝四面，信乎？'孔子曰：'黄帝取合己者四人，使治四方，不谋而亲，不约而成，大有成功，此谓之四面也。'"孔子对看起来荒诞的神话进行了合理的解释，认为不是说黄帝有四张面孔，而是说他依靠与自己同心同德的四位辅佐大臣黄同治理天下。清华简《治政之道》也载："夫昔之曰'黄帝方四面'，夫岂面是谓？四面之谓。""四面"其实是"四佐"，并具体说："黄帝之身，尃（溥）又（有）天下，始又（有）桓（树）邦，始又（有）王公。四亢（荒）、四宂、四桓（柱）、四唯、群示（祇）万皃（貌）焉始相之。"黄帝树邦，四荒、四宂、四柱、四唯等天神降地辅佐他。这与马王堆帛书《黄帝十六经·立命》记载接近："昔者黄宗，质始好信，作自为象，方四面，傅一心。四达自中，前参后参，左参右参，践位履参，是以能为天下宗。"《帝王世纪·自皇古至五帝》亦云："（黄帝）俯仰天地，置众官，故以风后配上台，天老配中台，五圣配下台，谓之三公。其余地典、力牧、常先、大鸿等，或以为师，或以为将，分掌四方，各如己视，故号曰黄帝四目。"（《群书治要》卷一一注引）这些资料都说明黄帝治理天下是有主有辅，不是专制独裁，而是类似于后世的帝王与士大夫共治天下。

2. 多元交融

以"黄色文明"为主体的中华文明不是自我封闭、一成不变的，在中国历史上不断与不同的文明进行交流融会,形成了多元交融的基本特征。黄帝为传说中的五帝之一,是中华民族的"始祖",从血缘和民族的融合中体现出多元交融的特征。《国语·晋语》载:"昔少典娶于有蟜氏,生黄帝、炎帝。黄帝以姬水成,炎帝以姜水成。成而异德,故黄帝为姬,炎帝为姜。二帝用师以相济也,异德之故也。"所谓少典娶于有蟜氏生黄帝、炎帝,并不是说黄帝和炎帝是同父母兄弟,而是说黄帝和炎帝是少典部落与有蟜部落通婚的裔支,是从其中分裂出来的两个氏族。黄帝与炎帝部落是具有同一历史传统的部族,因为发展程度不同而导致对于统治权位的争夺。黄帝部落战胜炎帝部落,兼并了炎帝部落,承担起领导两个部落共同发展的历史使命,"炎黄"就被尊为中华民族的共同祖先。后来,炎黄部落联盟又与东方的蚩尤部落联盟发生了战争,炎黄联合战胜了蚩尤,黄帝把蚩尤那些顺服的九黎部落安置在比较好的地方,把那些顽抗的九黎部落迁徙到北方寒冷荒凉的不毛之地。蚩尤部落还有一部分南下,成为了苗蛮集团的组成部分。黄帝时代有许多部落和部族,司马迁在《史记·封禅书》中就提到"黄帝时有万诸侯",这里的诸侯实际上就是所谓的部落或者部族。在长期的交流、融合、战争过程中,以黄帝部族为主导,促进了炎帝、黄帝与蚩尤三大部落联盟的融合,形成了以黄帝部族为代表的古华夏族。《史记·五帝本纪》载:"黄帝二十五子,其得姓者十四人。"春秋战国时期诸夏蛮夷都自称出于黄帝一系,据后人考订,至春秋时列国之姓有明确记载者 67 国,其中鲁、蔡、曹、滕、晋、郑、吴、燕、虞、虢、祭、邢、凡、渭、原、荀、芮、息、巴、贾、魏、耿、霍、郜、韩、焦、杨、淮、密等 32 国皆为姬姓,加上子姓的宋、姒姓的杞、嬴姓的秦、任姓的薛等,占了 67 国的绝大部分,都是黄帝后裔。还有许多古代民族和方国都系黄帝后裔的传说,如北狄、熏粥、犬、氐、蜀、苗、越、匈奴、鲜卑、羌人等边远民族将自己的族系追溯到黄帝,也是有根据的,说明黄帝是中华民族的共同始祖,在铸造中华民族共同体的历史进程中起到了奠基作用。

血缘和民族的多元交融过程,也就是中国文化融汇周边各民族文化的过程。到春秋战国时期形成了以中原华夏文明程度高、四周夷狄文明程度低为基本格局的多元文化,于是有了华夷之辨。当时周王朝处于天下无道、礼崩乐坏的境况,其时四周夷狄强大,交侵华夏,所谓"南夷与北夷交,中国不绝若线"(《公羊传》僖公四年),中原华夏文明受到威胁,甚至一些中原国家被夷狄所灭。孔子认为当时中原的一些国家能够以西周礼乐制度治理社会,文明程度高,是属于"诸夏";而周边各族各国则没有礼乐制度,是属于"夷狄"。孔子把礼乐文明作为区分华夷的基本标准,讲究道德礼义就是华夏文明,不遵循道德礼义就是蛮夷戎狄,认为治理天下应该"内诸夏而外夷狄"(《春秋公羊传》)。但"孔子之作《春秋》也,诸侯用夷礼则夷之,进于中国则中国之"。① "华夏与夷狄可以相交相容,相互转化,并随着中国文明向周边的延伸,文明的范围在不断地扩大"②。提倡夷狄用华夏礼乐可融入华夏,使华夏文明对四周夷狄产生了强烈的吸引力、征服力和同化力,促进他们对华夏文明的向往和仿效,增进了各民族的交往和融合,这成为后来中国文明发展的基本倾向。秦汉以后,每当中国文明遭遇危机之时,华夷之辨就被重新提出和强调,"其主导思想是通过分辨当时华夏与周边少数民族及其文化状况,防止华夏文明被灭亡,进一步确立华夏文明的主体性,这样以华夏文明为主,兼收并蓄外来文化,使华夏文明在交流融会中不断走向博大精深。"③

3. 兼容并包

黄帝在对文化和文明的整合上也体现了中华文明兼容并包的特征。很多史籍记载了黄帝时代的文明创制,他与臣民一起播百谷,植草木,务农桑,做衣冠,制弓箭,造舟楫,创医学,大力发展生产,使物质文化生活发生了一系列历史性的变化;他与臣民一起造书契(文字),绘图画,作甲子(历法),定算数,制音律,在精神文化方面贡献甚大;他还别尊卑,定礼乐,创官制、财产、嫁娶和丧葬等制度,在制度文化方面把我们的先民带入了文明的门槛。柳诒徵评述说:"自燧人以迄唐、虞洪水之时,其历年虽无确数,以意度之,最少当亦不下数千年。故合而观其制作,则惊古圣之多;分而按其时期,则见初民之陋。牺、农之时,虽有琴瑟、罔罟、耒耜、兵戈诸物,其生活之单简可想。至黄帝时,诸圣勃兴,而宫室、衣裳、舟车、弓矢、文书、图画、律历、算数始并作焉。故洪水以前,实以黄帝时为最盛之时。后世盛称黄帝,有以

---

① (唐)韩愈:《原道》,《韩愈全集》,上海:上海古籍出版社,1997年,第121页。
② 韩星:《华夷之辩及其近代转化》,《东方论坛》,2014年第5期。
③ 韩星:《华夷之辩及其近代转化》,《东方论坛》,2014年第5期。

也。"① 说明黄帝时代的文明创制是洪水以前最盛的时代。但这些文明创制也不可能是黄帝一人一时的发明创造，而是许多人许多代集体的智慧和长期的积累。黄帝的文明创制是他对以前的文化进行整合，在前人基础上的集大成，是黄帝时代我们的先民从野蛮走向文明的辉煌成果，这些已经为考古发掘所证明。黄帝时代处于考古学上广义的龙山文化时代范围，距离今天大约有5000—6000年。龙山时代，原始农业取得长足发展，畜牧业迅速扩大，制陶工艺不断进步。同时，出现了政治权威的标志，如文字的发明，金属的使用，礼器的大量发现，城堡和宫殿的出现以及随葬品多寡悬殊，等等。结合历史文献，令人信服地证明了黄帝时代是中华文明的开端。所以，历史上把黄帝作为开创中华民族文明的先祖，这就是今天所说的"人文初祖"的意思。

五、结 语

综上所述，中华文明是一种文德教化、经天纬地、尊崇黄色、崇尚中道的文明观，黄帝是中华民族的人文始祖，是"黄色文明"的源头和根本，中华文明以黄色为底色，形成了黄色崇拜。中道是"黄色文明"的精神内核，形成了主辅结构、多元交融、兼容并包等基本特征。中国文明是以黄色为主，兼采青、赤、白、黑于一体的一主多元的复合文明形态，是源于中国古代中原以黄土为主的农耕文明，由衣食住行到社会制度再到思想观念，形成了包含物质文明、制度文明和精神文明在内的复合文明体。

今天，我们反思《河殇》中提出的文明观，在某种程度上说也未必没有一点道理，中华文明发源于黄土高原，崇尚黄色；西方文明发源于古希腊的爱琴海滨，崇尚蓝色。但这种观点把东西方两大古老的文明体系简单化、抽象化、平面化了，其中还贯穿了二元对立、弃旧图新的思维方式。这是自上世纪新文化运动以来现代中国人的主流思维方式。事实上，这两种文明并不是二元对立的关系，大致上可以说，西方是蓝色文化的代表，以蓝色为本原和主体，拓展出了多彩多姿的西方文明；中国是黄色文化的代表，以黄色为本原和主体，延展出了丰富多彩的中华文明。二者不是二元对立、非此即彼、非黑即白的关系，而是有交融、有对照，可以和而不同、共生共长的关系。

---

① 柳诒徵：《中国文化史》（上卷），上海：东方出版中心，1988年，第14页。

翻开中国历史，就会发现，"黄色文明"是中国文明的主色调，也兼容了"蓝色文明"。中国是一个以大陆为主，也有漫长海岸线的海陆国家，既有基于陆地的"黄色文明"主流，也有基于海洋的"蓝色文明"一脉。作为"黄色文明"有机组成部分的"蓝色文明"，在中国历史上虽不占主导地位，但几千年来中国人从未停止过对海洋的探索与挖掘，如殷商海洋活动，春秋战国时齐国的海洋文化，三国时孙权派人远航马来西亚、菲律宾等地，明代规模盛大的郑和下西洋等。清代统治者发布过禁海令，近代更是闭关锁国，但沿海一些城市的民间贸易仍然在进行。当时一些有识之士还是"睁开眼睛看世界"，魏源用10年时间编撰成100卷的《海国图志》，为中华民族勾画出一幅宏大的海洋蓝图。还有后来中国人下南洋，去欧洲，闯美洲。所以，中国其实是"黄色文明"和"蓝色文明"共存的国家。随着中国的对外开放，古老的"黄色文明"要走向世界，与"蓝色文明"，乃至绿色文明、黑色文明等世界多元文明交流互鉴，不断重构，才能在多元文明的会通融合中形成中华文明的新形态。

论黄帝陵独特的文化内涵

张茂泽

西北大学中国思想文化研究所教授

黄帝陵是中华民族始祖轩辕黄帝的陵寝，是中华民族的圣地，也是中国作为国家的文化标识。祭祀黄帝陵，就是祭祖，而且是全体中华儿女的公共祭祖。这种公共祭祖，是家庭或家族祭祖的发展、升华，上升到民族高度、国家高度的表现。这时，轩辕黄帝不仅是黄帝家族的祖先，也是中国开国的祖先，还升华为中华各族的共同祖先；黄帝不仅是中华民族的祖先、中国的祖先，更是中华文明的人文初祖。祭祀黄帝陵，就有了祭祖孝亲、忠诚爱国、尊崇文明等多重意义。我们每年祭祀黄帝陵，无疑有提高中华民族忠孝道德水平，强化中华各族血缘认同、国家认同、文明认同等诸多意义。

和欧美文化比较，中华文化有自己的特点。这些文化特点，给新时代中国特色社会主义、中国式现代化提供了文化基因，就好像给中国文化装扮上了黄皮肤、黑头发的外貌。从黄帝陵蕴含的文化内涵，也可以见到中华文化的独特之处。

一、中国人忠君孝亲，提倡爱国、孝亲，
祭祖原本是孝亲敬老的表现

西方人信基督教，信仰上帝，不大讲忠孝。奥古斯丁有终极关切，他父母却逼着他继承家业，去经商做买卖，他很不愿意，所以他提出人们不应孝敬父母，父母也有缺点；只有上帝圆满无缺，才值得敬仰。中国人不同，最独特的是讲忠孝，信忠孝。用古代的话说，就是忠君孝亲。

西方人的国家意识也不是很强，不大讲忠君爱国。如马克思是德国人，却批判德国政府，出走法国；后批判法国政府，出走比利时；最后在英国落脚，写出《资本论》。中国人的国家意识强，将国家视为父母之邦，多有浓郁的故

乡情怀、桑梓情结，进而形成忠孝信仰。

孝亲，孝敬老人，尊老爱幼是中华文化的优秀传统，也逐步发展成为劳动群众的日常生活习惯。为什么要信忠孝？对国人言，乃是文化传统习惯，不需论证说明。比如，孝敬父母，要求子女尊敬老人，赡养老人，做好事业，不让父母操心等等。还要求事之以礼，葬之以礼，祭之以礼。就是说，父母生前，子女就要孝敬父母，尊敬父母；父母生病，则要尽心照顾；父母去世，要安葬好；然后要按时祭祀，追思缅怀，传承祖德，弘扬优秀家风。

这么做的社会效果，就是曾子讲的，"慎终追远，民德归厚矣"。厚，忠厚，为人忠厚诚笃，没有奸猾利用；也指宽厚，待人宽厚感恩，没有刻薄戾气。搞好丧葬活动，做好祭祀先祖的工作，就可以锻炼仁爱情怀，培养厚德民风，团结子孙后代，传承优秀文化，推进祖德流芳百世。父母即使有缺点，子女也不要特别计较；反而更要孝敬、尊重，如舜之敬瞽叟。因为孝悌为仁之本，父母有缺点，子女依然孝敬，正可以锻炼自己的忠厚品质、宽厚情怀。还因为父母和子女间有生养亲情，若父子有亲，都不能宽容谅解，不能相互亲爱，则对其他并无生养关系的路人，怎能仁爱得起来？是以孝悌训练，确实是"为仁之本"，是仁爱修养训练的基础工作。孩子们在这社会大学的第一课学好了，以后步入社会，待人接物，自然忠厚诚笃，友善待人，其为学为人，做事做人，都将受益无穷。

二、家国一体，忠孝一脉，黄陵祭祖是家国统一、忠孝一体的集中体现

黄陵祭祀，就是祭祀祖先的慎终追远活动。但它和一般的家庭、家族祭祖不同，它是中华民族整体的祭祖活动，是国家官方的祭祖活动。这是为什么呢？这就涉及孝亲和忠君的关系。周朝开始，我们就家国一体。国者大家，家者小国。周天子代表国家，是大家；他分封建立的各诸侯国，如齐国、鲁国、卫国等，对周天子而言是小家，但对下面的大夫来说，又是大家。其实这些都是国家，也可以叫作家国一体。英文 state（政府、城邦）、country（国土、疆域）、nation（民族、国民）几个表示国家的单词，皆不足以表示中国作为国家，其家国一体、文化文明等含义。

中国古代这种家国一体的社会特点，到汉代又有新发展。汉王朝治国理

政，号称"以孝治天下"，极大地推动了国和家的统一。正如董仲舒所言，天命和作为国君的天子好像父子关系。汉王朝既然以孝治天下，则天命便如父亲一样爱护天子，给予其治理天下的资格、权位；同时对天子严格要求，对于违道悖德的君主，上天会进行谴责、警告，而且会反复谴告，以示其爱护天子之意。与此相应，君主作为上天之子，要与上天相应，就必须孝敬上天，皇权上奉天承运，日常工作生活中则要尊天奉本。君主尊天敬天，还必须落实到民众身上，符合民心民意。其中一个方面就是要以仁爱统治民众，为臣民负责，敢于担当。汉朝天子敬天，就是人子敬祖。天子忠于上天和孝敬上天相统一，以此垂范天下，就能够慢慢养育出臣民忠孝一脉的样板，给民众带来巨大影响。因为就一般民众而言，在家的孝亲和出世为官的忠君，要求很接近。古代家国一体，决定了忠孝一体。在锻炼忠孝道德上，家就是国，国也是家；在道德成长上，也可以说孝亲修养是忠君的基础、准备，所以人们能孝敬父母，正可以移孝作忠；汉朝天子孝敬上天，以孝治天下，正可以转移为治国理政的根本大计。

加之汉朝廷提倡以孝治天下，察举人才，要察孝廉，举贤良方正，这是治国者有意识提倡和强调孝德和忠德相统一；同时国家这么大，多民族统一，事务繁多，需要更多的人才参与治国理政。这些都为移孝作忠、忠孝统一提供了现实基础。

忠君孝亲，是不是愚忠愚孝？不是，更不能以历史上个别人的愚忠愚孝为例否定忠孝的积极意义。因为依照儒家看，忠孝之所以为忠孝，必须符合两个基本原则；否则它不能成为忠孝，即使看起来是忠孝，也极有可能是假忠孝。这两个原则包括：一是忠孝道德、礼仪，要求以真正的仁爱亲情做基础，如父子亲情是父慈子孝的基础，君臣相知是君仁臣忠的基础。没有感情基础，忠孝必然虚而不实，经不住考验。二是忠孝道德必须以道义为准则。荀子所谓"从道不从君，从义不从父"可谓忠孝的正解。荀子批评的子思也解释忠德，其基本意思是"恒称其君之恶者"可谓忠诚。不要为了自己的官帽，一味顺从上级，只知歌功颂德，不敢道一个不字，说一点实话；而是要抛弃个人的得失利害，站在国家民族的整体高度，理性看待上级言行，提出其不足，帮助其改进。献苦口良药，进逆耳忠言，这才是真正的忠德。

辛亥革命推翻帝制，建立共和国，君主被消灭，忠君改成了爱国，忠孝传统得以延续发展。黄帝陵祭祀正是忠孝礼仪的特殊表现。

这表明，汉代出现以司马迁《史记》为代表的有关黄帝为始祖的历史描述，并非偶然的历史现象，而是家国统一关系逐步发展的历史产物，其中蕴含了当时国人认识到的人伦纲常道理。

三、黄帝文化忠孝道德内涵

黄帝文化具备的忠孝道德内涵，适应了中国古代小农经济生产条件下宗法社会发展的需要，和汉代君主集权、纲常制度的强化打配合，是中国古代社会历史发展的产物。需要注意的是，黄帝文化忠孝内涵的赋予，和黄帝始祖身份的确立，可谓相辅相成，互相支持。从汉代开始，黄帝被学者们正式描述为中国人的始祖、中华民族的始祖，也是中国历史上第一位建立国家、设官治民的开国始祖。黄帝的多重始祖身份，是忠、孝齐备一身的完美人格载体。

1. **始祖意义**

司马迁《史记》开篇《五帝本纪》中，第一位历史人物就是轩辕黄帝。这样开篇，意义深远而重大。总的来看，司马迁描述华夏立族、文明启蒙、中国开国，都开始于黄帝。这意味着，将黄帝确立为中华始祖，至少有三个意义：一是中华民族始祖、共祖，这是炎黄子孙血缘基因的认同，属于寻根问祖、追根溯源的本原意识；二是中华文明始祖、共祖，这是中华文化认同、价值认同，属于我国古代多民族国家统一意识；三是中国国家的开国始祖，这是国家认同，属于古代的忠君爱国意识。

2. **开国始祖**

司马迁还认为黄帝实有其人，和炎帝、蚩尤大战，首次统一了北方中原地区，成为天下共主，是中华开国的始祖。辛亥革命时，孙中山就任民国大总统。一月就任，三月就派人赶赴黄帝陵祭祀黄帝，题词"中华开国五千年，神州轩辕自古传。发明指南车，平定蚩尤乱。世界文明，惟有我先"。孙中山先生留学海外，革命一生，却满怀充沛的民族自豪感和文化自信心，这正是他非凡卓越，超越一般革命者、留学生之处。

孙中山的题词明言，黄帝是中华开国之祖。治国者的这个认识，在历史上就出现了。我国古代汉武帝以后的治国者，不断感恩祭祀黄帝，说明他们虽然贵为天子，但也没有数典忘祖，知道感恩戴德。

3. 民族始祖

司马迁还说，黄帝娶妻生子，后来颛顼、帝喾、尧、舜四帝，都是黄帝的后代。加上黄帝，五帝都是一家人。建立夏朝的启，他的父亲大禹，建立商朝的商人祖先契，建立周朝的周人祖先后稷，也都是黄帝的后裔。春秋战国时期，各诸侯国的人，绝大部分是黄帝后裔，只有少数人，如齐国姜太公等，是炎帝后裔。所以，中华儿女称为炎黄子孙，是有原因的。司马迁还说，西汉初年和汉王朝打仗的北方匈奴，也是"有虞氏之苗裔"，即夏朝人的后代，依然是黄帝后裔。不管司马迁这样描述是否真实，但这形成了一个传统。魏晋南北朝时期中原各少数民族政权，他们纷纷认定自己也是黄帝后裔，少数人认为是炎帝后裔。

这是说，黄帝是中华民族的始祖、共祖，中华各族有共同的血缘基因。这在两汉魏晋南北朝时期，也逐步成为中华儿女的共识。

4. 文明初祖

黄帝时期，是中华文明大发明大创造时期。当时可谓中华民族从野蛮进入文明社会的门槛，所以各种文明创造层出不穷，为后来中华文明光辉灿烂的历史打下了坚实基础。比如，发明农业，出现耒耜耕作农具，会制作陶器、水井、舟车，发明了天文历法，还建立国家，设置官员，创立礼仪制度，修德振兵等，而且发明了文字医药、音乐舞蹈、丧葬祭祀等等。

综上所述，黄帝的始祖地位，实际上包含了血缘上的民族始祖、文化上的文明初祖、国家上的开国之祖等含义在内。有人说中国这个国家不是国家，其实是一个文化共同体，这不够准确。应该说，中国从建立之初，就是血缘、文化、国家三位一体的文明共同体，和西方国家只是由政治或民族集团做支撑不同。这个特点，与黄帝始祖地位的多重含义是相应的。黄帝的始祖地位有多重含义，故黄帝文化内涵忠孝等多种道德，就可以理解。

四、黄帝文化忠孝内涵的发展

黄帝文化内涵忠孝，是一个历史发展过程。其中蕴藏着四个逻辑环节：其一，黄帝发明农业、舟车、水井、弓箭、医药、音乐、国家等，奠基文明，修德振兵，一统天下，提供和平发展环境，对民众而言是莫大功德。其二，民众感受到黄帝的功德，获得和平发展的实惠，将黄帝的功德视为对自己的莫大恩德。施以功德，感受恩德，正是我国古代"道德"一词的原义。其三，民众祭祀先祖，缅怀先贤恩德，而民德归厚，有以兴起，报本反始，传承弘扬优秀文化传统，强化道德建设。其四，报本反始的具体表现，就是祭祀始祖，即尽孝敬亲，祭祀开国始祖，是尽忠爱国。

祭祀黄帝陵就是中华民族作为民族、中国作为国家整体的孝亲敬祖活动。黄帝祭祀成为国家祭祀活动，也有一个历史过程。这个过程和黄帝始祖地位的确立过程并不等同，但相互呼应。而汉代以孝治天下，和汉武帝率军祭祀黄帝冢桥山，不能视为没有历史联系的偶然现象。

黄帝陵成为中华民族的祖陵、圣地，经历了一个历史发展过程。而黄帝祭祀，自5000年前黄帝驾崩就开始了。当时黄帝的大臣左彻削木为黄帝之像，帅诸侯朝拜之。后来颛顼、尧、舜等也祭祀黄帝。汉武帝时，开始在今黄陵县祭祀黄帝，《史记》记载，当时汉武帝率军18万，北巡朔方，回来抄近道，至黄陵，祭黄帝冢桥山。唐代宗时，安史之乱结束，国家百废待兴，急需民族国家认同。黄陵地方官上书朝廷，言黄陵地区有黄帝陵阙，建议修缮祭祀，得到朝廷批准。从此，黄陵地区祭祀黄帝陵，成为朝廷固定礼仪。

黄帝始祖地位确立过程和黄帝陵祭祀礼仪确立过程，这两个过程并不等同，但大体上，都在汉唐时期完成。这正是中国古代忠孝二德并立、中华民族共同体意识勃发，民族认同、国家认同意识大发展的时期。以司马迁《史记》为代表，两汉魏晋南北朝正史都记录了中国人建构以黄帝为始祖的中华民族繁衍线索、中华文明创造传承线索、中国国家传承历史线索，并以此建立起系统的民族文化记忆，构成了古代中华民族共同体意识的核心内容。像唐太宗那样，认为华夏和四夷天下一家，中国一人，这种观念，一方面是贞观——开元盛世雄浑气魄的如实反映，另一方面也可以说是魏晋南北朝以来中华各族交往交流交融取得显著成果，中华民族共同体意识进一步铸成的集中体现。

为什么这段时期中华民族共同体意识勃发，沛然莫之能御？这和汉唐时期多民族统一大国的形成和持续不断的发展密切相关。忠孝统一，黄帝文化大发展，中华各族交往交流交融而形成新的中华民族共同体，正是汉唐时期多民族统一国家形成、发展、巩固的文化基因。

五、黄帝始祖意识内涵忠孝道德，是我国祖先崇拜文明发展的表现

我国先秦就出现了祖先崇拜，祖先崇拜的心理基础是寻根问祖意识。从寻根问祖意识发展为黄帝始祖意识、黄帝修养活动、黄帝祭祀典礼、黄帝文化活动等，是中华文明大发展、大创造的过程。寻根问祖，乃是人们反思自身，追问自己何所来而后何所往的心理表现。家庭祖先、家族祖先等血缘祖先是人们寻根问祖的第一产物。家族祖先不仅有社会性，是家族成员的共祖，而且已经蕴含了一定的文化内涵在内。从家庭祖先横扩发展为家族祖先、民族国家祖先，而后纵溯，前追到天地、乾坤，如《易传》太极两仪为世界万物根源，如董仲舒所言上天曾祖父，如张载所谓乾父坤母，皆可谓寻根问祖的第二产物。而黄帝作为文化祖先、文明祖先，则可谓古代国人寻根问祖的第三产物。

我国古人的寻根问祖意识发展为黄帝始祖意识，催生出忠孝道德，进而集合为古代中华民族共同体意识，其产生、发展和多民族统一大国的建立巩固都息息相关，和古代中华文明不断创新发展息息相关。

第一，尊黄思潮。司马迁将黄帝描述为始祖，不是偶然的。和他同时，黄老之学盛行，朝廷提倡与民休息，无为而治，取得了文景之治、天下十一而税甚至三十税一的盛世局面。思想文化界则出现了系列署名黄帝的著作，如《黄帝内经》，托名黄帝和岐伯对话，谈养生道理，成为我国中医药学的宝典。其他还有《黄帝四经》《黄帝阴符经》等等。

第二，三纲五常制度和思想的建立。董仲舒表彰六经，罢黜百家，确立纲常制度，为多民族统一国家的建设提供了核心价值和思想文化支持。这对于小农生产分散而难以成为多民族国家统一经济基础而言尤其重要。

六、新时代祭祀黄帝陵，可以强化忠孝道德，铸牢中华民族共同体意识，助推中华民族现代文明建设

新时代祭祀黄帝陵，可以充实和丰富中华民族精神家园内容。黄帝是中国人、中华民族的始祖，又是国家的开国始祖，这已经使黄帝作为祭祀对象，具备了族祖、国祖双重身份。祭祀族祖是孝，祭祀国祖是忠，故人们在祭祀黄帝陵的活动中，作为族祖、国祖双重身份的黄帝，已经被视为忠孝二德的理想人

格。我国古代中华民族精神家园中的忠孝道德由此奠定坚实基础。后来宋明理学家用天理、良知为仁义道德进行理论说明和证明，也只是在传统忠孝道德基础上的理论深耕而已。

黄帝陵祭祀本就有一个历史过程。祭祀民族始祖、文明初祖、开国之祖，是我国古人从祭祖，发展为祭祀始祖、共祖，借助祭祖礼仪进行人性修养和文明教化，追求上达天人合一境界的重要一环。祭祀个人、家庭祖先，这是初步；祭祀民族国家文明祖先，这是进一步；祭祀乾坤天地，民胞物与，天下一家，天人合一的文明先祖，这是理想境界。从这个角度看，今天中华民族现代文明建设还在路上。

黄帝作为中华文明的先祖，我们今天祭祀他，正可以向我们中华民族的先祖致敬，体现我们今天炎黄子孙传承弘扬的忠孝道德修养；还要追思黄帝"修德振兵"、一统天下的历史功绩，建立和强化中华民族共同体意识；更可以缅怀黄帝作为中华文明起源时期的最重要的代表创造的文明史光辉业绩，将中国社会主义建设和中国式现代化建设、中华民族现代文明建设联系起来，一并努力完成。

新时代祭祀黄帝陵，让全球炎黄子孙拜谒祖陵，我们海内外同胞可以共同肃立于黄帝陵前，一起慎终追远，民德归厚；可以给华夏儿女提供一个全球平台，表达爱国爱家意识，抒发缅怀感恩之情，传承弘扬优秀文化；可以团结海内外华人华侨，铸牢中华民族共同体意识，共同建设祖国，实现中华民族伟大复兴，圆满完成中华民族现代文明建设任务。

总之，黄帝陵独特的文化内涵是忠孝。意思是说，黄帝是族祖和国祖，黄帝陵是祖坟和开国之君陵寝，祭祀黄帝陵是祭祖、祭祀君王合一，炎黄子孙拜谒黄帝陵表达的是对祖先的孝敬、对祖国的忠诚。

需要注意，除了忠孝二德外，黄帝陵还有更丰富的文化内涵。黄帝具备中华民族始祖和中华开国始祖、中华人文初祖三重身份，黄帝陵是中华民族始祖坟茔和中华开国始祖陵寝、中华文明奠基人陵园三种圣地，黄帝陵祭祀也包含炎黄子孙祭祖和祭君王、祭文明奠基人三重意义，每年清明华夏儿女拜谒黄帝陵自然也表达了孝亲敬祖、忠君爱国、崇尚文明的三重道德情怀。

习近平总书记指出，黄帝陵是中华文明的精神标识。有必要围绕黄帝陵独特而丰富的文化内涵，建设黄帝陵为国家铸牢中华民族共同体意识教育实践基地，创造性地筹建以黄帝陵为中心的国家文化特区，凸显和强化中华文明的精神标识，展示中华优秀传统文化，宣传新时代中华民族现代文明成就，切实凝练和大力提升中华文化软实力。

辽夏金元时期的黄帝认同

高 强

宝鸡文理学院历史文化与旅游学院教授

辽（907—1125）、夏（1038—1227）、金（1115—1234）、元（1271—1368）是契丹、党项、女真、蒙古四个少数民族分别建立的王朝，先后统治北方草原乃至整个中国四百多年，是中国历史上一个极其特殊、复杂、重要的时期。辽、夏、金、元政权与两宋政权鼎立、交往、对峙、抗衡，辽、北宋被金所灭，金、西夏、南宋又被蒙古所灭，中国重新统一于元朝。两宋虽在军事上处于弱势，但在经济、文化、科技方面却颇为发达。契丹、党项、女真、蒙古诸族都受到中原文化的影响，辽、夏、金、元的黄帝认同在很大程度上就是这种影响的产物。

一、辽代的黄帝认同

契丹建立的大辽曾经统一中国北方大部分草原地区和部分农耕地区，与北宋政权相对峙。关于契丹的族源，有匈奴说、鲜卑说、匈奴和鲜卑融合说等。《旧唐书·契丹传》曰："契丹……居黄水之南，黄龙之北，鲜卑之故地。"《旧五代史·外国列传》曰："契丹者，古匈奴之种也。代居辽泽之中，潢水南岸，南距榆关一千一百里，榆关南距幽州七百里，本鲜卑之旧地也。"《新五代史·四夷附录》曰："契丹……得鲜卑之故地，故又以为鲜卑之遗种。"这些记载都强调契丹的起源地是鲜卑故地。有学者认为契丹属于鲜卑系，可能是东部鲜卑的一支。① 契丹人怎么看自己的族源？《辽史·部族志》曰："潢河之西，土河之北，奇首可汗故壤"，契丹部落最初的酋长是奇首可汗。《辽史·地理志》曰："有木叶山，上建契丹始祖庙，奇首可汗在南庙，可敦在北

---

① 孙进己、孙泓：《契丹民族史》，南宁：广西师范大学出版社，2010年，第63页。

庙，绘塑二圣并八子神像。相传有神人乘白马，白马盂山浮土河而东，有天女驾青牛车由平地松林泛潢河而下，至木叶山，二水合流，相遇为配偶，生八子，其后族属渐甚，分为八部。"契丹古八部是由青牛氏族和白马氏族繁衍而成的。《辽史·世表》曰："疱羲氏降，炎帝氏、黄帝氏子孙众多，王畿之封建有限，王政之布濩无穷，故君四方者，多二帝子孙，而自服土中者本同出也。考之宇文周之书，辽本炎帝之后，而耶律俨称辽为轩辕后。俨志晚出，盍从周书。"何谓"自服土中"？《尚书·召诰》曰："王来绍上帝，自服于土中。"孔传："言王今来居洛邑，继天为治，躬自服行教化于地势正中。"契丹统治者认为，凡为帝王者多为炎黄子孙，只要服从和践行中土王政的皆同根同祖。既然如此，契丹当然是炎黄子孙了。宇文周称辽本炎帝之后，耶律俨称辽为黄帝之后，孰是孰非？《辽史·世表》认为耶律俨的说法晚出，因而遵从宇文周之说。其实这两种说法并无本质区别，均为契丹对炎黄二帝和华夏文化的认同。

契丹的黄帝认同受到鲜卑尊黄的影响。曾经统一中国北方地区的北魏政权，将游牧民族的黄帝认同推向了一个新高度。《魏书·序纪》曰："昔黄帝有子二十五人，或内列诸华，或外分荒服。昌意少子，受封北土，国有大鲜卑山，因以为号。其后，世为君长，统幽都之北，广漠之野……黄帝以土德王，北俗谓土为托，谓后为跋，故以为氏。"《魏书·卫操列传》曰："魏，轩辕之苗裔。"《北史·魏本纪》曰："魏之先出自黄帝轩辕氏。"许多鲜卑贵族都在墓志里祖述黄帝。鲜卑统治者自称黄帝子孙，崇尚黄老之道。魏太祖"留心黄老，欲以纯风化俗，虽乘舆服御，皆去雕饰，咸尚质俭"（《魏书·太祖纪》）。"太宗践位，遵太祖之业，亦好黄老。"（《魏书·释老志》）魏世祖曰："昔我皇祖，胄自黄轩，总揽群才，摄服戎夏，叠曜重光，不殒其旧。"（《魏书·卢水胡沮渠蒙逊列传》）北魏政权遵从土德，祭祀黄帝。太祖时"群臣奏以国家继黄帝之后，宜为土德……于是始从土德，数用五，服尚黄"。（《魏书·礼志》）泰常五年（420），道武帝"幸桥山①，遣有司祀黄帝"。和平元年（460），太武帝"历桥山，祀黄帝"（《魏书·礼志》）。北魏皇帝祭祀黄帝见诸史册者四次。

---

① 此桥山位于河北涿鹿，非陕西桥山。

取北魏而代之的东魏、西魏以及随后的北齐、北周,皆尊炎黄。《周书·文帝纪》曰:"太祖文皇帝姓宇文氏,讳泰,字黑獭,代武川人也。其先出自炎帝神农氏,为黄帝所灭,子孙遁居朔野。"北周孝闵帝祠圜丘诏曰:"予本自神农,其于二丘,宜作厥主。"(《周书·孝闵帝纪》)北齐皇帝升殿时作登歌乐辞:"我祠我祖,永惟厥先。炎农肇圣,灵祉蝉联。"(《隋书·音乐志》)鲜卑拓跋氏自称黄帝之后,宇文氏自称炎帝之后,由此我们可以找到宇文周称辽本炎帝之后、耶律俨称辽为黄帝之后的渊源。作为鲜卑后裔,契丹的黄帝认同是对鲜卑尊崇黄帝传统的继承。

创立大辽的契丹首领耶律阿保机重用汉人,学习汉制。"至阿保机,稍并服旁诸小国,而多用汉人。"(《新五代史·契丹传》)"更其国号大辽,置百官,皆依中国,参用中国之人。"(《新五代史·四夷附录》)"会同中,太后、北面臣僚国服,皇帝、南面臣僚汉服。乾亨以后,大礼虽北面三品以上亦用汉服。重熙以后,大礼并汉服矣。"(《辽史·仪卫志》)辽道宗羡慕中原文化,曾在佛前许愿"愿后世生中国"。随着华夏化程度的加深,契丹放弃了契丹语和契丹字,单纯使用汉语和汉字。在中原文化中享有崇高地位的黄帝,得到契丹统治者的认同。《辽史·兵卫志》曰:"轩辕氏合符东海,邑于涿鹿之阿,迁徙往来无常处,以兵为营卫。"以契丹自比黄帝,同样迁徙往来无常处,逐水草而居。《辽史·仪卫志》曰:"自黄帝而降,舆服之制,其来远矣。"将舆服的起源追溯至黄帝。契丹贵族仰慕中原文化,契丹平民与汉人通婚司空见惯。契丹民谣说:"垂杨传语山丹,你到江南艰难。你那里讨个南婆,我这里嫁个契丹。"①辽朝灭亡后,除西辽外,契丹大部分融入汉族,至金时"契丹、汉人久为一家"(《金史·卢彦伦传》)。

二、西夏的黄帝认同

唐朝末年,党项羌首领拓跋思恭被封为夏国公,镇守今宁夏、陕北一带,这里是十六国时期夏国的故地。北宋宝元元年(1038),党项羌首领元昊建立西夏王朝,长期与辽、宋、金、蒙对峙。西夏横跨今宁夏、陕北、甘肃大部、

---

① (清)周春:《辽诗话》卷上《燕军士妻》,李林点校,杭州:浙江古籍出版社,2021年,第626页。

青海和内蒙部分地区，立国 190 年。

《隋书·党项传》曰："党项羌者，三苗之后也。"《新五代史·四夷附录》曰："党项，西羌之遗种。"《宋史·外国列传》曰："党项，古析支之地，汉西羌之别种。"党项、西羌、三苗是何关系？《后汉书·西羌传》曰："西羌之本，出自三苗，姜姓之别也。"党项是西羌后裔，西羌又是三苗后裔。党项是否三苗之后姑且不论，党项是西羌后裔符合事实。《说文解字》曰："羌，西戎牧羊人也。从人，从羊。"可见羌人是一个以牧羊为主要生活方式的族群，传说炎帝、大禹都与古羌人有密切关系。《国语·晋语》曰："昔少典娶于有蟜氏，生黄帝、炎帝。黄帝以姬水成，炎帝以姜水成，成而异德，故黄帝为姬，炎帝为姜。""姜"从女，指代姓氏；"羌"从人，指代部族，二字互通互用。古羌人原居西北地区，与华夏族同源异流。

《辽史·西夏传》曰："西夏，本魏拓跋氏后，其地则赫连国也。"元昊称帝时向宋朝上表说："臣祖宗本出帝胄，当东晋之末运，创后魏之初基。"（《宋史·夏国传》）翌年遣使书言："况元昊为众所推，盖循拓跋之远裔，为帝图皇，有何不可？"（《续资治通鉴长编》卷一二五）有学者认为，西夏拓跋氏出于鲜卑族系是可信的①。鲜卑拓跋氏自称黄帝之后，党项羌是鲜卑拓跋氏之后，当然也是黄帝之后，崇拜黄帝合乎情理。西夏文《宫廷诗集》是西夏大臣所作诗集，旁征博引，溯及远祖时大量采用了汉族和党项族的典故，其中甲种本诗集第 8 首《严驾山行歌》提及"轩辕"②，译成汉文为"详载始于过去祖轩辕，我等言说何时终？故袭位自北魏拓跋氏，无土筑城圣教导"。③

《山海经·大荒西经》曰："有北狄之国。黄帝之孙曰始均，始均生北狄。"北狄是中原诸夏对北方游牧民族的统称，北狄之中有黄帝后裔。"匈奴，其先祖夏后氏之苗裔也。"（《史记·匈奴世家》）夏亡后北遁塞外，遂为匈奴。夏国的创立者匈奴人赫连勃勃称："朕大禹之后，世居幽朔……今将应运而兴，复大禹之业。"他在国都统万城勒石歌颂大禹功德："昔在陶唐，数钟厄运，我皇祖大禹以至圣之姿……"还说："昔轩辕氏亦迁居无常二十余年，

---

① 吴天墀：《西夏史稿》，南宁：广西师范大学出版社，2006 年，第 4 页。
② 俄罗斯科学院东方研究所圣彼得堡分所、中国社会科学院民族研究所、上海古籍出版社：《俄藏黑水城文献》第 10 册，上海：上海古籍出版社，1999 年，第 290 页。
③ 彭向前：《西夏文献所见黄帝形象研究》，《民族研究》，2022 年第 1 期。

岂独我乎！"（《晋书·赫连勃勃载记》）党项羌建立的夏国不仅占据着赫连勃勃夏国的故地，而且沿袭了"夏"之国号，同样以黄帝后裔自居。

《金史·西夏传》称西夏"能崇尚儒术，尊孔子以帝号，其文章辞命有可观者。立国二百余年，抗衡辽、金、宋三国。"西夏与南宋之间的交通基本隔绝，西夏曾遣使赴金购买儒释书籍（《金史·交聘表》）。《宋史·夏国传》载："嘉祐六年，上书自言慕中国衣冠，明年当以此迎使者。诏许之。""乾顺建国学，设弟子员三百，立养贤务；仁孝增至三千，尊孔子为帝，设科取士，又置宫学，自为训导。"人庆三年（1146），仁宗尊孔子为文宣帝。中国历代王朝对孔子封谥的最高尊号是文宣王，唯有西夏尊孔子为文宣帝，可谓空前绝后，充分证明西夏崇儒之盛。

三、金代的黄帝认同

女真长期生活在中国东北地区，起源于肃慎、挹娄、勿吉、靺鞨诸部，辽代时以完颜部为核心形成女真族。金灭掉了北宋，控制了黄河流域，统治范围更加广阔。女真并未像契丹一样自称炎黄之后，但却同样需要利用华夏文化来统治广大中原地区。辽东宣抚司参议官王浍曾上言："本朝绍高辛，黄帝之后也。昔汉祖陶唐，唐祖老子，皆为立庙。我朝迄今百年，不为黄帝立庙，无乃愧于汉、唐乎。"王浍认为金朝继承的是高辛氏帝喾的帝业，而高辛氏帝喾是黄帝的曾孙，故而应为黄帝立庙。太子少保兼礼部尚书张行信奏曰："按始祖实录止称自高丽而来，未闻出于高辛……顾浍所言特狂妄者耳。"（《金史·高汝砺张行信传》）张行信强调始祖实录里未有出于高辛的记载，不赞成王浍的建议。虽说金朝最高统治者并未采纳王浍的建议，但却对包括黄帝在内的历代帝王尊崇有加。"三年一祭，于仲春之月祭伏羲于陈州，神农于亳州，轩辕于坊州。"（《金史·礼志》）每三年春分时节都要在坊州（今陕西黄陵）祭祀轩辕黄帝，延续了陵祭黄帝的传统。

金朝统治北方后，"悉起女真土人散居汉地"（《建炎以来系年要录》绍兴三年九月），将大批东北的女真人迁往关内。"猛安谋克杂厕汉地，听与契丹、汉人昏因以相固结。"（《金史·兵志》）女真人与汉人长期通婚的结果是"猛安人与汉户，今皆一家，彼耕此种，皆是国人"。（《金史·唐括安礼传》）金熙宗尊孔崇儒，在上京建孔庙，亲临孔庙祭奠。宋人许亢宗出使金朝时说：

"此地杂诸国风俗,凡聚会处,诸国人语言不能相通晓,则各为汉语以证,方能辨之。"① 汉语成为各族群沟通的主要语言。

金朝灭亡后,留居中原的女真人融入汉族当中,成为汉族的一部分。留居东北的女真人则和胡里改等族逐渐融合,最后形成满族。② 融入汉族的女真人改为汉姓,"完颜,汉姓曰王。乌古论曰商。纥石烈曰高。徒单曰杜。女奚烈曰郎。兀颜曰朱。蒲察曰李。颜盛曰张。温迪罕曰温。石抹曰萧。奥屯曰曹。孛术鲁曰鲁。移剌曰刘。斡勒曰石。纳剌曰康。夹谷曰仝。裴满曰麻。尼忙古曰鱼。斡准曰赵。阿典曰雷。阿里侃曰何。温敦曰空。吾鲁曰惠。抹颜曰孟。都烈曰强。散答曰骆。呵不哈曰田。乌林答曰蔡。什散曰林。术虎曰董。古里甲曰汪"。(《金史·金国语解》)

四、元代的黄帝认同

元朝的统治区域横跨欧亚大陆,但重心始终在东亚。元朝是中国历史上第一个由少数民族当政的王朝,也是中国第一个农耕区与游牧区完全统一的王朝。元时,渤海人、契丹、高丽、女直等同为"汉人八种"③。韩儒林指出:"当时的中国,从各族互相倾轧厮杀的战场变成了一个民族大熔炉。唐朝以来涌入中原的沙陀、吐谷浑、党项、契丹、渤海、女真以及其他多种色目人,元朝以后都不见了,都与汉人、南人逐渐融合成一体了;从中亚、西亚来到我国内地的许多民族,由于共同信仰伊斯兰教,逐渐形成回族……元朝在吐蕃设置了13个万户府,西藏从此成了祖国不可分割的一部分。云南也在这时得到了进一步的开发。这在前代都是稀有的事。很明显,元朝的统一在中国各民族的历史上都留下了深刻的影响。从民族融合的观点看来,此种影响无疑有着十分积极的意义。"④ 这种评价是客观的。

元代继承了辽、宋、金前代王朝的尊黄传统。《元史·舆服志》曰:"若

---

① (宋)确庵、耐庵编:《靖康稗史笺证》,崔文印笺证,北京:中华书局,2010年,第31页。
② 孙进己、孙泓:《女真民族史》,南宁:广西师范大学出版社,2010年,第24页。
③ (元)陶宗仪:《南村辍耕录·氏族》,沈阳:辽宁教育出版社,1998年,第12页。
④ 韩儒林:《元朝史》上册,北京:人民出版社,1986年,第4页。

稽往古，黄帝、尧、舜垂衣裳而天下治，盖取诸乾坤；服牛乘马，引重致远，盖取诸大壮。冕服车舆之制，其来尚矣。"元代以三皇祭祀为主，"元贞元年初命郡县通祀三皇，如宣圣释奠礼。太皞伏羲氏以勾芒之神配，炎帝神农氏以祝融氏之神配，轩辕黄帝氏以风后氏、力牧氏之神配。黄帝臣俞跗以下十人，姓名载于医书者，从祀两庑。有司岁春秋二季行事，而以医师主之"。（《元史·祭祀志》）三皇庙祭黄帝曲词曰："为衣为裳，法乾效坤。三辰顺序，万国来宾。"（《元史·祭祀志》）元代尊炎帝神农氏和轩辕黄帝氏为医药鼻祖，由太医官主持祭祀仪式。"元贞九年，御史台江西湖东道廉访使文殊讷言：'三皇开天立极，功被万世，京师每岁春秋祀事，命太医官主祭，揆礼未称。请如国子学宣圣庙春秋释奠，遣中书省臣代祀，一切仪礼仿其制。中书付礼部集礼官定议以闻，制可'"。（《续文献通考》卷八五）"是以三皇大圣限为医流专门之祖，揆之以礼，似涉太轻。"（《大元圣政国朝典章》卷三）"于是命太常定仪式，工部范祭器，江浙行省制雅乐器。复命太常博士定乐曲名，翰林国史院撰乐章十有六曲。""礼仪之隆，垺于宣圣。"（《续文献通考》卷八五）延祐四年，鉴于物价增贵，原来支给各路祭祀三皇的费用不敷使用，酌量增加。

元代对陕西黄帝陵采取了保护措施。泰定二年（1325），桥山黄帝陵住持道人状告"不畏公法之人，执把弹弓、吹筒辄入本宫，采打飞禽，掏取雀鸟，将飞檐走兽损坏，又有愚徒之辈，泼皮歹人，赍夯斧具，将桥陵内所长柏树林木斫伐等事"。泰定皇帝颁旨给陕西行省："今给榜文常训张挂禁约，无得似前骚扰，如有违犯之人，许诸人捉拿到官，痛行断罪。"[①] 历朝历代均有保护黄帝陵庙的规定，但以圣旨的形式勒石立碑并保存至今的以元泰定二年的护庙碑为最早。

元代胡一桂著《十七史纂古今通要》，被时人誉为宋以来论史家"精允"之作。《十七史纂古今通要》曰："自今观之，伏羲、神农二圣人，去洪荒之世未远也，其风犹为朴略。至黄帝之世，实为文明之渐，故昔之穴居野处者，今始有宫室；昔之污樽抔饮者，今始有什器；昔之结绳而治者，今始有书契文字；昔之皮革蔽体者，今始有冠冕章服。"胡一桂说："是谓德配天地，道之

---

① 元泰定二年保护黄帝陵庙圣旨碑，现存于陕西黄帝陵黄帝庙碑廊内。

至也,制度之经也,德泽流天下,至于今人蒙其惠,虽死犹生也。后世传帝得仙术骑龙升天者,真妖妄矣。"强调黄帝是开创文明的人文初祖,不是什么得仙术骑龙升天的神仙。

元人王芮的《历代蒙求》是当时坊间流行的启蒙读物,其书曰:"维时黄帝,姓为公孙。亲与帝榆,战于阪泉。大开明堂,治政百年。"尊奉黄帝为中华文明的开创者。元代蒙古族医学家忽思慧精心选择食疗之法写成《饮膳正要》一书,开篇为三皇圣纪:"黄帝轩辕氏,姬姓之源,有熊国君少典之子。生而神灵,长而聪明,成而登天。以土德王,为黄精之君,故曰黄帝。"对轩辕黄帝称颂有加。元代礼赞轩辕黄帝的诗歌有鲜于枢的《桥山》、吴镇的《崆峒》、陈蒙育的《登祈仙台》、王祯的《祀蚕神辞》等①,反映出黄帝文化的影响。

五、结 语

辽、宋、夏、金、元是中国民族融合的高潮期,也是黄帝认同深入民心,进一步成为联结各民族纽带的关键时期。黄帝的历史形象在灌注少数民族的新鲜血液之后,被推广成为各族共同祖先的形象。各个少数民族政权多试图将自己纳入黄帝谱系,这种多民族对黄帝的血缘认同,对共同起源与共同世系的集体追溯,消除了民族隔阂,促进了中华民族多元一体格局的形成与发展。② 如果说在此前对黄帝立庙祭祀之地还局限于传说中其足迹所到之处,祭祀者除帝王外,是自称有血缘联系的后裔,而随着三皇庙在天下各郡县的修建,完全突破了血缘的纽带。值得注意的是,对此起重要推动作用的是两个北方民族——蒙古族、满族建立的元、清王朝,这标志着对黄帝是中华民族共祖的认同正在形成。不仅如此,这时对炎黄的广泛崇祀更看重于他们先农、先医的身份,即炎帝神农作耒耜、立货市、尝百草济民以药;黄帝轩辕制衣裳、做舟楫、究脉以作《内经》。换言之,黄帝、炎帝已不仅仅是历史上英名烜赫的古帝,而且是开万世相生相养之源的农耕医药之祖,与民生息息相关,从而贴近了广大民众。这些文明成果是否真的为黄帝、炎帝所发明并不重要,重要的是它确曾产

---

① 徐育民主编:《炎黄汇典·诗歌卷》,长春:吉林文史出版社,2002年,第71-73页。

② 彭向前:《西夏文献所见黄帝形象研究》,《民族研究》,2022年第1期。

生于中华大地，并为我们今天的发展奠定基础，黄帝和炎帝只不过是这一进步的代表人物、历史创造者的化身。①

黄帝既是血缘祖先，也是人文初祖。黄帝认同既是血缘认同，也是文化认同，而血缘认同说到底还是文化认同。契丹、女真、党项、蒙古等少数民族认为自己也是黄帝的传人和中国的代表，他们对黄帝血缘上的攀附，实质上是对黄帝文化和中华文化的认同。

辽、夏、金、元等少数民族政权之所以认同黄帝，主要有三个原因：一是汉文化的影响，汉文化和黄帝文化有吸引力；二是统治中原地区的需要，汉族人口众多，离不开汉文化和黄帝文化；三是少数民族自身文化的传承，即对历史上少数民族黄帝认同的传承。前两个原因是辽、夏、金、元共有的，第三个原因对于辽、夏而言更为显著。契丹与鲜卑、党项与鲜卑、辽与北魏、夏（元昊所建）与夏（赫连勃勃所建）之间的特殊关系，使得辽、夏更容易继承黄帝认同的传统，黄帝认同的程度也比金、元更高。辽、夏、金、元时期的黄帝认同，与魏晋南北朝时期的黄帝认同一脉相承。辽、夏、金、元时期，黄帝认同已经成为中华民族共同体的核心意识之一。黄帝认同是中华民族不断融合的产物，同时又促进了中华民族的进一步融合，促进了中华民族多元一体格局的形成。

---

① 罗琨主编：《炎黄汇典·方志卷》前言，长春：吉林文史出版社，2002年，第2页。

清华简《五纪》中的黄帝传说与夷夏融合

李桂民

聊城大学历史文化与旅游学院教授

黄帝是中华民族的人文始祖，从古至今长期受到广泛尊崇。近年在陕西黄陵、浙江缙云、河南新郑等地每年举办的黄帝祭典，发挥了积极的社会功用，产生了极大的社会影响，尤其是陕西省黄陵、浙江缙云县在黄帝祭典举办期间，每年都举办大规模的黄帝文化研讨会，且会议论文集每年都结集出版，促进了黄帝文化研究走向深入。陕西黄陵县的黄帝陵作为中华民族重要的精神标识，不仅增强了国内中华民族的凝聚力，还成为海外爱国华侨团结的精神纽带。在清华简第十一辑中收录的《五纪》篇，其中关于黄帝和蚩尤的记载，出现了不同于其他文献记载的新说法，鉴于这方面的研究成果较少①，本文拟在前贤研究的基础上，对《五纪》中的黄帝传说与夷夏融合谈一些不成熟的看法，不当之处，敬请指正。

一

黄帝的传说在先秦时期比较盛行，甚或出现了百家言黄帝的局面。黄帝见于文献记载较早，有学者认为当在西周时期，这种说法是值得肯定的。当然，关于黄帝的记载大量出现是在春秋战国时期，这一时期是中华文化元典如雨后春笋般大量涌现的阶段。黄帝的传说在春秋战国时期大量出现，并不是意味着黄帝的传说在这一时期才存在。众所周知，在文献形成之前，曾经存在相当长

---

① 关于清华简《五纪》的研究成果较少，知网收录的期刊论文仅有20多篇，其中对《五纪》中的黄帝传说专门讨论的成果仅有程浩：《清华简〈五纪〉中的黄帝故事》，《文物》，2021年第9期。另外需要说明的是，《光明日报》国学版曾就黄帝与蚩尤的关系组织学者进行过讨论，沈长云、杜勇、李学功、徐义华、黄国辉等都就此问题发表过看法，参见《光明日报》，2022年5月7日，第11版。

的口耳相传时期，包括大量的关于上古时期的记忆。如《国语·晋语四》中关于黄帝十二姓的说法虽然出自春秋时人司空季子之口①，但这种传说应有着更为久远的历史，黄帝族姓亦如是。

黄帝为战国时期最为显赫的古帝，就连炎帝也比不上黄帝，黄帝地位的提高和战国时期的两篇文章《五帝德》和《帝系》应有着很大的关系，在《帝系》谱系中黄帝位于五帝三王顶端，《五帝德》中的五帝组合更是成为《史记·五帝本纪》的重要来源之一，尤其是《帝系》影响深远，黄帝被奉为中华民族的血缘祖先就肇始于此。五帝三王出于一系说，在近代遭遇挑战，顾颉刚提出的"打破民族出于一元的观念""打破地域向来一统的观念""打破古史人化的观念""打破古代为黄金世界的观念"②，严重动摇了古史传说的根基，使得对中国古代史上被奉为圭臬的古史体系，在认识上不再一致。顾先生的疑古思想是时代的产物，具有先见和卓识的一面，当然对于疑古太过的缺陷他自己后来亦有所认识③。

黄帝的传说不仅见于传世文献，还见于青铜器铭文和简帛材料中，就出土的竹木简牍材料而言，近年随着这类材料的不断发现，深化了学界对于黄帝的再认识。在清华简的材料公布以前，在山东临沂的银雀山汉墓和湖南长沙马王堆汉墓出土的《孙膑兵法》《黄帝四经》等书中都有与黄帝相关的传说。这类黄帝的传说在战国时期当不在少数，证明了太史公所谓的"百家言黄帝"所言非虚。

饶有兴趣的是，在五帝三王出于一系的传说之外，在清华简藏战国竹简中的《五纪》篇又出现"蚩尤为黄帝之子"的说法。因此，如何看待传世文献与出土文献中对上古世系的记载，成为古史学界被广泛关注的议题。

《五纪》篇属于战国时期的长篇佚籍，《清华大学藏战国竹简》第十一辑

---

① 《国语·晋语四》："凡黄帝之子二十五宗，其得姓者十四人为十二姓。姬、酉、祁、己、滕、箴、任、荀、僖、姞、儇、依是也。唯青阳与苍林氏同于黄帝，故皆为姬姓。"

② 顾颉刚：《答刘胡两先生书》，参见顾颉刚主编：《古史辨自序》，石家庄：河北教育出版社，2003年，第11-13页。

③ 陈寒鸣：《试论顾颉刚先生的疑古思想》，《苏州大学学报》（哲学社会科学版），1988年第3期。

仅收此一篇，全文有130枚简，其中部分简字有残损，共有4400多字，略少于道家的经典《道德经》，为我们提供了了解古代认知体系的新材料。清华简《五纪》为传世文献未见的先秦时期重要佚籍，学术界目前关注不多，学界对于《五纪》篇的认识尚是初步的，其记载的黄帝传说故事，给我们带来了一些新认知。为讨论方便，现把相关内容撮录如下：

  黄帝之身，溥有天下，始有树邦，始有王公，四荒、四柱、四维、群祇、万貌焉始相之。黄帝有子曰蚩尤，蚩尤既长成人，乃作五兵。五兵既成，既磻、既砺、既锐，乃为长兵短兵，乃为左营右营。变诣进退，乃为号班：设锥为合，号曰五散；设方为常，号曰武壮；设圆为谨，号曰阳先，将以征黄帝。逆气乃彰，云霓从将，囗色常亢，五色纷纷，海雾大盲。百神皆惧，曰：吁！非常！日月动，晕珥比，背矞遭，次唯荒。

  黄帝大悤，称攘以图，八朮端作，黄帝告祥，乃命四尤循于左右上下阴阳。四尤曰：吁！蚩尤作兵，乃囗囗，黄帝乃命四尤戡之，四尤乃属，四荒、四柱、四维、群祇、万貌皆属，群祥乃亡，百神则宁。

  黄帝大怿，天则昭明。黄帝乃服鞭，陈两参，传五茪，氒砺武，焉左执黄钺，右麾旄，呼囗囗囗囗囗曰：时汝高畏，时汝畏溥，时汝四荒，磔憾蚩尤，作遏五兵。肆越高畏，憾征阻横，围汝水，梏乃准于方，武乃摄威。四荒囗囗囗张，㝬磬簋配将，天之五瑞廼上，世万留常。世号廼诣，大溃蚩尤，四荒乃爱。黄帝乃具五牺之脂，是为威瑞，其丹之币，是为㝬瑞，世万以为常。

  黄帝乃命万貌焉始祀高畏、畏溥、四荒，焉始配帝身。黄帝焉始义祝，首曰时。黄帝既杀蚩尤，乃向蚩尤之身，焉始为五芒。以其发为韭，以其眉须为蒿，以其目为菊，以其鼻为葱，以其口为藋，以其腋毛为茨，以其从为芹。以其骸为干侯殳，以其臂为桴，以其胸为鼓，以其耳为照筵。凡其身为天下畏忌，凡其志为天下喜。①

---

① 清华大学出土文献与保护中心编：《清华大学藏战国竹简》（拾壹），上海：中西书局，2021年，第124–128页。

清华简《五纪》中的黄帝故事有 400 多字，其篇幅相当于《尚书》中一篇的规模。且故事首尾完整，涉及 97 到 112 简，其说法既有与其他文献相同之处，同时又有很多新说法，对于了解先秦时期的黄帝传说是不可多得的资料。

二

清华简《五纪》篇认同人间秩序，在历史观上与先秦其他文献并无二致，《五纪》篇中的黄帝形象，并不是高高在上的神灵，而是人间的统治者，在他在位时设官分职、建立国家。黄帝之名最早并非出现于子书，而是见于史书，《逸周书》和《左传》中就有这类传说，当然，另外一部比较庞杂的著作《山海经》中也有这类传说。传说不等于纯粹神话，传说里面包含着真实的历史素地，这种历史真实是"百家言黄帝"的基础。历史上的黄帝，具有人、神双重属性，不过，在黄帝的人、神属性中，人性要大于神性，黄帝是从人到神而不是相反，"先秦姓氏制度的稳定性，成为探索上古族邦早期传承、发展的重要线索"①，神话思维的先入为主，其结果必然把黄帝送上神坛，进而影响到对中国早期文明起源的认识。尽管《五纪》中的黄帝传说并不能证实黄帝是人王而不是神，但是有助于对于黄帝传说的再认识。对于清华简《五纪》篇，有学者初步认为其思想庞杂，难以归属一家，后来又提出该篇虽然披着阴阳家的"迷信"，宣传的则是忠诚信义的道德教化②，正反映了战国时期思想交融的特色。

在《五纪》中，关于黄帝的叙事从黄帝始有天下建邦立国说起，这种叙事是战国时期"世之所高，莫若黄帝"观念的直接反映。③黄帝之所以成为显赫古帝，与黄帝的战功息息相关，黄帝战蚩尤是战国时期耳熟能详的上古著名战例，黄帝战蚩尤的传说最迟在西周时期就已经被史家书之简牍，兵家援引著

---

① 李桂民：《黄帝史实与崇拜研究》，北京：中国社会科学出版社，2014 年，第 213 页。
② 程浩：《清华简〈五纪〉中的黄帝故事》，《文物》，2021 年第 9 期；程浩：《清华简〈五纪〉思想观念发微》，《出土文献》，2023 年第 4 期。
③ 《庄子·盗跖》，载陈鼓应：《庄子今注今译》，北京：中华书局，1983 年，第 778 页。

书立说，进而形成百家言黄帝的局面。清华简《五纪》如先秦诸多文献一样，把黄帝看作是一统天下的帝王，不过，由于《五纪》篇的性质决定了其记载的黄帝传说带有一定程度的神话色彩，这种古史叙事模式在历史上曾长期存在。《五纪》篇不同于周代偏重人事的叙事风格，通篇带有明显的天人一体特征，众神与人王的世界并不是截然分离而是相通的，星象历数、山川物产、伦理道德、人体构成等都由诸神专门司掌。当然，其作者关注的是人世间而不是虚拟的世界，鬼神是人世间社会治理的积极参与者、吉凶祸福的主宰者，这是中国历史上一种影响广泛的思潮，人的能动作用和人的生命的局限都统一于宇宙之秩序中。

黄帝是上古声名显赫的帝王，这点是诸多历史叙事的相同点，但不少细节并不相同。诸多黄帝传说的来源大体清楚，一般出自某位贤者之口，而这位贤者一般德高望重、见闻广博，其所说并不被视为一己之虚造。黄帝一统天下有众神辅佐，简文中说黄帝树邦，四荒、四冘、四柱、四唯等天神降地一起辅佐他，这种说法罕见，文献中虽然不乏王朝兴起时神灵降临的记载，而直接作为辅佐大臣的说法并不多见。《国语·周语上》记载内史过的话："昔夏之兴也，融降于崇山；其亡也，回禄信于聆隧。商之兴也，梼杌次于丕山；其亡也，夷羊在牧。周之兴也，鸑鷟鸣于岐山；其亡也，杜伯射王于鄗。"就谈到神降临世间辅佐人间之明王。在《五纪》篇构建的宇宙系统内，司掌事务的神灵不似《国语·周语上》中记载的诸神，《周语上》中的诸神多是人化为神。另外，《五纪》篇的风格带有楚文化特点，与中原地区轻鬼神重人事的文化不同。

《五纪》以日、月、星、辰、岁为中心，建立起以后帝和黄帝为中心的天人体系，文中记载了大量远古传说，这在楚国的文献中并非孤例，如长沙子弹库楚帛书就有关于炎帝、祝融等的传说。《五纪》是楚系文献，先秦巫风以楚国为盛，楚国文化又深受中原文化影响，五纪的组成、炎黄的传说以及神道设教的传统，形成了神法和礼法相融合的治理模式，这种宗教思维对后世影响深远。

《五纪》中关于黄帝的记载标新立异，直言蚩尤乃黄帝之子，简98、99"黄帝有子曰蚩尤，蚩尤既长成人，乃作为五兵"。贾连翔发现了《史记·建元以来侯者年表》中的一条记载，田千秋对汉武帝上书曰："子弄父兵，罪当答。父子之怒，自古有之。蚩尤畔父，黄帝涉江。"① 只不过这条记载并不能确指黄帝为蚩尤之父，蚩尤为黄帝之子是不见于传世文献的新说法。楚人为祝融之后，传说出自帝颛顼，而蚩尤并没有被纳入战国时期五帝三王同宗共祖的帝系，尽管其因为作五兵而被后人尊崇，但是其长期被摒弃于主流祭祀之外，祭祀蚩尤也被视为好兵之表现。不仅蚩尤为黄帝之子不见于传统文献，而且杀蚩尤后，将其器官化为"五芒"，不仅以其须、目、鼻、口、腋毛为韭、蒿、菊、葱、蓣、茨，还用其骸、臂、胸、耳制成殳、桴、鼓等，这和《十大经·正乱》中的记载有相似之处，只不过《正乱》中说，用蚩尤的皮做成靶子、用蚩尤的发做成蚩尤旗、用蚩尤的胃做成球。虽然与《五纪》说法不同，却都属于蚩尤战败身首异处基础上的不同传本，这些传说尽管有细节上的不同，但蚩尤的最终下场则是一致的，这就是传说不同于神话的根本所在。

三

对于上古族群的划分，傅斯年的《夷夏东西说》、徐旭生的《中国古史的传说时代》、蒙文通的《古史甄微》中的观点影响较大②，当然无论是划分为两系还是三系，都仍然属于相当粗略的划分，因为这些划分方法都不足以完全包括上古时的不同族群。此后苏秉琦根据现代考古成果，提出了"考古学文化区系类型理论"，该理论是苏秉琦在《关于"几何形印纹陶"——"江南地区印纹陶问题学术讨论会"论文学习笔记》一文中正式提出的，该文写于1978年，发表于1981年③。此后，佟柱臣、张光直、严文明等又对苏秉琦的考古学文化区系类型理论进行了补充和完善。④ 上述观点的提出，极大地改变了人们

---

① 贾连翔：《清华简关于战国时期"百科全书"的新发现》，《光明日报》，2021年10月30日，第11版。

② 参见傅斯年：《民族与古代中国史》，石家庄：河北教育出版社，2002年；徐旭生：《中国古史的传说时代》，北京：文物出版社，1985年；蒙文通：《古史甄微》，北京：商务印书馆，2020年。

③ 苏秉琦：《关于"几何形印纹陶"——"江南地区印纹陶问题学术讨论会"论文学习笔记》，《文物集刊3：江南地区印纹陶问题学术讨论会论文集》，北京：文物出版社，1981年，第10页。

④ 李伯谦：《中国考古学思想发展史上的一场革命——重读苏秉琦考古学文化区、系、类型理论札记》，《南方文物》，2010年第3期。

对于中国上古文化的认知,不过,在"满天星斗"理论为学界所熟知的情况下,中国文明起源的多元一体理论正日益为越来越多的学者所接受。

蚩尤为黄帝之子,这种说法多少有点不符合常理,但如果综研各类文献,就可以发现,此说法并非凭空产生,而是有着真实历史背景。蚩尤是东夷,较早的史料见于《逸周书》,《逸周书·尝麦解》:"赤帝分正二卿,命蚩尤于宇少昊,以临四方,司□□上天未成之庆。蚩尤乃逐帝,争于涿鹿之河,九隅无遗。赤帝大慑,乃说于黄帝,执蚩尤,杀之于中冀。"① 蚩尤居住在原少昊之地,也就是今山东曲阜一带,而这一时期山东为东夷人的地盘,可见,蚩尤本是东夷人的首领。

《国语·楚语下》云:"及少暤之衰也,九黎乱德。"《尚书·周书·吕刑》云:"王曰:'若古有训,蚩尤惟始作乱,延及于平民,罔不寇贼,鸱义奸宄,夺攘矫虔。苗民弗用灵,制以刑,惟作五虐之刑曰法。杀戮无辜,爰始淫为劓、刵、椓、黥。越兹丽刑并制,罔差有辞。民兴胥渐,泯泯棼棼,罔中于信,以覆诅盟。虐威庶戮,方告无辜于上。上帝监民,罔有馨香德,刑发闻惟腥。皇帝哀矜庶戮之不辜,报虐以威,遏绝苗民,无世在下。乃命重、黎,绝地天通,罔有降格。群后之逮在下,明明棐常,鳏寡无盖。"《尚书》孔安国传曰:"顺古有遗训,言蚩尤造始作乱,恶化相易,延及于平善之人。九黎之君号曰蚩尤,罔不寇贼,鸱义奸宄,夺攘矫虔。"以上材料说明,蚩尤是九黎族的首领,其大本营在今天的山东曲阜一带。

不过,通过对比《尚书》和《逸周书》中关于蚩尤的记载就会发现,两书关于蚩尤的记载有很大的不同,"如《逸周书》在有关蚩尤和炎、黄的战争的记述中,透露出蚩尤和炎、黄一样,都是受上天之命的人间管理者"②。《吕氏春秋·荡兵》引高诱注:"蚩尤,少暤氏之末,九黎之君名也。"《战国策·秦一》高诱注:"蚩尤,九黎氏之君。"《史记·五帝本纪》《正义》引孔安国曰:"九黎君,号蚩尤是也。在《尚书·周书·吕刑》中,蚩尤虽然还是曾受天命的王者,但已经打上了作乱者的烙印,由于残酷虐杀百姓而被终止了享有

---

① 黄怀信、张懋镕、田旭东:《〈逸周书〉汇校集注》,上海:上海古籍出版社,1995年,第781-783页。

② 刘范弟:《善卷、蚩尤和武陵——上古时期一段佚史的破解》,长沙:湖南师范大学出版社,2003年,第43页。

天下的资格。在《逸周书》中，并没有说蚩尤是九黎或有苗，只是说蚩尤被皇天上帝安排在少昊之地，那么蚩尤和少昊又是什么关系，不同学者则往往有不同的解读。不过，少昊、蚩尤不能仅仅看成一个人，而是部族首领，是一个族群的象征，在少昊氏衰落以后，蚩尤居于其地是可以理解的。《吕刑》篇由于成书较晚，在叙述这一历史事件时把蚩尤和苗民联系起来，其实苗蛮集团的一支应是从黄河流域南迁的，南迁的时间就在蚩尤和炎帝、黄帝大战失败以后，蚩尤由于曾在曲阜一带居住，这里自古就是东夷人的地盘，蚩尤从族源上来讲，应是出自东夷。

在学术界，主张蚩尤为东夷的主要有徐旭生、严文明、栾丰实等。徐旭生在《中国古史的传说时代》一书中认为蚩尤属于东夷集团，"这一集团较早的氏族，我们所知道的有太皞（或作太昊，实即大皞），有少皞（或作少昊，实即小皞），有蚩尤"①。对于蚩尤属于东夷，徐先生主要列举了四条证据。第一条证据就是《逸周书》的材料，既然蚩尤居住在原少昊之地，就是说居住在山东西南部，居住在此地，就应该属于东夷；第二条证据是汉代关于蚩尤的传说全在今山东西部，太皞后人封国的区域；第三条证据是九黎是山东、河南、河北三省交界处的一个氏族，蚩尤为其酋长，因而死后也葬在那里。第四条证据出自《盐铁论·结和》，该篇说涿鹿之战，黄帝杀太皞、少皞、蚩尤，三者既然为同一战线，就属于同一集团②。徐先生的四条证据并非都那么无懈可击，比如第四条从太皞、少皞与蚩尤统一战线作战，就得出他们出于同一集团，逻辑上似不严密，不过徐先生关于蚩尤属于东夷集团的观点是能够站得住脚的，其中最重要的证据还是要数《逸周书》的记载。严文明认为东夷除了包括太皞、少皞外，还可能包括蚩尤的九黎集团，严先生的结论亦是根据《逸周书》所推测的，"蚩尤原起于少昊之墟即曲阜一带，后来向北向西发展，被黄帝杀之于中冀"③。栾丰实在《东夷考古》一书中也认为："东夷是古史传说中甚为重要的一方。据记载，主要有太昊（皞）、少昊（皞）和蚩尤等为代表的部族。"④ 可见，把蚩尤看作是东夷集团，是诸多学者的共识。

---

① 徐旭生：《中国古史的传说时代》，北京：文物出版社，1985年，第48页。
② 徐旭生：《中国古史的传说时代》，北京：文物出版社，1985年，第51-53页。
③ 严文明：《东夷文化的探索》，《文物》，1989年第9期。
④ 栾丰实：《东夷考古》，济南：山东大学出版社，1996年，第4页。

蚩尤是上古时期善战者的代表,其作五兵一时天下无敌,后来在与黄帝作战失败后被杀,这是文献记载中影响最大的一种说法。除此之外,还有一种说法就是蚩尤未死,后来成了黄帝的大臣,这种说法见于《管子》。《管子·四时》载:"黄帝得蚩尤而明于大道,遂置以为六相之首。"《韩非子·十过》也谈到蚩尤为黄帝所用,"昔者黄帝合鬼神于泰山之上,驾象车而六蛟龙,毕方并鎋,蚩尤居前,风伯进扫,雨师洒道,虎狼在前,鬼神在后,腾蛇伏地,凤皇覆上,大合鬼神,作为清角"。蚩尤本为九黎族首领,被黄帝打败以后大部与黄帝族融合,其分支则远离中原南下,蚩尤为黄帝子的说法有着上古族邦融合方面的历史背景。

追溯蚩尤为黄帝之子这种说法的来源,还需要考虑族群、文化认同的因素。在战国时期出现的帝系中,尚有诸多族群并没有被包容,如炎帝、蚩尤两大族群。众所周知,早期中国的中心是在黄河流域,中原地区为天下之中的认识产生较早,目前的考古学表明最迟在二里头文化时期,中原已经出现了广域的文明国家,二里头遗址的王者气象得到了学界的广泛认同。东夷曾广泛分布在山东及其临境地区①,自从新石器时代开始,夷夏之间就有交流和融合。商周时期古中原地区更是拥有领先于四夷的先进文化,随着战国时期文化的繁荣,政治、经济、文化的认同囊括了更加广泛的族群,由于黄帝后裔大多建国,出现了"世之所高,莫若黄帝"的局面,进而形成了以黄帝为始祖的一元帝系。尽管如此,蚩尤依然游离于黄帝谱系之外,而在楚人所建立的思想体系中,蚩尤变成了黄帝之子,彰显了蚩尤与黄帝族群融合的时代背景,族群融合所带来的族群和文化认同,使得黄帝俨然成为蚩尤族裔的血缘祖先。

国家的产生和发展,使得早期族群得以超越狭隘的血缘认同,这在先秦时期祭祀的变例中可见一斑。事实上,《左传·僖公十年》中"神不歆非类,民不祀非族"并非祭祀的金规铁律,而仅仅针对宗族内部的祭祀,从国家层面而言,无论是甲骨文还是传世文献记载,跨血缘祭祀都曾存在,如周人对商人先祖的祭祀就颇能说明问题②。尽管春秋时期的一些有识之臣,及时劝阻了一些不合常例的祭祀,但对于有功绩于民的圣王的祭祀并非始终秉持"非是族也,

---

① 李桂民:《东夷文化研究向何处去》,《中国社会科学报》,2022年8月24日,第10版。

② 李桂民:《周原庙祭甲骨与"文王受命"公案》,《历史研究》,2013年第2期。

不在祀典"的原则，这种对祭祀基本原则的突破，表现出的是积极进取的改革精神，体现的正是礼可损益的特点。战国时期帝系的出现，并非拉郎配式的组合，而是有着真实的政统与文化认同作为根基。蚩尤本是东夷，曾活动于少昊生活过的地方，而少昊亦曾被认为是黄帝之子，因此，蚩尤为黄帝之子的说法并非无稽之谈，而是族群融合进程加快的反映。

  黄帝是传说时代的中心人物，《五纪》所建构的天人体系带有鲜明的楚文化印记。在战国时期，黄帝为人王的观念已经深入人心，其影响已经广布中国的黄河、长江两大流域。目前，对于《五纪》的研究刚刚起步，一些认识还处于初步认知阶段，而其中关于黄帝的大量内容，进一步丰富了黄帝传说的内涵，使我们看到了与传世文献不同而又相映成趣的复杂面相。

新时代黄帝陵祭祀文化的德育价值

王长坤 靳 熠

西安理工大学马克思主义学院教授

2015年初,习近平总书记在陕西视察时指出,黄帝陵是中华文明的精神标识①。轩辕黄帝是中华民族的人文初祖,黄帝陵祭祀文化在中华五千年的历史长河中一直延续至今,它不仅凝聚了中华民族精神的精髓,也凸显了中华优秀传统文化的核心要素。从德育教育的视觉出发,深入挖掘蕴含在黄帝陵祭祀文化中的丰富育人资源,挖掘其在新时代的德育价值,不仅有助于我们更好地继承、创新并弘扬中华民族优秀传统文化,而且有利于提高全民族公民的道德文明素养,增强实现中华民族伟大复兴的精神力量。这既是对习近平总书记关于弘扬中华优秀传统文化重要讲话精神的积极响应,也是落实立德树人这一教育根本任务的必然要求,更是实现中华优秀传统文化创造性转化、创新性发展的生动体现。

一、黄帝陵祭祀文化蕴含的德育思想

习近平总书记指出:"一个有希望的民族不能没有英雄,一个有前途的国家不能没有先锋。"② 轩辕黄帝是中华文明的奠基人和开拓者,是我们的民族英雄。黄帝陵祭祀文化所体现出的家国情怀、自强不息的精神品质、尊老爱幼的优良家风以及饮水思源的感恩之心,集中体现了中华民族的精神内核和优秀品质,为德育教育提供了丰富的育人资源。

第一,天下兴亡,匹夫有责的家国情怀。黄帝陵作为中华民族的象征,是

---

① 张江舟:《黄帝陵:中华文明的精神标识》,陕西日报,2018年11月27日,第9版。

② 《习近平在纪念中国人民抗日战争暨世界反法西斯战争胜利70周年系列活动上的讲话》,北京:人民出版社,2015年,第19页。

凝聚各族中华儿女的一面旗帜。历史上，每逢民族危亡之际，黄帝陵祭祀便成为激发中华儿女报国之志和爱国情操的重要活动。无论在哪个历史时期，黄帝文化始终在团结各族人民、维护祖国统一和民族尊严方面发挥着不可替代的作用。特别是在近代，面对外敌入侵，国难当头，黄帝陵祭祀更是成为号召全国人民同仇敌忾、一致对外的重要仪式。黄帝陵祭祀文化中蕴含的"天下兴亡、匹夫有责"（《日知录·正始》）的家国情怀，是中华民族坚韧不拔、自强不息精神的生动体现。它激励着每一个中华儿女在维护国家利益和民族尊严的道路上勇往直前，为实现中华民族的伟大复兴而努力奋斗。

第二，奋发向上，自强不息的精神品质。钱穆认为轩辕黄帝是"中华民族有史以来第一个最为伟大的人物，为华夏文明的兴起与发展奠定了坚实的基础。"[①]黄帝作为中华民族的人文始祖，其开创中华文明、奠定华夏基石的伟绩，本身就是奋发向上、自强不息精神的典范。从黄帝的生平事迹来看，他"治五气，艺五种，抚万民，度四方"（《史记·五帝本纪》），展示了百折不挠的创新精神和坚韧不拔的开拓精神。黄帝在面临挑战和困难时，总能保持坚定的信念和昂扬的斗志。"习用干戈，以征不享"（《史记·五帝本纪》），他先后与炎帝部落、蚩尤部落在阪泉、涿鹿的野外展开大战，最后以战胜者的姿态统一了中原整个华夏部落，开创了和平盛世。黄帝所展现出的勇敢和奋发进取的精神，体现了中华民族在困境中不屈不挠、自强不息、永不言败的精神品格，这种精神品质时刻激励着后人不断追求进步、超越自我。后人在祭祀黄帝时，通过虔诚的祭拜和庄重的仪式，表达对先祖的敬仰和怀念之情，同时也在内心深处激发起一种奋发向上的力量。

第三，尊老爱幼，和睦亲族的优良家风。家庭是社会的基本细胞，家风更是一个家庭最宝贵的财富。黄帝陵祭祀文化中蕴含着尊老爱幼、和睦亲族的优良家风。在祭祀活动中，人们通过向先祖表达敬意和怀念之情，传递着尊老敬老的价值观念，年轻后代更是深受这种优良家风的熏陶，在潜移默化的教育中将尊老敬老的传统美德根植心中，薪火相传。黄帝陵祭祀文化同时也体现出了和睦亲族的优良家风。在祭祀过程中，家族成员齐聚一堂，共同追悼和缅怀人文初祖轩辕黄帝的丰功伟绩，同时畅享故园亲情，追忆家族往事，增强家族的

---

① 钱穆：《黄帝》，上海：生活·读书·新知三联书店，2005年。

凝聚力和向心力，激发家族成员之间血脉相连、手足相亲的深厚情怀。"亲疏有分，则施行而不悖；长幼有序，则事业捷成而有所休。"（《荀子·君子》）黄帝陵祭祀文化中蕴含的尊老爱幼、和睦亲族的优良家风不仅有助于家庭和谐、社会稳定，也为年轻一代的成长提供了良好的道德环境和精神沃土。

第四，饮水思源、不忘本来的感恩之心。"落其实者思其树，饮其流者怀其源。"（庾信《徵调曲》）返本与感恩是中国文化的两个关键词，也是黄帝陵祭祀文化的核心要义之一。对祖先的尊重和祭祀是返本的重要形式。朱熹《论语集注》云："慎终者，丧尽其礼。追远者，祭尽其诚。民德归厚，谓下民化之，其德亦归于厚。盖终者，人之所易忽也，而能谨之；远者，人之所易忘也，而能追之：厚之道也。故以此自为，则己之德厚，下民化之，则其德亦归于厚也。"对祖先的"慎终追远"，是为了生者的"民德归厚"，是生者价值建立的根本依据。黄帝作为中华民族的共同祖先，为后世的繁荣和发展奠定了坚实的基础。他创制了衣裳、舟车等文明要素，教民耕牧、莳谷树桑，使人民过上了安居乐业的生活。后人祭祀黄帝陵，不仅是对先祖的缅怀和敬仰，更是对祖先恩泽的感恩和回报。黄帝陵祭祀文化所蕴含的饮水思源、不忘本来的感恩之心，是中华民族传统美德的生动体现。这种感恩之心不仅让人们铭记祖先的恩泽和功绩，更激励着人们珍惜当下、创造未来，为实现中华民族的伟大复兴而努力奋斗。

二、新时代黄帝陵祭祀文化的德育价值

中华优秀传统文化蕴含着丰厚的思想精华和道德精华，是涵养社会主义核心价值观的不竭源泉。黄帝陵作为中华文明的精神标识，蕴含着深刻的德育思想，对新时代我们进一步振奋民族精神、提升民族自信、塑造健全人格、厚植爱国情怀具有重要的德育价值。

第一，铸牢中华民族共同体意识，维系民族团结稳定。习近平总书记指出："加强中华民族大团结，长远和根本的是增强文化认同，建设各民族共有精神家园，积极培养中华民族共同体意识。文化认同是最深层次的认同，是民

族团结之根、民族和睦之魂。"① 黄帝陵祭祀文化作为中华文明的精神标识,对中华民族共同体的生存延续和繁荣发展发挥着重要作用。首先,轩辕黄帝以"龙文化"作为团结部族大家庭的纽带,"龙文化"在演进过程中逐渐蕴涵了中国人最为重视的四大观念:天人合一的宇宙观;仁者爱人的互助观;阴阳交合的发展观;兼容并包的多元文化观。所以历朝历代都把"龙"作为民族团结、中央集权的神圣象征。通过祭祀黄帝,可以强化对"龙的传人"的认同,这种认同感让人们更加珍视自己的民族身份,也更加坚定地维护民族团结和祖国统一。其次,黄帝陵祭祀文化作为一种具有自觉性、召唤性和能动性的内在力量,对中华民族共同体成员具有持久激励和鼓舞作用,可以充分调动起全体成员的爱国热情和民族自豪感,增强中华民族的凝聚力和向心力。最后,祭祀黄帝陵也是凝聚各民族中华儿女的精神纽带。缅怀祖先、祭祀黄帝,可以促进不同地域、不同民族之间的文化融合和共同发展。这种开放包容的精神,有助于推动中华民族共同体向更加团结、和谐、繁荣的方向发展。

第二,弘扬优秀传统文化,增强文化自信。习近平总书记指出:"中华优秀传统文化是中华民族的精神命脉,是涵养社会主义核心价值观的重要源泉,也是我们在世界文化激荡中站稳脚跟的坚实根基。"② 这深刻指出了优秀传统文化对于加强民族文化建设的重要性。而文化自信是指一个民族对自己文化的认同和自豪感,以及对自身文化价值的肯定和坚守。这种自信首先来自于对自身文化传统的深刻认识和理解。黄帝陵祭典作为首批国务院公布的国家级非物质文化遗产,无疑是中华优秀传统文化宝库中一颗璀璨的明珠。新时代黄帝陵祭祀文化作为中华优秀传统文化的重要组成部分,对弘扬优秀传统文化、增强文化自信具有深远的意义。首先,通过祭祀黄帝,人们能够深入了解中华民族的历史渊源和文化传统,感受中华民族精神的伟大和崇高。走进先贤、致敬先贤。其次,通过黄帝陵祭祀活动,人们能够深刻感受到中华文化的博大精深和源远流长,从而增强对中华文化的认同感和自豪感。这种文化自信的提升,有助于激发人们的爱国热情和创新精神,为构筑中华民族共同精神家园、推动文

---

① 习近平:《在庆祝澳门回归祖国 15 周年大会暨澳门特别行政区第四届政府就职典礼上的讲话》,《人民日报》,2014 年 12 月 21 日,第 1 版。

② 中共中央文献研究室编:《习近平关于社会主义政治建设论述摘编》,北京:中央文献出版社,2017 年,第 25 页。

化繁荣发展作出更大的贡献。

第三，塑造健全人格，促进社会和谐发展。中华传统美德是中华民族几千年来代代相承积淀下来的优良道德规范、行为等的总和，是中华文化的精髓。充分挖掘中华优秀传统美德中的丰厚资源，汲取立德树人的智慧，启迪和滋养新时代公民，有助于提高公民道德水准和文明素养，塑造健全人格，促进社会和谐发展。黄帝陵祭祀文化中蕴含着的自强不息、勤劳勇敢、尊重自然等传统美德，凝聚着新时代公民道德建设的核心价值观。黄帝陵祭祀文化强调对先祖的追思和纪念。通过对先祖的追思和悼念，引导公民树立正确的生命观，不仅使公民珍惜自己的生命，同时也尊重和关爱他人的生命，有助于形成和谐稳定的人际关系，减少社会中的暴力冲突，推动社会和谐健康发展。此外，黄帝陵祭祀文化还倡导和谐共生的理念。在祭祀过程中，人们尊重自然、敬畏自然，追求人与自然的和谐共生。这种理念与新时代生态德育思想相契合，有利于促进人们生态人格的养成，自觉承担起保护生态环境、维护生态正义的道德责任。

第四，厚植爱国情怀，力担时代重任。中华优秀传统文化是爱国主义教育重要的资源宝库。爱国主义是指个人或集体对祖国表达出的一种积极支持的态度和深沉热烈的情感。爱国主义的内涵和意蕴虽然会根据时代变化而不断更新，但它的内在精神实质却始终如一，自古以来就流淌在中华民族的血液当中，亘古长存。黄帝陵祭祀文化作为中华民族的精神象征，承载了深厚的爱国情感。轩辕黄帝的创造精神与卓越贡献，如播百谷、制衣冠、建舟车、制音律、创医学等，为中华民族的生存与发展奠定了坚实的基础。这些光辉事迹，不仅体现了轩辕黄帝对民族福祉的深切关怀，更激发了后世子孙对先祖的敬仰和爱国情感。在新时代它依旧是鼓励中华儿女奋发图强，团结奋斗的强大精神力量。通过黄帝陵祭祀，人们不仅缅怀先祖，更是明确自己肩负的历史与时代重任。这种思考促使人们将个人理想与国家发展紧密结合起来，积极投身于实现中华民族伟大复兴中国梦的实践中。

三、新时代黄帝陵祭祀文化德育价值实现的路径

2020 年 4 月 23 日，习近平总书记在陕西考察时强调：陕西是中华民族和华夏文明重要发祥地之一。要加大文物保护力度，弘扬中华优秀传统文化、革

命文化、社会主义先进文化，培育社会主义核心价值观，加强公共文化产品和服务供给，更好满足人民群众精神文化生活需要。① 黄帝陵祭祀文化是中华优秀传统文化之一，我们"必须坚持以马克思主义为指导，坚持'二为'方向和"双百"方针，坚持创造性转化、创新性发展"②，不断实现黄帝陵祭祀文化的德育价值。

第一，加强黄帝陵祭祀文化的保护与传承。传承、保护、发展非物质文化遗产，是弘扬中华优秀传统文化的现实需要。充分挖掘新时代黄帝陵祭祀文化中蕴含的首创精神、凝聚精神、奋斗精神等德育资源，发挥其德育价值，首先要扎实做好黄帝陵祭祀文化的保护和传承工作，按照保护第一、传承优先的理念，在保护中发展，在发展中保护。这就需要我们全面收集整理研究黄帝陵祭祀文化的相关资料，考察黄帝陵祭祀文化的文化遗存，科学、专业地挖掘和整理黄帝陵祭祀文化所蕴含的德育元素，为黄帝陵祭祀文化德育价值的充分发挥提供理论支撑。

文化为旅游注入独特灵魂，旅游为文化提供丰富载体。推动黄帝陵祭祀文化传承发展，还要促进黄帝陵祭祀文化与旅游融合发展，双向赋能。依托黄帝陵祭祀文化蕴含的丰厚资源培育独具特色的旅游产品，如举办各类展演活动，推进舞台艺术与黄帝陵祭祀文化相融合，设计以黄帝陵祭祀为主题的研学旅游路线等，提升旅游的文化内涵，让人们在领略自然之美中感悟文化之美，陶冶心灵之美，在耳濡目染的文化熏陶中达到隐性教育的最佳效果。

第二，创新黄帝陵祭祀文化的德育形式与内容。"以古人之规矩，开自己之生面。"（沈宗骞《芥舟学画编》）创造性转化、创新性发展黄帝陵祭祀文化，发挥其德育价值，必须要结合时代特点，推陈出新，创新德育形式，丰富德育内容，不断地提高德育工作的吸引力和感染力。比如采用虚拟现实（VR）技术，突破时空限制，创设黄帝陵祭祀的虚拟场景，让参与者通过沉浸式祭祀体验，更加深入地感受祭祀活动的庄重与神圣，增强对"黄帝子孙"共有身份的认同。还可开展互动式祭祀活动，增强体验感和参与感。比如设计线上祈

---

① 习近平：《在文艺工作座谈会上的讲话》（2014年10月15日），北京：人民出版社，2014年。

② 谢环驰：《习近平在陕西考察时强调扎实做好"六稳"工作落实"六保"任务奋力谱写陕西新时代追赶超越新篇章》，《人民日报》，2020年4月24日，第1版、第2版。

福、献花等互动式祭祀环节，让参与者能够亲身参与到祭祀活动中来，引导公众在参与中感受黄帝陵祭祀文化的独特魅力，真正让中华优秀传统文化的思想价值入脑入心，德育价值落地落实。

守正不守旧，尊古不复古。新时代黄帝陵祭祀文化德育价值的实现还需要融入现代教育理念。"在历史长河中积淀形成的中华优秀传统文化并非一成不变，而是开放的、包容的、发展的，其内涵总是随着时代的发展而丰富发展。"① 因此，要融入现代教育理念，将黄帝陵祭祀文化与社会主义核心价值观相结合，挖掘其蕴含的爱国主义、团结协作、尊老爱幼等精神，将其转化为具有现代意义的新内容。黄帝陵祭祀文化作为弘扬社会主义核心价值观的重要载体，要通过讲解、讨论等方式，引导参与者深入理解并践行社会主义核心价值观。此外，还可以结合时代热点和社会问题，开展主题教育活动，如环保、公益等，让参与者在参与祭祀活动的同时，思考如何将这些文化精神应用于现实生活中。

第三，政校社协同助力黄帝陵祭祀文化德育价值实现。政府、学校、社会之间相互联系、相互推动，为充分彰显黄帝陵祭祀文化德育价值，有必要积极构建一个全面的德育教育系统体系，通过政府主导、学校深耕、社会协同，形成教育合力推进黄帝陵祭祀文化德育价值实现。党和国家全方位引领黄帝陵祭祀文化育人方向，是其德育价值实现的前提和保证。政府要从文化自信的高度，切实将中华优秀传统文化的传承发展和德育教育工作摆上重要日程。应制定黄帝陵祭祀活动的长期发展规划，明确黄帝陵祭祀文化在德育教育体系中的重要地位，将其纳入教育发展的整体战略中。政府还应为黄帝陵祭祀文化德育价值的发挥提供专项资金支持，确保活动的顺利进行和德育价值的实现。

学校开设相关课程，用黄帝陵祭祀文化的优秀思想和深厚情感启迪学生、感染学生、教育学生。学校作为德育教育的主渠道和主阵地，有着先导和示范作用，因此，要推进中华优秀传统文化进校园、进课堂，让黄帝陵祭祀文化在校园生根发芽。开设一门关于黄帝陵祭祀文化的专题课程，讲述皇帝在农业、文化、科技等方面的开创性贡献，让学生感受皇帝身上勇敢勤劳的高尚品质，

---

① 中共中央宣传部理论局：《新时代面对面：理论热点面对面》，北京：学习出版社，人民出版社，2018 年。

介绍黄帝与炎帝结盟、共同击败蚩尤等历史事件，让学生认识到民族团结的重要性。还可结合实践活动，深化德育教育，鼓励学生参与社区服务、志愿者活动等，将黄帝的勤劳、谦逊等品质付诸实践。通过实际行动，让学生深刻体会到这些品质在现代社会中的价值和意义。

社会各界也应共同参与，营造良好的教育环境。弘扬优秀传统文化，需要社会各界共同参与，整合多种资源，共同搭建优秀传统文化学习平台。如在新闻出版、广播影视、艺术创作方面融入黄帝陵祭祀文化，以人民群众喜闻乐见的方式来宣传黄帝陵祭祀文化的魅力，实现其德育价值。还可以通过社区活动等实践方式，让人们在亲身体验、参与活动的过程中提高对黄帝陵祭祀文化的认知度和参与度。同时，鼓励社会各界人士积极参与相关教育活动，在全社会共同营造浓厚的文化氛围，让人们时时接受黄帝陵祭祀文化的熏染，在潜移默化中提升自身道德品质，完善理想人格。

综上，黄帝陵祭祀文化博大精深、气势恢宏、境界深远，凝聚着中华民族的历史底蕴，承载着丰富的现实内涵，昭示着前行的未来方向，是中华民族的精神根基和中华文化的根脉。黄帝陵祭祀文化是德育教育的重要资源，无论是内容还是形式上，都具有极高的德育价值和强大的育人功能。面对新时代、新形势、新要求，我们要进一步加大对黄帝陵祭祀文化的宣传力度，深化其教育影响，顺应时代呼唤，不断挖掘黄帝陵祭祀文化中蕴含的先进的价值观念与优秀的道德规范，用发展的眼光激活创新力，用未来的眼光深化感召力。通过加强黄帝陵祭祀文化的保护与传承、规范黄帝陵祭祀文化活动的内容与礼仪、加强黄帝陵祭祀文化传播载体的创新等具体措施来传承、发扬黄帝精神，落地落实黄帝陵祭祀文化的德育价值，让黄帝陵祭祀文化在新时代焕发出新的生机活力，成为引领中华民族前行的强大精神动力。

经史记忆与黄帝信仰的形成
——以荣格的"集体无意识"为参照

孔德立　刘熠然

首都师范大学哲学系教授

在中华民族的历史记忆与民族信仰中,黄帝作为最大的公约数是无可争议的。先秦时期,随着儒家对文化传统的继承与历史文献的整理,以黄帝为代表的古代圣王的传承脉络初步形成。《大戴礼记·五帝德》记载的孔子与弟子宰我讨论黄帝等五帝,为汉代史书的撰述提供了基础。西汉时期,司马迁作《史记》,以《五帝本纪》开篇,五帝又以黄帝为始祖。这标志着黄帝作为大一统国家的共同祖先的形象在史书中建立起来。《史记》对黄帝信仰的成功塑造,对于中华民族共同体意识的凝聚起到了重要的推动作用。瑞士心理学家荣格(1875—1961)提出了集体无意识(又译"集体潜意识")的观点。这种观点认为,人类祖先在进化的过程中,集体经验心灵底层的精神沉积物,处于人类精神的最低层,为人类所普遍拥有。在个体一生中从未被意识到,经由遗传获得。由全部本能及其相关的原型组成。在以往对黄帝等中国早期信仰圣王的研究中,普遍存在着是历史人物还是神话人物的争论,需要从年寿等方面进行年代学的溯源。如果我们从中国传统的经史典籍出发,再参照荣格心理分析学的"集体无意识"理论,可以发现,从宗教心理学的角度可以为黄帝信仰与祭祀建立起新的理论支撑。

一、经史记忆中的黄帝祭祀

《史记·五帝本纪》:"黄帝者,少典之子,姓公孙,名曰轩辕……黄帝崩,葬桥山。"

《史记·五帝本纪》张守节正义:"母曰附宝,之祁野,见大电绕北斗枢星,感而怀孕,二十四月而生黄帝于寿丘。寿丘在鲁东门之北,今在兖州曲阜县东北六里。生日角龙颜,有景云之瑞,以土德王,故曰黄帝。"①

《礼记·祭法》:"有虞氏禘黄帝而郊喾,祖颛顼而宗尧。夏后氏亦禘黄帝而郊鲧,祖颛顼而宗禹。殷人禘喾而郊冥,祖契而宗汤。周人禘喾而郊稷,祖文王而宗武王。"②

《大戴礼记·五帝德》中,宰我问于孔子曰:"昔者予闻诸荣伊,言黄帝三百年。请问黄帝者人邪?亦非人邪?何以至于三百年乎?"孔子曰:"予!禹、汤、文、武、成王、周公,可胜观也!夫黄帝尚矣,女何以为?先生难言之。"宰我曰:"上世之传,隐微之说,卒业之辨,阖昏忽之,意非君子之道也,则予之问也固矣。"孔子曰:"黄帝,少典之子也,曰轩辕。生而神灵,弱而能言,幼而慧齐,长而敦敏,成而聪明。治五气,设五量,抚万民,度四方;教熊罴貔豹虎,以与赤帝战于阪泉之野,三战然后得行其志。黄帝黼黻衣,大带黼裳,乘龙扆云,以顺天地之纪,幽明之故,死生之说,存亡之难。时播百谷草木,故教化淳鸟兽昆虫,历离日月星辰;极畋土石金玉,劳心力耳目,节用水火材物。生而民得其利百年,死而民畏其神百年,亡而民用其教百年,故曰三百年。"③

《大戴礼记·帝系》:"少典产轩辕,是为黄帝。黄帝产元嚣,元嚣产蟜极,蟜极产高辛,是为帝喾。帝喾产放勋,是为帝尧。黄帝产昌意,昌意产高阳,是为帝颛顼。"④

我们可以发现,《史记》(包括《正义》等附带文献)等文献所记载的黄帝记忆,是古代中国经典叙事对于上古圣贤神话性编纂的普遍特点。无论是黄帝一生伟大的功绩,还是流行的"三百年"的说法,无疑,都可以认为,汉代的经史编纂均指向建立以黄帝为核心的民族共祖的神圣信仰。这种信仰在历史、文明、道德等方面均具有毋容置疑的血缘性的始祖意义。

无疑,《史记》作为第一部纪传体史书的书写意义更为重要。《史记》记载了黄帝统一炎帝、蚩尤部落,划定疆域与民生息。这就奠定了黄帝作为中华民族完成统一第一人的地位与功绩。后世中国历史大一统的叙事,中华民族共

---

① (汉)司马迁:《史记》,北京:中华书局,2014年,第2页。
② 《十三经注疏·礼记正义》,北京:北京大学出版社,1999年,第1292页。
③ 方向东撰,《大戴礼记汇校集解》,北京:中华书局,2008年,第689-690页。
④ 方向东撰,《大戴礼记汇校集解》,北京:中华书局,2008年,第737页。

同体意识的形成,均可以追溯至此。自从《史记》确立了黄帝作为中华民族始祖的标志性地位,在敬天法祖的中国宗法性宗教影响下,黄帝祭祀逐步形成也就顺理成章了。在这种祭祀仪式的创生、发展与最终成型的过程当中,逐步形成了"轩辕黄帝"的抽象性人格与象征性符号。这种抽象性人格与象征性符号随着祭祀的固定与影响力的拓展,在海内外华人中产生了深远影响。祭祀轩辕黄帝的意义,不仅仅局限于历史上的祖先尊崇,伴随着中华民族历史的形成,也包含了诸多意识与潜意识的心理整合过程,为中华民族共同体的塑造与民族中个人存在的确定性提供了极大的支持与助力。

二、集体无意识与自性理论

无论是意识抑或是无意识,一般都认为此二者来源于经验。"无意识"(或潜意识)这一概念最初由弗洛伊德提出,他认为无意识是源自于童年的创伤性经验的压抑。弗洛伊德关于意识与无意识的观点被其学生荣格接受并加以发展。

"集体无意识"是荣格分析心理学术语。荣格拓展了无意识的应用范围,将无意识的研究从弗洛伊德时期的个体认知拓宽到了群体认知。他认为,在个体的无意识之下,就是集体无意识。集体无意识首先与个人无意识相区别——个人无意识由那些被意识到,但在后来被遗忘的心理内容组成,而集体无意识的存在,并不取决于个人后天的经验,同时也难以被人明确地意识到。集体无意识可能更具有理解力,拥有一种神圣的权威性。而在集体无意识当中所蕴藏着的,则是荣格称之为"原始意象"(primoridial images)的事物。麦克·阿盖尔在《宗教心理学导论》当中这样总结集体无意识与原型的关系①:

集体无意识是由起源于人类史前时期早期的原始形象组成的。这些原型是人类祖先对世界的经验意识以及对它的应对方式。它们像是柏拉图的理念和康德的先验范畴一样的东西。

人们往往是从人类祖先那里继承了这些意象,而这种意象的继承单位并非是个人,而是一个庞大的群体,属于一个种族所共有的意象。这就使得个人往

---

① (英)麦克·阿盖尔:《宗教心理学导论》,北京:中国人民大学出版社,2005年,第113页。

往难以有意识地回忆起关于种族或民族初祖所拥有过的那些特质或意象。这些特质或意象,作为一种先天的倾向或潜在的可能性,影响后世的群体,使得其采取与自己祖先类似或完全相同的方式认识世界、把握世界,甚至是试图去改造世界。而这种将经由前人通过经验习得的东西遗传给后代并变成本能,叫做获得性遗传或拉马克主义。①

在个体脱离母体之时,集体无意识的内容就已经为人的行为提供了一套预定的先验的模板。而这种模板,荣格认为,具有某种可模仿的原型。原型与集体无意识体系彼此分离,然而却对无意识情境产生着深刻影响:"人生中有多少典型情境就有多少原型,这些经验由于不断重复而被深深地镂刻进我们的心理结构之中。"(《荣格文集》,卷九,第一分册,第48页)这种原型的多样性,就使得单一象征的原型有了组合的可能,如父亲原型与英雄原型组合在一起,就可能产生"父系氏族保护神"这种类型。同时原型又是区别于人的准确的回忆形象的:"原始意象只有当它成为意识到的并因而被意识经验所充满的时候,它才是确定了的。"(《荣格文集》,卷九,第一分册,第79页)在这种情况下,随着种族的分化、民族意识的觉醒等种种意识与无意识层面上的变化,不同民族或不同种族的集体无意识也出现了极大的差别。

原型的存在,对于我们的人格形成与行为导向,都有极重要的意义,而原型当中又包括人格面具(persona)、阿尼玛、阿尼姆斯、阴影以及自性多个部分。在这之中,吸收了印度佛教而构建起来的自性概念,被认为是荣格心理学当中的核心观念。自性被荣格认为是人的精神与人格成长过程中,统领并组织这些部分的原则,即当人们面对并需要组合不同原型的时候,自性是集体无意识中的核心。"它把所有别的原型,以及这些原型在意识和情结中的显现,都吸引到它的周围,使它们处于一种和谐的状态。"② 这种和谐有两个层面的意义,首先是某人内在的内心和谐,其次是指某人与外部世界的和谐。荣格认为,自性的完善和自性的最终实现,就是人格的最终目标。而显然,这个艰巨的任务,能够完成的人寥寥无几。荣格认为即使是耶稣或释迦牟尼,也只能做

---

① (美)霍尔等:《荣格心理学入门》,北京:生活·读书·新知三联书店,2007年,第41页。

② (美)霍尔等:《荣格心理学入门》,北京:生活·读书·新知三联书店,2007年,第62页。

到极其接近于这一终极目标,即"完人"的典范模型。

三、《史记》中的黄帝形象的象征性分析

如上文所提到的,荣格基于西方语境与其本人关于佛教之性的研究,认为耶稣与释迦牟尼是能够接近自性完善实现这一终极目标的存在。而在东方儒家语境当中,则有基于传统的圣人道统。而中华民族的最初"人祖",被认为是轩辕黄帝,在后世的记载与传说当中,认为黄帝是具有极高德性,并能够因德性高尚而通晓天地的存在。司马迁的《史记》在黄帝崇高身份的确立当中意义重大,也是初次将轩辕黄帝作为人文初祖记录在册并放在全书首篇。在《史记》当中,司马迁以黄帝为仪式,梳理了三代之前的上古黄帝家谱。在此家谱当中,圣王明德沿此一脉延传继续。《史记》当中记录,黄帝为少典之子,司马迁记黄帝为"生而神灵,长而敦敏,成而聪明"。黄帝长成,与炎帝战于阪泉,与蚩尤战于涿鹿,统一南北部族于炎黄旗下。在战后,黄帝划定疆域,设立监管官员,兴立祭祀。而黄帝本人,则通晓天地时节变化,教授百姓生产之道。司马迁对于黄帝的生平记述,大致可以分为三个部分,即黄帝从何而来,黄帝如何将民族归于统一,以及黄帝如何组建成了此后的圣王系统。

从黄帝创生来说,司马迁将黄帝的出生记录为"少典之子,姓公孙,名曰轩辕"。并拥有"生而神灵,长而敦敏,成而聪明"的优秀特质。而在《五帝本纪》正义当中,又记录了与黄帝相关的感生神话,即黄帝其母附宝,行道至祁野,见雷电绕北斗七星,感而怀孕,二十四月而生黄帝于寿丘①。

感生神话在中国传统神话当中,多用于叙述历史当中圣人明君的诞生,以表明有作为之人皆是承接天意,顺天道而行,方有大德,能够为他人所不能为。司马迁在《太史公自序》当中,也有黄帝"法天则地,四圣遵序,各成法度"的记录。这表明,黄帝的形象在司马迁及其之后的时代,更多地被认为是天人相合的形象,即内在于人的超越性的形象。

从黄帝的对外征战来看,其所处时间是在前代的贤人神农氏统治"世衰"之际,其征战目的也是为了维护神农氏治下时代的统治规范,征战对象的选择有其明确标准,即"以征不享"。黄帝在前代圣王衰微时,在权力交替的阶

---

① (汉) 司马迁:《史记》,北京:中华书局,2014 年,第 2 页。

段,以一种师出有名的维护圣王传统的维序者身份出现,其最后登上天子之位体现了天道的秩序性与个人顺应天道而展现出的高尚德性。黄帝在征战结束之后,天下诸侯归顺黄帝,炎帝与蚩尤两大部族都归于黄帝部下。司马迁时处汉朝,司马迁之写作也需顺应多民族的统一国家的需要,明确上古祖先的唯一性。在这种需求之下,将南北统一,并收归蛮族的黄帝,就成为了统一且唯一的上古原型。而在黄帝部分结尾,记述黄帝有子二十五人,其中颛顼、帝喾等人一脉传承,构成了从上古到周代始祖的圣王谱系,也就使父系血脉与圣王谱系的开端者形象系于黄帝一身。

在最后的段落,《史记》以重笔墨描述黄帝整合众部之后向各部人民教授生产,教化道德。《史记》中记为:"时播百谷草木,淳化鸟兽虫蛾,旁罗日月星辰,水波土石金玉,劳勤心力耳目,节用水火材物。"① 黄帝教授人民耕作生产,驯化鸟兽,言明时节运行,并教育人们辛勤劳作,而这些具体的生产劳作要求与知识,是与农耕文明的产生息息相关的。司马迁将这些功劳都归于黄帝,其目的也在于将文明诞生之祖定为轩辕黄帝,使其兼有彰显天道者,父系血脉之始与文明初祖多重的抽象形象,以担当起"人祖"身份。

四、黄帝作为中华民族集体无意识的原型

如果从"原型"的概念出发,它们与祭祀当中的黄帝具有很强的相似性。

它们(原型)不能直接被认知,只能通过象征表达,而这些象征来源于文化和个体的经验。它们是些抽象的形式,时刻准备具有一定的普遍的神话观念、梦、幻觉以及宗教信念,当受到个体的和文化的影响时就会形成。②

一种事物是否属于象征,其判断标准主要是:某一特定的事实存在不仅仅被视为其本身,而是被看作某种未知存在的表象。以《史记》中的黄帝为例:受感生神话影响,轩辕黄帝不仅仅被认为是历史上的具体人物,而是感天而生,天显于人的一种形式。这种形式通过司马迁对黄帝历史形象的整合记叙被象征性地表达出来。《史记》中的黄帝也因为这种象征性的传达,囊括了历史个体与道德个体两种存在。因此,对于黄帝的祭祀,并不是祭祀某个具体的

---

① (汉)司马迁:《史记》,北京:中华书局,2014年,第9页。
② (英)麦克·阿盖尔:《宗教心理学导论》,北京:中国人民出版社,2005年,第113页。

人,而是将黄帝的历史实在抽象成为一种代表文明源起的符号与类血缘的父的象征。

人们对于原型的找寻和追溯,在荣格心理学理论的支持下,和血缘血脉传承密不可分:人们是在不断繁衍的过程当中,将某个原始意象固化,并留存在无意识的层面。而在民族特有的家族伦理与重视家族谱系传承的两方面的影响下,对于黄帝的崇敬与祭祀,显然与西方的宗教祭祀有很大差距。这种祭祀,其内在含义是中华儿女在理性需要下对于自我存在的追本溯源,并通过"类血缘"家庭的感性活动,以体验自身对于这个家族的归属感。

同时,由于从司马迁开始的汉民族,对黄帝这一原型有意识地抽象,使黄帝崇拜取代了此前各部落氏族各自尊奉氏族祖灵的习俗,以天与道德为基石,以民族共祖为身份,建立起了一层更为庞大的类血缘的关系。因此,祭祀黄帝这一民族习俗的流传,将单独的父系血统祖灵崇拜体系拓展到了民族的层面,并为这个体系当中的成员提供多方面的确信——即由于血脉传承而建立起来的文明与民族人格来源的历史支撑。从这个角度而言,黄帝祭祀成为启发人们追溯原型,探索群体人格与潜意识的钥匙,使人们意识到在个体之间,由于这种原始意象的存在,而存在某种共通性。这种共通性联结,使人们获得了自我存在的确定性,整合了个人与民族整体的分离,使得同属于华人语境下的人们构筑起了以类血缘关系为基石,以民族群体为范围的庞大团契。

五、黄帝作为原型对自性整合的价值与意义

正如麦克·阿盖尔在《宗教心理学导论》当中对于自性的总结性记述:"自性在我们里面就是上帝,上帝到处出现,他就在我们自己的灵魂中,对我们来说最易理解。"[1] 轩辕黄帝的祭祀,除了是对于类血缘的民族始祖的敬拜,对于自我存在性的认可之外,黄帝的形象在《史记》之后,多被记录为"天道显于人"的理想性形象,即被认为是接近于自性完备的人。以《史记》为例,黄帝的形象同时意味着人与自然、道德、集体等多个方面的共处与整合。由此可见,黄帝在司马迁的作品中,是以一种作为文明开创者的"完人""人祖"的身份出现的,其所代表的即是司马迁所处的时代,人所认为的,具有完

---

[1] (英)麦克·阿盖尔:《宗教心理学导论》,北京:中国人民出版社,第114页。

备自性的人格形象。

荣格对于自性的提出，其目的并不在于强调追求自性的完备，而是在于强调人们应有对自性的认知。这种自我认知的过程，是人们期望完善自己，乃至解决自我与外部世界冲突的必要途径。而黄帝的自性人格特点，在很大程度上能够帮助处于中华民族或儒家这个语境下的个人，意识到自我整合或自我合作的方面，进而启发自我如何在外部世界和内心世界自处。因此，黄帝原型与黄帝祭祀的呈现，其价值并不在于要求人们完全效法古代圣人，而是在于通过黄帝这一过去的人格形象，觉醒自我意识，并启发在民族群体当中个体的人格具有如何的能够区别于世界其他民族的独特性，从而增强群体的认同感与凝聚力。此时，人即迈出了自我与外在社会性格整合的第一步。

荣格基于其经验性观察，认为人在社会当中，由于身处场景与面向对象的变化，会出现态度上的转变。在社会性性格，即荣格所言的人格面具概念（persona）过多，人们在场景与面向对象的切换中，往往会出现对于个性和人格主体的怀疑。为解决这一问题，荣格提出作为人格的统帅与核心的自性概念，为个人提供了这种整合的自然趋向性。在黄帝的形象当中，展现的则是对于自性接近完备后的未来式理想性模型，满足了个人对于这种凝聚人格多面性的预设。黄帝祭祀，则是通过一种集体性的活动，将这种自性原型的影响扩大化与现实化，辅助这种整合活动从无意识转变为某种自觉意识。正如荣格所说的，有关轩辕黄帝的祭祀，将隶属于抽象的无意识领域的原型，通过祭典仪式，转变为具有象征性的现实活动。在荣格看来，象征具有超越功能和整合作用，它能使彼此对立、相互冲突的心理内容处于有机统一的状态……能够帮助人组织和调动起潜在的、受压抑的心理能量并给这些力量指引新的方向。

因此，祭祀黄帝的现实活动，在无意识向意识的转化过程中构筑起了桥梁。而从现实的社会意义上讲，这种自性的整合，也有助于稳定人在社会中因为场景变化而产生的分裂心态，接近完备的自性与中国传统的"教化"相辅相成。

在《史记》的记述当中，黄帝的文明初祖象征可以从时间与空间两个方面进行阐发。首先，从时间的角度，以天理秩序和血脉传承为线，串联起从古至今的道德谱系。又从空间角度，经由将地域南北与边疆统一在一起，为统一的文明开创建立了完整的空间领域。而时间与空间的发展具有某种同步性：空间领域随着时间发展不断扩大,又通过血脉传承的形式,以氏族中的杰出"后代"为传播者,达成了文明拓展的可能,最终形成了具有民族特色的文化环境。而这种文化空间的拓展,伴随着民族群体的扩张和迁徙,因血缘传承,使得儒家文化在如今世界文化多元化,以及各民族间文化碰撞与交流增加的复杂文化环境下,仍然能够保持自己的文化独特性。

数字媒介视角下清明黄帝陵公祭的传播过程及机制[*]

吴 南

陕西省社会科学院社会学研究所研究员

仪式与传播都属于对社会现象、社会实践、社会秩序的符号性建构。仪式的不同传播方式和机制会产生差异性社会效果。黄帝公祭是一个社会实践与社会仪式过程,其社会与文化意义在于将神圣性与社会性融为一体,目的是促进社会团结、社会整合、情感认同的统一与延续,凝聚中华民族共同体意识。信息技术发展为现场及虚拟场景的"共祭黄陵"提供了社会载体,因此也呈现出更为丰富复杂的图景。

一、清明祭祖:黄帝陵公祭典礼隆重举行

"黄帝陵是中华民族的精神标识。"中华民族"人文始祖"黄帝,首创"大一统"观念并最早实践,在族统、神统、政统、物统、道统等诸多人文方面,成为唯一提纲挈领、发凡起例、开物成务、率先垂范、作始成统之伟大人物形象。黄帝形象成为中华民族共同的图腾与信仰,根本上支持了"中华民族为一极复杂而极巩固之民族"之中国"大一统"永远的象征。[②]

陕西省延安市黄陵县桥山的黄帝陵,是汉代以来历代祭祀、缅怀中华民族人文始祖黄帝的陵寝圣地。黄帝公祭至迟从汉代开始,已有国君亲自或委托专人代表朝廷前往桥山祭祀黄帝。期间虽偶有衰废,但整体上绵延不绝。从 20 世纪 80 年代初开始,黄帝陵整修工作被纳入省地部门系统规划,黄帝陵祭祀

---

* 本文为国家社科基金项目《华夏始祖信仰文化的变迁及其转型研究》(编号:23BSH041)阶段性成果。

② 杜贵晨:《黄帝形象对中国"大一统"历史的贡献》,《文史哲》,2019 第 3 期。

典礼逐渐明确为国家公祭惯例,受到了广大海内外中华儿女的普遍关注。①

2023年4月5日上午,癸卯(2023)年清明公祭轩辕黄帝典礼在黄帝陵祭祀广场隆重举行。据报道,各网站平台累计刊发原创及转载图文稿件4812篇,推出短视频、Vlog、海报图解、MG动画、小程序等新媒体产品578个,PC端、移动端公祭大典网络直播在线观看人数达4541.8万,在抖音、微博中相关话题阅读量达1.61亿人次,全网总浏览量达4.336亿人次。②

黄帝公祭对中华民族认同具有重要意义。从仪式的社会功能角度,涂尔干提出社会秩序的基础在于"社会团结",而仪式则是形成社会团结及相关的情感纽带的关键机制。特纳强调仪式过程与社会结构的关系,指出仪式过程有着三个阶段,分离、阈值及交融。对于个人和群体来说,社会生活是一个辩证的过程,其中涉及高位与低位、交融与结构、同质与异质、平等与不平等的承接过程。③ 在象征意义上,结构化的社会秩序中把各个类别和各个群体区分开的所有特征,在仪式这里达成一致。④ 柯林斯提出"互动仪式链"理论,认为互动仪式是人们最基本的活动,是一切社会学研究的基点。柯林斯指出:整个社会都可以被看作是一个长的互动仪式链,由此我们可以预测在不同情境下所形成的团结性有多大;将会建立起什么类型的象征符号以及它们如何跟特定的人群相关联。当具有一定符号资本和情感能量的互动者离开一种际遇后,将会产生出进一步互动的社会动力流。⑤ 传播的仪式观把传播看作创造、修改和改造一种共享文化的过程。传播的仪式观并不是强调空间上信息的拓展,而是指时间上对社会的维系(尽管有人发现这种维系以统治为特征,因而并不合理),它不是一种传递信息或影响的行为,而是共同信仰的创造、表征与庆典,即使有的信仰是虚幻的。传播的仪式观的核心是将人们以团体或共同的身份召集在一起的神圣典礼。传播便成为人类行为(包括活动、过程、实践)结构,成

---

① 张岂之:《黄帝祭文汇编简注》(序言),西安:西北大学出版社,2021年。
② 寻文明之根 溯文化之源 清明公祭轩辕黄帝活动全网浏览量超4亿人次,网信陕西公众号,2023年4月13日。
③ (英)维克多·特纳:《仪式过程——结构与反结构》,北京:中国人民大学出版社,2006年,第97页。
④ (英)维克多·特纳:《仪式过程——结构与反结构》,北京:中国人民大学出版社,2006年,103期。
⑤ (美)兰德尔·柯林斯:《互动仪式链》,北京:商务印书馆,2012年,第4页。

了表达方式的总和，以及一个被建构了的与正在建构的整套社会关系。① 在此意义上，仪式的传播对共识形成至关重要。

数字媒介的发展，对现代政治、经济、文化、社会等产生深刻影响。研究者常用信息实践或信息行为这两个概念来描述信息加工处理过程。"信息实践"偏重社会建构视角，"信息行为"侧重个体认知与心理决策。数字媒介改变情感流通的过程，生成了一种新的情感结构，影响了人们讲述"我们是谁"的形式，使它让同胞、他者等这些原本抽象的概念都变得直观可见，激发的情感不仅让"主体"浮现出来，还借助语言、符号系统把个体联结成集体，生成了"感受的共同体"。② 在以后真相为突出特征和西方化为主导力量的全球媒介体系失衡、失序的状况下，当代中国应当以更积极的姿态、更开放的胸怀，加强现代媒介体系特别是数字媒介体系治理的探索，实现有为政府、有效市场、有序社会的统一，营造理性的、多样的、公平的媒介生态，为人类文明新形态提供中国样本。③ 以上的研究为数字媒介对仪式传播社会功能的影响提供了思路。

数字媒介传播黄帝陵公祭显现出两种取向，一是技术取向，一是文化取向。因此需要从文化与技术融合的视角观察黄帝公祭数字媒介传播实践。"媒介即信息"，数字媒介影响传播内容，但同时内容又制约着数字媒介的传播。黄帝公祭文化的历史、时代价值及其传播的话语体系具有记忆延续、文化再塑和身份认同意义，因此主流媒体成为策划传播的主力，网站平台、新媒体是主要传播途径，黄帝公祭网络直播是传播的核心内容。随着信息技术的发展，能够在线上参与清明公祭黄陵活动的大众也呈增长趋势。

二、"网络直播"：黄帝陵公祭的数字媒介传播过程及其特点

随着信息技术运用的不断创新与变革，使数字媒介传播过程、传播载体、传播形式、传播内容，以及互动情境、传播社会效能等都产生了更大、更多的

---

① （美）詹姆斯·凯瑞：《作为文化的传播》，北京：中国人民大学出版社，2019年。
② 袁光锋：《"感受的共同体"：数字媒介中的情感流通与认同建构》，《新闻与写作》，2024年第1期。
③ 胡钰、王敏：《数字媒介发展的哲学反思》，《新闻与写作》，2022年第12期。

变化。黄帝陵公祭典礼在特定时空中举行，现场参与者通常是以社会精英为主，社会大众可以通过数字媒介传播途径以媒介受众的身份进行线上参与。通过公祭典礼这项实践活动实现符号象征建构功能，传播共享文化意义以及延续文化认同等。

第一，数字媒介传播过程。通常传播构成包括如下一些要素，传播主体——传播者；传播客体——受传者（或受众）；传播信息——内容；传播渠道——媒介；传播效果——反馈等。在黄帝公祭数字化传播中，围绕本项活动的特征，研究重点更关注传播主体、模式、渠道和保障等。

其一，传播主体。清明黄帝公祭网络化传播是以主流媒体为主导，多元主体为辅共同参与的形式。黄帝公祭作为面向全球华人的大型仪式性典礼，直播过程、内容生产及信息发布渠道都要求高度专业性和规范性，因此由政府主流媒体机构、专业媒体人主导大众传播，保证仪式传播的严肃性、权威性和统一性。陕西广电融媒体集团联合中央广播电视总台中文国际频道、海峡卫视、台湾中视、凤凰卫视等共同向全球直播壬寅（2022）年清明公祭轩辕黄帝典礼。同时，依托因互联网而迅速发展的自媒体对仪式的传播，延伸专业主流媒体传播的时空范围，扩展专业媒体传播资源，加大专业媒体的信息能量。专业媒体与自媒体联合，共同参与黄帝公祭典礼网络传播过程。2010年以来，海峡两岸实施"两岸共祭"黄帝陵，通过电视、网络媒体将黄帝公祭典礼和台湾同胞遥祭黄帝陵典礼连接起来转播，宣示两岸同胞同根共祖的民族立场。①

其二，传播模式。黄帝公祭传播实践整体上可以概括为，媒介融合——现场直播+视频连线+网络直播+自媒体的模式。为达到更好的宣传效果，己亥年清明公祭轩辕活动组建了由中省市县四级120个媒体平台组成的全媒体报道中心，以黄陵县融媒体中心为指挥中枢，建设中央调度中心，并对省市县三级融媒体中心的人员、技术、内容、平台等生产要素进行有效整合，统一下达采访指令、汇总新闻信息、调度落实新闻报道。各级电视、网络、微信、微博、手机APP、第三方平台账号等全媒体媒介和平台同频共振、集中发声，实现了各级媒体之间的深度融合。

视频连线。庚子年清明视频公祭轩辕黄帝典礼在黄陵县桥山祭祀广场举

---

① 万人丙申清明公祭轩辕黄帝，台湾青年参加，2016年4月5日。

行。位于台北新党党部的台湾分会场与位于陕西历史博物馆的西安分会场，通过视频连线，表达台湾同胞慎终追远、缅怀先祖的拳拳深情。① "澳门视频连线分会场"活动在澳门濠江中学举行。

其三，传播渠道。随着信息科技的发展，新媒体、新技术的出现，互联网迅速普及，这些都大力推动了大众传播的变革，拓宽了以电视直播为主的公共信息传播的渠道。传统电视直播方式属于信息单向流动方式，直播内容从电视到观众，传播者与受众缺少交流互动。新媒体提供了供多方交流的平台，观众对信息传播具有主动权，影响力增强。在黄帝公祭典礼过程中，网络平台的参与加强了信息传播范围。

多媒体联合。壬寅（2022）年清明视频公祭轩辕黄帝典礼以线上举办为主：一方面，对黄帝公祭典礼进行电视直播，并在多个网络平台同步线上直播；另一方面，现场连线台湾遥祭视频连线点，同步举行黄帝公祭典礼，并现场播放港澳台同胞、海外侨胞祭祖祈福视频。此外，云祭祖网络平台运用"5G+AR+云机位"技术为黄帝陵核心场景和建筑制作 8K 超高清 VR 互动场景，打造黄帝陵的全景漫游服务，大大提升现场感和体验感，增强群众清明公祭的参与度。②

网络平台直播。丁亥年网络媒体第一次走进公祭典礼直播现场，由新华网、人民网、中国网、新浪、网易、搜狐、腾讯、千龙网、凤凰网、红网、西部网等 45 家网络媒体组成的联合直播成为当年一大亮点。中央电视台、凤凰卫视、陕西电视台、美国华语电台、德国之声、中国国际广播电台、陕西人民广播电台等多家电视台电台都进行了同步直播。③

微直播。"陕西发布"通过微信公众号直播清明公祭轩辕黄帝典礼，并围绕公祭策划了一系列的文化宣传活动。

陕西头条蓝直播。蓝直播间于清明时节播放公祭轩辕黄帝典礼，同时设有网友互动环节。

---

① 庚子（2020）年清明视频公祭轩辕黄帝典礼现场侧记，《陕西日报》，2020 年 4 月 5 日。

② 壬寅（2022）年清明视频公祭轩辕黄帝典礼今日举行，陕西发布，2022 年 4 月 5 日。

③ 公祭轩辕黄帝典礼在陕西举行，45 家网媒直播，2007 年 4 月 5 日。

H5"中华云祭祖"。2020年4月4日,西部网首推"中华云祭祖",在网络平台可以参与网上祭祖。

2021年"中华云祭祖"网上公祭平台开设了云直播、网上祭祖、全球祈福、云游黄帝陵等功能,可以在线收看清明公祭轩辕黄帝典礼的直播,通过手机和电脑进行点烛、献花,吟唱《黄帝颂》,在黄帝手植柏前祈福,完成个人对黄帝祭祀的整个流程。并可通过VR游览黄帝陵。

第二,数字媒介传播特征。

融合性。黄帝陵在陕西,这是最重要的载体,黄帝陵资源具有唯一性、至上性。正是因为具有这样的独一无二的特征,更需要以融媒体的方式整合发力,以提升信息化传播效果。媒体融合是信息时代的一种媒介发展路径,是新媒体与传统媒体的整合。数字媒介极大程度地拓展了信息与传播者的可获得性,使得信息与传播均变得随处可及、随时可及。[1] 新媒介使得思考和交流跨越时空。媒介融合强调了技术提供的传播参与渠道,以及信息流动的不确定性。文化和社会塑造了传播的媒介,而媒介也反过来塑造着文化与社会。黄帝公祭传播承载着社会凝聚、文化共识,而信息时代、媒介融合也促使这一文化的传播过程日益呈现出跨越时空的特征。

继承性。黄帝公祭有数千年历史,自古以来,黄帝公祭一直是凝聚共识、传承中华文明精神的全面信仰活动。尤其在国家发生重大事件时,公祭成为强化精神纽带、团结海内外炎黄子孙的重要活动。1937年清明,在国家危亡的关键时刻,国共两党为救亡图存,公祭黄陵。香港回归,1998年在黄帝陵立碑纪念。澳门回归,2000年也在黄帝陵立碑纪念。近年来,电视直播、网络直播、视频连线拓宽了仪式的时空范围,也相应加强了公祭仪式重塑群体认同的社会记忆作用。定期举行纪念活动、公共节庆等至关重要,它为文化的继承提供了不同时代间的连续性,更通过文化仪式等增强了代际间的聚合力。历史是在不断的变迁中发展的,但也包含了连续性。[2] 黄帝公祭对传承华夏文明、凝聚共识、延续民族共同体、加强海内外华人的团结等具有重要意义。

---

[1] (丹)克劳斯·布鲁恩·延森:《媒介融合:网络传播、大众传播和人际传播的三重维度》,上海:复旦大学出版社,2018年,第107、113页。

[2] (法)莫里斯·哈布瓦赫:《论集体记忆》,上海:上海人民出版社,2002年,第46、60页。

互构性。黄帝公祭活动是一项既具有神圣性又充满社会性的实践。在这项实践活动中已经打破了它们之间的界限,黄帝公祭活动体现了神圣空间之所以神圣,一方面是因为某种与神圣历史或事件之间的必然联系,另一方面是仪式将之区别于其他空间。黄帝公祭仪式联结了现实时空与虚拟时空,生产出神圣时空,将现实与过去相连,信息化传播将报纸、电视台、电台等传统媒体与智能终端等新兴媒体传播整合,更多的人跨越时空限制参与到融媒体仪式传播中。在此互动过程中,实现祖先与后人,人与人之间的沟通、交流,情感联结、文化认同及群体记忆。

三、"精神标识":黄帝公祭网络话语的传播定位、策略与机制

黄帝公祭数字媒介传播过程展示的是信仰仪式与现代传播技术的融合实践。对黄帝公祭进行分析,在一定意义上是为了梳理、观察传播过程,另一方面也是为了发现和揭示其隐藏在背后的逻辑。

第一,话语定位。以"黄帝陵是中华文明的精神标识"为核心,"深入挖掘历史文化中的价值观念、道德规范、治国智慧"。如何生动配合与具体体现这样一个政治定位,传播定位到底表现在哪里?基于前面的描述可以发现,主办者在创新黄帝公祭数字媒介传播理念的指导下,以不断拓展的信息化、智能化传播能力作为通向多元传播路径的机遇,以传统文化资源作为传播内容。用"精神标识"提高黄帝公祭数字媒介传播水平和在国内、国际上的影响力,推动黄帝公祭传播的理念清晰化、手法现代化、呈现故事化、效果社会化。用信息智能化、信息现代化为切入点,通过弘扬体现新时代精神的优秀传统文化话语及其传播组织,以及融媒体的自觉运用,把黄帝公祭、黄帝公祭文化、优秀传统文化和现实社会主义核心价值观文化有机统一、紧密结合起来,提升和树立现代媒体传播的创新形象。黄帝公祭数字媒介传播不是形式越多越好,而是重视传播整体与细节,在媒体语言使用上,运用庄严的历史仪式、质朴的鲜活故事、现代的传播理念与话语。在探索数字媒介传播的同时,要在文化底蕴、传播内容和技术手法上创新,以此提升传播的社会效能,促进传统与现代文化的对话与沟通。

第二,传播策略。在互联网全面普及的今天,塑造统一的民族象征符号形象,有利于增强民族凝聚力和影响力。传承数千年的黄帝形象是中华民族精神

黄帝与黄帝文化

的象征,黄帝公祭数字媒介传播需要使广大受众对黄帝公祭网络化传播产生亲切感、认同感和信任感。为此,需要根据时代特征,围绕传播发展策略,构建传播新路径,创新延伸策略,提高传播平台的知名度、认同度和信誉度。黄帝公祭数字媒介传播中,管理者和参与者要强化民族使命感、发挥主体能动性和传播手法的想象力,将之作为办好黄帝公祭盛典、创新网络传播途径的核心策略。以融媒体运作,推进传播智能化、信息化。突出在深化传统媒体的运作基础上,推进新型融媒体运作,通过多样化传播平台和技术力量的资源统合,推进线上、线下模式与结构上的联动,形成一整套成体系的传播链;促进大型活动传播上的全面信息化、智能化、人性化、机制化发展,以专业化、高层次的人员与技术配置,提高信息流畅性和交互性的现代传播水平,保障传播信息的畅通。以大历史为线索,传播厚重文化内涵。强调历史与现实的整合、政策话语与生活话语的衔接,通过不同渠道进行立体发声,用贴近百姓的亲切话语,用国际化传播资源,讲好黄帝公祭故事;通过黄帝公祭数字媒介传播手段树立自信、现代、发展的文化形象。以生动的画面,促进受众的民族认同。关注、吸引多元力量参与,汇聚政府、学界、机构、企业、社会团体、海内外人员,本省和外省人员参与。通过健全多元化的参与体系,使文化资源更大程度地得到有效利用;弘扬传统文化,培育中华民族认同。在黄帝公祭数字媒介传播中,深化人文关怀,用源远流长的中国文化历史叙事、中国文化故事及庄严的活动仪式感染人,形成多元互动的人文传播新格局。

第三,传播机制。仪式是集体行动的社会载体,黄帝公祭历经数千年的累积,形成了适合本土政治、经济、社会及文化的表现形式,并通过制度化、习俗化的社会机制支撑形塑和再生产。黄帝公祭从历时维度,经受了剧烈的社会变迁,能够持续在清明时节举行仪式活动,代表着生生不息的文化力量。数字媒介传播从空间维度遍布全国城乡,从繁华都市到偏远乡村,都可以看到祭典的身影。从技术维度,新的传播形态不断涌现。

延续机制。在对黄帝公祭典礼数字媒介传播的机制进行分析时,需要关注的是整个传播活动对中华历史、群体记忆及其时代把控、题材选择的运用。黄帝公祭典礼活动在很大程度上遵循了人们在文化脉络中已经形成的在特定的时空对特定的人物开展的纪念、公共节庆、大众节日,这些实践至关重要,确保了社会的整体性和延续性。可见,黄帝公祭活动是一项将历史实践、传统记忆、时代精神、社会需要等连接在一起的有效的活动。社会时代的发展需要历史文化的滋养，历史连续性、选择性正是通过黄帝公祭典礼仪式化具有重复性，通过重复延续过去。通过纪念仪式塑造社群记忆。黄帝公祭典礼网络化运作将历史记忆与时代使命相融合。将个体情感、公众情绪、大众情怀、生活体验、生活习惯、文化底蕴、文化传统、国家利益、民族精神有机连接起来。黄帝公祭是在历史继承性、文化持久性和时代创新性中延续下来的超稳定系统。历史上的祖先信仰，都会通过举办年节共祭、修建祠庙，体现祖先的神圣性、感化力和影响力。同时，它又具有历史的连续性，也具有为当下社会民族复兴、中国式现代化等起到凝聚共识的功能。黄帝公祭活动有机地利用了历史与现实的时机。

融合机制。观察黄帝公祭数字媒介传播运作的机制，可以发现新媒体技术发挥了"立体发声"的重要作用。新媒体是在科学技术支持下出现的媒体形态，如数字化媒介、移动终端等。新技术不只是在媒体技术前面加了一个"新"字，它通过自身的编码、解码、过滤，根据人们的兴趣点互动、兼顾、强化动态关系，实现融合传播的体系化。"互动"是新媒体的核心，也是以前只能是单向被动地接受信息的传统媒体不能企及的。黄帝公祭典礼数字化运作运用新技术力量大大提升了传播的交互性，调动媒体受众自主地参与到传播过程中。新媒体时代，信息传播渠道多元化，凭借强大的技术手段可以将活动中海量的信息以数字化形式存贮于平台，避免了信息传播的碎片化。融媒体的运用增强了文化传统资源的可及性、共享性和参与性，黄帝公祭典礼数字化运作将受众的接受性与主动性相联系，参与者可依据自己的兴趣点搜索自己感兴趣的信息内容。

扩展机制。黄帝公祭数字化运作的机制中还有一个关键因素就是放大"扩展效应"的有效组织。它指的是多元信息源、信息渠道在社会层面和个体层面的资源共享，形成个体、社区、社会、网络的一体化传播。在特定的时机汇总、提炼并传递出去，在社会间流动时往往可通过特定机制对一国乃至全球发挥远远超过其活动本身的影响。黄帝公祭典礼数字化运作扩大了信息流动的广度和深度，之所以会产生扩展效应，是因为信息流动中的反馈与增强，借助衍生工具来发挥影响；其次，信息流也因为社会需求的关联而存在着密切的联系，存在着羊群效应。具体而言，就是在传播过程中，通过对案例、实践、典型符号的发送、接收、解读、组织、传递，发挥多元主体的传播功能，不断增强信息强度，广泛参与相互补充的动员机制以实现信息的社会化传播过程。在黄帝公祭数字化运作过程中，不同的受众、社会群体或个人都作为传播资源传递信息，将对华夏始祖的怀念延伸到共同意识中，使黄帝陵公祭在现代社会中发挥重要作用。

引导机制。黄帝公祭数字化运作的机制还有一个重要的方面就是依托治理理念完成的社会舆论引导。通过黄帝公祭网络化运作组织化地培育、引导社会心态，加强对神圣性与社会性的认知，发挥涟漪作用，传递社会价值观，增强社会动力，相互嵌入整合机制。黄帝公祭信息化运作也是一次文化、价值社会化建构的过程。黄帝公祭数字化运作过程不是对传播内容的强硬灌输，而是采用可及的、具有感染力和吸引力的方式引导民众开展精神建设。黄帝公祭数字化运作对决策者和实践者来说就是通过有效的传播方式引导、培育广大受众对民族的认同，对优秀传统文化的自觉、自信。这种对受众的"教化"作用，强化其对社会价值观的认同。还要看到，集神圣性与社会性于一体的黄帝公祭数字化运作从实质上看是一项社会治理的实践过程，文化传递、社会关系、传播结构，为社会提供具有人文关怀的社会引导。将黄帝公祭数字化实践视为一种制度、生活方式或文化体系，一项道德社会化的进程。

四、"文化记忆"：数字化传播的社会影响及挑战

传播议题对媒体事件的影响。黄帝公祭作为社会现象与媒体网络化实践的结合既"渗入"了人们的空间，也"渗入"了人们的时间。对黄帝公祭的网络参与意味着共同参与到仪式活动中。在数字媒介传播下，在优化的网络传播环境中获得了凝聚性、融合性、大众性和参与性的媒介体验，一种与优秀传统文化神圣性、超越性、合一性的体验，以激发起人们对黄帝公祭的认同感、参与感。在立体的数字化传播中，受众产生了与黄帝公祭传播者相应的效果感、代入感、获得感，由被动地观看变为参与仪式的重要角色。反过来，这种营造出来的参与氛围，对广大受众营造黄帝公祭舆论氛围，对国家认同、民族自豪感、社会秩序等又都具有重要意义。黄帝公祭数字化传播扩展了集体神圣记忆的时空。

传播理念对社会文化的影响。黄帝公祭传播是话语制造、组织及其实践的

过程。为了实现真正意义上的继承和弘扬优秀文化传统，就需要形成一整套的传播话语体系。随着新时代到来，新媒体传播技术的多元丰富，传播话语的发声位置、发声特征及其发声组织都将发生转化。尤其是社会转型过程中，受众对黄帝公祭组织者、政府相关部门、不同新闻机构，以及自媒体等的信任度都提出了更高的要求。黄帝公祭传播从广义上讲就是传承中华优秀传统文化，树立中国和中国人民的象征符号形象。在新的社会环境、国际环境和新技术的条件下，要提升传播理念，使黄帝公祭活动深入人心，增强凝聚力，扩大国际影响力。人们的行动越来越不依赖自己对真实世界的了解，而是对现代传播媒介传达的无处不在的现象的反映。① 这种传播理念反映在黄帝公祭传播上就是用一种潜移默化和"润物细无声"的方式达到传播效果。为了保持传播的魅力，在传播理念上就要进行资源整合，强调文化理念的认同，警惕碎片化的倾向。

  传播技术对媒体事件的影响。黄帝公祭传播体现了复合型、立体型的平台特征。媒介平台的形成，是一个逐渐积累与扩张的过程，它首先要依托核心业务能力形成足够大规模的用户基数和强有力的用户黏性，尤其是社交黏性，再在此基础上向多元业务拓展，最终形成平台效应。② 近些年，随着传播技术的迅速发展，传播新技术不断涌现，已经打破了原有的传播边界和传播秩序，在受众的认知、观念上产生了明显的影响。传播效能也已经证明，新媒体在黄帝公祭的传播中扮演了重要角色，也产生了重要的影响。黄帝公祭传播的媒体矩阵、网络化、平台化方向日趋明显。现在面对的问题是多数媒体直播黄帝公祭典礼需要依赖现有的平台，每一种平台的运营法则各不相同，为提高公祭传播效果，需要针对不同平台采取不同的传播策略，这需要在黄帝公祭传播平台化过程中进一步完善。

  传播内容对媒体事件的影响。黄帝公祭的传播实践表明，媒体只是信息传播的手段、工具、载体，内容才是根本。在信息化时代，信息传播渠道、传播模式、传播效果都发生了巨大变革，信息传播的智能化、泛在化、精准化与个性化成为新的趋势。从传播者、接受者、传播过程的角度来看，新媒体互动的信息传播模式也表现出不同于传统媒体的一系列新特征，包括传播主体的模糊

---

① 殷晓蓉：《战后美国传播学的理论发展》，上海：复旦大学出版社，2000年。
② 彭兰：《新媒体传播：新图景与新机理》，《新闻与写作》，2018年第7期。

化、网络化等特征。信息传播不再有时空限制，逐渐发展出虚拟与现实交互、线上与线下同步的新模式，对内容的传播更加快速、公开，更为重要的是"留痕"，即发表于网络的话语会被记录，成为印证和比较的信息来源。因此，新媒体传播中内容更为核心，前后信息的连贯性、一致性、逻辑性成为传播的重心。在黄帝公祭传播中要发挥新媒体在凝聚共识中的渠道作用，重视"内容"的传播。

黄帝陵《冲和大德雷公寿堂记》《黄帝陵承启亭记》补释

朱兆虎

中华书局学术著作编辑二部主任、副编审

"碑"是中国古代的重要文体,刘勰《文心雕龙·诔碑》谓:"夫属碑之体,资乎史才,其序则传,其文则铭。标序盛德,必见清风之华;昭纪鸿懿,必见峻伟之烈,此碑之制也。"由于碑的材质坚硬,保存久远,所谓"以石代金,同乎不朽",故碑文较之传世传抄转刻的文献,文本更加稳定,保留了第一手的资料,具有史料、文学、书法等多重价值。

因此对于今人来说,对碑刻文献作准确的释读和理解,对史料的解读、文化的传承,以及古人作诗行文遣词造句之法的揣摩体会等,均具有重要的意义。而碑刻的释读,以行草书丹者较为难释。兹在前人的基础上,对黄帝陵的两方行草书碑刻,再作释读校补,期对黄帝陵历史文化的传承和解读,稍有裨助。

一、《冲和大德雷公寿堂记》,金·王昌期撰

《冲和大德雷公寿堂记》,金代明昌六年(1195)刻立,中部县(黄陵县旧称)县令王昌期撰文,记载了宋徽宗政和六年(1116)出生在中部县东川谢里的雷致虚,自幼出家修道,金代皇统二年(1142)27岁时通过试经,成为正一派道士,治病捐钱,贡献巨大。大定年间(1161—1189),被请到京师天长观(今北京白云观)作了住持。后来厌弃都市繁华,回到黄帝陵归隐。雷致虚80岁时,其弟子李善治请了当时的中部县令写了这篇寿堂记,并由李善治书碑。王昌期说他自己先作了彭城的主簿,彭城是彭祖的封地;紧接着调任中部县令,中部县是黄帝葬衣冠处。这两县是追寻仙人遗踪最好的地方,觉得自己受到了上天眷顾。

此碑是除北宋嘉祐六年（1061）《栽种松柏圣旨碑》外，现存黄帝陵碑刻中最早的一块，且保存较为完整，具有重要的文献价值和史料价值。该碑下部稍有残损，碑文第3、4、5、8、9行，计有5行之末有缺文，共缺6字。但据上下文意，大体可以推测出缺损之字。其中第3、4、5、9行各缺一字，《黄陵文典·文物卷》（陕西人民出版社，2008年）已据文意补足。第8行之两字，其文句乃长对句：

（彭祖）盖当殷周之际，列为诸侯，尝有大功德于民，其英风美化，久而不泯，故徐方多黄〔冠〕，名流渐染其教，寿考满百者，间或有之……

（黄帝）盖自隆古以来，列为三皇，尝有大功德于民，其余休遗烈，远而愈光，故坊郡多羽衣，□□沾丐其泽，寿考满百者，亦岂无之。

"黄冠"与"羽衣"对文，均是道士的别称。所缺之两字，首字尚存上半，当是"高"字，并与"名流"对文，疑为"高士"二字。

该碑为行书书丹，兹据拓本，对全文重作释读、标点，并分段如下：

碑额：

雷公寿堂之记

碑文：

冲和大德雷公寿堂记

登仕郎坊州中部县令武骑尉借绯王昌期撰

余释褐调彭城簿，政隙登彭祖楼，观览河山之形胜，退而询诸父老，乃曰：昔钱铿分封大彭国，餐云母之饵，习诎信之术，〔因〕而得道，享年八百，此郡坟井存焉。后人思之，坟上增土为城堞，堞上构木为楼榭，郡守葺为燕息斋馆。余以谓彭〔祖〕之得道，岂止服食药饵，炼形诎信而已。盖当殷周之际，列为诸侯，尝有大功德于民，其英风美化，久而不泯，故徐方多黄〔冠〕，名流渐染其教，寿考满百者，间或有之。

既而秩满，复调中部令。公余陟桥陵，眺望山溪之雄概，归而诘诸左右，乃曰：昔黄帝受法于玄女，铸鼎于荆山，跨髯龙白日升天，群臣取衣冠瘗于是顶。汉武慕之，就筑祈仙台。余以谓黄帝之升仙，非特受妙法，铸宝鼎而已。盖自隆古以来，列为三皇，尝有大功德于民，其余休遗烈，远而愈光，故坊郡多羽衣，〔高〕〔士〕沾丐其泽，寿考满百者，亦岂无之。今则雷公大德，乃其人欤！

公讳致虚，字守静，中部东川谢里人。自童稚出家，师张道崇。〔皇〕统二年试经为道士。宫观遭宋齐兵火之余，垣颓舍倾，蒭牧踩蹢，大师经营修治，甚有力焉。而又屡设无上之醮筵，敬持正一之法箓。行事之际，或阴霾廓开，或神光下烛。疗疾之时，疲瘵者顿愈，颠仆者复苏。职道正服劳，则朝省旌以紫衣；助国用纳赇，则阙廷加之德号。所得十方净施，不贮私橐，散为常住之资，大众罔不欣怿。暨逖远漂泊，道侣视其匮乏者，悉皆赒给。大定年间，京师闻其名声，召置天长观住持。久而厌都邑纷华，求归山林，洒扫黄帝陵庙足矣。有司许之。士庶伺其来，迎迓途路者，骈肩累迹；候谒斋寝者，接绶联裾。呜呼，可谓澹寂有道之士矣！度高弟六人，曰苏善信、曹善胜、王善行、安善隐、郑善基、李善治。

大师行年八十，精力爽健，气宇冲融。涉危履险，足如羽翰。一日，李士惠然过余，求为寿堂记，且辞且喜，曰：余前所谓雷公大德，沾丐黄帝之渥泽，仍有功德于龙坊之人，故得膺此眉寿，渠不信乎。晋葛洪求为勾漏令，寻访丹砂，以驻流年。余登第后，扬历二任，俱篷仙迹最嘉处，意其天之畀矜，有入道之渐，故乐为之书。若夫堂隍丈尺之广阔，工匠土木之费用，姑略而不录。时明昌乙卯岁季秋中澣日谨记。

学正程之奇篆额，门人前管内威仪李善治书丹，里人彭彦通刊；

道友党琮、董椿、李秉、闫彦、党治、董静、王仲基等助缘；

道友保义校尉刘济、保义校尉柏重、进义副尉雷仲、忠翊校尉杨伦等施石；

门人苏善信、郑善基、李善治，法孙种惟静、韦惟仁、李居静等立石。

其中第四段"一日，李士惠然过余，求为寿堂记"，"李士"是对上文提到的"李善治"的省称和敬称。"惠然"典出《诗经·终风》"惠然肯来"，是对客人来访表示欢迎之辞。"过余"即来探访看望我。

二、《黄帝陵承启亭记》，潘锡畴撰

《黄帝陵承启亭记》，1934年刻立，中部县县长潘锡畴撰文，记载了他在"汉武仙台"上建"承启亭"的经过。该碑无题，《黄帝陵碑刻》（陕西人民出版社，2014年）拟题为"谒黄帝陵碑"。按该碑额题"承启"，从所叙兴建经过、命名寓意，以及文体特征等方面来看，拟题为"黄帝陵承启亭记"，似较贴合，也较为全面，便于传播。

该碑草书书丹，兹据拓本，对全文重作释读、标点。其中正文第4第5两字，乃后来划去，以不释为宜。此碑也是陕甘苏区第二次反"围剿"时国民党军方面的一则史料。

碑额：

承启

碑文：

甲戌冬，□□出没中部，畴奉命移摄。甫到防之二日，即整饬部伍，登桥山，谒黄帝陵。礼毕，四眺群山拱佑，沮水环流，古柏枒杈蔽天，详考多系数千年遗迹。第以崇典久弛，刍荛雉兔者逐其中，断梗残股，触目皆是，不禁瞻仰徘徊者久之。旋见陵前有小邱突起，题曰"汉武仙台"。佥谓此台虚设，抑有待耳。余心为之动，遂率部兴工，建亭于其上。窃念轩黄御世，创我文明最早之邦；汉武厉兵，宣我中枢怀柔之化。文德武功，史册屡载。迨其今世，人心不古，国土日蹙，内忧外患，纷至沓来。言念及此，痛也何似。噫，岂创业维艰而守成不易哉！爰名斯亭曰"承启"，庶后之登斯亭者，亦将有感于斯义。畴不文，谨以管见所及，述其梗概若此。

洽阳潘锡畴。

中华民国二十三年十二月十九日。

詹让先书。

黄帝陵祭祀活动的现状研究调研报告

彭东梅　李　瑞　王春泉

西北大学新闻传播学院

引　言

习近平总书记曾指出,"黄帝陵是中华文明的精神标识""对历史文化,要注重发掘和利用,溯到源、找到根、寻到魂,找准历史和现实的结合点,深入挖掘历史文化中的价值观念、道德规范、治国智慧"。黄帝陵位于陕西省延安市黄陵县桥山,是中华民族人文初祖轩辕黄帝的陵寝,号称"天下第一陵"。对黄帝陵历史文化资源的保护、发掘和传承,有着十分重大的历史意义。黄帝陵"清明公祭轩辕黄帝典礼活动"2006年被列为第一批国家级非物质文化遗产,绵延数千年的黄帝陵祭祀传统不仅是最具代表性的中华优秀传统文化之一,也是凝聚民族精神家国情怀的重要纽带,更是铸牢中华民族共同体意识的重要国家仪式。追根溯源,其承载着华夏儿女的精神力量;寻根祭祖,其彰显着炎黄子孙的民族自豪。依托"清明公祭轩辕黄帝典礼"国家公祭活动,陕西黄陵通过中华大祭祖、《黄帝颂》歌曲、节会活动如新年祈福和重阳民祭、黄帝陵文化园区的中华始祖堂多维度向全球华人展示中华文化祖根——"黄帝陵是中华文明的精神标识"的品牌形象。

本研究凝视黄帝陵祭祀活动的历史、现实、未来,通过对祭祀活动的现状进行研究,旨在重构黄帝文化文明图景,呈现黄帝文化特别风貌,增加新的内容与重要信息。结合当代传播语境与相关问题进行探讨与诊断,深入黄帝陵进行场景、空间、地方的感觉与体验。结合大数据分析和问卷调查方法,了解大众对黄帝陵祭祀现状的认识和痛点。本研究着重对黄帝陵祭祀活动的现状进行分析研判,针对黄帝陵祭祀活动中的问题进行深度研讨并提出可行性建议。通过挖掘黄帝文化的历史及现实意义,提升黄帝陵祭祀活动的影响力;利用丰富的黄帝文化资源为构建人类命运共同体提供支持。

一、调研方法与过程

本研究通过文献资料法、实地调查法、问卷调查法,进行走访、调研、发放问卷,了解黄帝陵的祭典发展现状、成果与问题。通过查阅县志、新闻、政府网站、学术期刊等文献资料,了解黄帝陵祭典的历史、文化习俗、传播现状;通过大数据平台进行趋势分析;在黄帝陵进行实地考察,亲身感受并了解祭典的具体流程、文化习俗和特色;通过设计问卷《陕西省黄帝陵祭祀现状调查问卷》、预调研、线上随机发放问卷及实地调研中向景区游客、工作人员发放问卷二维码进行全国范围的问卷调查,以了解大众和重点人群对黄帝陵及祭典的了解情况、认同情况等。

二、指数趋势分析

本研究采用百度指数平台进行大数据趋势分析,Baidu-Index 是以百度海量网民行为数据为基础的数据分析平台,可以分析关键词在百度的搜索规模,一段时间内的涨跌态势以及相关的新闻舆论变化。研究对象基于对黄帝陵的关注趋势、用户需求图谱及人群画,同时对三地的黄帝祭典进行对比研究。

黄帝陵搜索指数分析:搜索指数趋势显示互联网用户对关键词搜索关注程度及持续变化情况。如图一所示,以"黄帝陵"为关键词,时间范围为 2011 年 1 月 1 日至 2023 年 9 月 1 日之间,地域范围为全国,设备来源为 PC 电脑端和移动端。可以看到近 12 年的用户对"黄帝陵"的搜索整体日均值为 730,每一个自然年形成一个周期,清明节公祭前后的搜索为全年的最高峰,次高峰发生在重阳节民祭时和暑期。发展趋势从 2011 年至 2019 年呈逐年上升趋势,清明节公祭高峰值逐年提高,2018 年 4 月 2 日—2018 年 4 月 8 日之间出现了搜索频次的加权最高值 2575;2019 年至 2022 年的搜索数值相对较弱,这与新冠肺炎的疫情有一定关系,但仍然出现了清明、暑期、重阳节三个高峰搜索;2023 年的清明公祭的搜索加权最高值恢复至 2357,超出 2019 年清明公祭期间的加权最高值 2333,说明 2023 年的公祭黄帝陵活动依然受到广泛且稳定的用户关注。

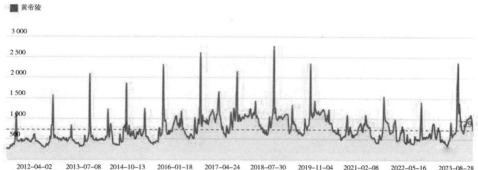

图一　百度指数关键词"黄帝陵"搜索指数趋势图

黄帝陵资讯指数分析：该数据显示新闻资讯在互联网上对特定关键词的关注、报道程度及持续变化。如图二所示，以"黄帝陵"为关键词，时间范围为2017年8月31日至2023年8月31日之间，地域范围为全国。日均值为16618，最高值于2021年1月13日至1月19日出现，为181957。其余高峰出现于清明节前后（如2018年3月26日—4月1日、2022年3月21日—3月27日、2023年4月3日—4月9日）；重阳节前后（如2019年9月9日—9月15日），资讯的突出峰值差异较大。

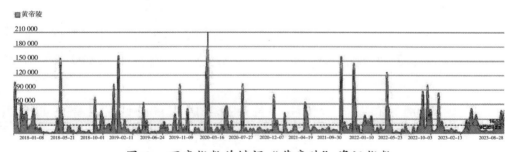

图二　百度指数关键词"黄帝陵"资讯指数

需求图谱分析：需求图谱显示用户在搜索该词的前后的搜索行为变化中表现出来的相关检索词需求。如图三所示，以"黄帝陵"为关键词，时间范围为2023年4月3日—4月9日之间，正值清明公祭黄帝陵之时，可以看出与黄帝陵相关的关键词，如黄帝、炎帝陵、黄帝陵地址、黄陵县、黄陵、黄帝陵祭祖等均为红色，代表搜索指数上升。

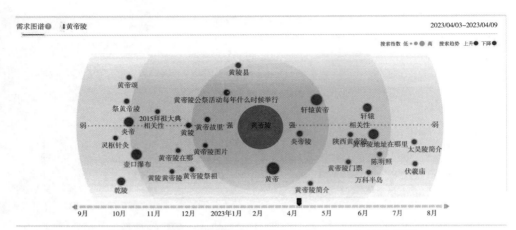

图三 百度指数关键词"黄帝陵"用户需求图谱①

相关词热度②和搜索变化率③可以体现与黄帝陵相关的关键词及其变化。清明公祭黄帝陵前后，搜索热度最高的十个相关词，有黄帝的称呼"黄帝""轩辕黄帝""轩辕"；也有地理方位"黄帝陵地址在哪里""壶口瀑布"；也有与炎帝相关的"炎帝""炎帝陵"；也有"乾陵""太昊陵"等。从搜索变化率来看，清明期间，环比增加的相关词大多与公祭相关，如"黄帝陵祭祖""拜祖大典""祭黄帝陵"，说明相关词搜索的趋势与清明公祭黄帝陵的活动与宣传高度相关。

人群画像分析：人群画像地域分布图显示关注"黄帝陵"的用户网络地址来自哪些地域。以"黄帝陵"为关键词，时间范围为 2013 年 7 月 1 日至 2023 年 9 月 1 日（全部数据）之间，地域范围为全国，按照区域进行排序，西北地区搜索指数最高，其次为华东地区，华北、华中和华南为第三梯队，西南和东北地区的搜索指数最低。

人群属性性别分布图显示关注"黄帝陵"的用户的性别分布，如图四所

---

① 综合计算关键词与相关词的相关程度，以及相关词自身的搜索需求大小得出。相关词距圆心的距离表示相关词与中心检索词的相关性强度；相关词自身大小表示相关词自身搜索指数大小。

② 搜索热度反映用户在搜索中心词相关搜索汇总，并综合计算汇总词的搜索指数，并以此降序排名。

③ 搜索变化率反映用户在搜索中心词相关搜索汇总，并综合计算汇总词的环比变化率，并以变化率的绝对值降序排名，箭头方向表示环比增加/环比下降。

示，其中，男性全网分布占比过半，为 51.21%，搜索指数为 57.11，TGI[①]值为 111.52，高于 TGI 标准数 100，对黄帝陵的关注程度高于整体水平。女性占比 48.79%，TGI 值为 87.91，低于 TGI 标准数 100，对黄帝陵的关注程度低于整体水平，故搜索指数为 42.89。说明男性对"黄帝陵"的搜索和关注程度均高于女性。

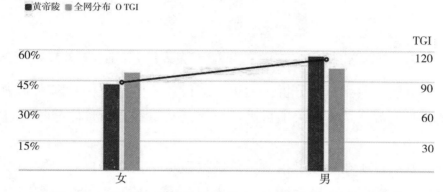

图四　百度指数关键词"黄帝陵"人群属性性别分布图[②]

人群属性年龄分布图显示关注"黄帝陵"的用户的年龄分布，如图五所示，可以看到 30 岁以上群体对黄帝陵的搜索和关注行为高于 30 岁以下的群体。其中，30—39 岁的人群搜索频次最高，全网分布为 35.56%，搜索指数为 34.33，TGI 指数为 96.57，接近于 TGI 标准数 100，代表黄帝陵的平均关注水平；而 40—49 岁的用户，虽然全网分布仅占 20.73%，但是 TGI 指数为 140.89，远高于标准数，搜索指数为 29.2，说明该年龄段受众虽然占比不高，但关注程度远高于平均水平；相反，20—29 岁的用户，全网分布为 23.76%，由于 TGI 指数仅有 63.77，故搜索指数仅有 15.15。说明 30 岁以下的青年和少年群体对黄帝陵的搜索和关注度亟待提升。

---

①　TGI（Target Group Index）指数，是反映目标群体在特定研究范围，如地理区域、人口统计领域的强势或弱势的指数，TGI 指数=（目标群体中具有某一特征的群体所占比例/总体中具有相同特征的群体所占比例）×标准数 100，TGI 指数等于 100 表示平均水平，高于 100，代表该类用户对某类问题的关注程度高于整体水平。

②　人群属性性别分布根据百度用户搜索数据，采用数据挖掘方法，对关键词的人群属性进行聚类分析，给出用户所属的性别分布及排名。

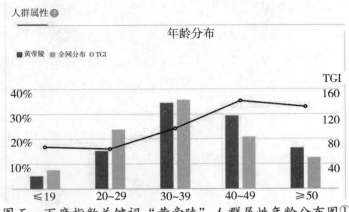

图五 百度指数关键词"黄帝陵"人群属性年龄分布图①

三地黄帝祭典项目对比分析：运用百度指数分析平台，对国家非物质文化遗产批复的三项黄帝祭典相关项目进行对比，并观察分析整体趋势并进行综合评价。

黄帝祭典项目所在地搜索指数：该数据显示互联网用户对关键词搜索关注程度及持续变化情况。如图六所示，分别以"黄帝陵"（蓝色）和三个黄陵祭典所在地地名"黄陵"（绿色）、"新郑"（黄色）、"缙云"（红色）为关键词进行搜索，时间范围为2011年1月1日至2023年9月1日之间，地域范围为全国，设备来源为PC电脑端和移动端。可以看到近12年的网络用户搜索整体趋势呈现几个特点：首先，黄帝陵搜索峰值最高，峰值均在清明节前后；其次，整体日均值排序为：新郑>缙云>黄帝陵>黄陵，分别为939、790、730、303，说明日常的地域搜索热度，黄帝陵和其所在地黄陵不及新郑和缙云两地；从发展趋势上来看，新郑的搜索指数趋势稳定，近几年有回落但是峰值突出；缙云与2011年相比稳步提升，2019年有爆发之势，2023年整体搜索最高。对所在地的关注和搜索受到经济、政策、人口、社会、文化活动等综合因素的影响，可作为一个侧面了解黄帝祭典所依托的地域力量和综合背景。通过对照，以下分析去掉关键词"黄陵"，由"黄帝陵"代表陕西黄陵祭典所在地。

---

① 人群属性年龄分布根据百度用户搜索数据，采用数据挖掘方法，对关键词的人群属性进行聚类分析，给出用户所属的年龄分布及排名。

地域范围：全国　　设备来源：PC+移动　　时间范围：2011-01-01~2023-0901

■ 黄帝陵　　■ 黄陵　　■ 新郑　　■ 缙云

算法说明：以网民在百度的搜索量为数据基础，以关键词为统计对象，科学分析并计算出各个关键词在百度网页搜索中搜索频次的加权。根据数据来源的不同，搜索指数分为PC搜索指数和移动搜索指数。

图六　百度指数关键词搜索指数趋势对比图

人群属性地域分布对比分析：人群属性地域分布对比图显示互联网用户对关键词"黄帝陵""新郑+黄帝""缙云+黄帝"搜索关注程度对比，时间范围为2013年7月1日至2023年9月1日之间，地域范围为全国。从图七可以看出三地的人群画像中的地域分布有明显的在地性，即本省对当地的黄帝文化活动关注程度最高。尤以河南省最为明显，对"新郑+黄帝"的关注程度十分显著；浙江对"缙云+黄帝"的关注也非常高，当地用户对其他两地的黄帝关注则相差巨大。陕西省对"黄帝陵"的搜索指数最高，对"新郑+黄帝""缙云+黄帝"的关注程度相当。

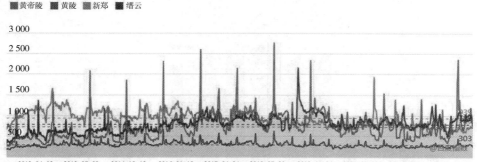

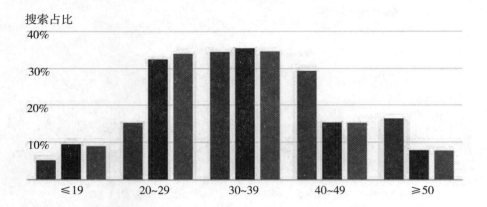

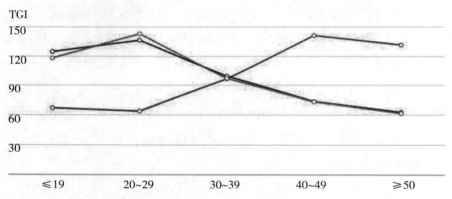

图七 百度指数三地关键词搜索人群属性地域分布与年龄分布对比图

人群属性年龄分布对比，显示互联网用户不同年龄层对关键词"黄帝陵""新郑+黄帝""缙云+黄帝"搜索关注程度对比，时间、地域范围如上。从上图可以看出，对三地关注度最高的比例均在30—39岁年龄群体，从TGI指数可看到，30岁以下群体对"新郑+黄帝"和"缙云+黄帝"的搜索值高于标准数，说明该年龄段受众虽然占比不高，但关注程度高于平均水平；相反，40岁以上群体对黄帝陵的TGI指数超过100的标准值，分别是40岁到49岁为140.89，50岁以上为131.26。可以发现30—39岁群体对三地关注相当，但30岁以下群体对"黄帝陵"的关注较低，对"新郑+黄帝""缙云+黄帝"关注较高，40岁以上群体对"黄帝陵"的关注较高，对"新郑+黄帝""缙云+黄帝"关注较低。

人群属性年龄分布对比，显示互联网用户不同年龄层对关键词"黄帝陵""新郑+黄帝""缙云+黄帝"搜索关注程度对比，时间、地域范围如上。从图八可以看出，对三地关注度更高的性别为男性，其中"新郑+黄帝"最高。女性对新郑的搜索占比最低。通过查阅TGI指数也发现，男性TGI数值均高于女性，说明对三地的整体关注男性高于女性。

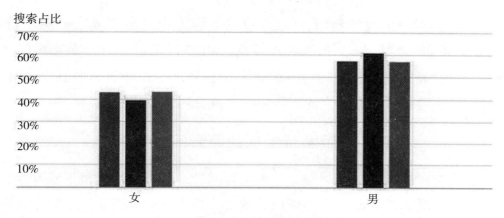

图八　百度指数三地关键词搜索人群属性性别分布对比图

下面为指数趋势分析总结。

对黄帝陵的周期性关注稳定提升：基于对黄帝陵的搜索趋势、用户需求图谱及人群画像，同时对相关的黄帝祭典进行对比研究，可以分析出以下趋势。首先，基于全国数据，近十多年来，大众对黄帝陵及其祭典的关注持续稳步以周期变化，并在清明、暑期、重阳期间出现峰值；资讯的突出峰值差异较大并无明显的周期性，但峰值出现时间基本与搜索峰值时间一致。清明公祭黄帝陵期间需求图谱的搜索相关词，与黄帝文化有关的、与黄帝陵旅游相关的环比关注有所提升。

人群画像在地域、性别、年龄特征上分布不均：人群画像的地域分布为西北>华东>华北>华中>华南>西南>东北；男性对"黄帝陵"的搜索和关注程度均高于女性；30—39岁的人群搜索频次最高；30岁以下的青年和少年群体对黄帝陵的搜索和关注度亟待提升。

黄陵、新郑、缙云三地祭典关注有在地性偏差：对国家非物质文化遗产批复的三项黄帝祭典相关项目所在地进行对比分析，可以发现整体日均值排序为：新郑>缙云>黄帝陵>黄陵；新郑的搜索指数趋势稳定；缙云与2011年相比稳步提升，2019年有爆发之势，2023年整体搜索最高；黄帝陵虽均值较低，但峰值尤为突出。虽然三地的搜索指数受到各地经济、人口、文化等多方面综合因素的影响，但可以发现，黄帝陵的清明祭典有极高的关注度，说明黄帝陵的日常关注度应有一定的提升空间。同时，三地的人群画像中的地域分布有明显的在地性，即本省对当地的黄帝文化活动关注程度最高，尤以河南省最为明显。从性别来看，对三地的整体关注男性高于女性。从年龄来看，可以发现30—39岁群体对三地关注相当，但30岁以下群体对"黄帝陵"的关注较低，对"新郑+黄帝""缙云+黄帝"关注较高，40岁以上群体对"黄帝陵"的关注较高，对"新郑+黄帝""缙云+黄帝"关注较低。说明黄帝陵在30岁以下的人群中关注度较低，有较大的宣传传播空间，可以重点关注。

三、黄帝陵祭祀现状调查问卷分析

借助线上问卷星平台，制作并发布调查问卷，通过网络随机形式和当面发放问卷二维码的形式，面向全国受众对黄帝陵祭祀活动进行研究，对生活在中国的不同年龄阶段的用户进行随机抽样，其中有了解也有不了解陕西黄帝陵祭祀活动的用户，他们对黄帝陵祭祀活动的了解程度、行为、认同、看法都是调研的目标。

调查问卷经过初步设计、小范围预调研、问卷修改、正式调研进行随机抽样，本次调查中共发放问卷640份，其中有效问卷634份，有效率为99%。问卷内容包含个人情况、黄帝陵祭祀活动了解情况、黄帝陵祭祀活动认知情况、黄帝陵祭祀活动发展建议四个部分。问题设计尽量简明概括，一共分为四部分。第一部分1—6题，调查用户的基本信息，用户的基本信息是从人口统计学特征出发，对于用户的性别、年龄段、民族、学历、常驻地、职业进行统计；第二部分7—14题，调查用户对于黄帝陵祭祀活动的了解情况，包括是否了解以及是否参加过；第三部分15—21题，是调查用户对于黄帝陵祭祀活动的认知情况，包括黄帝陵的代表性文化符号以及黄帝陵祭祀活动中公祭典礼的认知情况；第四部分22—30题，是调查用户对于黄帝陵祭祀活动的发展建议，包括对于未来黄帝陵发展的建议、黄帝陵的影响力以及用户对于黄帝陵祭祀活动改进的建议。

问卷信度和效度分析:此次调查问卷的信度 Cronbach.α 系数为 0.982,当 Cronbach.α 系数大于 0.7 时,可以认为测量工具具有较好的信度。高于 0.7 的标准,说明所使用的测量工具具有非常高的信度。效度分析通过 KMO 和巴特利特检验,KMO 的值为 0.971,大于 0.7 说明导入的数据是有效可用的,基本可以保证结论的准确性。

本次问卷共收到有效样本 634 个,从表 1 可看出,性别方面女性占比高于男性,女性有 392 人,占 61.83%,男性有 242 人,占 38.17%。调查对象样本的年龄段、学历、职业等人口统计学特征与本调查预期的重点关注对象基本相符。调查问卷还了解了民族与地域两个选项,634 个样本中,有 612 个为汉族,占绝大多数,有 22 个少数民族样本,分别为回族、白族、苗族、蒙古族、彝族、满族、黎族。

表 1 调查样本的人口统计学特征

名称	选项	人数	百分比
性别	男	242	38.17%
	女	392	61.83%
年龄段	18 岁以下	7	1.1%
	18—25	318	50.16%
	26—30	81	12.78%
	31—40	95	14.98%
	41—50	83	13.09%
	51—60	36	5.68%
	60 岁以上	14	2.21%
学历	初中及以下	14	2.21%
	高中/中专	26	4.1%
	大学专科	50	7.89%
	大学本科	376	59.31%
	研究生以上	168	26.51%

续表

名称	选项	人数	百分比
职业	大学生/研究生	312	49.21%
	公务员/事业单位人员	61	9.62%
	学者/教师/科研人员	65	10.25%
	企业人员	83	13.09%
	自由职业人员	36	5.68%
	媒体从业人员	21	3.31%
	个体户	8	1.26%
	离退休人员	22	3.47%
	无业/失业/下岗人员	5	0.79%
	农民	5	0.79%
	其他	16	2.25%
合计人数		634	100%

依据网络问卷的数据来源定位，我们可以了解填写问卷时的调研对象的所在地，可以看到，有 416 个样本来自陕西，其余各省市自治区，除了黑龙江、青海省、西藏自治区之外，各有一定数量的样本。常驻地为城市的样本占比 88.75%，乡村样本占 11.25%。

受众对黄帝陵及祭祀活动了解情况：共有 634 人有效填写了该单选题，其中 22.08% 的人非常不了解陕西黄帝陵清明节举办的祭祀活动，21.92% 的人选择了解程度较低，31.86% 的人选择一般了解，11.51% 的人选择了解程度较高，12.62% 的人非常了解。综合来看，了解和非常了解的占比达到了 24.14%。相对而言，不了解程度较高，占比达到了 44%。陕西黄帝陵清明节举办的祭祀活动还需要更多的宣传和推广以达到广泛的关注。

第 8 题为条件选项，非常不了解陕西黄帝陵清明节举办的祭祀活动的受众不回答此题，调查对象中共有 494 人有效填写了该问题，根据多选的媒介数据，参与者了解黄帝陵祭祀活动的主要媒介是电视、手机和网站。其中，电视、手机和网站是了解黄帝陵祭祀活动的主要渠道，这与当下受众的媒介接触习惯相关，电视是获取祭祀活动信息的主要媒介，占据了 64.37% 的比例，作为主要的宣传渠道凸显了祭祀活动的官方传播力度，其次是手机和网站，分别占据了57.89%和44.33%的比例。需要进一步加强在手机、网络上的媒介推广以及口碑的宣传。

总样本中接近一半的人（47.16%）观看过黄帝陵祭祀活动的部分视频，15.3%的人观看过完整的祭祀活动视频，观看过完整祭祀活动的人数相对较少。通过进一步的分析，发现观看过祭祀活动的396个样本中，媒介（多选题）主要是手机短视频，占比64.65%，其次是电视新闻，占比53.79%，网络直播占比38.89%。

依据第12题（多选题）关注/观看/参加黄帝陵祭祀活动的原因的结果，最受吸引关注/观看/参加黄帝陵祭祀的原因是增强历史文化传承，占总有效人数的73.19%。其次，有41.96%的人喜欢庄重的仪式，还有34.86%的人表示关注国家大事是吸引他们关注/观看/参加黄帝陵祭祀的原因。清明节气民俗活动也是吸引人们关注/观看/参加黄帝陵祭祀的原因之一，占比为54.89%。关注网络热点和陪亲朋好友一起看的原因分别占34.54%和17.03%。这可能是因为网络热点话题或者与亲朋好友一起参与活动可以增加参与者的兴趣和参与度。

针对调查对象关注黄帝陵祭祀活动的意愿问题，40.85%的调查对象选择了一般愿意，26.5%的调查对象选择了非常愿意，21.61%的调查对象选择愿意，7.89%的调查对象选择不愿意，3.15%的调查对象选择非常不愿意。非常愿意和一般愿意占比接近七成，说明调查对象大多都是愿意去关注、去了解黄帝陵祭祀活动的。针对调查对象是否愿意推荐亲朋好友关注陕西黄帝陵祭祀活动这个问题，30.56%的调查对象选择了一般愿意，26.18%的调查对象选择了非常愿意，21.29%的调查对象选择愿意，11.99%的调查对象选择不愿意，3.94%的调查对象选择非常不愿意。整体说明调查对象还是愿意推荐亲朋好友关注黄帝陵活动的。

受众对黄帝陵祭祀活动的认知情况：根据对黄帝陵祭祀活动的社会意义的认同情况，如图九，可以得出以下结论，传承中华优秀传统文化的平均分为4.28，56.94%的调查对象选择非常认同，21.29%的调查对象选择认同，16.56%的调查对象选择一般。构建社会集体记忆的平均分为4.18，51.1%的调查对象选择非常认同，23.97%的调查对象选择认同，18.61%的调查对象选择一般。铸牢中华民族意识的平均分最高，为4.3，57.1%的调查对象选择非常认同，22.08%的调查对象选择认同，16.25%的调查对象选择一般。强化中华民族凝聚力平均分为4.29，57.1%的调查对象选择非常认同。延续清明祭祖传统习俗平均分为4.28，57.26%的调查对象选择非常认同，20.66%的调查对象选择认同，17.03%的调查对象选择一般。

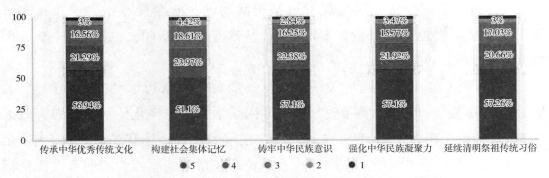

图九　调查对象对黄帝陵祭祀活动的社会意义认同情况

针对黄帝陵祭祀活动对于促进陕西区域发展的认同情况这个问题，从图十可以看出，带动旅游服务产业发展中，选择最高的是占比为53.31%的非常认同。促进文化创意产业发展中，选择最高的是占比为48.75%的非常认同。发扬当地人民守陵文化中，选择最高的是占比为40.06%的非常认同。促进当地农业工业发展中，选择最高的是占比为31.07%的一般认同。整体说明调查对象对于黄帝陵祭祀活动促进区域发展尤其是带动旅游和文化产业是认同的。

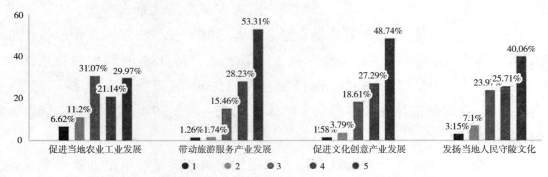

图十　黄帝陵祭祀活动对于促进陕西区域发展的认同情况

针对黄帝陵祭祀活动对个人的影响认同情况这个问题，如图十一所示，在怀念始祖前贤恩德，坚定中华文化自信，汲取个人发展动力，增加个人社交资本这四个影响中，前两个非常认同都是占比最高的，平均分为4.07、4.22，增加个人社交资本的认同均值为3.47。综合来看，个人对于怀念始祖前贤恩德和坚定中华文化自信的认同程度较高,而对于汲取个人发展动力和增加个人社交资本的认同程度较一般。

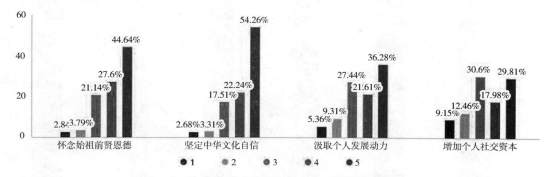

图十一 黄帝陵祭祀活动对个人的影响认同情况

了解调查对象对黄帝陵祭祀活动具体内容的了解和认同情况,18 题对黄帝陵祭祀活动具体内容了解情况共有 634 人有效填写。其中,21.61% 的人非常不了解黄帝陵祭祀活动的具体内容,20.66% 的人了解程度为较低,29.5% 的人了解程度为一般,12.62% 的人了解程度为较高,15.62% 的人非常了解。综合来看,对于黄帝陵祭祀活动的具体内容,了解程度较高的人占比较大,但仍有 30% 的人对此不是很了解。

根据 19 题数据结果,我们可以从图十二得出以下结论:在黄帝陵祭祀的具体活动内容中,其一,平均分最高的是旅游观光活动,平均分为 4.10;其二,是文化交流活动,平均分为 4.06;其三,是文化展览活动,平均分为 4.04。这三个活动在被调查对象中获得了较高的认同程度。黄帝祭祀典礼和学术交流活动的平均分较低,分别为 4.01 和 3.88。这两个活动在被调查对象中的认同程度相对较低。网络云祭祖活动的平均分较低,为 3.79。总体而言,被调查对象对黄帝陵祭祀的具体活动内容持较高的认同程度,整体平均分为 3.98。以上是对黄帝陵祭祀具体活动内容的描述性分析。

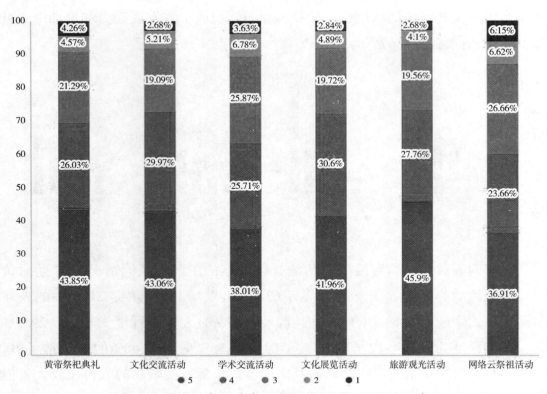

图十二 调查对象对黄帝陵祭祀各类具体活动认同情况

根据20题的数据，如图十三所示，我们可以得出以下结论：在黄帝陵的代表性文化符号中，黄帝陵墓（4.17分）、黄帝陵公祭大典礼（4.07分）和轩辕黄帝像（4.07分）的平均分最高，表明调查对象对这些文化符号的认同程度较高。桥山（3.62分）、印池（3.61分）和黄帝手植柏（3.84分）的平均分较低，说明调查对象对这些文化符号的认同程度相对较低。在所有文化符号中，黄帝陵古柏（3.87分）、轩辕殿（3.99分）和祭陵碑文（4.04分）的平均分较为接近，表明调查对象对这些文化符号的认同程度相对趋于中等。总体而言，调查对象对黄帝陵的代表性文化符号的认同程度较高，平均分为3.86，说明大部分人对黄帝陵的文化符号有一定的认同程度。

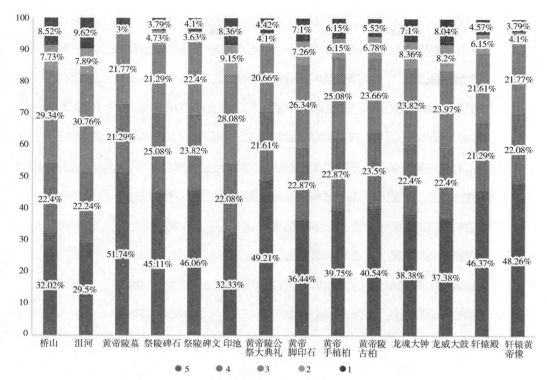

图十三　调查对象对黄帝陵文化符号活动认同情况

根据 21 题的数据，如图十四所示，我们可以得出以下结论：在公祭典礼的九项议程中，平均分最高的是"公祭典礼第八项：瞻仰轩辕殿，拜谒黄帝陵"，为 4.11，与上一题中对文化符号"黄帝陵墓""轩辕殿"的高认同度一致。在典前序礼中，"山门景行"和"礼乐庙祀"的平均分分别为 3.89 和 3.96，说明大多数人对这两项活动的认同程度居中。

受众对黄帝陵祭祀活动的建议：基于了解和认同情况，我们在问卷第四部分考察了调查对象对黄帝陵祭祀的建议。如图十五，在影响陕西省黄帝陵祭祀未来发展的关键因素中，产生影响的关键因素主要是祭祀活动的宣传推广和组织者；此外，祭祀活动的程序内容和传播影响力也对祭祀活动的发展有一定的影响，而祭祀活动的参与者对于祭祀活动的发展的影响较小。

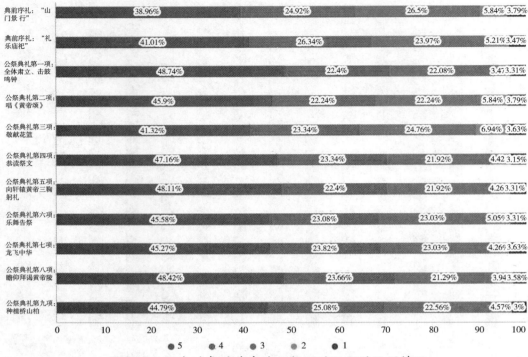

图十四 调查对象对黄帝陵公祭活动议程的认同情况

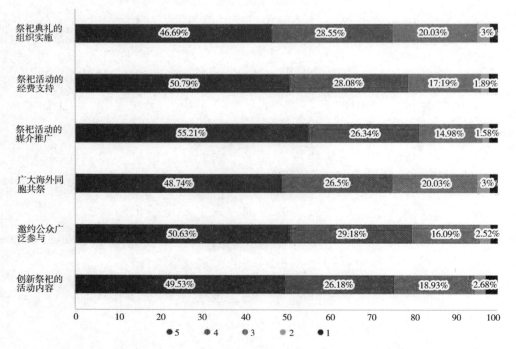

图十五 黄帝陵祭祀活动哪方面应该得到更多的政府/官方支持

黄帝陵祭祀活动哪方面应该得到更多的政府/官方支持？根据图十五分析结果，黄帝陵祭祀活动在祭祀活动的媒介推广、经费支持、邀约公众广泛参与和创新祭祀的活动内容等方面应该得到更多的政府/官方支持。这将有助于提升祭祀活动的知名度和吸引力，进一步促进文化传承和交流。

针对黄帝陵祭祀活动应该如何向公众宣传推广这个问题，公众宣传可综合运用多种媒介，此题为多选。其中，81.07%的调查对象选择通过网站，80.44%的调查对象选择通过社交媒体，77.6%的调查对象选择通过手机短信，71.77%的调查对象选择通过电视新闻，64.2%的调查对象选择通过文化展览，60.57%的调查对象选择通过教育推广，4.57%的调查对象选择其他。其中，通过网站、社交媒体、手机短信这三个渠道的占比最高，通过互联网渠道更利于宣传。

第26、27、28题是调查受众对"河南新郑的黄帝故里拜祖大典"和浙江缙云的"轩辕黄帝祭祀"的了解情况，以及对黄帝陵祭祀的影响。对于河南新郑的黄帝故里拜祖大典，参与调查的634人中，有32.18%的人表示非常不了解，19.72%的人表示了解程度较低，25.24%的人表示了解程度一般，10.09%的人表示了解程度较高，只有12.78%的人表示非常了解。综上所述，对于河南新郑的黄帝故里拜祖大典，了解程度较低的人占比较高，了解程度较高的人占比较低。对于浙江缙云的轩辕黄帝祭祀有超过一半的人（36.59%+20.82%=57.41%）不了解，22.08%的人了解程度为一般，11.36%的人了解程度为非常了解，整体上来看，了解程度不高。这与调查问卷的样本地域分布，大部分样本在陕西有一定的关系，依据三地人群属性地域分布对比分析可知，各地对黄帝祭祀的关注有很强的在地性。

黄帝陵祭祀活动需要进行改进这个问题，一般需要和需要的占比为62.46%，其中非常需要占比24.29%，8.36%的调查对象选择了不需要，4.89%的调查对象选择非常不需要。说明调查对象普遍认为黄帝陵祭祀活动是需要进行改进的。第30题，调查对象提交的具体建议中，加强宣传为高频词，出现了86次；另外，还有加强创新、政府扶持、贴近人民、加强文旅、加强网络传播、海外传播等具体建议。

以下为黄帝陵祭祀调查问卷结论。

受众对黄帝陵祭祀活动的了解程度亟待提高：调查样本整体对黄帝陵不了

解程度较高,占比达到了44%。可以看出,陕西黄帝陵清明节举办的祭祀活动还需要更多的宣传和推广,让更多的人了解和参与。了解渠道中,电视是最主要的媒介,占据了64.37%的比例,其次是手机和网站。增强历史文化传承是吸引人们关注/观看/参加黄帝陵祭祀的最主要的原因,同时庄重的仪式、关注国家大事、清明节气民俗活动、关注网络热点和陪亲朋好友一起看也是其他一些吸引人们参与的因素。

受众对黄帝文化符号和旅游关注意愿较强:调查对象关注黄帝陵祭祀活动的意愿问题中非常愿意和一般愿意占接近七成,说明调查对象大多都是愿意去关注、去了解黄帝陵祭祀活动的。调查对象对黄帝陵祭祀活动的社会意义认同情况普遍较高,对于黄帝陵祭祀活动促进陕西区域发展是非常认同的,个人对于怀念始祖前贤恩德和坚定中华文化自信的认同程度较高,而对于汲取个人发展动力和增加个人社交资本的认同程度较一般。对黄帝陵祭祀的具体活动内容持较高的认同程度,平均分最高的是旅游观光活动,其次是文化交流活动,再次是文化展览活动。对黄帝陵的代表性文化符号的认同程度较高,平均分为3.86,黄帝陵墓、黄帝陵公祭大典礼和轩辕黄帝像的平均分最高,黄帝陵古柏、轩辕殿和祭陵碑文次之,末序为桥山、印池和黄帝手植柏。大多数人对"典前序礼"和"公祭典礼"的九项议程的认同程度较高,其中对于"瞻仰轩辕殿,拜谒黄帝陵"的认同程度最高,与对文化符号"黄帝陵墓""轩辕殿"的高认同度一致。

祭祀的关键因素在于组织与宣传:调查对象普遍认为影响陕西省黄帝陵祭祀未来发展的关键因素主要是祭祀活动的宣传推广和组织者。此外,祭祀活动的程序内容和传播影响力也对祭祀活动的发展有一定的影响。而祭祀活动的参与者对于祭祀活动的发展的影响较小。调查对象大多认为政府重视程度和宣传力度才是最影响祭祀活动的因素。黄帝陵祭祀活动在祭祀活动的媒介推广、经费支持,邀约公众广泛参与和创新祭祀的活动内容等方面应该得到更多的政府/官方支持。这将有助于提升祭祀活动的知名度和吸引力,进一步促进文化传承和交流。黄帝陵祭祀活动最需要的就是加强宣传力度,通过网站、社交媒体、手机短信这三个新媒体渠道的占比最高。

三地祭祀竞争中偏向在地性解读:三地黄帝祭祀的竞争格局,从整体上来看,调研对象对"河南新郑的黄帝故里拜祖大典"和浙江缙云的"轩辕黄帝祭祀"了解程度不高。大部分人对于河南新郑和浙江缙云的活动对陕西省黄帝陵祭祀产生挑战持中立或者认同的态度。这与调查问卷的样本地域分布,大部分样本在陕西有一定的关系,依据三地人群属性地域分布对比分析可知,各地对黄帝祭祀的关注有很强的在地性。

四、陕西黄帝陵祭祀活动的提升建议

一花独放不是春,百花齐放春满园。目前的黄帝陵祭祀仍存在格局不大、自娱自乐的现象,并未充分发挥带动全国各地的作用,平时的旅游祭祖也未有统一标准和策划组织,市场的潜力远远没有发挥出来。充分调动各层的积极性,形成各具特色、百花齐放、百家争鸣的文化技术氛围,旅游祭祖要根据游客的需求和不同的节庆活动,策划出不同团体、不同规格的技术形式,切实发挥市场的最大潜力和规模效益。

完善活动方案,融入黄帝陵符号:在公祭典礼和活动方面,目前已经相对比较标准和完善,但仍需保持创新求真的态度,用审慎的眼光针对内容进行更迭变化。就近几年的多地黄帝祭典的实践而言,陕西黄帝陵的公祭活动仍需进一步完善。

活动地点的基础设施整合升级:依托目前黄帝时期的中心聚落遗址等建筑进行文化整合,打造国家级黄帝文化核心区域,加强基础设施如酒店、接待民宿、文化体验馆等活动场地的建设。积极尝试推广黄帝祭祀体验,研发线上黄帝文化的数字化场景应用和展示,充分展示黄帝陵祭典全流程、文化传播指数、文化研究趋势、文旅游客态势等数据。打造以黄帝文化为核、产业融合为翼的发展新形态,切实思考"通过一个大典来带动地方发展"的可能路径,加强文旅融合、项目投资等的直接促进和间接带动效应。

活动策划要结合神圣感与在地性:从黄陵县的城市风貌、人文感受和地方特色,再到公祭仪式现场,加设充分的地方文化氛围营造与历史厚重感;还可采取线上线下相结合的方式,打造特色祭祀平台和多平台视频直播间,广邀全球华侨华人开展献花、祈福等互动活动;借助考古遗存、文人辞赋的系统挖掘、虚拟现实的布局展示,加深中华儿女前来祭祀的神圣感和仪式感。

典礼标准流程仍需探讨完善:考虑恢复"先祭天,再祭帝,后祭祖先"的传统的礼仪形式。黄帝陵前的汉武天台是当年汉武帝所修建,其主要作用是用来祭天。根据相关文献,汉武帝先在此处祭天,然后在黄帝陵前祭灵,最后再到黄帝庙祭祀人文初祖。对受众的调研中,黄帝陵墓在调查对象对文化符号的认知中排名第一,每年的清明公祭活动是否应恢复祭陵,仍需探讨。

发出陕西声音,形成传播效应:按照"知名度高、影响力大、代表性强、参与度广"的原则,重点邀请港澳同胞、台湾同胞、海外侨胞代表,各民主党派代表,民族宗教界、文化艺术界代表,共和国勋章、国家荣誉称号获得者,全国道德模范、劳动模范和改革先锋、时代楷模代表,捐资助建黄帝陵的代表等各方面宾客,现场感受公祭典礼所传递的厚重的民族情感。可开展中华好儿女评选,加强海内外华人华侨对公祭活动的重视,争取中宣部牵头,采取自愿申报、各自推荐,或全民参与的网评形式,每年评出具有示范和引领作用的杰出代表进行表彰,邀请其参与清明公祭活动。在科学创新,道德模范方面大家公认的优秀人才。目前的重点工作就是要树立时代楷模,形成新的"追星"人物,弘扬社会正气,树立社会标杆,提升民族的凝聚力,引导青年向这些时代的楷模学习。调动全民参与度,切实增强海内外中华儿女的荣誉感、自豪感和参与感。

加强公祭活动的宣传推广:虚心学习其他地区在文旅营销中的经验,从淄博、哈尔滨、天水的网络热度中总结黄陵当地接地气的美食、地域文化特色,借鉴新郑、缙云祭祀活动的传播策略和做法,用好公祭活动的官方仪式感带来的连锁效应,通过各类媒体平台的宣传造势,增强陕西黄帝陵祭祀活动的知名度、影响力和美誉度。在短视频和自媒体平台增加曝光率、话题度和传播热点,进而扩大活动的影响范围,创造分享价值。

注重侨胞联系,提升青少年关注,凝聚海内外侨胞力量:黄陵公祭活动正如一次文明对话,是一次全球华人华侨寻根溯源的平台。调动全球华人侨胞的参与性和关注度,扩大黄帝陵在海内外的影响力,助力海峡两岸的团结统一,充分借助黄帝文化祖根的载体力量,助力打造中华民族共有的精神家园,增强全球炎黄子孙的民族认同和文化认同。通过深入挖掘、充分释放黄帝文化的品牌力量,打造陕西黄陵的标志性成果,以文化力量推动社会全面进步,充分利用海内外媒体的宣传报道力量,设立在港澳台方面的专项媒体驻点。侨胞黄帝陵祭祀活动,要"寻根问祖"地梳理中华儿女与黄帝的血脉渊源,促进海内外侨胞对黄帝文化的体认和归属。开辟一条"弘扬黄帝文化,凝聚海内外各方力量"的新路径。

吸引青少年的注意力：针对30岁以下的青年和少年关注度较低的问题，要运用多种形式的媒介和活动，不拘一格地吸引青少年的注意力。利用暑假开展青少年寻根夏令营活动。依托黄帝陵中华始祖堂，展出黄帝生平事迹、中华民族祖先由来、黄帝功德、历代赞颂等，展示通过寻根问祖、查看姓氏由来等方式，帮助新生代找到根、溯到源，增强他们的思想认同、民族认同、文化认同。此外，积极开展大型汉服秀表演、旗袍秀、书法交流、组织中小学生到黄帝陵现场研学等活动，通过体现乡土、做足乡味、展示乡风，让青少年的研学之旅能够重温旧时印迹，勾起寻根热情，获得心灵慰藉。

建立文献智库，加强校地合作：从2023年的公祭活动主题来看，今年的系列活动主题更加突出系列活动的丰富性。围绕黄帝文化学术论坛、青少年书画活动等，主动让黄帝文化传播走进社会视野，走进校园，让更多青少年和大学生传承弘扬中华优秀传统文化，延续民族根脉，凝聚民族精神，增强中华民族共同体意识。

黄帝文化学术活动：围绕"黄帝陵祭祀与中国式现代化"等主题，广邀海峡两岸专家学者对"黄帝文化研究""黄帝陵祭祀历史与礼仪制度研究"等议题进行深入研讨，进一步挖掘黄帝文化的人文本质，全面阐述黄帝文化的基本精神与现代价值，为中华民族精神家园立根铸魂和中国特色社会主义事业发展凝心聚力。

深化黄帝文化校地合作：联合高校、黄陵县对"黄帝文化"相关资源形成电子资料的互通，将已有的文献资料电子化。例如，西北大学拟于2024年开设《黄帝文化概论》课程，面向本科生开展理论讲授，实践部分争取西北大学、黄帝文化研究院和黄陵县等多方力量，深化校地合作，调动多方的学术力量关注和共建相关课程。打造特色大学生实践基地，充分运用暑期实践、回家乡实践、课程实习实践、创新创业基地等校地合作，扩大黄帝陵文化的文教阵地。

推出文旅融合特色IP：对黄帝文化特色标识进行提炼，对典型文化符号进行挖掘，通过IP设计和文创产品打造，推出黄帝文化研学游、黄帝文化养生游，形成"特色文化+旅游产业"体系。培育一批黄帝文化创新企业，开发黄帝文化衍生文创、《黄帝内经》养生等系列产品，举办民歌专场、音乐会、民间非遗活动、展览会等，开展沉浸式黄帝文化互动体验，让更多群众共享黄帝文化传承魅力，进一步丰富黄帝陵文化展示和传播的内容。

综上所述，黄帝陵是中华文明史上的不可替代的战略性文化资源，在顶层设计和战略规划的基础上，开掘黄帝文化资源，加强基础设施建设，创新组织管理形式，发出陕西声音，扩大祭典的传播影响力，吸引广大受众尤其是青少年的注意力，打造陕西黄帝陵这一"传奇品牌"，全面提升"清明公祭轩辕黄帝典礼活动"的传播力。

舜与黄帝文化

——先秦舜文化形象的建构及其现代意义

陈战峰

西北大学中国思想文化研究所副教授

黄帝文化是中华优秀传统文化的重要组成部分。其研究对象不仅局限于黄帝本人、氏族、部落、文明及其考古遗存和历史意义,而且包括黄帝文化与精神不断形成、发展、完善的历史过程和文化价值。其中,"五帝"谱系的形成及其文化精神的传承与变化,是黄帝文化研究在历史和现实中的重要内容之一。在"五帝"中,尧、舜对形成和传播黄帝文化具有重要的意义,特别是舜。从舜及舜文化角度,考察黄帝文化的传承和发展,也是黄帝文化研究的组成部分。

舜形象①的建构和完善经历了一个历史过程,作为形成和传播道德伦理与人文精神的表征,从先秦到近现代,其历史演变有迹可寻②,这种层累式的建构在思想文化史上具有积极的意义,它促进和推动了思想文化的发展与传衍。"祖述尧舜,宪章文武"(《中庸》)在其中发挥了重要作用,核心精神则是以

---

① 见李学勤:《中国早期文明史上的虞舜》,《湖南科技学院学报》,2012年第11期;谢维扬:《传说中的尧、舜、禹部落联合体》,《历史教学问题》,1994年第3期;王瑜:《〈容成氏〉所见舜帝事迹考》,《四川文物》,2006年第1期;李美清:《舜的神话及舜历史形象的演变》,《贵州文史丛刊》,2006年第4期;周甲辰:《舜帝形象的文化蕴含与历史影响》,《船山学刊》,2011年第2期;张丹、蒋波:《论〈史记〉中的舜帝形象》,《渭南师范学院学报》,2016年第17期等。

② 关于舜文化传承和发展路径,有三个时期,即"道德理论化时期(先秦)""道德理学化时期(宋明)"和"道德理性化时期(20世纪以后)"(参见王田葵,何红斌著:《舜文化传统与现代精神》,上海:生活、读书、新知三联书店,2005年,第167-206页)。当然,其中还有些问题留有较大的研究空间,如三个时期的分际与标准,以及相互之间的关系等。

德为主、仁义兼赅。

先秦传统文献（含诸子文献与历史文献）与出土公布竹简资料，放在战国中晚期前后整个思想文化发展的潮流中把握，则有助于考察其本身所蕴藏的建构创新的意义和时代感。

一、历史学二重性与舜文化形象建构

二重性是历史和历史学的根本属性。它建立在事实判断与价值判断及其复杂关系的基础上，体现了客观与主观、客体与主体、真实与真理、现实性与可能性、史事与史料、物质性与精神性、确定性与不确定性等的有机统一。

正因为如此，确定性与不确定性，古与今的复合使历史特别是思想文化史研究呈现出复杂与生动的面貌和生机。历史学研究才真正从考古学意义上的注重过去与陈迹中复活了过来。

何兆武先生重视历史和历史学的二重性（或两重性），曾撰写多篇论文进行论述①。他说："历史学家在自己的思想中所构造的历史图像和作为历史学公认的前提条件的史实，二者之间总是有出入的。在这种意义上，有多少历史学家，就有多少种历史构图。在这里，朴素的史实作为原材料，并不能决定历史构图。""历史事实或事件，如果不被放在一个思想的网络或模型里，就不能获得任何意义。历史的意义不是由史实给定的，而是从史学中借取或派生的。"②

这种"借取"或"派生"在先秦文献中比较普遍。甚至影响到人们对先秦历史文化元典的真伪及其价值的评判③，而这种评判本身则体现了历史学二重性的本质与特色。

姜亮夫先生在《尧典新议》中说：

---

① 见《对历史学的若干反思》《历史学两重性片论》《历史两重性片论》《可能性、现实性和历史构图》等。

② 何兆武：《可能性、现实性和历史构图》，《历史理性批判论集》，北京：清华大学出版社，2001年，第65页。

③ 梁启超先生认为："现在先秦古籍，真赝杂糅，几乎无一书无问题；其精金美玉，字字可信可宝者，《诗经》其首也。"（梁启超《要籍解题及其读法》）实际上，《诗经》文本也极为复杂，并没有跳出这种二重性的藩篱与苑囿，比如今文经三家《诗》与古文经《毛诗》的关系以及同异比较。

至于《尚书》，于诸经中为最杂而多端，商周两《书》之文物、礼制、文法、词汇，宜依甲骨、金文及古文物以为证验，已非江、段、孙、皮、王氏诸家所能尽。所涉方国、地名，有须依于考古者至多。至虞夏之《书》，多出周以后之追述，其中孰为史实？孰为史影？孰为附益？孰为层累？决非仅持战国以来资料所能解决，即排比战国资料，亦当知所慎择，知其为某家托古之言，换言之，虞夏之史，固在《尚书》及先秦典籍之中，而何如扒疏以求其原坯而得其真际，非仅恃考据、排比、核对所能了。甚至考据、排比、核对益精，而其去真际益远，盖诸子各以其学之要旨，以托于唐尧、虞舜，因而屈尧舜之往迹，以张其学说之风势。①

姜先生认为《尚书》（古文《尚书》）诸篇"最杂而多端"，情形比较复杂。他从史书及文献资料形成的复杂性和多样性角度揭示了《尚书》材料的丰富性与挑战性，"孰为史实？孰为史影？孰为附益？孰为层累"。他提出："盖诸子各以其学之要旨，以托于唐尧、虞舜，因而屈尧舜之往迹，以张其学说之风势。"这在今天依然有其振聋发聩的价值。从历史哲学的视角审视，这种看法彰显了历史与历史学的二重性及其在史料形成过程中的生动表现。

先秦历史文献和近些年发掘与公布的楚简文献也能够进一步加深人们对该问题的讨论和研究。

二、先秦文献中的舜文化形象与意义——以《孟子》为例

关于舜的事迹，先秦典籍文献多有记载，如《尚书·尧典》《论语·尧曰》《墨子·尚贤》《管子·治国》《庄子·缮性》《荀子·解蔽》《吕氏春秋·慎大览》《韩非子·难一》等。考察舜文化形象则要与各典籍整体的思想联系起来，使其在思想的网络中鲜活起来。

在舜的形象建构和文化塑造中，《孟子》一书占有重要的位置，舜几乎是孟子理想的先王典型和人格楷模，并借以传达伦理困境与解决途径。

根据杨伯峻先生在《孟子译注》附录《孟子词典》的统计，在《孟子》

---

① 姜亮夫：《尧典新议》，载姜亮夫著：《国学丛考》，杭州：浙江大学出版社，2008年，第448页。

中,"舜"一词出现97次,尧58次,禹30次,仲尼6次,后稷1次,先王10次(《尧典》1次)。① 通过这些简略的比较,可以发现,舜文化在《孟子》中占有重要的地位,相对尧与禹而言,舜更加集中地反映了孟子的政治理想和思想学说。

历史的价值在于不断地给研究者提供历史构图的可能和机会。舜文化在《孟子》中的凸显,凝聚了孟子关于人性、仁义以及君臣父子关系等问题的深刻理解,这些在舜形象中都有集中的反映。

《孟子》中,理想的成人为政之道,便是尧舜之道。在孟子看来,非"尧舜之道"(《孟子·公孙丑下》)便没有陈述的价值。滕文公见孟子,"孟子道性善,言必称尧舜"(《孟子·滕文公上》),尧舜之治是他心目中的理想社会。尧舜所行的圣人之道,在孟子那里,具体就是仁政,"尧舜之道,不以仁政,不能平治天下"(《孟子·离娄上》),渴盼"乐尧舜之道""被尧舜之泽"(《孟子·万章上》)。孟子认为,"尧舜既没,圣人之道衰"(《孟子·滕文公下》)。周文王效法尧舜之道,虽然时代、地域相差甚远,但精神却是一致的,"得志行乎中国,若合符节。先圣后圣,其揆一也"(《孟子·离娄下》),"道一而已"(《孟子·滕文公上》)。

孟子主张人们的行为都要合乎"道",即"由其道"(《孟子·滕文公下》),确切地说,是恪守礼义之道。孟子说"非其道,则一箪食不可受于人;如其道,则舜受尧之天下,不以为泰"(《孟子·滕文公下》),行为无论宏细,关键在于是否合乎大道,即使是琐碎小事,如果不合道的原则,也不可苟且应对;关乎天下的大举,只要合乎道,也可当仁不让。这显示了道在人们社会生活中的价值和意义。

孟子曰:"规矩,方员之至也;圣人,人伦之至也。欲为君尽君道,欲为臣尽臣道,二者皆法尧舜而已矣。不以舜之所以事尧事君,不敬其君者也;不以尧之所以治民治民,贼其民者也。孔子曰:'道二:仁与不仁而已矣。'"(《孟子·离娄上》)孟子所引孔子"道二:仁与不仁"也见于上博简《武王践阼》《孔子见季桓子》等,君臣伦理在尧舜那里已经体现得很充分了,之所以孟子强调用舜事奉尧的行为反映处理君臣关系,在于舜恪守孝亲,推而可事

---

① 杨伯峻译注:《孟子译注》,北京:中华书局,1960年,第346-483页。

奉尊长。全句互文来看，尧舜之道蕴含着敬君爱民的道理。

尧舜均具有仁德，即"为天下得人者"的品德。"尧以不得舜为己忧，舜以不得禹、皋陶为己忧。夫以百亩之不易为己忧者，农夫也。分人以财谓之惠，教人以善谓之忠，为天下得人者谓之仁。是故以天下与人易，为天下得人难。孔子曰：'大哉尧之为君！惟天为大，惟尧则之，荡荡乎民无能名焉！君哉舜也！巍巍乎有天下而不与焉！'尧舜之治天下，岂无所用其心哉？"（《孟子·滕文公上》）百亩之不易，"易"训为"治"。就像农夫整顿耕种田地一样，尧舜为治理天下物色合适的人选，也是一样在完成自己的职分和工作；而且"为天下得人难"，治天下更是不容易的事。

孟子将尧舜并称，但他更加倾向于舜，因为就《孟子》所记载的舜的历史事迹和传说故事，更加显示了舜在得人治天下方面面临的困难。"有天下而不与"，拥有天下但是却不以私心去占有、享用它，显示了可贵的人格与道德境界。孟子在称述尧舜特别是舜的时候，浓墨重彩，不吝令词和誉美①。当然，这也是《孟子》的政治理想的形象化表达，其中的历史学意义更加丰富和重要。

三、简帛文献所见舜文化形象管窥

简帛文献对舜文化形象的建构，也很有特色。当然，这也是在历史学与文化学意义上体现出其独特的价值。

1993 年出土、1998 年公布的郭店楚简，其中的《穷达以时》《唐虞之道》等②有关于舜的记载。《上海博物馆藏战国楚竹书（二）》中的《子羔》《容成氏》，《上海博物馆藏战国楚竹书（五）》中的《鬼神之明·融师有成氏》等也涉及舜的问题③。清华简（一）《保训》、清华简（三）《良臣》、清华简

---

① "在《孟子》十四篇除《梁惠王》上下两篇以外的各篇三十余节中，孟子因而也就不惮其烦地把尧、舜，特别是舜，描绘成如孟子所推崇行仁政的人君那样的尊贤任能、善尽君臣之道而以天下为己任的圣君典型，同时也描绘成为一个既孝亲友弟、乐与人为善、且不以富贵贫贱易其心志而天性仁义的仁人君子！"（杨希枚：《先秦文化史论集》，北京：中国社会科学出版社，1995 年，第 795 页。）

② 荆门市博物馆编：《郭店楚墓竹简》，北京：文物出版社，1998 年。

③ 马承源主编：《上博馆藏战国楚竹书》（二），上海：上海古籍出版社，2002 年；马承源主编：《上博馆藏战国楚竹书》（五），上海：上海古籍出版社，2005 年。

(八)《虞夏殷周之治理》① 等也涉及舜。

郭店简《穷达以时》论述了天人关系,特别是提到境遇的穷达对人生的影响。"有天有人,天人有分。察天人之分,而知所行矣。有其人,无其世,虽贤弗行矣。苟有其世,何难之有哉？舜耕于历山,埏于河浒,立而为天子,遇尧也。"以舜遇尧作为有世有人、圣贤当行的典范。舜与其他明君贤相一道,被纳入天人有分、人世相与的思维框架中加以讨论,最终还是要不断加强自己的修养,"敦于反己"②。

《唐虞之道》则比较集中地刻画了舜爱亲尊贤、任用贤能的形象,"唐虞之道,禅而不传。尧舜之王,利天下而弗利也""尧舜之行,爱亲尊贤""古者虞舜笃事瞽盲,乃戴其孝；忠事帝尧,乃戴其臣。爱亲尊贤,虞舜其人也"③。

上博简《容成氏》说舜"孝养父母,以善其新（亲）,乃及邦子",突出了舜文化孝亲的内涵。当然,古史传承有一定的累积效应,其中蕴藏着丰富的历史文化意义。

清华简的《保训》是学术界热议的重要篇目,主要是关于"中"的内涵、特色以及意义的探讨。

"保训"一词,历史典籍也有记载,如："及至中宗,亦令刘向、王褒、萧望之、周堪之徒,以文章儒学保训东宫以下,莫不崇简其人,就成德器。"(《后汉书·班彪传》)保训,也就是保育训诫,作"宝训"也通。全文大略为：

"惟王五十年,不豫。王念日之多鬲（历）,恐坠保（宝）训。

戊子,自演水。己丑,昧[爽]□□□□□□□□[王]若曰：'发,朕疾建甚,恐不汝及训。昔前人传保（宝）,必受之以詞。今

---

① 李学勤主编：《清华大学藏战国竹简（一）》,上海：中西书局,2010 年；李学勤主编：《清华大学藏战国竹简（三）》,上海：中西书局,2012 年；李学勤主编：《清华大学藏战国竹简（八）》,上海：中西书局,2018 年。
② 李零著：《郭店楚简校读记》（增订本）,北京：北京大学出版社,2002 年,第 86 页。
③ 李零著：《郭店楚简校读记》（增订本）,北京：北京大学出版社,2002 年,第 95 页。

朕疾允病,恐弗念(堪)终,女(汝)以箸(书)受之。钦才(哉)!勿淫!昔舜旧(久)作小人,亲耕于鬲(历)茅(丘),恐(恭)救(求)中。自诣(稽)厥志,不违于庶万眚(姓)之多欲。厥又(有)施于上下远埶(迩),廼(乃)易立(位)埶(设)诣(稽),测阴阳之勿(物),咸川(顺)不逆。舜既得中,言不易实变名,身兹备,惟允。翼=(翼翼)不懈,甬(用)乍(作)三降之德。帝尧嘉之,用受厥绪。呜呼!祗之才(哉)!昔微叚(假)中于河,以复又=易=(有易,有易)怀(服)厥辠(罪)。微亡(无)害,廼(乃)追(归)中于河。微寺(志。一作持)弗忘,传贻孙=(子孙),至于成康(汤),祗备(服)不解(懈),甬(用)受大命。呜呼!发,敬才(哉)!朕闻兹不旧(久),命未又(有)所次(延),今女(汝)祗备(服)母(毋)解(懈),其又(有)所迨(由。一作迪)矣,不(丕)及尔身受大命。敬才(哉)!毋淫!日不足,惟宿不羕(详。一作祥)。'"①

根据"求中""得中""假中""归中"等记载来看,"中"应为"典册"②,也许实物形态与典、册形制不同,这个"中"在字源学上与"史""事"有密切的关系。

《说文解字》解"中""史""事"分别为:"内也。从口。丨,上下通。"(《说文解字》第一卷上《丨部》)"记事者也。从又持中。中,正也。凡史之属皆从史。"(《说文解字》第三卷下《史部》)"职也。从史,之省声。"(《说文解字》第三卷下《史部》)《说文解字》关于"中"的释文尚不清楚(中;中),但是关于"史""事"的解释比较简明,"从又持中""又"即右手,因此是右手持中的字形(史),"事"是在此基础上突出书写工具

---

① 该简文学术界讨论较多,识文辨字断句释义尚未尽一致处。此处文字,主要根据李学勤主编:《清华大学藏战国竹简(一)》,上海:中西书局,2010年,第143页,参酌各本与讨论,略作依据。

② 关于"中"的论述,姜亮夫先生曾经有专门集中的考察,可参见《国学丛考》中的《文字仆识——释中》(姜亮夫著:《国学丛考》,杭州:浙江大学出版社,2008年)等。

的特色（），由此推断"中"是一种书写的文本载体，或者可形象地用简册表示。"中"具有承载文化和思想的功能，典册上所书写的内容是否是"中"道当然还可以讨论考察。如果这部分竹简文字信实可靠，其中反映的内容也是人们的追溯和评价，放在战国中晚期思想文化的历史长河与思想网络中，也许能获得更好的理解和阐释。在这个历史告诫中，文王告诫太子发的话，概括起来主要是："钦哉，勿淫！""敬哉，毋淫！"这是《保训》核心的精神，要求加强道德的修养，不能懈怠放松。其中对"舜"的记载耐人寻味，久作小人，亲耕历丘，与大多记载接近，又说他"自稽厥志，不违于庶万姓之多欲"，加强个人修养，所作所为不违背大家的意愿，顺应人心人情，"咸顺不逆""翼翼不懈"。后来欧阳修在《纵囚论》中大力呼吁："尧、舜、三王之治，必本于人情，不立异以为高，不逆情以干誉。"① "本于人情""不立异""不逆情"，重视人情，在欧阳修的经解思想与解经方法中占有重要地位，同时也是他衡量和评鉴古今历史人物政治得失的重要标准之一。关于舜，欧阳修认为，植根人情，不违背人情事理是其主要特色。这个看法恰恰可以印证这部分简文的主要精神。

另外，通过"舜""微"与"中"的关系，揭示了一个关键的问题，舜重视典籍、重视历史，其治理的修养和方法渊源于其对历史与史书的重视，这是简文对"舜"文化形象建构的独特贡献和特色所在。

四、先秦舜文化形象建构的基本特征和意义
——《史记·五帝本纪》的汇总与诠新

《史记·五帝本纪》是在先秦文献基础上，经过作者结合实际考察和谨慎裁夺形成的，其中的"五帝"及其关系比较清晰与鲜明，显示了史书编撰者的主动调整和自觉建构，蕴藏着鲜明的时代感和问题意识。《五帝本纪》的形成是战国中晚期至秦汉之际大一统形势在史书编撰中的具体反映，承载着丰富的历史文化内涵。

《史记》载：

---

① 《居士集》卷十八《经旨》。(宋)欧阳修著：《欧阳修全集》，北京：中国书店，1986年（据世界书局1936年版影印）。

"太史公曰：学者多称五帝，尚矣。然《尚书》独载尧以来；而百家言黄帝，其文不雅驯，荐绅先生难言之。孔子所传《宰予问五帝德》及《帝系姓》，儒者或不传。余尝西至空桐，北过涿鹿，东渐于海，南浮江、淮矣，至长老皆各往往称黄帝、尧、舜之处，风教固殊焉，总之不离古文者近是。予观《春秋》《国语》，其发明《五帝德》《帝系姓》章矣，顾弟弗深考，其所表见皆不虚。《书》缺有间矣，其轶乃时时见于他说。非好学深思，心知其意，固难为浅见寡闻道也。余并论次，择其言尤雅者，故著为本纪书首。"（《史记》卷一《五帝本纪》）

他游历考察，访问长老，调查研究，比较流传典籍，主张在众多的资料中"好学深思，心知其意""择其言尤雅者"，既有对史料的甄别裁剪，也保留了先秦史料的基本面貌，甚至存疑或并存多家说法。

"五帝"是上古时期历史人物的合称，具体包括三种说法，即"太皞（伏羲）、炎帝、黄帝、少皞、颛顼"（《战国策》《吕氏春秋》），"少昊（少皞）、颛顼、高辛（帝喾）、尧、舜"（《伪尚书序》），"黄帝、颛顼、帝喾、尧、舜"（《大戴礼记·五帝德》《史记·五帝本纪》）等，三种关于"五帝"的排序反映了不同的谱系特点和时代烙印，也体现了"五帝"在战国中晚期至秦汉之际调整变化的特质。

《史记》中的《五帝本纪》与《大戴礼记》中的《五帝德》《帝系》等顺序一致，与《伪尚书序》也比较接近，是对此前五帝顺序与谱系的重新建构与整合。重视其中的人文精神，"五帝先道而后德，故德莫盛焉"（《吕氏春秋·季春纪》）。

《五帝本纪》中的"五帝"（即"黄帝、颛顼、帝喾、尧、舜"）之间具有密切的血缘联系。"黄帝"是始祖，"颛顼"是"黄帝之孙而昌意之子也"，"帝喾"是黄帝之曾孙、玄嚣之孙、蟜极之子，"尧"是帝喾之子（名放勋），"舜"是昌意的七世孙（即黄帝的八世孙），当然，《夏本纪》记载继承"舜"大位的"禹"是昌意的三世孙（即黄帝的四世孙），其间显有错讹与矛盾，则是另一问题，也愈益突显了这个世系与谱系的重构本质。

"舜、禹、契、后稷皆黄帝子孙也"（《史记·三代世表》），从而使三代成为相互因革而在血缘与文化上又具有连续性的共同体，促使人们在心理上对国家统一性的认识不断加强。显而易见,《五帝本纪》中的"五帝"带有浓郁的血缘属性和人文属性,"五帝"重视德行与功业,通过个人的努力、发明和百姓的共同劳动,逐步改善生存生活的环境和境遇,促进文明的进步和发展,而不是依靠上天的恩赐或神的庇佑,这都反映了较天命思想以及图腾崇拜、上帝崇拜与祖先崇拜更为进步的思想意义,具有深刻的人文价值与实践功能。因此,《五帝本纪》中的"五帝"既反映了历史的一脉相承,又有重人文、重理性的思想文化特征,这个特点在《五帝本纪》篇幅最长、笔墨最重的舜的部分尤其明显。这不仅仅是文字字数多寡、写作方法的变化,更主要的是体现了略古详今、尊古重今的历史观,与今传本《史记》整体篇幅的书写体例和方法一致。而《史记》关于舜的写作,继承了《大戴礼记》中《五帝德》《帝系》等的基本框架,同时也作了新的形象建构,其中与先秦典籍中的舜形象的塑造有内在联系。舜"日以笃谨,匪有解(懈)""内行弥谨""舜耕历山,历山之人皆让畔;渔雷泽,雷泽上人皆让居;陶河滨,河滨器皆不苦窳。一年而所居成聚,二年成邑,三年成都"(《史记·五帝本纪》)。

炎帝、黄帝等上古帝王,不见于《诗经》《尚书》的记载。炎帝、黄帝的记载,在流传文献中最早见于《国语·周语》。司马迁重新梳理勾勒历史,以黄帝为首重建上古史的谱系,既是对五方上帝神观念的扬弃,也是对人文历史认识的自觉化与理性化,具有深刻的思想启迪意义。

《五帝本纪》具有浓郁的人文色彩。"五帝"均能够德化四方,教化万民。这些奠定了内外兼修、本末赅备、体用不二、道器合一的重要文化观念基础。这并非是意味着历史上的氏族首领——五帝客观具有的思想特征,而是生活在汉代,受秦汉思想哺育的史学工作者进行自觉的理论审视与历史重构、文化认同的必然结果。笔墨的重点则在尧舜,与战国以来称颂尧舜之道的风尚一致。当然,这种文化认同在古史体系上打上了深刻的儒家烙印。"自黄帝至舜、禹,皆同姓而异其国号,以章(彰)明德"(《史记·五帝本纪》),司马迁对"五帝"德行的建构和叙述,形象化地表达了理想的道德人格和价值理念,其中呈现的人文精神是中华民族亘古不衰的主体价值观念,也是中国哲学史与思想文化史的重要特征。

中华文化从诸子百家中找到了文化传承的基因与源头,而诸子文化与"五帝"特别是尧舜具有密切的关系,所谓"祖述尧舜、宪章文武"(《中庸》)

等,而《五帝本纪》则突出了这个重点,即以尧舜为中心,同时带出弃与契。而弃(后稷)、契则与舜共过事,"昔我先王,世后稷,以服事虞夏"(《国语·周语》),"帝(舜)曰:'弃!黎民阻饥,汝后稷,播时(此)百谷。'"(《尚书·尧典》)"契长而佐禹治水有功。帝舜乃命契曰:'百姓不亲,五品不训,汝为司徒而敬敷五教,五教在宽。'"(《史记·殷本纪》)①

舜重视德行,知行并举,无为而无不为,成为儒墨道法等思想传播和发展的重要凭借和标志,特别是其中儒学,孔孟荀雅称尧舜禹,传承和弘扬其中的仁礼精神和知行原则,促进了原始儒学的定型和成熟。

儒学,从前诸子时起,已有深远的历史渊源与根苗,孔孟荀(含七十二子及其传人,所谓子思学派)以降,代有更替,而绵亘不绝,除与阴阳五行学说以及外来学说(如佛教、天主教、科技发明乃至各经典思想与主义等)相互融合外,还贯穿着三教关系的发展与演变,最后催生了宋明理学等。在这个复杂曲折的发展历程中,中华文化尤其是儒学重人伦、崇道德的人文性作为思想的"底色"被保存了下来,而经世致用、与时偕进的生生不息的会通性在思想文化的沿革中则发挥了关键作用。今天,反思和重检中华文化现代化、当代化的诸问题,这决定中华文化的基本本质和属性的两大特性,依然是两个本质性规定与基点。

儒学贵在践行。"学而时习""传不习乎?"(《论语·学而》)"学而不思则罔,思而不学则殆"(《论语·为政》),"学习"在辞源学与语义学意义上本身便是知行的统一体,"学者,觉也。习者,鸟数飞也"(《说文解字注》)。虽然在中国儒学史上,在知行理论方面有不同的侧重与探讨,出现了知行合一、以知为行、知先行后、知难行易、知易行难等主张,但是重知行统一则是主流。不仅理论上有深入细致、日新月异的探讨,而且更主要的是行动上能有与时而进的革新与践行的品质,这或许是今天重新检视舜文化与精神、传承和弘扬黄帝文化并在其中汲取智慧与力量的应有之义。

当然,需要说明的是,舜文化形象的构建与形塑,在文本结构与文字内容、表述形式、传达观念上会有一些变化,方法上也会有一定的出入,难免

---

① 《列女传》记载文字,载:"及尧崩,舜即位,乃敕之曰:'契!百姓不亲,五品不逊,汝作司徒,而敬敷五教在宽。'"(《列女传·契母简狄》)

"说事者好神道恢义,不肖以遭祸,是故经传篇数,皆有所法……意异则文殊,事改则篇更,据事意作"(《论衡·正说》)。《吕氏春秋·有始览·应同》以五行思想解释黄帝、舜、汤、文王以来的历史演变规律,判断代周而兴的当属"水"德,这是战国中晚期至秦汉之际大一统历史趋势在思想观念上的曲折反映。秦汉黄老道家盛行,深受道家思想影响的《淮南子》在建构舜文化形象时,便不免沾染有道家的思想特色和气息,赞颂舜"执玄德于心而化驰若神""不道之道""未发号施令而移风易俗者,其唯心行者乎"。舜也成为无为无不为的高道的化身①。但是,这种述作本身所折射的思想观念和文化内涵及其时代精神更加有历史学的意义与价值。

总之,舜不仅传承了黄帝的血脉,更主要的是传承了黄帝的文化精神。在黄帝文化中,舜具有举足轻重的作用,对舜文化形象的反思与探讨,有助于丰富和加强对黄帝文化的形成与传衍研究。先秦时期典籍文献塑造和建构舜文化形象在舜思想文化形成和传播过程中占有重要地位,简牍文献的发现和公布也有助于加强与推进这方面的研究。"祖述尧舜,宪章文武"是其中的一条贯穿前后的重要线索。仁民爱物、分职授责、任贤使能、重视孝道、笃力践行等是舜文化的重要内容,崇德重义是舜文化的根本精神。舜形象的建构具有历史文化意义,也使相应的儒墨道法等思想传播获得了形象化和具象化的表征。同时,后起思想文化的发展对舜文化形象的建构和完善也具有积极的思想文化意义。这些观念、方法与传统,对于今天进一步丰富、深化、弘扬舜文化及其精神,继承和创新黄帝文化与精神有深远的启示和深刻的影响。

---

① "昔舜耕于历山,期年而田者争处墝埆,以封壤肥饶相让。钓于河滨,期年而渔者争处湍濑,以曲隈深潭相予。当此之时,口不设言,手不指麾,执玄德于心而化驰若神。使舜无其志,虽口辩而户说之,不能化一人。是故不道之道,莽乎大哉!夫能理三苗,朝羽民,徙裸国,纳肃慎,未发号施令而移风易俗者,其唯心行者乎!"(《淮南子·原道训》)

战国黄老道家"道法自然"观论析
——以《黄帝四经》《管子》为考察中心*

黄 熙

西北大学中国思想文化研究所讲师

天道与人道的关系，自古便是哲人们重点思考的问题。老子用一个"法"字连接了天道与人道，提出了"人法地，地法天，天法道，道法自然"（《老子·第二十五章》）的观点。自此，"道法自然"成为道家思想的核心观念之一。

战国末期，随着学术大融合的趋势，诸子各家纷纷开始走向融合，黄老思潮蔚然成风。据《汉书·艺文志》记载"右道三十七家、九百九十三篇"，多为黄老作品，其中诸如《黄帝四经》《管子》等是战国黄老道家最具代表性的著作。黄老道家深受老子"道法自然"观的影响，并且在"道法自然"观念史的发展过程中添进了儒家、法家等多家的思想因素，为"道法自然"观念的发展与深化奠定了基础。

一、战国黄老道家对"道"与"自然"的界定

从字面上来理解"道法自然"，其直接含义便是"道"效法"自然"。因此，"道"与"自然"实则为"道法自然"观的两个核心子概念。要探讨战国黄老道家的"道法自然"观，就要厘清战国黄老道家对"道"与"自然"的界定。

"道"与"自然"作为中国哲学史上的两大核心范畴，自古以来便是思想家们发挥和讨论的重镇。历代思想家们对"道"与"自然"的理解和诠释丰

---

* 基金项目：国家社科基金项目"'道法自然'观念发展史及价值研究"（23BZX020）。

富而又多样。"道"大致可分为本体之道与具体之道两个方面。"自然"的含义则相对更为复杂,依现在的解释来看,"自然"一词具有自然界、规律、状态等多种含义。

首先,是战国黄老道家对"道"的界定。道,原义指道路,后来其义发生了变化。老子最早用"道"来命名"有物混成,先天地生"(《老子·第二十五章》)的实体,"道"开始作为哲学范畴而被广泛使用。自战国学术大融合以来,对"道"的使用和发展愈发呈现出多样化的趋势。葛晋荣认为:"纵观先秦道论,从纵向看实际上是老庄的实体之道不断地向规律之道的分化过程。"① 也就是说"道"不断由本体(形而上)分化到具体(形而下)的实践上来,这也影响了战国黄老道家对"道"的界定。

战国黄老道家继承了老子道论的本原性,如《黄帝四经》对"道"进行了描述:"恒无之初,洞同大(太)虚。湿湿梦梦,未有晦明。神微周盈,精静不熙。故未有以,万物莫以。故无有形,大同无名"(《道原》),不同于老子道论的是,这种本体之道在战国黄老道家那里更表现为一种原则,是具体事务的依据。张岂之指出:"《黄老帛书》改造了《老子》'道'的范畴,把'道'形容为原初物质状态。"② 这种原初物质状态,正是所有事物的出发点。"一者其号也,虚其舍也,无为其素也,和其用也。"(《黄帝四经·道原》)战国黄老道家用"一"来命名本体之道,为本体之道向具体之道的转移提供了前提。其他黄老著作如《管子》亦是如此,有学者认为:"《管子》四篇继承了老子道论的本原性……同时,基于战国黄老道家治世之目的,创立了精气论,将老子'天地之外'的道转化为'天地之间'的道……形成了体系完整的养心治国理论架构。"③ 由此可以看出,战国黄老道家除了关注本体之道外,更加侧重的是具体之道:

故唯圣人能察无刑(形),能听无[声]……圣人用此,天下服。(《黄帝四经·道原》)

---

① 葛晋荣:《中国哲学范畴通论》,北京:首都师范大学出版社,2001年,第160页。
② 张岂之主编:《中国思想史》,西安:西北大学出版社,2012年,第266页。
③ 付雪莲:《〈管子〉四篇对老子道论的继承和突破》,《四川省社会主义学院学报》,2016年第1期。

法出于礼，礼出于治，治礼道也。(《管子·枢言》)

道者，诚人之性也，非在人也。而圣王明君，善知而道之者也。是故治民有常道，而生财有常法。道也者，万物之要也。(《管子·君臣上》)

道行则君臣亲，父子安，诸生育。故明主之务，务在行道，不顾小物。(《管子·形势解》)

在《管子》的作者看来，治理国家的理论以及礼法方面的规定都是一种道，这种道还是治民的方法，只有善于利用这种道才能够治理好国家与社会。《黄帝四经》的作者也希望圣人能够用这种无形无声的"道"来治理天下，使天下信服。可见，对于"道"的认识，无论是《管子》还是《黄帝四经》，都更加侧重"道"的实践，也就是"道用"的一面。很明显，战国黄老道家对"道法自然"的发展重心在于政治思想方面。《黄帝四经·经法》开篇便提出"道生法"的原则，也在说明法是依据宇宙的规律而构建的，"道"是人事法规的根源。战国黄老道家的目的也在于让理论为政治服务，这一点也为汉初黄老道家所继承。

其次，是战国黄老道家对"自然"的界定。单从"自然"的定义来看，战国黄老道家对"自然"的理解也有了新的发展。冯达文认为："《黄帝四经》特别是《管子》诸篇开始将'自然'拓展为天地宇宙——自然世界。"① 在战国黄老道家的著作中，效法"自然"还表现为遵循自然界的规律行事：

阳窃者疾，阴窃者几（饥），土敝者亡地，人执者失民，党别者乱，此胃（谓）五逆。五逆皆成，[乱天之经，逆]地之刚（纲），变故乱常，擅制更爽，心欲是行，身危有［殃。是］胃（谓）过极失当。(《黄帝四经·经法·国次》)

顺天之时，约地之宜，忠人之和，故风雨时，五谷实，草木美多，六畜蕃息，国富兵强，民材而令行，内无烦扰之政，外无强敌之患也。(《管子·禁藏》)

在这里，《黄帝四经》与《管子》从正反两个方面论述了遵循自然界规律

---

① 冯达文：《黄老思潮新探》，载陈鼓应主编：《道家文化研究》（第30辑），北京：中华书局，2016年，第109页。

的重要性。效法则"国富兵强",违背则"身危有殃"。战国黄老道家还提出要利用自然规律,《管子·牧民》篇说:"不务天时,则财不生,不务地利,则仓廪不盈。"不仅如此,战国黄老道家还发展出保护自然、节约资源的思想。如《管子·八观》曰:"山林虽广,草木虽美,禁发必有时;国虽充盈,金玉虽多,宫室必有度;江海虽广,池泽虽博,鱼鳖虽多,网罟必有正。"可见,战国黄老道家倾向于将"自然"界定为自然界的规律等。

总之,战国黄老道家将老子玄远的"道"落实到具体的万事万物上,侧重强调具体之道;对于老子思想中模糊的"自然",战国黄老道家更为重视"自然"作为规律的含义。黄老道家的"道法自然"观指向具体之道(万事万物)都必须按照"自然"发展,即人在社会生产生活中要按照自然规律行事。

二、战国黄老道家对"自然"归属性的探讨

深层次探究"道法自然"观念,必然引出黄老道家的"具体之道"效法何物"自然"的思考。当前学术界对"道法自然"理解的分歧主要在"自然"的归属性上①。战国黄老道家对"自然"归属性的探讨,成为了后世学者对"道法自然"观念解读的重心所在。

在《老子》一书中,除"道法自然"外,还有四处出现了"自然"一词,分别为《第十七章》中"百姓谓我自然",《第二十三章》中的"希言自然",《第五十一章》中"夫莫之命而常自然"以及《第六十四章》中"以辅万物之自然而不敢为"。在这四处中,"自然"或用来修饰百姓,或用来修饰万物,也就是说,"自然"也可"指万物和百姓如何"②。由此可知,"《老子》没有

---

① 关于老子"道法自然"的含义,学术界有三种观点:第一种认为道遵循万物之自然,认为道是宇宙之始的终极存在,是形而上的最高实体,它是产生万物的本原;法自然就是效法万物自然而然的状态,顺外物的变化而发展变化,不加干涉(王中江:《道与事物的自然:老子"道法自然"实义考论》,《哲学研究》,2010年第8期;肖玉峰:《"道法自然"的现代诠释》,《自然辩证法研究》,2012年第9期;王绪琴:《老子道法自然思想研究》,东北师范大学硕士学位论文,2005年)。第二种认为"道纯任自然,自己如此"(陈鼓应:《老子注译及评价》,北京:中华书局,1984年,第163页)。第三种认为万物法自然(于民熊:《"道法自然"新解》,《贵州社会科学》,2005年第5期)。

② 王中江:《道与事物的自然:老子"道法自然"实义考论》,《哲学研究》,2010年第8期,第44页。

明确指出'自然'的归属性,这为后学的不同诠释提供了空间"①。在老子看来,一方面,"自然"是本体之道的"自然"。本体之道之"自然"的表现是"道常无为而无不为"(《老子·第三十七章》),因此老子倡导"圣人处无为之事,行不言之教"(《老子·第二章》)。另一方面,"自然"又是万物和百姓的属性。从"自然"归属性的角度来讲,老子的"道法自然"观蕴含了两条不同的诠释路径:即主体法本体之道的"自然";亦或是主体法具体之道的"自然"。老子没有直接指出"自然"归属于谁,直到战国黄老道家才开始对此问题有所讨论。

首先,战国黄老道家表现出要法本体之道之"自然"的一面。他们承认无为来自于本体之道,是本体之道所表现出来的特征。《黄帝四经》开篇指出:"道生法。法者,引得失以绳,而明曲直者(也)。口执道者,生法而弗敢犯(也)。法立而弗敢废(也)【故】能自引以绳,然后见知天下,而不惑矣。"(《经法·道法》)将本体之道树立为一切法则、规律的源头。此外,"道者,神明之原也……神明者,见知之稽也"(《黄帝四经·经法·名理》),"道"在天地万物中悄然发挥作用,这种神妙的作用便是人们效法的楷式。《管子》也指出:"故必知不言,无为之事,然后知道之纪"(《管子·心术上》),"道"的要领便是无为。陈鼓应指出:"到《管子》四篇中'因'则已成为独立的哲学概念……更发展出'静因之道'的范畴和'道贵因'的命题。"②"无为之道,因也;因也者,无益无损也。以其形,因为之名,此因之术也。"(《管子·心术上》)简而言之,无为便是因循自然,尤其是要因循本体之道的自然。

其次,战国黄老道家还表现出要法具体之道之"自然"的内容。曹峰认为:"《黄帝四经》中的'法',很大程度上表现为'法天地'……人间的'法'就是天道的投影或者说对天道的效仿。"③法天地也就是指效仿自然界。

---

① 郑熊:《从"道性自然"到"道率万物之性"——汉晋道家对道与自然关系界定的变化》,《哲学研究》,2016年第6期。
② 陈鼓应:《管子四篇诠释:稷下道家代表作解析》,北京:商务印书馆,2006年,第39页。
③ 曹峰:《〈黄帝四经〉法思想的人性论基础——兼论〈经法·道法〉的逻辑结构》,载陈鼓应主编:《道家文化研究》(第30辑),北京:中华书局,2016年,第529页。

《黄帝四经》称："人主者，天地之稽也。"（《经法·论》）战国黄老道家认为君主取法天地之道建立制度，意即人应效法天道治理社会。"天下大（太）平，正以明德，参之于天地，而兼复（覆）载而无私也，故王天〔下〕。"（《黄帝四经·经法·六分》）君主应该效法天地的无私，从而做到公平公正，这样才能够称王于天下。《管子》中也将天道作为法的对象，它认为"持而满之，乃其殆也。名满于天下，不若其已也。名进而身退，天之道也"（《白心》）。《管子》进而提出治理社会也要仿效这样的天道，也就是"圣王治天下，穷则反，终则始"（《白心》）。以上这些都是战国黄老道家在具体事务中效法天地之道的表现，突出表现为因循自然界的自然规律。

最后，战国黄老道家还发展出因循人性之"自然"的一面。如曹峰在研究《文子·自然》一篇时就指出："《自然》篇……大量的是因循人情，具体表现为主体（往往是统治者）对于万物之性和百姓之性的尊重和顺应。"① 实际上，因循人情的特点也是战国黄老道家吸收儒家、法家思想融入进"道法自然"观中的表现。据《黄帝四经》记载，黄帝曾问力黑："请问天下有成法可以正民者？"并且最终得出"罢（彼）必正人也，乃能操正以正奇，握一以知多，除民之所害，而寺（持）民之所宜"（《十大经·成法》）的结论。可见，《黄帝四经》吸收法家思想，旨在以法治国、以法治民。但是最终，成法是以"（持）民之所宜"为前提的，也就是要满足人民需要，因人之情而进行治理。战国黄老道家中的《管子》更是直接吸收儒家礼治的思想。《管子》认识到"凡人之情，得所欲则乐，逢所恶则忧"（《禁藏》），因此提出"礼"缘人情而制，"礼者，因人之情，缘义之理，而为之节文者也。故礼者，谓有理也"（《心术上》），这也表示《管子》强调因循人情而制礼、因循人情而行事才能将国家和社会治理好。《管子》还提出，"天道人情，通者质，宠者从，此数之因也"（《君臣下》），将天道与人情通通视为规律的内容，强调因循天道与因循人情具有同等的重要性。

由此可见，战国黄老道家已经开始探讨"自然"归属性的问题，这成为了后世道家对"道法自然"观研究的重点。战国黄老道家认为，"自然"本归

---

① 曹峰：《〈文子·自然〉研究——兼论对"道法自然"的理解》，《现代哲学》，2018年第5期。

属于本体之道,这是"道法自然"应有的本义。但是他们也充分认识到,在具体之道中要效法、因循具体之道的自然,要充分根据具体之道的规律行事。可以说,战国黄老道家在"道法自然"观中发展出因循人性之"自然"对汉晋道家的"道法自然"观产生了极大的影响,也开启了后世道家主要从"道"之"自然"与物之"自然"两个角度对"道法自然"进行诠释的路径。

三、评 价

战国黄老道家侧重强调"道"的具体层面,并注重强调"自然"作为规律的含义。他们着重发展了"道法自然"观中具体之道法具体之道之自然的一面(物之自然)。正因为战国黄老道家具备的这些特点,所以他们的"道法自然"观所表现出来的主要方面就是将消极无为的"道法自然"变为积极有为的"道法自然"。冯达文指出:"黄老思潮的一个突出特点就是把老子(庄子)对于社会与文化的批判意识,延引和转变为正面的建构意识。"[①] 老子的"道法自然"观是反对人为的,是"不尚贤"的,是"绝圣弃智"的。战国黄老道家不仅不反对人为,还充分认识到了尚贤任法的重要性。无论是《管子》还是《黄帝四经》中,都可以看到大量有关任用贤才、依法治国的篇章和言论:

> 如此而有(又)不能重士而师有道,则国人之国已(矣)。(《黄帝四经·经法·六分》)

> 是故道术德行,出于贤人。(《管子·君臣下》)

这两则材料在于说明人才的重要性,尤其是在《黄帝四经》看来,如果不重视士人,不重视人才,不尊重有道者,那么国家就会易主。

> 法度者,正之至也。而以法度治者,不可乱也。(《黄帝四经·经法·君正》)

> 刑德皇皇,日月相望,以明其当。(《黄帝四经·十大经·姓争》)

> 法者,将立朝廷者也。(《管子·权修》)

---

① 冯达文:《黄老思潮新探》,载陈鼓应主编:《道家文化研究》(第30辑),北京:中华书局,2016年,第109页。

主虽不身下为，而守法为之可也。（《管子·明法》）

前两则材料说明以法度治国才不会产生混乱。还要重视刑德的作用，这些都是君主的权术。后两则材料在于说明国家设立法令的重要性，君主要依法治国，这样自然便能够做到无为而治。此外，《管子》还重视礼仪的作用，"虚无无形谓之道，化育万物谓之德，君臣父子人间之事谓之义，登降揖让、贵贱有等、亲疏之体谓之礼，简物、小未一道，杀僇禁诛谓之法"（《心术上》）。以上这些都是老子所反对的。

战国黄老道家积极有为的"道法自然"观还表现为区分君臣之道。陈鼓应指出："在老子的'无为'与慎到的'君无为而臣有为'之间，必须有一个理论准备，这就是《黄帝四经》。"① 在《黄帝四经》中谈到："故唯执道者能上明于天之反，而中达君臣之半，富密察于万物之所终始，而弗为主。"（《经法·道原》）意思就是说圣人不但要了解自然规律，还要了解君道和臣道的区别。《管子·心术上》也有相似的提法："心在本体，君之位也；九窍之有职，官之分也。"区分君道和臣道，各自坚守好各自的职责，建立良好的秩序，让秩序自然而然地运行，这是战国黄老道家积极有为而无为的重要表现。

综上所述，"道法自然"观念内部在战国黄老道家那里就已经开始出现了分野，其"道"开始向具体之道倾斜，而"自然"也蕴含了自然界的含义。此外，战国黄老道家对"自然"归属性的探讨成为了后世"道法自然"观研究的重心所在。战国黄老道家的"道法自然"观还吸收了诸子百家的思想——重视人为，重视礼法，因此整体上呈现出积极有为的一面，这是与老庄"道法自然"观最大的不同。这些方面都直接影响到了后世道家对"道法自然"观的理解和发展。战国黄老道家对"道法自然"观的发展不仅丰富了"道法自然"观的内涵，还对当今世界人与自然的关系提供了借鉴，为可持续发展作出积极贡献，具有深刻的现实意义。

---

① 陈鼓应：《黄帝四经今注今译：马王堆汉墓出土帛书》，北京：商务印书馆，2007年，第55页。

文化传承与创新

孙中山对传统文化的因袭与创新

李振武

《广东社会科学》总编辑、研究员

孙中山是近代中国民主革命的先行者，他创立的三民主义思想，成为他领导辛亥革命推翻清王朝腐朽封建统治、捍卫民主共和斗争的有力思想武器。他在《中国革命史》中明确指出自己的三民主义理论有三个来源："有因袭吾国固有之思想者，有规抚欧洲之学说事迹者，有吾所独见而创获者。"① 孙中山的表白，说明他的思想来源既有对中国传统文化的继承，又有对西方文化的吸收，还有他自己在对前述两者继承、吸收基础上的创新。孙中山在创建其思想体系过程中所体现出来的对待古今中外文化的态度，对于当今中华优秀传统文化的创造性转化、创新性发展仍极具借鉴意义。本文不揣谫陋，拟在前人研究的基础上，对孙中山对传统文化的因袭与创新再做一简单梳理，敬请方家指正。

一、孙中山学习中国传统文化的历程

孙中山自称："幼读儒书，十二岁毕经业。"② 他9岁入村塾，先后学习了《三字经》《千字文》《幼学琼林》《古文评注》以及四书五经选读等。这是当时中国普通农家子弟一般所能受到的启蒙教育，也是为正式进入儒学教育做准备。孙曾向塾师要求讲解所读书籍内容的意义，却遭到拒绝，他发誓以后要自己读出书中的道理来。③ 但由于后来很快就转入接受西式教育，幼年的这段短暂的私塾学习经历并没有给他打下多少国学根基，后来孙中山曾称"我亦尝效

---

① 《孙中山全集》第7卷，北京：中华书局，1983年，第60页。
② 《孙中山全集》第1卷，北京：中华书局，1983年，第47页。
③ 桑兵主编、於梅舫、陈欣著：《孙中山史事编年》第1卷，北京：中华书局，2017年，第12—13页。

村学生,随口唱过四书五经者,数年以后,已忘其大半。"① 1879 年,13 岁的孙中山随其母远赴檀香山探望其兄孙眉,并先后入读当地的伊奥兰尼学校、奥阿厚书院,接受英国式教育。1883 年回国后又到香港就读于拔萃书室和中央书院,同样为英文学校。直到 1886 年 20 岁时进入广州的博济医学院学医,才在课余请陈仲尧教授国文。一年后他转到香港西医书院,"陈亦同行,遂仍日就陈读"②,这是孙中山第二个集中学习中国传统文化的时期。从孙中山的求学经历来看,他所受的传统文化教育有限,未经名师指教,极不系统,主要靠自己勤奋自学。至于其所自称的"于中学则独好三代两汉之文",恐怕只能限于对四书五经及《史记》《汉书》精神大意的浅表理解及对其中一些经典文辞的引用。孙中山曾承认自己是通过读西译的四书五经来理解中国文字、中国历史的。③ 孙中山的秘书邵元冲对此有更为详尽的描述:"总理自言,幼时旅港肄业,所习多专于英文,嗣而治汉文,不得合用之本,见校中藏有华英文合璧四书,读而大爱好之,遂反复精读,即假以汉文之教本,且得因此而窥治中国儒教之哲理。又英译本释义显豁,无汉学之注疏繁琐晦涩,领解较易。总理既目识心通,由是而对中国文化,备极钦崇,极深研几,以造成毕生学术之基础。"④

　　孙中山后来走上职业革命家的道路,更是无暇专研中国历代典籍,也没有撰写出有关中国传统文化的长篇著述,也来不及对"文化"作全面的"界定",他对中国传统文化的渊源流变脉络并没有学理把握,因此,从纯学术角度看,很难称孙中山为中国传统文化的集大成者。虽然孙中山没有受过系统的传统文化教育,但并不表明他没有受到中国传统文化的深刻影响,这是因为他出生、生长在中国,即使留学、流亡海外期间,也主要是生活在华人群体间,中国传统文化(尤其是广义的隐性意义上的传统文化)潜移默化地影响着孙中山的行事与思维方式。同时,孙中山实现其政治奋斗目标的主战场在国内,他的思想理论的鼓动对象也主要是中国民众,所以,他就必须以让国人听得

---

① 《孙中山全集》第 3 卷,北京:中华书局,1983 年,第 321 页。
② 冯自由:《革命逸史》(初集),第 14 页。
③ 《孙中山全集》第 3 卷,北京:中华书局,1983 年,第 321 页。
④ 邵元冲:《总理学记》,参见尚明轩、王学庄、陈崧编:《孙中山生平事业追忆录》,北京:人民出版社,1986 年,第 694 页。

懂、愿意听的言辞来进行宣扬，即"以古讲今"。如此一来，他的相关言论、著述中就要有大量中国传统文化的因素，所以我们可以在他留存至今的演讲稿和著述中见到他时不时地引用古圣先贤的名言警句。正因如此，某种程度上说，孙中山对中国传统文化的言说，学理性并不严谨，有着鲜明的为其政治奋斗目标服务的实用主义色彩。

二、对中国传统文化充满自信心

近代以来，中国积贫积弱，饱受帝国主义列强欺侮，几近亡国灭种的境地，这对国人的民族自信心打击很大，不少人产生了自卑和媚外心理，感觉中国一切不如人，包括政治制度在内的传统文化受到怀疑。到新文化运动时期，新生民国只是空挂了一块"民主共和"的牌子而社会却鲜少进步的现状令部分忧国忧民的知识人对国家前途备感失望，并因而产生焦躁愤激情绪，他们认为，单靠政治革命不能根本改造社会，只有从精神上割断与传统的一切联系，才能推动社会进步。当时思想界甚至出现了"全盘西化"的声音。但孙中山却始终对中国的历史、中国的文化充满自信，他认为专制政治才是阻碍中国社会进步的最大因素："几世纪以前，中国为现代世界上各文明国之冠。到了现在，中国文化停滞，西方各国驾乎我上，我反瞠乎其后。这全由于中国政治背道而驰"。① 按照他的看法，"如果有了良政府，社会的文明便有进步，便进步得很快。若是有了不良政府，社会的文明，便进步得很慢，便没有进步"。中国历史的发展进程显示，"周朝何以有那么好的文明呢？便是因为有文、武、成、康的良政府。到了秦始皇焚书坑儒以后，政府便不良，文明便退化。弄到古时已经有了的文明，到后来几乎绝迹"②。因此，他要发动反清革命，建立现代的民主共和制度；民国建立后，他要"护国""护法"，发动国民革命，以捍卫真正的民主共和制度。辛亥革命成功在望之际，身处返国途中的孙中山在经过欧洲时，即主张"取欧美之民主以为模范，同时仍取数千年前旧有文化而融贯之"③。民国初年，他又表示："我中国是四千余年文明古国，人民受四

---

① 《孙中山全集》第9卷，北京：中华书局，1983年，第151页。
② 《孙中山全集》第8卷，北京：中华书局，1983年，第318页。
③ 《孙中山全集》第1卷，北京：中华书局，1983年，第560页。

千年道德教育，道德文明比外国人高若干倍，不及外国人者，只是物质文明。"①他认为中国文化不仅比澳洲、檀香山土人、印度山人、菲律宾人和北美黑奴要高得多，若"不以近代文化发达的情形比"，中国文化甚至"较西方各国的文化高得多"。②

孙中山对待传统文化的态度有两个显著特征，其一是与同时代的一般趋新思想家不同，他很少流露出根本否定传统文化的倾向。对于新文化运动，孙中山赞成其纳新的一面，至于吐故，至少文化上未表赞同。在三民主义演讲时大谈传统文化，很大程度上也是对新文化运动疑古、反传统和西化风潮的间接批评，不赞成简单地全盘反传统。③孙中山批评"一般醉心新文化的人""以为有了新文化，便可以不要旧道德"。他认为中国有"很好的道德"，"我们现在要恢复民族的地位"，"就要把固有的旧道德先恢复起来"④。"有了很好的道德，国家才能长治久安。"⑤在孙中山看来，中国固有的"忠孝""仁爱""信义""和平"，"便是我们民族的精神"，"不但是要保存，并且要发扬光大，然后我们民族的地位才可以恢复"⑥。

孙中山对传统文化采取具体问题具体分析的态度，很少将中西文化做笼统的类比和简单的是非判断。例如他将文明分为物质和心性两方面，"持中国近代文明以比欧美，在物质方面不逮固甚远，其在心性方面，虽不如彼者亦多，而能与彼颉颃者正不少，即胜彼者亦间有之。彼于中国文明一概抹杀者，殆未之思耳"⑦。这些令新文化派大不以为然的见解，恰好反映了孙中山对待传统文化的态度与之有别。

随着时间的推移，孙中山的理论体系中越来越多地加进了传统文化的因素，到了晚年，他更将传统儒学说成是三民主义的理论本源，更将三民主义视为儒学的继承和发展。他曾表示："我辈之三民主义首渊源于孟子，更基于程

---

① 《孙中山全集》第2卷，北京：中华书局，1983年，第533页。
② 《孙中山全集》第9卷，北京：中华书局，1983年，第149-150页。
③ 参见桑兵：《孙中山与传统文化》，《桑兵自选集》，广州：中山大学出版社，2017年，第132页。
④ 《孙中山全集》第9卷，北京：中华书局，1983年，第243页。
⑤ 《孙中山全集》第9卷，北京：中华书局，1983年，第242页。
⑥ 《孙中山全集》第9卷，北京：中华书局，1983年，第247页。
⑦ 《孙中山全集》第6卷，北京：中华书局，1983年，第179-180页。

伊川之说。孟子实为我等民主主义之鼻祖。社会改造本导于程伊川，乃民生主义之先觉。其说民主、尊民生之论，见之于二程语丝，仅民族主义，我辈于孟子得一暗示，复鉴于近世之世界情势而提倡之也。要之，三民主义非列宁之糟粕，不过演绎中华三千年来汉民族所保有之治国平天下之理想而成之者也。"①他对《大学》中所概括的"政治哲学"给予高度评价："就人生对于国家的观念，中国古时有很好的政治哲学。我们以为欧美的国家近来很进步，但是说到他们的新文化，还不如我们政治哲学的完全。中国有一段最有系统的政治哲学，在外国的大政治家还没有见到，还没有说到那样清楚的，就是《大学》中所说的'格物、致知、诚意、正心、修身、齐家、治国、平天下'那一段的话。把一个人从内发扬到外，由一个人的内部做起，推到平天下止。像这样精微开展的理论，无论外国什么政治哲学家都没见到，都没有说出，这就是我们政治哲学的知识中独有的宝贝，是应该要保存的。"②

孙中山对华夏光辉灿烂的文明历史感到由衷的自豪。他以"四大发明"为例，说明"从前中国人的能力还要比外国人大得多。外国现在最重要的东西，都是中国从前发明的"。他又以人类的衣食住行所需品为例，说明中国的先进性："譬如就饮料一项说，中国人发明茶叶，至今为世界之一大需要，文明各国皆争用之。以茶代酒，可免了酒患，有益人类不少。讲到衣一层，外国人视为最贵重的是丝织品。现在世界上穿丝的人一天多过一天，推究用蚕所吐的丝而为人衣服，也是中国几千年前发明的。讲到住一层，现在外国人建造的房屋自然是很完全，但是造房屋的原理和房屋中各重要部分都是中国人发明的，譬如拱门就是以中国的发明为最早。至于走路，外国人现在所用的吊桥，便以为是极新的工程、很大的本领。但是外国人到中国内地来，走到川边、西藏，看见中国人经过大山，横过大河，多有用吊桥的。他们从前没有看见中国的吊桥，以为这是外国先发明的，及看见了中国的吊桥，便把这种发明归功到中国。由此可见中国古时不是没有能力的，因为后来失了那种能力，所以我们民族的地位也逐渐退化。现在要恢复固有的地位，便先要把我们固有的能力一齐都恢复起来。"③

---

① 《孙中山全集》第 9 卷，北京：中华书局，1983 年，第 532 页。
② 《孙中山全集》第 9 卷，北京：中华书局，1983 年，第 247 页。
③ 《孙中山全集》第 9 卷，北京：中华书局，1983 年，第 250-251 页。

孙中山非常珍视传统文化，但在利用传统文化建构其革命和建设理论时，却能秉持信而不泥的理性态度。他并非书斋式的学问家、思想家，自称"余所治者乃革命之学问也，凡一切学术有可以助余革命之知识及能力者，余皆用以为研究之原料，而组成余之革命学也"①。对于古代典籍，孙中山的态度是"如能用古人而不为古人所惑，能役古人而不为古人所奴，则载籍皆似为我调查，而使古人为我书记，多多益善矣"②。

三、孙中山所承袭的传统文化

孙中山的三民主义思想承袭了中国传统文化的诸多优秀因子，这从他阐释宣扬其革命思想、政治学说时大量引经据典可窥其一端。

他在讲到民权时明确指出：两千多年前的孔子、孟子便主张民权。孔子说："大道之行也，天下为公。"又"言必称尧舜"；孟子说："民为贵，社稷次之，君为轻。"又说："天视自我民视，天听自我民听。"又说："'闻诛一夫纣矣，未闻弑君也。'他在那个时代，已经知道君主不必一定是要的，已经知道君主一定是不能长久的，所以便判定那些为民造福的就称为'圣君'，那些暴虐无道的就称为'独夫'，大家就应该去反抗他。由此可见，中国人对于民权的见解，二千多年以前已经早想到了。"③ 他创立五权宪法，以五权分立制来克服三权鼎立的弊端，就是吸收中国古代的弹劾和科举考试制度。他认为这两种制度"在我国并非新法，古时已有此制，良法美意，实足为近世各国模范。古时弹劾之制，不独行之官吏，即君上有过，犯颜谏争，亦不容丝毫假借。设行诸近世，实足以救三权鼎立之弊。至于考试之法，尤为良善，稽诸古昔，泰西各国大都系贵族制度，非贵族不能做官。我国昔时，虽亦有此弊，然自世禄之制废，考试之制行，无论平民贵族，一经考试合格，即可做官，备位卿相，亦不为僭。此制最为平允，为泰西各国所无。厥后英人首倡文官考试，实取法于我，而法、德诸国继之"④。

---

① 邵元冲：《总理学记》，参见尚明轩、王学庄、陈崧编：《孙中山生平事业追忆录》，北京：人民出版社，1986年，第839页。
② 《孙中山全集》第6卷，北京：中华书局，1983年，第179-180页。
③ 《孙中山全集》第9卷，北京：中华书局，1983年，第262页。
④ 《孙中山全集》第3卷，北京：中华书局，1983年，第346-347页。

孙中山有鉴于晚清以来国势衰弱、国人道德沦丧的现状,主张恢复固有的旧道德,振奋民族精神,以振兴国家。晚年他在宣讲民族主义时,明白指陈:"中国从前是很强盛很文明的国家,在世界中是头一个强国,所处的地位比现在的列强像英国、美国、法国、日本还要高得多。""为什么从前的地位有那么高,到了现在便一落千丈呢?此中最大的原因,我从前已经讲过了,就是由于我们失了民族的精神,所以国家便一天退步一天。我们今天要恢复民族的地位,便先要恢复民族的精神。"他又说,"有了很好的道德,国家才能长治久安"。他强调"穷本极源,我们现在要恢复民族的地位,除了大家联合起来做成一个国族团体以外,就要把固有的旧道德先恢复起来。有了固有的道德,然后固有的民族地位才可以图恢复"。孙中山这里所指的固有的旧道德,是指忠孝仁爱信义和平,也就所谓"八德"。他说:"现在受外来文化的压迫,侵入了新文化,那些新文化的势力此刻横行中国。一般醉心新文化的人,便排斥旧道德,以为有了新文化,便可以不要旧道德。不知道我们固有的东西,如果是好,当然是要保存,不好的才可以放弃。"他未使用"八德"这个通用词,但他对之作了详细的分析,肯定其价值,并将忠字的忠君改为"忠于国、忠于民,要为四万万人去效忠"。他进而指出:"我们旧有的道德应该恢复以外,还有固有的智能也应该恢复起来。""中国有什么固有的知识(智能)呢?就人生对于国家的观念,中国古时候有很好的政治哲学。""中国有一段最有系统的政治哲学,在外国的大政治家还没有见到,还没有说到那样清楚的,就是《大学》中所说的'格物、致知、诚意、正心、修身、齐家、治国、平天下'那一段的话。把一个人从内发扬到外,由一个人的内部做起,推到平天下止。"他认为,孔子从前说"席不正不坐",由此便可见他平时修身虽一坐立之微,亦是很讲究的。到了宋儒时代,他们正心、诚意和修身的功夫,更为严谨。现在中国人便不讲究了。①

孙中山对军人精神的宣扬也体现了对传统文化的继承。他以"智、仁、勇"作为军人精神教育的要义,强调"革命须有精神,此精神即为现在军人之精神。但所谓精神,非泛泛言之,智、仁、勇三者,即为军人精神之要素。能发扬这三种精神,始可以救民,始可以救国"。"智、仁、勇"的论说最早

---

① 《孙中山全集》第 9 卷,北京:中华书局,1983 年,第 242—249 页。

出自《论语·子罕第九》:"子曰:'智者不惑,仁者不忧,勇者不惧'"。对于智的来源,孙中山认为若由学问上致力,则能集合多数人之聪明,以为聪明,不特取法现代,抑且尚友古人。简单说来,军人之智,是别是非,明利害,识时势,知彼己。说到仁,孙中山认为,智是辨利害的,"仁则不问利害如何,有杀身以成仁,无求生以害仁。求仁得仁,斯无怨矣"。针对古来说仁者不一而足的现象,他说:"据余所见,仁之定义,诚如唐韩愈所云'博爱之谓仁',敢云适当。博爱云者,为公爱而非私爱,即如'天下有饥者,由己饥之;天下有溺者,由己溺之'之意",这博爱之仁,包括救世之仁、救人之仁与救国之仁。他还将行仁与实行三民主义联系起来,说实行三民主义,以成救国救民之仁。对于"勇"字,孙中山解释说:"孔子有言'勇者不惧',可见不惧为勇之特征。"又谓"勇之种类不一,有发狂之勇,所谓'一朝之忿,亡其身,以及其亲'者也。有'血气之勇,所谓思以一毫挫于人,若挞于市朝'者是也。有无知之勇,所谓'奋螳臂以挡车轮者'是也"。这些都是小勇,而非大勇。而军人之勇,是在成仁取义,为世界上之大勇。他认为,军人之勇是长技能,明生死。至"明生死"一层,人生几十年,终不免一死,是死于牖下抑死于疆场,在明生死之辨,如孟子所谓"所欲有甚于生者,舍生而取义也"。在讲到军人的"决心"时,孙中山要求考虑"成功""成仁"。"不成功,毋宁死,死即成仁之谓,古之志士有求之而不可得者"。①

孙中山大力宣传的"博爱"思想也来自于中国传统文化。"博爱"一词来源于《孝经·三才》"是故先之以博爱,而民莫遗其亲",具兼爱、泛爱之义。孙中山将解释三民主义民有、民治、民享,与自由、平等、博爱联系起来,说"博爱的口号,这个名词的原文是'兄弟'的意思,和中国'同胞'两个字是一样解法,普通译成博爱,当中的道理,和我们的民生主义是相通的"②。孙中山十分看重韩愈《原道》中所谓"博爱之谓仁"的说法,他一生多次为他人或公共场所题"博爱"二字。他对《礼记·礼运》篇中孔子所描绘的大同世界更是十分向往,认为那是"人类宝筏,政治极则",是"吾人无穷之希望,最伟大之思想"。曾手书以赠人。

---

① 《孙中山全集》第6卷,北京:中华书局,1983年,第16-35页。
② 《孙中山全集》第9卷,北京:中华书局,1983年,第283页。

四、对待外来文化:开放、融汇、创新

孙中山并不是一个文化保守主义者,在对待外来文化方面,孙中山力主"必须使我们的国家对欧洲文明采取开放态度"①,"将取欧美之民主以为模范,同时仍取数千年前旧有文化而融贯之"②。"内审中国之情势,外察世界之潮流,兼收众长,益以新创。"③"发扬吾固有之文化,且吸收世界之文化而光大之,以期与诸民族并驱于世界,以驯致于大同。"④"但是恢复了我们固有的道德、知识和能力,在今日之世,仍未能进中国于世界一等的地位,如我们祖宗之当时为世界之独强的。恢复我一切国粹之后,还要去学欧美之所长,然后才可以和欧美并驾齐驱。"⑤

虽然孙中山主要是通过向西方学习来探寻救国救民道路的,但他并不认为中国应该跟在西方后面亦步亦趋、照搬照抄。他之所以有如此认识,一方面与他对中国国情的体认有关,另一方面与他长期流亡国外,对西方资本主义国家的诸多社会弊病有着清楚的观察有关。关于国情,他明确指出:"中国几千年以来社会上的民情风土习惯,和欧美的大不相同",因而"不能完全仿效英美"。强调"我们能够照自己的社会情形,迎合世界潮流做去,社会才可以改良,国家才可以进步;如果不照自己社会的情形,迎合世界潮流去做,国家便要退化,民族便受危险"⑥。对于西方国家的弊端,他曾指出:"伦敦脱险后,则暂留欧洲,以实行考察其政治风俗,并结交朝野贤豪。两年之中,所见所闻,殊多心得。始知徒致国家富强、民权发达如欧洲列强者,犹未能登斯民于极乐之乡也;是以欧洲志士,犹有社会革命之运动也。"⑦ 1906 年 12 月,他在东京《民报》创刊一周年庆祝大会的演讲中明确指出:"文明有善果,也有恶果,须要取那善果,避那恶果。欧美各国,善果被富人享尽,贫民反食恶果,

---

① 《孙中山全集》第 9 卷,北京:中华书局,1983 年,第 344 页。
② 《孙中山全集》第 1 卷,北京:中华书局,1983 年,第 560 页。
③ 《孙中山全集》第 7 卷,北京:中华书局,1983 年,第 1 页。
④ 《孙中山全集》第 7 卷,北京:中华书局,1983 年,第 60 页。
⑤ 《孙中山全集》第 9 卷,北京:中华书局,1983 年,第 251 页。
⑥ 《孙中山全集》第 9 卷,北京:中华书局,1983 年,第 320 页。
⑦ 《孙中山全集》第 6 卷,北京:中华书局,1983 年,第 232 页。

总由少数人把持文明，故成此不平等的世界。我们这回革命，不但要做国民的国家，而且要做社会的国家，这决是欧美所不能及的。"①

在孙中山的思想文化体系中，既看不到门户之见，也看不到宗派观念，他对各种文化是采取为我所用、拿来主义的态度，认为："大凡一种思想，不能说是好不好，只看它是合我们用不合我们用，如果合我们用便是好，不合我们用便是不好。"②

五、孙中山在中国近代文化嬗变历程中的地位

孙中山在博采中西文化之长的基础上，以海纳百川的胸襟对古今中外文化进行了创造性的思考，提出了其独具特色的文化创新之路，成为中国近百年历史上融通中西文化，改造中国传统社会进程中的关键人物之一。

毛泽东在抗战时期说过一段话："我们是马克思主义的历史主义者，我们不应割断历史。从孔夫子到孙中山，我们应当给以总结，承继这一份珍贵的遗产，这对于指导当前的伟大的运动，是有重要的帮助的。"③ 如何理解毛泽东所讲的"从孔夫子到孙中山"这句话的含义呢？李维武教授对此进行了很好的解读，他说这句话"不仅是指由孔子所代表的中国文化和中国思想的古代传统，而且包括了由孙中山所代表的中国文化和中国思想的现代传统；因此，继承'从孔夫子到孙中山'，实应当包括总结和承继中国文化和中国思想的古代传统和现代传统"。"'从孔夫子到孙中山'中的'孙中山'，在这里可以说兼具两层含义：一是指中国革命先行者孙中山，二是指孙中山所代表的中国文化和中国思想的新传统。"④ 可以说，毛泽东肯定了孔子、孙中山在中国历史或者说中国文化史上的地位。孔子往往被视为中华传统文化的符号，孙中山也可以被视为近代中国文化的符号，他们两人在对中华文化的形塑上，均有着举足轻重的贡献，增加了中华文化的含金量。

关于孙中山文化理念的价值，著名的孙中山研究专家桑兵教授在评价孙中

---

① 《孙中山全集》第 1 卷，北京：中华书局，1983 年，第 237-238 页。
② 《孙中山全集》第 9 卷，北京：中华书局，1983 年，第 216 页。
③ 《毛泽东选集》第 2 卷，北京：人民出版社，1991 年，第 534 页。
④ 李维武：《"从孔夫子到孙中山"：我们应当如何继承》，《马克思主义与现实》，2009 年第 6 期。

山对传统文化的态度时说:"综观孙中山的一生,对待传统文化既有一以贯之的坚信,又有因时而变的权通。其既不墨守陈规也不轻言割弃的态度,使之与反传统主义及文化保守主义区别开来,不仅当时独树一帜,也留给后来一种可资借鉴的思路。"① 孙中山是一个职业革命家,不是一个枯坐书斋苦思冥想的思想家,他无暇撰写长篇文化论著,也来不及对"文化"作全面的"界定",但他却在长期的革命实践中提出了一系列有关文化建设的真知灼见。他因袭中国固有的思想作为文化建设的基础,进而把西方先进思想引入中国本土文化之中,并在此矛盾融合的过程中进行创新,从而构建了三民主义理论体系,成为推动中国文化由传统走向现代的佼佼者。在中西文化激烈碰撞的大背景下,孙中山推动了中华文化的创新,对中国文化向何处去的问题,找到了一个合理答案。他的思想体系、爱国情怀和革命精神是留给后来人的宝贵精神财富,是中国近代文化中极有价值的组成部分。文化创新仍是中国走向现代化绕不过去的关口,孙中山对待传统文化和西方文化的辩证态度以及融汇贯通的创新精神,仍值得我们学习。

---

① 桑兵:《孙中山与传统文化三题》,《近代史研究》,1995 年第 3 期。

经学的三种含义与儒学的现代化

陈声柏

兰州大学哲学社会学院院长、教授

经学研究,毫无疑问是近年来中国哲学研究的热点领域之一。经学研究自然涉及我们作为现代学人如何面对古代经典的问题,就我有限的阅读范围简而论,当前的"经学研究"成果,我以为至少包含了两种不同的类型:一种是指对传统经学知识的讨论,属于经学史的范畴;另一种是指借解读儒家经典来处理当前的现实问题,被视为是传统经学的复活或现代运用。其实这是两个不同层面、不同性质的议题。这就涉及怎么去理解"经"和"经学"的含义,以及我们今天怎么对待和研究"经"和"经学"的问题。限于篇幅,虽然我们不会详细分析讨论这些区分,但是在讨论之前先预存这些问题意识是重要的。

在正式进入主题之前,我们先讨论一个前阶性的问题:"经学研究"是如何被中国哲学学人再次关注到的?窃以为,"经学研究"引起中国哲学界的关注是跟"中国哲学合法性"问题的讨论密切相关的,是反思、回应中国哲学内在价值与中国学术自主性的产物。从20世纪90年代起,先有张祥龙教授[1]、王晓兴教授[2]、葛兆光教授[3]等对使用西方哲学概念、范畴、体系诠释中国传统文献、经典、思想的研究范式的反思,指出由此导致在中国哲学、思想中中国身份的主体性缺失。而这个问题在郑家栋教授那里被更尖锐地概括为"中国哲学合法性"问题,再后来刘笑敢教授进一步将这种中国哲学面临的困境表述

---

[1] 张祥龙:《海德格尔思想与中国天道——终极视域的开启与交融》,北京:生活·读书·新知三联书店,1996年。

[2] 王晓兴:《道、逻各斯与社会历史变动——关于中西哲学范畴比较的一点思考》,《兰州大学学报(社会科学版)》,1998年第1期。

[3] 葛兆光:《中国思想史》(第1卷),上海:复旦大学出版社,1998年。

为"反向格义"问题①。而早在中国哲学创立之初,胡适先生写了半部中国哲学史的犹豫与冯友兰先生在写两卷本《中国哲学史》的自觉就已经透露出这种尴尬与选择。时至今日,中国哲学研究面临两方面困境:一方面是自觉(西方)哲学学科的不适;另一方面又忧虑中国身份的缺失。回应困境,顺势而起,经学研究就此引起了中国哲学研究学界的关注和重视。正如彭永捷教授所言,"经学学科(研究),部分消解了(中国哲学)合法性问题"②。拜读近来不少经学研究倡导者的大作,面对百来年的中国现代学术传统,进行了颇有见地的反思和批评,比如新文化运动中的激烈反传统倾向、中国哲学学科建构过程中的扬西学抑中学取向、儒学研究的自主性问题等,毫无疑问,这些声音都有助于儒学内在价值的发现和自主性的呈现。可是,今天随着泛民族主义情绪愈来愈浓烈,我们到底应该怎么研究经学呢?儒学研究应该从传统经学中获取什么滋养?这里又涉及经学含义的理解与儒学现代化的问题。

一、"经学"的语义分析:三种含义

我们的讨论从"经学"这个概念的含义开始,当前大家使用的"经学"一词,其指陈的对象,不管在外延/内容还是内涵/视角方面,都未必是一致的。

如李存山教授所见,"一般认为,经学始于汉武帝'独尊儒术''表章六经'以后"③。这种认识最具代表的应该是朱维铮教授,他认为,经学"特指中国中世纪的统治学说。具体地说,它特指西汉以后,作为中世纪诸王朝的理论基础和行为准则的学说"④。因而它"必须满足三个条件:一是它曾经支配中国中世纪的思想文化领域;二是它以当时政府所承认并颁行标准解说的'五经'或其他经典,作为理论依据;三是它具有国定宗教的特征,即在实践领域

---

① 刘笑敢:《"反向格义"与中国哲学研究的困境》,《南京大学学报((哲学·人文科学·社会科学版))》,2006 年第 2 期。

② 彭永捷:《中国哲学学科合法性问题的研究》,《黑龙江社会科学》,2014 年第 3 期。

③ 李存山:《反思经学与哲学的关系》(上),《哲学研究》,2011 年第 1 期。

④ 朱维铮:《中国经学与中国文化》,《复旦学报》,1986 年第 2 期。

中，只许信仰，不许怀疑"①。这或许是新文化运动以来最主流的看法，也是影响最为广泛的一种看法，比如严正教授就说："汉代经学是儒家经学的确立阶段。先秦时期只是经学思想的酝酿期和发生期，严格说来，儒家经学只有在汉代被立于官学，成为官方意识形态后才得以正式确立。"② 以上关于"经学"的含义是指，汉代"独尊儒术""表章六经"之后，定为一尊的官方意识形态的"制度"儒学，特别是隋唐以后跟科举考试高度融合的知识、制度形态。这种理解是中国现代学术的一般看法，也更符合后来形成的经史子集的中国图书分类传统，因为经史子集四类不是平等并列的关系，而是按照重要性具有"中心-边缘"形塑秩序的框架。我们称之为"狭义经学"。在此意义上，经学是儒学的一个历史发展阶段，其范围小于儒学。

但是，经学所面对的"经典"毫无疑问在汉代以前就形成了，这就是所谓的"经"或"经书"。马宗霍先生在《中国经学史》中并不从汉代写起，而是从之前的"古之六经"与"孔子之六经"的"经书"写起。事实上，对"六经"（或"五经"）的训解和阐述，早在孔子之前就存在了，更不要说春秋战国诸子百家的开放解释和理解了，因为"六经"（"六艺"）不只是儒家独享的思想资源，很可能是诸子百家共同的思想渊源，《庄子·天下篇》所论"道术为天下裂"正有此意，诸子百家即是对以"六经"为主的传统经典的一家之说甚或是片面理解或批评而已。如果"经学"是指"关于这些经典的训诂注疏、义理阐释以及学派、传承、演变等等的学问"③，上述"狭义经学"的界定就显得过度狭窄，至少无法容纳汉代之前的解经传统。也正因为此，以儒家"六经"为中心，经学的开端被认识是可以追溯至先秦时期孔子之后（"孔子之六经"，经今文学）、甚至孔子之前（"古之六经"，经古文学）的解经传统的。这是当前从事经学研究的同仁更为接受的经学含义，比如有人就以为，"所谓经书专指孔子经典化的六经而言。而'经学'是指先秦及汉以后诠

---

① 朱维铮：《中国经学与中国文化》，《复旦学报》，1986年第2期。
② 姜广辉主编：《中国经学思想史》（第2卷），北京：中国社会科学出版社，2003年，第3页。
③ 姜广辉主编：《中国经学思想史》（第1卷），北京：中国社会科学出版社，2003年，第2页。

释六经或十三经的学问"①。与前述"狭义经学"相比,毫无疑问,这是一种更为广义的经学界定,它在内容上不只是包含汉代"独尊儒术""表章六经"以后的狭义经学,还包括更为久远的汉代之前的先秦儒家经典诠释传统。我们称其为"广义经学"。这种意义的经学,官方(朝廷)认可未必是成立的必备条件,这种理解的出现有可能是因为受到后来狭义经学内容的影响,追溯其渊源导致的思想产物而已。持"狭义经学"观念的人,将汉代之前的先秦经典诠释传统视为其渊源,称为"经学思想",主张"广义经学"含义的人,则视汉代以前的儒家经典诠释传统就是内在于经学传统本身的一部分。这是一般学术意义上的对中国"经学"含义的理解,我们称之为"广义经学"。就此而论,儒学只是经学的一种形态或一个阶段,经学的范围较儒学更大。

上述两种"经学"含义的共同之处都是以儒家为中心的。传统中国,因为汉代以后官方意识形态与经史子集的图书分类的形塑作用及历史惯性,将经学仅限于儒家范围是可以理解的,这也是中国学术思想史某一层面的真实写照。但是如果站在现代学术的视角,走进真实的历史,诉诸学理的梳理,对于"经学"的含义,还有第三种理解的可能。

就先秦思想史研究的共识而论,如果我们接受"古之六经"可以视为先秦诸子共同的思想资源或渊源的话,甚至不管诸子百家是对"六经"或以"六经"为基础的其他经典进行正面的解释和继承,还是负面的批评和发展,包括孔子开创的儒家在内的诸子百家之学都可以视为是"经学",对当时"六经"经典进行训解、阐发、批判的诠释之学,正所谓"经学与子学的学问性质相同。孔学与其他子学,都在对'前孔子之经'加以继承和诠释,传记、经学与九流之学在此意义上同源同质,属广义的子学范畴"②,"经学即子学"③。就此意义而言,"经学"远非局限于儒家思想,是指以经典为中心,对其进行诠释的各家各派之学问。后来形成春秋战国时期的诸子百家又宗自家门派的经典,比如《道德经》之于道家、《墨经》之于墨家等等。"传""子"升格为"经",不一而足,就学理论,不同流派的思想不可以有自己的"经

---

① 吴根友、黄燕强:《经子关系辨正》,《中国社会科学》,2014年第7期。
② 吴根友、黄燕强:《经子关系辨正》,《中国社会科学》,2014年第7期。
③ 吴根友、黄燕强:《经子关系辨正》,《中国社会科学》,2014年第7期。

学"系统吗？更不要说后来的儒释道各自的思想传统，佛和道应该也可以分别形成各自的佛家经学和道家经学？这是一种更开放更合乎学理更符合字面含义的"经学"理解，也正是在这种意义上，才有游斌教授倡导的"比较经学"研究的可能。因为"经学"的这种理解是以"经典"为中心的，为了区别于上述局限于儒家传统的狭义经学与广义经学，我们称之为"经典之学"。事实上，此种含义只是"广义经学"含义的学理延伸而已，跟随魏源、梁启超的"以复古为解放"的诠释原则，我们为什么要止步于汉代，望洋于先秦之真相而不顾，自限限人，我们今天要的是面向未来的开放的"经典之学"，而非停留于故纸堆中的死"经学"。

区分"经学"一词在当前使用中的三种不同含义，并不是要否认三者之间的因承关系或融合关系。只是提醒大家注意这种区别，可以帮助我们厘清不少误解和错判，比如看清新文化运动时期反对传统文化到底反对什么？同时，我们也注意到当前的不少讨论，有些人也正因为没有注意这三种含义的区分，以致在大作分析讨论中可能指陈不清。

二、经学与中国哲学

接下来要处理经学与中国哲学的关系，这是近代儒学现代化的一部分。从经学到哲学，的确是新文化运动一代学人有意为之的事情。蔡元培、王国维、胡适、冯友兰、章太炎（有反复）等为什么要反对经学？从以上经学的三种含义区分出发，他们反对的不可能是"经典之学"，甚至连"广义经学"都不是，而是定为一尊、束缚自由、与专制社会合谋的"狭义经学"。他们反对的更多是经学这种独尊的形式，以及与此相关的政治伦理主张和制度安排，而非对经典的一味否定，这跟现代国家观念和现代学术的理解有关。我们在怪罪以上诸贤时，是不是有些避重就轻？

的确，从经学到哲学，经历了"降经为史""升子为哲"[①]的过程。章太炎倡导的"六经皆史"（章学诚）的观念、顾颉刚的古史辨运动起到了打击经

---

① 补记：张丰乾师兄以为这里"降"字改"阐"字更为准确，就"六经皆史"的本义与章太炎的具体态度言，我同意师兄的指正；但是，如果从经史子集不平等的分类顺序看，将位于第一的经解释为第二位的史，要么取消了经，要么降低了经的意义，窃以为，客观上起到了"降"的效果。

学至尊地位的作用，而诸子学暗合哲学也使得自己的地位逐步上升，以至于今天站在西方哲学的立场上，子学比经学更像哲学。这一思路可能更加集中地体现在章太炎强调"经学、子学研究方法"的差异上，"在章太炎看来，说经之学，其用在考迹异同，发明历史真相，乃'客观之学'，讲究实事求是，'以比类知原求进步'；诸子之学，其要在寻求义理，陈说人生奥秘，乃'主观之学'，讲究自坚其说，且'以直观自得求进步'"①。经过这样的升降之后，经子的地位较之经史子集的年代自是大不一样了，哲学也就借此获得了中国的命名。

这里面其实暗地里是有一个非常简单的逻辑，章太炎非常推崇章学诚"六经皆史"的观念，认为"经学是客观之学"，在传统的经史子集的分类中，起到了"降经为史"的效果；另一方面，章太炎也觉得子学更像是哲学，是"主观之学"，事实上达成了"升子为哲"的后果。一降一升，导致在哲学学科，经学实际上被扫地出门，旁落成为历史学研究的领地。如果我们再深问一层，之所以"降经为史""升子为哲"，其实是有一个很强的西方的印记的，是想跟西方的哲学对接，那在这种对接之下经学能做什么呢？正所谓"哲学名下，经学何为？"诚如彭永捷教授所言，"经学学科（研究），部分消解了（中国哲学）合法性问题"②。与此同时，彭教授也指出了他的担心："但我们要把关于经学的研究和用西方思想来从事经学研究区分开，在讲经学历史和经学思想史的时候，力求把中国自身的思想传统讲清楚，不要用西方哲学胡乱附会。否则，过不了几年，大家又会去讨论经学学科的合法问题。"③ 就我的理解，经学传统对于中国哲学研究而言，是"中国性"的价值之源，也是中国哲学研究的史料。总体而言，两者可以独立研究、各自发展，也可相互借鉴、交叉影响。对于彭教授的担心，感同身受；但更相信，中国哲学本质上就是比较哲学，一种诠释学。这一点我同意唐文明教授的看法："诠释作为一种证明过程，

---

① 陈平原：《中国现代学术之建立——以章太炎、胡适为中心》，北京：北京大学出版社，1998年，第243页。

② 彭永捷：《中国哲学学科合法性问题的研究》，《黑龙江社会科学》，2014年第3期。

③ 彭永捷：《中国哲学学科合法性问题的研究》，《黑龙江社会科学》，2014年第3期。

才是中国哲学真正的诞生过程。通过诠释，使中国思想呈现为哲学，从而证明中国本来就有哲学，而且是一种具有自身特质的哲学。因此，如果把中国思想看作是一种非哲学式的文化思想传统，而从诠释学—修辞学的角度来看，那么，所谓中国哲学，就是中国思想的哲学化诠释。"① 陈少明教授提倡的"做哲学"的路子也是我所认同的。比较并不意味着必然西化，以西格中。而是可以来自于西方的哲学为参照，像是给我们自己找到了或多了一面镜子。一方面我们可以由此总结出普遍哲学的"总相"，另一方面我们可以在比较参照中更清楚地认识自己的"别相"。从"哲学在中国"，到"反向格义"，有了今天的反省，对中国传统的固有之学有了相当的了解和理解，可望可以恢复到"正向格义"阶段，最终达成"中国的哲学"。

三、到底怎么研究经学？儒学现代化应该从传统经学中获取什么滋养？

其一，两个前提性的问题：第一，是否认为中国也需要经历从传统到现代的改变？所谓"数千年未有之大变局"，由中心—边缘的天下，到并列齐肩的世界。陈方正教授就论证过，五四运动具有跟启蒙运动一样的"与传统决裂"的性质。并进一步追问："倘若启蒙运动和'五四'的确有本质上的相同之处，那么很自然地，我们必须追问，这是否为传统社会向现代蜕变之际的普遍现象？"② 我们接受这个"数千年未有之大变局"吗？第二，如何评价新文化运动？偏好经学者更多地看到的是新文化运动割裂传统的罪过，与第一个前提性问题相关，新文化运动对于当前的经学研究可否有些正面价值呢？贺麟先生就曾有言："五四时代的新文化运动，可以说是促进儒家思想新发展的一个大转机。表面上，新文化运动是一个打倒孔家店、推翻儒家思想的大运动。但实际上，其促进儒家思想新发展的功绩与重要性，乃远远超过前一时期曾国藩、

---

① 唐文明：《中国思想的隐秘渴望》，载唐文明著：《近忧：文化政治与中国的未来》，上海：华东师范大学出版社，2011 年，第 96 页。

② 陈方正：《"五四"是独特的吗？——近代中国与欧洲思想转型的比较》，《二十一世纪》，1999 年第 3 期。

张之洞等人对儒家思想的提倡。"①

其二，一种可能的开放路径：借鉴神学（特别是《圣经》研究）与宗教学的区分，经学研究可以以宗信为前提，按照原本中国的传统进行整体研究，类似神学（当然儒学是否是宗教一直有争论，这并不影响本人的看法）研究；经学研究也可以从客观世俗之角度，以现代学术，文史哲、政经法，甚至社会学、经济学的不同研究理路分而思之，类似宗教学之研究。两者可以分别进行、相互借鉴，也可以相互讨论批评。当下，这两种理路的研究其实都已经各自开始，并有互动，但是，与其过分执着于出于门户之见的两种理路之间的批判和否定，不如就具体学术问题进行踏实研究和多多对话。

在这里，需要特别指出的是，如同宗教学创始人麦克斯·缪勒（Friedrice Max Müller）1873 年在其著作《宗教学导论》中说的名言，"只懂一种宗教的人，其实什么宗教也不懂（更流行的译文为：只知其一，一无所知）"②，意思是说，宗教学从本质上讲就是比较宗教学，中国哲学就更是如此了，如前所言，本质上就是比较哲学。比较的方法和视野，不是我们要不要的问题，而是深嵌于现代的我们无法逃脱的宿命。比较的眼光如同为我们寻得了镜子，我们可以借机多方位地审视自己，既可以综合归纳出具有世界普遍性的"总相"，又便于发现具有自己特殊性的"别相"。

其三，不应忽视的尝试——跨学科的眼界。挂一漏万，比如，由中山大学陈少明教授和刘小枫教授倡导多年的《经典与解释》的研究理路（出版辑刊和研究丛书）；葛兆光教授在 1996 年前后对中国哲学史写法的反思；汤一介教授在 20 世纪初倡导的"中国解释学"的创建；游斌教授近年来主编的《比较经学》，等等。

其四，如何学习研究经学中的"小"学：目录学、文字学、音韵学、校勘学、训诂学、考据学等？又如何具体处理辞章、考据、义理之间的关系，以致贯通一气，而免于汉宋之争呢？这是经学研究的"技艺"，也或许是更为紧

---

① 贺麟：《儒家思想的新开展》，参见钟离蒙、杨凤麟主编：《中国现代哲学史资料汇编（第三集第五册）"新心学批判"》，沈阳：辽宁大学哲学系内部出版，1982 年，第 139 页。

② （英）麦克斯·缪勒：《宗教学导论》，陈观胜、李培茱译，上海：上海人民出版社，1989 年，第 11 页。

迫的任务。

四、分析与讨论

限于篇幅，最新的一些争论这里就不一一列举了，只是概括性地提出我们的问题：

第一，传统与现代：作为经学的儒学面对现代社会需要做出怎样的调整？

第二，"经典之学"还是"经学"：需不需要拒斥作为意识形态的制度"经学"？

第三，研究儒学的多元视角可以同时存在吗：分与合的关系？

这就是敝人抛出的"砖"，没有什么新见，只是表达了一些常识性的意见而已，敬请批评指正。我的立场是，应该持有开放的心态与眼光欢迎站在多元的立场研究经学，我反对的不是对经学的研究或者经学的某种主张，而是以经学的方式研究经学，也就是说，我反对的是它的排他性以及独尊的自以为是，如此而已。

心体与证道：林希元《四书存疑》之学脉思考①

陈逢源

政治大学中文系特聘教授

前 言

明代儒学可以从不同角度切入，程朱理学也可以从不同系统梳理，相较于宋代士大夫的文化思潮，明代学术不免让人感觉风景已殊，然而晚明阳明心学既起，促发三教融合，却又展现精彩纷呈、多元并起风采，明代存在复杂思想形态，不是只有一条发展主线而已，也远不是单一视野即可了解，甚至从程朱理学脉络而言，解开"斥异端"之后，原本排斥佛、老，转为三教融合，打破"格物"的理解，不假外求，则有阳明心学兴起②，可见理学松动所带来的思想变化。然而满清灭明，天地崩裂却促发思想务实主张，产生士大夫之无耻是谓国耻的反省③，思想变化翩其反矣，思想推动历史，历史也有助于检视思想，学术影响之深由此可见。事实上，过往学者也尝试突破明代学术史窠臼，钟彩钧先生以为明代哲学思想以心学最有创见，但学者往往集中于心学内容观察，其实在理、气、心、性的复杂关系中，程朱理学在明代也有所发展④；吕妙芬教授以"地方"为视角，结合地方志、地域学术史、族谱与士人文集等

---

① 本篇论文为"学脉、科举、改本——林希元《四书存疑》之学术系谱分析"计划所获得之成果。助理李松骏、游乔茵同学协助检核，在此一并致谢。

② （明）王守仁撰：《王阳明全集》，吴光等编校，卷1云："心即道，道即天，知心则知道、知天。"又曰："诸君要实见此道，须从自己心上体认，不假外求始得。"上海：上海古籍出版社，第21页。

③ （清）顾炎武撰，（清）黄汝成集释：《日知录集释》卷13《廉耻》，石家庄：花山文艺出版社，第602-603页。

④ 钟彩钧撰：《明代程朱理学的演变·前言》，台北：中研院文哲所，第1页。

材料，突破过往观念史的叙事，从而可以得见多元视域的理学①；王汎森教授更是以重访执拗的低音，提醒要注意主流之外第二、第三层的潜流，提醒包括"几十年来我对宋明理学中与'心体'有关部分的了解，可能值得再思"②。明代在阳明心学的主旋律下，其实还交杂多层、多轨的不同声音，甚至"心体"究竟如何也还有待深究，可以说不清楚明代儒学思想，宋代程朱学术也就没有着落；不梳理明代程朱理学，则东亚儒学视域也就没有参照的基准；甚至回归于当代，民国以来思想必溯及于清代，而清代思想内涵，必究之于明朝，明代思想作为近现代思想的基础，在不同层面当中都有隐没而不可忽略的存在，而对于明代思想的好奇，乃是学术史必须突破的重要问题。

　　林希元，字茂贞，号次崖，生于明成化十七年（1481），卒于嘉靖四十四年（1565），年八十五，福建泉州府同安县人。年纪稍小于阳明，正德十一年（1516）丙子福建乡试中举，正德十二年（1517）丁丑进士，入仕晚于阳明，《明史·儒林传》载："历官云南佥事，坐考察不谨罢归。所着《存疑》等书，与琛所着《易经通典》《四书浅说》，并为举业所宗。"③仕途既不顺，学术也仅是举业而已，略略陈述，并无太多讯息。黄宗羲《明儒学案》仅列名于蔡清、罗钦顺、张岳传记之中，无法考其学行。④然而考其生平，初任南京大理寺评事，嘉靖即位，上呈《新政八要疏》⑤，以立邦国之基；任泗州通判，撰成《荒政丛言疏》⑥，提出救灾活民之术；任广东按察佥事，有端正士风之

---

　　① 吕妙芬撰：《多元视域中的明清理学》，《理学与地方》，新北：联经出版事业公司，第9页。

　　② 王汎森撰：《执拗的低音：一些历史思考方式的反思·序》，台北：允晨文化实业公司，第10、15-16页。

　　③（明）张廷玉等撰：《明史》卷282《儒林一》，北京：中华书局，1974年，第7235页。

　　④（明）黄宗羲撰：《明儒学案》，台北：华世出版社，1987年，卷46，第1097页、卷47，第1108页、卷52，第1226页。

　　⑤（明）林希元撰：《新政八要疏》，收入（明）林希元撰，厦门市图书馆编：《林次崖先生文集》上册卷1，何丙仲校注，厦门：厦门大学出版社，2015年，第13-21页。

　　⑥（明）林希元撰：《荒政丛言疏》，收入（明）林希元撰，厦门市图书馆编：《林次崖先生文集》上册卷1，何丙仲校注，厦门：厦门大学出版社，2015年，第28-42页。

策①；任大理寺右寺丞，则有《王政附言疏》等，凡所主张，无不秉持儒者治国之念，以求匡风正俗，甚至对于内外之患，都有务实之策，剀切陈言，大有助于国家，嘉靖十四年（1535）谪守钦州，卓有治绩，后起用为广东按察司佥事分巡海北兼管珠池兵备，也颇有建树，却因安南之策，与朝堂不合，嘉靖二十年（1541）落职回乡，最后在嘉靖二十八年（1549）上《改正经传以垂世训疏》③，为蔡清所改《大学》内容发声，结果竟是削去官籍。④ 林希元为学、为官、为人皆无违儒者本色，进退之际，笃志励行，学行所在，兼有经略之能与干事之才，虽然与世龃龉，却始终秉持宗朱立场，不仅鼓吹闽地学人勇于整治学风，也与阳明后学相与论辩⑤，阻止阳明心学流布⑥，矫正时人过于缺失自信，从而在心学流传之际，反映出闽学一脉不同的视角，撰成《四书存疑》既是切己检讨，也有力主朱学之义。晚近小岛毅教授指出明代理学有福建朱子学与浙江阳明学，福建朱子学正是以蔡清为中心位置展开⑦，然而闽学一脉学人从蔡清、陈琛、林希元，延续闽学传统价值，而真正回应阳明心学的则是林希元，标举心体，高举证道，思以改变世局，饶有卫道之功，王一樵《从"吾闽有学"到"吾学在闽"：15至18世纪福建朱子学思想系谱的形成及实

---

① （明）林希元撰：《谢恩明节疏》，收入（明）林希元撰，厦门市图书馆编：《林次崖先生文集》上册卷4，何丙仲校注，厦门：厦门大学出版社，2015年，第159页。

② （明）林希元撰：《王政附言疏》，收入（明）林希元撰，厦门市图书馆编：《林次崖先生文集》上册卷2，何丙仲校注，厦门：厦门大学出版社，2015年，第52-93页。

③ （明）林希元撰：《改正经传以垂世训疏》，（明）林希元撰，厦门市图书馆编：《林次崖先生文集》上册卷4，何丙仲校注，厦门：厦门大学出版社，2015年，第164-165页。

④ （明）董伦等修：《明世宗实录》载"诏焚其书，下希元于巡按御史问，寻褫其冠带为民。"收入黄彰健等校勘《明实录附校勘记及附录》卷368，第6584页。

⑤ （明）林希元撰：《复季明德同年书》云："《传习录》往尝得之，与蔡希渊、黄诚甫诸友辩论，往往不合，要未实见得，未敢易言也。拙性最钝，凡看义理，苟自无实见处和朱子底也，疑觉是病。"（明）林希元撰，厦门市图书馆编：《林次崖先生文集》上册卷5，何丙仲校注，厦门：厦门大学出版社，2015年，第172页。

⑥ （明）林希元撰：《与张净峰提学书》《与张净峰提学书二》，（明）林希元撰，厦门市图书馆编：《林次崖先生文集》上册卷5，何丙仲校注，厦门：厦门大学出版社，2015年，第205-207页。

⑦ （日）小岛毅撰：《中国近世における礼の言说》，东京：东京大学出版社，第178-179页。

践》以"得君行道"与"改正经传"一节,勾勒林希元学术之所向,甚至言其"透过《四书存疑》撰写,林希元在明帝国的边缘发动的是一场思想的战争"①,高令印、高秀华《朱子学通论》则列林希元为明代后期福建朱学传衍最后一人②,地位由此可见,只是对于林希元的学术研究不多,讨论尚少,是以撮举观察,提供参考。

一、学思历程

林希元私淑蔡清,与陈琛友好,不仅受蔡清后人请托重刊《蒙引初稿》,撰成《南京国子祭酒虚斋蔡先生行状》,成为了解蔡清最重要的文献,而"元之学也后,每恨不得与诸贤及先生之门"③,更可见其一生宗奉,终身景仰;而与陈琛友好,引为同道,云:"希元愚戆无似,于时多龃龉,恋升斗之禄,徒慕紫峰之高,而未能脱屣从之。"④ 钦慕之心,溢于言表,则又可见欣赏之情。林希元整理前贤著作,强化乡里情怀,深化学术信仰,明代闽学一脉,虽以蔡清为首,但是考察彼此关系,其实是以林希元为核心所形成的学术社群,闽学从蔡清、陈琛而下,林希元大力表彰,串联提倡,无疑是极重要的学者。只是生平既乏梳理,学术也难窥其貌,所幸同乡蔡献臣编次文集,撰成《林次崖先生传》,表彰其志怀,提供仕履的说明;清人修《福建通志》述及前贤,言之稍详⑤,然而仍不足以了解其学行;近人何丙仲校注《林次崖先生文集》,并且编撰《林次崖希元先生年谱》附于其后,林希元之笃志励行,遂有可以考见的方向。⑥ 林希元世代务农,六岁延师读书,以科举为事,自觉生于海滨

---

① 王一樵撰:《从"吾闽有学"到"吾学在闽":十五至十八世纪福建朱子学思想系谱的形成及实践》,台湾师范大学历史学系硕士论文,2006年,第73页。

② 高令印、高秀华撰:《朱子学通论》,厦门:厦门大学出版社,2007年,第301-308页。

③ (明)林希元撰,厦门市图书馆编:《林次崖先生文集》下册卷14《南京国子祭酒虚斋蔡先生行状》,何丙仲校注,厦门:厦门大学出版社,2015年,第533-537页。

④ (明)林希元撰,厦门市图书馆编:《林次崖先生文集》上册卷9《赠陈紫峰先生南归序》,何丙仲校注,厦门:厦门大学出版社,2015年,第333-334页。

⑤ (清)金鉱、郑开极纂修:《〈康熙〉福建通志》,载《北京图书馆古籍珍本丛刊》35册,北京:书目文献出版社,1988年,第2309-2310页。

⑥ 何丙仲撰:《林次崖希元先生年谱》,收入(明)林希元撰,厦门市图书馆编:《林次崖先生文集》下册,厦门:厦门大学出版社,2015年,第709-738页。

之地，见闻不广，颇为遗憾，因此关注乡贤前辈蔡清，具有强烈的乡里认同情感，云：

> 元平生颇有书癖，不幸生长海滨，少不接中州文献，又遭家多难，年二十一始获就学。乡有先正蔡虚斋，竟不及游其门，终身为恨。求师当世洪笔丽藻之士，则不入于理家；谈道德者，又空虚诡诞之溺而无用。不得已，求之于心，亦时有见。然知音者希，裁正无人，重以疑惑为心，良亦苦矣。迩以鄙见求正高明，乃独蒙与可，私心之喜岂特知己之故，实得朋之幸也。对面剧论，尤为至愿。寒食考满北上，此愿想可以偿矣。窃谓执事有所得，亦宜随手笔之，以备他日参考，庶道理有所发明。缘这道理无穷，不是一人能见得尽，亦不是一家事拾遗补漏，固前辈所望于后人也。然紫阳之学，占得地步大，未可轻议，其遗缺处要亦千百之一二耳。元所以不敢尽同于彼者，亦拾遗补漏，效忠前辈之意，非敢故为异同也。①

林希元自述为学既晚，但必须说明所谓之"学"，并非应举之学，而是程、朱以道为尚的理学，因此才会有对追求辞藻华丽的文学，或是空谈道德无实用学术的批判，丽藻之士，有失于理；谈道德者，流于虚妄，对于华而不实的贬抑，可以了解是个性使然，然而更多的是宋以来理学濡染的结果，因此对于蔡清倾慕追仰，引为终身学习目标，而求诸当世之人可以切磋相益，期待学以日进，所谓"求之于心，亦时有见"，强调可以"随手笔之，以备他日参考"，道理无穷，有待体证，不论是施之于己，或是提醒于他人，可以了解其实是林希元自己学术的操持方式，然而人各有所见之余，特别申明对于朱熹的看法，强调"紫阳之学，占得地步大，未可轻议"，主要进行"遗缺处要亦千百之一二"的补缺工作，而远宗朱熹、近尊蔡清的主张，成为明代闽学一脉的重要指标，这在撰成《重刊四书蒙引序》一文中，深有反省，云：

> 考亭而后复三百有余年矣，国朝以经术造士取之，以是尊经也。
> 又胡不闻近世之病经有三：科举也、诗文也、道学也。科举以经义，已则支裂经言，押阖时好，其失也市；诗文以纪述，已则遗外经传，

---

① （明）林希元撰：《与王蘗谷中丞书》，收入（明）林希元撰，厦门市图书馆编：《林次崖先生文集》上册卷54，何丙仲校注，厦门：厦门大学出版社，2015年，第190页。

雕镂枝叶，其失也荒；道学以希圣，已则尘落故实，空谈性解，其失也霸。三者出而经芜矣。理之于经，譬金之矿，玉之璞，珠之蚌，珊瑚、玳瑁、象犀之生绝域，非穴深山，不可以获。世未有以是求者，顾以三者病之，恶能明？是故明经有术，勇力拔山不能攻其坚，明见万里不能烛其微，辩驾诸侯不能解其难。退焉若有所怯讪乎？似不能言疾，雷不惊、火不焚、水不溺，纤纤徐徐，握道之枢；勉勉汲汲，循道之则；渊渊默默，守道之极；暗暗昧昧，明道乃会；纤纤剪剪，斯道乃显。孰能与于斯哉？其吾虚斋夫子乎！予未之能逮也，愿与学者勉之。①

林希元重刊蔡清《四书蒙引》之余，反省自朱熹之后明以科举取士，四书成为国朝举士重要经典，只是利禄之下，却产生三项流弊：首先是迎合时好，心中充满世俗功利；其次，追求辞藻华彩，忽略经旨的追求；最后就以道学自许之士，也往往是空谈性理，未能上究圣人，可见人心产生异化，经学也产生异解，而蔡清绵密细致的参悟体证当中，回归于四书正确诠释，可以提供有效的解决之道，化解现实科举、诗文、道学所产生的问题，对于蔡清学术的尊仰，由此可见，而"握道""循道""守道""明道"以道为尚的诉求，足以证明林希元认取的学术宗旨，乃是朱熹指引的尊经明道心法，也是程朱理学当中的核心要义，林希元的判教思考，成为检视明儒高下的标准，云：

> 自科举之学兴，天下之士始则浮华于文辞，终则破碎于经义，遂失浑厚之体，至国朝弘治间极矣。蔡虚斋先生崛起南服，以理学教学者，遂盛行于海内。先生以高明之资，尤能明发明师旨，至有青出于蓝之誉。②

王宣为蔡清门下高第，弘治十七年（1504）中举，不幸会试失利，以养亲为辞，藏身隐退，道之所在，行之所在，态度一如其师。林希元褒扬友人高行，深加慰勉，对于科举更是深有反省，念兹在兹，期以改正浮华文辞、破碎

---

① （明）林希元撰：《重刊四书蒙引序》，收入（明）林希元撰，厦门市图书馆编：《林次崖先生文集》上册卷7，何丙仲校注，厦门：厦门大学出版社，2015年，第242页。
② （明）林希元撰：《王一曝先生文集序》，收入（明）林希元撰，厦门市图书馆编：《林次崖先生文集》上册卷7，何丙仲校注，厦门：厦门大学出版社，2015年，第266-267页。

经义的情况,唯求回归于经旨要义,标举王宣学术成就,也直指师门信念所在。蔡清《四书蒙引》回归朱熹学术,乃是结合科举进行的学术改革,用意在于改变士林风气。① 以士卫道,以道养士,重视科举制度,留意举业文字,成为林希元延续闽学一脉的重要主张,因此反复致意,深有反省,云:

> 今世学者期一科一第而止耳,既得一第,旋忘其故业,遂逐于富贵声利之途,终日营营,官不高、富不极不止也。苟可以得富贵者,皆将不顾性命而为之,此其最下者。其或故业不忘,又驰情于词章华藻之习,诗文必汉唐、书法必晋体。竭一生之力以要时誉,于身心性情了无关涉,经世之术漫焉不讲。若此者,虽于富贵声利有间,亦亦末矣。又有驰志高远,超脱凡近,遗外传注,目程、朱为支离,喜谈象山易简之学,听其言,若姬、孔复生;考其行,则乡党自好者不肯为,使后生疑其似而莫辨其真。此惑世之巨奸,圣门之大盗,反不如志富贵声利者之任情,靡他质,实靡伪也。舜臣既举进士,犹好学不已,辞炎热而就凉,散去俗态而遵古道。予知其不以富贵声利为事矣。厌迹时讲学之弊,言之深切痛快,其识见有非老师宿儒之所能及,予知其不为异学所惑矣……夫徇外者遗内,逐末者忘本。是故记诵之富,真源之薄也;词藻之工,道德之衰也。②

洪朝选,初名舜臣,嘉靖二十年(1541)进士,林希元勉励后辈之余,指出一般人科举得官的心态,从争逐富贵声色,到纵情辞章华藻,再到驰志高远,让人逐渐失去根本;而另一方面,学者驰志高远、务求超脱的结果,却是喜谈易简之学,同样令人担忧。学子以科考为目标,然而入仕之后,反而逐渐迷失方向,既非学者之幸,也非国家社稷之福,批判既犀利又深刻,闽学之可贵,正是循朱学脉络,留意科举得失,对于士风尤为关注,唯有究析于理,才

---

① (明)蔡清撰:《四书蒙引原序》云:"国家以经术造士,其法正矣,第士之所以自求于经者浅也,盖不务实造于理,而徒务取给于文,文虽工,术不正,而行与业随之矣。举子业之关于世道也如此。"(明)蔡清撰:《四书蒙引》《原序》,台北:商务印书馆,第2页。

② (明)林希元撰:《送芳洲洪子之任南都序》,收入(明)林希元撰,厦门市图书馆编:《林次崖先生文集》上册卷8,何丙仲校注,厦门:厦门大学出版社,2015年,第289页。

能回归于道，对于世道与人心充满热情，对于学风变化无比留心，身心性命之学，经国治世之术，才是林希元认取的学术，也才是程、朱所传正脉，相较于此，林希元攻击象山之学，疑似而乱真，直指为"惑世之巨奸，圣门之大盗"，批判立场更甚于蔡清。① 事实上，虽然林希元所言为象山之学，但其实对于嘉靖一朝阳明心学流布的疑虑更深，道是在人生历练当中成就，绝非凭空揣想、玄虚轻巧可以得之，蔡清实有成绩，乃是从经典当中得来，秉道而行，怀抱立身治国信念，成为林希元尊仰原因，回归于四书，撰成《四书存疑》乃是个人追随先贤的成果，云：

> 顾惟寡昧之资，短于闻道。庸致新故杂袭，萧稂莫分。重以海陬僻居，丽泽寡与，自进独难。时则有若先正虚斋，横经授徒，英隽云集。乃以三隅莫反，束脩未行。讵谓天不憖遗，哲人奄逝。爰即坟典自求我师，十载沉思，若将有得。无何宦辙东西，风波荡析，奚囊旧稿十丧二三。幸视学岭南，乃克兴修旧业，佑启我生。知我者谓既与斯文，不宜独善，乃以四子先付梓人。《学》《庸》甫就，鸿迹忽迁，南北奔驰，遂虚岁月。回盼往业，有似梦中。既而因病在告，乃复搜寻故纸，庸毕前功。《语》《孟》二疑，以次落稿。覆瓿之诮，庸知其免。闭户之勤，有足多者。门人胡、卞二子，请与《学》《庸》并刻为全书。或曰世方传注之病，易简是宗，奚乃之学？余曰："是何言与？夫义理玄微，穷之弗尽。故在古圣终日惶惶，有若曰博曰精，切磋深造，类皆繁难，奚其简易？且六经诸子于今俱在，使子舍传求心，去繁即简，岂能顿悟？是故陆子之学，智者之过，匪圣人之衷，大道之蠹也。"或闻之曰："余过矣。"二子喜曰："旨哉师言！请书以序。"②

林希元虽未能亲炙蔡清门下，但从经典入手，十年思索，终于有初步的成果，提学岭南时刊刻《大学存疑》与《中庸存疑》，历经官场波折后，经门人鼓吹又续成《论语存疑》《孟子存疑》，促成《四书存疑》成稿。《四书存疑》

---

① （明）蔡清撰：《虚斋蔡先生文集》卷4《读蜀阜存藁私记》云："此吾道正统所以卒归之朱子，而陆氏所就，犹未免为偏安之业也。"台北：文海出版社，第361页。

② （明）林希元撰：《四书存疑序》，（明）林希元撰，厦门市图书馆编：《林次崖先生文集》上册卷7，何丙仲校注，厦门：厦门大学出版社，2015年，第244页。

既是致敬蔡清的心得，也是延续闽学宗朱一脉心法操持的证明。林希元经历世局纷扰，因此深有自觉，相较于检讨功利、华丽、玄虚风气，更加集中于"易简"之学的批判，遗弃经典，唯求于心，可以更明显地知道是指阳明心学，对于病传注之繁、而求之于心的进路，认为有违圣贤宏谟懿行，有失儒者深造之功，引向错误的方向，完全违反儒家原道、征圣、宗经，道、圣、经一体的经教原则，因此直言为大道之蠹，指为智者之过，批判颇为严厉。这主要是因为心学于嘉靖一朝逐渐流布，影响日甚，成为林希元关注的重点。《四书存疑》刊刻之后，林希元又续有增补，云：

> 《四书存疑》，余窗稿也。昔提督岭南，曾刻《大学》《中庸》以示诸生，四方学者见而悦之，有不见全书之恨。入丞南大理，士多相从学问，于是金陵胡椿、胡栋、江都卞崃共求《论语》与《学》《庸》并刻，始为完书。建安王氏取其本，翻刻于书坊，顾字多讹脱，观者弗便。嗜利之徒见此书之行之远也，欲刻之而嫌起争，叉于《学》《庸》编首增入数条，更其名曰"明心"，义既不伦，名亦无谓。予病焉，思有以正之，未得也。废居林下，不忍自泯没，爰取旧闻复加温习。幸天不闭其衷，时有开益，经传子史顾有论著，此书亦有增改。阳溪詹文用氏既刻予《易疑》于书肆，复请曰："四书近为叶氏所乱，若以今本与文用刊行，彼当自废矣。"予喜曰："此吾志也。"乃与之，因道其故于编端，庸告学者。①

《四书存疑》刊成之后，坊肆争刻，讹脱既多，妄添内容，标为"明心"，更是让林希元深有疑虑，因此续加增订，重加刊刻，可见思索有成。检核前后有胡椿、胡栋、卞崃刻本，建安王氏刻本，叶氏刻本，以及阳溪詹文用刻本等，四种刻本均已亡佚，后则有崇祯八年（1635）酉酉山房刻《连理堂重刊四书存疑》，以及清顺治十年（1653）钟秉巘刻《重订林次崖先生四书存疑》。② 初步整理台湾典藏情形，以备查考：

---

① （明）林希元撰：《增订四书存疑序》，（明）林希元撰，厦门市图书馆编：《林次崖先生文集》上册卷7，何丙仲校注，厦门：厦门大学出版社，2015年，第245页。
② 徐长生撰：《〈同安林次崖先生文集〉新见刻书史料考》，《集美大学学报（哲学社会科学版）》第22卷，第4期，第24页。

题名	卷期页次	出版项	版本	收藏情形	藏书处
论语存疑	四册	台北县板桥：艺文，1966		存	成功大学图书馆 台湾大学图书馆 中兴大学图书馆 台湾中山大学图书与信息处 台湾清华大学图书馆 高雄师范大学图书馆 中正大学图书馆 静宜大学盖夏图书馆 桃园市"中央警察大学"图书馆
论语存疑	四卷		据日本承应二年（1654）覆刊明崇祯本影印	存	台北中研院文哲所图书馆
重刊次崖林先生四书存疑	十二卷	重庆：西南师范大学出版社 北京：人民出版社，2014	日本国立公文书馆藏明刊本 合刊：陈紫峰先生四书浅说	存	台北故宫博物院图书馆
四书存疑	十四卷，考异一卷		日本承应三年村上平乐寺重刊鹈信之训点本	存	台湾大学图书馆
四书存疑		影印年不详	据日本静嘉堂文库藏承应三年（1654年）刊本影印	存	台北"国家图书馆"

晚近影印日本国立公文书馆藏明刊本《重刊次崖林先生四书存疑》辑入域外汉籍珍本，清楚标示"续补"内容，有助于清楚地考察其废居于家的心得，取用最为方便，本文以此为参考内容，并佐以其他版本，以求明晰。

二、心体操持

朱熹融"敬"于"静",成为理学核心思想①,心体操持原就是儒者重要的修养工夫,不仅于《孟子·告子上》"心之官则思"引录范浚《心箴》②,在《论语·颜渊篇》"颜渊问仁"章,引程子《视箴》《听箴》《言箴》《动箴》,标示心法所在③,甚至在《中庸章句序》中引"人心惟危,道心惟微"④,申明道学的宗旨,朱熹对于心体的讨论与关注,一生以之⑤,作为修养的核心要求,明儒对此并不陌生,蔡清《四书蒙引》针对四箴,深入阐释,云:"此章言圣贤传授心法,盖从古尧舜禹汤文武周公其相传祕指,只是一精一执中,精则察夫二者之间而不杂,所谓至明以察其机也。一则守其本心之正而不离,所谓至健以致其决也。"⑥蔡清究析意念之动,所守精一之教,乃是纯乎朱学系统的心体体察,对于工夫所在,始终关注,以心为道德主体,林希元延续蔡清的思考,《四书存疑》强调"明明德"云:

> 心惟虚灵不昧,所以能承受许多道理,又能发出来应事,其他脏腑则不能矣。其灵又本于虚,但不可把虚灵分体用动静,又不可谓灵具众理,灵应万事,为何?盖虚灵虽有两样,却不可作两时看,其静时未尝不灵;其动时未尝不虚,曰心官至灵,何止言动,是静亦有灵也;曰以虚受,人是动亦本于虚也,何止是静,又具能应,是一串事,乃为分属虚灵,未免分裂破碎。⑦

---

① 陈逢源撰:《"道南"与"湖湘"——朱熹义理进程之检讨》,《"融铸"与"集程":朱熹〈四书章句集注〉之历史思维》,台北:政大出版社,第 207 页。
② (宋)朱熹撰:《孟子集注》卷 10《告子上》,《四书章句集注》,台北:长安出版社,第 335 页。
③ (宋)朱熹撰:《论语集注》卷 6《颜渊篇》,《四书章句集注》,第 132 页。
④ (宋)朱熹撰:《中庸章句序》,《四书章句集注》,第 14 页。
⑤ 陈逢源撰:《从"中和"到"仁说"——朱熹〈四书章句集注〉"爱之理,心之德"之义理进程考察》,《东吴中文学报》第 29 期,第 29 页。
⑥ (明)蔡清撰:《四书蒙引》卷 7,第 290 页。
⑦ (明)林希元撰:《重刊次崖林先生四书存疑》(《域外汉籍珍本文库》经部第四辑册 6,卷 1,胡椿、卞崍同校,据日本国立公文书馆藏明刊本影印,重庆:西南师范大学出版社),北京:人民出版社,第 393-394 页。

阳明悟出良知之教，成为心学核心信仰①，而相较于以良知言心体，林希元以虚灵言心，虚灵是心具明德的证明，明德在心，心体虚灵，灵本于虚，由虚而灵，本体虚灵不昧，所以可以具众理、应万事，承受许多道理。发以应事，静时未尝不灵，动时未尝不虚，超乎动静，虚灵是整体性存在，不能分别体用，破裂看待，因此心也不可切割，分别体用，林希元以"虚灵"了解心体，更能清楚心官功能，云：

> 圣人情顺万事而无情其用，不亦虚乎！心官至灵，其体不亦虚乎！且曰惟人也得其秀而最灵。又曰人心之灵，莫不有知，不成专言用，故曰虚灵，不可分体用者此也。②

人心之灵，莫不有知，圣人以虚应事，心官以虚而灵，人得五行之秀气，虚乃成德关键，对于心体描绘，来自于修养的观察，心体虚而有待，则能随感而应，各中其则；相反，如果心体不虚，难免私意发出，喜怒哀乐失其则，心不得其正，最终有害于心。虚是心体操持关键，唯有湛然虚明，鉴空衡平，才能体察天理流行。以虚应物成为心体修养的首要条件，有意思的是林希元特别强调虚灵一体，不可分体用，这成为反驳阳明心体的主张，心是复杂的存在，并非道德本体即可概括，否则有体无用，遗落一边的结果，无法虚以受物，心体反而难以操持。林希元《四书存疑》于《大学》"修身在正其心"章云：

> 忿懥、恐惧、好乐、忧患四者，皆心之用而人所不能无者，但要以虚待之，无以为之先，则虚灵之天，随感而应，喜怒、忧惧各中其则，而不失其本然之正矣。苟不能虚以待之，而四者或先有于胸中，则虚明之体为其所累，当其应物之时，都是这私意发出，喜怒哀乐必失其当然之则，而心不得其正矣！故以虚心应物，则物物皆顺道；以私心应物，则物物皆失则，甚矣！有所之为心害也，此《易》所以

---

① （明）王守仁撰：《王阳明全集》，吴光等编校，上海：上海古籍出版社，1992年，第21页。卷1云："心即道，道即天，知心则知道、知天。"又曰："诸君要实见此道，须从自己心上体认，不假外求始得。"

② （明）林希元撰，胡椿、卞崃同校：《重刊次崖林先生四书存疑》卷1，第393页。

贵于虚贞也。①

"虚灵"是形容人得之于天而具于心的情况，从而可以事理昭著，才能明明德，因此"虚灵"是了解"心"最为关键的词汇，心不能虚的结果，忿懥、恐惧、好乐、忧患失其则的结果，虚明为其所累，心不得其正，最后以私意发出，反而有害于心。虚为修养的重要工夫，由此可见，而心体虚灵亦可得而验。因此林希元特别申明心兼有理气，云：

> 盖人之脏腑，惟心居中最贵而独虚，血气周流于一身，皆统会于是。人得此气以有生，必有箇清爽处，其精英则尽萃于是，此心所以独灵于诸脏，又能管辖乎脏腑肢骸也。理气不相杂，气之精英在是，则许多道理亦皆在是；理无计度无营，为气则有计度有营，为凡理之承载敷施，皆气为之，故心也者，理气之会，神灵之物，一身之主，万事之纲也。②

林希元以心为理气相会的存在，理气不杂，各有所施，所得乎天者理也，所以得之者气也，人得此气以生，但心为神灵之物，一身之主，血气中枢，脏腑之中最贵而独虚，精英尽萃，其体虚灵，心兼有理气，为理气之会。林希元对此之关注，也展现在续补内容当中，云：

> 德者，得也。谓得乎天之理也。理在天地间未属人，只谓之理，及气聚成形而人生焉，此理具于人，方谓之德，言为人所得也。理具于人，具于心也。心如何具是理，理气在天地间，原不相离，气聚成形，则理在其中，心虽是气凝成形质，然有不滞形质者在，最为神妙，出入变化不测，是盖人一身之气，精英总会处，气虽充满于人身，然精英总会在心，此是形质之心，其精英便有灵觉，其总会在心，便四肢百骸无不管摄，故人之一身，此精英之心，实主之人身。③

人生有心，会气之精英而含理，以此称为心德，心虽是气，但能见理，可

---

① （明）林希元撰，胡椿、卞崃同校：《重刊次崖林先生四书存疑》卷1，第408页。

② （明）林希元撰，胡椿、卞崃同校：《重刊次崖林先生四书存疑》卷1，第394页。

③ （明）林希元撰，胡椿、卞崃同校：《重刊次崖林先生四书存疑》卷6，第541-542页。

见此乃林希元始终一贯的看法,理气不杂、不离,心为精英总会,虽然气充满于人身,但人有心就能得见天理的存在。"精英"成为解释心体兼有理气,以及可以由气见理的关键,心统性情,林希元以"精英"保证气有向上的契机,心有灵觉,也就无所谓存有不活动的问题,心是修养用功之处,精英主宰运用正当恰好,无偏曲邪僻之处,理也就豁然呈现,理无形而妙乎形,不离乎气也不杂乎气,微妙难认,却始终存在,心作为修养关键,在气的驱动下,遂有不同的形态,云:

> 自心之念虑言则曰意,自心之向往言则曰志,自心之具此理以生言则曰性,自心之得此理以为性言则曰德,自性之动则曰情,自情之能动则曰才,曰意、曰志,皆从心也,曰情、曰才皆从德性也,要皆气之为也。故性情之寂感,气之动静也;心之善恶,气之清浊美恶也;才之优劣,气之强弱也,人之不能尽其性情才德者皆气之为,而物欲之蔽则缘气而生也。①

心之念虑为意,心之向往为志,从心而出有意、有志,而从心之本有性、有德,自性之动而为情,自情之能动而为才,意、志从心而出,情、才从德性而出,可以了解在气的驱动之下,性、情、才、德渐次有不同的展现,形成人纷杂万端、参差不齐的形态,心为关键由此可知,层次复杂亦可得见。林希元甚至细分心得此理以为性则为德,从性而动则为情,性在心中得见,天理昭著,因此有德、有情,至于物欲之蔽,也是缘气而出的结果。心为理气之会,为精英总会之处,因此既不能单纯以心为理,也不能认为心为气而无理,因此修养工夫必须融通而进,云:

> 此处从来人都说作静而存养,动而省察,愚独不然,按上言道不可须臾离,则是无时不当戒谨恐惧也,独以为静可乎?下言谨独方是隐微处致察,都未说道显处也,概以为动察可乎?《章句》只说存养省察,都无动静,多少稳当。②

林希元以道无所不在,君子体道之功,回归于心念之动,应是无时无处不

---

① (明)林希元撰,胡椿、卞崃同校:《重刊次崖林先生四书存疑》卷1,第393页。

② (明)林希元撰,胡椿、卞崃同校:《重刊次崖林先生四书存疑》卷2,第421页。

在、通贯而行的工夫，两者相辅相成，并无所谓存养与省察两分情况，结合存养与省察，才能切中修养内涵，以及心体操持方式，时时存养，事事省察，存养时即省察，省察时即存养。道既是君子的坚持，无终食之间违仁，常存敬惧，虽不见不闻也不敢轻忽，无须臾毫发之不谨，用心所在，乃是确保工夫的纯粹与贯彻，强化君子以道自持的信念。就其修养目的而言，更为明确清楚，也确认修养方式不能以切割方式进行，会将动静分属，修养分为两截，林希元认为是后人误读的结果，云：

> 看来两节人之所以分动静者，是缘致中和条，《章句》"自戒惧而约之，以至于至静之中，无少偏倚，而其守不失，则极其中而大本之立益以固"句差来，不知彼之言固有所因，岂可缘彼而遂错认此也，何也？戒惧乎不睹不闻，则所睹所闻可知也，君子慎独者，戒惧乎所睹所闻之初，而在所不睹不闻之内也，必特言者，揭其要以示人也……或者缘此遂以戒惧为静时工夫，谨独为动时工夫，是不悟传注立言之旨，遂将正经大义错解也，甚矣！读书之难也。①

林希元认为动静之分乃是误读的结果，从戒惧而约之，以至于至静之中，错误联想到戒惧是静时工夫，谨独为动时工夫，然而两者并非并列存在，而是叠加关系，动是在静的基础上完成，戒惧以约之，极其中之大本，循此谨独而精之，以致其和，工夫并非两截，而是融通而进的结果。存养与省察也是同样的情形，君子无终食之间违仁，常存敬畏，虽不见不闻也不敢轻忽，无须臾毫发之不谨，用心所在，乃是确保工夫的纯粹与贯彻，强化以道自持的信念，就其修养目的而言，更为明确清楚，也更容易操作，静是守理而不失，动是顺性而不害，动静是心应事与未感的状态，并不是心分为两层，工夫因之有异，所以不存在支离问题。林希元心体操持有得，对于修养更有自信，也藉此回应阳明对于朱学的误解，云：

> 《传习录》非朱注于事事物物上求至善，却是义外也。不知其所谓求，是如求柴、求米之于外也，抑求之于心乎？若朱子是说求之于

---

① （明）林希元撰，胡椿、卞崃同校：《重刊次崖林先生四书存疑》卷2，第422页。

外，则谓之义外可也，若朱子未尝说求之于外，乌可以是言为义外哉？①

阳明认为朱熹求善于外，是义外、歧出之学，只是说法既非出自朱熹之口，批评显然出于个人误解，林希元从根源上断开，具有逻辑层面上的澄清作用。他指出争议核心所在，必须回归于朱学本身，未能深究朱熹学术也就难有真正的对话，此确实是阳明反省朱学的起点②。林希元认为既然出于误解，则必须回归朱学当中进行澄清，续补当中，还有更尖锐的批评，云：

> 《传习录》非朱注，谓于事事物物上求至善，却是义外也，至善是心之本体，又曰至善只是求诸心，心即理也，此心无私欲之蔽，即是天理，不须外面添一分，以此纯乎天理之心，发之事父便是孝，发之事君便是忠，发之交友治民便是信与仁，只在此心去人欲存天理上用功便是。据其说止至善，只是去人欲存天理，不可说于事事物物上讲求，盖恐落于义外也。不知若不讲求，将有错认人欲作天理，若申生之死孝、子路之死忠者，岂可不讲求；而此理只求之于心，亦不能为义外也，又谓要此心纯乎天理之极，非有学问、思辨之功，将不免于毫厘之差，千里之谬。又曰须有学问思辨之功，依旧是讲求也，不知如何又如此说，岂不自相矛盾。③

阳明主张理求之于心，不可于事事物物上讲求，避免支离之病；却又主张心极乎天理之极必须要有学问、思辨之功。前者强调圆顿直截，当下朗现，即本体即工夫；后者又认为要有修养，要有讲求，有工夫才有本体。本体与工夫

---

① （明）林希元撰，胡椿、卞崃同校：《重刊次崖林先生四书存疑》卷1，第396页。

② （明）王守仁撰：《王阳明全集》，吴光等编校，上海：上海古籍出版社，第2页。卷1"于事事物物上求至善，却是义外也"见于《传习录上》徐爱所录。语录之后附录《朱子晚年定论》，篇首云："《定论》首刻于南、赣。朱子病目静久，忽悟圣学之渊薮，乃大悔中年注述误己误人，遍告同志。师阅之，喜己学与晦翁同，手录一卷，门人刻行之。自是为朱子论异同者寡矣。师曰：'无意中得此一助！'隆庆壬申，虬峰谢君延杰刻师《全书》，命刻《定论》附《语录》后，见师之学与朱子无相谬戾，则千古正学同一源矣页。"卷3，第127页。回归于朱学方向想法相同，但方式截然不同。

③ （明）林希元撰，胡椿、卞崃同校：《重刊次崖林先生四书存疑》卷1，第396页。

之间,说法游移,立场已然矛盾,更何况缺乏讲求的结果,将人欲错解为天理,岂不纷乱迷惑,徒增困扰。这主要原因还是阳明未明心统性情的架构,因此混淆心与理,也就错解了心与性的关系,云:

> 其谓心即理,又心即性,及朱子说人为学分心与理,未免为二,亦不是。夫心与性尚有分,谓心为虚灵知觉断不可,此可以见心理之别矣,性是心所具之理,故曰心统性情,岂可谓心即性,子曰:"回也,三月不违仁。"仁即性,曰"心不违仁",是心与性固有分矣。①

心得天理而为性,但心不等同于性,心有虚灵知觉,但心不等同于虚灵知觉,性是心所具之理,心与性有分,林希元有清楚的分判,对于工夫是否支离,是否属于义外问题,也有进一步的补充,云:

> 阳明谓于事事物物上求至善是义外,是失记万物皆备于我,天生烝民,有物有则,民之秉彝之说也,物备于我,则格物于我物则秉彝,则格物于秉彝,安得为义外乎?②

林希元澄清所谓格物之物,并不是阳明理解的外在之物,而是民之秉彝的秉彝,有物有则之则。备于我心的物则秉彝,格物是格心之秉彝,是在日用之间、事事物物历练的结果,自然不能判为义外之说,并不存在义外问题。阳明无阶次的看法,既非朱熹主张,也不符合经文旨趣,是错解朱学的结果,立意纠举,愈偏愈错,也就有截然相歧的进路。林希元对于"物"有更进一步的补充,云:

> 这物字所该极广,后面齐家、治国、平天下许多事物,皆在这一物字内。或曰:物在外,知在心,曰致知在格物得无义外,若阳明所论乎!曰:物虽在外,其理则具于吾心,所以说万物皆备于我。又曰:中者天下之大本,皆以心具万物之理言也。心具物理,有不能知者,蔽于气禀尔,气禀虽蔽,而知依旧在。格物致知是穷极物理,还复这知,虽云格物,然是格之于内,不是格之于外,不是格之于外者,物虽在外,其理则具于吾心故也,所以致知在格物,不是求之于

---

① (明)林希元撰,胡椿、卞崃同校:《重刊次崖林先生四书存疑》卷1,第396-397页。
② (明)林希元撰,胡椿、卞崃同校:《重刊次崖林先生四书存疑》卷1,第397页。

外，阳明谓是义外，盖未了此也。①

将朱熹之"物"视为外在之物，所以是义外，但朱熹其实是在"人心之灵"下言"知"言"理"②，能够了解"物"之所指，也就能够清楚理学、心学分歧的原因，所谓之"物"并不是外物，而是相应于齐家、治国、平天下诸多心中的事事物物，心体虚灵，兼有性情，可以具众理、应万事，承受许多道理，日用之间历练与体证之下，心中有得于天理流行澄朗结果，理既具于吾心，万物皆备于我，所以格物并不是求之于外，而是反求诸己、格之于内的工夫。很显然阳明采取字面义，却未能通读前后，不明于此，造成许多错误的攻击，物虽在外，但其理则具于吾心，格物其实是格之于内，物既非外在之物，也就没有无法穷究的问题，也没有心与理为二的问题。林希元认为阳明说法不符合经文旨趣，重视"心体"却不了解心体虚灵，对于"物"也就视之为外，无法领会心具众理，有物有则之内，对于"物"理解的偏失，也就造成说解的偏差，产生许多误解。林希元从逻辑根源、推证立场，乃至于原文内容，全面梳理，厘清理学旨趣所在，阳明显然有扭曲与错解之处，回归于朱学脉络，心综纳万有，因此有修养操持的必要，有随事理会的进程，即事见理，不存在无法穷究外在事理的情形。林希元体证有得，遂有更为明晰的了解，也更有践道行道的自信。

三、道脉所在

林希元延续蔡清进路，回归经典，对于朱熹学术也就深有体会，学者进退之间，唯道所向，蔡清于成化二十年（1484）甲辰中进士，后出任礼部祠祭主事，正德改元，任江西提学副使，忤宁王宸濠，遂乞休，事见《明史·儒林传》③。日后宁王叛变为王阳明所平，然其未叛之时，骄矜放纵，蔡清丝毫不妥协，既展现了儒者的尊严，又能预于祸事之前远离是非，智慧远出于时人。阳明有平叛之功，勋业炳烛一世，人无异见，然而蔡清以道自持，回归于士人风骨，展现了另一种难进易退的坚持。廉顽立懦，却少有人了解端正风气之作

---

① （明）林希元撰，胡椿、卞崃同校：《重刊次崖林先生四书存疑》卷1，第400页。
② （宋）朱熹撰：《大学章句》，《四书章句集注》，第6-7页。
③ （清）张廷玉等：《明史》卷282《儒林一》，第7234页。

用，彰显道德教化之意义，影响更为深远。儒者有体有用，既怀抱时局之念，也能坚持而守，对于前贤风范，进退之间，唯道所向，林希元深有观察，道之所在，行之所在，学术濡染由此可见，学脉影响清晰得见。① 林希元回归于经典，寻求道之所在，云：

  《大学》之教，则在明德、新民、止至善，此是圣贤教人第一箇本子，古今圣贤论道讲学，虽门户不同，要皆不外乎此。学而外此，则非实学；为人而外此，则非全人。②

内明明德，外以新民，指引儒学使命所在，而止于至善，提供内圣外王全幅的学术事业。学者外此，非实学；为人外此，非全人。林希元不仅确立《大学》的地位，也彰显三纲的意义，用意不仅是诠释经典而已，而是藉此强化士人应有的责任，对于学者任道之志，深有激昂的作用，云：

  吾之心体与天地同其广大，万物无所不包；与天地相为流通，无物无所不贯。惟有自私自利的意思便狭了，若一膜之外，便为胡越，则狭小之极者也。故去自私自利之蔽则广大，不以一毫私意自蔽，则广大之极者。张子曰："大其心则能体天下之物，物有未体，则心为有外，有外之心，不足以合天心"，意正如此。③

引录张载之言，则又可见心与天地同其广大的主张，乃是理学家所传情怀

---

① 按：以其所撰：《自陈不职乞罢黜以弭天变疏》《患病乞归调理以保残躯疏》皆以自疏求退，而与张璁友好，张璁迎合大礼议，获世宗重用，然而"元平生因不作希世取宠事，故至今日岂以中道改节乎？昔与张罗峰共仕留都，相与甚厚，屡以大礼相援。元以福薄不足，以致远辞。是时，未有方、霍二公也。及谪泗州，张罗峰、桂见山奉诏北上，又亲至泗相援。元以既得罪，不可言大事辞。是时，未有致斋、久庵二黄也。使在留都能从罗峰之招，其位当在方、霍之上矣；使在泗能从张、桂之招，其位当在二黄之上矣。而皆不能。此元不能希世取宠之一验也。"见《复京中故人书》，（明）林希元撰，厦门市图书馆编：《林次崖先生文集》上册，何丙仲校注，厦门：厦门大学出版社，2015年，卷3《奏疏》，第101-104页，卷5《书》，第176-177页。

② （明）林希元撰，胡椿、卞崃同校：《重刊次崖林先生四书存疑》卷1，第393页。

③ （明）林希元撰，胡椿、卞崃同校：《重刊次崖林先生四书存疑》卷3，第454页。

所在，也就无怪乎其后引朱熹言"立心超乎万物之表而不为物所累是光明"[①]，爽情壮志，正是将天地万物置于儒者视域之下，又将一己投身于万物之中，昂然自在，无计度，无私意，所谓"民吾同胞，物吾与也"[②]，展现了儒者自处的态度。也就是因为以"理"通贯天人，所以才会有强烈的身处于天地间的自觉，这种自觉并不仅止于觉察道德形上本体存在，而是怀抱有天地万物的责任，以及天之所命在己的感受，在经旨指引之下，更多了使命感与情怀，林希元揭示儒者责任所在，深味有得，理学可贵在此，也才能在世局当中，进退有据，此于尊朱斥陆的说解当中，分辨尤为清楚，云：

> 朱子与陆子为学不同。陆子目朱子为支离，朱子目陆子为禅学。元儒吴草芦谓陆子尊德性之意居多，朱子道问学之意居多。盖调停之说。今就二家评之，陆子之学，谓人之一身，万物皆备，尧舜周孔，就在我胸中，先立其大者，则万理森然。毕举尧舜即我，我即尧舜，无事旁求，观其六经皆我脚注，六经注我乎，我注六经乎之言，其意可见矣。故其教人专欲立乎其大，不欲人去讲学，不知人之气禀不齐，圣人立教便分生知安行，学知利行，困勉知行三等，又有好学近智，力行近仁，知耻近勇一等。陆子天资高明，却是贤智之过，彼其合下，就无人欲之杂，其云"先立乎其大者"，诚非虚语。朱子亦谓其于心地不为无见是也。然谓天下之人皆如己，不必去讲学，如何可通？而其自处，亦未免太高、粗心，不除负气自贤其学之不能尽精微、道中庸尤见……今即其与朱子辩论，及平日所自处观之，吾见其自处太高，又粗心浮气，于《中庸》戒惧、谨独，尊德性之功，似未必尽，可观正蹈孟子助长之病。草芦以尊德性许之，未免阿所好，恐子思有灵，未必首肯。[③]

林希元思考朱、陆异同问题，事涉儒学判教，牵涉多矣，然而在"支离"

---

① （明）林希元撰，胡椿、卞峰同校：《重刊次崖林先生四书存疑》卷3，第454页。

② （宋）张载：《正蒙·乾称篇第十七》，见章锡琛点校：《张载集》，北京：中华书局，1978年，第62页。

③ （明）林希元撰，胡椿、卞峰同校：《重刊次崖林先生四书存疑》卷3，第456-457页。

与"禅学"的批评当中，吴澄以象山属于尊德性，朱熹则为道问学，两人各有分属，各具不同学术特色，朱与陆并列而起，同等而观，林希元直斥此为调停之说，既不正确，也有理解上的问题。首先，观察象山的主张并不符合圣人说法，以人资质而言，各有不同，行事成就，也各有机缘，人人气禀不同，因此一视同仁，原就不正确，至于直接要求天下之人不讲学，更是陈意过高的主张，回归于圣人原旨，回到现实情况，也就可以知道象山立乎其大的说法，标准未免过高，而思考则是太粗，不能尽精微，也难以道中庸，从而在《中庸》中说："故君子尊德性而道问学，致广大而尽精微，极高明而道中庸。"① 尊德性而缺道问学，致广大但未能尽精微，极高明却未可道中庸，各项均有偏颇，未必符合子思之教，更何况对于《中庸》戒惧、谨独工夫所在，更缺乏对应的思考，因此林希元认为象山有拔苗助长之病，并非儒学真确的理解。先立乎大，确实是理学认取的方式，但缺乏工夫的结果，不免陷于自负的偏差当中，失去心体修养工夫，已非儒家正道所在。因此过往学人认为象山乃尊德性一派的说法，不自觉陷于朱、陆对举形态，立场明显偏失。林希元认为朱熹其实是另一种进路，云：

> 朱子天分亦极高明，但所禀得中，不若陆子之过高，其学祖于伊川，曰"涵养须用敬，进学在致知"，则其平生之所受用者，考其为学教人，都是此意。盖拳拳以讲学穷理为务，而尤以极养本原，收拾放心为先。又其志在于著述，以继往开来，故于讲学穷理，工夫加倍其常，然于尊德性工夫，初未尝缺略，只是其心系着在此，分数未免太多。其解此章，愚意似有未能释然者，夫尊德性、道问学，本君子盛德之事也，朱子以存心致知解之。又曰："非存心无以致知，而存心又不可不致知。"则存心反似为致知而设，而为学者之始事，恐子思子尊德性之意，未必如此。盖此即伊川涵养须用敬，进学在致知之说。朱子终身受用，舍之不得，至解尊德性、道问学，复以为言……其见非于陆子者，亦或以是，此则吾道之公心，不敢党于朱子也。今之学者，或祖陆而非朱，然予考其存心制行，使陆氏再生，必斥之门墙之外，非但无得于道问学之功，又兼其尊德性者而失之，何足以论

---

① （宋）朱熹撰：《中庸章句》，《四书章句集注》，第35页。

朱、陆之异同哉！修德凝道之功既尽，则至道在我，安往而不利哉！故以之居上位，则道足以济天下而不骄逸，以之居下位，则道足以尊君上而不敢悖叛。国有道则言者身之文也，必以言扬，而其言足以兴国；无道则谨言而不轻发，其默足以容其身而不至于取祸，《诗》云："既明且哲，以保其身"，此之谓矣。①

林希元详析朱熹学行渊源，认为其学问以"涵养须用敬，进学在致知"为宗，以其天分之高，却能持中，为学教人，无不循教而行，又心系著作，用以继往开来，因此对于讲学穷理加倍用功，尊德性既未尝缺，道问学更能成就后人，然而后人却以其丰硕成果，误以为落在道问学一边，其实是缺乏全幅的了解，才产生错误的评价。朱熹执两而用中，学术全幅开展，充盈饱满，并不能以一端而论。但林希元认为朱注也有误导之嫌，在"存心"与"致知"的诠释当中，朱熹以"非存心无以致知，而存心者又不可以不致知"②，致知成为存心的基础，偏失的结果，也就给予象山攻击的理由。然而必须了解，朱熹注解有偏失，乃是承伊川而来，学术也还是有其渊源，至于后继祖述象山学者，依违取择，不仅无道问学之业，也无尊德性之功，根本没有资格讨论朱、陆异同。林希元回归于经典旨趣，回归学人制行，提供朱、陆分判标准，既是对于蔡清认为象山"犹未免为偏安之业"说法的补充③，也是对于阳明祖陆非朱说法的反弹。然而最值得注意的是林希元特别标举"至道在我，安往而不利哉"，既是期许，也是使命，更有昂然自处的气魄，当然按核林希元一生的结果显然并不是如此，但道是在上可以济世，在下可以安处，有道可以兴国，无道也可以安身，君子要有治世之能、立身之德，兼有道问学与尊德性，"无入而不自得焉"才是林希元认取的儒学价值。④ 心体充盈，提供全然指引的生命救赎，朱熹乃是典型，象山则不免偏失，至于后之祖述者，只是妄议前贤，未能切己省察，远离于儒学要义多矣，也可以了解立乎其大却不能实下工夫，过度高昂的心气，反而增加自负之心，有违戒惧、谨独工夫，难有治世安身的举

---

① （明）林希元撰，胡椿、卞崃同校：《重刊次崖林先生四书存疑》卷3，第457页。
② （宋）朱熹撰：《中庸章句》，《四书章句集注》，第36页。
③ （明）蔡清撰：《虚斋蔡先生文集》卷4《读蜀阜存藁私记》，第361页。
④ （宋）朱熹撰：《中庸章句》，《四书章句集注》，第24页。

措,并不是儒学正解。林希元分判既精,推断精微,也就有清楚的学术主张,从蔡清所承继的宗朱立场并未改变,但朱注可以有斟酌之处,则又显示了林希元学术精进之思,以及明儒学术主体的自觉,反映在四书当中,不仅引录方孝孺《题大学篆书》云:"语虽异于朱子,然异于朱子而不乖乎道,固朱子之所取也。"① 朱熹对于道的追求,一生以之,能循朱熹学术开展,不乖违于道,就算言有异于朱熹,也是朱熹所认可的成就,这无疑为明儒学术建立了论述的基础,也为明儒学术发展提供了开阔的空间。道之所在,行之所在,要有传道之念,才能破除拘守之迹,这正是林希元始终秉持的信念,他也因此对于蔡清完成的《大学》改本②,深加致意,不仅全然引录,且于后加按语云:

> 按:诸儒所定,虚斋尤似有理,"物有本末""事有终始"二句,解"物"字,"知所先后,则近道",言能格物,则可以致知也。"知止"一条,只是申上两句意,"听讼"一条,则是举本末之大者以示人,使人因是而求之,以类而推之,则物可格,而知可致也。故曰"此谓知本,此谓知之至也",意思多少明白。③

蔡清乃是循方孝孺所举的改本,又加改动的结果④,循"由粗以及精,先自治而后治人"的逻辑,调动其中顺序⑤,用意在于避免朱熹自作补传的举措,并且最大幅度保留传文结构,确实得见闽学一脉宗奉朱学,又能循此推进

---

① (明)林希元撰,胡椿、卞崃同校:《重刊次崖林先生四书存疑》卷1,第401页。

② (明)蔡清撰,庄煦编:《四书蒙引》卷1,第33-34页。

③ (明)林希元撰,胡椿、卞崃同校:《重刊次崖林先生四书存疑》卷1,第402-403页。

④ 按:方孝孺表彰的改本,为"知止而后有定,定而后能静,静而后能安,安而后能虑,虑而后能得,物有本末,事有终始,知所先后,则近道矣。子曰:'听讼,吾犹人也,必也使无讼乎!'无情者,不得尽其辞,大畏民志,此谓之知本,此谓知之至也"。而蔡清改本则循此改为"所谓致知在格物者,物有本末,事有终始,知所先后,则近道矣。知止而后有定,定而后能静,静而后能安,安而后能虑,虑而后能得,子曰:'听讼,吾犹人也,必也使无讼乎!'无情者,不得尽其辞,大畏民志,此谓之知本,此谓知之至也"。林希元全然载录,见(明)林希元撰,胡椿、卞崃同校:《重刊次崖林先生四书存疑》卷1,第402页。

⑤ (明)林希元撰,胡椿、卞崃同校:《重刊次崖林先生四书存疑》卷1,第402页。

的用心，而这样的思考也成为林希元思以深化的重点，云：

> 希元窃谓曰：明德曰至善，理也；曰新民，曰止至善，事也。今以为物，似未妥。大学之道，明德，新民，止至善，乃三纲领也。知止一条，只是其中事，对他不过，却分为事物，有本末始终并言，则失轻重之等。且上既曰"知止而后有定"云云，则先后之序，谁不知之。又曰"知所先后，则近道"，不亦赘乎！下文八条目内，既有格物致知二目，自知止至能得，就是致知以后事，不应于此预言之，依朱子所定本末是解明德、新民也，传既两举明德、新民而释之，又举本末而释之，则是脚注之脚注，不尤赘乎！凡此皆可疑者。予自得闻诸名公之说，每看《大学》至此，便觉不乐，但恨未获告于名公，闻于朝廷而正之耳。按诸儒所定，虚斋尤似有理，今宜从之。①

检视《大学》文本结构，存在许多义理诠释的问题，朱注虽然努力弥合，却也有重出赘举之失，认为"朱子所定是诚可疑"②。然而比较前人所改，回归于文理脉络，蔡清《大学》改本似乎更切近于理，成为林希元尊奉的文本。嘉靖二十八年（1549）更上《改正经传以垂世训疏》，云：

> 今之更正者谓"格物致知"传未尝缺，特编简错乱，考定者失其序，遂归经文"知止"以下四十二字于"听讼，吾犹人也"之右为传。四章释"格物致知"，此近世诸儒董槐、叶梦鼎、王柏、车清臣、宋濂、方孝孺、蔡清之所见也。臣取前后诸儒所定，反复详玩。宋儒之所定，委有未安。近世诸儒更定，义理周尽，委无可议，臣因细加辨析，以明其可从……故执朱子之说而不欲更改者，固非学者求是当仁之诚，亦岂朱子所望于后学之意哉！臣见方孝孺跋《大学》篆书后云："圣经贤传，非一家之书。"则其说亦非一人所能尽。千五百年之间，讲训言道者，迭起不绝，至于近世而始定，而朱子亦曷

---

① （明）林希元撰，胡椿、卞崃同校：《重刊次崖林先生四书存疑》卷1，第403页。

② （明）林希元撰，胡椿、卞崃同校：《重刊次崖林先生四书存疑》卷1，第402页。

尝断然以为至当哉！斯言也，可以解庸俗之惑矣。①

林希元历数董槐、叶梦鼎、王柏、车清臣、宋濂、方孝孺、蔡清对于《大学》改本的努力，从而提出更定的诉求，期以确立反正归全的文本，成就一代学术盛事。特别强调朱熹所望于后学，应该是依道而行，而不是墨守不知变通，儒者数代努力的结果，终于使圣经原貌大白于天下。林希元充满证道的热情，以及延续学术发展的信念，宗朱是守道而行，而非拘执固守，只是过于高估朝廷可以容受的范围，未能如其所愿，结果固然令人遗憾，然而以道自持，无所回忌，则又可见其学术热情。②

四、结 论

以往认为明儒思想深受朱学制约，少有创发，其实是指成祖标举皇权阶段，出于政教思维，不容许有不同的声音；其次，阳明心学确实推动了明代的思想解放，成为有明一代学术成就所在，然而溯其伊始，前后之间，四书开始有不同诠释，却缺乏清晰的描述，黄宗羲《明儒学案·姚江学案》云：

> 有明学术，从前习熟先儒之成说，未尝反身理会，推见至隐，所谓"此一述朱，彼亦一述朱"耳。高中宪云："薛敬轩、吕泾野《语录》中，皆无甚透悟。"亦为是也。自姚江指点出"良知人人现在，一反观而自得"，便人人有个作圣之路。故无姚江，则古来之学脉绝矣。③

良知之教指引人人有作圣之道，儒学传播于庶民百姓，心学不仅有显豁的意义，也有普及的作用，但黄宗羲显然忽略了阳明之前还有一段思想前导过程，以致于错误地认为明代述朱而别无发展，甚至无人反身理会，推崇心学之余也使得有明一代的学术殊无可观，不仅突兀，恐怕也与事实有很大的差距。

---

① （明）林希元撰：《改正经传以垂世训疏》，收入（明）林希元撰，厦门市图书馆编：《林次崖先生文集》上册卷4，何丙仲校注，厦门：厦门大学出版社，2015年，第164-165页。

② （明）林希元撰：《辛丑至家祭告先人文》云："其是其非，天下后世自有公论。兹惟温习旧闻，着之笔札，平生之志不得施于当时，或可见之后世，是则分内当为之事也。"（明）林希元撰，厦门市图书馆编：《林次崖先生文集》下册卷16，何丙仲校注，厦门：厦门大学出版社，2015年，第601-602页。

③ （清）黄宗羲：《明儒学案》卷10《姚江学案》，第179页。

近人也留意到"明史研究是一个哑铃的状态,两头大,中间小"①。而检视林希元《四书存疑》即可发现黄宗羲的说法存在明显的问题,体认心体,指出成圣之路,守道而行,更有儒者慨然承担气度,甚至尝试补强朱熹改作问题,厘清阳明心学理解的误区,明末学人甚至认为足以救正王学空疏。方文于崇祯八年(1635)《重订四书存疑序》云:

> 弘正间蔡虚斋先生清作《四书蒙引》,考《集注》之本末,析《大全》之同异,博学而详说,可谓善教人矣。其后林次崖先生希元作《存疑》,陈紫峰先生琛作《浅说》,又推原《蒙引》之指,扩而充之,殊途同归,百虑一致,故其书与《蒙引》并传于世,世之学者,苟从事于《学》《庸》《语》《孟》,以求明圣贤之道,未有不家习而户诵焉。迨夫世衰道微,异端纷起,人或厌程朱,诋道学,师心好异,三先生之教,乃有所不行……六经之道,莫备于四书,四书之理,莫精于朱注,《蒙引》则朱注之孝子,《存疑》则《蒙引》之忠臣,《浅说》又合《蒙引》《存疑》而集其成也。今后生小子辈知《蒙引》《存疑》而不知有《浅说》,即读《蒙引》而未读《存疑》,岂非时变使然乎!盍先梓《存疑》全书,以继《蒙引》之后,更合编三先生书以明立言之序,则亦吾徒表章先进之微绩耳。②

蔡清《四书蒙引》有助于朱注,林希元《四书存疑》则为延续之作,结合陈琛《四书浅说》成为明代闽学宗朱一系重要的四书学成果,甚至阳明心学既盛之后,还是有许多学人期以恢复其教,影响深刻由此可见。心学之外,别有光彩,则又是明代学术不可不留意之处。本文观察心得如下:

第一,林希元笃志励行,标举心体,高举证道,撰成《四书存疑》,既是

---

① 朱鸿林《明代思想史研究的空间与进路》云:"15世纪本身在理学潮流之中有一个特别地位,需要增加研究。当时的理学是怎样表述朱子,当时的学者是怎么总结朱子的思想和学术,怎样传播朱子的思想和学术,对朱子所揭示的政治、社会、学术的主张怎样来体验,凭借什么方法来施行,等等,这些其实都是思想史可以研究的。"见朱鸿林:《儒者思想与出处》,北京:生活·读书·新知三联书店,第35页。按:"两头大,中间小"是指近人研究形态,但对于明代四书撰作情形而言,确实存在三个发展阶段,晚明心学大为流行之前,存在士人自觉意识的觉醒过程,闽学无疑是最具代表性的学术社群。

② (明)方文撰:《重订四书存疑序》,《四书存疑》,日本承应三年(1654)刊本,方序第1—7页。

切己检讨，也有深化蔡清学术、延续闽学传统的意义。鼓舞闽地学人整治学风，思以改变世局，也与阳明后学相与论辩，从而在心学流布之际，反映出闽学一脉不同的学术视角。

第二，林希元认取的学术宗旨，乃是朱熹指引的尊经明道心法。唯有究析于理，才能回归于道，兼有身心性命之学，以及经国治世之术，才是林希元认取的学术，因此对于世道与人心充满热情。相较于此，林希元攻击象山之学，疑似而乱真，有违圣人之教，并非学术良范。

第三，林希元以心为精英总会，理气不杂、不离，但人有心就能得见天理的存在，心有灵觉，"精英"保证气有向上的契机，也就无所谓存有不活动的问题，精英主宰运用正当恰好，无偏曲邪僻之处，理也就豁然呈现，理无形而妙乎形，不离乎气也不杂乎气，却是始终存在。

第四，林希元标举"至道在我，安往而不利哉"，既是期许，也是使命，更有昂然自处的气魄，可以了解立乎其大却不能实下工夫，过度高昂的心气，有违戒惧、谨独工夫，远离于儒学要义多矣，分判既精，推断精微，也就有清楚的学术主张。

第五，林希元《四书存疑》体认心体，指出成圣之路，守道而行，更有儒者慨然承担的气度，甚至尝试补强朱熹改作问题，厘清阳明心学理解误区，可以证明在阳明心学的主旋律下，其实还交杂着多层、多轨的不同声音，闽学宗朱一系学术，饶有值得留意之处。

林希元《四书存疑》指出心体内涵，提醒儒学使命所在，具有深化学术信仰、延续学脉成果的意义，有助于扩大明代学术的了解，只是过往学人少有留意，殊为可惜。本文撮举观察，不敢自是，尚祈博雅君子有以教之。

"祭祀黄帝陵与建设中华民族现代文明"
黄帝文化学术论坛论文选集

从圣贤到儒者
——司马迁述荀探析

江心力

聊城大学历史文化与旅游学院教授

司马迁所著《史记·孟子荀卿列传》是第一部叙事较为完整的荀子传，在《荀子·尧问》中门人对荀子圣贤形象维护的基础上，塑造出"最为老师"的儒者形象。从"乱世"的讨论到"乱君"的非议，从"不及孔子"的质疑到"鄙儒"乱俗的批评，从"为天下法式表仪"的肯定到"推儒墨、道德之行事兴坏"的赞誉。荀子的形象逐渐完备起来，为汉唐荀学研究奠定了基础。

一、《荀子·尧问》立足于圣贤的孙卿叙事

《荀子·尧问》篇的最后一章，记载了荀子门人对荀子的认知和理解，反驳了"孙卿不及孔子"之说，认为荀子虽处乱世，但"怀将圣之心""志修德厚"，是一位真正的贤者或贤人。

《尧问》篇说："为说者曰：'孙卿不及孔子。'是不然。孙卿迫于乱世，鳅于严刑，上无贤主，下遇暴秦，礼义不行，教化不成，仁者绌约，天下冥冥，行全刺之，诸侯大倾。当是时也，知者不得虑，能者不得治，贤者不得使，故君上蔽而无睹，贤人距而不受。然则孙卿怀将圣之心，蒙佯狂之色，视天下以愚。《诗》曰：'既明且哲，以保其身。'此之谓也。是其所以名声不白，徒与不众，光辉不博也。今之学者，得孙卿之遗言余教，足以为天下法式表仪，所存者神，所过者化。观其善行，孔子弗过，世不详察，云非圣人，奈何！天下不治，孙卿不遇时也。德若尧、禹，世少知之。方术不用，为人所疑。其知至明，循道正行，足以为纪纲。呜呼！贤哉！宜为帝王。天地不知，善桀、纣，杀贤良。比干剖心，孔子拘匡；接舆避世，箕子佯狂；田常为乱，阖闾擅强。为恶得福，善者有殃。今为说者又不察其实，乃信其名。时世不

同，誉何由生？不得为政，功安能成？志修德厚，孰谓不贤乎！"① 这段记述，可能是第一篇较为系统地肯定荀子生平学行的文献，为后世荀学的阐释提供了基本的框架。

黄进兴在《"圣贤"与"圣徒"——儒教从祀制与基督教封圣制的比较》一文中指出："西方基督教的宗旨和儒教固然互有歧出，唯其信仰楷模——'圣徒'（Saints）的典范角色，与儒教的'圣贤'（Sages）应无二致。"② 认为司马迁为孔子及其弟子进入成圣之列提供了线索，他称赞："孔子布衣，传十余世，学者宗之。自天子王侯，中国言六艺者折中于夫子，可谓至圣矣！"③ 又说道："孔子以诗书礼乐教，弟子盖三千焉，身通六艺者七十有二人。"④ 也就是说相较于西方基督教而言，中国儒教把"圣贤"作为信仰的楷模，孔子及其弟子是"圣贤"的代表。

荀子虽处乱世，但"怀将圣之心"，把圣人作为学习的榜样。他在《非十二子》一篇中，一方面对分属道、墨、法、名、儒各学派的十二子学说进行了批驳。另一方面，又把效法圣人当作当务之急。他在批驳十二子之后，说："若夫总方略，齐言行，壹统类，而群天下之英杰而告之以大古，教之以至顺，奥窔之间，簟席之上，敛然圣王之文章具焉，佛然平世之俗起焉，六说者不能入也，十二子者不能亲也。无置锥之地，而王公不能与之争名，在一大夫之位则一君不能独畜，一国不能独容，成名况乎诸侯，莫不愿以为臣，是圣人之不得势者也，仲尼子弓是也。一天下，财万物，长养人民，兼利天下，通达之属，莫不从服，六说者立息，十二子者迁化，则圣人之得势者，舜、禹是也。"⑤ 在荀子看来，仲尼、子弓是不得势的圣人，虽不能亲自治理国家，但

① （清）王先谦撰：《尧问篇第三十二》，沈啸寰、王星贤点校，《荀子集解》卷20，北京：中华书局，1988年，第553-554页。

② 黄进兴：《学文名家自选集·思想的芦苇》，上海：上海人民出版社，2017年，第228页。

③ （汉）司马迁：《孔子世家第十七》，《史记》卷47，北京：中华书局，1982年，第1947页。

④ （汉）司马迁：《孔子世家第十七》，《史记》卷47，北京：中华书局，1982年，第1938页。

⑤ （清）王先谦撰：《非十二子篇第六》，沈啸寰、王星贤点校，《荀子集解》卷3，北京：中华书局，1988年，第95-97页。

其思想学说为天下所用。舜、禹是得势的圣人，他们一统天下，治国安邦，万民莫不从服。当务之急，就是效法舜、禹经国治世，效法仲尼、子弓教化万民。

在荀子看来，学为圣人就是学以成人的最高境界。他说："学恶乎始？恶乎终？曰：其数则始乎诵经，终乎读礼；其义则始乎为士，终乎为圣人。"① 也就是说学习的意义就是从学以成士到学以成圣。荀子认为圣人是人伦之极，道德的楷模。他说："故学也者，固学止之也。恶乎止之？曰：止诸至足。曰：曷谓至足？曰：圣也。圣也者，尽伦者也。"② 也就是说圣人即尽人伦上所应当尽的责任。荀子认为圣人还是兼陈万物、理性智慧的代表。他说："圣人知心术之患，见蔽塞之祸，故无欲无恶，无始无终，无近无远，无博无浅，无古无今，兼陈万物而中悬衡焉。是故众异不得相蔽以乱其伦也。"③ 也就是说在荀子看来，圣人能够把不同的事物陈列出来，建立一个标准去衡量，因此就不会片面地理解事物，以至搞乱事物的顺序。

在荀子门人看来，世俗的评论者所说荀子不及孔子，并非圣人，是由于他生不逢时、明哲保身而造成的，具体表现为"名声不白，徒与不众，光辉不博也"。但荀子怀"将圣之心""志修德厚""孰谓不贤乎？"荀子在提倡学为圣人的同时，更注重"隆礼尊贤"，他说："隆礼尊贤而王，重法爱民而霸。"④ 认为理想之治仍是王道政治，而实现的基本途径就是"隆礼尊贤"。尊贤成为荀子重要的人生理想。

荀子认为贤和德、能密不可分。他在《儒效》篇中说："若夫谪德而定次，量能而授官，使贤不肖皆得其位，能不能皆得其官，万物得其宜，事变得其应，慎、墨不得进其谈，惠施、邓析不敢窜其察，言必当理，事必当务，是

---

① （清）王先谦撰：《劝学篇第一》，沈啸寰、王星贤点校：《荀子集解》卷1，北京：中华书局，1988年，第11页。

② （清）王先谦撰：《解蔽篇第二十一》，沈啸寰、王星贤点校，《荀子集解》卷15，北京：中华书局，1988年，第406-407页。

③ （清）王先谦撰：《解蔽篇第二十一》，沈啸寰、王星贤点校，《荀子集解》卷15，北京：中华书局，1988年，第394页。

④ （清）王先谦撰：《大略篇第二十七》，沈啸寰、王星贤点校，《荀子集解》卷19，北京：中华书局，1988年，第485页。

然后君子之所长也。"① 也就是说贤与不肖的区分主要表现为德与能的差别。他又在《君道》篇中指出："论德而定次，量能而授官，皆使人载其事，而各得其宜。上贤使之为三公，次贤使之为诸侯，下贤使之为大夫，是所以显设之也。"② 在荀子看来，用来授官的标准是德、能，而德、能作为贤的基本内涵是自己本身固有，依靠修炼而可以得到的。荀子认为虽然贤以德、能为标准，但和德的关系更为紧密。他在《王制》篇中说："无德不贵，无能不官，无功不赏，无罪不罚，朝无幸位，民无幸生。尚贤使能，而等位不遗。"③

荀门弟子认为荀子虽然在圣人的层面不及孔子，但是他"志修德厚""德若尧禹""观其善行，孔子弗过""贤哉！宜为帝王"，其圣德可圈可点，"今之学者，得孙卿之遗言余教，足以为天下法式表仪"。也就是说荀子德行敦厚，表现上如尧、禹，追求以"德"为核心的王道政治，孔子也无法超越，这种贤德的品质，符合帝王的标准。弟子的称誉，荀子是当之无愧的。荀子主张德行是君子学以成人的标志，也是取得天下的保证。他在《荣辱篇》中说："志意致修，德行致厚，智虑致明，是天子之所以取天下也。"④ 德行还是治理天下的根本。荀子在《正论篇》中说："道德纯备，智惠甚明，南面而听天下，生民之属，莫不振动从服以化顺之。"⑤ 又在《成相篇》中强调"明德慎罚，国家既治四海平"⑥"尧授能，舜遇时，尚贤推德天下治"⑦。

---

① （清）王先谦撰：《儒效篇第八》，沈啸寰、王星贤点校，《荀子集解》卷4，北京：中华书局，1988年，第123–124页。
② （清）王先谦撰：《君道篇第十二》，沈啸寰、王星贤点校，《荀子集解》卷8，北京：中华书局，1988年，第237–238页。
③ （清）王先谦撰：《王制篇第九》，沈啸寰、王星贤点校，《荀子集解》卷5，北京：中华书局，1988年，第159页。
④ （清）王先谦撰：《荣辱篇第四》，沈啸寰、王星贤点校，《荀子集解》卷2，北京：中华书局，1988年，第59页。
⑤ （清）王先谦撰：《正论篇第十八》，沈啸寰、王星贤点校，《荀子集解》卷12，北京：，中华书局，1988年，第331页。
⑥ （清）王先谦撰：《成相篇第二十五》，沈啸寰、王星贤点校，《荀子集解》卷18，中华书局，1988年，第461页。
⑦ （清）王先谦撰：《成相篇第二十五》，沈啸寰、王星贤点校，《荀子集解》卷18，北京：中华书局，1988年，第462页。

二、"最为老师"和"三为祭酒"的儒者形象

《史记·孟子荀卿列传》虽名人物列传，但实际是司马迁叙述的战国中后期诸多学派简明扼要的学术史。不独记载了孟、荀，还记载了稷下三邹（邹忌、邹衍、邹奭）、淳于髡、慎到、田骈、接子、环渊、公孙龙、剧子、李悝、尸子、长庐、吁子、墨翟诸人。不过在记载中司马迁仅以孟荀标注篇名，反映了司马迁以儒者为核心，勾勒孔孟荀儒家学术脉络的尝试。

清代学者恽敬读《史记》，以孟子、荀卿与诸子同传，不得其解，其舅清如先生回答："此法，史家亡之久矣。太史公传孟子，曰受业子思之门人，曰道既通。盖太史公于孔子之后，推孟子一人而已。而世主卒不用。所用者孙子、田忌，战攻之徒耳。次则三驺子、淳于髡诸人，其术皆足以动世主，传中所谓牛鼎之意也。而孟子独陈先王之道，岂有幸邪？荀卿者，非孟子匹也，然以谈儒、墨、道德废，况孟子邪？盖罪世主之辞也。其行文如大海泛荡，不出于厓；如龙登玄云，远视有悠然之迹而已。孟坚、蔚宗不能至也。然世主所以不用孟子者，何也？陷于利也，而不知即所以亡故。以梁惠王言利发端，又引孔子罕言利，以明孟子之所祖。是以荀卿形孟子，以诸子形孟子、荀卿，故题曰《孟子荀卿列传》。若孟坚、蔚宗，当题《孟二驺淳于列传》矣。"①也就是说，孔、孟、荀相形见色，是儒家传承和发展的标志。

《史记·孟子荀卿列传》有关荀子的记载指出："荀卿，赵人。年五十始来游学于齐。邹衍之术迂大而闳辩、奭也文具难施；淳于髡久与处，时有得善言。故齐人颂曰：'谈天衍，雕龙奭，炙毂过髡。'田骈之属皆已死。齐襄王时，而荀卿最为老师。齐尚修列大夫之缺，而荀卿三为祭酒焉。齐人或谗荀卿，荀卿乃适楚，而春申君以为兰陵令。春申君死而荀卿废，因家兰陵。李斯尝为弟子，已而相秦。荀卿疾浊世之政，亡国乱君相属，不遂大道而营于巫祝，信禨祥，鄙儒小拘，如庄周等又猾稽乱俗，于是推儒、墨、道德之行事兴坏，序列著数万言而卒。因葬兰陵。"② 在二百字左右的篇幅里塑造出荀子

---

① （清）恽敬：《孟子·荀卿列传书后》，《大云山房文稿》，《续修四库全书》第1482册，上海：上海古籍出版社，1996—2003年，第114页。

② （汉）司马迁：《孟子荀卿列传第十四》，《史记》卷74，北京：中华书局，1982年，第2348页。

"最为老师"的儒者形象。

对于诸子百家,司马迁推崇儒家,和汉武帝"罢黜百家,独尊儒术"的思想政策相适应,他勾勒出最早的儒学发展史。在诸子中,他尤尊孔子,特列于《世家》对其予以很高的评价。司马迁在《太史公自序》中说:"周室既衰,诸侯恣行。仲尼悼礼废乐崩,追修经术,以达王道,匡乱世反之于正,见其文辞,为天下制仪法,垂六艺之统纪于后世。"① 也就是说孔子追修经术,以达王道,是通过弘扬六艺的传统来实现的。司马迁在《孔子世家》的最后说:"《诗》有之:'高山仰止,景行行止'。虽不能至,然心向往之。余读孔氏书,想见其为人。适鲁,观仲尼庙堂车服礼器,诸生以时习礼其家,余祗回留之不能去云。天下君王至于贤人众矣,当时则荣,没则已焉。孔子布衣,传十余世,学者宗之。自天子王侯,中国言六艺者折中于夫子,可谓至圣矣!"② 也就是说先秦诸子只有孔子才是学者的宗师,天子王侯的智囊,真正的圣人,自己的精神偶像。

司马迁不仅尊崇孔子,而且对孔门弟子予以称赞。他说:"孔氏述文,弟子兴业,咸为师传,崇仁厉义。"③ 也就是说孔子阐释六艺之文,弟子将其作为一种事业,加以传承,并践行儒家的核心价值仁与义。司马迁在《仲尼弟子列传》中,借孔子之口,对孔门弟子进行了高度的评价。指出:"孔子曰:'受业身通者七十有七人',皆异能之士也。德行:颜渊,闵子骞,冉伯牛,仲弓。政事:冉有、季路。言语:宰我,子贡。文学:子游,子夏。师也辟,参也鲁,柴也愚,由也喭,回也屡空。赐不受命而货殖焉,亿则屡中。"④ 认为孔子培养了通晓六艺的学生七十七人,都是奇才异能之士。《史记·儒林列传》又说:"自孔子卒后,七十子之徒散游诸侯,大者为师傅卿相,小者友教士大夫,或隐而不见。故子路居卫,子张居陈,澹台子羽居楚,子夏居西河,

---

① (汉)司马迁:《太史公自序第七十》,《史记》卷130,北京:中华书局,1982年,第3310页。
② (汉)司马迁:《孔子世家第十七》,《史记》卷47,北京:中华书局,1982年,第1947页。
③ (汉)司马迁:《太史公自序第七十》,《史记》卷130,北京:中华书局,1982年,第3313页。
④ (汉)司马迁:《仲尼弟子列传第七》,《史记》卷67,北京:中华书局,1982年,第2185页。

子贡终于齐。如田子方、段干木、吴起、禽滑釐之属,皆受定业于子夏之伦,为王者师。是时独魏文侯好学。后陵迟以至于始皇,天下并争于战国,儒术既绌焉,然齐鲁之间,学者独不废也。于威、宣之际,孟子、荀卿之列,咸遵夫子之业而润色之,以学显于当世。"① 也就是说在孔子、七十子之后,战国时期又出现了一批大儒和名儒,深受六艺之学的影响。到战国晚期,孟子和荀子更从正面发展和推广了儒家学术。

关于战国时期儒学的发展,司马迁专门写有《孟子荀卿列传》,并在《太史公自序》中明确其写作宗旨,他说:"猎儒墨之遗文,明礼义之统纪,绝惠王之利端,列往世之兴衰,作《孟子荀卿列传》十四。"② 揭示了这一时期儒家学说"明礼义""绝利端""列兴衰"的基本特征。尤其是孟子,司马迁特别强调其对儒学发展的贡献,他说:"孟子受业子思之门人。道既通,游事齐宣王,宣王不能用。适梁,梁惠王不果所言,则见以为迂远而阔于事情。当世之时,秦用商君,富国强兵;楚、魏用吴起,战胜弱敌;齐威王、宣王用孙子、田忌之徒,而诸侯东面朝齐。天下方务于合纵连横,以攻伐为贤,而孟轲乃述唐、虞三代之德,是以所如者不合。退而与万章之徒,序诗书,述仲尼之意,作《孟子》七篇。"③ 确立了儒学从孔子到子思再到孟子的学术系谱。

按照司马迁的说法,荀子和孟子一样"遵夫子之业而润色之,以学显于当世"。继承和发展了儒学,"最为老师""三为祭酒",是战国中后期儒者的卓越代表。首先,培养了喜刑名法术、归本于黄老的韩非。司马迁在《老子韩非列传》中说:"韩非者,韩之诸公子也。喜刑名法术之学,而其归本于黄老。非为人口吃,不能道说,而善著书。与李斯俱事荀卿,斯自以为不如非。"④ 也就是说作为法家代表、道家传人的韩非成为荀门弟子。在司马迁看来,老、庄、申、韩之学,"皆原于道德之意",他说:"老子所贵道,虚无,因应变化

---

① (汉)司马迁:《儒林列传第六十一》,《史记》卷121,北京:中华书局,1982年,第3116页。
② (汉)司马迁:《太史公自序第七十》,《史记》卷130,北京:中华书局,1982年,第3314页。
③ (汉)司马迁:《孟子荀卿列传第十四》,《史记》卷74,北京:中华书局,1982年,第2343页。
④ (汉)司马迁:《老子韩非列传第三》,《史记》卷63,北京:中华书局,1982年,第2146页。

于无为，故著书辞称微妙难识。庄子散道德，放论，要以归之自然。申子卑卑，施之于名实。韩子引绳墨，切事情，明是非，其极惨礉少恩。皆原于道德之意，而老子深远矣。"① 强调申、韩的法家学说都源于道德意涵，而老子的学说更为深远。也就是说申、韩将道家强调的因顺自然、无为而不为的原则贯彻到具体的政治实践上，是值得肯定的，但不如老子将这一原则灵活地运用到个人生活中更具有深远的意义。

其次，司马迁所说荀卿"最为老师"还体现在对精通"帝王之学"的李斯的培养。《史记·李斯列传》中记载了李斯西说秦王的故事，其中说："乃从荀卿学帝王之术。学已成，度楚王不足事，而六国皆弱，无可为建功者，欲西入秦。辞于荀卿曰：'斯闻得时无怠，今万乘方争时，游者主事。今秦王欲吞天下，称帝而治，此布衣驰骛之时而游说者之秋也。外卑贱之位而计不为者，此禽鹿视肉，人面而能强行者耳。故诟莫大于卑贱，而悲莫甚于穷困。久处卑贱之位，困苦之地，非世而恶利，自托于无为，此非士之情也。故斯将西说秦王。'至秦，会庄襄王卒，李斯乃求为秦相文信侯吕不韦舍人；不韦贤之，任以为郎。"② 也就是说，李斯跟随荀子学成帝王之术，看到本国的国君无法完成统一的大业，便打算西去秦国，准备游说秦王统一中国，并向老师荀子述说理由，认为秦王想要吞并天下，自称皇帝，治理全国。这也正是自己施展才能，改变贫贱地位的良好时机。于是他如愿以偿，成为秦相吕不韦的门客，秦王嬴政的幕僚，进而位极富贵，升任秦帝国丞相。虽然李斯未得善终，但司马迁仍给予了很高的评价，他说："李斯以闾阎历诸侯，入事秦，因以瑕衅，以辅始皇，卒成帝业，斯为三公，可谓尊用矣。斯知六艺之归，不务明政以补主上之缺，持爵禄之重，阿顺苟合，严威酷刑，听高邪说，废嫡立庶。诸侯已畔，斯乃欲谏争，不亦末乎！人皆以斯极忠而被五刑死，察其本，乃与俗议之异。不然，斯之功且与周、召列矣。"③ 也就是说李斯作为一介平民，辅助始

---

① （汉）司马迁：《老子韩非列传第三》，《史记》卷63，北京：中华书局，1982年，第2156页。

② （汉）司马迁：《李斯列传第二十七》，《史记》卷87，北京：中华书局，1982年，第2539-2540页。

③ （汉）司马迁：《李斯列传第二十七》，《史记》卷87，北京：中华书局，1982年，第2563页。

皇成就帝业，深知六艺旨趣，只是由于曲意逢迎，听信赵高的邪说，其功劳才不能与周、召并列。

最后，荀子"最为老师"还体现在其弟子"著书布天下"的社会现象。司马迁在《吕不韦列传》中进行了叙述。他说："当是时，魏有信陵君，楚有春申君，赵有平原君，齐有孟尝君，皆下士，喜宾客以相倾。吕不韦以秦之强，羞不如，亦招致士，厚遇之，至食客三千人。是时诸侯多辩士，如荀卿之徒，著书布天下。吕不韦乃使其客人人著所闻，集论以为《八览》《六论》《十二纪》，二十余万言，以为备天地万物古今之事，号曰《吕氏春秋》。"① 也就是说战国后期，出现信陵君、春申君、平原君、孟尝君四公子，他们礼贤下士，以宾客众多相标榜。吕不韦作为秦国丞相，不甘落后，也招揽士人，给予丰厚的待遇。其中既有辩士，也有文士，而荀子的门徒构成其主要的成员，他们所著作品流布全国。吕不韦因此招揽门客三千多人，汇编《八览》《六论》《十二纪》，共二十多万字，成为天下万物古今之事的大全，取名为《吕氏春秋》。因此，荀门弟子在《吕氏春秋》的编撰过程中无疑发挥了重大的作用。

三、"推儒墨、道德之行事兴坏"序列本色

司马迁在《孟子荀卿列传》中所说："荀卿疾浊世之政，亡国乱君相属，不遂大道而营于巫祝，信禨祥，鄙儒小拘，如庄周等又猾稽乱俗，于是推儒、墨、道德之行事兴坏，序列著数万言而卒。因葬兰陵。"这是对荀子的盖棺定论，突出了他对"亡国""乱君"的非议，"鄙儒""猾稽"的质疑，以及序列终老的学者本色，确立了汉唐荀子形象的基本定位。

荀子一生历经坎坷，社会急剧动荡，国家由分裂割据逐步走向统一。见证了宋、鲁、东周等国的灭亡，齐国的丧国和复国，秦国和赵国的长平之战，秦克楚都，各国合纵连横等重大事件，他所处的时代正是"亡国乱君相属"的时期。在荀子看来亡国与君治乱相关。他和故国之君赵孝成王议兵时指出："君贤者其国治，君不能者其国乱；隆礼、贵义者其国治，简礼贱义者其国乱。

---

① （汉）司马迁：《吕不韦列传第二十五》，《史记》卷85，北京：中华书局，1982年，第2510页。

治者强,乱者弱,是强弱之本也。"① 而荀子长期居住的齐国政治昏乱,民风败坏,他说齐相时指出:"案直为是世俗之所以为,则女主乱之宫,诈臣乱之朝,贪吏乱之官,众庶百姓皆以贪利争夺为俗,曷若是而可以持国乎?"② 荀子入秦见秦昭王时发现秦国治理较好,不属于亡国乱君,认为"佚而治,约而详,不烦而功,治之至也"③。他回答秦昭王说:秦国边防巩固,地理形势较好,山川秀美,资源丰富。民风朴素,官吏守法,朝廷清明,理政有效,是国家治理的榜样。荀子认为亡国乱君相属,在思想领域造成了混乱,统治者"不遂大道而营于巫祝,信禨祥",相信鬼神的存在。正确的态度应当是把祭祀当作一种仪式,才能逢凶化吉,他说:"雩而雨,何也?曰:无何也,犹不雩而雨也。日月食而救之,天旱而雩,卜筮然后决大事,非以为得求也,以文之也。故君子以为文,而百姓以为神。以为文则吉,以为神则凶也。"④ 强调如果相信真有鬼神就凶多吉少了。

司马迁所说的"鄙儒",荀子并未专门论列,但是他提出的"陋儒""腐儒""俗儒"应该是"鄙儒"的前身。荀子指出:"学之经莫速乎好其人,隆礼次之。上不能好其人,下不能隆礼,安特将学杂识志,顺《诗》《书》而已耳。则末世穷年,不免为陋儒而已。"⑤ 也就是说,不仰慕君子人格,尊崇礼义,只是诵读《诗》《书》,就不免为"陋儒"。荀子认为与"鄙夫"相应的还有"腐儒",他说:"鄙夫反是,好其实,不恤其文,是以终身不免埤污庸俗。故《易》曰:'括囊,无咎无誉。'腐儒之谓也。"⑥ 强调只知法先王、顺

---

① (清)王先谦撰:《议兵篇第十五》,沈啸寰、王星贤点校,《荀子集解》卷10,北京:中华书局,1988年,第270页。

② (清)王先谦撰:《强国篇第十六》,沈啸寰、王星贤点校,《荀子集解》卷11,北京:中华书局,1988年,第296页。

③ (清)王先谦撰:《强国篇第十六》,沈啸寰、王星贤点校,《荀子集解》卷11,北京:中华书局,1988年,第303页。

④ (清)王先谦撰:《天论篇第十七》,沈啸寰、王星贤点校,《荀子集解》卷11,北京:中华书局,1988年,第316页。

⑤ (清)王先谦撰:《劝学篇第一》,沈啸寰、王星贤点校,《荀子集解》卷1,北京:中华书局,1988年,第14-15页。

⑥ (清)王先谦撰:《非相篇第五》,沈啸寰、王星贤点校,《荀子集解》卷3,北京:中华书局,1988年,第84页。

礼义,却不爱说话、不善辩论的人就是"腐儒"。荀子所批评的"贱儒"主要是指子张、子夏、子游的衣冠饮食等生活方式。荀子所说的"俗儒"则与"俗人"相应,他们"不知法后王而一制度,不知隆礼义而杀《诗》《书》"①,与"雅儒"相反,不知道效法后王统一制度的重要,也不知道尊崇礼义比传诵《诗》《书》更加重要。

司马迁认为,荀子在对"鄙儒"进行反思的基础上,考究儒、墨、道各家撰述的成功与失败,吸收诸家学说的精华,创作了《荀子》一书。至于"推",荀子只是理解成推测、揣摩,而不是推理,他指出:"天不言而人推高焉,地不言而人推厚焉,四时不言而百姓期焉。"② 并进而强调推广的含义,荀子说:"推礼义之统,分是非之分,总天下之要,治海内之众,若使一人,故操弥约而事弥大。五寸之矩,尽天下之方也。故君子不下室堂而海内之情举积此者,则操术然也。"③ 把"推礼义之统"界定为一种"操术",强调了"推"的实践特征。

关于荀子"推儒、墨、道德之行事兴坏"的理解,佐藤将之将墨子的"兼"和荀子的"兼"进行了比较,认为"荀子将墨家的主要价值概念如'兼''爱''利''义'等价值统合于他自己的政治社会理论之中。④ 并进而指出:"荀子的政治哲学综合了司马迁所提'推儒、墨、道德'之'帝王之术'中的'儒'和'道德'的部分,完成了统合'道德'和'礼'(以及礼义)两种概念的论述。"⑤

荀子立足于止息异说、复兴王道,系统地讨论了诸子百家,探索了诸子的起源、流传与分化。他认为诸子学说源于王道衰微。除孔子——子弓一脉谨守

---

① (清)王先谦撰:《儒效篇第八》,沈啸寰、王星贤点校,《荀子集解》卷4,北京:中华书局,1988年,第138页。

② (清)王先谦撰:《不苟篇第三》,沈啸寰、王星贤点校,《荀子集解》卷3,北京:中华书局,1988年,第46页。

③ (清)王先谦撰:《不苟篇第三》,沈啸寰、王星贤点校,《荀子集解》卷3,北京:中华书局,1988年,第49页。

④ (日)佐藤将之:《荀子礼治思想的渊源与战国诸子之研究》,台北:台大出版中心,2013年,第57页。

⑤ (日)佐藤将之:《荀子礼治思想的渊源与战国诸子之研究》,台北:台大出版中心,2013年,第104页。

"圣王之道"，其他各家皆有所蔽，看不见道之整体。荀子指出："墨子蔽于用而不知文，宋子蔽于欲而不知得，慎子蔽于法而不知贤，申子蔽于势而不知知，惠子蔽于辞而不知实，庄子蔽于天而不知人。"① 而诸子的自我蒙蔽，使他们有所见有所不见，荀子说："慎子有见于后，无用于先；老子有见于绌，无见于信；墨子有见于齐，无见于畸；宋子有见于少，无见于多。"② 这样，诸子各得"道之一隅"，而道"体常而尽变，一隅不足以举之"，所以他们所得之道只能是"奸道""邪说"。

在荀子看来，圣王在世，以正名提倡王道，禁止散布邪说，保持思想纯正；圣王去世，乱君当政。儒家继承王道，邪说同时而起，他们"聚人徒，立师学，成文典"③，世代相传，是己非人，宣扬学说，攻击别派。儒家内部的陋儒有人修正王道，有人提倡邪说，从而导致思想混乱，大儒捍卫王道，正本清源。荀学的继承者韩非在《显学》篇中以孔墨与尧舜的关系为例，指出各学派与其依据的古代圣王，在思想上并不一致。他从儒墨争夺尧舜真传的论争中，认为"无参验而必之者，愚也；弗能而必据之者，诬也"，指出儒墨两家是"愚诬之学"，强调"海内之士，言无定术，行无常仪。夫冰炭不同器而久，寒暑不兼时而存，杂反之学不两立而治。今兼听杂学缪行同异之辞，安得无乱乎？"

---

① （清）王先谦撰：《解蔽篇第二十一》，沈啸寰、王星贤点校，《荀子集解》卷15，北京：中华书局，1988年，第292-293页。
② （清）王先谦撰：《天论篇第十七》，沈啸寰、王星贤点校，《荀子集解》卷11，北京：中华书局，1988年，第319页。
③ （清）王先谦撰：《正论篇第十八》，沈啸寰、王星贤点校，《荀子集解》卷12，北京：中华书局，1988年，第345页。

"制天命而用之"还是"制天而用之"？[①]

谢晓东

厦门大学哲学系教授、中国朱子学会秘书长

《荀子·天论》无疑是荀子本人的作品。该篇是《荀子》一书中最重要的几篇论文之一，故而引起了广泛的关注[②]。总的来说，荀子对天持有的是一种自然主义立场，即天是自然之天。[③] 就此而言，其和老庄道家的立场接近而与孔孟差异明显。《天论篇》中有一章重要的话语，最具有概括性而又能表现出该篇的特色和作用[④]，其内容如下："大天而思之，孰与物畜而制之！从天而颂之，孰与制天命而用之！望时而待之，孰与应时而使之！因物而多之，孰与骋能而化之！思物而物之，孰与理物而勿失之也！愿于物之所以生，孰与有物之所以成！故错人而思天，则失万物之情。"从本文的角度而言，我所聚焦的是第二句"从天而颂之，孰与制天命而用之"。之所以如此，是因为本文的基本观点为，此处的"命"字极有可能是衍文。

一、对"命"字是衍文的证明

提出一个论点是容易的，关键在于：如何证明"命"字是衍文呢？

---

① 基金项目：国家社科基金重大项目"明清朱子学通史"（编号：21&ZD051）。
② 甚至有学者就此还撰写了专著，Edward J. Machle, Nature and Heaven in the Xunzi—A Study of the Tian Lun, State University of New York Press, 1993.
③ 冯友兰：《中国哲学史》（上），上海：华东师范大学出版社，2000 年，第 216 页。"孔子所言之天为主宰之天；孟子所言之天，有时为主宰之天，有时为运命之天；荀子所言之天，则为自然之天……荀子之宇宙观，亦为自然主义的。"
④ 韦政通：《中国思想史》（上），上海：上海书店出版社，2003 年，第 218 页。

首先,"天命"一词连用,《荀子》全书中仅此一见。① 其文本中单独使用的"命"字则比比皆是,荀子曾经以"节遇谓之命"②(《荀子·正名》)为它下过定义。应该说,这个定义没有任何神秘色彩。在这种情况下,所谓的"天命"在《天论篇》中出现就很奇怪了。③ 因为在荀子那个时代,"天命"是一个有着普遍共识的概念,其代表的是人格神的意志。④ 或许有人会说,即便"天命"在当时有着普遍的意涵,但是荀子就不能赋予其新含义吗?回答当然是肯定的,那就是荀子有权这么做。下文所分析的第三类比较平实的命题阐释就反映出了这种倾向。

其次,从语言学视角来看,"天命"一词出现在该处也是非常突兀的,而且从上下文相互对应的角度看,"命"字也是多余的。大家仔细看下面这四句话的句子结构。"大天而思之,孰与物畜而制之!从天而颂之,孰与制天命而用之!望时而待之,孰与应时而使之!因物而多之,孰与骋能而化之!"四句话都是前后对比,然后用"孰与"连接之。所谓"孰与",其字面意思就是"哪里比得上",体现了一句话中后半部分较之前半部分的优越性。除了"制天命而用之"那句话外,其他三句都是"孰与"前面五个字后面五个字。四句话也是排比句,按照中文的习惯用法,排比句一般都是前后照应的,"制天命而用之"这句话明显前后句子的照应失败,根源在于多了一个字。换言之,排比句要求语句工整、字数一致,而"天命"句则明显没有遵守这个规则。这就显得该句突兀了。根据学者的观点,前一句的"物畜"应该是"畜物",

---

① 引得编纂处编纂:《荀子引得》,上海:上海辞书出版社,1986年,第250页。Machle 在其专著中也指出了这一点。Edward J. Machle, Nature and Heaven in the Xunzi—A Study of the Tian Lun, p. 126.

② 对此,杨倞解释道:"节,时也。当时所遇,谓之命。命者,如天所命然。"而王先谦则把"时"解读为"适",并提示具体的字义要到《天论篇》里去寻找。(清)王先谦:《荀子集解》,北京:中华书局,1988年,第413页。

③ 在《天论篇》里,荀子先后给"天职""天情""天官""天君""天养""天政"甚至"知天"下过定义。如果"天命"一词是《荀子》文本中本来就有的,很难想象荀子不给这么重要的一个词语下定义。王先谦:《荀子集解》,第308-310页。其实,Machle 也和笔者一样对此处的"制天命"一词感到迷惑(puzzling),参见 Edward J. Machle, Nature and Heaven in the Xunzi—A Study of the Tian Lun, p. 127.

④ "荀子反对思、孟,非反对思、孟根本之学,特专务人事,不及天命,即不主超出人格也。"章太炎:《诸子学略说》,桂林:广西师范大学出版社,2010年,第36页。

因而属于"转写误倒"。① 而"畜物"明显是一个动宾结构,这样就和后面三句的动宾结构"制天命""应时""骋能"一致起来。既然可以"转写误倒",为何不可以转写时误加了一个"命"字?可以设想一种可能性,抄书人抄到此处时走神一不小心就多写了一个"命"字而且也没有发现该错误,而该本子后来成为了权威版本导致错误一直存在。从概率的角度来看,"命"字属于衍文的几率是很大的。

最后,学界对"命"字是衍文也可能有所怀疑。或者说,有学者似乎有类似看法。林宏星在一部荀子研究专著中的第二讲的题目就是"'知天'与'制天'——荀子《天论篇》解义"②,从而凸显了"制天"而不是"制天命"。或许有人认为可以很轻松地反驳我的观点,即林氏只不过为了题目上面形成"知天"与"制天"的简单对应罢了,没有什么深意。但即便如此,我还是可以再找到一个证据,即该书第52页出现"当荀子说出'制天而用之'、'骋能而化之'时"的字眼时,可能就不是无意识的巧合了。而在林氏之前,韦政通在分析引言的那句话时,也两次提到了"制天用天之说"③。此外,劳思光也有"但荀子不以为人应顺天,反之,有'制天'之说"④。晚近的例子可见于杨国荣的一个看法,"所谓'制天命而用之',也就是将'天'作为对象加以支配"⑤。此处根本就无视了"命"的存在。我想,很可能是行文的逻辑迫使他们纷纷使用"制天"的概念而不是"制天命"的命题。⑥

---

① 高亨:《荀子新笺》,收入其《诸子新笺》,济南:山东人民出版社,1961年,第156页。他说:"物畜疑当作畜物,转写误倒。"
② 林宏星:《荀子精读》,上海:复旦大学出版社,2011年,第18页。
③ 韦政通:《荀子与古代哲学》,北京:九州出版社,2022年,第51页。
④ 劳思光:《新编中国哲学史》(一卷),桂林:广西师范大学出版社,2005年,第256页。
⑤ 杨国荣:《天人之辩的多重意蕴——基于〈荀子·天论〉的考察》,《船山学刊》,2022年第5期。
⑥ 笔者的这个观察一定程度上也可以从反面得到佐证。比如,有学者不满地说:"但是,几乎所有学者都把'天命'有意无意地等同为'天'。换句话说,流行解读是把'制天命而用之'模糊化为'制天而用之',却没有对'命'字给出明确解释。"张志强:《〈荀子·天论〉"制天命而用之"重探》,《孔子研究》,2022年第1期。对于其"几乎所有学者都"的判断是否准确,此处先存而不论。在笔者看来,不是什么"模糊化",而是因为"命"字本来就是多余的。

基于以上三点理由，故而本文认定"制天命而用之"命题中的"命"字乃是衍文。

二、"制天命而用之"命题的负面影响

或许有人会反驳说，即使"命"字是衍文，其对于文本的理解也是不重要的。换言之，衍文的发现没有什么学术价值。对此，我们的回应是，这种反驳是站不住脚的，该字的存在导致其所在的"制天命而用之"的命题引起了人们的极大兴趣。而这种关注，造成了不小的负面影响。

第一，不适当地抬高了荀子思想的地位。早在1949年之前，就有学者从孔孟荀命论比较的角度提出，"制天命而用之"是荀子独有的思想①。需要指出的是，"制天命"或许并不含有"非天命"的意涵。"今荀子非天命破灾异，既取古人限君重要学说之一而攻之，又未如申韩之明法尊制，则其学说必有流弊，而是非功过，尚难遽定矣。"② 从中国大陆来看，该命题的存在为荀子成为1949年以来形成的新传统所极力褒扬的对象加分不少。比如，荀子"提出了光辉的'制天命而用之'的思想……荀子这一朴素的'人定胜天'的唯物主义思想，是在与天命论和消极无为的天道观的斗争中总结出来的，它对古代朴素唯物主义哲学的发展，有着十分重要的意义"③。不难发现，该命题之所以被拔高到如此地位，和"制天命而用之"所体现的反天命论倾向是密不可分的。而我们知道，"天命"是孔子、墨子和孟子等先秦诸子以及更早的五经系统中的重要内容，特别是孔子，其"三畏"中排在首位的就是"畏天命"（《论语·季氏》）。我这里引用的已经是受教条主义影响比较轻的教材了，即便如此还是把荀子的地位明显拔高了。就港台和海外而言，该命题也导致了一些不适当的评论。比如，唐君毅以"控制环境，控制命运"去诠释"制天

---

① 张岱年：孔子讲畏天命，孟子讲顺受其正，荀子则讲制天命。他说："从天而颂之，孰与制天命而用之！望时而待之，孰与应时而使之！"他主张制裁天命而利用之。命是有的，但人不应止于俟命，而当设法利用之，这是荀子独有的思想。张岱年：《中国哲学大纲》，南京：江苏教育出版社，2005年，第367页。

② 萧公权：《中国政治思想史》（一），沈阳：辽宁教育出版社，1998年，第113页。

③ 北京大学哲学系中国哲学教研室：《中国哲学史》（第二版），北京：北京大学出版社，2003年，第96-97页。

命",从而认为荀子提出了不同于此前中国的其他一切天命观的新形态的天命观。① 平心而论,该命题在海内外给荀子增加了一些本来不属于他的荣誉。

第二,有把荀子推向傲慢的人类中心主义者的可能性。比如,胡适就曾经不无感慨地写到,引言的那句话"这竟是倍根的'堪天主义'（Conquest of Nature）"②。当然了,胡适也认为荀子的"堪天主义"和近世科学家的"堪天主义"明显不同因而缺陷明显。③ 继承了胡适的理路,郭沫若也相信,"制天命"一方面承认自然与社会有其必然性,另一方面则鼓吹以人力去控制这种必然性,使它有益于人类……这和近代的科学精神颇能合拍,可惜在中国却没有得到其正常的发育。不同之处在于,郭氏认为"制天命"的说法在直接的意义上是对墨家"非命"说的超越的回答。④ 类似地,还出现了把"天命"解释为"天道"⑤,从而"制天命而用之"似乎就具有了"掌握自然规律而利用它"⑥ 的含义。与此同时,有学者以"制天命而用之"作为著述章节的标题,并以此命题为基础表达了荀学的"做自然的主人"的见解。⑦ 在流行于当代世界的后现代主义看来,荀子的上述观点确实有人类中心主义⑧的倾向。⑨

第三,即便是持有较为中立的平实立场,也会为如何解释"制天命"的

---

① 唐君毅:《中国哲学原论（导论篇）》,台北:学生书局,1989年,全集校订版,第555页。
② 胡适撰,耿云志导读:《中国哲学史大纲》,上海:上海古籍出版社,1997年,第223页。
③ 胡适:《中国哲学史大纲》,第224页。
④ 郭沫若:《十批判书》,北京:人民出版社,1954年,第187-188页。
⑤ 梁启雄:《荀子简释》,北京:中华书局,1983年,第229页。
⑥ 方勇、李波译注:《荀子》,北京:中华书局,2011年,第274页。此外,路德斌直接把"天命"解释为"自然规律",参阅路氏著《荀子与儒家哲学》,济南:齐鲁书社,2010年,第53页。
⑦ 廖名春:《〈荀子〉新探》,北京:中国人民大学出版社,2014年,第134页。
⑧ 白奚把人类中心主义区分为以人类的利益为中心和以人类的道义为中心两种类型,荀子和西方属于前者。
⑨ 在一次学术会议里,北京大学哲学系的吴飞指出,即便是笔者所认可的"制天而用之"命题依然也有人类中心主义的倾向。应该说,这个批评是颇为有力的。或许,把人类中心主义区分为强弱两种类型可以应对这个批评,其区分的标准为天命论视野下的与非天命论视野下的。因而,"制天而用之"反映的就是非天命论视野下的弱的人类中心主义。

"天命"而大伤脑筋。唐代的杨倞是第一个注释《荀子》的人，他对该命题的解释比较表面化，"制裁天之所命而我用之"①。或许受此影响，《荀子》的英译全本的译者何艾克的翻译为："To obey Heaven and praise it, How can this compare to overseeing what Heaven has mandated and using it?"② 问题是，什么是"天之所命"？李涤生认为，"天之所命"是指"天生之万物"。其对那句话的解释为，"言与其顺从天德而歌颂它，何如裁制天生之万物以为我用呢！如裁麻以为衣，裁粟以为食之类"③。"制裁"一词在现代有特殊含义，故而李氏把两个字交换顺序而变成了"裁制"。这个改动是合理的。应该说，杨、何和李三氏的曲折解释还是比较符合文本的，但是也颇费踌躇。

不难发现，由于"命"字的存在，导致对"制天命而用之"命题的理解问题丛生。

三、对可能反驳的回应

论证颇为忌讳一厢情愿式的思考，故而其需要经受得住检验与反驳。这是下文所要进行的工作。

第一，或许有人会反驳：《荀子·天论》中的"制天命而用之"的"天命"一词并非孤例，而有类似的说法。比如稷下黄老道家的代表作《黄帝四经》里的《经法·论》中就有"必者，天之命也"的说法，根据白奚的诠释，"天命被解释为'必'，即自然界的规律和必然性，此天当然也就是自然之天"④。在我看来，应该说"必"应被解释为"天命"而不是相反。即便如此，"天命"与"天之命"的说法也是明显不同的。就此而言，其无法构成对本文的一个有效反驳。

第二，或许有人会反驳：《荀子·天论》中的"制天命而用之"的"天命"一词并非孤例，荀子的弟子韩非也使用了该词。"故曰：古之牧天下者，不使匠石极巧以败太山之体，不使贲、育尽威以伤万民之性。因道全法，君子

---

① 王先谦：《荀子集解》，第317页。
② Eric Hutton, Xunzi: the complete text, Princeton University Press, 2014, p. 180.
③ 李涤生：《荀子集释》，台北：学生书局，1979年，第378-379页。
④ 白奚：《荀子对稷下学术的吸取和修正》，收入白奚著：《先秦哲学沉思录》，北京：中国社会科学出版社，2007年，第265页。

乐而大奸止。澹然闲静，因天命，持大体。故使人无离法之罪，鱼无失水之祸。如此，故天下少不可。"① 我们知道，韩非和荀子都持有自然主义的天道观，但这并不妨碍韩非使用"天命"一词。而且，韩非所使用的"因天命"明显有遵循天道、遵守自然法则的含义。应该说，这个反驳有一定的力量。我的回应是：韩非"因天命"的命题一则是几乎没有引起人的注意；二则"因天命"和"制天命而用之"的含义差别较大，比如前者缺乏后者所具有的发挥人的主观能动性的进取精神；三则是即便其成立也不影响本文的核心论证。

第三，或许有人还会反驳：即便多了一个字，那为啥一定是多出了"命"字而不是"天"字？应该说，这种反驳从形式上看不无道理。但是如果我们从实质的角度去看，那么它就是站不住脚的。先假设其反驳可靠，于是上述句子就变成了"大天而思之，孰与物畜而制之！从天而颂之，孰与制命而用之"。根据荀子对"命"字的定义，"制命"就意味着控制或裁制人的"节遇"，或者说是控制或裁制"个体主体的特定境遇"。② 这是没啥深刻意义的。③ 从内容来看，从"天"与"制天"形式对应但实质相反。不难发现，"制天"是比"制命"更好的选择。

第四，或许有人会反驳：你的论证顶多证明了"命"字可能是衍文，而不是一定是衍文。应该说，在没有出土文献支撑我的观点之前，这个反驳是有一定力量的。故而，我接受其意见而软化本文的立场。于是，我们的论点就调整为，"制天命而用之"中的"命"字很可能是衍文，其最为可能的表述应该是"制天而用之"。

到此为止，本文就完成了自己的论证，从而得出如下结论："制天命而用之"中的"命"字很可能是衍文，文本的正确表述应该是"制天而用之"。

---

① （清）王先慎撰：《韩非子集解·大体第二十九》，北京：中华书局，1998年，第210页。

② 韩德民：《荀子"制天命"说新解》，《中国文化研究》，1999年冬之卷，总第26期。

③ 吴飞认为"制命而用之"的说法更为可行，其理由是前一句的"大天"对应的是"畜物"，而后一句的"从天"与"制命"可以更好地照应前句。反之，"从天"与"制天"出现了两个"天"字，这就和前句构不成照应。其实，Machle 早就指出，"天"字应该是注释词而不是正文的内容故而应该被忽略（omitting），Nature and Heaven in the Xun-zi———A Study of the Tian Lun, p. 126-127，以及 p. 143。

论荀子的"帝王之术"及其政治儒学特质①

宋洪兵

中国人民大学国学院教授

当代中国，荀学研究正日益兴盛，各种观点与思路精彩纷呈。总体而言，既有的研究成果，大多非常哲学化，关注的话题也主要集中在荀子的人性论及其内在逻辑，尤其是将荀子思想心性化或荀学研究孟学化的倾向非常明显。然而，人性论（性恶论也好，性朴论也罢）只是荀子理论基石的一个方面，荀子最为关心的，依然是司马谈所说的"务为治者也"（《史记·太史公自序》）。换言之，荀子的政治思想，才是其思想的精华和重心，其具体表现为司马迁所谓"帝王之术"（《史记·李斯列传》）。但关于荀子"帝王之术"所指涉的内容，司马迁却语焉不详。尽管有学者曾从"国之命在礼""尚贤使能""以政裕民""修身治国"四个方面概括过荀子的"帝王之术"②，但对其理论特质却有待进一步深入思考。

毋庸讳言，荀子思想具有浓厚的政治儒学特征。但是，前贤有关荀子政治儒学的看法存在明显的分歧。徐复观持批判态度，他认为荀子的性恶论忽视了人格尊严的根源，"太重视政治""含着走向独裁政治的因素""在孔子主要是寻常生活的礼，到荀子便完全成为政治化的礼，礼完全政治化以后，人对于礼，既失掉其自发性，复失掉其自主性，礼只成为一种外铄的带有强制性的一套组织的机括。在此机括中，虽然有尚德、尚贤以为其标准，亦只操之于政治上的人君，结果也只会变成人君御用的一种口实"③。这是一种典型的以道德

---

① 基金项目：中国人民大学明德青年学者计划"荀韩关系研究"（编号：13XNJ012）。

② 宋绍光：《述论荀子"帝王之术"》，《学海》，1998年第4期。

③ 徐复观：《荀子政治思想的解析》，载廖名春选编：《荀子二十讲》，北京：华夏出版社，2009年，第316-317页。

统摄政治进而批判荀子政治儒学的思路①，以至于任剑涛批判这种思路是一种"反政治的政治儒学""书斋政治儒学"，因为他们缺乏"政治地思考政治"的维度；而要"政治地思考政治"，就必须"不将政治视为观念之争、价值偏好表达，而是尝试通过讨价还价、程序安排、妥协机制等实践导向的进路来理解和处置政治事务"②。另外一种思路恰好就是强调政治与道德本属不同的领域，荀子着眼于政治来思考社会秩序问题，以经验甚至科学的态度来构建其政治儒学。荀子政治儒学的独特性正在于此。韩东育以日本徂徕学派为例，认为荻生徂徕思想的祖型源自荀子："两人均把政教分离和政治本身的优位性原则，提到了前所未有的高度，并分别成为中日两国如此理念的最早伸张者。"③ 东方朔也强调从政治视角切入荀子思想才是研究正途："政治与道德的关系其实有两种不同的讲法，亦即一种是由道德而说政治，一种是由政治而说道德；前者是为政治奠定道德基础，后者则是将道德作为政治的附属，或者说通过政治本身的规范性来说明其道德性。基本上，孟子属于前者，而荀子属于后者。"④ 由此，荀子政治思想更多地体现出一种"政治家"（圣王）的视角，既强调"帝王之道"的儒家原则，又特别注重"帝王之术"的实践性与可行性。荀子在儒家视角之下的富国强兵已受到关注："尊君、隆礼是获致富国强兵最直接有效之方法，其目的即是在创造富国强兵之国家。"⑤ 本文拟在前贤研究的基础之上，进一步从现实主义的政治视角来探讨荀子"帝王之术"的政治儒学特质。

一、"圣王"视角下的"政治家"立场

顾名思义，荀子的"帝王之术"必须通过"帝王"来实现，故"帝王"

---

① 根据东方朔对罗娜（Loubna EI Amine）《古典儒家的政治思想：一种新的诠释》的介绍，持如此观点的学者非常多，有李约瑟、萧公权、冯友兰、刘殿爵、芬格莱特、陈素芬、罗哲海、刘纪璐、金鹏程、信广来等。东方朔：《权威与秩序：荀子政治哲学研究》，北京：生活·读书·新知三联书店，2023年，第380页。
② 任剑涛：《孟荀之外的第三条儒学进路》，载杜维明、梁涛主编：《统合孟荀与儒学创新》，济南：齐鲁书社，2020年，第196-197页。
③ 韩东育：《日本近世新法家研究》，北京：中华书局，2003年，第99-100页。
④ 东方朔：《权威与秩序：荀子政治哲学研究》，第383-384页。
⑤ 周德良：《荀子思想理论与实践》，台北：台湾学生书局，2011年，第207页。

实为"帝王之术"的主体。《荀子·王霸》《荀子·赋》及《荀子·尧问》三篇均提及"帝王"。所谓"帝王",不仅意指其最高之政治地位,而且还是天下人皆敬仰之有德之王,即《荀子·王霸》"之主者,守至约而详,事至佚而功,垂衣裳,不下簟席之上,而海内之人莫不愿得以为帝王"。不过,相对于"帝王",《荀子》一书提得更多的是"圣王",达41次。根据学者统计,《荀子》还提到"圣人"81次、"圣君"4次,虽说法不同,"圣王""圣人""圣君"含义差别不大,绝大多数情况下均指具有道德与政治权威的帝王。① "圣王"观念本是先秦诸子的通见②,自然也在荀子思想体系中居于至关重要的地位。譬如,《荀子·解蔽》认为"圣王"既是天下人效仿的楷模,也是政治法度与政策措施的制定者:"曷谓至足?曰:圣王。圣也者,尽伦者也;王也者,尽制者也;两尽者,足以为天下极矣。故学者以圣王为师,案以圣王之制为法,法其法以求其统类,以务象效其人。"《荀子·正论》则认为"圣王"能够任用德才兼备的人而使社会各安其分、各守其职:"圣王在上,决德而定次,量能而授官,皆使民载其事而各得其宜。"因此,荀子的"帝王之术"亦可视为"圣王之术"。所谓"帝王之术",就是指由"圣王"主导的按照蕴涵权力与利益因素的政治逻辑来处理政治事务的方法和策略,"圣王"必须懂得以利害眼光来分析政治生活,并懂得如何利用手中权力来实现自己的政治目的。

荀子的"圣王"观念凸显了一种强烈的具有政治现实主义色彩的"政治家"立场。马克斯·韦伯曾认为,作为一个政治家,必须具备三种决定性的"政治人格":"激情、责任感和恰如其分的判断力。"所谓"激情"是指献身于一种"事业"的热忱,责任感意味着政治家必须清醒意识到自己行为的后果并愿意承担责任,恰如其分的判断力是指:"他能够在现实作用于自己的时候,保持内心的沉着冷静,这也表现在他与事与人都能保持距离。"③ 显然,"政治家"立场,更多着眼于应对复杂政治生活的政治智慧和政治能力。荀子

---

① 东方朔:《权威与秩序:荀子政治哲学研究》,北京:生活·读书·新知三联书店,2023年,第70—71页。当然,东方朔也指出,圣人与圣王之间并不完全等同,存在有德者无位与有位者无德的情况(第76—81页)。

② 刘泽华:《中国的王权主义》,上海:上海人民出版社,2000年,第442页。

③ (德)马克斯·韦伯:《学术与政治》,冯克利译,北京:生活·读书·新知三联书店,1998年,第100—101页。

对周公与孔子的推崇，除了他们作为道德权威的"圣"这一面，更多关注的是作为"圣人"的他们如何以"政治家"的视角来切实地应对政治生活。《荀子·儒效》中的周公形象就绝非温良恭俭让的道德家，而是积极有为能够杀伐决断的"政治家"：

> 客有道曰，孔子曰："周公其盛乎！身贵而愈恭，家富而愈俭，胜敌而愈戒。"应之曰：是殆非周公之行，非孔子之言也。武王崩，成王幼，周公屏成王而及武王，履天子之籍，负扆而立，诸侯趋走堂下。当是时也，夫又谁为恭矣哉！兼制天下立七十一国，姬姓独居五十三人焉；周之子孙，苟不狂惑者，莫不为天下之显诸侯。孰谓周公俭哉！武王之诛纣也，行之日以兵忌，东面而迎太岁，至汜而汜，至怀而坏，至共头而山隧。霍叔惧曰："出三日而五灾至，无乃不可乎？"周公曰："刳比干而囚箕子，飞廉、恶来知政，夫又恶有不可焉！"遂选马而进，朝食于戚，暮宿于百泉，厌旦于牧之野。鼓之而纣卒易乡，遂乘殷人而诛纣。盖杀者非周人，因殷人也。故无首虏之获，无蹈难之赏。反而定三革，偃五兵，合天下，立声乐，于是武象起而韶护废矣。四海之内，莫不变心易虑以化顺之。故外阖不闭，跨天下而无蕲。当是时也，夫又谁为戒矣哉！

周公为了天下人的利益以及维护周王室的权威，当武王去世之后，当机立断，履行天子职权，当成王长大之后，再还政于成王。当此之际，周公并未恭敬谦让，而是果断作为，这是一种卓越政治家的形象。周初分封，周王室同姓子弟皆受封，以藩屏王室，周公并未觉得分封姬姓子弟有何不妥，天下也未说周公偏心。周公辅佐武王伐纣的过程之中，不迷信各种天象，果断进军灭商，并未在自然天象面前退却，这同样也是卓越政治智慧的体现。杀管叔、虚殷国，天下也没有称周公暴戾。所有这一切，首要前提在于周公是"大儒""圣人"，其应对现实的政治思维与举措因此而具有无可置疑的正当性。周公是否"恭""俭""戒"，不取决于抽象的道德原则，而是作为"大儒"与"圣人"基于政治现实的客观情势做出的有效判断和积极应对，由此凸显了周公的"政治家"形象。荀子思想强烈的"政治"色彩已然呈现：作为"圣王"的政治家，只要他的动机和目的合乎道德，他的手段就必然是正当的。简言之，"圣王"之"圣"可以为其政治手段提供道德正当的证明，这就隐隐为政治家的权力行使打开了一条通往法家的想象空间。

同样，荀子眼中的孔子形象也呈现出强烈的敢做敢为的"政治家"特质。《荀子·儒效》说：

> 仲尼将为司寇，沈犹氏不敢朝饮其羊，公慎氏出其妻，慎溃氏踰境而徙，鲁之粥牛马者不豫贾，必蚤正以待之也。居于阙党，阙党之子弟罔不分，有亲者取多，孝弟以化之也。儒者在本朝则美政，在下位则美俗。儒之为人下如是矣。

荀子在回答秦昭王"儒无益于人之国"的质疑时，曾指出儒者并非空谈道德的理想主义，而是能够在政治和社会领域充分实现良好的治理效果。"执在人上，则王公之材也；在人下，则社稷之臣，国君之宝也；虽隐于穷阎漏屋，人莫不贵之，道诚存也。"（《荀子·儒效》）荀子将孔子视为"社稷之臣""国君之宝"的典范。历史上的孔子，具有双重身份：一是"仁智且不蔽"的道德圣人，二是曾在鲁国短暂施展政治抱负的政治家。荀子在此强调的恰好是孔子在鲁国时的从政经历。孔子将为鲁司寇的消息传到鲁国，沈犹氏、公慎氏、慎溃氏、粥牛马者立刻改变自己之前的各种不正当行为。《史记·孔子世家》记载孔子在鲁国的政绩："与闻国政三月，粥羔豚者弗饰贾；男女行者别于涂；涂不拾遗；四方之客至乎邑者不求有司，皆予之以归。"《孔子家语·相鲁》对此有更为详细的记载："初，鲁之贩羊有沈犹氏者，常朝饮其羊以诈市人；有公慎氏者，妻淫不制；有慎溃氏者，奢侈踰法；鲁之鬻六畜者，饰之以储价。及孔子之为政也，则沈犹氏不敢朝饮其羊；公慎氏出其妻；慎溃氏越境而徙。三月，则鬻牛马者不储价；卖羔豚者不加饰；男女行者别其涂；道不拾遗，男尚忠信，女尚贞顺；四方客至于邑者，不求有司，皆如归焉。"问题在于，孔子是如何做到这样的？李涤生有一个说法："这是因为孔子修己以待人，故人皆从化如此。"① 这种解释显然不能让人满意，孔子修己以待人就能产生如此大的社会影响？《荀子·儒效》所说的"美政"及《孔子家语·相鲁》所说的"为政"，才点出了问题的实质：这是作为"政治家"的孔子带有威慑力的政治权威而非道德权威导致的结果。

根据《史记·孔子世家》记载，孔子在鲁国执政时办了三件大事：其一，

---

① 李涤生：《荀子集释》，台北：学生书局，1979年，第129页。

齐鲁"夹谷之会",孔子以"君子之道"要求"有司"将"优倡侏儒"手足异处,吓得齐人得出"孔子为政必霸"的结论;其二,本着"强公室,杜私门"的原则而对鲁三桓采取"堕三都"之举,终因鲁公实力不济而失败;其三,由大司寇行摄相事,诛少正卯。显然,此时的孔子是有魄力、有能力、有手段的政治人物。齐人"孔子为政必霸"的顾虑是空穴来风吗?雷厉风行惩处优倡侏儒,也似乎与《论语》所建构的"温良恭俭让"的孔子形象,有不小的内在张力。"堕三都"之举,目的正是要解决鲁君的权力问题;而诛少正卯之事,可以看出孔子具有强烈的对危害社会的不同观念进行惩罚的意愿。《荀子·儒效》强调的,恰恰是孔子作为政治家的威慑效果。孔子当然是道德权威,但是一旦当道德权威拥有权力而成为政治家时,他就在政治领域拥有大义凛然的理由去做他认为该做的事情。沈犹氏、公慎氏、慎溃氏、粥牛马者所惊惧者,就是担心受到孔子义正辞严的惩罚和教训。

在此逻辑之下,《荀子·宥坐》首次出现作为"政治家"的孔子诛杀少正卯的记载也就不足为奇了:

孔子为鲁摄相,朝七日而诛少正卯。门人进问曰:"夫少正卯鲁之闻人也,夫子为政而始诛之,得无失乎?"孔子曰:"居,吾语女其故。人有恶者五,而盗窃不与焉,一曰:心达而险;二曰:行辟而坚;三曰:言伪而辩;四曰:记丑而博;五曰:顺非而泽。此五者有一于人,则不得免于君子之诛,而少正卯兼有之。故居处足以聚徒成群,言谈足饰邪营众,强足以反是独立,此小人之桀雄也,不可不诛也。是以汤诛尹谐,文王诛潘止,周公诛管叔,太公诛华仕,管仲诛付里乙,子产诛邓析史付,此七子者,皆异世同心,不可不诛也。"

孔子做鲁司寇期间摄行相事才七天,就把少正卯杀了。门人不解,说刚刚手握大权就杀名气很大的少正卯,恐怕是太过了吧?孔子历数少正卯五恶,力证将其诛杀的正当性。胡适曾将此解释为:"聚众结社,鼓吹邪说,混淆是非。"① 关于这件事,古今学者多有质疑,认为孔子主张"子为政,焉用杀"(《论语·颜渊》),怎么会杀少正卯呢?甚至怀疑这是荀子的弟子韩非子、李

---

① 胡适:《中国古代哲学史》,合肥:安徽教育出版社,1999年,第72页。

斯等"申韩之徒"杜撰出来的。① 研究者基本都集中在孔子是否做过这件事的历史考证问题上。在此，姑且不论孔子是否有过这样的事迹，《荀子》记载此事是否符合荀子的孔子观才是关键。笔者认为，《荀子·宥坐》记载孔子诛少正卯的事迹，符合荀子对作为"政治家"的孔子的形象设定。简言之，荀子思想是能够接受作为"政治家"的孔子诛少正卯的。

理由有二。其一，《荀子·儒效》明确记载周公杀管叔是非常正当的王者之诛："履天子之籍，听天下之断，偃然如固有之，而天下不称贪焉。杀管叔，虚殷国，而天下不称戾焉。"而《荀子·宥坐》恰好将孔子诛少正卯与"周公诛管叔"相提并论，这意味着，荀子认同作为圣人的"政治家"运用权力来惩罚他所认定的奸邪之人。其二，《荀子·王制》提到"王者之政"在强制权力行使方面明确禁止"奸言，奸说，奸事，奸能""才行反时者死无赦"，主张"元恶不待教而诛"。通常，荀子跟孔子一样，是反对"不教而诛"的（《荀子·富国》）；但是，对于"元恶""才行反时者"，那是应该"不待教而诛"的。所以《荀子·宥坐》塑造的孔子形象，与荀子一贯的以"圣王"为核心的"政治家"立场若合符节。

荀子的"帝王之术"如此重视"政治家"的地位和功能的根本原因，在于他采取了一种政治思维方式而非道德思维方式。首先，他所思考的政治生活的前提就把人性最坏的可能考虑在内。他认为人性恶而导致秩序混乱，必须要有礼义法度来维持秩序，而礼义法度来源于"圣人"。《荀子·性恶》《荀子·礼论》皆可提供大量佐证。关于这点，已经有学者做过详细论证。如，东方朔认为："荀子主人之性恶，以言秩序为什么必需；复又推尊圣王，以谓秩序为什么可能。为了摆脱'争''乱''穷'的状态，为了避免强凌弱、众暴寡，人类悖乱相亡不待顷的局面，荀子认为必须诉诸圣王的绝对权威。"② 其次，

---

① 关于孔子诛少正卯的研究及相关争论，详见赵纪彬：《关于孔子诛少正卯问题》，北京：人民出版社，1973年；徐复观：《一个历史故事的形成及其演进：论孔子诛少正卯》，《中国学术精神》，上海：华东师范大学出版社，2004年，第71-83页；林存光、韩泳诗：《重思一个故事的历史与神话意义："孔子诛少正卯"之故事含义的再诠释》，《衡水学院学报》，2017年第3期。

② 东方朔：《权威与秩序：荀子政治哲学研究》，北京：生活·读书·新知三联书店，2023年，第119页。

荀子是以"政治"所具有的群体特征来思考秩序问题的。人类与生俱来就是过群体生活的高级动物，而群体之生存与延续必须依赖政治权威。《荀子·王制》说："君者，善群也。"《荀子·富国》也说："人之生不能无群，群而无分则争，争则乱，乱则穷矣。故无分者，人之大害也；有分者，天下之本利也；而人君者，所以管分之枢要也。故美之者，是美天下之本也；安之者，是安天下之本也；贵之者，是贵天下之本也。"在此群体优先于个体的政治逻辑之下，荀子甚至提出君王相对于家庭血缘关系的父母亲情起着更大的社会作用，此即《荀子·礼论》所说："彼君子者，固有为民父母之说焉。父能生之，不能养之；母能食之，不能教诲之；君者，已能食之矣，又善教诲之者也。"亲情以及家庭，让位于"政治"，君王发挥着远比父母更大的政治功能："天地生之，圣人成之。"（《荀子·富国》）荀子眼中的"天下"必须由"圣人"来承担也就理固宜然："天下者，至重也，非至强莫之能任；至大也，非至辨莫之能分；至众也，非至明莫之能和。此三至者，非圣人莫之能尽。故非圣人莫之能王。"（《荀子·正论》）萧公权曾深刻指出，荀子试图以"圣王"之权威安排整个社会生活，"政治组织既由圣智之君主以产生，政治生活亦赖继体之君主而维持。治乱系于一人，则尊荣殊于万众……政治生活之外，不复有私人道德生活之余地"①，可谓切中荀子思想之要害。

总之，荀子"圣王"视角下的"政治家"立场，凸显了其思想强烈的现实主义色彩。在荀子看来，人类的政治生活离不开"圣王"，而"圣王"治理国家的根本逻辑在于现实的利害分析以及恰当的权力运用。既然"圣王"的动机与目的因其"圣"而正当，那么他所运用手中权力的过程及方式——"圣王之诛"（《荀子·仲尼》）——亦属正当。《荀子》"侧重于从政治治理形态所蕴含的原理原则和政治行为的效果上看其道德上的表现，它通过政治的原理原则所具有和产生的道德效果上的好坏良莠来为政治行为的合理性与否提供辩护"②的思维模式，鲜明展现了荀子"帝王之术"注重政治功能来实现秩序的理论属性。

---

① 萧公权：《中国政治思想史》（一），沈阳：辽宁教育出版社，1998年，第103页。

② 东方朔：《权威与秩序：荀子政治哲学研究》，北京：生活·读书·新知三联书店，2023年，第390页。

二、"帝王之术"与治国能力

"帝王之术"与治国能力密切相关。荀子有别于孔孟而与法家相近的突出一点在于荀子格外注重"圣王"的治国能力。荀子"帝王之术"无疑有助于政治家治国能力之养成。以李斯为例,抛开人格因素,单就政治能力以及政治影响而言,算得上是一个成功的政治家。其中缘由,除了李斯个人天赋之外,荀子"帝王之术"的熏陶也是重要因素。

"帝王之术"的首要内涵,就是君主欲成帝王之业,必须具备政治思维,要有根据客观事实准确判断与决策的政治能力。在人性问题上,荀子批判孟子的"性善论",提倡"性恶",他的理论立足点就在于事实依据与生活经验:"故善言古者,必有节于今;善言天者,必有徵于人。凡论者贵其有辨合,有符验。故坐而言之,起而可设,张而可施行。"若承认孟子的性善说,"今当试去君上之埶,无礼义之化,去法正之治,无刑罚之禁,倚而观天下民人之相与也。若是,则夫强者害弱而夺之,众者暴寡而哗之,天下悖乱而相亡,不待顷矣"(《荀子·性恶》)。如果去除掉社会的各种强制规则与外在规则体系,单纯靠人之自觉,可行吗?显然是不行的,因为去掉政治权力、去掉礼义教化、去掉公正规则与作为惩罚的刑罚威慑,整个社会就会陷入弱肉强食、分崩离析的境地。

君主若懂得这个道理,就会依据人性准确判断社会的实际情况,强调"隆礼重法",而不是修养心性,主要依靠他律而非自律来治国。这需要君主具备务实的政治眼光与准确的判断能力,在基本的政治思维层面不能犯幼稚的错误。荀子的政治思想,固然有理想主义的成分,但其基本底色是经验主义的。人性善恶之判断,事关治国方略究竟以仁爱教化为主还是以外在的礼义法度为主的问题。这是君主治国的大方向,涉及如何治国的基本问题。这是荀子"帝王之术"强调的一种非常重要的政治能力。

君主的政治判断能力,还体现在古今之辨方面,荀子力主"法后王",反对没有依据的"法先王"。之所以要"法后王",乃是因为后王的事迹确凿可靠,后王的制度可以考察;反之,"法先王"无凭无据,只能道听途说,以先王的口吻来表达自己的观点。所以荀子批判思孟等为"略法先王而不知其统"的"世俗之儒"(《荀子·非十二子》)。在荀子看来,百王之道,古今一贯;

欲知先王之道，必须从具有确凿文献记载的后王那里寻求，而不是从虚无缥缈的先王那里去推测。关于这点，《荀子·非相》说得非常明白：

> 欲观圣王之迹，则于其粲然者矣，后王是也。彼后王者，天下之君也；舍后王而道上古，譬之是犹舍己之君，而事人之君也。故曰：欲观千岁，则数今日；欲知亿万，则审一二；欲知上世，则审周道；欲审周道，则审其人所贵君子。故曰：以近知远，以一知万，以微知明，此之谓也。

荀子注重西周以来的"后王"传统，因为他认为这是有文献根据的，而"后王"带给他最大的启迪就是用礼乐刑政来实现国家治理。此外，君主的政治识别能力还有诸多方面。比如，君主应该通晓"治人"与"治法"的关系，应该以礼来统摄法度，应该知晓法的功能具有局限性等，应该明白君子人格或政治德性才是政治根源的治国道理。又如，君主还应该识别和判断各种言论，识别"圣人之知""士君子之知""小人之知""役夫之知"，判断"奸言""奸事""奸能"，一切以先王之礼义为准则。再如，君主应该具备识人明事的能力，何谓"俗人者""俗儒者""雅儒者""大儒者"；何谓"民德""劲士""笃厚君子""圣人"；何谓"上勇""中勇""下勇"；何谓"道德之威""暴察之威""狂妄之威"；何谓"王""霸""存""亡"；何谓"富"、何谓"强"，如何才能实现"富强"。总之，荀子通过政治现象的类型概括，提醒君主应该明了各种政治现象及与之对应的政治后果，以最终实现理想中的王道政治。所有这一切，都是在强调君主的政治判断能力与政治识别能力。

其次，"帝王之术"强调君主的以礼正身能力。君主欲成帝王，必须要学会以礼节制自身欲望。《荀子·君道》主张治国的要务在于修身，为百姓在行为上做出表率："请问为国？曰闻修身，未尝闻为国也。君者仪也，民者景也，仪正而景正。君者盘也，民者水也，盘圆而水圆。君者盂也，盂方而水方。君射则臣决。楚庄王好细腰，故朝有饿人。故曰：闻修身，未尝闻为国也。"修身的本质内涵，就是君主要以礼为标准来节制自己，故《荀子·修身》说："礼者、所以正身也，师者、所以正礼也。无礼何以正身？无师吾安知礼之为是也？"礼作为人类社会的行动准则，君主亦应遵守。《荀子·礼论》说："故绳者，直之至；衡者，平之至；规矩者，方圆之至；礼者，人道之极也。"《荀子·致士》也说："程者、物之准也，礼者、节之准也；程以立数，礼以定伦。"礼在荀子思想中的内涵非常丰富,其中重要内涵之一,就是行为准则。在荀子看来,君主以及君主统治的国家是否守礼,关涉兴衰存亡。《荀子·儒效》说得非常清楚:"礼者,人主之所以为群臣寸尺寻丈检式也。"以至于《荀子·强国》《荀子·天论》反复强调礼之于国的重要性:"故人之命在天,国之命在礼。"礼之于国重要性的首要内涵,在于君主能够以礼正身,能够成为群臣百姓的典范。既然君主是否以礼正身关涉社稷存亡,那么君主就应该具备用礼来节制自我欲望的能力。

君主的节制能力,来源于学。所以荀子格外重视"学"的价值与意义。《荀子·修身》说:"故学也者,礼法也。"《荀子·劝学》也说:"学恶乎始?恶乎终?曰:其数则始乎诵经,终乎读礼;其义则始乎为士,终乎为圣人。真积力久则入。学至乎没而后止也。故学数有终,若其义则不可须臾舍也……礼者,法之大分,类之纲纪也。故学至乎礼而止矣。夫是之谓道德之极。"学的根本途径,不在书本,而在实践与生活。"学莫便乎近其人",潜移默化,耳濡目染,乃是积善成德、成为圣人的最佳途径。作为君主,必须具备学习能力与以礼正身的克制能力。这既是荀子以儒家标准为君主设定的基本政治能力,同时也是具有普适性的政治能力。

倘若君主不能节制,放纵自己的欲望,必然会出现《荀子·性恶》所说的"犯分乱理而归于暴",就会亡国。桀纣之所以亡,根本原因就在于不懂得节制自己的欲望,缺乏治理国家的基本能力。故《荀子·强国》说:"夫桀纣,圣王之后子孙也,有天下者之世也,埶籍之所存,天下之宗室也,土地之大,封内千里,人之众数以亿万,俄而天下倜然举去桀纣而奔汤武,反然举恶桀纣而贵汤武。是何也?夫桀纣何失?而汤武何得也?曰:是无它故焉,桀纣者善为人所恶也,而汤武者善为人所好也。人之所恶何也?曰:污漫、争夺、贪利是也。人之所好者何也?曰:礼义、辞让、忠信是也。今君人者,譬称比方则欲自并乎汤武,若其所以统之,则无以异于桀纣,而求有汤武之功名,可乎?故凡得胜者,必与人也;凡得人者,必与道也。道也者,何也?曰:礼义、辞让、忠信是也。"污漫、争夺、贪利,这是不能节制自己的欲望;礼义、辞让、忠信,这是懂得节制自己的欲望。汤武之所以王而桀纣之所以亡,根本原因就在于桀纣缺乏节制的政治能力。懂得节制,并不意味着放弃物质享受,只是在礼规定的范围内合理地满足个人欲望,礼所具有的"养人之欲,给人之求"(《荀子·礼论》)的特征,必然会将人合理的欲望考虑在内。故《荀子·强国》告诫君主遵守礼义才能养生安乐:"故人莫贵乎生,莫乐乎安;所以养生安乐者,莫大乎礼义。"君主节制自身欲望的政治意义,一方面可防止欲望泛滥而损害天下人的利益,防止权力的过度膨胀而带来的政治危险;另一方面也可在等级秩序的范围内体现符合特定身份的利益满足。徐复观曾批判荀子缺少孟子那样的道德方面的恻隐之心,"于是道德不能在人的本身生根,礼也不认其系出于人的内心的要求,而只是由于圣王、先王根据利害的比较"①。这是从道德心性的角度评价荀子,若换成政治角度,同为性恶的圣王、先王之所以能够做到以礼正身,恰恰在于其基于利害分析的政治理性而非政治德性。简言之,君主唯有节制自身欲望才能维持统治,从而享受更为长久的统治利益以及秩序之礼所赋予的个人利益。

最后,"帝王之术"强调君主的领导和掌控能力,这是最重要的一种能力,与政治实践密切相关。前述作为"政治家"的周公与孔子形象,均具有一种懂得如何在政治领域恰当运用权力来实现自己政治目的的当机立断能力。除此之外,荀子还特别强调了两种能力:一种是君主应该具备道德感召力与政治影响力,使天下百姓心悦诚服。《荀子·王制》说:"其民之亲我也,欢若父母,好我芳如芝兰。"《荀子·王霸》则谓:"上莫不致爱其下,而制之以礼。上之于下,如保赤子,政令制度,所以接下之人百姓,有不理者如豪末,则虽孤独鳏寡必不加焉。故下之亲上,欢如父母,可杀而不可使不顺。"君主之所以能够让百姓产生对待父母那样的亲近感,关键就在于君主的仁心仁术,一方面,积极推广与教化;另一方面,又以公平公正的政治回馈百姓,"吸引"他们,感召他们。② 推广与教化的结果,就能使百姓心悦诚服。荀子在此突出强调的是君主的个人品格与实际的政治效果。个人品格方面,君主应该是一个"仁人",即"仁人在上,百姓贵之如帝,亲之如父母"(《荀子·富国》)。实际的政治效果方面,一定要让百姓切实获得他们关心的实际利益。在如何达成"仁人"层面,荀子当然有许多基于性恶而成为仁人、圣人的理

---

① 徐复观:《荀子政治思想的解析》,载廖名春选编:《荀子二十讲》,北京:华夏出版社,2009年,第316页。
② 宋洪兵:《论先秦儒家与法家的成德路径:以孔孟荀韩为中心》,《哲学研究》,2015年第5期。

论阐释，但他更关注"仁人"的政治效果："仁义德行，常安之术也。"（《荀子·荣辱》）一定程度上可以说，仁人之德性在政治领域具有工具理性之特点。换言之，荀子更看重道德仁义之于百姓拥护和支持"圣王"的效果。

第二种能力是君主要有解决以少治众、以一治多的政治困境的能力。君主应该寻求恰当的人才来辅佐自己，尤其需要具备监督与惩罚的权力与能力。《荀子·君道》强调了三种人才的重要性："便嬖左右足信者""卿相辅佐足任者""使于四邻诸侯者"。君主应该有自己的耳目亲信，以了解天下各种信息，不致闭目塞听，防止自己被蒙蔽；应任用卿相来辅佐自己，以免成为孤家寡人；应任用可靠而又能说会道的人出使邻国，以避免与之交恶进而威胁社稷。在此，荀子强调的"便嬖左右足信者"，已然涉及具体政治实践中的各种复杂性。政治生活，并非只有政治价值与政治理想，还有各种利益与权力纷争，还有野心、嫉妒、欺骗，以及各种勾心斗角、尔虞我诈，这些都是"性恶"投射到政治领域的必然反映。由此，"窥远收众"之"便嬖左右足信者"便成为君主治国必不可少的一个政治群体。当然，荀子希望这个群体应遵守儒家的道德原则，而不是唯利是图、趋炎附势的小人。

然而，荀子的整体思想基本都倾向于探索一些基本的政治原则，对如何在事关权力与利益的复杂政治生活方面坚守儒家的道德原则，并未做特别深入的考察。《荀子·王霸》说："主道治近不治远，治明不治幽，治一不治二。主能治近则远者理，主能治明则幽者化，主能当一则百事正。夫兼听天下，日有余而治不足者，如此也，是治之极也。"荀子主张君主治国应该光明正大，不能有阴暗的阴谋权术。《荀子·君道》也说："上好权谋，则臣下百吏诞诈之人乘是而后欺。"《荀子·王霸》又明确表明态度："故用国者，义立而王，信立而霸，权谋立而亡。"荀子之政治思想，意在追求光明正大的礼法之治，政治生活的阴暗面并未作为主流进入他的理论视野。这多少与主张"性恶"的荀子有些不符。除《荀子·君道》提到"便嬖左右足信者"以为政治耳目之外，《荀子·成相》以非常含蓄的方式呈现了政治生活的复杂性与阴暗面，涉及君主昏暗，任奸远贤，导致君主被蒙蔽、被架空，最终上下易位，告诫君主警惕与防备朋党政治，任用贤能，远离奸佞之人。"听之经，明其请，参伍明谨施赏刑。显者必得，隐者复显，民反诚。言有节，稽其实，信诞以分赏刑必。下不欺上，皆以情言，明若日。上通利，隐远至，观法不法见不视。耳目既显，吏敬法令莫敢恣。君教出，行有律，吏谨将之无铍滑。下不私请，各以宜，舍巧拙。臣谨修，君制变，公察善思论不乱。以治天下，后世法之成律贯"，涉及循名责实，信赏必罚，广众耳目以养成聪明之势等观念。正如杜国庠所说："这种话语，置诸《韩非子》中，真可乱楮叶了。"① 某种程度上讲，对政治复杂性的把握以及解决之道，荀子有一定思考。但他强调的政治能力之中，缺乏对复杂政治生活的处理。这个方面，成为韩非子重点关注的话题。荀韩皆强调政治能力之重要性，这是先秦政治思想史上一个非常突出的现象。但就政治能力的多元性与复杂性而言，韩非子实则沿着荀子的思路继续往前推进，并比荀子更为深入。

综上所述，荀子"帝王之术"立足于政治领域客观的经验事实，特别强调治国能力及其政治效果，并且意识到了孔孟未特别关注的政治复杂性。需要指出的是，荀子始终坚持儒家的仁德与礼制双轨逻辑，始终坚持动机与目标合乎儒家价值。"荀子思想中之君主，乃一高贵威严之公仆，而非广土众民之所有人。"② 当然，"高贵威严之公仆"只是"帝王之术"的德性条件，而国家治理却关涉复杂的政治生活，非有敏锐的政治洞察力与判断力，不足以摆脱道德理想主义的玄想；非有果断的杀伐决断能力，不足以赏善罚恶、移风易俗；非有高明的领导能力和掌控能力，不足以应对以少治多的政治难题。荀子对政治能力的强调，既源自现实政治生活的刺激，同时亦与当时流行的前期法家商鞅、申不害、慎到等人的政治思想影响有关③，进而深刻影响了之后的韩非子的政治思想。

三、"帝王之术"与富国强兵

荀子的"帝王之术"关乎国家治理，而国家治理又是一件非常现实的问题。《荀子·尧问》曾说："孙卿迫于乱世"，他所念兹在兹的依然在于如何切

---

① 杜国庠：《论荀子〈成相〉篇》，廖名春选编：《荀子二十讲》，北京：华夏出版社，2009年，第335页。

② 萧公权：《中国政治思想史》（一），沈阳：辽宁教育出版社，1998年，第104页。

③ 关于前期法家对荀子思想的影响，参阅菅本大二：《荀子对法家思想的接纳：由"礼"的结构来考察》，《政治大学学报》，2003年第11期。

实地面对当时之乱世,所以他特别注重国家富强的途径,关注国家实力之于国家生存与发展的极端重要性。《荀子》一书《富国》《强国》《王制》《王霸》《君道》《议兵》诸篇皆论及富国强兵,殆非偶然。

劳思光曾将"如何致富强"视为法家学说的"基源问题"。① 其实,荀子最终的王道思想也奠基于富国强兵的国家实力,只不过他所关心的富强问题的思路和途径与法家有所不同而已。《荀子·王制》曾说:"彼王者不然:仁眇天下,义眇天下,威眇天下。仁眇天下,故天下莫不亲也;义眇天下,故天下莫不贵也;威眇天下,故天下莫敢敌也。以不敌之威,辅服人之道,故不战而胜,不攻而得,甲兵不劳而天下服,是知王道者也。知此三具者,欲王而王,欲霸而霸,欲强而强矣。"可见,王者不仅是道德楷模,而且还具备强大的无与匹敌的军事威慑能力。

荀子"帝王之术"在富强层面区别于孔孟最为显著的特征在于他多次强调"兵劲城固"的重要性。《荀子·王制》说:"刑政平,百姓和,国俗节,则兵劲城固,敌国案自诎矣。"《荀子·王霸》也谓:"兵劲城固,敌国畏之""士大夫务节死制,然而兵劲"。《荀子·乐论》也称:"民和齐则兵劲城固,敌国不敢婴也。"对照孟子的道德理想主义,荀子是一位具有政治眼光的务实思想家,更注重国家军事实力之重要性。

如何实现强兵?《荀子·富国》给出了答案:"观国之强弱贫富有征:上不隆礼则兵弱,上不爱民则兵弱,已诺不信则兵弱,庆赏不渐则兵弱,将率不能则兵弱。"君主必须隆礼、爱民、信诺、庆赏、强将,才能强兵。荀子毫不隐晦地指出:圣王只有治理好了国家且对百姓好,百姓才会乐意跟随,乐意为其上阵杀敌,其中已然蕴涵着圣王将百姓力量凝聚为国家军事力量的政治意图。《荀子·议兵》强调"壹民""附民"而"轻为之死"的强兵逻辑:"凡用兵攻战之本,在乎壹民。弓矢不调,则羿不能以中微;六马不和,则造父不能以致远;士民不亲附,则汤武不能以必胜也。故善附民者,是乃善用兵者也。故兵要在乎善附民而已……政修则民亲其上,乐其君,而轻为之死。故曰:凡在于军,将率末事也。"《荀子·君道》则从反面论证了百姓不愿意为

---

① 劳思光:《新编中国哲学史》(一),桂林:广西师范大学出版社,2005年,第269页。

君主效命的政治恶果:"民不为己用,不为己死,而求兵之劲,城之固,不可得也。兵不劲,城不固,而求敌之不至,不可得也。敌至而求无危削,不灭亡,不可得也。"尽管荀子一再强调圣王要爱民利民,但并非为爱而爱,而是具有将百姓视为强兵工具的明显倾向。在国与民或君与民的问题上,荀子并未持谁为手段谁为目的的思路,而是从国—民或君—民整体共生的视角来看待二者关系①,认为良好的善政是强兵的必备条件。显然,荀子的强兵逻辑不是军事技巧层面的如何使用诈谋、如何用兵取得胜利,而是从政治层面或战略层面强调以民为本的善政才是强兵的真正根基。

荀子强兵的目的不在穷兵黩武以掠夺其他国家的土地和财富,而在保障自身安全,并在自身足够强大时伸张正义。《荀子·议兵》提倡以"仁者之兵"主持正义:"彼兵者所以禁暴除害也,非争夺也。"荀子认为,强兵是在当时列国竞争格局中必须采取的自我保存策略。《荀子·王制》对"霸道"的正面阐述,也反对武力兼并而强调仁义之师的政治效果:"存亡继绝,卫弱禁暴,而无兼并之心,则诸侯亲之矣。"《荀子·议兵》也说:"能凝之,则必能并之矣。得之则凝,兼并无强。"能够凝聚民心的才是强国,然后才能"以德兼人";依靠兼并,不足以成为真正的强国,"以力兼人"和"以富兼人"都会适得其反。荀子在此明确强调王者德政所具有的吸附效应,依靠王道效果吸引列国归附,远比依靠强力征服稳固。

荀子之王者德政,并非纯为道德,而是体现了王者善政之下的综合实力。《荀子·强国》分析了应对"强暴之国"的问题。"强暴之国"是指那些仗势欺人、贪得无厌、不守信用、穷兵黩武的大国。荀子指出如果一味对"强暴之国"退让和妥协,换来的不是和平发展和生存机会,而是无止境的欺凌并最终灭亡。与其如此被动,不如治理好国家,以自立自强:

> 故明君不道也。必将修礼以齐朝,正法以齐官,平政以齐民;然后节奏齐于朝,百事齐于官,众庶齐于下。如是,则近者竞亲,远方致愿,上下一心,三军同力,名声足以暴炙之,威强足以捶笞之,拱揖指挥,而强暴之国莫不趋使,譬之是犹乌获与焦侥搏也。故曰:事

---

① 宋洪兵:《浅议先秦诸子的共生智慧》,《光明日报》(国学版),2022年7月12日。

强暴之国难,使强暴之国事我易。此之谓也。(《荀子·富国》)

真正的明君之道,会以礼法来治理好国家,上下同心,并产生强大的辐射力量,悦近来远,以至综合国力碾压"强暴之国"。荀子期待明君治理之下的国家最终能以道德与实力震慑、控制"强暴之国",禁暴除害,维护正义;而不是委曲求全,一味妥协和退让。如果强兵是为争夺土地、财富和人口,势必危害百姓利益,从而遭到百姓反对,也会四处树敌。这是一种由强返弱的乱亡之道:

用强者:人之城守,人之出战,而我以力胜之也,则伤人之民必甚矣;伤人之民甚,则人之民必恶我甚矣;人之民恶我甚,则日欲与我斗。人之城守,人之出战,而我以力胜之,则伤吾民必甚矣;伤吾民甚,则吾民之恶我必甚矣;吾民之恶我甚,则日不欲为我斗。人之民日欲与我斗,吾民日不欲为我斗,是强者之所以反弱也。地来而民去,累多而功少,虽守者益,所以守者损,是以大者之所以反削也。诸侯莫不怀交接怨,而不忘其敌,伺强大之间,承强大之敝,此强大之殆时也。(《荀子·王制》)

在列国竞争格局中,唯有强兵才是生存之道。这是荀子思想明显不同于孟子之处。但在亲民附民的问题上,荀子强兵思想实质就是孟子"仁者无敌"(《孟子·梁惠王上》)思路的延续。荀子清楚地意识到"教民以战"的重要性,具有强烈的用民之死以达到强兵目的的理论动机。因为性恶论思路之下的百姓品德基本都是好利恶害的:"以从俗为善,以货财为宝,以养生为己至道,是民德也。"(《荀子·儒效》)于是,调教百姓使其乐意为国而战就是荀子思想的题中之义了。《荀子·强国》说:"教诲之,调一之,则兵劲城固,敌国不敢婴也。"百姓经过调教之后,达到"故下之亲上,欢如父母,可杀而不可使不顺"(《荀子·王霸》),"事业忘劳,寇难忘死,城郭不待饰而固,兵刃不待陵而劲,敌国不待服而诎"(《荀子·君道》),这样的"至平"境地,荀子认为才真正实现了强兵。强兵方能强国。

荀子也十分强调富国之重要性。欲富国,必然涉及欲望与利益问题。荀子意识到,人类因性恶,必然"生而有好利""生而有疾恶""生而有耳目之欲,有好声色",因而对于人性应该一方面采取引导和规范,以防其危害社会秩序,"师法之化,礼义之道"(《荀子·性恶》);另一方面又必须承认人追求利益以实现更好的物质生活的正当性，礼所具有的"养人之欲，给人之求"（《荀子·礼论》）功能也顺理成章。"不富无以养民情，不教无以理民性"（《荀子·大略》），即是对此两方面措施的最佳概括。萧公权曾指出："礼之最后目的为养。故荀子于富国一事言之颇详，而精当或有突过孟子之处……荀子对人性虽悲观，而对经济生活则乐观。荀子相信裕民之政策可使物质生产作无限度之增加，故富国之关键不在减低要求而在扩张供给。圣人制礼，宜量物以给欲。然欲望为生产之动力，故节用以礼，适可而止……荀子于此所持之观点颇有与近代西人相似之处。不仅大异墨家，亦复较孟子菽粟如水火之理想为进步。"[①] 言下之意，荀子对人们追求富裕生活的欲望实有极大宽容。荀子思考富民、养民问题，并非简单地昭示一种以民为本的政治价值，更是在政治层面探讨富民、养民的功能与效果。"下贫则上贫，下富则上富"，只有"上下俱富"，才能实现富国（《荀子·富国》）。荀子认为，富民乃是王者的重要表征："王者富民"。唯有富民，才能富国。富民与富国，实为一体两面，不可分割。

荀子的"富国"逻辑有以下几个基本原则：

其一，民富才能国富，反对国富民贫。荀子尤其反对将百姓视为充实国家府库之工具，反对国富民贫："筐箧已富，府库已实，而百姓贫：夫是之谓上溢而下漏。入不可以守，出不可以战，则倾覆灭亡可立而待也。"（《荀子·富国》）国富民贫必将引起百姓对统治者的反感和抗拒，不再愿意为国家的生存贡献力量，最终导致国家覆亡。荀子富国思想体现了强烈的民本色彩，但他始终是在国家治理的视野中思考富民问题的。

其二，政治精英不能唯利是图、巧取豪夺，应该以国家公共利益与长远利益为基本原则。荀子虽然承认人人皆有好利的本性，但是他希望以"圣王""君子"为代表的统治精英都能克制自身欲望，本着公共利益和长远利益的政治理性来治理国家。《荀子·大略》说："上重义则义克利，上重利则利克义。故天子不言多少，诸侯不言利害，大夫不言得丧，士不通货财。有国之君不息牛羊，错质之臣不息鸡豚，冢卿不修币，大夫不为场园，从士以上皆羞利而不

---

① 萧公权：《中国政治思想史》（一），沈阳：辽宁教育出版社，1998年，第100-101页。

与民争业，乐分施而耻积藏，然故民不困时，贫窭者有所窜其手。"荀子的逻辑，颇与孟子区分"士"与"民"的关系存在相似之处，所谓"无恒产而有恒心者，唯士为能。若民，则无恒产，因无恒心"（《孟子·梁惠王上》）。统治精英集团不能不顾百姓死活，唯利是图；而应立足于自身职责尽量为百姓带去利益。"从个人观点而言，致富以仁义为原则，若从国君治国理念而言，则必以'富国'为目标。"① 此"个人"指向"从士以上"的政治精英比较妥当。同时，在给百姓带去多大利益的问题上，荀子显然比孟子更为注重"富民"，而且"从士以上皆羞利"并非意味着他们只有奉献没有实利，因为在礼的等级安排之下，礼之"养"能够给予统治精英很好的物质待遇。由此，便不难理解《荀子·富国》分析国贫的原因："上好功则国贫，上好利则国贫，士大夫众则国贫，工商众则国贫，无制数度量则国贫。"君主及其统治集团是否施行善治，是否治理好国家，才是富民的根本保障。

其三，"富民"的具体思路可以概括为"节用裕民"（《荀子·富国》）。李涤生认为："'节用裕民'是荀子财经政策的总纲。"② 所谓"节用"，就是"上以法取焉，而下以礼节用之"，统治者按照礼法收取税收并节约开支；所谓"裕民"就是"裕民以政"，轻徭薄赋、遵循生产规律："轻田野之赋，平关市之征，省商贾之数，罕兴力役，无夺农时，如是则国富矣。"（《荀子·富国》）裕民可谓开源，节用可谓节流，开源节流方能富民、富国，而所有这一切都必须在"圣王"的政治见识和治国谋略统摄之下。

荀子之富国与强兵内在关系究竟是怎样的？富国是强兵之基础和前提，还是相反？荀子对此问题的论述，存在一定模糊空间。《荀子·王霸》只是强调富国强兵都必须与百姓是否支持联系起来："用国者，得百姓之力者富，得百姓之死者强，得百姓之誉者荣。三得者具而天下归之，三得者亡而天下去之；天下归之之谓王，天下去之之谓亡。"荀子是在强调富强的基本原则。但是孰先孰后，并未阐述。曾有学者认为："就国家而言，强兵是富国之基础，富国必以强兵为前提，强兵以人民为根本，强国必能维护人民之安全无虞。"③ 按照这个逻辑，国家首先生存下来才能发展，所以强兵是富国之基础和前提。问

---

① 周德良：《荀子思想理论与实践》，台北：学生书局，2011年，第243页。
② 李涤生：《荀子集释》，台北：学生书局，1979年，第199页。
③ 周德良：《荀子思想理论与实践》，台北：学生书局，2011年，第246-247页。

题在于，"得百姓之力者富，得百姓之死者强"，舍却利益驱动与圣王教诲，如何才能先得百姓之死而强兵呢？《荀子·君道》讲："故有社稷者而不能爱民，不能利民，而求民之亲爱己，不可得也。民不亲不爱，而求为己用，为己死，不可得也。民不为己用，不为己死，而求兵之劲，城之固，不可得也。"荀子明确强调爱民与利民，民才会为君王卖命，才能强兵。《荀子·富国》则讲到了充实府库之于战争胜利的重要性："将辟田野，实仓廪，便备用，上下一心，三军同力。"《荀子·强国》主张"道德之威"也有"爱利则形"的表述，爱之利之不能托诸空言，而必诉诸行动。唯其如此，百姓才会积极响应圣王号召而乐意为其上战场："百姓贵之如帝，高之如天，亲之如父母，畏之如神明。"就此而论，荀子实则主张爱民、利民才能真正强兵、强国，而爱民、利民的实质内涵就是富民。因此，富民—富国应该是强兵—强国的基础和前提。

总之，荀子之强兵，不是穷兵黩武攻取他国，而是禁暴除恶；荀子之富国，不是国富民贫，而是民富国富。在寻求富强以谋国家生存与发展的问题上，荀子始终重视军事力量与经济实力的重要性，这在先秦儒家思想脉络中，尤具现实主义的政治思维特色。由"圣王"调动百姓的积极性而实现富国强兵，也构成了荀子"帝王之术"最为本质的内涵。

四、荀子的政治儒学

荀子构想的理想国家，是具有卓越政治智慧和能力的"圣王"，率领一群既有德性又有能力的"君子"，隆礼重法，义利兼顾，凝聚民心民力，富民富国，强国强兵，全民老实听话并秩序井然，具有鲜明儒家特质的仁义型富强国家。① 这样的国家实力天下无敌：论军队，乃"仁义之兵"（《荀子·议兵》）；论经济，"有富厚丘山之积"（《荀子·富国》）；论社会状态及治理成就，"一天下，财万物，长养人民，兼利天下，通达之属莫不从服"（《荀子·非十二子》）。在春秋战国正义缺失与秩序混乱的时代，荀子的政治思想既维护了正义价值又重建了社会秩序，是一种兼顾道德价值与政治功能的政治

---

① 荀子涉及礼、法、术、势等治国措施、制度设计以及王霸问题等诸多层面的思考，容另文讨论。

儒学形态。而荀子"帝王之术",即成就帝王之业的方法和途径,其显著特征就是依托"圣王"以"政治"的方式来实现帝王之业,既体现了荀子政治儒学思想的本质,更是一种典型的政治儒学。①

总结起来,荀子的政治儒学具有以下几层特质:其一,以"政治家"身份出场的"圣王"在政治生活中始终居于主导地位,他是当仁不让、位高权重的道德权威和政治权威。"圣王"运用经验色彩浓厚的政治思维而非道德思维来治理国家。在此,"圣王"确保了其儒学特质,"圣王"面对现实政治生活思考如何治理国家,凸显了其"政治"的特质。"圣王"有政治担当有政治智慧,同时也非常有政治能力,尤其懂得如何运用手中权力来实现政治目的。其二,道德仁义的政治效果甚于如何成就仁义道德。荀子始终注重仁义道德等儒家价值,将儒家"悦近来远"的道德功能发挥至极致,爱民、利民、富民以富国、强国,富强的王者之国对天下万邦的吸附效应等,皆是其"儒学"特质的体现;而在如何成就仁义道德层面,虽然有探讨但同时也存在着诸多争议。② 之所以存在争议,至少从一个角度说明荀子对此问题的阐释并不是特别清晰,但就仁义道德的效果而言,荀子却有大量理论阐释。其三,在政治层面给出了内政有效治理与国家富强的儒家方案。儒家主道德教化,但道德教化不足以治国,故荀子隆礼重法、王霸并重;儒家主爱民、利民,但如何在"政治"视野中将其与国家富强结合起来,体现了荀子相对于孔孟独具特色的"政治优位"理论特质。尊王而不贱霸,并期待霸道之"力术"转向王道之"义术","节威反文"(《荀子·强国》)。荀子承认,以实力为后盾的富强之于国家生存与发展具有至关重要的意义,这无疑是"政治地思考政治生活"的理论产物。其四,以"圣王"之动机与效果来判断手段是否正当。尽管荀子一再强调"行一不义,杀一无罪,而得天下,不为也"(《荀子·儒效》),

---

① 本文所论"政治儒学",与蒋庆所强调的"政治儒学"在关注政治生活的经验事实层面有交集,但在"政治地思考政治问题"的层面,与蒋庆的"政治儒学"存在本质区别。蒋庆有关"政治儒学"的阐述,参阅蒋庆:《政治儒学:当代儒学的转向、特质与发展》,北京:生活·读书·新知三联书店,2003 年。
② 梁涛:《荀子人性论辨正:论荀子的性恶、心善说》,《哲学研究》,2015 年第 5 期;杨泽波:《"性恶心善"说献疑:对荀子研究中一种新观点的检讨》,《探索与争鸣》,2023 年第 6 期。

"絜国以呼礼义,而无以害之,行一不义,杀一无罪,而得天下,仁者不为也"(《荀子·王霸》),这体现了其儒学特质,呼应了孟子"行一不义、杀一不辜而得天下,皆不为也"(《孟子·公孙丑上》)的主张;但是很明显,荀子并不接受源自个体道德的"不义""无罪""不辜"等价值判断标准,而是以"圣王"的标准为标准,言下之意,"圣王"所作所为皆是正当的,"圣王"那里本就不存在"行一不义、杀一无罪"之说。荀子更注重以整体的国家治理意义上的政治效果来评判政治家,这又体现了显著的"政治"特质。荀子的政治儒学体现了儒者在天下一统时代即将来临之际的整体政治方案。

然而,荀子的政治儒学也存在着诸多理论不足,会面临政治现实主义的挑战。其一,荀子"性恶论"思维之下,对"圣王""道德纯备,智惠甚明"(《荀子·正论》)在君主世袭制时代的道德期望过高,以至于韩非子提倡"中人"(《韩非子·难势》)政治以对抗之,当然,"中人"是指天资与才能均属庸人,如何治国是可以在技术和制度层面加以解决的。其二,荀子之政治思维全在光明正大之处,而于各种权谋均加以排斥和批判,这决定了其政治儒学在"政治"层面的不彻底。政治领域充斥着大量权力斗争、利害计较以及阴暗权谋,这本是"政治"的根本属性。① 相对于荀子而言,韩非子则进一步在深刻阐释"政治"本质层面有了更为深入的推进。其三,荀子政治儒学更多阐述治国的基本原则,而于治国过程中的复杂性缺乏足够的理论分析。爱民、利民、富民以富国强兵,这是总原则;但是在国家生存的危急时刻,根本来不及按部就班地落实基本原则,又该如何评判?具体而言,倘若有国家按照国富民贫、国强民弱的激进方式实现了一种单向度的富国强兵,那么,是否意味着荀子对其完全否定呢?最后,政治家的动机与效果,是否可以完全为其手段作出是否正当的理论说明?荀子会面临真正的政治现实主义理论的挑战。同时,荀子会承认得到一个好的政治效果有时不得不采取在道德上可疑的手段吗?显然,荀子不会承认,但这同时也是政治现实主义所重点阐述的一个理论观点。

荀子政治儒学的理论特质及其不足,预示着其后韩非子政治思想的登场。

---

① 宋洪兵:《一种新解读:论法家学说的政治视角与法治视角》,《中国人民大学学报》,2022年第1期。

如果将政治的复杂性置入荀子的政治儒学，便很容易地进入韩非子的思想世界。荀韩之间的理论演变，或可视为中国古代政治思想对人类"政治"本质的渐次发现并加以理论论证的历史进程。

早期儒学多元嬗变的历史启示

宋立林

曲阜师范大学教授、孔子文化研究院副院长

春秋战国时代是中国思想史乃至中国文明的"轴心时代"。那时的思想界,百花齐放,百家争鸣,涌现出孔、孟、老、庄等思想巨子,奠定了后世中国思想和中国文明的基本格局。单就儒学而言,《韩非子·显学篇》说:"自孔子之死也,有子张之儒,有子思之儒,有颜氏之儒,有孟氏之儒,有漆雕氏之儒,有仲良氏之儒,有孙氏之儒,有乐正氏之儒。"此所谓"儒分为八"之说。在以往的研究中,学者往往将此视为儒学衰弱的标志,对于孔子之后的"七十子"及"七十子后学"时代的儒学表现出极大的漠视。翻看大多数的儒学史、思想学术史著作,对"儒家八派"或孔门"七十子"及其后学这一段发展史要么数笔带过,要么根本不提。比如,冯友兰先生名震天下的《中国哲学史》居然未提及这一问题。而几十年来形成的早期儒学的叙述模式基本上呈现为"孔—孟—荀"的三段式。这种思想史叙事,虽然摆脱了韩愈以来的"道统谱系"的描述,但又在另一个层面上编造了儒学的新谱系。其缺陷自不待言。

其实,战国时期亦可谓儒学发展的"黄金时代",不仅有韩非子所提及的所谓"儒家八派",尚有诸如曾子之儒、子夏之儒、子游之儒等不少重要的儒家学派。这种儒学的多元嬗变、发展的格局,正是儒学富有生命力和活力的表征,而绝非儒学陷于低谷之证据。近代学者蒋伯潜曾经指出:"战国初,为儒家全盛时期。"① 揆诸近年来发现的郭店简、上博简等大量战国时期的简帛佚籍,可证此言洵不诬也。

我们纵观整个早期儒学的发展历程,可以发现儒学的发展实际上经历了一

---

① 蒋伯潜:《诸子通考》,杭州:浙江古籍出版社,1985年,第110页。

个"合—分—合—分—合"的"正反合"的辩证发展过程。第一个"合",是指孔子思想作为一个整合的"体系",其后便经历了其弟子的不同方向的分化;第二个"合",是指子思对于孔子弟子思想的综合取向。学界以往的研究中可以看出,子思作为孔子的裔孙,地位较为特殊,而且思想创造力巨大,他与孔子弟子有着不同寻常的关系,不仅是曾子的弟子,而且还可能与子张、子游、子弓、有子、子夏等有着密切的关系,甚至是师承的关系。在子思那里,儒学实现了第一次分化后的综合。而子思对孟子的影响得到了大部分学者的认可,而他又可能与世子、公孙尼子以及战国后期的荀子等存在密切关系。很多学者推测,《论语》的编纂和结集可能是出于子思的领纂,甚至《孔子家语》也可能是子思首先结集成书的。尽管我们没有直接的证据证实这一切完全符合历史的真实,但是我们从纷繁复杂的文献记载中,可以隐约发现子思与儒家诸子非同寻常的关系。可以想见,子思在战国早期占据了儒家群体的中心位置,是当之无愧的儒家领袖。

梁涛先生在深入研究了"思孟学派"及相关问题之后,提出"回到子思去"的主张。他认为:"子思不仅是早期儒学的关键人物,其所代表的时代在早期儒学发展中也处于一种枢纽的地位。子思之前,孔子吸收、总结尧舜三代的礼乐文化并加以创造、发展而形成的以仁、礼为核心的儒学思想,汇聚到子思这里,得到较为全面的继承;子思而下,这一丰富的儒学传统开始分化,出现向不同方向发展的趋势。从子思到孟、荀,是儒学内部深化同时也是窄化的过程,孟子、荀子分别从不同方向发展了孔子以来的儒学传统,使儒学的某些方面得到充分发展,变得深刻而精致,但对儒学的其他方面或有所忽略或出现偏差,因为并没有真正全面继承孔子以来的儒学传统。"① 对于梁涛先生对子思与孟荀的关系的分析,我们毫无疑义,不过,我们认为,在孔子与子思之间,儒学便已经出现了分化,这种分化并非从子思开始的。子思试图整合孔子之后七十子及其后学的分化趋势,但是子思并没完成这一趋势。在他之后,儒学继续分化发展,主要形成了孟子和荀子两大学派。而到了战国末期、汉代初年,儒学又迎来了第三次整合的机遇,完成这一次整合的是汉儒董仲舒。

---

① 梁涛:《郭店竹简与思孟学派》,北京:中国人民大学出版社,2008年,第526-537页。

早期儒学多元嬗变的内在机理，其实恰恰就蕴涵于孔子学说之中。孔子"祖述尧舜，宪章文武"（《礼记·中庸》），其思想具有"集大成"的特征，涵括了道、学、政三个既相互联系又相互分别的层面，这必然使其思想呈现出浓厚的多元色彩和复杂性格。而且，他一生"敏而好学"，其思想也一直在不断的发展变化过程中，表现为由早年重礼到中年倡仁，进而至晚年言"性与天道"之学的三个阶段。可见孔子作为儒学奠立者，思想博大精深，然而又有学说初创者的复杂性和混沌性，丰富性和多歧性，这为其门人后学向不同方向发展儒学提供了前提。

孔子教育思想的开放性和非限定性特征，又为儒学之多元发展提供了条件。孔子倡导践行"有教无类"的教育理念，使孔门极为开放，其门下弟子来自不同地域、不同阶层，气质、禀赋千差万别，极一时之盛，自古就有"夫子之门，何其杂也"的喟叹。而孔子推行的"因材施教"和启发式教学，则明显具有非限定性特征。因此有所谓"孔门四科"的说法，而这四科弟子，实际上正好对应着孔学的道、学、政三个层面。而这三个层面，在日后的中国历史上形成道统、学统、政统，产生过极为重要的影响。

相对于孔子儒学本身发展的内在理路，春秋战国之际的时势变化，儒学传播与不同地域文化的融合，诸子蜂起后不同思想的挑战与互摄，都构成了战国时期儒家分化和发展的"外在理路"。如此内因外缘相辅相成，共同推动了早期儒学多元嬗变的发展格局。

一般来说，社会与思想的关系非常复杂，不易直接对应。近代以来，随着历史唯物论在中国历史学领域的应用，学者将目光更多地集中在社会性质对思想的决定性影响的考察上。郭沫若、侯外庐等先生正是这一马克思主义思想史研究范式的奠基者。以经济基础决定上层建筑，上层建筑反映经济基础的简单化的决定论和反映论思路，来构筑社会与思想的关系，固然限制了这一研究范式的有效性，遭到了新时代学者的质疑与扬弃。不过，平心而论，如果忽视了社会对思想的影响，也属于偏见之失。因为，思想是思想者的思想，而思想者，作为人，与社会之间存在着既外在又内在的联系。如果说社会性质的变化，属于较长时段的话，那么社会时势的变化则属于较为显见的，顾炎武在《日知录》"周末风俗"条中对"春秋"与"战国"的不同"社会气质"有很好的对比。战国时代，政治形势中兼并战争的发生导致的诸侯国数量急剧减少，中国社会由分裂走向统一成为大势所趋。这些剧烈的变化，必然影响到思想者对政治、对社会的观感和看法。比如，郭店简《忠信之道》可能正是对应于战国"忠信之道"失落的社会风气的；而《唐虞之道》则表明战国时期禅让思潮的兴盛对儒学的影响之大。孟子倡"定于一"，荀子之"非十二子"，皆是为因应战国时代政治社会和思想学术"由分裂到统一"的趋势的。

从孔子开始，儒学便极具传播力。孔子之后，"七十子之徒散游诸侯"，继续传播和发展儒学。正是这种弟子离散，分居各地的传播行为，才使儒学得以扩大影响，成为战国时期之"显学"。根据现有的出土文献可知，儒学在南至楚地、北达中山的广阔地域已经有了非常大的影响力。不同地域又具有不同的地域文化特征。蒙文通先生曾提出晚周学术三分的说法，即北方三晋之学，南方吴楚之学，东方齐鲁之学。儒学所至必然与各地域的文化相互影响，产生具有不同特色的儒学流派。如郭店简、上博简以及马王堆帛书等皆呈现出楚地的风格，尤其是郭店简所呈现出的儒、道两家之互相影响，或可见不同地域文化对儒学影响之一斑；再如子夏教授于西河，使儒学与三晋之学相结合，对法家的产生起到了诱导之功；而稷下学宫对于荀子学派的思想综合性特征的影响，都是学者熟识的例子。

在儒家兴起之后，墨、道、法、阴阳等十家九流，一时蜂起，在学术史上大放异彩。唐君毅先生曾指出：由孔子演为诸子之学，乃一本而分殊之势，这正是《庄子·天下》所说的"道术将为天下裂"，所描绘的正是思想界"百舸争流"的繁盛局面。思想衍化之后，一种新的思想产生，必然会与原来的思想形成互竞互摄的关系。在战国时期，墨家、道家、法家等都对儒家构成了强烈的挑战，而儒家也在与诸家的竞争中有所互摄和融合。最为显著的例子就是战国中期，杨、墨之学对儒学的挑战，刺激了孟子学派的诞生，使儒学义理结构出现了大飞跃。

近代以来，儒学逐渐被边缘化，于是有"花果飘零"以及"游魂"的感叹。其实，如果我们辩证地看待这一问题，就会发现由"官学"变为"诸子"的儒学，未尝不是一次重生的契机。汉代之后儒学被定于一尊，虽然儒学多元发展的格局仍在，但毕竟儒学受威权政治的干扰和约束，其发展日益僵化，严重阻碍了儒学的正常发展，扼杀了儒学的发展活力。而先秦时代儒学则是在学术自由争鸣中发展起来的。不仅与儒家之外的思想流派有着互相争鸣论辩，即使在儒家内部也存在着不同的思想倾向和流派，这一多元共生的思想文化生态是思想文化事业发展的必然要求和必要条件。

先秦儒学在孔子之后，逐渐在分化中发展，形成一种"多元嬗变"的格局。其间不仅有韩非所谓的"儒家八派"，而且还有曾子之儒、子夏之儒、子游之儒、子弓之儒等等。其中尤其以偏向内圣一路的子思——孟子，与偏向于外王一路的子弓——荀子，各自代表了儒学发展的两翼。儒学的这种分化，虽然是思想发展的必然趋势，而且也确实推动了儒学的发展和影响的扩大，但我们又不能不承认不管是思孟，还是荀子，及其他学派都在一定程度上背离了孔子思想的整体性。

在思想分化的逻辑之中，同时又积蓄着整合的力量。韩非子所谓"儒分为八"，但是这"八派"又"自谓真孔"，各个儒家学派都在努力以自己所得于孔子之教为标准，去判别与整合其他学派。不仅如此，包括儒学在内的先秦诸子也由王官之学分化而来，孔子在其间具有举足轻重的作用。迨至战国时期，诸子蜂起，百家争鸣，然而就在这互相争鸣的诸子之中，在攻击和批判的同时，也在努力去统一思想。他们并不像今天我们这样高度评价"百家争鸣"，甚至与今天的评价完全相反。正如《庄子·天下篇》所说的那样，那是一个"道术将为天下裂"的令人痛心的时代，各家"多得一察焉以自好"，是造成战国乱世的根源。每家都希望以自己为中心去统一或综合其他思想，以结束"争"的乱相。

战国早期的子思，对于儒学的分化表示忧虑。他以孔子裔孙的身份和地位，在学习和综合孔子及众弟子思想成果的基础上，形成了其思想体系，这可视为在孔子之后，儒学的第一次整合。不过，这一次整合并不彻底，此后儒学继续分化发展。儒学的整合尚需要社会、政治的统一的大趋势与之相应而行。

儒学经过先秦时期的发展，已经成为影响深远的"显学"。秦代之有"焚书坑儒"之难，恰恰说明儒学在秦之影响。众所周知，随着政治上的大一统趋势日渐明朗，思想上的统一也逐渐成为时代的需要。荀子作为先秦儒家之殿军，即可视为儒学吸纳百家以求思想上主导地位的努力，而《吕氏春秋》与《淮南子》之融汇百家，乃是汉代儒学整合之前奏。大一统政治的确立，必然要求相应的思想作为意识形态与之匹配。正如阎步克所指出的：

> 在诸子百家学说之中，道家贬低礼义、法家无视道德，就是墨家

具有平民精神的"兼爱",也不如儒家学说那样,更集中地体现和更有力地维护了社会的主流道义观念。那些道义观念为社会提供了基本文化秩序,只要是生活于那个时代之中就无法摆脱它们;而儒术则把它们升华成了系统化的理论学说。

道、法、墨基于不同角度都有否定文化的倾向,可是在这个文明古国中,文化、特别是高级文化的生产、传播和消费,已经成了民族生活的最基本内容之一……古代的主要典籍,大抵为儒家之所传,这在决定儒者历史命运上实有重大意义。

在代表古典文化上,儒者显然具有更充分的资格,这便使儒家学派在文化领域处于得天独厚的有利地位。对于那个社会的政权来说,它需要充分利用结晶于"诗书""礼乐"之中的高级文化来强化其合法性和整合社会,把它们转化为其政治象征;对于社会来说,也需要这种能够体现其基本道义的高级文化来自我维护,通过它们来形成政治期待,促使国家保障那些价值,并仅仅赋予这样的政权以合法性。于是我们就看到,儒家的"礼治"相对能够更全面地满足那个社会对意识形态的需求。同时那个社会也有其意识形态赖以生存的丰沃土壤。①

在当时的思想资源中,墨家之平民化色彩注定流于式微。而黄老思想,从其自身特色来看,也必然只能充当一种过渡角色。而最能适应大一统政治的可选择对象,只有儒家和法家。然而,法家因秦亡的教训仍在眼前,正饱受诟病,因此不可能被确立为官方意识形态。那么具有强烈意识形态色彩的儒家便成为最佳候选。然而,事情并不是如此简单。儒家如果不能适应这一新形势,而做出相应的调整,如对其他各家思想的吸收融汇,对汉朝政治的合理性作出巧妙的解释,建立一种适应大一统格局的纲常伦理和宇宙观念,那么儒学就不能担当此任。尽管汉宣帝曾直言不讳地告诉太子:"汉家自有制度,本以霸王道杂之。"(《汉书·元帝纪》)不过,毕竟汉代皇帝终于选择了儒学作为官方的意识形态。相对来说,法家的法术之学,更多地充当了专制官僚政治的行政

---

① 阎步克:《士大夫政治演生史稿》,北京:北京大学出版社,1996年,第320-321页。

理论，而儒家则担当起意识形态的角色。

汉武帝时期，经过历史的淘洗和选择，儒学被定为了中国文化的"正宗"，经过所谓"罢黜百家、独尊儒术"，儒学成为官学。而与此相适应，董仲舒对战国儒学之分化又做出了一定之整合，尤其是对内圣与外王两翼分化予以整全。正如余治平先生所言："如果说孔子之后，儒学的路线有所谓曾子、子思、孟子的'内圣'与子张、子贡、荀子的'外王'之别，那么，及至汉时代，经由董仲舒所建构起来的新儒学，则彻底扬弃了圣与王各执一端的偏向，他既重视外在的实际生活，又讲求内在的性情世界，兼有事功，并含精神，在有所创新、有所发展、有所推进的基础上，实现了对孔子思想的复归，还儒学以一个真正的、整全的面目。"①但另一方面，他与原始儒家又有共同之处，就在于立足天道以言人道。这一点甚至比孔孟更为显著。不管是他的人副天数的天人感应论、还是性三品的人性论，都是为了其政治思想立论的需要，都是要服务于提出"王道教化"的政治思想。董子倡"独尊儒术"，汉代设经学博士，导以利禄之途。自公孙弘白衣为天子三公，天下靡然乡风。对此后世十分诟病，于今尤甚。所指责者不外使儒学津津于利禄之途，丧失了独立性与道之纯洁性。然而正如皮锡瑞《经学历史》所言：此"持论虽高，而三代以下既不尊师……欲兴经学，非导以利禄不可。古今选举人才之法，至此一变，亦势之无可如何者也"②。然而，今人竟不如古人之"审时识变"，明矣。

对思想一统与百家争鸣的关系，自然知识分子从来都赞美和向往先秦诸子百家争鸣之盛况，认为这是思想的黄金时代。于是，对于董子倡导独尊儒术往往持憎恶和否定态度，以为是这一措施扼杀了思想的自由发展。但论者往往忽视了这同样是思想发展的必然结果。金春峰先生已指出："从与百家争鸣的关系看，'罢黜百家、独尊儒术'不是'百家争鸣'结束的原因，而恰恰是它的结果。"③

正如历史上从来不存在纯粹的汉族一样，也从来不存在纯粹的儒学。从儒

---

① 李若晖：《唯天为大：建基于信念本体的董仲舒哲学研究》，北京：商务印书馆，2003年，第84页。

② （清）皮锡瑞，周予同注：《经学历史》，北京：中华书局，2004年，第44页。

③ 金春峰：《汉代思想史》（修订第3版），北京：中国社会科学出版社，2006年，第169页。

学诞生之日起,就与其他思想发生着不可避免的争论与吸纳和融合,历两千五百年而不息。争论既存于儒学与外部学派之论辩,如先秦时期之百家争鸣,唐代以来之三教论争;亦存在于儒学内部之不同学派间,如荀子非思孟,汉代今古文之争,宋明以来程朱陆王之争、清代汉宋之争。思想与思想之交锋,乃是思想发展的必然和常态。在此无数论争之中,既包含着不同思想之交锋,亦暗藏着正统与非正统之争、道统之争的较量,也不免利益冲突。其实,从另一个角度看,这种纷争不已的局面和景象,恰恰反映了思想本身的活力。而争议本身所带来的思想交锋,可能正是下一次思想发展乃至突破的契机。而且,这互相论争本身即是一互相吸收融合的过程。可见自始至终,儒学乃一开放系统,因此才能历久而弥新。正如钟泰先生《中国哲学史》所言:"自汉以来,儒者不必皆治道德、名、法,而治名、法、道德则无不儒者。故吾谓汉以前,儒为九流之一;汉以后,儒为百家之宗者,此也。"①

　　同时儒学也与中国社会发生着千丝万缕的联系,与中国政治更是纠葛千载,互相影响。思想与政治的交锋,往往是思想遭受异化。这似乎亦是古今中外概莫能外的现象。追求用世的儒学更是如此。它一方面坚持改造政治,用儒家的学说和理念教化君主和社会,期望尧舜之治的实现。他们主动地投入到政治中去,但是大部分必然在得到了政治的厚爱之后,放弃或忘记了道义和思想,成为统治阶层的一员,被异化了。但是,同样不可否认的是,儒学在两千多年的政治压力下,依然尽了教化政治之责,效果的好坏另当别论,但是儒家政治思想在中国政治史上还是起到了非常大的作用的。尽管历来王朝大都奉行"阳儒阴法"的权术政治,但是儒学却一直被奉为政治行为的准则。权力腐化了儒学,但是儒学一定程度上净化了政治。试想,没有了儒学,中国传统的专制统治将会怎样的残酷?

　　当今世界被称为"新战国时代",全球化与民族化成为对立统一的一股社会思潮,以儒学为代表的中国文明如何处理与西方文明的关系,是一个大课题,也为儒学重生提供了契机;而在国内,儒学和中国传统文化进入了渐趋复兴时期,诸如政治儒学、心性儒学、制度儒学、生活儒学等各种"流派"纷呈,但如何理解儒学与其他各家文化的关系,尤其是儒学与西方外来文化的关

---

① 钟泰:《中国哲学史》,沈阳:辽宁教育出版社,1998年,第89页。

系，如何把握儒学复兴的走向，都成为亟待解决的问题。

　　回顾和检讨春秋战国时代的早期儒学发展史，我们会得到诸多启示。儒学的再获新生，必须一方面重兴儒家"务治"传统或"经世致用"的现实关怀，从当今和未来的社会发展的实际出发进行创造性的思考，提供富有建设性的思想。另一方面，保持"和而不同"的开放心态，抵制和摒弃原教旨主义式的思维和定于一尊的独裁心态，继承并发扬儒学本身在道、学、政等不同层面的思想遗产，充分继承和吸收历史上各时期儒学合理的思想成果，以宋儒和当代新儒家为代表的心性之学固然弥足珍贵，以汉儒为代表的政治儒学亦不容忽视。当我们努力为儒学的转化性创造而努力之际，只有保持儒家开放的心态，积极与其他各家思想，尤其是向西方文明学习，吸纳其优秀成分，方能实现儒学的创造性转化或转化性创造；只有保持儒家积极入世、关怀现实的精神，积极思考应对当前人类及民族发展所面临之困境与问题的方案和策略，才能真正为时代和社会所欢迎和接纳，获得新生。

王吉相四书学思想发微

许　宁

陕西师范大学哲学学院教授

王吉相（1645—1689），字天如，陕西邠州（今彬州市）人。他早年家境贫寒，牧羊为生，勤奋好学，恬退端谅，因旁听于泾阳书室，"昼则佣工，夜则默诵"，为塾师所赏识，后学业大进。他以砖为师，置一厚砖作为督促自己不断上进的严师，若有过失懈怠，即加砖于头顶，焚香长跪，自行惩戒。他赞美"砖师"具备"且坚且刚"的美德，是自己终身效法的楷范，"则汝效汝""一有差失，焚香顶礼。此过不改，此身不起。幸而有成，皆汝之施。戴尔大德，终身无欺"①。他于康熙十五年（1676）中进士，授翰林检讨，后为翰林院庶吉士，每自叹："学不见道，何容以未信之身，立朝事主？"不久因病归里。居家养病期间，闻李颙之学，心慕不已，遂拜为师。李颙授以知行合一之旨，赞叹他"质淳行笃，为己实学"②。

一、王吉相与《四书心解》

王吉相的主要著作是《四书心解》四卷，是他辞官养病期间读《四书》有感而作，康熙二十二年（1683）初刻，卷首分别有张沔、李颙序和吉相自序。后又有道光二十四年（1844）刻本，由邠州学正贾锡智等协助重版，增加路德的序，该本后附有吉相另一著作《偶思录》和乡会墨六篇（六篇科考应试文章）。对此，贾锡智认为："先生理学名儒，原不以时艺传，然时艺代

---

① （清）王吉相：《四书心解》，西安：三秦出版社，2015年，第213页。
② （清）王吉相：《详请王天如太史入祀乡贤事实八条》，见《四书心解》，西安：三秦出版社，2015年，第230页。

圣贤立言。读先生之书，可以知先生之文，读先生之文，愈以知先生之学。"①现有王吉相后人王丕忠整理、三秦出版社出版的《四书心解》点校本（2015），前有张岂之和王丕忠的序，后有王莉、王联合所作的跋，该本以道光本为底本，后附有《详请王天如太史入祀乡贤事实八条》，提供了相关重要思想资料。

王莉、王联合称："《四书心解》集理学、关学、心学为一体。"②这句话道出了该书的思想性质，明确提出该书既包含了理学思想，又包含了关学思想和心学思想，应当说这一观点切中肯綮，客观公允。

其一，理学思想性质。据王丕忠所撰《后记》记载，1977年他将《四书心解》呈送给著名思想史专家张岂之先生审阅，张先生读后告诉他，这是一部"理学著作"，并赞有新意。张先生在点校本的出版序言中再次肯定"《四书心解》的主旨是依据《四书》所阐示的道理，结合个人的体验来探讨如何成为儒家理想的圣贤，故此书宗趣同于理学"③。不仅如此，张沜在"序"中强调"叹天如之用力于理学者深也，其辞简，其意该，其立说也贯，其取类也明"④，慨叹王吉相的理学功底深厚，而且从文辞、义理、立论、论证等方面给予了充分肯定。理学与汉学的学术特点是有显著差异的，汉学注重训诂章句，理学强调阐述义理。因此，李元春认为"（吉相）讲理学不讲汉学，故解理多而解典制名物为少"⑤，他从"理学、汉学当一以贯之"立论，从批评性的角度揭示了王吉相的"理学"特征。

其二，关学思想性质。王吉相作为关中地区的学者，对张载以来的关学思想有自觉的传承和弘扬，故而被王心敬列入《关学续编》（见卷一国朝二曲李先生，同时诸子、及门诸子附），又为张骥列入《关学宗传》（见卷四十一王天如先生），并节选了《四书心解》的若干内容，可见其在关学道统中占有相

---

① （清）贾锡智：《附语》，见《四书心解》，西安：三秦出版社，2015年，第226页。
② 王莉、王联合：《跋》，见《四书心解》，西安：三秦出版社，2015年，第243页。
③ 张岂之：《王吉相的〈四书心解〉》，见《四书心解》，西安：三秦出版社，2015年，第1页。
④ （清）张沜：《序一》，见《四书心解》，西安：三秦出版社，2015年，第7页。
⑤ （清）李元春：《序》，见《四书心解》，西安：三秦出版社，2015年，第234页。

当重要的地位。

其三，心学思想性质。王吉相是明清之际著名学者李二曲的弟子，李二曲被梁启超视为"王学后劲"，其思想体现了对阳明心学"补偏救弊"的学术特点，在王吉相的思想体系中，王学的理论特征同样颇为显著。如李二曲所言："四书，传心之书也。人人有是心，心心具是理，而人多昧理以疚心。"① 故阐之以《四书反身录》，熔关学、心学于一炉。王吉相自谓："心解者何？解心也。"充分发扬了二曲《四书反身录》的学术精神。所以，李元春称："二曲之学亦然，今先生（吉相）守此一脉，时又自出心解"，"先生重躬行实践而归主于心，归原于知，此真二曲之学……先生学二曲、阳明、象山之学，真学也。解《四书》多以《四书》证《四书》，会之于心，时与旧说不同。"② 可见，是书多为自抒心得之录。在李元春看来，王吉相真正继承了二曲学的精神，赓续了陆王心学一脉的理论谱系。故路德评曰："其言独抒所见，不依傍程朱之说，而其融会贯通，头头是道，实能得人心之所同然，发前人之所未发。"③

据载，王吉相研读《四书》，颇有心得，看到"格致诚正""三不知""闻知见知"等语，恍然有悟，能够"归主于心，归原于知"，自认获证千圣心传之一贯，《四书心解》即是"心解四书"，成为这一时期他的学术思想的凝结，可惜的是，他年寿不永，没有能够继续沿着熔关学与心学于一炉的学术道路发展下去。

二、思想体系

王吉相的学术思想属于"关中王学"的思想谱系，体现了"关中王学"的理论特征，下面试从"归主于心""归原于知""知行一体"等层面加以阐述。

---

① （清）李颙：《题四书心解》，见《李颙集》，西安：西北大学出版社，2015年，第217页。

② （清）李元春：《序》，见《四书心解》，西安：三秦出版社，2015年，第232-233页。

③ （清）路德：《序四》，见《四书心解》，西安：三秦出版社，2015年，第14页。

1. 归主于心

王学的理论宗旨是"心外无理""心外无事""心外无物",强调以心为本。王吉相师从李二曲,专心致志研究心性之学,肯定心是"寂然不动之本体"①,确立了"归主于心"的心学路线。他继承了李二曲关于《四书》为"传心之书"的观点,认为人皆有是心,心皆具是理,圣贤发明立言,而有《四书》。他同样认为《四书》作为经书,"传心录也",凡读《四书》,"治心功也"。

在他看来,心和书的关系恰恰是本与迹的关系,认为心犹书之本体,书犹心之容貌,因而划分为两种解释路径,即"书解"和"心解"。"书解"的特点是以传注为宗,这样肖其偏官未必肖其全体,肖其形容未必肖其神情,造成"以谬传谬"的根本错误。"心解"的特点是以自己的心性与圣贤之言详加勘验,重在"反求吾心",体而行之。王吉相反对单纯依赖"书解",而是强调"心解",主张将这两种解释路径结合起来,方能达到对《四书》的真正理解。"心与书皆得而道理以之而明,学术以之而正也。今之学者不解书之本旨为如何,亦不解我心之会通为如何。"②"书解"要解决"书之本旨"的问题,"心解"要解决"我心之会通"的问题。李二曲称赞他"学务求心,日读《四书》有会于心"。由此可见,王吉相的《四书》诠释继承了程朱章句传注的优点,力求从字句上澄清疑难、辨析淆误,更发挥了王学的"反求本心"、自作主宰的主体精神。当然,"书解"最终还是要服务于"心解","书之本旨"以"我心之会通"为最高评判标准。③

历史上,张载最早提出"心解"《四书》的主张。张载认为:"心解则求义自明,不必字字相较。譬之目明者,万物纷错于前,不足为害,若目昏者,虽枯木朽枝皆足为梗。"④ 他不赞同"字字相较"的训诂方法,而是突出了

---

① (清)王吉相:《四书心解》,西安:三秦出版社,2015 年,第 196 页。
② (清)王吉相:《序三》,见《四书心解》,西安:三秦出版社,2015 年,第 11 页。
③ 李元春认为王吉相对《四书》的诠释是"自出心解","与朱子之学集注相戾者多"(见《四书心解》第 232 页),亦可说明在王吉相的四书诠释中"心解"高于"书解"。基于李元春对王吉相的批评性看法,李序在《四书心解》刊刻时弃用。
④ (宋)张载:《张载集》,北京:中华书局,1978 年,第 276 页。

"心解"对于澄明义理的重要性。作为关中王学第一人的南大吉认为《传习录》有两种解读方法，一种是"以《录》求《录》"，另一种是"以我求《录》"。"以《录》求《录》"是着意于文本，拘泥于文字，既不知其是，又不通其明，因而昧于阳明主旨；"以我求《录》"是从吾心之本体出发，觉悟《传习录》不是文字，而是吾人心性中之所固有。前一种是他所反对的，后一种是他所提倡的。大吉劝朋友读《传习录》同样主张从良知主体出发，采取"以我求《录》"的解读方式。他指出："请观《传习录》而求之于心，勿动客气，勿泥旧闻，则吾心之本体自见，而凡诸说之非不待辨而自明矣。"①因此，关学的"心解"传统与王学的心学精神结合起来，就在王吉相的《四书》诠释中得到了较充分的彰显。

在《四书》的相互关系上，路德的说法颇得王吉相之用心，"是书也，分之则四，合之则一"。其中，王吉相认为《论语》是《四书》的总论，地位最高，蕴含了孔子之道，其他三书则属于分论，是对《论语》之道的发明和阐释，彼此之间相互补充和辅助。例如，他提出：

《大学》一书，曾子发明《论语》之道也。

《中庸》一书，所以发明《大学》之旨而归宗于《论语》者也。

《孟子》一书，所以著明孔子之道，而与《论语》《学》《庸》相表里者也。

《论语》为散著之言，读者难以贯通……后世无《孟子》，则孔子之道不著。

以上数条引文，基本上可以看出王吉相对《四书》之间关系的基本观点。"《大学》一部重修身，《中庸》一部重戒惧慎独……《孟子》一部亦以仁义为主，皆不若《论语》之浑而全也。"② 现代学者马一浮曾经提出："通治群经，当先求之《论语》，六艺之教，于《论语》中可得其纲领。"③ 这与王吉相对《论语》的推尊是一致的。

---

① （明）南大吉：《寄马西玄仲房书》，见《南大吉集》，西安：西北大学出版社，2015年，第79页。

② （清）王吉相：《四书心解》，西安：三秦出版社，2015年，第29页。

③ 马一浮：《马一浮全集》（第一册下），杭州：浙江古籍出版社，2013年，第569页。

在《四书》诠释中，王吉相首先以《论语》会通《大学》。他认为："《大学》之道，《论语》至矣尽矣。但其言各散著，有先天河图气象，学者难以贯通，故曾子统之而作《大学》。"① 例如，《论语》中凡言学，皆是明德；凡言治，皆是新民；凡言仁、言乐、言敬，皆是止于至善；凡言智、言知，皆是知止；凡言安仁、好仁之分，皆诚正之浅深；凡言四勿、九思、躬行之类，皆格物修身之实。

其次，他认为《中庸》发明《大学》本旨，归宗于《论语》之道。"一部《中庸》总言戒惧慎独之功，故首以戒惧慎独始，而末复以戒惧慎独终也。"② 慎独是不令念起，戒惧是不令念忘，即所谓静而无静，动而无动。就《中庸》和《论语》的关系言，《论语》强调时习之学，时习者仁也，仁人心也，所以《论语》中存心为本，而修身显于外。曾子担心有人不知存心为修身之功，误入寂静无为，故而作《大学》，以修身为本。子思也担心有人不知诚正为本，事乎视听言动事为之末，故而作《中庸》，率修为之主，而戒惧慎独乃为率修之实功。率性乃是明德之学，修道乃是新民之学，戒惧慎独乃是明德之止于至善，天地位、万物育乃是新民之止于至善。

再次，他以《论语》说《孟子》，在对比二书基本观点的基础上，肯定《孟子》是对《论语》的深入阐发和全面论证。他在《二孟总论》中认为，《论语》言时习言仁，《孟子》言存养言不动心，这是明其体。《论语》重躬行，《孟子》言反身践行，这是致其功。《论语》言为政以德，《孟子》言以德行仁，这是达其用。《论语》言异端之害，《孟子》严杨墨之辨；《论语》不许桓文，而《孟子》耻陈五霸，这是慎其防。《论语》断论帝王之德，《孟子》兼明其学力心事，这是衍其言。《论语》言仁智，《孟子》言仁义，这是尽其意。进而，吉相提出《论语》《大学》《中庸》三书，皆是言学，不是论治，皆是论道，不是论事，而《孟子》在治与学或道与事两个层面上都更为完备。

那么，《四书》是否有优劣呢？王吉相的观点是"其理一，其功同"。既然仁不在名实而在心，故而《四书》即是一心之全体大用，从文字上求，就落入"书解"的窠臼，从心性上求，方是"心解"的正途。所以，王吉相强

---

① （清）王吉相：《四书心解》，西安：三秦出版社，2015年，第16页。
② （清）王吉相：《四书心解》，西安：三秦出版社，2015年，第46页。

调从"理一功同"的角度去把握《四书》的根本宗旨,而非求取闻见之知,《四书》只有分合和总别关系,不存在优劣之分,都是孔子之道的彰显和光大。他说:"仁是心之全德……存诚于心则曰仁,心得其仁则曰诚,这仁之合宜处便是义,仁之条畅处便是礼,仁之精明处便是知……仁之强毅处便是勇。"① 此处将仁、诚、义、礼、知、勇合而论之,涵盖了"五常"的价值内涵。

正因为仁义在心德,而不在事功,他主张"存心",在心性上做工夫。世人之用心便是放心,圣贤之学只存心,心在便是用心。"道者何,仁是也;仁者何,存心也。"② 在《偶思录》中,王吉相特别撰写《存心》一章:"此身坐,此心亦坐;此身立,此心亦立。日用动静,昼夜寝食,无适不然,则心在矣。始也,以心从身,久则身皆从心。"③ 他认为视不可一时不明,听不可一时不聪,色不可一时不温,貌不可一时不恭,疑不可放过,忿不可任气,见得而审义利,较为充分地反映了王吉相"归主于心"的工夫论倾向。

2. 归原于知

如果说,"归主于心"彰显了王吉相对心性的揭示,那么,"归原于知"则体现了他对知性本体的强调。对"知"的重视是"关中王学"的思想传统。二曲对王学末流专意心性的涵育,忽视知性本体的建构,是极为不满的,因而提出了补救纠偏的主张。二曲对"知体"的界定,一是强调"知体"的性质,肯定"灵原"亦即灵妙的根源性知识,是对对象性知识的超越;二是指出"知体"的范围,提倡"知体本全,不全不足以为知"④,属于明体达用的"全知"。可见,二曲对"知体"的规定不仅是就本体论而言的,而且还是就认识论或知识论而言的。王吉相在诸上学术观点的基础上予以了强化,肯认"这知字则千圣心传",认为"盖论心是名,而知乃其体。'知'之一字,众妙之

---

① (清)王吉相:《四书心解》,西安:三秦出版社,2015年,第39页。
② (清)王吉相:《四书心解》,西安:三秦出版社,2015年,第65页。
③ (清)王吉相:《四书心解》,西安:三秦出版社,2015年,第208页。
④ (清)李颙:《学髓》,见《李颙集》,西安:西北大学出版社,2015年,第31页。

门"①，做出了新的理论贡献。李二曲本人对此进行了充分肯定。二曲说："（吉相）解四书而谆谆知之一字，可谓洞原彻本，学见其大，余不觉击节。"②

王吉相对"知"的发展包括以下意涵：

首先，知为本体。他提出："知为本体，而觉为立体之用。"③ "此知字……是心知，是真知，是本体。"④ 知是睿照不是推测，是常知不是暂知，是本体不是工夫。知如日月之明，觉如日月之照；知为无为，觉为有功；知为明德，觉为存养省察之功。作为本体的"知"是心知，是真知，是实知。

他认为，仁知在心原是一理，就其常定常静处言之则是仁，就其常知常觉处言之则是知。所以，仁知统于一心，合于一理，心之常定常静处便是仁，心之常知常行处便是知。《大学》"三纲领"对症下药，各有针砭。如"在明明德"是针对俗学，俗学擅长记诵辞章，不在身心上做工夫；"在新民"是针对异学，异学独守一心，不在事理上打点，不能修齐治平、经国济世；"在止于至善"是针对浅学，浅学停留于初学阶段，偶然有得，便自我矜张，无有长进。朱子将"格物"解作穷至事物之理，看作是学问思辨工夫，属于俗学范畴，将知行分作两截。如朱子所言，问尽天下路，方去行，必然耽搁时日。而阳明从"致良知"出发，将"物"视为物欲，所以"格物"就是格尽物欲，复得本体，流于异学，陷入空寂。如按照阳明所言，势必将学问、思辨、笃行一切俱废。

因此，以上这些都属于"格物"，不属于"物格"。在王吉相看来，"格物"如挑灯照路，照一步走一步，"物格"如明镜高悬，物来则顺应。"格物"如舟行险滩，曲折无不顺适；"物格"则如皎日丽天，普照九州万方。"格物"是一心去做，"物格"则是一以贯之。"格物"是彻始彻终的工夫，"物格"是彻上彻下的功能。"格物"是格一身物事，便是修身；"物格"则一身物事止于至善。"物格"是要层层做工，"物格"是要豁然贯通。他得出的结论是：

---

① （明）张舜典：《鸡山语要》，见《薛敬之张舜典集》，西安：西北大学出版社，2015年，第123页。
② （清）李颙：《序二》，《四书心解》，西安：三秦出版社，2015年，第9页。
③ （清）王吉相：《四书心解》，西安：三秦出版社，2015年，第211页。
④ （清）王吉相：《四书心解》，西安：三秦出版社，2015年，第155页。

"大学之道,只在实事上做工,只是事事时时心在便了。这心在的学问,彻格物、物格的终始。"① 王吉相既昌明"物格",又不废"格物",既彻上彻下,又彻始彻终。应当肯定"物格"的讲法是对王学末流的拨转,是王吉相提出的有创造性的哲学范畴。②

其次,知为学根。王吉相的工夫论立场还表现为对学问的重视,强调"即事为学",主张"知为学根"。王吉相区分了两种"知",一种是经验知识,另一种是自心真知。这显然承袭了张载关于"见闻小知"和"天德良知"的看法。他认为:"知不在事理上说,是自心之知,是知之本也,即是行的实际。知之是心在,不知是心亡。存亡出入无不自知,是到自由地位,这才是知,那知识见解算不得个知。"③ 正因为"知字是仁之精神,是知之者之知,不是知识之知"④,所以我们读古人之书,见古人之心,方知自心与古人相合,故好之而敏求。如子贡、子产等,务求博物之学,在事理上因闻而知,而颜子则是真知,是常知在心上,不待闻而后知。

正因为"知字最了当明白,这知不是知识之知,是知识的根子"⑤,此心常在,故随在皆不放过。随在皆是学问,随在皆是师资。所以圣人无常师,却无人非师。他以《论语》为例,说明"《论语》一部止是论学。学止是尽仁、存仁之功,止是一知。颜之四勿,曾之三省,君子三畏、九思,皆常知之学也"⑥。他以知解仁,强调在《论语》中,知与仁常相对举,属于"一而二、二而一"的关系,彼此不可割裂。常知处就是仁,礼乐、政教、道德、功业、人品都属于知的本领。"识得这知字,则千圣之心传备矣"⑦,彰显了圣贤的真本事、真学术、真精神。

他以"知"为核心,将"五常""三达德"等贯穿起来,如仁为知之体,

---

① （清）王吉相:《四书心解》,西安:三秦出版社,2015年,第19页。
② 王吉相关于"格物""物格"的辨析,应受到李颙的启发。李颙曾辨析"慎独"和"独慎"的不同,他指出:"慎独乎?独慎乎?知慎独、独慎之义,而后慎可得而言也。"(《李颙集》,西安:西北大学出版社,2015年,第89页。)
③ （清）王吉相:《四书心解》,西安:三秦出版社,2015年,第59页。
④ （清）王吉相:《四书心解》,西安:三秦出版社,2015年,第91页。
⑤ （清）王吉相:《四书心解》,西安:三秦出版社,2015年,第17页。
⑥ （清）王吉相:《四书心解》,西安:三秦出版社,2015年,第47页。
⑦ （清）王吉相:《四书心解》,西安:三秦出版社,2015年,第47页。

义礼为知之用，信为知之贞德，勇为知之强力，万事万物皆一知为终始。他将"知"字理解为知州知县之知，具有主宰性，类似于朱子对于"统"的理解。朱子认为"心统性情"之"统，如统兵之'统'，言有以主之也"①，将"统"解释为"主宰"，即心具有统御管摄之功能。譬如一县中有三个主要的官员，主簿管财政、文书，县尉管军事、治安，知县为行政长官，统率全局。吉相在阐释《论语》最后一章时指出："此章知字是中的主宰，是监临官，常知则常中，一不知便出外矣。三知字是《论语》一部的主脑，是时习的精神，是仁的生机。"② 明确揭示出"知"的主宰义、统摄义，将三"知"字（知命、知礼、知言）作为《论语》的思想主旨来看待，同时也作为《四书》诠释的基本旨趣来认识。

"平日空思空谈，不如即事为学倒有实际。"③ 在此意义上，子路倒是真诚的人，凡事皆以实心去做，不依仗书本，但过分强调的话，易沦于废学一路，对于中材之士是不可取的，因此受到孔子的批评。王吉相"即事为学"的观点无疑有助于补救阳明后学的偏颇。

3. 知行一体

王阳明关于"知行合一"的论述集中在以下几段文字：

> 某尝说知是行的主意，行是知的功夫。知是行之始，行是知之成，若会得时只说一个知已自有行在，只说一个行已自有知在。④

> 知之真切笃实处，即是行；行之明觉精察处，即是知。知行工夫本不可离。⑤

> 我今说个知行合一，正要人晓得一念发动处，便即是行了。发动处有不善，就将这不善的念克倒了。须要彻根彻底，不使那一念不善

---

① （宋）朱熹：《朱子语类》卷九八，北京：中华书局，1986年，第2513页。
② （清）王吉相：《四书心解》，西安：三秦出版社，2015年，第168页。
③ （清）王吉相：《四书心解》，西安：三秦出版社，2015年，第118页。
④ （明）王守仁：《传习录上》，《王阳明全集》（第一册），杭州：浙江古籍出版社，2010年，第5页。
⑤ （明）王守仁：《传习录中》，《王阳明全集》（第一册），杭州：浙江古籍出版社，2010年，第46页。

潜伏胸中。此是我立言宗旨。①

简言之,阳明"知行合一"论有三个要点:第一,知行是一个工夫,不能割裂,不能分作两事;第二,知行是相互依存的关系:知是行的出发处,是指导行的,行是知的归宿处,是实现知的;第三,知行工夫中"行"的根本目的,是要"克念",即彻底克服那"不善的念"而达于至善,这实质上是个道德修养过程。显然,王阳明所谓的"知"即"吾心良知之天理",其所谓"行"即"致吾心良知之天理于事事物物"的道德实践。

王吉相结合学思经历,坚持"知行合一"的立场。其一,知行不离。他指出:"知行是合一不离的。"② 具体来说,人们经常说"听其言"和"观其行",这并非要断成两截来理解,不是今日听言,明日观行,或者听此人言,观彼人行,而是听时就观,方可判其真伪。"若是圣贤观人,只一论说间便自窥其真伪,岂曰今日姑听其言,异日又观其行乎?"③ 其二,知行一体。如果说"知是行之始,行是知之成"是强调同一个认识过程中,知具有开端的意义,行具有成就的意义。那么,王吉相似乎更加重视知行的贯通和一体关系,因而,他以断然的语气强化了知行的内在一致性,他指出:"行的就是知的,知处就是行处。"④ 其三,以行证知。他强调"知",如"知非知识之知,行又本知字来,常知则常行,非止行事之行"⑤,但"圣人自己本见得明白,然犹不敢自是,而必加参稽考验之功,方才是真知"⑥。所以一定要以实践来验证真理性认识。这种"知行合一""能知能行""常知常行"的主张立足于儒家工夫论的立场,对于王学后学末流显然是极大的拨转和纠偏。

三、王吉相四书学的特色与影响

"援关补王"是王吉相对王学的新发展路径。二曲重视"反身"工夫,吉

---

① (明)王守仁:《传习录下》,《王阳明全集》(第一册),杭州:浙江古籍出版社,2010年,第106页。
② (清)王吉相:《四书心解》,西安:三秦出版社,2015年,第59页。
③ (清)王吉相:《四书心解》,西安:三秦出版社,2015年,第118页。
④ (清)王吉相:《四书心解》,西安:三秦出版社,2015年,第143页。
⑤ (清)王吉相:《四书心解》,西安:三秦出版社,2015年,第40页。
⑥ (清)王吉相:《四书心解》,西安:三秦出版社,2015年,第94页。

相同样重视"反身践履"、"躬行实践",体现了"关中王学"的理论特色。

在本体论上,王吉相认为三教所论相当,他说:"玄门之金丹,释氏之圆觉,儒家之太极,一以贯之矣。"① 也就是说,道教的"金丹",佛教的"圆觉",儒家的"太极"是一以贯之的本体。但儒释道三教又有极大的差异,这就是工夫论立场的不同,"释氏存太极而无阴阳,老氏逆五行而违天地,作则作矣,却异端而非道德仁义矣"②。佛老重视禅定静坐,一味做虚静的工夫,脱离了日用伦常。冯从吾说过,儒释道同是了心性,佛老是了自家心性,而儒家是了天地万物的心性。所以王吉相认为:"不杂曰一,皆备曰贯,曰吾道是不远人的,即心之纯然者是也,即仁也,那佛老家也说一,只是丢却身与家国天下,说不得贯下。"③

如何弥补佛老的空虚,以及王学末流的空谈呢?首先,在上下关系层面,王吉相认为要贯通形而上和形而下,具体路径是从身心上下功夫,方不致于放逸流失。"道一而已,语上不能遗下,语下亦不能遗上。"④ "形而下的便是形而上的,但从下处悟到上处便是。子曰'下学而上达',是就有着落处,达到无着落处。"⑤ 所以,儒学要从形而下着手,须知形而下即是形而上,这样在身心上做工夫便有着落,否则只是无着落的"空谈性命"。"深造以道,格物之学也。在实行上说,故曰深造;以道在心上说,故曰自得也。自得则知止矣。"⑥ 在王吉相的致思中,形而上、下的贯通也是阳明"知行合一"的贯彻。其次,在体用关系层面,他主张体用兼该。在解释《四书》过程中,他以体用来分析《四书》的篇章结构。例如,就哲学范畴来讲,"仁为体而义为用""仁为体而智为功"⑦。就篇章结构来讲,如《孟子》上卷言治而不离学,下卷言学而不离治,可见"仁义体用之相资"。就诠释路径来讲,他的基本观点是"以用还体,以体致用",如"《论语》言仁知,《大学》言明德知止,《中庸》

---

① (清)王吉相:《四书心解》,西安:三秦出版社,2015年,第238页。
② (清)王吉相:《四书心解》,西安:三秦出版社,2015年,第85页。
③ (清)王吉相:《四书心解》,西安:三秦出版社,2015年,第66页。
④ (清)王吉相:《四书心解》,西安:三秦出版社,2015年,第201页。
⑤ (清)王吉相:《四书心解》,西安:三秦出版社,2015年,第165页。
⑥ (清)王吉相:《四书心解》,西安:三秦出版社,2015年,第185页。
⑦ (清)王吉相:《四书心解》,西安:三秦出版社,2015年,第169页。

言诚明，皆仁知也，皆体也。言体而用在其中也"①。最后，在内外关系层面，主张外在工夫和内在工夫的结合。格致诚正属于内在工夫，视听言动属于外在工夫，内圣与外王结合乃是儒门的正统。王吉相以颜子为例，"只向内里做工夫，连视听言动都忘却了。夫子教他克己复礼，是实实向事上做工……天下归仁，就是新民的实本事"②。所以，他一再强调反身工夫的重要性。反身是合内外而言的，他肯定"反身之实学，知性之实行"③，"盖天下国家皆本于身也，但由其序而递推之则各有专属焉"④。进而他以躬行践履来贯彻这一工夫论立场。他提出："躬行是彻内彻外的工夫，视听言动、作止语默无在不然，即修身为本之意。正是圣贤的大学，为异学所不能窃，俗学所不可及耳。"⑤所谓的"异学"即是佛老之学，所谓的"俗学"即是俗儒浅陋之学，二者皆难以望其项背。在他看来，孔门六艺，学诗学礼非诵读之谓，为仁之功要在身心上做工夫，体现为身体力行之实功。

既然是做工夫，程朱主敬，陆王主静，如何择取呢？王吉相对"主敬"工夫和"主静"工夫是兼取的。一方面，他指出一般人静坐时大都能做到静谨，等到应接行事时，却容易忘却此心，所以强调随在体察，静而后敬，"动静如一，而后为敬"⑥；另一方面，他认为敬是静的内涵之一，提倡敬能主静，"敬而能乐，乃谓之敬。乐而能中，乃谓之乐。中而能直，乃谓之中。四者相因，谓之主静。静者知而已矣。"⑦所以，"主静"工夫包含了敬、乐、中、直，最终又归结为"知"，回到了"知"为本体的理论路线。

王吉相的四书学思想体现了关学与王学的融通，既承继了关学的道统，弘扬了二曲学的学术精神，又以关补王，对阳明学的发展进行了一定程度的补偏救弊，体现了重视工夫、崇实尚朴的治学特点，他对《四书》所作的创造性诠释在四书学上具有典范意义。

---

① （清）王吉相：《四书心解》，西安：三秦出版社，2015年，第170页。
② （清）王吉相：《四书心解》，西安：三秦出版社，2015年，第120页。
③ （清）王吉相：《四书心解》，西安：三秦出版社，2015年，第201页。
④ （清）王吉相：《四书心解》，西安：三秦出版社，2015年，第225页。
⑤ （清）王吉相：《四书心解》，西安：三秦出版社，2015年，第95页。
⑥ （清）王吉相：《四书心解》，西安：三秦出版社，2015年，第122页。
⑦ （清）王吉相：《四书心解》，西安：三秦出版社，2015年，第209页。

"辑朱子之语,以注朱子之书"
——清代《近思录》的训解轨范建构

田富美

台北教育大学语文与创作学系副教授

前 言

《近思录》系朱熹(1130—1200)与吕祖谦(1137—1181)在淳熙年间于寒泉精舍共读周敦颐(1017—1073)、程颢(1032—1085)、程颐(1033—1107)、张载(1020—1077)之书,因感叹四先生之学闳博无涯,忧惧初学者无所入手,是以选录其中"关于大体而切于日用"之言共622则,分列十四卷,辅助"有志于学而无明师良友以先后之者"能"初见其梗概"①,并取意于《论语》"博学而笃志,切问而近思"② 之语而成。历代以《近思录》为核心的传刻、注本未曾间断,这些后续著述,寄寓着个人的义理诠释与学思,是一种转化的理解或新意的嫁接,蕴含时代思想意义,尤其累积至清代,《近思录》已由"四子阶梯"跃升成"体用毕该,显微合辙""列圣道统之传,诸儒

---

① (宋)朱熹撰,陈俊民校编:《书〈近思录〉后》,《朱子文集》(台北:德富文教基金会,2000年),第8册卷81,第3994页。按:该文与吕祖谦于淳熙三年(1176)四月四日所撰《题〈近思录〉》(又称《〈近思录〉后引》《〈近思录〉跋》),在后世诸注解本中,被视为《近思录》之《序》。

② (宋)朱熹:《四书章句集注·论语集注》卷10,北京:中华书局,1983年,第189页。按:有关《近思录》的编纂,参见陈荣捷:《朱子之近思录》,见《朱学论集》,台北:学生书局,1988年,第123-129页;刘又铭:《〈近思录〉的编纂》,《中华学苑》,1992年第43期,第143-170页;束景南:《朱子大传:"性"的救赎之路》,上海:复旦大学出版社,2016年,第280-281页;王传龙:《再论〈近思录〉的取材成书与价值取向》,《厦门大学学报(哲学社会科学版)》,2016年第1期,第44-50页。

表彰之功，统于是乎备矣"① 之书，被推尊为圣学全备的理学经典。

考察清儒注疏《近思录》，随着各时期学风变化而呈现不同的方式与内涵，从清初注家以自抒所学所悟，随后加入文字的校勘、音训释义考订，再逐步走向荟萃朱熹之言以阐发大义的模式。此一发展至乾隆七年（1742）江永（1681—1762，字慎修，又字慎斋）所撰《近思录集注》臻至完备，此书不仅广泛流布于乾嘉后各书院，也是《四库全书》所收录三部《近思录》注解之作之一。② 基本上，被视为乾嘉时期考据学大家的江永，其渊博的学识展现于《三礼》、音韵、乐律、历算、地理、古今制度等各类丰硕的著书，被称许为"辨订俱有根据""考证精核，胜前人多矣"③，历来对于江永学术的记述、关注亦以此为焦点④。然而，被清代治汉学者奉为前驱的江永"未尝不尊信朱子"⑤，除了较广为人知的《礼书纲目》《河洛精蕴》与朱学关系密切外，另撰

---

① "阶梯"之说，参见（宋）黎靖德编，王星贤点校：《朱子语类》卷105《陈淳录》，北京：中华书局，2020年，第2824页；清儒之说，参见（清）宋实颖：《〈朱子近思录〉序》（朱显祖《朱子近思录》之序文，光绪二十八年刻本）、（清）马常沛：《〈近思续录〉叙》，（清）刘源渌《近思续录》之序文，康熙三十二年至三十三年马常沛抄本，收入程水龙：《〈近思录〉集校集注集评》下册附录《历代〈近近思录〉传本的序跋、题记汇编》，上海：上海古籍出版社，2019年，第1112、1115、1128页。

② 《四库全书总目》共选录8种《近思录》后续著述：收录全文者，有（宋）叶采《近思录集解》、（清）茅星来《近思录集注》、（清）江永《近思录集注》；仅收入《存目》者，有（清）李文炤《近思录集解》、（清）郑光羲《续近思录》、（清）张伯行《续近思录》《广近思录》、（清）刘源渌《近思续录》。相关提要考证与研究，参见张美英：《〈总目〉"近思录文献"八种提要释考》，温州：温州大学中国古典文献学硕士论文，2019年。

③ 徐世昌等编，沈芝盈、梁运华点校：《慎修学案》，《清儒学案》卷58-59，北京：中华书局，2008年，第2245-2334页；（清）永瑢等撰：《四库全书总目》卷21，经部礼类三《（江永）〈深衣考误〉提要》，北京：中华书局，2020年，第175页。

④ 参见（清）江永撰，林胜彩点校，钟彩钧校订：《善余堂文集》附录江永传记资料十篇，台北：中研院文哲所，2013年，第261-295页。

⑤ （清）余龙光撰：《汪绂年谱》，述及汪绂与江永治学差异，曾言："江永虽专治汉学，而亦未尝不尊信朱子，观其所驻《近思录集注》《礼书纲目》《河洛精蕴》可见。"氏着：《双池先生年谱》（收入刘师培编：《历代名人年谱大成》，1917年手抄本），卷首凡例第5条。

有《考订朱子世家》，系运用考证方式参与了朱、陆早晚异同之辩①；至于《近思录集注》，据《四库全书总目提要》所载：

> 《近思录》虽成于淳熙二年，其后又数经删补，故传本颇有异同……明代有周公恕者，始妄加分析，各立细目，移置篇章。或漏落正文，或淆混注语，谬误几不可读。永以其贻误后学，因仍原本次第，为之集注。凡朱子《文集》《或问》《语类》中，其言有相发明者，悉行采入分注。或朱子说有未备，始取叶采及他家之说以补之，间亦附以己意。引据颇为详洽。盖永邃于经学，究心古义，穿穴于典籍者深，虽以余力而为此书，亦具有体例，与空谈尊朱子者异也。②

上述引文中，一方面指出江永撰作《近思录集注》肇因于不满明代周公恕移置原始《近思录》语录、增删叶采（1197—1264）注文以求契合于科举考试而成的《分类经进近思录集解》③，江永意欲恢复《近思录》原始纲目；另一方面其注解《近思录》的方式，首要是尽录朱熹相关论述以发明大义，其次才是引前贤注家之说作为补述，以及少量的个人己见。在四库馆臣看来，《近思录集注》的特出之处既不在于训诂校勘，亦非自抒文义，而是具有详实的轨范，也就是引文中所谓"具有体例"；换言之，江永辑录朱熹之言以阐《近思录》之义理的模式获得认肯，揭示的是考据学风下治学精神对于当时注家的影响；而大量甄别朱熹论著，同时亦是朱学的磋议，考据之于理学的关系非但没有对立，在某种程度上反而是另一种延续与深化。

---

① 参见（清）江永：《考订朱子世家》，收入《四库全书存目丛书》第87册史部传记类，台北：庄严文化事业公司，1996年，第166-183页。按：江永记述鹅湖之辩后，批评前贤将之与无极之辩合并，误导为朱陆"始异终同"；书后《附天宁寺讲会辩》一文则考辨《紫阳书院志》诬朱子至新安天宁寺讲会，系为明末阳明学者所杜撰。

② （清）永瑢等撰：《四库全书总目》卷92，子部儒家类二《（江永）〈近思录集注〉提要》，第781页。

③ 现存《分类经进近思录集解》版本约有20余种，本文所见之版本系"日本国立公文书馆藏明末建阳书林杨璧卿刊本"，周公恕将叶采《近思录集解》重新分类、改编，由原本的十四卷增设成288个小类目，参见周公恕：《分类经进近思录集解》，收入《域外汉籍珍本文库》第5辑，北京：人民出版社，2015年。另有学者根据明嘉靖十七年（1538）刘仕贤刻本计算为287个类目，参见（清）程水龙、曹洁：《明代中后期〈分类经进近思录集解〉考述》，《图书馆杂志》，2008年第4期，第63-67页。

本文的撰写，即在于考察清初以至乾嘉时期的几部重要的《近思录》注本，包括方法、取材上的建构，以及选录朱熹论著内容的意涵，并以此为基础，论究清代考据学风与程朱理学的关系。首先，梳理清初以来疏解《近思录》的方式，由自阐文义逐步转为裒集理学家语录作为辅助；其次，指出此一疏解门径延续、积累至江永《近思录集注》完全以辑录朱熹语录为主，建立了一种标准化的训解模式，并借由与其他《近思录》注本对照，彰显其特质；最后，借由上述讨论，说明考据家法运用于《近思录》的注释，发展为"辑朱子之语，以注朱子之书"①，透显出在考据学兴盛时期对程朱理学的影响。

一、清初《近思录》诠解：从"本乎心之所明"走向"取其意之相类与其说之相资者，条而附之"

　　清初受朝廷尊崇程朱理学影响所致，《近思录》的注解本颇丰。康熙年间张习孔（1606—1684？）《近思录传》是较具代表性的著作之一。和诸多清初士人皆曾严厉抨击明末的心学末流一样，张习孔亦言"为陆学者浸淫变换，流为狂禅"，论学强调的是"穷理尽性""躬行实践"②。是以，他批评明代《分类经进近思录集解》是"先后倒乱，且有删逸""全失朱子之意"，认为恢复《近思录》原貌系"后学者之责"③。且张习孔自言其训解原则：

> 习孔自少受读是书，喜其约而备，微而显，昕夕玩诵，意有所会，辄不自揆，敬为传数行，附缀本文之下，以相发明。序次篇章，悉本朱子之旧……间有旁通微辨，要亦本乎心之所明，直而弗有。④

依此，《近思录传》除力求纲目"悉本朱子之旧"之外，张习孔依自学体

---

① （清）李承端：《近思录集注跋》，"前秋谒相国石君师，出《近思录集注》抄本，语端曰：'江先生辑朱子之语，以注朱子之书'"。文中"石君"系朱珪；其后近似之言颇多，如应宝时《近思录注跋》，孙铿鸣《朱子原订近思录跋》则作"取朱子之语，以注朱子之书"。（清）江永撰，严佐之校点：《近思录集注》，收入严佐之、戴扬本、刘永翔主编：《近思录专辑》，上海：华东师范大学出版社，2014年，第9册，第273、278-279、280页。

② （清）杜濬：《黄岳先生传》，收入（清）张习孔撰，方笑一校点：《近思录传》，收入严佐之、戴扬本、刘永翔主编：《近思录专辑》，第3册，第251页。

③ （清）张习孔撰，方笑一校点：《近思录传序》，《近思录传》，第1-2页。

④ （清）张习孔撰，方笑一校点：《近思录传序》，《近思录传》，第1-2页。

悟进行传注,并自述原则是"有言则言,无言则止。其有意指显白,词语明了,无事赘衍者,则不复传"①,呈现出简明质朴的注疏特质。再如清初名臣张伯行(1651—1725)作《近思录集解》,其《序》言:

> 我皇上德迈唐、虞……每于濂、洛、关、闽四氏之书,加意振兴,以宏教育。近复特颁盛典,俎豆宫墙,跻朱子于十哲之次……伯行束发受书,垂五十余年……间尝纂集诸说,谬为疏解,极知浅陋无当,然藉是以与天下之有志者端厥趋向,淬厉濯磨,毋厌卑近而骛高远……以不负先儒谆复诲诱之心也。于是乎士希贤而贤希圣,其以维持道脉,光辅圣朝,斯文之盛未艾矣。②

张伯行身处当前朝廷借着配享朱熹于孔庙、编纂《朱子全书》与《性理精义》、兴建紫阳书院以推崇朱学之际,怀着承续儒学道统的使命,不仅撰有注疏性质的《近思录集解》,更选录并疏解朱熹之语写成《续近思录》,以及辑北宋至明代理学诸儒之语而写成《广近思录》③,足见其潜心理学且亟欲延续朱熹学脉的积极态度。由上述引文可知张伯行有意借由《近思录集解》辅翼朝廷传布程朱之学,引领学风走向。

相对于作为布衣文人的张习孔《近思录传》为求纠举明代注本之失,以"本乎心之所明"为注疏原则,往往仅作简短的概括性说明,张伯行《近思录集解》则有"以宏教育"的企望。以《近思录》卷二第 32 则语录:"曾点、漆雕开已见大意,故圣人与之"条为例,按此则文字现今见于《河南程氏遗书》,系二程根据《论语》"子使漆雕开仕""子路、曾皙、冉有、公西华侍

---

① (清)张习孔撰,方笑一校点:《近思录传凡说》,《近思录传》,第 1 页。
② (清)张伯行撰,罗争鸣校点:《近思录集解序》,《近思录集解》,收入严佐之、戴扬本、刘永翔主编:《近思录专辑》第 4 册,第 2 页。
③ 《续近思录》凡 641 条,系(清)张伯行"仿朱子纂集四子之意,用以汇订朱子之书者";《广近思录》则是"于《近思录》所为既诠释之而又续之,既续之而又广之,冀有以明章义蕴,引进后人,而且以辅翼儒书于不堕也。是编自南轩、东莱、勉斋迄许、薛、胡、罗集七家言"。参见(清)张伯行辑,张文校点:《续近思录序》,《续近思录》,第 1 页;《广近思录序》,《广近思录》,收入严佐之、戴扬本、刘永翔主编:《近思录专辑》第 5 册,第 2 页。

坐"章以品鉴曾点与漆雕开受孔子称许之因,在于"已见大意"①。张习孔注言:

> 朱子曰:"大意便是本初处,若不曾见得大意,如何下手做工夫?""若已见得大意,而不下手做工夫,亦不可。""'斯'者,非大意而何?""若推其极,只是性,盖'帝之降衷'便是。"又曰"人惟不见其大者,故安于小;惟见之不明,故若存若亡……"按:此皆是赞美之词。乃朱子又曰:"见大意,则于细微,容或有所未尽。"而陈氏亦曰:"开于心体上,未到昭晰融释处,所以未敢出仕。其所见处,已自高于世俗诸儒,但其下手工夫不到头,故止于见大意尔。"按:此又有不足之意。愚谓读书者,信传疑经,是其大病。此言既有所未明,莫若置之,只于《论语》本文理会,自有入处。其实,子是悦其量而后入,似无他意。②

张习孔撷取朱熹之言,指出"大意"既有"赞美"亦有"不足之意",实难以明晰所谓"大意"之内涵,随即强调在忌讳"信传疑经"的前提下,不妨搁置朱熹诠说,回到《论语》中推论,得出孔子应是心悦于曾点、漆雕开二人能自我权衡所能而后有所行动罢了。再者,考察张习孔所援引朱熹之说,若对照现所见相关文本,可知多处系撷取片段、删减《朱子语类》最多(参

---

① 二程之语,见《河南程氏遗书》(程颢、程颐著:《二程集》,台北:里仁书局,1982年),卷6,第87页。二程评论曾点、漆雕开之言系指"子使漆雕开仕。对曰:'吾斯之未能信。'子说。"与"子路、曾皙、冉有、公西华侍坐"章里曾点所言"暮春者,春服既成。冠者五、六人,童子六、七人,浴乎沂,风乎舞雩,咏而归。夫子喟然叹曰:'吾与点也'"。参见《论语集注》(收入(宋)朱熹:《四书章句集注》,北京:中华书局,2003年),卷3《公冶长》,第76页;卷6《先进》,第129页。按朱熹注言:"信,谓真知其如此,而无毫发之疑也。开自言未能如此,未可以治人,故夫子说其笃志。""曾点,狂者也,未必能为圣人之事,而能知夫子之志。"

② (清)张习孔撰,方笑一校点:《近思录传》,卷2,第38页。按:本文原作"程氏亦曰……",有误。该文系张习孔录陈埴之言,故径更正为"陈氏亦曰",部分文字亦据《四书大全》校改。

见【附录一】)、其次引《四书或问》，以及一处《四书大全》内容①，显然意在为己所用，并非以推衍朱学为目的，也就是说，张习孔的引录主要是作为阐述个人体察的论据，展现出浅显而质朴的风格。

张伯行《近思录集解》就"曾点、漆雕开已见大意，故圣人与之"，则注言：

> 圣门曾点、漆雕开，俱能见其大，故一则"春风沂水"，随在自得，一则"吾斯未信"，轻试实难。将所谓人欲净尽，天理流行，随处充满，无少欠缺，曾点已见及之，开亦同此意焉，故圣人均与之。盖斯理之大，上天下地，亘古亘今，无处不足，无时或穷。能彻乎此，则触处悦心，物胥得所……抑又闻之，朱子谓点规模大，开更缜密，欲学圣人者，须求切实，难希洒落。更当知朱子喫紧为人处也。②

张伯行的注解，先是指出二程评述乃据《论语》"春风沂水""吾斯未信"；接着阐发所谓"大意"即"人欲净尽，天理流行"之气象，这种与天地万物圆融合一的境界，颇见其依循宋明理学中体道者的描绘③；最后，张伯行引《朱子语类》"点规模大，开更缜密"一语分疏曾点、漆雕开之别，劝勉为学者"须求切实，难希洒落"，隐然点出当以漆雕开为仿效对象。张伯行按朱熹理路进行阐发，且指引当时学子修养工夫所当效仿之路径，透显出为世所用之意图。

除了诠解趋详、意图扩大，随之而来的是注文所参酌、引述的材料亦逐渐

---

① 考察引文中张习孔所录"陈氏曰……"一段，所据应是《四书大全》中所征引陈埴之言，但其文字与陈埴《木钟集》略有出入；《木钟集·子使漆雕开仕一章》："开于心体上犹觉群疑滞胸，未到昭晰融释处，所以未敢出仕。其所见处已自高于世俗诸儒，但其下工夫不到头，故止于见大意尔。曾点亦然。"参见陈埴：《木钟集》（收入《影印文渊阁四库全书》子部儒家类，台北：台湾商务印书馆，1986年，第703册），卷1，第590页；胡广等纂修：《四书大全》（收入《影印文渊阁四库全书》经部，第205册），卷5，第198页。

② （清）张伯行撰，罗争鸣校点：《近思录集解》，卷2，第64页。

③ 有关宋明理学家所言体道者的图像，参见杨儒宾：《变化气质、养气与观圣贤气象》，《汉学研究》，第19卷第1期（2001年6月），第103-136页；《孔颜乐处与曾点情趣》，收入黄俊杰主编：《东亚论语学：中国篇》，上海：上海华东师范大学出版社，2011年，第21-42页。

增多,其主轴从自撰注文逐步走向以引录为主。较之张习孔以直抒个人所得所悟为主,张伯行则倾向以朱熹义理作为诠解辅助,惟仍以自身阐释语录大要为主。康熙末年李文炤(1672—1735)撰《近思录集解》,在《序》文中除高度推崇《近思录》"诚可以羽翼四子而补其所未备"①,接着其自述诠解方式为:

  然其微辞奥义,多未易晓,朱子虽往往发明之,而散见于各书(自注:《四书集注》《或问》《大全》,《文集》《语类》)。盖学者欲观其聚焉而不得也。窃不自揣,为之裒集而次列之,而又取其意之相类与其说之相资者,条而附之,以备一家之言。至其所阙之处,则取叶氏、陈氏、薛氏、胡氏之说以补之(自注:叶氏名采,字平岩,著《近思录集解》。陈氏,一名埴,字器之,著《近思杂问》……薛氏,名瑄,字德温,著《读书录》。胡氏,名居仁,字叔心,著《居业录》。其与《近思录》相发明者取之)。间亦或附己意于其间,庶几可以便观览、备遗忘,以待同志者之取裁而已矣。②

  在此,李文炤已明确地指出,《近思录》的奥义应透过朱熹之言来掌握,是以,其诠解方式与前述张习孔、张伯行已有显著的不同:李文炤系裒集朱熹论说中能与《近思录》各语录相类相资者附之,不足之处再辅以朱门弟子叶采(1197—1264)、陈埴、明代薛瑄(1389—1464)、胡居仁(1434—1484)语录为之疏解,至于个人之见仅零星附于其中。此一择资宋明理学家语录"与《近思录》相发明者",涵括原有的北宋五子、又汇聚朱熹与其后的理学家论著的诠解方式,被许多接续的注家所采行,在阐释《近思录》之义的同时,亦勾勒出一程朱学说承续者的初步图像。再者,面对词章训诂的学风逐步受到重视,李文炤的回应是:

  学者诚能逊志于此书,则诸子百家皆难为言,而于内圣外王之要,不患其无阶以升,较之役志于词章之中,老死于训诂之下,风推

---

① (清)李文炤撰,戴扬本校点:《近思录集解序》,《近思录集解》,收入严佐之、戴扬本、刘永翔主编:《近思录专辑》,第4册,第1页。按:有关李文炤生平及《近思录集解》刻本、传布情形,参见戴扬本:《辞约义斯微、虑远说乃详——李文炤〈近思录集解〈之文献价值略述》,收入严佐之、顾宏义主编:《〈近思录〉文献丛考》,上海:上海古籍出版社,2018年,第223-235页。

② (清)李文炤撰,戴扬本校点:《近思录集解序》,《近思录集解》,第1-2页。

浪旋，无以自拔，而犹共矜衣钵之传者，其大小之不同量，为何如也！①

足见，李文炤将自身训释工作定位为内圣外王之蕴的义理阐扬，并强调此绝非词章、文字的训诂所能比拟。相较于李文炤视训诂为"小"的态度，茅星来（1678—1748）于乾隆初年完稿的《近思录集注》则明确认肯了考据有益于《近思录》训解工作。茅氏在《序》文中掘发《近思录》编目结构乃"与《大学》一书相发明者"，开启了后世学者论究《近思录》体系脉络与三纲领、八条目之对应关系②，乃有志于圣道者之阶梯；其次，他仿效朱熹注解《论》《孟》时附《史记》世家、列传之例，取《伊洛渊源录》中周、张、二程事状加以删录、注释附于所撰《近思录集注》中，这些做法不仅更稳固朱熹思想作为理解《近思录》核心地位，其承续朱学之志，不言而喻。茅星来说明其注疏动机，乃在于不满当时所见通行的注本：

> 顾今坊间所行者，惟建安叶氏《集解》而已，杨氏咏斋《衍注》则藏书家仅有存者。星来尝取读之，粗率肤浅，于是书了无发明，又都解所不必解，其有稍费拟议处则阙焉。至于中间彼此错乱，字句舛讹……星来于是不揣固陋，辄购取四先生全书及宋元来《近思录》本，为之校正其异同得失。其名物训诂，虽非是书所重，亦必详其本末，庶几为学者多识之一助。③

相较于李文炤注解《近思录》乃为畅晓其"微辞奥义"，茅星来明显倾向《近思录》文本的考订校改，他批评南宋叶采、杨伯嵒（？—1254）两家注本在阐释义理上的欠缺、浅薄，以及文句的错乱舛误，因此取北宋四先生全书、历代《近思录》注本进行勘误工作；也正由于聚焦在校订前贤注本之失，故而茅氏肯定校勘、名物训诂价值，在成书后，其言：

> 自《宋史》分"道学""儒林"为二，而后知言程朱之学者，往

---

① （清）李文炤撰，戴扬本校点：《近思录集解序》，《近思录集解》，第2页。
② （清）茅星来撰，朱幼文校点：《近思录集注原序》，《近思录集注》，收入严佐之、戴扬本、刘永翔主编：《近思录专辑》，第7册，第1页。现代学者如余英时言，《近思录》"大致本之《大学》八条目"。氏著：《朱熹的历史世界：宋代士大夫政治文化的研究》，北京：生活·读书·新知三联书店，2004年，第10页。
③ （清）茅星来撰，朱幼文校点：《近思录集注原序》，《近思录集注》，第1—2页。

往但求之身心性命之间，而不复以通经学古为事。于是彼稍稍知究心学古者，辄用是为诟病。以谓道学之说兴而经学寖微。噫，何其言之甚欤……盖尝窃论之：马郑贾孔之说经，譬则百货之所聚也；程朱诸先生之说经，譬则操权度以平百货之长短轻重者也。微权度，则货之长短轻重不见；而非百货所聚，则虽有权度亦无所用之矣。故愚于是编备著汉唐诸家之说，以见程朱诸先生学之有本，俾彼空疏寡学者无得以借口焉。①

茅星来主张通过训释考证以求儒者之道：他批评《宋史》将儒学分为"道学""儒林"，割裂了讲求形上之学的"身心性命"与作为训释基础的"通经学古"，甚至视道学与经学为相对立、消长的两个不同派别；他进一步将汉唐家法所积累的学术喻为"百货之所聚"，而程朱理学则如甄别者，能权衡"百货之长短轻重"，二者理当是相依相存的关系。据此，呈现于茅氏《近思录集注》的诠解体例上，则是详尽的校勘、注解字词、引据典籍的考证②，成为其诠解的重要特色。

此处必须进一步说明的是，茅星来虽亦引述朱学论著进行诠解，但与李文炤注本所侧重之处不尽相同，如以上节讨论张习孔与张伯行在卷二"曾点、漆雕开已见大意，故圣人与之"为例，李文炤《近思录集解》言：

> 朱子曰：大意是本初处推其极，只惟皇上帝降衷于下民，若不见大意，如何下手做工夫？若已见大意而不下手做工夫亦不可。又曰：论其资质之诚悫，则开优于点；语其见趣超诣、脱然无毫发之累，则点贤于开。然开之进未有已也。③

茅星来《近思录集注》言：

> 说见《论语》。朱子曰：点见得较高，而做工夫却有欠缺；开工

---

① （清）茅星来撰，朱幼文校点：《近思录集注后序》，《近思录集注》，第1—2页。
② 如《近思录》卷五"《夬》九五曰：苋陆夬夬，中行无咎……盖人心一有所欲，则离道矣。夫子于此，示人之意深矣"。茅星来注言："吕本爻象之词在'则离道矣'下。'夬九五曰'，'夬'上有'故'字，下有'之'字'夫子于此'二句，在末作结。无'传曰'二字。苋，许战反。比，音避。"（清）茅星来：《近思录集注》，卷5，第178页。
③ （清）李文炤撰，戴扬本校点：《近思录集解》，卷2，第37页。

夫精密，而见处或不如曾点也。学者须就自己下学致知力行处做工夫，久之自渐有得。①

基本上，不论是李文炤还是茅星来均是援引朱熹论说入注，且都以节录、化约的方式呈现；在内容上，则更留意曾点与漆雕开的高下差异：李文炤注文前半段（"大意是……亦不可"）系剪裁了《朱子语类》之言，后半段则是出自《四书大全》②；茅星来则是化约《朱子语类》之文（参见【附录一】）。若检视《朱子语类》内容，便可发现，朱熹除了阐释"大意"之意涵，更着墨于曾点与漆雕开二人的比较：朱熹虽赞赏曾点"有以见夫人欲尽处，天理流行，随处充满，无少欠阙"③，即曾点展现出的心性修养究极成果，并且能悠然于内而从容地显露于外；就修养境界上而言，是高于漆雕开的。然而，朱熹显然更重视在格物穷理前提下具体实践的积渐工夫，因此在《朱子语类》中除了称许曾点"洒落"之余，更有大量评"工夫疏略"之语（参见【附录一】），甚至言"曾晳不可学。他是偶然见得如此，夫子也是一时被他说得恁地也快活人，故与之。今人若要学他，便会狂妄了"④。职是，相对于曾点的"洒落"，朱熹更肯定当漆雕开表示对于仕宦之事尚未自信足以理解并承担时（"吾斯之未能信"），不愿苟且随世以就功名，其背后所意味着求道（理）之志的坚实与笃行不懈，不仅已掌握圣人"大意"，更是力求践履的展现，故而朱熹屡言漆雕开"稳贴""朴实""着实做事"（参见【附录一】），即称许漆雕开志于道的精神。换言之，在修养的进路上，朱熹首选示于学子者的是漆雕开笃志务学的形象，而非曾点的浴沂咏归，因此朱熹回答弟子询问"漆雕开与曾点孰优劣？"答曰："旧看皆云曾点高，今看来，却是开着实，点颇动荡。"职是，朱熹阐释二程"曾点、漆雕开已见大意，故圣人与之"一语时，在反

---

① （清）茅星来撰，朱幼文校点：《近思录集注》，卷2，第63页。
② 李文炤引文后半段（"论其资质……未有已也"），参见（清）胡广等纂修：《四书大全》，卷5，第199页。
③ （宋）朱熹：《论语集注》卷6《先进集注》，第129-131页。
④ （宋）黎靖德编，王星贤点校：《朱子语类》，卷40，第1105页。按杨儒宾言："曾点之学在朱子的思想体系中，原来即有它的位置。这个位置如果就工夫论的观点来看，它是最终的一站，是果位的概念。此处无功可用，也不能强盼，只能水到渠成，自然呈现。"参见氏着：《孔颜乐处与曾点情趣》，收入黄俊杰主编：《东亚论语学：中国篇》，上海：华东师范大学出版社，2011年，第21-42页，引文见第33页。

复地对照二人殊胜之处中,透显出对漆雕开的赞扬及对下学工夫的重视。据此检视李文炤、茅星来二人诠解:李文炤所节录出的《朱子语类》概括二程语录的意涵较广:首先,李文炤择录"大意"系"本初处推其极,只'惟皇上帝降衷于下民'",实紧扣此语录源自《论语》"使漆雕开仕"的讨论,其中"惟皇上帝降衷于下民"即指天地之性,这是朱熹提供给为政者的终极行事依据①。其次,强调理解"大意"与"做工夫"必当紧密结合;复次,则比较曾点、漆雕开各有胜场,最后引用"开之进未有已"一语标志漆雕开笃实进取实更为可贵可取。李文炤所拣录的诠解之语,实颇能契合朱熹义蕴。至于茅星来的诠解,则聚焦于曾点与漆雕开的差异,并强调为学应由下学做工夫以求有所得。虽然茅氏的择录仍不失朱熹首重格致之学的特质,但省略了形上层面("大意")的诠解,由此不难看出以校勘、章句训释见长的茅氏,在呈现原《近思录》语录或朱熹思想上,不免有所欠缺,且不如李文炤所力求发挥的"性命之蕴"。

二、江永《近思录集注》:裒辑朱子之言有关此录者,悉采入注

自李文炤《近思录集解》开创择录朱熹及后世理学家语录的诠解模式后,逐步出现了两种盛行于当世的纂注之作:一是扩大征引朱学各家语录入注,如施璜(?—1706)《五子近思录发明》即是代表。按该书是为阐发汪佑增录朱熹著述之书于《近思录》后所合辑的《五子近思录》而作。《五子近思录》刊刻后,在康、雍、乾年间接踵而至的重刻甚火,流播快速,接续以汪氏书为基

---

① "惟皇上帝降衷于下民"一语系《尚书·汤诰》语,朱熹多次引用阐发《中庸》"天命之谓性"之意涵,如言:"盖天命之性,虽人物所同禀,然圣贤之言,本以修为为主,故且得言人,而修为之功在我为切,故又有以'吾'为言者,如言'上帝降衷于民,民受天地之中以生'"。(宋)朱熹撰,陈俊民校编:《答陈才卿一》,《朱子文集》,卷59,第2902页。

础而推衍的著作颇多①，如施璜为求便于讲学紫阳、还古两书院，于是选录叶采《近思录集解》，又汇辑薛瑄《读书录》、胡居仁《居业录》、罗钦顺（1465—1547）《困知记》、高攀龙（1562—1626）《高子遗书》等语要，分附于汪氏书后，增补纂注成《五子近思录发明》，不仅续录了明代程朱理学家著作，同时也疏解了汪氏《五子近思录》，兼具《近思录》的续纂与诠解两种性质，然毕竟已非《近思录》原貌，其内容亦不是专为诠解《近思录》而作。

另一由李文炤《近思录集解》所萌蘖的诠解模式，则是更趋完备地引录朱熹之言作为诠解内容，最广为人知的是乾隆年间江永所撰《近思录集注》，其自叙诠解目的，曰：

> 朱子尝谓"四子，六经之阶梯；《近思录》，四子之阶梯"。又谓《近思录》所言，"无不切人身、救人病者"。则此书直亚于《论》《孟》《学》《庸》，岂寻常之编录哉！其间义旨渊微，非注不显。考朱子朝夕及门人讲论，多及此书（按：即《近思录》），或解析文义，或阐发奥理，或辨别同异，或指摘瑕疵，又或因他事及之，与此相发，散见《文集》《或问》《语类》诸书，前人未有为之荟萃者。宋淳佑间，平巗叶氏采进《近思录集解》，采朱子语甚略。近世有周公恕者，因叶氏注，以己意别立条目，破析句段……因仍原本次第，衷辑朱子之言有关此录者，悉采入注，朱子说未备，乃采平巗及他氏说补之，间亦窃附鄙说，尽其余蕴。②

显然，江永所作《近思录集注》的诠解特点既不在于训诂校勘，亦非自阐文义，而是有意识地将其所擅长的治学思维模式运用于其中。据上述引文，首先，江永承续了李文炤之见，认为朱熹语录是理解《近思录》的门径，唯有朱熹的著述能"与此相发"；另一方面江永也昭示了他从事《近思录》的诠

---

① 除了（清）施璜《五子近思录发明》之外，雍正年间孙嘉淦（1683—1753）辑为《五子近思录辑要》，乾隆年间黄叔璥（1682—1758）衷辑成《近思录集注》，汇集的语录更扩及杨时（1053—1135）、张栻（1133—1180）、真德秀（1178—1235）、黄榦（1152—1221）、许衡（1209—1281）、吕坤（1536—1618）、魏了翁（1178—1237）等师友门人与后学之著述，以及叶采《近思录集解》、茅星来《近思录集注》等注本，同治年间李元绷（1800—1874）则有研读汪氏书"随手著录，默验心得"之作，后人将之命名为《五子近思录随笔》。

② （清）江永撰，严佐之校点：《近思录集注序》，《近思录集注》，第1—2页。

解工作即在于"荟萃"朱熹《文集》《或问》《语类》诸书以诠释之。据研究者统计,江永对《近思录》622则语录中的538则进行了集注,这其中有351则语录下引用朱熹之言,足见所占比例之高,另外有172则转引叶采注文,并在125则下附有己见的按语①,仅少数引他家之言作为补充理解文意。以上节讨论"曾点、漆雕开已见大意,故圣人与之"条的诠解为例,相较于李、茅二人所节录、拣择《朱子语类》内容的简要注文,江永《近思录集注》则是繁密、更趋完整地引用了朱熹之语,包括:

1. 如何是"已见大意?"……虽已见得如此,却恐做不尽,不免或有过差;虽是知其已然,未能决其将然。

2. 规模小底,易自以为足。规模大则功夫卒难了,所以自谓"未能信"。

3. 大意便是本初处……若已见得大意,而不下手做工夫,亦不可。

4. 问:"大意"毕竟是如何?……只是"惟皇上帝,降衷于下民。"

5. 答曾择之曰:漆雕语意深密难寻,而曾点之言,可以玩索而见其意。若见得曾点意,则漆雕之意,亦见得矣。且看程子说"大意"二字是何意,二子"见得"是向甚处,如何"见得"。

6. 又曰:谓开有经纶天下之志,则未必然,正是己分上极亲切处,自觉有未尽处耳。虽其见处不及点之开阔,得处未至如点之从容,然其功夫精密,则恐点有所不逮也。然今日只欲想象圣贤胸襟洒落处,却未有益。须就自家下学致知力行处做工夫,觉得极辛苦不快活,便渐见好意思也。

7. 旧看皆云曾点高,今看来却是开着实,点颇动荡。

8. 点开阔,开深稳。

9. 论其资质之诚悫,则开优于点;语其见趣超诣、脱然无毫发之累,则点贤于开。

---

① 参见张美英:《〈总目〉"近思录文献"八种提要释考》,第92页。

10. 点已见大意，却做得有欠缺……如邵康节见得恁地，只管作弄。①

在《朱子语类》中，讨论本则语录者，主要集中于《子使漆雕开仕》章，另少数见于《子路、曾皙、冉有、公西华侍坐》章②，而江永所辑入的注文几乎已将朱熹诠解意旨纳于其中。考察上面这10则注文，并未标注具体出处，其中有7则（第1、2、3、4、7、8、10则）现可见于《朱子语类》，第5、6则引自朱熹书信③，第9则与李文炤的后半段注文相同，出自《四书大全》；至于江永自己的阐释则付诸阙如。换言之，在江永看来，借由这10则朱熹之言即能完整诠释"曾点、漆雕开已见大意"条之意涵，已无须任何赘语。如果说李文炤、茅星来是通过拣择朱熹之语来表达自身所理解的《近思录》，那么，江永则是建构了一种统一而标准化的方式，对《近思录》作出规范注释，这种完全以汇辑朱著的诠解模式，明显比李文炤、茅星来表现得更详实、严谨，即如《四库全书总目》所评论言："虽以余力为此书，亦具有体例，与空谈尊朱子者异也。"④ 其中的"具有体例"，所指应就是此一诠解模式。

其次，江永在以朱著释证《近思录》的基础上，对于叶采《近思录集解》的訾议是引录朱熹之说"甚略"，而非茅星来所评的"粗率粗浅""字句舛譌"，至于明代周公恕割裂叶注、大悖原书旧旨则等而下之，因此不仅必须还原《近思录》原貌，且更要汇辑所有朱熹著述中相关之语"悉采入注"。值得注意的是，江永所还原的《近思录》原貌，比起张习孔更为彻底：他甚至舍弃南宋叶采以来各注家于各卷首所拟定的纲目，径以《朱子语类》所载"逐篇纲目"列于各卷作为总领（参见【附录二】）以示悉遵朱熹之意。此一回到朱熹思想世界注解《近思录》的方式，所谓"辑朱子之语，以注朱子之书"，实即似于考据家法"以经注经"的展现。所谓"以经注经"，亦可称为

---

① （清）江永撰，严佐之校点：《近思录集注》卷2，第63-64页。
② 在《朱子语类》中，粗估讨论本则语录者集中在《子使漆雕开仕》章约30条，另有零散见于《子路、曾皙、冉有、公西华侍坐》章7条。参见（宋）黎靖德编，王星贤点校：《朱子语类》，卷28，第767-773页；卷40，第1097-1116页。
③ （宋）朱熹撰，陈俊民校编：《答曾择之一》《答曾择之四》，《朱子文集》，第5册卷60，第2958、2962页。
④ （清）永瑢等撰：《四库全书总目》卷92，子部儒家类二《（江永）〈近思录集注〉提要》，第781页。

"以经释经",系乾嘉学者治经方法最特出之处。此观念可溯源于历代诸儒所积累而出以经、传、注、疏递相训释、考证的方式;至清初儒者则进一步有系统地将经和传注区别开来,提出以"经"为主要、以后世儒说为次要的观念,即"利用经部文献本身互相释证"。此做法的立足点乃在于深信经文间是一体的,彼此逻辑相同,故能透过彼此互相释证①。若以前面诠解"曾点、漆雕开已见大意"条而言,江永的立足点乃在于深信北宋四先生与朱熹思想是一体的,彼此逻辑相同,故能透过彼此互相释证,至于二程对于漆雕开"吾斯之未能信"之理解是否与朱熹一致②,自然不是江永所深究之处。后世儒者推崇江永注本:"比类发明,条理精密,不特不敢轻下己见,并不敢杂以他儒之议论,俾后之学者一意遵朱,而不惑于多歧,其笃信谨守又如此"③,实即充分道出江永注本之特质。

再看江永又言:

> 原本十四卷,各为事类,而无篇目……今本《语类》"《近思录》逐篇纲目"一条,注于卷首,俾各篇有总领,仍不失朱子之意……近世新安汪氏佑,每篇增入朱子之言,为《五子近思录》。施氏璜又为之《发明》,采薛敬轩、胡敬斋、罗整庵、高景逸四家语录入注,各自成书。此不能旁及,亦恐后儒衍说太多,读者易生厌倦也。④

---

① 有关乾嘉儒者治经方法,参见郑吉雄:《乾嘉学者治经方法释例》《再论乾嘉学者"以经释经"》《乾嘉学者经典诠释的历史背景与观念》《从乾嘉学者经典诠释论清代儒学思想的属性》,氏着:《戴东原经典诠释的思想史探索》,台北:台大出版中心,2008年,第185—312页。

② 二程对漆雕开之评议,除了《近思录》所引"曾点、漆雕开已见大意"条,在《二程集》中尚有:"问:子使漆雕开仕,对曰:'吾斯之未能信'。漆雕开未可仕,孔子使之仕,何也?曰:'据佗说这一句言语,自是仕有余,兼孔子道可以仕,必是实也……圣人如此言,便是优为之也。'"此文中程颐所释"斯",乃指担任官职一事("仕"),并非朱熹径以"理"释之。(宋)程颢、程颐撰,潘富恩导读:《二程遗书》,《伊川先生语四》,上海:上海古籍出版社,2000年,第268页。相关讨论,参见蔡家和:《汉宋之间——程朱、船山、程树德诠释〈论语·漆雕章〉之比较》,《当代儒学研究》,第17期,第49—76页。

③ (清)张日晸:《重刊近思录集注序》,收入(清)江永撰,严佐之校点:《近思录集注》附录,第278页。

④ (清)江永撰,严佐之校点:《近思录集注凡例》,《近思录集注》,第1—2页。

江永视盛行于当时的汪佑《五子近思录》、施璜《五子近思录发明》为"各自成书",同样也是在还原《近思录》原貌的前提下,主张不应纳入过多后世儒者的衍说。江永此一严守《近思录》原貌的主张,颇受嘉、道之后士人推崇:嘉庆十九年(1814),王鼎(1768—1842)同样批评汪佑、施璜二书"均失原编之义""非复朱子之旧",因此选择刊刻江永注本"遍示学宫弟子",且标名为《朱子原订近思录》①;道光二十四年(1844),张日晸(1791—1850)于大梁书院重刻作为示学教本,称江永注本乃"自叶仲圭《集解》以下注释者数家,惟此为最善本"②。咸丰二年(1852),孙镛鸣(1817—1901)于粤西、同治四年(1865)吴棠视学江西时刊刻同样沿用了"《朱子原订近思录》"为书名③,显见江永注本之特色与传刻之盛。

三、结　语

朱熹因着学派意识而编纂《近思录》以图成为儒学道统之正传,而当朱学体系自南宋后逐步奠立稳固地位,《近思录》又借着程朱深远的影响而得以通过传注不断获得尊崇。换言之,《近思录》的注疏工作与程朱理学的发展有着互动效应,各时期注家取材的立意,无疑都是考察程朱理学研究与嬗递的视角之一。

整体而言,清儒对《近思录》的注解方式,在清初是以诠解文义为主,以张习孔、张伯行为代表,其后李文炤始以裒集朱熹语录作为疏解;乾嘉时期的茅星来是目前所见首开以训诂考证《近思录》风尚者,他视汉唐训诂为理解程朱学术之本,将乾嘉解经方法运用于《近思录》的注释中,此举受到四库馆臣的肯定,评曰:"荟粹众说,参以己见,为之支分节解,于名物训诂考

---

① (清)王鼎:《朱子原订近思录序》,收入江永撰,严佐之校点:《近思录集注》附录,第275-276页。按王鼎言:"汪氏、施氏又取朱子语附益其中,附又引后儒之说发明之,均失原编之义。"

② (清)张日晸:《重刊近思录集注序》,收入(清)江永撰,严佐之校点:《近思录集注》附录,第277-278页。

③ 参见(清)孙镛鸣:《朱子原订思录跋》、(清)吴棠:《朱子原订思录跋》,收入(清)江永撰,严佐之校点:《近思录集注》附录,第278-279、279-280页。

证尤详。"① 而更受后世所瞩目的是将李文炤注疏模式推至极致的江永,他荟聚了更繁密、完整的朱熹著述以诠解《近思录》,这种"辑朱子之语,以注朱子之书",系建立了一种标准化的注解模式,如同一时期黄叔儆(1682—1758)作《近思录集注》著录朱熹语录达一千九百六十条②,实即是透显出在考据学兴盛时期,对于当时注家的影响。至于援引朱熹之语的内容考察,以本文所举"曾点、漆雕开已见大意,故圣人与之"条的注解来看,从张习孔、张伯行摘录片言作为阐述己见之论据,至李文炤、茅星来逐步明确地分疏曾点、漆雕开工夫之别,江永借完备的引文呈现朱学所主修养工夫的典范,无疑是朱学思想在《近思录》文本中逐渐深化的展现。

【附录一】《朱子语类》载"曾点、漆雕开已见大意,故圣人与之"相关内容及清儒摘引训解《近思录》概况③

主要内容	清儒摘引
卷28　子使漆雕开仕章	
寓因问:"明道所言'漆雕开、曾点已见大意',二子固是已见大体了。看来漆雕开见得虽未甚快,却是通体通用都知了。曾点虽是见得快,恐只见体,其用处未必全也。"先生以为然。	
问:"是见得吾心之理,或是出仕之理?"曰:"都是这个理,不可分别。漆雕开却知得,但知未深耳,所以未敢自信。"问:"程子云'曾点、漆雕开已见大意',如何?"曰:"也是见得这意思。"	
"如何是'已见大意'?"曰:"是他见得大了。《论语》中说曾点处亦自可见。如漆雕开只是此一句,如何便见得他已见大意处?然工夫只在'斯'字与'信'字上。且说'斯'如何?"……曰:"斯,只是这许多道理见于日用之间,君臣父子仁义忠孝之理。信,是虽已见得如此,却自断当恐做不尽,不免或有过差,尚自保不过。虽是知其已然,未能决其将然,故曰'吾斯之未能信'。"	江永

---

① (清)永瑢等撰:《四库全书总目》,卷92,子部儒家类二《(茅星来)〈近思录集注〉提要》,第781页。

② 黄叔儆取朱熹著述分缀于《近思录》各条后而成《近思录集注》,并非以注解为主,故不在本文讨论之中。有关《近思录集注》之讨论,参见任莉莉:《〈近思录集注〉稿本考论》,收入严佐之、顾宏义主编:《〈近思录〉文献丛考》,第237-260页。

③ 引文摘录自(宋)黎靖德编,王星贤点校:《朱子语类》,第2册,卷28,第767-773页,卷40,第1099-1116页。

续表

主要内容	清儒摘引
杨丞问:"如何谓之大意?"曰:"规模小底,易自以为足。规模大,则功夫卒难了,所以自谓未能信。"	江永
问:"'漆雕开已见大意',如何?"曰:"大意便是本初处。若不见得大意,如何下手做工夫。若已见得大意,而不下手做工夫,亦不可。孔门如曾点、漆雕开皆已见大意。"	张习孔 李文炤 江永
问"曾点、漆雕开已见大意"。曰:"漆雕开,想是灰头土面,朴实去做工夫,不求人知底人,虽见大意,也学未到。若曾晳,则只是见得,往往却不曾下工夫。"	
"所谓'斯之未信',斯者,非大意而何?但其文理密察,则二子或未之及。"又问:"大意竟是如何?"曰:"若推其极,只是'惟皇上帝降衷于下民'。"	张习孔 李文炤 江永
或问"曾点、漆雕开已见大意"。曰:"……开是着实做事,已知得此理。点见识较高,但却着实处不如开。开却进未已,点恐不能进。"	
直卿问程子云云。曰:"开更密似点,点更规模大。开尤缜密。"	张伯行
问:"漆雕开与曾点孰优劣?"曰:"旧看皆云曾点高。今看来,却是开着实,点颇动荡。"	江永
问:"恐漆雕开见处未到曾点。"曰:"曾点见虽高,漆雕开却确实,观他'吾斯之未能信'之语可见。"	
曾点开阔,漆雕开深稳。	江永
"曾点、漆雕开已见大意。"若论见处,开未必如点透彻;论做处,点又不如开着实。	
"曾点已见大意",却做得有欠缺。漆雕开见得不如点透彻,而用工却密。点天资甚高,见得这物事透彻。如一个大屋,但见外面墙围周匝,里面间架却未见得,却又不肯做工夫。如邵康节见得恁地,只管作弄。	江永
曾点见得甚高,却于工夫上有疏略处。漆雕开见处不如曾点,然有向进之意。	茅星来
卷40　子路、曾晳、冉有、公西华侍坐章	
曾点与漆雕开,只是争个生熟。曾点说得惊天动地,开较稳贴。	
曰:"程子说:'曾点、漆雕开已见大意。'他只是见得这大纲意思,于细密处未必便理会得。"	
又问:"'曾点、漆雕开已见大意',开却实用工夫。"曰:"开觉得细密。"	
汉卿举叔重疑问曰:"曾点'已见大意'。或谓点无细密工夫,或谓点曾做工夫而未至,如何?"曰:"且只理会曾点如何见得到这里。不须料度他浅深,徒费心思也。"	
伊川说"曾点、漆雕开已见大意"。点则行不掩,开见此个大意了,又却要补填满足,于"未能信"一句上见之。	

续表

主要内容	清儒摘引
或曰："程子云：'曾点、漆雕开已见得大意'，如何？"曰："曾点见得较高。开只是朴实，其才虽不及点，然所见也是不苟。"或曰："曾点既见得天理流行，胸中洒落矣，而行有不掩，何也？"曰："盖为他天资高，见得这物事透彻，而做工夫却有欠阙……如漆雕开，见大意则不如点，然却是他肯去做。点虽见得，却又不肯去做到尽处。"	
程子曰："曾点、漆雕开已见大意。"看得来漆雕开为人却有规矩，不肯只恁地休，故曰"吾斯之未能信"。	

【附录二】 清代《近思录》主要注疏本各卷纲目表①

卷目	朱熹自订纲目	南宋叶采《近思集解》	张伯行《近思录集解》	张习孔《近思录传》	茅星来《近思录集注》	江永《近思录集注》
一	道体	道体	道体	道体篇	道体	道体
二	为学大要	论学	为学	为学篇	为学大要	为学大要
三	格物穷理	致知	致知	致知篇	格物穷理	格物穷理
四	存养	存养	存养	存养篇	存养	存养
五	改过迁善克己复礼	克治	克治	克己篇	省察克治	改过迁善克己复礼
六	齐家之道	家道	家道	家道篇	齐家之道	齐家之道
七	出处进退辞受之义	出处	出处	出处篇	去就取舍	出处进退辞受之义
八	治国平天下之道	治体	治体	治体篇	治道大要	治国平天下之道
九	制度	治法	治法	治法篇	治法	制度
十	君子处事之方	政事	政事	政事篇	临政处事之方	处事之方
十一	教学之道	教学	教学	教人篇	教学之道	教学之道
十二	改过及人心疵病	警戒	警戒	警戒篇	警戒	改过及人心疵病
十三	异端之学	辨异端	辨别异端	辨异端篇	辨异端	异端之学
十四	圣贤气象	观圣贤	总论圣贤	圣贤篇	观圣贤	圣贤气象

---

① （清）李文炤：《近思录集解》各卷未标纲目，故未列于本表。

从"十三分野"论刘向、刘歆父子非"殊异"

朱浩毅

台湾佛光大学历史学系副教授

班固于《汉书·五行传》中曾言:"宣、元之后,刘向治《谷梁春秋》,数其祸福,传以《洪范》,与仲舒错。至向子歆治《左氏传》,其《春秋》意亦已乖矣;言《五行传》又颇不同。"①开启刘向、刘歆"经术"必然"殊异"的论调,尤其是将天上二十八星宿对应地上诸侯国土的"分野"的观念②,更是被视为刘歆独创。康有为就言:"分野之说,《周官》《左传》《国语》有之,杂见于《汉书·天文》《地理志》,并移以说《易》,皆歆所创。"③ 而康有为所持的理由乃"歆欲奖借逆篡,故为此例以乱之,务使与经所书方圆不入而已"④。此外,崔适从以"终始五德"的角度认为"分野"之说创于刘歆⑤,并且举出《汉书》中《律历志》与《地理志》两志的矛盾之处:

《律历志》谓自斗至女为星纪,自女至危为玄枵,自危至奎为诹訾,自奎至胃为降娄,自胃至井为大梁,自井至柳为鹑首,自柳至张为鹑火,自张至轸为鹑尾,自轸至氐为寿星,自氐至为尾大火,自尾

---

① (汉)班固:《汉书》卷27《五行志》第7上,第1317页。
② 如:鲁庄公二十六年"十二月癸亥朔,日有食之"。董仲舒以为宿在心,心为明堂,文武之道废,中国不绝若线之象也。刘向以为时戎侵曹,鲁夫人淫于庆父、叔牙,将以弑君,故比年再蚀以见戒。刘歆以为十月二日楚、郑分。又如:鲁昭公三十一年"十二月辛亥朔,日有食之"。董仲舒以为宿在心,天子象也。时京师微弱,后诸侯果相率而城周,宋中几亡尊天子之心,而不衰城。刘向以为时吴灭徐,而蔡灭沈,楚围蔡,吴败楚入郢,昭王走出。刘歆以为二日宋、燕分。
③ (清)康有为:《汉书儒林传辨伪第五》,载《新学伪经考》,第135页。
④ (清)康有为:《刘歆经说足证伪经考第十四》,载《新学伪经考》,第360页。
⑤ (清)崔适:"《释天》'玄枵,虚也。颛顼之虚,虚也'与'冬,其帝颛顼'之说皆当北方水位合。五德刘歆所创,则分野可知也。"见(清)崔适:《史记探源》卷1《序证·十二分野》,张烈点校,北京:中华书局,1986年,第6页。

至斗为析木是也。然与《地理志》不同，此志以初轸十二度终氐四度为寿星之次，彼志则自井六度至亢六度；此志以初尾十度终斗十一度为析木之次，彼志则自危四度至斗六度矣；又析十二分野为十三。①

不过事实上，将《汉书》中《律历志》《天文志》《五行志》《地理志》有关"分野"的记载作比对，会发现其实是一脉相承的。

首先，分析《汉书·天文志》中的"分野"资料，如下：

  角、亢、氐，沇州。房、心，豫州。尾、箕，幽州。斗，江湖。牵牛、婺女，扬州。虚、危，青州。营室、东壁，并州。奎、娄、胃，徐州。昴、毕，冀州。觜觿、参，益州。东井、舆鬼，雍州。柳、七星、张，三河。翼、轸，荆州。②

从这段资料，可以观察到两点：一即，《天文志》采"十三分野"；二为，天上的二十八星宿于地面上都有可相对应的"州"。值得一提的是，《汉书·天文志》的这段论述与《史记·天官书》的文字完全雷同。③

由于崔适表示《汉书·地理志》中的"分野"也属"十三"系统，于是《天文志》与《地理志》所载"分野"是否相合，则成了可以探讨的问题。而以下即先将《地理志》中的"分野"资料罗列出来。

  秦地，于天官东井、舆鬼之分野也。

  魏地，觜觿、参之分野也。

  周地，柳、七星、张之分野也。

  韩地，角、亢、氐之分野也。

  赵地，昴、毕之分野。

  燕地，尾、箕分野也。

  齐地，虚、危之分野也。

---

① （清）崔适：《史记探源》卷1《序证·十二分野》，张烈点校，北京：中华书局，1986年，第6页。按：引文中"自胃至井为大梁"一句有误，当为"自胃至毕为大梁，自毕至井为实沈"。

② （汉）班固：《汉书》卷26《天文志》第6，第1288页。

③ 由于康有为与崔适皆认为"分野"之说创始于刘歆，因此《史记》中凡有"分野"的记载，都是刘歆所窜入。为求与康有为、崔适站在同一立场对话，是故在此先就《汉书》进行论述。

鲁地，奎、娄之分野也。

宋地，房、心之分野也。

卫地，营室、东壁之分野也。

楚地，翼、轸之分野也。

吴地，斗分野也。

粤地，牵牛、婺女之分野也。①

从所列的资料，可发现《地理志》虽然也是"十三分野"，但却与《天文志》所载有所不同，差异之处即在《地理志》是以"国"为"分野"的界线，而《天文志》是以"州"为区块。如换个思考方式，改以《天文志》与《地理志》的相同之处介绍两《志》的"分野"，则会发现争论"国"与"州"的差异，其实是失焦的。

关于《汉书·天文志》"分野"所用的"州"，其实是汉初的地方行政区域概念，此点从《天文志》的"分野"中出现"益州""三河"便可知，盖此两者都是汉代才有的"区域名称"。因此，班固以下的论述，即须特别注意：

汉兴，因秦制度，崇恩德，行简易，以抚海内。至武帝攘却胡、越，开地斥境，南置交阯，北置朔方之州，兼徐、梁、幽，并夏、周之制，改雍曰凉，改梁曰益，凡十三部，置刺史。先王之迹既远，地名又数改易，是以采获旧闻，考迹《诗》《书》，推表山川，以缀《禹贡》《周官》《春秋》，下及战国、秦、汉焉。②

此段不但说明"改梁曰益"是在汉武帝时期，更交代此时汉武帝已将汉朝疆域划分为"十三部"。因此，《天文志》以天下"十三州"的概念来"分野"，当是已受汉代"十三部"的影响，否则无以说明何以《天文志》的"分野"会采用汉代的"区域名称"。而此一论点，并不会因为《汉书·天文志》"可能"源自于司马迁《史记·天官书》而遭否定。③

---

① （汉）班固：《汉书》卷28下《地理志》第8下，第1641-1671页。

② （汉）班固：《汉书》卷28下《地理志》第8下，第1543页。

③ 此处的意思是，即使《汉书·天文志》中的"分野"论述出自于司马迁《史记·天官书》，而司马迁与汉武帝同时，因此言其以"十三部"来作"分野"并不会与历史发生抵牾。

至于,《地理志》以"十三国"来"分野"是否也受汉代"十三部"(或者《史记·天官书》的"十三州")的影响①,从《地理志》载"鲁自文公以后,禄去公室,政在大夫……三十四世而为楚所灭。然本大国,故自为分野""宋虽灭,本大国,故自为分野""卫本国既为狄所灭,文公徙封楚丘……凡四十世,九百年,最后绝,故独为分野"三段文字②,可以发现《地理志》的"分野"其实也是迁就于"十三"这个数字,否则实无须特意给予"灭国者"领地。也就是说,《地理志》必然先受当代"十三"的概念的影响,从而寻求相对应的"十三国"③。因此,《地理志》皆会在每一国之后特别注明今天所属的郡县。于是,所谓的"分野"是否只是用来诠释"五经"的专有名词,成了可探讨的课题,而从《天文志》《地理志》所述的分野来看,强调"当代"的"天地感应"更胜"五经"。

此外,《汉书》在《天文志》或《地理志》中,不管是以"州"或"国"来作为"分野"的单位,被对应的二十八星宿,在组群分配上其实是一样的,如下表:

《天文志》的分野	所属星宿	《地理志》的分野
兖州	角、亢、氐	韩地
豫州	房、心	宋地
幽州	尾、箕	燕地
江湖	斗	吴地
扬州	牛、女	粤地
青州	虚、危	齐地
并州	室、壁	卫地
徐州	奎、娄、胃	鲁地

---

① 会如此提问,且将"或者《史记·天官书》的'十三州'"一句加括号,理由如下:一为,依照《后汉书》所言,《天文志》乃班昭、马续所写,故与《地理志》在"作者"上已不同,因此提问;二为,依照崔适的理论,《史记》中的"分野"乃刘歆所窜入,故加括号。

② 见(汉)班固:《汉书》卷28下《地理志》第8下,第1543页。

③ 在此并没有否定鲁、宋、卫三国在春秋的特殊意义,而只是在表达如果汉武帝当时置"十四部""十五部",甚至更多,皆会有相对应的"国土"出现,如曹、蔡等春秋时期知名的诸侯国。

续表

《天文志》的分野	所属星宿	《地理志》的分野
冀州	昂、毕	赵地
益州	觜、参	魏地
雍州	井、鬼	秦地
三河	柳、星、张	周地
荆州	翼、轸	楚地

而从此表也可以很清楚地看出二十八星宿并不是平均地分配于"十三州"或"十三国",因此有的"州""国"多达三颗星宿对应,且二十八星宿于"天面"所占度数不尽相同,致使十三个星宿群组有大小之分。如以《汉书·律历志》所提供二十八星宿行天的度数计算之,则十三个星宿群组从上至下依序为三十六度、十度、二十九度、二十六度、二十度、二十七度、二十五度、四十二度、二十七度、十一度、三十七度、四十度、三十五度。①不过,从二十八星宿的群组分配来看,则《天文志》与《地理志》的"十三分野"应当出于同源②,所以所关注的焦点皆是在"地面"的"行政区划"。于是从这也可以得知,《天文志》与《地理志》的"分野"是以"地面"为主,再以"天面"相配;而非先等分"天面"——"十二星次",再相对应于所配之"地面"。而这也就是"十三分野"与"十二分野"产生差异之处。

值得一提的是,《汉书·地理志》的"十三分野"也出现了四条关于"星次"的记载,如下：

> 秦地,于天官东井、舆鬼之分野也。
>
> 自井十度至柳三度,谓之鹑首之次,秦之分也。
>
> 周地,柳、七星、张之分野也。
>
> 自柳三度至张十二度,谓之鹑火之次,周之分也。

---

① 二十八星宿行天数值见（汉）班固：《汉书》卷21下《律历志》第1下,第1006-1007页。

② 举个不同于此的二十八星宿群组分配的例子,如《淮南子·天文训》载："星部地名：角、亢,郑；氐、房、心,宋；尾、箕,燕；斗、牵牛,越；须女,吴；虚、危,齐；营室、东壁,卫；奎、娄,鲁；胃、昂、毕,魏；觜巂、参,赵；东井、舆鬼,秦；柳、七星、张,周；翼、轸,楚。"见何宁：《淮南子集释》第3卷《天文训》,北京：中华书局,1998年,第272-274页。

韩地，角、亢、氐之分野也。

自东井六度至亢六度，谓之寿星之次，郑之分野，与韩同分。

燕地，尾、箕分野也。

自危四度至斗六度，谓之析木之次，燕之分也。①

  这四条资料显示《地理志》的"十三分野"其实也关注到了"岁星"与"国土"的对应，当然《地理志》的"十三分野"首先碰到的问题就是如何与"十二星次"对应，于是这四条资料成了关键。此外，本文初始也提及崔适曾提示《律历志》与《地理志》在"星次"的记载上有差异。也就是说，不先了解《律历志》中的"十二星次"，以及其与《地理志》的差异之处，将无法解决"十三分野"的对应问题。

  为求简单明了，以下即将《律历志》中关于"十二星次"的论述②，通过表格形式呈现，如下：

星次	所跨星宿及度数	度数	周月
星纪	斗 12-26 度；牛 1-8 度；女 1-7 度	30	正月
玄枵	女 8-12 度；虚 1-10 度；危 1-15 度	30	二月
诹訾	危 16-17 度；室 1-16 度；壁 1-9 度；奎 1-4 度	31	三月
降娄	奎 5-16 度；娄 1-12 度；胃 1-6 度	30	四月
大梁	胃 7-14 度；昴 1-11 度；毕 1-11 度	30	五月
实沈	毕 12-16 度；觜 1-2 度；参 1-9 度；井 1-15 度	31	六月
鹑首	井 16-33 度；鬼 1-4 度；柳 1-8 度	30	七月
鹑火	柳 9-15 度；星 1-7 度；张 1-17 度	31	八月
鹑尾	张 18 度；翼 1-18 度；轸 1-11 度	30	九月
寿星	轸 12-17 度；角 1-12 度；亢 1-9 度；氐 1-4 度	31	十月
大火	氐 5-15 度；房 1-5 度；心 1-5 度；尾 1-9 度	30	十一月
析木	尾 10-18 度；箕 1-7 度；斗 1-11 度	31	十二月

  从此表格中可以清楚地看到"十二星次"是很均等地将"天面"分为"十二"，且为了平分"天面"，二十八星宿中有十二个星宿须跨二个"星次"。

  而将《地理志》所提及的四个"星次"与《律历志》作比较，会发现除

---

① 分见（汉）班固：《汉书》卷 28 下《地理志》第 8 下，第 1646、1651、1655、1659 页。

② （汉）班固：《汉书》卷 21 下《律历志》第 1 下，第 1005-1006 页。

了因为"超辰"问题①所制定的"十二星次"起、讫的星宿度数不同之外，可以说毫无差异。至于会有崔适所言的矛盾，只是《汉书》流传过程中产生的传抄错误。论证如下：

星次	《地理志》	《律历志》
鹑首	自井十度至柳三度	自井十六度至柳八度
鹑火	自柳三度至张十二度	自柳九度至张十七度
寿星	自东井六度至亢六度	自轸十二度至氐四度
析木	自危四度至斗六度	自尾十度至斗十一度

从此表"鹑首""鹑火"两个"星次"可知，《律历志》记载的起始星宿，皆比《地理志》的记录多西行六度，而终讫则是西行五度。至于起、讫会有六度、五度的不同，在于如何划分"星次"的领域，如《地理志》的"鹑首"与"鹑火"就只以柳三度来划界，而《律历志》则是以柳八度与柳九度分为两区。因此，以"星次"的区块来说，《律历志》的"鹑首""鹑火"要比《地理志》的记载多往西行六度。

而以"起多六度""讫多五度"这两组数值检查"寿星""析木"，发现《律历志》与《地理志》在"寿星"的记载上，差异甚多，反而是"析木"的终讫星宿符合西行五度的标准，但起始的星宿却不合规则。有趣的是，如不考虑"析木"起始星宿"危""尾"名称的差异，而只观察度数的数值，则会发现正是六度之差。也就因为数值正为六度之差，加上"危""尾"字形相似，因此可以合理怀疑，造成差异的原因应是传抄星宿名称时产生笔误。由于《律历志》所载的"十二星次"是完整的资料，因此有问题的当是《地理志》的记载。也就是说，《地理志》载"自危四度至斗六度，谓之析木之次"，应为"自尾四度至斗六度，谓之析木之次"才对。

---

① 按：岁星（木星）行天一周大约十二年，因此古人以年为单位，将岁星行天的路径区分为十二等分，称为"十二辰"，而二十八星宿亦依此分为"十二星次"。然而问题在于岁星真正行天一周的时间并不是刚好十二年，而是十一年十月又多几天，于是长时间下来，岁星必然无法行走到应该的"辰"或"星次"，而会超过原来的"辰"与"星次"，于是称这种不合于天的情况为"超辰"。如《汉书·律历志》（或称刘歆《三统历》）就提出每一百四十四年"超辰"一次，曰："推岁所在，置上元以来，外所求年，盈岁数，除去之，不盈者以百四十五乘之，以百四十四为法，如法得一，名曰积次，不盈者名曰次余。"见（汉）班固：《汉书》卷21下《律历志》第1下，第1004页。

循着可能是传抄时产生的笔误此一线索，重新再比对《律历志》《地理志》的"寿星"记载，发现"寿星"的起始星宿一为"东井"，一为"轸"，但所差数值正是六度；而终迄星宿以《律历志》"氐四度"往东五度回推，乃为"亢八度"，可是《地理志》却载"亢六度"，也就是说，星宿名合，但数值不合。由于"八"与"六"形似，很好解释为抄写错误，因此问题最大的地方即在"寿星"的起始星宿上。而从《地理志》载"自井十度至柳三度，谓之鹑首之次"，又载"自东井六度至亢六度，谓之寿星之次"，分析两条资料，发现竟会出现两次"井"，而以《地理志》所载"鹑首"数值可契合于《律历志》来说，则《地理志》言"寿星"自"东井"始必然有误。既然《地理志》的"寿星"绝不可能从"东井"始，故推测此处"东井"当是析"轸"字而来，如此，则修正后的结果为"自轸六度至亢八度"，便可通于《律历志》。①

既然《地理志》所载四个"星次"皆可与《律历志》相合，于是便可从《律历志》的资料复原《地理志》的"十二星次"。也由于《地理志》已经关注到"岁星"与"国土"的对应，因此亦借此机会将《地理志》的"十三分野"依其本身对应的星宿，配之于"十二星次"中，如下：

星次	所跨星宿及度数	分野	周月
星纪	斗6–26度；牛1–8度；女1–2度	吴、粤	正月
玄枵	女2–12度；虚1–10度；危1–10度	齐	二月

---

① 以上两段的推论皆可以从刘昭注解司马彪《后汉书志》时，引蔡邕《月令章句》得到证明。蔡邕曰："自危十度至壁九度，谓之豕韦之次，立春、惊蛰居之，卫之分野。自壁九度至胃一度，谓之降娄之次，雨水、春分居之，鲁之分野。自胃一度至毕六度，谓之大梁之次，清明、谷雨居之，赵之分野。自毕六度至井十度，谓之实沈之次，立夏、小满居之，晋之分野。自井十度至柳三度，谓之鹑首之次，芒种、夏至居之，秦之分野。自柳三度至张十二度，谓之鹑火之次，小暑、大暑居之，周之分野。自张十二度至轸六度，谓之鹑尾之次，立秋、处暑居之，楚之分野。自轸六度至亢八度，谓之寿星之次，白露、秋分居之，郑之分野。自亢八度至尾四度，谓之大火之次，寒露、霜降居之，宋之分野。自尾四度至斗六度，谓之析木之次，立冬、小雪居之，燕之分野。自斗六度至须女二度，谓之星纪之次，大雪、冬至居之，越之分野。自须女二度至危十度，谓之玄枵之次，小寒、大寒居之，齐之分野。"见（南朝宋）刘昭注，（晋）司马彪撰：《后汉书志》，附于《后汉书》后，北京：中华书局，第3080–3081页。

续表

星次	所跨星宿及度数	分野	周月
诹訾	危10-17度；室1-16度；壁1-8度	卫	三月
降娄	壁8-9度；奎1-16度；娄1-12度；胃1度	鲁	四月
大梁	胃1-14度；昴1-11度；毕1-6度	赵	五月
实沈	毕6-16度；觜1-2度；参1-9度；井1-10度	魏	六月
鹑首	井10-33度；鬼1-4度；柳1-3度	秦	七月
鹑火	柳3-15度；星1-7度；张1-12度	周	八月
鹑尾	张12-18度；翼1-18度；轸1-6度	楚	九月
寿星	轸6-17度；角1-12度；亢1-8度	韩	十月
大火	氐8-15度；房1-5度；心1-5度；尾1-4度	宋	十一月
析木	尾4-18度；箕1-7度；斗1-6度	燕	十二月

有了此新的"分野"表，再对照《汉书·五行志》所记载的"分野"资料，如鲁庄公十八年"三月，日有食之"，刘歆以为晦鲁、卫分；又如鲁庄公三十年"九月庚午朔，日有食之"，刘歆以为八月秦、周分①，不难发现皆可与此表相合。不过由于春秋时期，尚无赵国、韩国，故刘歆在运用"分野"概念时，分别改以晋国、郑国代替，如鲁桓公十七年"十月朔，日有食之"，刘歆以为楚、郑分；鲁僖公五年"九月戊申朔，日有食之"，刘歆以为七月秦、晋分。②此外，"正月""星纪"所对应的"吴、粤"，刘歆则只取越国来相应，如鲁隐公三年"二月己巳，日有食之"，刘歆以为正月二日，燕、越之分野也。③

至于刘歆"言五行传"时所用的"十二星次"是《律历志》的数值，还是《地理志》，皆不影响其"十二分野"的论述，盖重点在于天上"十二星次"与地上"十二诸侯"的对应。

花了很长的篇幅，分析《汉书》中的"分野"之资料，并寻求"十二分野"与"十三分野"的内在关联性，目的只有一个，就是企图说明被视为"父子殊异"关键的刘歆《五行志》中的"十二分野"，其实还是在"发挥"其父亲刘向的思想。何以知之？盖《汉书·地理志》中所记载的"十三分野"

---

① （汉）班固：《汉书》卷27下《五行志》第7下，第1483、1484页。
② （汉）班固：《汉书》卷27下《五行志》第7下，页1483、1485页。
③ （汉）班固：《汉书》卷27下《五行志》第7下，第1479页。

乃是刘向的学说。班固于《地理志》就曰：

> 汉承百王之末，国土变改，民人迁徙，成帝时，刘向略言其地分，丞相张禹使属颍川朱赣条其风俗，犹未宣究，故辑而论之，终其本末著于篇。①

通过以上关于刘向、刘歆父子"经术"的分析，可以知道"父子殊异"不应是吾人论述刘向、刘歆这对父子唯一的论调。刘歆的学术根柢多承袭自刘向，而刘向的"十三分野"也因刘歆的发挥得以呈现。

---

① （汉）班固：《汉书》卷28下《地理志》第8下，第1640页。

解析《中庸》与张栻心性论

郑 熊

西北大学中国思想文化研究所教授

张栻理学思想体系的构建来源于对《四书》等经典的阐发,这种阐发涉及到思想的各个方面。就宋代理学的发展来说,如果宋初在于本体论的构建,那么到南宋时就在于本体论的内化,这种内化凸显为本体论与心性论的联系①。有学者研究指出:"心性论的差异是朱熹与湖湘学派以及陆派心学发生理论冲突的根本问题。"② 这种看法是合理的,同时也说明张栻理学思想体系的核心为心性论。就《中庸》与张栻心性论关系的探讨,学界已经取得一些成果。本文就在此基础上,作进一步探讨。

一、性本体的构建

《中庸》与张栻心性论的关系,首先体现在张栻通过对《中庸》的阐发,构建了性本体。对于张栻理学思想所构建的本体是什么,存在多种看法。有学者认为张栻"归根到底,仍然认为理是宇宙的本体"③。有学者则认为以胡宏、张栻为代表的湖湘学派建构的就是"以性为本的性学体系"④。还有学者则认为张栻"不仅回答了世界的本原是什么的问题,而且以此为基础对宇宙万物的共同本质、事物的规律乃至主体与客体的关系,展开了全面的论证,从而构制

---

① 注:南宋时期本体论与心性论的联系,一方面体现为朱熹把天理本体内化为心性,天理本体作为心性的内在根据;另一方面体现为张栻、陆九渊等通过对《中庸》的诠释来构建心性论,而在心性论的构建过程中就实现了对本体论的构建。

② 张琴:《胡宏与朱熹关于〈中庸〉心性思想之分歧》,《求索》,2010年9期。

③ 侯外庐等:《宋明理学史》(上卷),北京:人民出版社,1984年,第323页。

④ 参见向世陵:《理气性心之间——宋明理学的分系与四系》,北京:人民出版社,2008年,第265-276页。

了一个以太极、性、理和心等为基本范畴的具有层次性的本体论逻辑结构体系。"① 这些观点一方面说明了在张栻思想体系中，众多概念具有了本体色彩；另一方面则说明张栻作为理学家，其思想体系是不断发展的。

对于二程所体悟出来的天理本体，张栻有众多描述，一定程度上也是把天理看成是本体的。《南轩易说》中有：

> 大而天地，散而万物，举皆囿于造化之道，而为其推迁者也。然变化岂能自运邪？有神以行其变化者也，故知变化之道者其知神之所为乎！②

> 夫八卦各有所在也，而神则无在而无不在；八卦各有所为也，而神则无为而无不为。谓之生万物乎？然未尝不成万物也；谓之成万物乎？然未尝不生万物也。强名之曰神者，即其妙万物而强名之也。

（《南轩易说》卷三）

这两段话都是围绕着"神"来展开论述的，认为"神"具有"无在而无不在""无为而无不为"的特点，而且天地万物的产生以及变化都是来自于"神"，而且正是用"神"来体现出天地万物产生变化的奇妙性。这个"神"到底是什么呢？它实际上指的就是天理。张栻说："以夷、齐平日之节观之，疑其狭隘而不容矣。今夫子乃称其不念旧恶，何其宏裕也！盖于其所为，亦率夫天理之常，而其胸中休休然，初无一毫介于其间也。若有一毫介于其间，则其私意之所执，而岂夷、齐之心哉？"（《论语解》卷三）这里就以孔子评价伯夷、叔齐"不念旧恶"的例子来说明孔子的所作所为都是遵循天理的，没有丝毫人欲在里面，而这也才符合伯夷、叔齐的想法。

张栻虽然对天理本体有所阐述，但他最为关注的则是性本体。张栻性本体的构建，是来源于对胡宏思想的继承和发展，来源于对《中庸》的阐发。也正是由于以胡宏、张栻为代表的湖湘学派构建的是性本体，所以有学者就认为

---

① 陈谷嘉：《论张栻本体论的逻辑结构体系——兼论湖湘学派理学思想的特色》，《孔子研究》，1988年4期，第54页。
② （宋）张栻著，杨世文、王蓉贵校点：《南轩易说》卷1，载《张栻全集》，长春：长春出版社，1999年。下文出处相同。

宋明理学实际上存在着理、气、心、性四系。① 胡宏说:"天命之谓性。性,天下之大本也。"② 又说:"万物生于性者也。"(《皇王大纪序》) 这都认为性是产生天地万物的根本,性就是本体。张栻继承和发展了胡宏的性本体。首先,通过对性与万物关系的阐述,确定性的本体地位。张栻说:

  天命之谓性,万有根焉。(《孟子说》卷四)

  有是理则有是事,有是物。夫其有是理者性也,顺其理而不违,则天下之性得矣。(《孟子说》卷四)

  实然之理具诸其性。有是性,则备是形以生。(《南轩集》卷二十《洁白堂记》)

张栻通过阐发《中庸》"天命之谓性"来确定性的本体地位,认为天命即性,也就是说性就是天命,而性不再是由天所赋予的,性是客观实在的本体。作为本体的性,就是万理的来源,万事万物体现出的各自特点就是万理。此外,事物之间差异的存在,就来源于对性本体禀赋的不同,或者说正是由于理不同带来了事物的不同,不同的理规定事物的不同走向。

其次,张栻认为"本一而已,二本是无本也"(《南轩集》卷三十《答朱元晦》),同时又说:"论性之本,则一而已矣,而其流行发见,人物之所禀,有万之不同焉……虽有万之不同,而其本之一者亦未尝不各具于其气禀之内,故原其性之本一,而察其流行之各异;知其流行之各异,而本之一者初未尝不完也,而后可与论性矣。"(《孟子说》卷六) 在张栻看来,作为本体应该具有唯一性,性本体就是独一无二的,虽然性本体随着人物的禀受,体现出众多的外在表现,但是寻根究底来源只有一个,那就是性本体。对于性本体,张栻还进一步说:"天命之谓性者,大哉乾元,人与物所资始也;率性之谓道者,在人为人之性,在物为物之性,各正性命而不失,所谓道也。盖物之气禀虽有偏,而性之本体则无偏也。观天下之物,就其形气中,其生理何尝有一毫不足者乎?此性之无乎不在也。惟人禀得其秀,故其心为最灵而能推之,此所以为人之性,而异乎庶物者也。若元不丧失,率性而行,不假修为,便是圣人。故

---

① 参见向世陵:《理气性心之间——宋明理学的分系与四系》,北京:人民出版社,2008 年。

② (宋) 胡宏著,吴仁华点校:《知言疑义》,载《胡宏集》,北京:中华书局,1987 年。下文出处相同。

惟天下之至诚能尽其性，而人之性、物之性亦无不尽。"（《南轩集》卷二十九《答胡伯逢》）在这里，张栻也通过对"天命之谓性""率性之谓道"的阐释来凸显性本体，他认为人性、物性都来源于天命、来源于性，人性、物性按照各自的运行又体现出外在的、具体的道；同时，又认为物在气禀中虽然产生了差异，但是对于性本体来说则是完备的，它完全是存在于事物当中的，只是只有圣人才能够完全认知性本体、完全让性本体凸显出来而已。

对于性本体，张栻还把它同太极结合起来讨论。对太极，张栻说：

  既曰物莫不皆有太极，则所谓太极者，固万物之所备也。惟其赋是气质而拘隔之，故物止为一物之用，而太极之体则未尝不完也。（《南轩集》卷三十一《答周允升》）

  故太极一而已矣，散为人物而有万殊，就其万殊之中而复有所不齐焉，而皆谓之性。（《孟子说》卷六）

这两段话讨论的核心问题就是太极具有本体色彩，太极与万物之性存在着"一"与"多"的关系，而且万物由于气质的不同，在禀赋太极时产生的性也就有所不齐，不过对于太极本体来说则是完备。既然太极具有本体色彩，而性又是本体，那么太极与性之间是什么关系呢？按照前文所说的，本体只能有一个，而且性就是唯一的本体，那么如何来确定性、太极各自的地位呢？有学者研究指出："张栻在解说中还将'太极'纳入本体理论，作为与'性'属同一层次的可以相互置换的本体范畴。"① 也有其他学者则认为："张栻固然认可太极的本体地位，但他却是以太极来表现性的变化之妙，核心依然是在描述性之本体，这才是张栻之性论思想所一贯秉持的'大本达道'"②，"太极作为性体的另一种表现形式，二者的范畴意义却并非等同。作为宇宙终极本体，性本身就具有生生不息之运动的本质属性。在张栻的理学体系中，太极的范畴描述性之动态呈现与表达"③。这两种观点虽然都承认太极也是本体，但是二者还是有区别的，前者把太极和性看成是同一层次的、而且可以相互置换的本体，后者则认为性才是终极本体，太极是为了来描述性本体的。在这两种观点中，后

---

① 肖永明：《张栻之学与〈四书〉》，《船山学刊》，2002年3期。
② 肖永奎等：《张栻的性论思想辨析》，《湖北大学学报》（哲学社会科学版），2015年3期。
③ 张琴：《论张栻理学体系的逻辑结构》，《中国哲学史》，2014年2期。

一种更具有说服性,同时也更符合张栻的本意。张栻就明确说:

> 某妄意以为太极所以形性之妙也,性不能不动,太极所以明动静之蕴也……若只曰性而不曰太极,则只去未发上认之,不见功用,曰太则性之妙都见矣。体用一源,显微无间,其太极之蕴欤!(《南轩集》卷十九《答吴晦叔》)

这就把太极看成是用来为性服务的,具体来说就是用太极来凸显性本体的动静,"太极的范畴涵括性体之动力机制(动)与实然存在(静)两方面的意义"①。太极之所以具有这样的功能,就是因为太极是体用一源的,是动静的妙合者,是把未发、已发结合在一起的,它能够把性本体从体到用都充分展现出来。对于张栻之所以要用太极来形容性的原因,有学者指出:"可以从三个角度上理解:其一,'太极'而'形性之妙'以见其体用;其二,可能受到朱熹关联'太极'与'未发已发'进行思考的影响;其三,继承胡宏的性本论和对周敦颐的推重,'太极'则正是后者的重要概念。"② 这是从太极本体本身具有的特点以及张栻的学术背景方面来阐述的,是比较全面的。

二、性本体的外化表现

《中庸》与张栻心性论的关系,其次体现在张栻按照《中庸》"天命——性——道"的逻辑思维模式,把通过对"天命"的阐发构建的性本体外化为具体的性、道。张栻说:"万物有自然之理,一身有自然之性,能穷理尽性,自然于命无所负矣。故曰至于命,如此则天道尽矣。"(《南轩易说》卷三)这里,虽然没有直接说性本体表现为人性与物性,但是说通过对万物"自然之理"以及人"自然之性"的穷尽,最终能够达到对天道——性本体的认知,所以反过来说,意味着人性、物性就是性本体外化的具体表现。张栻对性本体外化表现的探讨,他也像其他儒者一样主要集中在对人性的探讨上。

张栻对人性的探讨主要集中在对人社会性的探讨上。他首先区分了人的自然属性与社会属性:

> 君子不谓性,有命存焉。故凡耳之于声,目之于色,鼻之于臭,

---

① 张琴:《论张栻理学体系的逻辑结构》,《中国哲学史》,2014年2期。
② 吴亚楠:《张"太极"即"性"说辨析》,《中国哲学史》,2016年2期。

口之于味，四支之于安佚，虽曰性也，讵可以性而害其命乎？君子不谓命，有性存焉。凡仁之于父子，义之于君臣，礼之于宾主，智之于贤者，圣人之于天道，虽曰命也，讵可以命而害其性乎？奈何中古以降，人伪日滋，天机日浇，以性灭命者必以人而胜天，以命废性者必以天而胜人，天人之理颠倒错乱。（《南轩易说》卷三）

耳朵对于好听的声音、眼睛对于美色、口对于美味、鼻子对于香味、四肢对于安逸，是人生来就有的，这被称之为命，而不是性；仁对于父子关系、义对于君臣关系、礼对于宾主关系、智慧对于贤者、圣人对于天道，这被称之为性，而不是命。命就是指人的自然属性，而性则是指人的社会属性。对于性、命之间的关系，张栻认为不管是"以性灭命"，还是"以命废性"都是不好的，因为"如前所说，若流其性而不本于命，则人欲肆矣；如后所说，若委于命而不理其性，则天理灭矣"（《南轩集》卷三十一《答吴德夫》），即二者会带来"天人之理"的颠倒混乱。

张栻对人性的探讨，主要集中在对人社会属性的阐发上。之所以要把重心放在此，就是因为人之所以称之为人，就是由人的社会属性决定的。张栻说："仁者，人也。仁谓仁之理，人谓人之身……盖人之生，其爱之理具其性，是乃所以为人之道者。"（《孟子说》卷七）这里，张栻就是通过对"仁者，人也"的解释来说明的。他认为"仁"就是爱之理在人身上的体现，正是有这种体现，才出现人之为人的道，即人道的产生。张栻对人社会属性的探讨，主要集中在仁义上。就人性与仁义的关系，张栻认为：

仁义者，性之所有，而万善之宗也。人之为仁义，乃其性之本然，自亲亲而推之至于仁，不可胜用，自长长而推之至于义，不可胜用，皆顺其所素有，而非外取之也。若违乎仁义，则为失其性矣……盖仁义性也，而曰以人性为仁义，则是性别为一物，以人为矫揉而为仁义，其失岂不甚乎？（《孟子说》卷六）

这里，就把仁义看成人性的具体内容，它们是人本然的、且是内在的，如果违背仁义就会失去人性；同时又不能把人性仅仅看成是仁义，如果这样只会缩小人性的内涵，更为重要的是会把仁义看成是人"矫揉"的结果，这也就使仁义失去了本然性。何为仁？张栻说："原人之性，其爱之理，乃仁也。"（《论语解》卷六）又说："仁者天下之正理，此言仁乃天下之正理也。天下之正理而体之于人，所谓仁也。若一毫之偏，则失其正理，则为不仁矣。"(《南轩集》卷十九《答吴晦叔》）这就是把仁看成是爱之理，而且认为仁还是天下的正理，它在人身上体现出公正的特点。同时，张栻又认为仁虽然体现出爱、公，但是反过来以爱、公来命名仁则是不行的，不过爱之理、公之理就是仁，"便以爱为仁，则不可，然爱之理则仁也"（《南轩集》卷三十一《答周允升》），"仁道难名，惟公近之，然不可便以公为仁"（《南轩集》卷二十一《答朱元晦秘书》）。张栻又说："然知觉终不可以训仁。如所谓'知者知此者也，觉者觉此者也'，此言是也，然所谓此者，乃仁也。知觉是知觉此，又岂可遂以知觉为此哉？"（《南轩集》卷三十《答胡广仲》）仁可以被知觉，但不能把知觉就看成是仁。此外，张栻还认为："夫其所以与天地一体者，以夫天地之心之所存，是乃生生之蕴，人与物所公共，所谓爱之理者也。故探其本则未发之前，爱之理存乎性，是乃仁之体者也；察其动则已发之际，爱之施被乎物，是乃仁之用者也。体用一源，内外一致，此仁之所以为妙也。"（《南轩集》卷二十《答朱元晦秘书》）这就从未发、已发的角度来阐发仁，认为未发之前的爱之理乃是仁之体、已发之际爱被施于万物就是仁之用，仁体现出体用合一、内外合一的特点。对于义，张栻则是结合仁来阐发的。他说："彼徒以爱为仁，而不知爱之施有差等，固义之所存也；徒以长为义，而不知所以长之者固仁之体也。"（《孟子说》卷六）爱是有差等的，针对不同的人，爱是不一样的，它是有度的，这就是义；同时如果以外在年龄等来确定爱的差等，即确定义，那么这实际上没有认识到仁是义的基础。

张栻对人性的善恶问题也有讨论。他说：

原性之理，无有不善，人物所同也。论性之存乎气质，则人禀天地之精，五行之秀，固与禽兽草木异。然就人之中不无清浊厚薄之不同，而实亦未尝不相近也。（《论语解》卷九）

物之始生，亦无有不善者，惟人得二气之精，五行之秀，其虚明知觉之心有以推之，而万善可备，以不失其天地之全，故性善之名独归于人，而为天地之心也。然人之有不善，何也？盖有是身，则形得以拘之，气得以汩之，欲得以诱之，而情始乱，情乱则失其性之正，是以为不善也，而岂性之罪哉？（《孟子说》卷六）

这两段话包含了几层含义：第一，从根本上说，认为性是无不善的，这不仅包括人性，同时还包括物性，"原性之理，无有不善，人物所同也"，"物之始生，亦无有不善者"。第二，人作为万物之灵，与禽兽在性上还是有差别的，这就导致人们认为只有人性才是善的。这实际上是存在不足的。第三，在现实中，虽然出现了不善的行为，但这并不能否定人性善的观点，因为不善行为的出现，来自于形拘、气汩、欲诱以及情乱。或者说，出现的不善行为，与人性善并没有关系。张栻为此说："人之有不善，皆其血气之所为，非性故也"（《孟子说》卷三），"不知其善者乃为不失其性，而其不善者因气禀而汩于有生之后也"（《孟子说》卷六）。恶是否能变为善呢？张栻说："均是人也，虽气禀之浊，亦岂有不可变者乎？惟其自暴自弃而不知学，则为安于下愚而不可移矣。"（《论语解》卷九）又说："气禀之性可以化而复其初。夫其可以化而复其初者，是乃性之本善者也，可不察哉？"（《孟子说》卷六）前者认为人虽然有气禀的不同，只要愿意都能够化恶为善；后者则是说气禀之性通过变化，最终能够恢复其性善的本然状态，这就从气禀的角度证明了人性本善，它是对孟子性善说的补充和完善。有学者就针对张栻的这个观点，评价说："他吸收了张载、二程人性论的有关阐述，认为人性可分为本然之性与气禀之性，本然之性纯粹至善，但由于气禀的不同，便产生了善恶之别，而气禀之性可以通过变化而恢复其初始状态。"①

性本体的外化表现除了体现为仁义等具体人性内容外，还体现为一些具体的道。张栻笔下的道，实际上也是分为天道和人道的。这里所说的天道，并不是指性本体，而是指性本体所体现出来的自然之道。张栻就说："天之生斯人也，有物必有则。"（《南轩集》卷三十一《答吴德夫》）"则"，就是万物的自然之道，它们都是来自于天理的转化。张栻对道的阐述集中在人道上。如，"有得富贵之道，有得贫贱之道。盖正而获伸者理之常，此以其道而得富贵者也。不正而诎者亦理之常，此以其道而得贫贱者也"（《论语解》卷二）。由正而获得伸长者得到的是富贵之道，由不正而折服者得到的是贫贱之道，二者都是天理的表现。此外，张栻对治道非常重视。他说：

尧舜之道，天下之达道也；非尧舜之道，皆小道而已。

万理盈于天地间，莫非文武之道。道初无存亡增损，在人所识何

---

① 肖永明：《张栻之学与〈四书〉》，《船山学刊》，2002年3期，第31页。

如，贤者则识其大者，不贤者则识其小者，人人莫不有文武之道也。至如庶民，耕田而凿井，仰事而俯育，文武之道亦何尝无乎？（《论语解》卷十）

这里，一方面把治道分为"尧舜之道"和"非尧舜之道"，前者为"达道"，后者为"小道"；另一方面则认为文武之道（尧舜之道）无处不在，人人都有文武之道，只是各自认识的程度不同而已，并举例说就连"耕田而凿井，仰事而俯育"的庶民都有文武之道。

张栻对"中"阐述得比较多，"中"不仅是天道的体现，还是人道的体现。张栻说："《易》有太极者，函三为一，此中也。如立天之道曰阴与阳，而太极乃阴阳之中者乎！立地之道曰柔与刚，而太极乃刚柔之中者乎！立人之道曰仁与义，而太极乃仁义之中者乎！此太极函三为一，乃皇极之中道也。"（《南轩易说》卷一）这就把太极与中道联系起来，认为太极贯穿了天道、地道、人道，它为阴阳之中、刚柔之中以及仁义之中。张栻还把中道与天理联系起来阐述：

天下之理莫不有两端，如当刚而刚，则刚为中；当柔而柔，则柔为中。（《南轩集》卷三十《答朱元晦》）

事事物物，莫不有中。中者，天理之当然，不可过而不可不及者也。（《论语解》卷五）

允执其中，事事物物皆有中，天理之所存也，惟其心无所倚，则能执其中而不失，此所谓时中也。（《论语解》卷十）

这就认为事事物物，乃至天下之理都有中，中是无处不在的。那么，中道来源于哪里呢？张栻认为中道来源于天理，是天理的外化表现，人们对中的把持要依靠心的无所偏倚，这也才能保证时中。对于时中，张栻又明确说："夫时有万变，事有万殊，物有万类，而中无定体也。无定体者，以夫极无适而不为中也。当此时则此为中，于彼时则非中矣。当此事则此为中，于他事则非中矣。即是物则此为中，于他物则非中矣。盖其所以为中者，天理之所存也，故论其统体，中则一而已；分为万殊，而万殊之中各有中焉。"（《孟子说》卷七）这就从时的万变、事的万殊、物的万类来说明对中的把握具有难度，进而认为众多的"中"应该有一个共同的、具有本体色彩的"中"体，众多的"中"与"中"体之间应该就是"中一分殊"关系。如何来把握时中？张栻说:"毫厘之差则失之矣,何以取中而不失乎?所以贵于能权也。"(《论语解》卷五)这就是通过"权"来把握"中",而"权"就是"事有万变,称其轻重而处之,不失其正之谓也"(《孟子说》卷四)。

三、对中和问题的阐发

《中庸》与张栻心性论的关系,还体现在张栻对《中庸》"中和问题"的阐发上。对中和问题的探讨,本身涉及到的对中、和、已发、未发等概念的探讨,引申为对心、性、情、已发与未发、察识与涵养等有关心性之学的重要理论问题的探讨。张栻对中和问题的阐发,就主要体现在对心理关系、心性关系以及涵养察识工夫论等的探讨。需要说明的是,这里所说的心理关系、心性关系中的"理"和"性"不仅从本体上来说,更是从天理本体或性本体所转化出来的具体万理和人性上来说。

对于心,张栻不是从感觉器官上来说的,而是把心形而上学化,心具有本体色彩。在张栻笔下,心有赤子之心、良心等说法。张栻说:

> 赤子之心,无声色臭味之诱,无知巧作为之私,其喜怒爱惧皆由于己者也。惟其物至而知之,自幼寝长,则流于情,动于欲,狃于习,乱于气,千绪万端,纷扰经营,而其赤子之心日以斫丧,一失而不能反者众矣。学也者,所以求反之也;大人者,能反之者也。盖人欲消而天理存,声色臭味不能移也,知巧作为不复萌也。此则浑然赤子之心,以其本有是心,今非能有加,才不失之耳,故曰"不失其赤子之心"也。由是而动,无非天理之所存矣,此所谓自明而诚者也。若夫上智生知之圣,则赤子之心元不丧失。即此体而尽之,天下之理无不得焉,所谓自诚而明者也。(《孟子说》卷四)

这就认为赤子之心是不会被声色臭味所诱惑,也没有"知巧作为"的私意,人的喜怒爱惧等情感都是来自于它。在现实中,由于外在因素的影响,赤子之心逐渐沦丧。不过经过努力,最终还是可以灭人欲而存天理,从而恢复赤子之心,这也就是《中庸》所说的"自明诚"。此外,在现实中,还有自诚明的圣人,他的赤子之心是不会丧失的。对于良心,张栻说:"言人皆有良心,能存而养之,则生生之体自尔不息;若放而不知存,则日以斫丧矣,故以牛山之木喻之。"(《孟子说》卷六)这就认为良心需要不断存养,才能够保证其不会沦丧。对于赤子之心或良心，张栻认为圣贤在此一问题上是相同的，或者说圣贤之心是同一的。他为此举例说："禹、稷、颜子之事，疑不相似，然而孔子皆贤之，孟子又断以为同道，何哉？盖以禹、稷、颜子之心一故也。心之所为一者，天理之所存，而无意、必、固、我加乎其间，当其可而已，此之谓时中。"（《孟子说》卷四）这就以孔子、孟子之所以对禹、稷、颜子之事的看法相同，来说明禹、稷、颜子三人之心是同一的，即三人之心都是赤子之心或良心，他们的行事都体现了天理，随时都能持中。

对于心理关系，张栻从多角度进行了阐述。张栻说：

  盖理义根乎天命而存乎人心者，不可没也。（《南轩集》卷十四《经世纪年序》）

  义理素具于人心，众人与圣人本同然也，而其莫之同者，以众人失其养故也。（《孟子说》卷六）

这两段话都围绕心具万理的观点来阐述，认为义理来源于本体、且以心为寓所，不管是凡人还是圣人都一样，只不过凡人没有去涵养心，这必然也就会影响到心与义理的关系。此外，张栻又说："反身而至于诚，则心与理一，不待以已合彼，而其性之本然、万物之素备者皆得乎此，然则其为乐又乌可以言语形容哉？"（《孟子说》卷七）这就认为通过修养从而实现诚德，必然就会带来心与理一，心与理一的出现是内在必然的，并不是刻意去追求的。对于心与理一，张栻进一步认为："盖万事具万理，万理在万物，而其妙著于人心。一物不体则一理息，一理息一事废。一理之息，万理之紊也；一事之废，万理之堕也。心也者，贯万事，统万理，而为万物之主宰者也。"（《南轩集》卷十二《敬斋记》）这就指出心的内容是理，而理的存在形式即是心，由于心理相通，所以心也就具有主宰万物的意义。需要说明的是，心理的关系体现出的心具万理，以及在此基础上出现的心与理一，都是立足于从心的主体地位来说的，反过来，理对心应该是怎么样的呢？张栻说："爱其身必思所以养之，然所以养之者，则有道矣。古人之理义以养其心，以至于动作起居、声音容色之间，莫不有养之之法焉，所以尊德性而道问学，以成其身也。"（《孟子说》卷六）这就从养身必有道谈起，认为作为养身表现的养心要有道，具体来说就是要用理义去养心，也只有这样才能够实现最终的养身。总之，心与理是融合在一起的，心是理的寓所，心的内容为理，理反过来去涵养心。

张栻对于心性关系的探讨，主要观点概括起来就是"心主性情"。人性与万理一样，都是性本体外化的表现，二者一定程度上说实质是一样的，所以与"心具万理"一样"心具人性"，心也是人性的寓所。正因为心是人性的寓所，所以心对性以及情具有主宰功能。张栻为此说：

自性之有动谓之情，而心则贯乎动静而主乎性情者也。程子谓既发则可谓之情，不可谓之心者，盖就发上说，只当谓之情，而心之所以为之主者固无乎不在矣。（《南轩集》卷二十九《答吴晦叔》）

主宰处便是心，故有主于性、主于身之言。然两处语亦当莹之，归于一也。（《南轩集》卷二十九《答胡伯逢》）

这就从心贯乎动静上来说的，认为不管是未发的性，还是已发的情，心都具有主宰作用；同时，认为"心主性"实际上就是"心主身"，身性是合一的。那么，心如何来主宰性情呢？张栻说："若心为之主，则能思矣。思而得之，而物不能夺也。所谓思而得之者，亦岂外取之乎？乃天之所以与我，是天理之存于人心者也。"（《孟子说》卷六）心主性情，实际上就是性情以天理为运行依据，性情就不会被外物所影响。张栻同时又说："仁莫大于爱亲，其达之天下，皆是心所推也"（《孟子说》卷三），"盖仁心之存，乃王政之本；而王政之行，即是心之用也"（《孟子说》卷四）。"心主性"，还表现为心能够推动性的实施，就像推动"仁"付诸实践一样，从爱亲到爱天下，从而实现仁政。

张栻对心理关系、心性关系的讨论，确立了心为万理乃至人性的寓所。张栻的察识涵养工夫论，实际上就是针对心中的理或性进行的。就心理关系与工夫论之间的关系来说，有学者研究指出："张栻居敬穷理的认识论充分反映了他心理合一哲学的特点。他认为认识的对象就是存在于认识者'心'中的天理。"① 张栻对工夫论是非常重视的，他反复论证了工夫论的重要性。他明确说："要须居敬穷理工夫日积月累，则意味自觉无穷，于大本当渐莹然。"（《南轩集》卷二十六《答刘宰》）只有通过日积月累的居敬穷理工夫，才能够使大本（即性本体）显现。

对于涵养，张栻将其落实到涵养心上。他说：

---

① 蔡方鹿：《试论张栻的哲学思想》，《社会科学研究》，1983 年 6 期，第 107 页。

> 心本无出入，然操之则在此，舍之则不在焉。方其操而存也，谓之入可也，及其舍而亡也，谓之出可也。无时者，言其乍入乍出，非入则出也，莫知其所止也。此大概言人之心是如此，然其操之则存者，是亦可见心初未尝有出入也。（《南轩集》卷二十《答朱元晦秘书》）

对心是否进行涵养，就会带来心的"出入"，"入"就是指通过涵养使心存在，"出"则是指不涵养必然带来"放心"，即心的丢失。当然，这里所说的心的"在"与"不在"，或者说心的"入"与"出"，并不是指心真正的"在"与"不在"，实际上指的是心所蕴含的理或人性的存在或丢失。张栻还把儒家之存与佛教之存相比较，"存"是作为一种修养方法的。他说："某详佛学所谓与吾学之云'存'字虽同，其所为存者固有公私之异矣。吾学操则存者，收其放而已。收其放则公理存，故于所当思而未尝不思也，于所当为而未尝不为也，莫非心之所存故也。佛学之所谓存心者，则欲其无所为而已矣。故于所当有而不之有也，于所当思而不之思也，独凭借其无所为者以为宗，日用间将做作用，目前一切以为幻妄，物则尽废，自利自私，此其不知天故也。"（《南轩集》卷三十《答朱元晦》）在张栻看来，儒家与佛教在"存"上的根本差别在于：第一，儒家之存是"公"，而佛教之存是"私"；第二，儒家所说的"操则存"就是"收其放"，即把丢失的道德本心寻找回来，而佛教所说的"存心"则是"欲其无所为"，即出现当有者而没有、当思者而不思，把眼前的一切视为幻妄，"物则尽废，自私自利"，其根本原因在于佛教不知天道。这也说明儒家和佛教二者的修养，在路径上是有明显差别的，一者是通过积极有为的活动来涵养本心，一者是通过消极的方法使本心不受外界的影响。之所以会产生这种差别，根本原因在于二者对天地万物存在与否的立场不同。

对于张栻的工夫论，是存在前后时期之分的。有学者研究指出："张栻早期工夫论思想可以概括为'察识端倪'说或'端倪'说"[①]，同时又说："抓住良心苗裔，存养扩充，以至于大，复见性体。究实而论，此乃是于已发处做工夫；这种于日用间察识本心之方法既亲切，又可行，此便是后儒谓之先察识

---

① 王丽梅：《张栻早期工夫论》，《社会科学家》，2006年1期。

后涵养之方法"①。这就是把"先察识后涵养"看成是张栻早期的工夫论。对于张栻晚期的工夫论，有学者认为："张栻指出存养的重要性，主张察识与涵养应当并进。"② 这是非常中肯的。张栻的确在晚期并没有刻意划分察识与涵养的先后顺序，而是把二者看成同时并存的。张栻明确说："存养省察之功固当并进。然存养是本，觉向来工夫不进，盖为存养处不深厚。"(《南轩集》卷二十五《寄吕伯恭》) 又说："存养体察，固当并进。存养是本，工夫不越于敬。"(《南轩集》卷二十七《答乔德瞻》) 张栻主张察识与涵养应当并进，二者是缺一不可的，不过在二者之间还是以存养为根本的；就存养来说，主要以敬为主。

张栻的工夫论以涵养为主，而涵养又以敬为主要修养方法。张栻对敬的阐释，是从多方面来进行的。首先，张栻阐述了敬的功能。他说：

> 礼主乎敬，而其用则和。有敬而后有和，和者，乐之所生也。(《论语解》卷一)

> 格物有道，其惟敬乎！是以古人之教，有小学，有大学。自洒扫应对而上，使之循循而进，而所谓格物致知者，可以由是而施焉。故格物者，乃大学之始也。(《南轩集》卷二十六《答江文叔》)

> 君子之学，始终乎敬者也。人之有是心也，其知素具也，意乱而欲汩之，纷扰枭兀，不得须臾以宁，而正理益以蔽塞，万事失其统矣。于此有道焉，其惟敬而已乎！(《南轩集》卷三十五《书赠吴教授》)

敬具有众多的功能，以上这几段话实际上就揭示出敬的作用。比如第一段话就是从礼与敬的关系上来说的，认为人们持敬，才能够带来礼的和谐，有了礼的和谐才能够生乐。第二段话则是从敬与小学、大学的关系来论述的，认为不管是洒扫应对的小学，还是格物致知的大学，都需要持敬。第三段话则是认为通过敬能够使心不被人欲所把持，并使天理得以凸显。其次，张栻阐释了如何来持敬，就是要主一、要无适。张栻为此说：

> 故主一无适，敬之方也。无适则一矣，主一则敬矣。(《南轩集》

---

① 王丽梅：《张栻早期工夫论》，《社会科学家》，2006年1期。
② 王丽梅：《"己丑之悟"新考：张栻晚期工夫论》，《求索》，2006年4期。

卷十一《存斋记》）

  致知所以明是心也，敬者所以持是心而勿失也。故曰"主一之谓敬"，又曰"无适之谓一"。（《南轩集》卷十二《敬斋记》）

在张栻看来，持敬的方法就是"主一无适"，它又具体包括"主一"和"无适"两部分，"主一"就是"专一"，"无适"就是"无杂念"，所以持敬就是要专一、要无杂念。此外，"无适"就是"一"，无杂念就是"一"，因而"主一"以"无适"为基础，"无适"是为"专一"服务的。最后，张栻还认为要把居敬与集义结合起来。他说："居敬集义，工夫并进，相须而相成也。若只要能敬，不知集义，则所谓敬者亦块然无所为而已，乌得心体周流哉？"（《南轩集》卷三十二《答游诚之》）"居敬"和"集义"是相辅相成的，二者缺一不可，如果没有集义的保驾护航，居敬之人是没法达到专一、无杂念的。

四、评 价

综上所述，张栻虽然受到二程等人的影响，对天理本体有所阐述，但是在其师胡宏的影响下，通过对《中庸》"天命"的重构建构了性本体，然后按照天命——性——道的逻辑思路，将性本体具体转化为人性以及各种具体之道。同时，张栻还通过对《中庸》"中和问题"的探讨，详细阐述了心理关系、心性关系，并提出了"先察识后涵养"的工夫论，后来又转变成"察识与涵养应当并进"的工夫论，并建构了以敬为主的修养论。如何来看待《中庸》与张栻心性论的关系，这是一个值得探讨的问题。

与其他儒家经典相比，《中庸》在理学的形成、发展中起到关键作用。落实到张栻理学思想体系的建构过程中，《中庸》与《论语》《孟子》等相比，各自起到的作用是有所不同的。有学者在研究张栻之学与《四书》的关系时，认为张栻的本体论、人性论以及道德修养论等主要是通过对《论语》《孟子》以及《大学》等的阐发来建构的，如"张栻对本体问题的探讨主要是通过对《四书》中有关思想资料的阐释、发挥、利用进行的。他继承胡宏的性本论，以性作为宇宙万物的根源。这一点，在其《孟子说》有明显的体现"[①]。这些

---

① 肖永明：《张栻之学与〈四书〉》，《船山学刊》，2002 年 3 期。

看法有一定的合理性。不过需要指出的是，张栻性本论的构建是否是通过对《孟子》相关概念的阐发来实现的，这是值得商榷的。因为张栻的性本体是按照从"天→人"下行路线的思维模式来构建的，即按照天道伦理化为人性的方式来进行的。这种方式的端倪在《四书》中主要体现在《中庸》上，具体来说就体现在《中庸》"天命—性—道"和"诚—明"上。张栻就是在把天命重构为性本体的基础上，按照"天命—性—道"的思维模式来构建本体论。对于《论语》和《孟子》来说，虽然也有"天→人"的思维模式，但是它们凸显的是人性由天命赋予，而非人性来源于天命转化。

宋代理学家对《中庸》的阐发存在一个发展过程，张栻对《中庸》的阐发则是这个过程中的典型。前文说过，宋代理学的发展重心存在一个从本体论向心性论过渡的过程，在这个过程中，理学家对经典的选择以及对经典阐发的重心是有所变化的。就对经典的选择来说，唐君毅说："宋学之初起，乃是以经学开其先。在经学之中，则先是《春秋》与《易》之见重，然后及于《诗》《书》之经学；再及于《易传》《中庸》《大学》及《孟子》《论语》等汉唐人所谓五经之传记；终乃归至于重此传记之书，过于重五经。"① 这种看法具有合理性，总体上来说理学家对经典的选择的确存在从对《春秋》等的重视，最后转变为对《易传》以及《四书》的重视。不过，实际上，从胡瑗等理学先驱开始，对《易传》和《中庸》就非常重视，对这两部经典的阐发贯穿了整个宋明理学。而且理学家在对《中庸》的阐发中，关注的重心是有所变化的。如果说北宋五子重在阐发《中庸》的"天命之谓性"以及"诚者天之道"等相关话语，那么南宋的朱熹则重在阐发《中庸》的中和问题，而张栻对《中庸》的阐发则是以上两者皆有。之所以这样，在于张栻通过对《中庸》的阐发，既实现了本体论的构建，同时也实现了工夫论的构建。

---

① 唐君毅：《中国哲学原论·原教篇》，北京：中国社会科学出版社，2006年，第7页。

论明清之际关学的演变及其特征

李江辉

西北大学中国思想文化研究所讲师

如果将张载《西铭》构建的儒家宗法模式的宇宙本体论①，视为关学对秦汉以降儒家宗法模式的宇宙本体论的继承发展，在此基础上如何看待明清关学的发展？可以说明清之际的关学演变，成为宋明理学向清代考据学转变过程中的一条特殊路径，它没有堕入之后如乾嘉学术般的琐碎考证之中去，但也并未与清代学术主流脱节，而是继承了关中礼乐文化传统和张载"以礼为教"的学术宗旨，与明末反对空虚、提倡实学的学风相呼应，在强烈的"经世致用"精神影响下，传承、发展为一个特殊学术学派。

一、"天崩地解"背景下的关中社会

侯外庐认为明清之际的中国思想学术，横的方向可以和先秦诸子时代相比较，"这是两个历史巨变时代"；纵的方向又可以和欧洲中世纪相比较。社会变革之际，礼学议题中所蕴藏的各种关于家庭、社会、政治等的伦理矛盾和道德观念最易受到挑战和冲击，所以明清礼学的变革对这一系列社会变化做出了敏锐的反应，这一时期礼学研究中价值观念和礼仪形式等方面的变化就是这些矛盾的集中体现。

明清之际被称为"天崩地解"的时代，不仅仅是因为朝代鼎革，更重要

---

① 何炳棣的《儒家宗法模式的宇宙本体论——从张载〈西铭〉谈起》（《哲学研究》，1998年第2期）提出这一论点后，虽有争议，但从周礼以及宗法制度的角度总结张载以及关学的学术特征和传承理路，是具有极大的启发性的，本文尝试在此基础上展开论述。吕妙芬《明清之际的关学与张载思想的复兴——地域与跨地域因素的省思》（刘笑敢主编：《中国哲学与文化》第7辑，桂林：广西师范大学出版社，2010年。）梳理明清关学建构时，将关中文化与张载气论和礼学结合起来，就是在这一思路上的继续推进。

的是中国传统社会秩序与封建王朝统治遭遇了前所未有的内忧外患。同一时期西方正在进入"新航海时代",掀起贸易全球化的浪潮。所以"晚明大变局"才不仅仅是古老东方帝国的内部变局,也是其通过白银流通、海外贸易、纺织业发展、西方天文地理科学以及基督教传播,融入世界体系的变局。严重依赖土地的小农经济是宗法伦理体系的物质保障,遭遇了商品经济发展,资本主义萌芽,可以说其存在的"地"面临解体的危机。以大一统和君权神授为特色的中央集权制度在面对党争、宦官、赋税、后金以及农民起义时焦头烂额,无力应对,以至于亡国,甚至有"亡天下"之忧。

这说明封建集权制变得不合时宜,宗法伦理也逐渐失去维系纲常秩序的作用,无疑就是"天"的崩溃。因此,传统启蒙思潮孕育而生,引导了中国传统学术和文化的转型,试图挽救"天不兼覆,地不周载"的困境。这一国内、国际双重变革的背景下,关中地区是何状态、如何应对?

尽管宋元以来以长安为中心的关中区域已经在政治、经济、文化上失去了核心地位,未能恢复周秦汉唐的盛世气象。商周之变中礼乐文明形成、周秦之变中封建君主集权制形成、汉唐之变中确立独尊儒学的伦理纲常秩序,宋元以后则逐渐衰落。关中地区在明清时期衰落的加剧,是由于天灾人祸的双重打击。朝廷各项应对的失误,苛捐杂税,吏治败坏,贪污成风,更进一步加深了关中的苦难,最终引发了明末的农民起义,葬送了明王朝。

1. 明末关中灾荒

最早见于史料的大地震发生在关中,《国语》记载:"西周三川皆震。是岁也,三川竭,岐山崩。"《诗经·小雅·十月之交》中写到:"烨烨震电,不宁不令;百川沸腾,山冢卒崩;高岸为谷,深谷为陵。"对此,司马迁在《史记·周本纪》记载当时史官说:"周将亡矣。夫天地之气,不失其序;若过其序,民乱之也。阳伏而不能出,阴迫而不能蒸,于是有地震。今三川实震,是阳失其所而填阴也。"认为这次地震灾异是由"阴阳失衡"所导致的,是周将灭亡的征兆。

嘉靖三十四年十二月(1556年1月)的关中大地震,则是我国历史记载中最强的地震,影响扩及周边多省,关中地区更是面目全非,据统计死亡80多万人,其中就有名儒马理、韩邦奇等人,可以说关中文人学士凋零殆尽。《陕西通志》记载嘉靖年间屡屡地震:二年春正月陕西地震;六年蝗飞蔽天;

七年陕西大旱；九年延绥榆林大饥；十年陕西大旱；十三年同州地震若雷，数日方止，连震十五次；十六年二月略阳地震；十八年三月西安地震；二十六年十二月澄城县麻陂山忽中断移走东西三里南北五里；二十七年鄜延等州地震；到三十四年十二月"陕西地震，或地裂泉涌，或城郭房屋陷入地中，或平地突成山阜，或一日连震数次，或累日震不止，河渭泛溢，华岳、终南山鸣或移数里。压死奏报有名官吏军民数万，致仕南京兵部尚书韩邦奇、光禄卿马理、祭酒王维桢同日死焉，其不知名未及奏报者复不可胜纪"。《山西通志》也载："嘉靖三十四年十二月，地大震。太原、平阳、汾、潞、辽同日地震，有声如雷，惟蒲州为甚，地裂水涌，城垣屋舍殆尽，人民压溺死者不可胜计。"

到穆宗隆庆二年，陕西境内再次爆发地震，西安及临潼一带地震，倒塌城池房屋，压伤人口。西安府地震如雷，灰尘蔽天，垣屋欹侧，泾阳、咸阳、高陵城无完室，人畜死伤甚多；兴平县地震，多损伤人畜房屋者，咸宁县灞桥柳巷、泾阳县回军、永乐各村镇俱倒塌如平地，压死二百余人。

古人常以阴阳变化、天人感应来解释并解决灾异问题，实际救灾手段反被视为辅助措施。关中地区频繁地震未能使嘉靖等晚明皇帝惊醒，似乎有些习以为常了，他曾在灾后"命户部左侍郎邹守愚往"，进行慰问救济，并祭告灾区的山川河洛之神明，以安抚民心。但实际上中央政府之后的一系列举措，并未能解决或者缓解灾害带来的困境，达到收拢民心、休养生息的目的，反而进一步激化了矛盾。关中几千年来的天灾人祸的教训，更容易使社会基层士绅、百姓将关注重心从天导向人，对天命、鬼神等超越现实之上的神秘力量采取"敬而远之"的态度，更重视现实生活和人自身的努力。

2. **关中赋税之苦**

传统儒家重农抑商、抑制兼并。关中历代皆为天府之国，尤其以农耕为本，但明代陕西地处三边，防御鞑靼、蒙古侵扰，税赋尤重。

万历四十四年，陕西巡按龙遇奇指出陕西赋税尤苦："秦民包税，其苦有三：一曰，包赔无着之苦。天下税课，例属商贾。若秦则三面临边，商贾罕至，向来税额皆派之丁亩及津梁、陶穴、筑佣之辈。今凶荒死徙，村里为墟，即向来琐科无从矣；一曰，税额独多之苦。秦，边地也，瘠土也。远在江南腹里者勿问，即与秦连界者，东则山西，西则四川，税皆万计，即大藩如河南，亦六万余。秦肥瘠视三省迥殊，而税额多至十万，即蒙恩减，而已减之额尚浮于三省未减之额矣；一曰，牵误边饷之苦。民止此财，官司既督以赔税，自不能并力以输边。计秦民十八年已输过一百五十万，而坐边饷则以二百四万。足此误彼，明验不爽，此包税所以不可不罢也。"（《明会要》卷五十七《食货》）到万历二十四年（1596），贪婪成性的明神宗不满足于"正常的"搜刮渠道，经张位、仲春出谋划策，继续向全国各地派出一批宦官作为矿监、税使对各地进行额外的大搜刮。当年十二月便派赵钦为矿监前往陕西，这是首批三个正式出于朝命的矿监之一。

到了万历二十七年（1599）二月，又加派宦官梁永为税监，到陕西来主持聚敛与搜刮。梁永比赵钦更为贪酷，他到陕西后，以手下的千户乐纲、吕四为爪牙，到处敲诈勒索。"天下之税多者数四五万金止矣，而吾陕则十一万金，而其他所自渔猎者不计也。"在初期，他们尚只以商家为勒索对象，到后来则"矿不必穴，而税不必商。民间丘陇阡陌，皆矿也；官吏农工，皆入税之人也。"税监出自内廷阉党，有"通天"之势，对其所憎恶者可以专折奏事，随时告密。对朝中与地方上控告矿监税使的奏疏，明神宗一概不理，"但系税务，即束高阁"。然而只要梁永等人告御状，则有求必应，"诸税监有所纠劾，朝上夕下，辄加重遣。以故诸税监益骄"。在梁永一伙人的骚扰下，民脂民膏为之枯竭。"三家之村，鸡犬悉尽；五都之市，丝粟皆空"，而税监们的贪欲却越来越大。从赵钦到梁永，陕西社会各阶层的受害面越来越大："始而独商苦也，继而祸及富室矣，再继而害及士民矣。始而士庶为几上肉也，继而有司被其祸矣。"贪欲未能满足，或者搜刮受到阻碍时，税监及其爪牙便拿地方官出气，在其淫威下，渭南知县"以抑郁而死"，富平知县"以执法而逮"，而"州县佐贰毙于杖下者，不可胜言也"。到了万历二十八年（1600），不仅州县官受税监及其走狗的气已司空见惯，连西安府同知宋言，也被梁永"劾其激众倡乱"而遭逮捕入狱。

当时的陕西并不像江南一些地方那样拥有发达的工商业经济，也没有出现什么"资本主义萌芽"，然而陕西的"市民运动"在地方官员与士大夫的领导下却颇有声势，其规模与作用不下于江南。当然，这种条件下出现的"市民运动"也具有比较传统的色彩，即具有更多的传统士大夫"清议"势力反对宦官乱政的色彩，有如东汉的"党锢"事件，而不一定与商品经济及资本主义萌芽有什么关系。

3. 关中的战乱

连绵数十年的陕西地震，可以说是一系列恶性循环的源头，关中地区的政治、经济、文化不断被破坏，加之梁永之流肆虐，全陕人民长期不得安生。明末在"正供钱粮"之外又出台了"辽饷""剿饷"与"练饷"等三饷加派，从而形成了日益严重的两个恶性循环：一是赋重逼民逃亡，而逃户之赋摊到未逃者头上，致使其赋更重，逃者愈多。二是赋重逼民造反，而为镇压造反必须增加军费，为筹军费又不得不再加派赋税，导致赋更重而造反者更多。这两个恶性循环终于导致陕西人民非逃即反，不反则死。从贫苦百姓、民间富户到地方官府的利益都被严重损害，各阶层人士忍无可忍，一场基础广泛的反税监运动形成了。

天启年间，延安、庆阳、平凉等地大旱，引起大饥荒，而有司追督赋税如故。引发民乱，聚众为盗。天启七年白水农民王二发动了数百农民暴动，闯入县城，杀死了知县张斗耀，点燃了陕西农民起义的第一把火。1644年李自成在西安建国，国号大顺，改元永昌。李自成改西安为长安，称西京，以原明秦王府为宫殿，颁布历法，以五等爵封功臣，并更定官制，整编军队，开科取士，继续坚持"三年免征"赋税的政策。不久后，李自成北上进攻北京，皇后高氏与中央机构全部留守西安。李自成灭亡明朝后，经山海关之战，北京很快被清军攻占，李自成败退被杀，清军入陕。

各种矛盾和积弊促使关中社会的有识之士从各个方面来思考相关问题，寻找解决办法，顾炎武便是其中代表。昏庸的天子、腐败的朝廷、苦难的现实、周秦汉唐的辉煌，不是拖住关中士民的包袱，反而成为其脚踏实地、顽强斗争的动力源泉，这正是周秦以来传统精神的延续，关学的孕育和传承发展就是其结果。

二、关学与明清社会变迁

关中文化是历史发展中不断积累起来的一个动态概念，是经历了不同时期多民族、多宗教相互交流、碰撞后会通融合的结果。自西周以来，在礼乐文明的基础上，在经过与西域各民族的冲突后，儒、释、道、耶、回及各种民间信仰都能在关中生长发育，正是礼学"和而不同"精神的体现。

周秦汉唐关中地区文化鼎盛，"以躬行礼教为本"。自汉代以来，关中地区为经学研究的核心区域,延续了周公"制礼作乐"的传统,叔孙通为汉王朝制定礼仪,关中社会朴实厚重、刻苦务实的人文风貌,历来重视礼学。宋明时期的关学学派,从张载到冯从吾,继承发扬了汉唐以来重视经学的传统,开创了关中学术的新局面,重视礼学、实学。柯劭忞《新元史·儒林传》云:"自宋初,张载、吕大临以礼为教,至萧斆、韩择、侯均、同恕,而关学复兴。其教大旨宗程、朱,而专精《三礼》,则出其乡先正之传云。"

黄宗羲在《明夷待访录》中指出,明清之际关中地区显然已经落后于江浙,"秦、汉之时,关中风气会聚,田野开辟,人物殷盛;吴、楚方脱蛮夷之号,风气朴略,故金陵不能与之争胜。今关中人物不及吴、会久矣,又经流寇之乱,烟火聚落,十无二三,生聚教训,故非一日之所能移也。"黄宗羲立足江浙看关中,难免偏颇。康熙二年(1663),顾炎武在《与三侄书》中说:"华阴绾毂关河之口,虽足不出户,而能见天下之人,闻天下之事。一旦有警,入山守险,不过十里之遥。若志在四方,则一出关门,亦有建瓴之便。"他在这里结识了傅山、李因笃、王弘撰等人,更加觉得"秦人慕经学,重处士,持清议,实与他省不同"。从这个角度看,关中主观上不会,实际上既没有脱离学术主流,也没有与时代脱节,只是路径不同,最终还是殊途同归的。

关中学术发展也是由虚到实,只不过没有转到音韵训诂、经史考证的路径上,也就避免了后来琐碎而无义理的批评,而是以学术经世、以兵农礼乐之学为实,以修齐治平为目的,是乾嘉学术逐渐丧失清初博大气象、埋头考据以纾死的另一种坚持。这很难说与李颙为代表的关中遗民心态和价值认同无关。

传统礼学建立在古代农业社会生产生活秩序基础上,强调并维护宗法等级制度和纲常伦理,讲求"亲亲""尊尊""贵贱有等""长幼有序""男女有别""朋友有义"。所谓"礼,时为大",要随着时代的变化进行因革损益。《礼记》中说"礼也者,理也"。顾炎武以经学代理学,引导明清学术的转型,被视为清代考据学的开山。李颙讲"明体适用""悔过自新",也是在批判地继承发展宋明学术。他们也都重视经济之学,躬行礼教,崇尚气节。这一点在黄宗羲《明儒学案》中叙说关中学术的特点时也予以认可,"多以气节著,风土之厚,而又加之学问者也。"清末贺瑞麟在《关学续编》中也说"关中之地,土厚水深,其人厚重质直,而其士风亦多尚气节而励廉耻,故有志圣贤之学者,大率以是为根本"。

李颙为学遍览经史百家以及佛道二氏之书，认为天下兴亡的根本在于人心，而人心正邪取决于学术。所以"凡学在反身、道在守约、功在悔过自新，而必自静坐观心始。静坐乃能知过，知乃能悔，悔乃能自新"，学者应该先观陆王一派之书，阐明心性本源；然后以二程、朱子之学指导践履，否则二家之说都是各得一偏。于是关中士人争相问学，关学自张载后，至其而复盛。① 其门人王心敬"学问渊通，有康济之志；集中论选举、军饷、马政、区田法、圃田法、井利说诸篇，皆可坐言起行，非空谈心性者比。"②

针对理学空疏、朱陆异同等问题，王心敬在《二曲集序》中认为，"今朱陆薛王之辨纷纷盈庭，而千圣复归一致之理遂不可复问。诸儒先补偏救弊之旨，亦遂如齐楚秦晋之分疆别域而不可相籍。"李颙思想具有深刻的批判性和强烈的现实关怀意识，其中包含历史的经验教训，也有对宋明理学的理性反思。这又该如何应对呢？"独以《大学》明新止善之旨为标准，其言曰：真知乃有实行，实行乃有真知，有真本体乃有真工夫，有真工夫乃有真本体。体用一原，天人无二，信斯言也！博文约礼，天德王道一以贯之。"③

三、礼学视野下的明清关中书院和遗民

礼是天之经、地之义，人所秉承之道。礼仪制度形式是礼的外在规范，礼义精神是礼的内在本质。"礼有三本：天地者，生之本也；先祖者，类之本也；君师者，治之本也。"（《荀子·礼论》）礼的目的是通过协调人与社会、自然、鬼神的关系，明德新民止善，这也就是所谓的"和为贵"。继周公制礼作乐，孔子为周礼注入"仁"的精神，孟子注入"义"的价值，荀子注入"法"的规范，不断深化拓展礼学的范畴，这就是所谓的"时为大"。一旦礼仪形式变成僵化死板的程序，礼的生命力就失掉了。明清之际的启蒙学者都着重探讨过恢复古代学校制度的问题。

周礼中设学校以尊老选贤。明代的学校书院，如东林书院，不仅仅是作为培养科举人才的培训机构，还是施行礼乐教化、参政议政的政治制度的组成部

---

① （清）李元度：《清先正事略选》卷27"名儒"。
② （清）李元度：《清先正事略选》卷27"名儒"。
③ （清）李颙撰，陈俊民点校：《二曲集》，《新刻二曲先生集序》，北京：中华书局，1996年，第711-712页。

分。黄宗羲重视学校的作用，主张"公其是非于学校"，认为学校不仅是培养人才的地方，还应该成为评判是非、表达百姓的舆论和代表民意的机构；学校可以参与法律和政策的制定，可以监督君主、官吏执行法律的情况。不但中央的太学拥有议政权，地方郡县的各级学校也拥有类似权力。

北宋熙宁三年（1070），张载回眉县创立横渠书院，是为陕西实际意义上的书院之始。到嘉靖时期，陕西有书院48所，其中大部分在关中地区。关中在大地震的灾后重建中，也常常将学校书院的恢复与建设列为重点。明代后期，陕西境内影响最大的书院就是关中书院，是明代陕西著名的理学家、教育家冯从吾创建，成为西北一个讲学议政和培养士子的文教中心。以"天地万物一体为度量，出处进退一丝不苟为风操"作为兴学宗旨，与魏忠贤有尖锐矛盾。天启五年，陕西阉党迎合魏忠贤禁毁天下书院之旨意，捣毁了关中书院。清初，为加强专制统治、压制舆论，采取文化高压政策，对书院也加以抑制，使其逐渐失去了明清之际启蒙学者弘扬的书院的政治功能。

宋代以来关中地区的礼学思想和礼仪观念基本上是受张载和朱熹影响，重礼教，行《家礼》。朱子在回答弟子提问时曾说，二程与横渠所欲行是古礼，司马光则能本之《仪礼》，而参以今之可行者加以损益。朱子由取二程到取司马光，在深刻理解礼"时为大"精神的基础上，所作《朱子家礼》确"易晓而易行"。

礼是百姓人伦日用所行基本规范，必然要慎之又慎，既要上承古礼精神，又要下合当世之宜，因革损益之权的标准就是"唯义所在"，也是最见儒者工夫之所在。王朝更替、制度变革，可谓是"天崩地解"，此时又当如何措其手足，才能既做到苟全性命于乱世，又能坚守大义、进退出处不失气节？唯有"礼"。明清之际的关中遗民，继承、发扬张载"以礼为教"的教训，以之立身、处世。

明代遗民入清后的取向不同。晚年顾炎武到陕西、山西一带继续探寻其"经国济民"之道，"国家治乱之源，生民根本之计"，与傅山、李因笃、李颙、王宏撰等结交，他们一面组织反清复明活动、推辞"博学鸿词"科之招，一方面开展诗文学术交流。关中的山川形胜、水利物产、赋税、兵防和民情，使得关中地区成为了北方遗民活动与文化交流的活跃区域。在大势已去的情况下绝意仕途，以正心诚意自持，勤于实践，主张"经世致用"。顾炎武曾写诗云:"平居高独行,此去为同盟。"李颙少年丧父,其母秉承其父遗志,教以忠孝节义。李颙事母至孝,为人安贫乐道,交接往来进退有节,丁母忧,寻服遗骸,谨守古礼,哭祭招魂,服斩衰昼夜哭,庐墓三年。为学以理学倡导关中,以昌明关学为己任。

四、结 语

"礼学与明清之际的关中社会"这一议题包含内容比较广泛,如何展开可以有多个角度,学界也已有诸多相关成果。例如陈成国的《中国礼制史》(元明清卷)、林存阳《清初三礼学》,梳理总结明清时期的礼制沿革和礼学思想演变,虽不涉及关中,但提供了宏观的礼学史背景。秦晖的《王气黯然——宋元明陕西史》、吴丽娱的《中国古代社会》(明清卷),比较详细地总结了这一时期社会政治经济变化等内外因素,为研究提供了社会史的依据。郭琦等主编《陕西通史》(思想卷)、赵园《明清之际士大夫研究》,以及刘学智主编《关学文库》中关学史、关学思想、关学学术编年等史料文献和研究成果,为研究关学人物、思想的交流互动提供了启发、借鉴。

因此,从礼的角度看明末关中社会的动荡变化,这些变化的深层逻辑体现的依然是周秦汉唐礼乐文化的精神;关学是关中学术不断发展、成熟的产物,其"以礼为教"的思想随着时代变化、社会变迁也在不断完善其体系、升华其精神;尚气节、重躬行、知进退、识廉耻既是秦人的性格,也是关学的风格。

理学影响下的元代书院教育与取士

朱 军

西北大学中国思想文化研究所副教授

元代理学传播以知识分子为媒介，同时需要传播的途径和渠道，书院教育和科举制度便承担了这一责任。书院为理学思想的传播提供了场所，也使理学成为大众所熟知的思想，促使科举逐渐被统治者重视，科举的恢复将理学奉为圭臬，又促进了基层教育事业的蓬勃发展。理学、书院教育、科举制度三者的互动，共同推动了社会的进步。

一、理学与元代书院传承[①]

唐代文献中记载着中国古代书院的萌芽。有别于官方学校的书院是中国古代教育系统的一种重要表现形式，兴起于唐而发展于宋代，这种私立教育机构，兼具藏书、教学和祭祀三种功能，它的出现扩大了受教育人群的范围，更是打破了官学垄断教育的局面[②]。

书院并没有因为宋元之际的战争遭到破坏，金戈铁马的蒙古贵族也并未对书院进行大规模的破坏，反而通过对其进行保护和促进发展等举措表现出对儒学极大的尊重。元世祖忽必烈时期极为重视书院的作用，他于中统二年（1261）下诏："宣圣庙及管内书院，有司岁时致祭，月朔释奠，禁军民侵扰、亵渎，违者罪之。"[③] 至元二十八年（1291）再次下令，"令江南诸路学及各县学内，设立小学，选老成之士教之，或自愿招师，或自受家学于父兄者，亦从

[①] 参见李兵：《元代书院与程朱理学的传播》，《浙江大学学报》，2007 年第 1 期。该文论述了元代书院对程朱理学传播的作用和价值，主要侧重书院对理学的影响，而对理学与书院的互动以及理学、书院和科举之间的联系论述较少。

[②] 陈谷嘉、邓洪波著：《中国书院史资料》，杭州：浙江教育出版社，1998 年。

[③] 柯劭忞撰：《新元史》卷 7《世祖一》，第 16 页。

其便。其他先儒过化之地，名贤经行之所，与好事之家出钱粟赡学者，并立为书院"①。此外，统治者还积极鼓励书院建设，色目人、蒙古人都参与到书院建设中，元代书院大规模新建和重修，元代书院数量有406所②，有所谓"书院之设，莫盛于元"③的盛况。

在统治者的支持下，众多大臣开始筹建书院，这一举措在元朝建立之前便已有了体现，其中代表便是杨惟中、姚枢等人在太宗（窝阔台）七年（1235）于燕京建立太极书院。杨、姚二人利用蒙宋战争过程中随军的机遇，一路搜访能人志士、经典古籍，将之带回北方，并在此基础上建立太极书院。姚枢请俘获于德安的"江汉先生"赵复出任太极书院的主讲。从郝经《太极书院记》中可知，太极书院建立的目的就是"继学传道""伊洛之学遍天下"④。也正因如此，太极书院的设立也标志着程朱理学在燕京地区系统传播的开始。

除了官僚为了一定的政治目的建立的官方书院以外，更多的书院则散落于民间。元朝的汉族知识分子尤其是宋末士人（笼统地可以称作"宋遗民"），深知"春秋大义"、秉承"夷夏之辨"，对于新兴的元政权怀有一种抵抗心态，"饿死事小，失节事大"的思想占据着他们的内心。在宋元易代之际，这些宋遗民或随国而去，或悲伤终生，或隐居不仕，表现出对元政府的抵抗。这类人群中有一部分，他们在理学的影响下，以传续道统为己任，以正纲常、明名教为目标，活跃在元代基层社会，他们集会的地点就是书院。宋代书院盛行，它有别于官学的古板低迷，给理学家研究和传播理学创造了优越的条件，书院成

---

① （明）宋濂：《元史》卷81《选举》，第2032页。
② 白新良著：《中国古代书院发展史》，天津：天津大学出版社，1995年，第37页。
③ （清）朱彝尊撰：《日下旧闻》卷11，元代书院的数量远不及宋代，单南宋的书院数量就有442所，这一绝对数字就比整个元代的书院数量多，更不需要谈及北宋，但是邓洪波《中国书院史》考证，鉴于元代立国98年，南宋要比元代长50余年，这样算来，元代平均每年修建的数值是4.142所，而宋代仅有2.888所，就此数据可以说明，元代的书院发展在宋代基础上有持续上升的趋势。
④ （元）郝经撰，邱居里、赵文友点校：《郝文忠公陵川文集》卷26《太极书院记》，《儒藏精华编》第245册，第439页。

为理学发展的重要平台①。元代理学家延续了这一传统，他们将书院作为传承文化、捍卫"道统"的媒介。

在这一思想的影响下，元代理学传承者成为元代书院发展的推动者。虞集曾言："书之所行，教之所行也。教之所行，道之所行也。今郡县学官之外用前代四书院之制，别立书院，以居学者，因朱子而作者最多，建宁一郡书院凡七皆朱子之游息，或因其师友门人而立者也。"② 在理学传播的影响下，各地理学家纷纷投入到书院的建设中，他们或自建书院、精舍讲学其中，或依靠门人出资兴建，或讲学于已建书院之中，以庞大的讲学队伍，吸引了众多好学之士进入书院，从而扩大了书院的影响。

如朱熹后学熊禾，入元不仕，将主要精力投入到书院建设和讲学传道中，在洪源书院、鳌峰书院宣扬朱子学。这些举措不但扩大了理学的影响，也促进了书院的建设。又如黄震讲学泽山书院二十年，北山传人金履祥先后讲学仁山书院、重乐书院等数家书院。李兵认为："这些有着程朱理学知识背景的南宋遗民成为元代书院讲学的主力军，他们的书院讲学活动不仅使得南宋遗民在一定程度上重拾了原有的尊严，而且使程朱理学在思想领域的地位得到了进一步巩固。"③ 值得一提的是参与书院建设的理学家并非只有程朱后学，陆学的传人也在元代书院建设中发挥了重要作用，南丰陆学传人刘埙就是其中代表，他不但讲学于贵溪象山书院，而且在自己家乡南丰建立水云书院，刊刻书籍、讲学其中，传播陆学及朱陆和会思想。

元代406所书院中有124所是复建书院，而复建书院的重要目的是为了传播理学，这其中岳麓书院、石鼓书院可谓代表④。岳麓书院在宋元之争中因为师生抵抗元军，所以"德祐，再毁于兵"⑤，历史悠久的岳麓书院毁于一旦。

---

① 范立舟教授认为宋代书院兴盛的原因还有一点就是官学的低迷。他认为："书院与官学相比较，具有更为强大的生机和活力，州县官学的僵化与衰落，在北宋已经表现出来。"（《论南宋书院与理学的互动》，《社会科学战线》，2008年第7期）。

② （元）虞集撰：《道园学古录》卷36《考亭书院重建文公祠堂记》，《文渊阁四库全书》第1207册，第515页。

③ 李兵：《元代书院与程朱理学的传播》，《浙江大学学报》，2007年第1期。

④ 邓洪波著：《中国书院史》（第四章第三节），第198-204页。

⑤ （元）吴澄撰：《吴文正集》卷37《岳麓书院重修记》，《文渊阁四库全书》第1197册，第391页。

战争结束,社会趋于稳定,鉴于理学的影响,当地官员复修岳麓书院,元代岳麓书院经历过两次复建:第一次是至元二十三年(1286)潭州学正刘必大复建,并有奉训大夫朱勃作记;第二次是延祐十年(1314)刘安仁复修岳麓书院,并请理学家吴澄作记,吴澄有《岳麓书院重修记》《百泉轩记》两文记录此事。在其《岳麓书院重修记》中有言:"元之复建也,岂不以先正经始之功不可以废而莫之举也乎?岂不以真儒过化之响不可绝而莫之续也乎?"① 在吴澄的记载中,我们能看出岳麓书院复建的主要目的是"续绝",可见理学传播对岳麓书院的复建起到重要作用。此外还有白鹿洞书院、张岩书院、月泉书院、宣城书院、湖山书院等都是在理学家的倡导下得以复建。② 由于程朱理学地位抬升,朱熹被奉为理学集大成者,纪念朱熹重建或复修的书院更是不计其数。③

理学家积极参与建立和复修书院以传其道,根据《宋元学案》和《元史》等文献的记载总结出,元代60位学者参与建设和复修书院数量达49所,达到元代书院数量的12%,这其中还包含女真族理学家字术鲁翀修建的"博山书院",这是少数民族理学家修建书院的代表④。由此可见元代理学在元代书院发展中的重要作用。

元代理学对书院建设的影响不仅体现在书院数量上,更影响了书院的分布,尤其是元代理学北传对北方书院建设影响极大。南宋偏安江南,加上战争破坏造成的南北声教不通,北方的书院数量稀少,王旭曾言"书院一事盛于南

---

① (元)吴澄撰:《吴文正集》卷37《岳麓书院重修记》,《文渊阁四库全书》第1197册,第392页。

② 虞集《道园学古录》卷36《重修张岩书院记》,黄溍《黄金华先生文集》卷14《重修月泉书院记》(四部丛刊初编),《临桂县志》卷14《重修宣城书院记》,台北:成文出版社,1974年,第256页。参见李兵:《元代书院与程朱理学的传播》,《浙江大学学报》,2007年第1期;白新良:《中国古代书院发展史》,天津:天津大学出版社,1995年。

③ 徐梓著:《元代书院研究》,北京:社会科学文献出版社,2000年,第168-173页。

④ 字术鲁翀是《宋元学案》中为数不多的少数民族学者。此外,根据邓洪波统计,蒙古人帖木儿不花在夏县建立的温公书院,丑奴修的西湖书院,贯阿思南海牙建的天门书院,达可建于成都的墨池、草堂、石室三个书院等等,少数民族儒学人士加入到兴建书院的队伍(《中国书院史》第四章第五节,第247-250页)。

国,而北方未之有"①。虽然评价略显夸张,但也可以反映出当时北方书院的凋敝。元代新建、复建的406所书院分布在15个省区,随着元代理学的北传,北方地区的书院如雨后春笋般恢复发展。北方书院数量激增的重要原因就是元代理学北传,这与姚枢等人的努力分不开。太极书院以赵复为主讲,作《传道图》《伊洛发挥》《希贤录》等书传播理学,培养了大批的理学人士,诸如许衡、郝经、刘因等人,皆在游历期间,饱受理学熏陶,如郝经所言:"今建书院以明道,又伊洛之学传诸北方之始也""使不传之绪,不独续于江淮,又续于河朔者,岂不在于是乎?"②据白新良先生统计,由于直隶、河南、陕西等北方省区随着统一王朝的建立而回归到中央,元代北方书院数量增加,南北方的书院数量开始呈现北增南减的趋势,南北方的差距在进一步缩小,如若南北以长江作为分界,北方省份的书院数量达到86所,所占比例已经达到21.18%③。根据这些数据可以看出,元代北方的书院不仅在数量上,且在书院所占比例上都超过了宋代。

理学是书院建立的重要因素,书院又是理学传播发展的主要载体,太极书院的建立拉开了北方书院复兴的序幕。姚枢、许衡、刘因等人在太极书院学习理学知识,又在离开太极书院后传播理学。姚枢在苏门建立百泉书院(孙奇逢认为百泉书院是太极书院,许有壬也称其为雪斋书院④)、许衡主持修建陕西正学书院、刘因自建静修书院讲学二十余年,这些在理学家的倡导下建立的书院,与理学在元代北传同步发展,它们之间的互动促进了两者共荣。

二、元代书院学规与教育内容的理学化

理学家成为书院的构建者或者是书院教学的负责人,理学思想也逐渐渗透

---

① (元)王旭撰:《兰轩集》卷12《中和书院记》,宋代在北方有睢阳、嵩阳、徂徕、泰山等书院,可谓仅有的几所,南宋时期就更少了(《文渊阁四库全书》第1202册,台北:商务印书馆,1986年,第852页)。

② (元)郝经撰,邱居里、赵文友点校:《郝文忠公陵川文集》卷26《太极书院记》,《儒藏精华编》第245册,第438—439页。

③ 白新良:《中国古代书院发展史》,天津:天津大学出版社,1995年;邓洪波:《中国书院史》,上海:东方出版中心,2006年。

④ (元)许有壬撰:《圭塘小稿》卷6《雪斋书院记》,《文渊阁四库全书》第1211册,台北:商务印书馆,1986年,第620-623页。

进书院的学规和教学内容之中。无规矩不成方圆，书院要培养人才既要有完善的教育方针和学生守则，也要有系统的教学内容。理学影响元代书院建设的另一方面表现在书院学规和教学内容的理学化上。在北方书院的学规和教学内容中，理学因素体现得十分明显。

合理有序的方针和守则是书院培育人才的必备条件。朱熹的《白鹿洞书院学规》则是典范，他将教育的根本任务、教育的要点通过学规展示出来，作为书院教育和学生学习的准绳，这一点也影响了之后的书院建设。元代书院受理学的影响，在制定学规上也效仿宋代，尤其是白鹿洞书院的规章制度。江西吉安的朴山书院"规制一依白鹿洞"①，在吴澄为儒林义塾所作记中也可看出对白鹿洞学规的推崇，"教者学者如之何？其必遵朱子之明训，拳拳佩服，弗至弗措，必洞彻于心，必允蹈于身。行必可以化民美俗，才必可以经邦济时，而非但呻毕摘辞之谓。夫如是，命世大儒由此而出，庶其不负建塾者之心乎"②。此外，程端学建立的东湖书院以朱子学为宗，作为招揽学生的重要准则；杨应桂、申益章的弋阳蓝山书院，何烨之的翁洲书院等，皆以《白鹿洞学规》为标准，制定相应的规定。从学规制定者的理学传承者身份以及学规延续的内容上看，理学在元代书院学规的制定中起到了重要作用。

理学思想更是渗透在元代书院的教学内容中。北方的太极书院建立后任命赵复为主讲，其教学内容即为程朱理学相关知识。赵复北归携带大量程朱理学的典籍，被太极书院作为教学教材使用，尤其重视朱熹的《四书集注》。虞集对北方朱学传播有这样的总结："昔在世祖皇帝时，先正许文正公得朱子四书之说于江汉先生赵氏，深潜玩味，而得其旨，以之致君泽民，以之私淑诸人。而朱氏诸书，定为国是，学者尊信，无敢疑贰，其于天理民彝，诚非小补，所以继绝学、开来世文不在兹乎？"③ 此亦可见赵复所传朱子学即是太极书院的主流。赵复讲学太极书院期间最为自豪的就是所作三部教材，其一为《传道

---

① （清）谢旻等修：《江西通志》卷21《书院一》，《文渊阁四库全书》第513册，台北：商务印书馆，1986年，第703页。

② （元）吴澄撰：《吴文正集》卷41《儒林义塾记》，《文渊阁四库全书》第1197册，第431页。

③ （元）虞集撰：《道园学古录》卷39《跋济宁李璋所刻九经四书》，《文渊阁四库全书》第1207册，第561页。

图》："以周、程而后，其书广博，学者未能贯通，乃原羲、农、尧、舜所以继天立极，孔子、颜、孟所以垂世立教，周、程、张、朱氏所以发明绍续者"①，以讲明道统传承；其二为《伊洛发挥》，以表明其伊洛后人的传承；其三为《希贤录》，"又取伊尹、颜渊言行，作《希贤录》，使学者知所向慕，然后求端用力之方备矣"②，此三书无一不表明其程朱后学的身份与传承理学的信念，并且再次证明了程朱理学对太极书院教育内容的影响之深。此后的姚枢、许衡、刘因等人皆受其影响，在各自主讲的书院中将理学的思想运用于书院教学之中。③ 理学与科举紧密结合之后，理学书籍成为世人跻身仕途的理论依据，程朱理学对书院的教学内容的影响更加突出。元代大儒程端礼赞许元朝科举将程朱理学的内容作为科考主题，因此结合《朱子读书法》《学校贡举私议》《白鹿洞书院教条》《西山真先生教子斋规》等，将程朱理学传人的教育教学成果经验，按照朱熹"为学之道莫先于穷理，穷理之要必，在于读书"④的基本原则，总结撰述《程氏家塾读书分年日程》，形成一套周密的教育教学规程，将"读书明理"与科举应试有机地结合起来，成为书院教学的模板。⑤

元代理学"和会朱陆"的特色也体现在书院的教学内容中。赵复、姚枢等人是程朱理学的拥护者，在书院教学中坚持程朱理学的思想，这在太极书院的教学内容和选用教材甚至是在书院祭祀功能上都显而易见⑥。而在吴澄、郑玉、史蒙卿以及刘埙等人在书院主讲过程中，总结朱陆两家思想提出了"和会朱陆"，并将此主张渗透在他们的教学中。如吴澄老师程绍开"筑道一书院，

---

① （明）宋濂：《元史》卷189《赵复传》，第4314页。
② （明）宋濂：《元史》卷189《赵复传》，第4314页。
③ 姚枢作为理学传播的首创者，在隐居苏门太极书院（也称雪斋书院或百泉书院）时，刊刻《小学》《论》《孟》《家礼》等书，以程朱理学典籍作为教材教授生徒；许衡不论是在陕西学正书院讲学还是进入国子监，都以程朱理学作为教学内容；刘因隐居不仕，讲学静修书院二十余年，著《四书精要》阐述程朱理学，等等。参见许有壬《圭塘小稿》卷6《雪斋书院记》、（雍正）《陕西通志》卷27、《元史》卷171《刘因传》等。
④ （元）程端礼撰：《程氏家塾读书分年日程·卷首纲领》，丛书集成初编第59册，第9页。
⑤ 李兵：《元代书院与程朱理学的传播》，《浙江大学学报》，2007年第1期。
⑥ 根据《元史·赵复传》记载"太极书院立周子祠，以程、张、杨、游、朱六君子配食"，这几人皆是程朱及其后人，未见有陆学或其他学派传人。

以和朱陆两家之说"①,吴澄在其基础上积极宣扬"和会朱陆",一生讲学不断影响了众多书院的教学思想,将和会思想传播给后学,他的弟子虞集、夏友兰、包希鲁等人皆在各自所任书院中传播朱陆和会思想;再如刘埙,作为陆学的传承者,吸取朱熹的学术思想,在南丰建立水云书院传播他的"朱陆合辙"思想。

元代书院的教学中,医学、数学等多学科内容交叉②,而理学内容占据了其中主要的部分,随着延祐恢复科举,理学影响在其上升为官方哲学后更加突出。

三、元代科举复兴与理学官学化

理学在南宋理宗朝受到统治者的推崇,逐渐摆脱边缘学术的地位走向政治中心,但是它仍仅是种学术,按照葛兆光的解读,"由于程朱理学的知识与科举仕进的前途之间,还没有形成制度化的链接,所以基本上它还是一种自由的知识和思想"③。随着理学发展,理学家通过书院、庙学、私塾等途径大力宣传程朱理学,为元代科举的复兴创造了良好的社会氛围。理学的发展在一定程度上促进了科举的复兴,并一举成为科考的必备内容,"这种来自汉族文明的知识和思想。没有在宋代完成它与汉族政治权力的结合,却在异族入主中国以后的元代,完成了它的制度化过程,实现了向政治权力话语的转变"④。理学通过影响科举制度,进而影响了政治的发展。

元初的蒙古帝王不论是因为对宋代亡国的"文人误国"论,还是出于民族差异而对汉人的猜忌,或是为了维护蒙古、色目人的利益,最终造成的后果就是无法接受大量汉族士人进入仕途,这也是元初科举停滞的重要因素。随着政局的稳定,统治者逐渐认识到行汉法的重要作用,所以在汉族士人尤其是理学家的鼓吹下开始了科考的尝试。

---

① (清)黄宗羲原著,全祖望补修,陈金生、梁运华点校:《宋元学案》卷84《存斋晦静息庵学案》,第2849页。
② (元)苏天爵撰:《滋溪文稿》卷8《孛术鲁公神道碑铭》记载,孛术鲁翀建立的博山书院"分置六斋:治理、治事、经学、史学、书学、数学"。第26页。
③ 葛兆光著:《中国思想史》第2卷,第251页。
④ 葛兆光著:《中国思想史》第2卷,第251页。

元代理学对科举的影响最先表现在大量儒士倡导恢复科举。早在太宗朝，倡导儒学的有识之士耶律楚材就建议窝阔台开科取士，1237 年窝阔台颁布丁酉诏令"历诸路考试。以论及经义、词赋分为三科，作三日程，专治一科，能兼者听，但以不失文义为中选"①。这就是所谓的"戊戌选试"，虽然不算是真正意义上的科举考试，但是它"得士凡四千三十人"②，其中包括许衡、杨奂等一大批后来倡导科举的理学家③，不可谓无功。

世祖忽必烈登基后，理学家倡导恢复科举的呼声愈发高涨。许衡上书"议学校科举之法，罢诗赋、重经学，定为新制"④，太极书院的创始人杨惟中与窦默、单履人也上书建议设科取士："今欲取士，宜敕有司，举有行检通经史之士，使投牒自荐，试以《五经》《四书》大小义、史论、时务策"⑤。留梦炎在回答世祖如何解决天下"习儒者少，刀笔吏得官者多"的情况时，亦是建议"惟贡举取士为便，凡蒙古之士及儒吏、阴阳、医术，皆令试举，则用心为学矣"⑥。程朱理学的倡导者王恽，曾多次上书建议开科取士，在其所著《秋涧集》中，《上世祖皇帝论政事书》《选士》《请举行科举事状》《论科举事宜状》皆是关于建议复兴科举的内容⑦，他认为科举是遴选人才最直接和最有效的途径，任何方法"不若开设选举取验之速也。夫进士选历代号取士正科，将相之材皆从此出，前代讲之熟矣，理不可废者。若限以岁月而考试之，将见士争力学，人才辈出，可计日而待也。"⑧ 科举考试不仅可以解决硕儒老化、晚生不学的困境，也是获取人才的重要途径。许衡、王恽、吴澄、程矩夫、苏天

---

① （明）宋濂：《元史》卷 81《选举志》，第 2017 页。
② （明）宋濂：《元史》卷 146《耶律楚材传》，第 3461 页。
③ （明）宋濂：《元史》卷 81《选举志》，第 2017 页。
④ （明）宋濂：《元史》卷 81《选举志》，第 2018 页。
⑤ （元）姚燧撰：《牧庵集》卷 18《领大史院事杨公神道碑》，《文渊阁四库全书》第 1201 册，第 589 页。
⑥ （明）宋濂：《元史》卷 81《选举一》，第 2018 页。
⑦ 王恽（1228—1304），字仲谋，号秋涧，是元代重要的文学家、诗人，虽然王恽并非真正的理学家，但是他非常推崇程朱的学问，王恽曾为"续考亭道脉之传"，帮助朱熹孙泉州路总管推官朱淮建饶州路湖山书院，可见对朱熹的崇敬。详见王恽撰，杨亮、钟彦飞点校：《王恽全集汇校》卷 70《饶州路创建书院疏》，第 2984 页。
⑧ （元）王恽撰，杨亮、钟彦飞点校：《王恽全集汇校》卷 35《上世祖皇帝论政事书》，第 1728 页。

爵等一大批理学家或倡导理学的士人积极提倡科举之利①，终于在皇庆二年（1313）十一月，仁宗下诏恢复科举，科举在宋亡三十六年后再次被定为选拔人才的手段，仁宗在诏文中称"世祖皇帝设官分职，征用儒雅，崇学校为育材之地，议科举为取士之方，规模宏远矣……若稽三代以来，取士各有科目，要其本末，举人宜以德行为首，试艺则以经术为先，词章次之。浮华过实，朕所不取。爰命中书，参酌古今，定其条制。其以皇庆三年八月，天下郡县，兴其贤者、能者充赋有司，次年二月，会试京师，中选者朕将亲策焉"②。在科举恢复始终，理学家们都出现在重要位置，他们是科举恢复的重要力量。

仁宗对科举考试的内容也作出细致规定，《元史·选举志》则更是详细到蒙古人、色目人、南人、汉人四等人科考的异同，不过尽管有所区别，考试的主要科目不外乎《大学》《论语》《孟子》《中庸》③，以义理解经作为考试的主题。科考政策也鼓励少数民族士人积极参加义理考试，以此提高成绩。根据《通制条格·科举》中的规定："明经内四书、五经，以程子、朱晦庵注解为主。"④ 教材以朱熹《四书章句集注》为主，以致连《四书》的考试顺序也是按照朱熹规定的为学次第，即"先《大学》，次《论语》，次《孟子》，次《中庸》"⑤。虞集也称："近时以进士取人，犹以难疑答问，于《四书》为先务。"⑥ 南宋《四书》地位逐渐超越五经成为理学研究的重点之后，在书院、

---

① 吴澄虽不愿做官，但是对科举也是表示赞成的，他曾称赞朱熹所作《学校贡举私议》。参见《元史》卷171《吴澄传》。

② 方龄贵校注：《通制条格校注》卷5《学令·科举》，第238—239页。

③ （明）宋濂：《元史》卷81《选举》，参见第一章第四节"元仁宗与元代理学的官学化"。

④ 方龄贵校注：《通制条格校注》卷5《学令·科举》，第220页。

⑤ 关于朱熹排定《四书》为学次序的相关问题，参见郭齐：《朱熹〈四书〉次序考论》，《四川大学学报》，2000年第6期。

⑥ （元）虞集撰：《道园学古录》卷35《新喻州重修宣圣庙儒学记》，《文渊阁四库全书》第1207册，第496页。

县学教学中也成为重要内容①，继而在延祐复兴科举后真正地被"悬为令甲"②。随着程朱理学被定为科考的内容，理学完成了与政治权力的结合，成为元代的官方哲学。虞集评价当时程朱理学的影响时有言："今天子以独断黜吏议，贬虚文，一以经学取士。士大夫言学者，非程子、朱子之说不道也。"③ 蒋易《庐峰山长黄禹臣序送别》亦云："我国家设科取士，非考亭、庐峰之书不读，书院设官，春秋命祀，并遵旧典，非徒尊其人，尊其道也。"④ 一时间程朱理学被奉为圭臬，非程朱之书不读。

  理学的发展影响了科举，科举也确立了程朱理学的主导地位。事物的两面性在科举与理学的互动中也有体现，科举对理学的发展并非完全是有利的一面，随着科举的盛行⑤，程朱理学逐渐成为科考的程式，这其中以宗朱为主的经传训释之学成为主旨，原本具有思想性、哲学性的理学逐渐成为一种记忆的知识，成为夺取功名利禄的手段，正如吴师道所言："二十年间，所得亦可睹矣。窃怪比年义理之学日以晦堙，文章之体日以晦堙，士气日以衰苶懈怠，岂无故哉！"⑥ 功利的态度使理学丧失了部分活力。同时，官方规范程朱理学，也使思想的多元性受到约束，不利于理学的发展，正因如此，汪克宽、郑玉、刘埙等人出现了厌倦科举的情绪。科举影响理学的弊端在元末明初被学者们认识到，并逐渐改善，这都是后话。虽然元代科举发展到后来对理学产生了不利

---

  ① 《四书》被定为科考内容，士人在教育子弟和书院教学中皆增加了对《四书》的重视，如元代景星在记述自己年幼读书时，其叔父曾说"汝欲为学，必先熟读《四书》以为之本，而后他经可读矣。"见（元）景星：《大学中庸集说启蒙序》，《文渊阁四库全书》第204册，第962页。

  ② （清）永瑢，纪昀等撰：《四库全书总目提要》卷35《四书类序》，第289页。

  ③ （元）虞集撰：《道园学古录》卷7《尊经阁记》，《文渊阁四库全书》第1207册，第114页。

  ④ （元）蒋易撰：《鹤田蒋先生文集》卷上，北京图书馆藏京师图书馆钞本。引自李修生主编：《全元文》第48册，第76页。

  ⑤ 元代一共开科十六次，取士1135名，相对于宋代来说数量上极少，此处所说的盛行是相对于元初科举的废止而言。

  ⑥ （元）吴师道撰：《礼部集》卷11《答傅子建书》，《文渊阁四库全书》第1212册，第121页上。早在宋代程颐也曾对科场文章损害道统传承做出过评判，（宋）程颢、程颐撰，王孝鱼点校：《二程集·河南程氏文集》卷5《上仁宗皇帝书》、卷6《为家君应诏上英宗皇帝书》，第513页、第525页。

的影响，但是不容否认的是，理学和科举在相互影响中共同发展。

元代理学、书院与科举之间存在一种良性的互动，三者的存在和发展相互促进，理学影响着元代书院的建立和教学内容等，使书院得以发展。同样，书院作为文化的载体，也为理学的发展传播做出巨大贡献。而科举作为士人为学和从事教育的重要出路和目的，也促进了理学和书院的发展，三者在良性互动下促成文化和学术的共荣局面。

王夫之论宋明理学的理论主题

赵 阳

西北大学中国思想文化研究所讲师

就现代研究者的观点来看,宋明理学的主题是理性地讨论性与天道的关系,并为仁义道德作出证明。因此,理学兴起最重要的标志便是对于儒学本体论的建构。唐代的韩愈与李翱虽然已经开始对《大学》《中庸》的相关论述进行评述与运用,但直到北宋五子,尤其是周敦颐建构起诚本论,才真正昭示了宋明理学的兴起与开展,周敦颐也因此被后世称为"道学宗主"。就理学家群体对于宋明理学学统的追述来看,宋明理学的兴起主要是为了应对佛道思想的挑战,尤其是佛教思想的盛行。

应该说,王夫之对宋明理学主题的理解仍然是性与天道合一的问题,但他对此核心论题得出的具体结论,则涵括了上文所述这两方面的内容。概言之,王夫之认为宋明理学的主题是:批判性形二本论,通过"本人以推天道,实之以性"的理论进路,重建儒学"一本而万殊"的中道一本论①。"性形二本"是王夫之对于佛道异端理论症结的概括,"本人以推天道,实之以性"是王夫之认定的宋明理学对治异端"性形二本"思想的理论进路,而宋明理学应对异端思想的理论建构最终指向的便是"中道一本论"。

一、"希张横渠之正学"

王夫之肯定道统的存在②,并把这种尧舜以来相传道统的内容称之为"中道"。

---

① 笔者所谓"中道一本论",或可称之为"中道"的"一本论"。
② 朱汉民对于王夫之的道统观进行了论述,见其《王船山的道统、治统与学统》,《北京大学学报(哲学社会科学版)》,2013 年第 1 期。但他主要把王夫之的道统思想视为在政教伦理层面的展开,笔者与其有不同的看法。

在他看来，宋明理学时期足以代表"中道"道统的便是张载。因此他把张载的思想称为"正学"。而在王夫之的论述中，所谓张载正学即是指张载的思想集中体现了儒学道统中蕴含的中道一本思想。

关于张载"正学"所指为何，学界有不同的说法。整体来看：第一，较为主流的观点，从王夫之继承了张载的气学思想，因此认为张载的正学指的是气本论思想，这种观点进一步强调王夫之《易》学与气论并重的倾向，从而认为王夫之通过《易》学反省出的气论思想规模，最能说明他所谓的"正学"①；第二，认为张载的"正蒙于其始"的关怀最能体现儒学修养的圣功，王夫之乃基于此认为张载思想为正学②；第三，晚近以来，有学者注意到王夫之对张载正学的具体论述与其对《西铭》所作解题有关联，注意到王夫之关于"天亲合一"的思路乃是他肯定张载为正学的重要原因③；第四，还有学者指出，王夫之揭示的张载《正蒙》理论论述的目的在于"立中道"，因此所谓"正学"便是儒学的中道思想④，这一点又与很多学者重视的王夫之"两端而一致"思想有相通之处⑤；第五，通过对《张子正蒙注》具体内容的归纳，认为王夫之所谓"正学"的内容是贞生死、尽人道、为实学⑥。笔者认为王夫之的论述其实可以将上述不同观点结合起来。因为我们把王夫之对张载"立中道"的论述和他对宋明理学兴起历史背景的论述结合来看，王夫之实际上同时讲到了"一本"与"中道"两方面。同时，这两方面在王夫之的论述中是联系在一起的。因此笔者在考察王夫之相关论述的基础上，主张王夫之所谓张载正学乃是指中道一本论（此乃是为了凸显王夫之论述的特色，亦可简称为中道

---

① 晚近以来，这一观点最具系统性和代表性的当属邓辉所著：《王船山道论研究》，湘潭：湘潭大学出版社，2010年。
② 王兴国：《"希张横渠之正学"——王夫之是如何推崇张载的》，《船山学刊》，1999年第2期。
③ 刘梁剑：《天亲合一与身体的成长》，《船山学刊》，2020年第2期；陈赟：《从"太虚即气"到"乾坤父母"：张载本体论思想的结构》，《南京社会科学》，2019年第2期；陈赟：《气化论脉络下的身体与世界》，见林月惠主编：《中国哲学的当代议题：气与身体》，台北：台北文哲所，2019年，第161-215页。
④ 张茂泽：《张载的中道观》，《船山学刊》，2021年第3期。
⑤ 如许冠三、林安梧等皆对此点有所发挥，陈启文则有专门的著作论述这一点。
⑥ 如陈来、王林伟等人。

思维方式)。原因如下：

其一，中道一本论作为"正学"的名称，符合王夫之对于儒学思想史和张载在宋明理学兴起历程中的作用的论述。王夫之通过儒学史的论述，说明了宋明理学兴起的课题是回应异端的性形二本思想。他对张载思想在其中作用的论述，恰恰就是以中道一本批判异端思想的性形二本。

具体来说，张载所谓深于"一本"，实际上就是从太极乾坤生化万物的论述中，正确地规避了性形二本论带来的政教伦理流弊。王夫之指出性形二本的思维方式，以性为本，以形为末，尊本贱末，因此导致伦理实践中以天之乾坤取消现实中父母与个体的伦理关联，主张尊性（来于天）贱形（来于父母），更进一步主张"万物同命"抹杀伦理等差的观点。张载的《西铭》则通过一本而万殊的中道一本论主张形色即天性，父母即乾坤。认为天之乾坤虽为人、物共同的来源，但实际生养人的父母就是人的乾坤，人不能直接地效法、礼敬乾坤，最切实的做法是尊亲即尊天。王夫之进一步指出，周敦颐的《太极图说》阐述了天道以太极阴阳生化万物的实有历程，但却没有点出此"天亲合一"的要点，因此在理论推至极处，也会陷入异端性形二本的主张①。张载的杰出贡献便在于《西铭》贯彻和说明了这种一本而万殊的中道一本论。

陈赟在近来的研究中也注意到了这一点，他结合张载与王夫之的论述，指出张载的本体论并非气本论或太虚神体论，他认为这两种思路皆有实体论的缺陷。他主张以"太虚即气——乾坤父母"的结构来看待张载——王夫之一系关于本体的看法，试图凸显张载、王夫之异于以往气学论述和传统宋明理学论述的特点所在②。"船山在张载哲学中所发现的圣学的方向，如果你要师法太虚，真正的方式是师法天地，而所谓师法天地，并不是师法天地之体，而是师法天地之德"③，笔者一定程度上赞同陈赟的思路。这里需要强调的是，王夫之关于中道与一本的结合，其反映的基本思维方式与以往船山学研究中重视的

---

① （清）王夫之：《张子正蒙注》卷7，《船山全书》第12册，长沙：岳麓书社，2011年，第351页。

② 陈赟：《从"太虚即气"到"乾坤父母"：张载本体论思想的结构》，《南京社会科学》，2019年第2期。

③ 陈赟：《气化论脉络下的身体与世界》，见林月惠主编：《中国哲学的当代议题：气与身体》，台北：台北文哲所，2019年，第192页。

道器、形上形下之说有类似之处。但是,笔者主张从前者出发来含摄关于后者的讨论,原因除了呼应王夫之本人对此问题的直接论述(《张子正蒙注·乾称》篇首的集中论述),最主要的是能够突出王夫之如此思考时涉及的实质问题与主张,而不仅仅是把王夫之对于理学的相关论述局限在概念范畴的排列组合上。

其二,中道一本论表现出的理论意义,既是儒学的核心义理,实质上也是王夫之哲学的创见所在。张载《正蒙》,尤其是《西铭》展示的核心义理与曾子以来传承的儒学中道思想一脉相承,其天人合一的世界观、中道思维在修养中的贯彻等等,都是对儒学中道思想的进一步发展。就王夫之本人的思想来看,曾子所传"圣学之宗",在王夫之这里便是对天人相"继"思想的深化。他通过形色即天性、父母即乾坤的断定,重新整合了对天道与人道及其关系的论述。这种对于天人关系的论述,最核心的思路便是在区别天人的基础上,说明天与人统一的途径与方向。"形色即天性、父母即乾坤"中的"即"并非将二者直接等同,而是强调在人道的领域,真正具有操作性与现实感的对象——形色与父母——才是我们修养与政教展开的基础,而不会因为"天"对于"人"的生成或规定,越过具体的现实的人的基本存在基础去直接与天为一。王夫之认为后者正是各种空虚学风的思想根源所在。

举例来看,王夫之最被重视的道器思想,实则也是形色即天性这一中道思维方式的具体表现:

> 盖礼,器也,义,器与道相为体用之实也;而形而上之道丽于器之中,则即器以精其义,万事万物无不会通于至诚之变化,故曰:下学而上达,知我者其天乎!天之为德,不显于形色,而成形成色,沦浃贯通于形色之粗,无非气之所流行,则无非理之所昭著。圣功以存神为至,而不舍形色以尽其诚,此所以异于异端之虚而无实,自谓神灵而实则习不察、行不著也。①

"即器以精其义",也就是"即形色以尽其诚"。儒学中道要求不离人的现实存在来实现人性,既肯定了人具有来自天道支持的本性,也要求人在现实的

---

① (清)王夫之:《张子正蒙注》卷6,《船山全书》第12册,长沙:岳麓书社,2011年,第232页。

修养中与人的形色能力基础上将此天赋的本性实现出来。既不偏于天道赋予的本性,也不否定人现实存在的需求,要求在二者的结合中实现人道建设与个体修养。

其三,就本论题来看,中道一本论的思维方式贯彻于王夫之的重要理论讨论之中,实质上就是他批判宋明理学程朱、陆王思想的理论基础与标准。王夫之对程朱思想的批判,就其核心来看,便在于理气论中对天理的偏重,有否定、黑化人的形色能力的倾向;对于陆王的批判,就其核心来看,便在于对良知的理解有以天代人的倾向,在良知具体化的历程中有把形色等同于本性的偏向。以往的研究,着重从理气论、道器论或者重气思想出发,考察王夫之对于理学思想的批判,但笔者认为王夫之对于中道与一本的揭示与勾连,实质上导出了他最基本的思想原则,由此便可以理解他从理气、道器等各个层面对宋明理学的批判与改造。具体的讨论本文暂不展开,但就王夫之对宋明理学的整体批判来看,毫无疑问是以儒学的中道思维为核心展开的。

综上所述,无论是从王夫之对张载正学在宋明理学兴起的儒学史意义来看,还是从王夫之实际上论述的张载正学的思想内容,或是从王夫之以正学对宋明理学的具体批判来看,都体现出王夫之所谓"张载正学"的核心乃在于这种儒学渊源有自的中道思想。

二、批判性形二本论

王夫之对于宋明理学主题的确定,从正面来看,是对于儒学中道思想的揭示,从反面来看,便是对历史上儒学发展存在的问题进行反省。正是通过对儒学思想发展历史的考察,王夫之指出了儒学思想发展中出现偏向的理论根源,便在于受到了异端思想性形二本思路的影响。因此,王夫之明确地把批判、清理儒者思想中的性形二本思想成分作为宋明理学的理论任务。

(一) 性形二本论何以成为宋明理学对治异端的课题

王夫之把性形二本论作为宋明理学批判异端思想的关键所在,究其原因:

第一,王夫之认为性形二本论是汉唐以来墨、佛异端思想的核心内容。王夫之也认为宋明理学的兴起与发展,源于佛道思想的盛行与挑战,这与传统理学家群体的认识大体一致。较有特色的观点在于,王夫之把这种挑战视为儒学发展历程中一种有渊源的"传统",这就是他提出的所谓"墨衰而佛盛"① 说。而这种"与圣道相抗衡"的"邪说"的核心问题就是"性形二本论"。

第二,在王夫之看来,宋明理学之所以能够产生便在于从理论层面开启了对于异端性形二本论的批驳。王夫之也认同宋明理学的兴起,"溯其所始,则孙明复、胡安定实开其先"②,原因在于胡安定等在恢复圣王之教上有开先之功,这个观点基于他构建的儒学史论。但是,他认为宋明理学在理论层面的实质开展则始于周敦颐与张载,而且认为此二人代表了儒学中道论在当时时代背景下最为适切的理论模式。关于周敦颐"破暗"之功的论述,王夫之虽然并未有现代学者关于儒学本体论的概念,但在实质上指出周敦颐乃是"本人事以推天道",把伦理道德的根据上升到"太极阴阳人道生化之终始"③,从而区别于异端的性形二本论,开创了理学时代儒学本体论的研究。张载则继承了周敦颐的理论模式,进一步理清了儒学中道一本论的基本理论结构,因此更能算得上是重建儒学中道论的先驱。

(二) 性形二本论及其问题

1. 性形二本论的基本内容

所谓性形二本可以分为"本"之二与"末"之二。"末"之二即在具体的个体层面以性与形为二。"本"之二,即所谓"性受于无始,形受于父母者",认为性与形的来源与根据是异质的。在"本"的层面尊性贱形,那就也会在"末"的层面认为性真而形妄。在性形二本视角下,"性"本而真,这种抽象的同一思维也必然会在性的层面主张"人所同也,亦物所同也"④。由此必然会导致在伦理实践上否认人己之分,推出"兄之子犹邻之子也"的观点,同时,在人、物关系上抽象地主张"万物与我共命"的观点。"形"虽然也可说是有"本","父母之使我有是形,虽未尝不为之本",但这种"本"毋宁说是

---

① (清)王夫之:《读四书大全说》卷8,《船山全书》第6册,长沙:岳麓书社,2011年,第976页。

② (清)王夫之:《读通鉴论》卷17,《船山全书》第10册,长沙:岳麓书社,2011年,第629页。

③ (清)王夫之:《张子正蒙注》序论,《船山全书》第10册,长沙:岳麓书社,2011年,第10页。

④ 区分人性、物性之同异乃是王夫之思想的一项核心问题。当代研究者如戴景贤、陈赟皆对此有过专门的论述。

一种偶合，也即没有必然性，并非能真正成为"本"，因此是本妄而末亦妄。如果执定于此没有必然性的根据，强分人我异同，就会主张"视邻子不若兄子"，这被视为是"逐妄末以坚其妄本，而丧其真本也"①。王夫之指出"所谓二本者：性本天地也，真而大者也；形本父母也，妄而小者也"，异端在伦理实践上提出的具体主张皆源于此。人在父母生育之前，有超越于具体形体的"本来面目"，这就是异端所论的"性"，因此，父母生育的此"形"无足轻重。

2. 性形二本论引申出的相关问题

在王夫之看来，异端思想不能正确地理解性、形关系，从而导致了理论层面和伦理政教层面的偏失。汉唐儒者以及宋明理学的相关学者不能彻底地把握其缺失，反而进一步造成了新的理论缺失。

第一，性形二本论认为"性"出于"天"，因此要证明"性"之真便要说明"天"之真，同时还需要说明"性"与"天"是如何具体地联系起来的。由于性形二本论否定了"性""形"的统一，因此，他们对于"天道"的理解也呈现出了与性形二本论一致的特点。具体说来：

首先，由于性形二本，因此"性"所反映出的"天"是抽象的，进而有固化、空洞的特点。由于"性"脱离了有实际内容的"形"及建立在其上的人的实践活动，因此，这样的"性"要作为安身立命之根据，就不能诉诸于人生具体活动的现实处理，只能在否认相关现实活动的基础上归为一种抽象的"本来""本真""源始"。与之相适应，作为性本的"天"也一定是自然无为的状态，其具体的化育过程不能视为有实质意义的创生，只是一种同质的运作。

其次，为了进一步说明和确立这种抽象的"性"，在理论上需要进一步解释这种"同质的运作"之"天"究竟是什么性质的。性形二本论的持有者，要么把这种"天"归结为一种自然而然的、本身就是完善的流行过程，那么"性"就是一种抽象的自足且完善；要么肯定这种"同质"运作与其中表现出的关系与条理，但却又因其同质与条件性而否定这种运作有真实的意义，那么

---

① （清）王夫之：《读四书大全说》卷8，《船山全书》第6册，长沙：岳麓书社，2011年，第977页。

"性"就是空洞而无目的但又被认为是最为真实的。

在王夫之看来,性形二本论这种对于"性""天"及其关系的认识,总体上可以归结为:其一,对于"天"的认识太过简单,因此妄言"知天",而不知"天道"运化本身的真实与丰富;其二,把"性"与"天道"直接等同,对于"性"的价值判定出现误差,不能明确"性"与"天道"的层次与区分,因此不能正确认识天道的无为顺化与人道的有为是如何联系起来的。

第二,性形二本论对于"性"的定位有误区,王夫之认为这源于其不知道如何"知性"。由于"知性"上的误区,在理论上进一步导致人生观上的苟且与虚无、境界观上无标准的无穷推进和圣人观上无内容的虚说。

性形二本论持有者论"性"的认识误区可以归结为两种形式:其一,以人有局限的感性认识为依据,把"性"在某一方面的具体表现执定为"性"的全部内涵①;其二,抽象地看待性与天道的内涵与联系,从而对"性"进行一种无限度的提升与"空描"。这两种倾向,王夫之把前者称为"卑近自蔽",把后者称为"穷大失居"②。这种对于"性"的认识误区形成的思维惯式,进一步推论下去便导致了人生观、境界观与圣人观上的偏失。

就人生观来看,缺乏对"性分之固有"的认识,要么"逐而不返",深陷苟且私利的泥潭,要么抽象地超脱伦理规范的限制,最终"佚出猖狂""终归于无忌惮"③;就境界观而言,由性与天道的抽象同一,对于境界所能达到的高度进行无限度的推论,反而脱略了最为实际、真实的日常修养;就圣人观而言,与境界观相一致,独断地肯定圣人"生知",把圣人表现出的"自然"说成天生,使之神秘化。

第三,性形二本论在"性"论上直接肯定性与天道的同一,和在境界观

---

① (清)王夫之:《知性论》,《姜斋文集》卷1,《船山全书》第15册,长沙:岳麓书社,2011年,第83-84页。

② (清)王夫之:《张子正蒙注》序论,《船山全书》第12册,长沙:岳麓书社,2011年,第11页。

③ "不知所以生,不知所以死,则为善为恶,皆非性分之所固有,职分之所当为,下焉者何弗荡弃彝伦以遂其苟且私利之欲!其稍有耻之心而厌焉者,则见为寄生两间,去来无准,恶为赘疣,善亦弁髦,生无所从,而名义皆属沤瀑,两灭无余,以求异于逐而不返之顽鄙。乃其究也不可以终日,则又必佚出猖狂,为无缚无碍之邪说,终归于无忌惮。"(语出《张子正蒙注》序论)

与圣人观上的抽象推论,导致关于修养的论述中出现了诸如"无欲"说、"无我"说、"无学"说、"顿悟"说等不符合中道思维的观点。王夫之对于性形二本思路下引发的上述几种修养中的偏向,整体上判定为是迎合了一般人求"逸获"的心态。

"无欲"与"无我"①皆奠基于把"性"视为与"形"相区别且更为真实的观点。既然现实的"形"及其展开的各项活动,乃是虚妄的,由此出发、沉沦于此只能是"逐妄而坚其妄本"。因此,在修养上就一定会否定与"形"相关的特征及其活动,像欲望、志意皆应剥落待尽,从而把修养的重心放在对于"性真"的把握与体会上。与此对应,对于如何具体地把握性,从而实现性与天的合一,就必然不能依靠人的耳目感官这种源于"形"的能力,人在此基础上创造的知识也被视为是对修养的蔽固,这也就是异端皆主张"无学"的根源所在②。再进一步,性与天的直接关联,以及与性作为个体修养根据的观点结合,就在逻辑上必然地推出个体可以无中介地直接实现性与天的同一,"顿悟"说也就应运而生了。而且,"顿悟"说更加明显地贯彻了性形二本论的思路,因此有强大的吸引力。

三、中道一本论

王夫之"重气",因此重天道运化及其赋予人之性能的实有、固有,而"中道一本"就是王夫之对于这种实有固有的天道运化的结构、秩序和性质的整体把握。"一本"言其运化历程,"中道"言其秩序与归宿。中道一本论就是王夫之所谓"正学"的主要内容③。王夫之本人并没有直接讲过中道一本这个词,但笔者根据他的相关论述,认为他所论"一本""中道"乃是实质关联的,故提出"中道一本"以与王夫之批判的异端"性形二本"相区分。

（一）一本

关于"一本",杨立华指出:"在两宋道学的哲学思考中,对'一本'原

---

① 王夫之对于"无我"说,有较为详细的讨论,大致可区分为修养及其境界中的"无我"和政教伦理中的"无我"两方面。

② （清）王夫之:《船山经义》,《船山全书》第13册,长沙:岳麓书社,2011年,第662页。

③ 吕大临、范育、二程、朱熹皆有类似的观点,即用理一分殊说明中道。王夫之的特点在于,他对于理一分殊有不同的理解。

则的强调是始终一贯的。'一本'既是道学体系建构的一般原则，也是衡量其他学派的哲学体系是否正确的基本判准。"① 其实对"一本"的强调，并非仅是宋明理学以来的传统，在先秦儒家思想中就业已出现"一本"的主张。其明确的文献依据便是孟子对夷子"二本"的批判。延至现代新儒学，牟宗三在宋明理学研究中便把程颢思想的特色定位为最符合儒家原教特征的"一本"思想②。但总体而言，"一本"的确是宋明理学各家最为核心的理论关怀之一面。

一般而言，"一本"又被理解为"一元"，天人一本，就是认为天与人在理论上是可以合一的，因此可以认为天与人在根本上是"一元"，而不是相对的"二元"。当然，这只是一种权说。严肃地看待"一元"的含义，"一元"实质上是为了说明整个世界的统一性。天人关系则是其中较为根本的一项，其他具体的关系可以由天人关系推出。用"一元"来解释"一本"有其合理性，但是，这并非是对于"一本"的唯一解释。而且，"一元"强调的整体世界的逻辑结构感，实则更具备程朱理学的色彩。相对而言，王夫之把"一本"具体界说为"一本而万殊"，后者可以更全面地反映王夫之对于"一本"的理解。王夫之所谓"一本"，更多地指向"一源"，也即整个世界的万事万物都源于同一个根源，也就是"天"。因此，天与人的关系最基本的就是这种"一本而万殊"的"一源"关系。下文即结合王夫之的相关说法，对此展开说明。

所谓"一本"③，就王夫之的直接论述来看：

"太极而两仪，两仪而有乾道、坤道，乾坤道立而父母以生我。则太极固为大本，而以远则疏；父母固亦乾道、坤道之所成者，而以近则亲。由近以达远，先亲而后疏，即形而见性，因心而得理。此吾

---

① 杨立华：《一本与生生——理一元论纲要》，北京：生活·读书·新知三联书店，2018年，第172页。

② 关于儒学"一本"论基本线索的梳理，最新的成果可参考赵法生：《儒家一本论的形成与转进》，《杭州师范大学学报》（社会科学版），2021年第5期。

③ 刘梁剑注意到王夫之《西铭》题解中，对于"天亲合一"以及孝道的论述在其思想中有特殊的意义，但是却并没有把王夫之所论当作一种普遍的原则，并由此出发来审视其思想体系。可参考刘梁剑：《天亲合一与身体的成长》，《船山学刊》，2021年第2期。

儒之所为一本而万殊也。"①

"圣人之道，从太极顺下，至于乾道成男，坤道成女，亦说人受天地之中以生。然曰乾道成男，坤道成女，则形而上之道与形而下之器，莫非乾坤之道所成也。天之乾与父之乾，地之坤与母之坤，其理一也。唯其为天之乾、地之坤所成，则固不得以吾形之所自生者非天。然天之乾一父之乾，地之坤一母之坤，则固不得以吾性之所自成者非父母。故《西铭》之言，先儒于其顺序而不逆、相合而一贯者，有以知夫横渠之深有得于一本之旨。"②

两段材料对于"一本"之旨的论述，就其直接内容来看便是认为：天道运化以太极之乾道坤道生化万物，故为万物生化之大本，但人的具体存在确是由父母生育，这种生育其实就是乾道坤道的具体表现。因此，形虽然具体地由父母生育，但不可说形就不是天所生；性虽然来自天道运化，但却也可说最终由父母真实地赋予人。因此，人处在这种天人关系中，修养、行事的基本准则便是"由近以达远，先亲而后疏，即形而见性，因心而得理"。王夫之在《西铭》解题中把这一思路总结为"天亲合一"说，主旨便是认为，人对于天的崇敬和希望与天合一的行为，应该从最亲近的父母开始，以"孝"的行为展开对于天道的礼敬。总的来看，这也就是说人与天道不是直接的同一，而是有中介过程的合一，而且此中介过程对人而言有其意义。

王夫之进一步指出，这种"一本"观念，就其强调万事万物皆出于天道运化而言，又可说是"万物之生同乎一本"③。一方面，王夫之指出，所谓"同"，"同之于天者，自其未有万物者言也；抑自夫万物之各为一物，而理之

---

① （清）王夫之：《读四书大全说》卷8，《船山全书》第6册，长沙：岳麓书社，2011年，第977页。

② （清）王夫之：《读四书大全说》卷8，《船山全书》第6册，长沙：岳麓书社，2011年，第976页。合观此两段材料，即可知笔者所论为船山以"中道一本"判别正学为有据，本小节之展开亦可证明。需要说明的是，一本与中道需合观才是王夫之完整的看法。

③ （清）王夫之：《读四书大全说》卷10，《船山全书》第6册，长沙：岳麓书社，2011年，第1119页。

一能为分之殊者言也。非同之于天，则一而不能殊也"①。王夫之强调万物之生同于天，不仅在万物生成之前，也在万物生成之后。这是为了说明天道运化为实有，因其实有故可以生成、显现出万殊，这种模式又被王夫之归结为"阴阳（实有）——变合（动静）"模式。天道的运化不仅有其实（阴阳），而且本然地具有变合功能，因此能产生万殊。另一方面，王夫之认为，万物之生同乎一本的"本"只能是本于"天"，但此"天"不能如程朱那样界定为理，甚至不能用气等概念来直接指称。因为，天乃是包含一切可能性在内的大全，"天则不贰以为不测，可云同也"②。但是，天不仅有理，也可有非理，我们可以说天有理，但却不可说理就是天。否则的话，天即为有外，也就无法作为此统同之本了。这一点与王夫之对于天的认识与区分有关，下一节详述之。

因此，整合王夫之的相关论述，所谓"一本"或"一本而万殊"，即强调天地万物、人的本性与形色皆源于实有之天道运化，但是天人之间、人物之间、人的本性与形色又各有其权能、界限和次序。因此，不能因为天人、物我、性形之间的界限与分别忽略其本源的联系，从而要么否定人、物、形的实有与功能，出现以天代人、尊性贱形等倾向，要么忽视了天人之间的差异与层次，出现以人代天的倾向。

需要指出的是，王夫之主张"一本而万殊"，又认为"天地之道，一本而万殊，殊则不可合为一矣"③。按道理来说，万物既然源于一本，且其分殊有理之根据，那为什么不能说万殊而一本呢？王夫之这个看法，主要是从人对天道的认识来讲的。"同而一者，所以来也；殊而百者，所以往也。过此以往，为殊为同，为一为百，不容知也……而必推本以观其往来，岂强知之哉？亦以明其不可知者而已。"④万物的生成变化虽皆来源于天道顺化，但其生成变化之繁复却不可在认识上强行归于一致，否则必然会消解和漠视人、物、性、形

---

① （清）王夫之：《读四书大全说》卷10，《船山全书》第6册，长沙：岳麓书社，2011年，第1119页。

② （清）王夫之：《读四书大全说》卷10，《船山全书》第6册，长沙：岳麓书社，2011年，第1119页。

③ （清）王夫之：《书经稗疏》卷4（上），《船山全书》第2册，长沙：岳麓书社，2011年，第131页。

④ （清）王夫之：《周易外传》卷6，《船山全书》第1册，长沙：岳麓书社，2011年，第1050页。

的独特性，出现尊贱之不同。故只能说"天下同归而殊途，一致而百虑"，切不可说"殊途而同归，百虑而一致"①。

这里要讨论一下万殊能否一本的问题。如王夫之所言，如果万殊而不能一本，则万殊之中道何在？譬如人认识世界，每个人都尽性成性，但不能"一本"，则圣人的号召力何在？但王夫之又言"终于一"，则万殊可一本，此二处所说有矛盾。由此可以推知，万殊必一本；然不能合为一者，具体事物也。不能合一，是经验事实；这不是说就不能断定万殊而一本。盖万殊而一本，并非讲具体的万事万物合而为一，而是就其本质、运动的终极归宿言，万有"复归于无极"、万殊终归为一理、万般思虑毕竟要洗练为一心才有价值。一本万殊，万殊一本，皆为现实世界的中道，是现实中道，也可谓充当正学主体内容的中道。二本，则天人、体用、主客等割裂而不能统一。

（二）中道

据上节，如果说人在认识上不能知亦不可知万殊之繁复，那么是否意味着天道顺化对于人而言只是一个杂多的流行变化历程呢？答案是否定的。这里的关键便在于，王夫之所谓"一本"乃是"中道一本"。"中道"就是天道运化的秩序、方向和归宿所在。

所谓"中道"，王夫之在《张子正蒙注》中有明确的定义：

中道者，大中之矩，阴阳合一，周流于屈伸之万象而无偏倚者，合阴阳、健顺、动静于一而皆和，故周子曰"中也者和也"。《中庸》自其存中而后发之和言之，则中其体也，和其用也。自学者奉之为大本以立于四达之道言之，本乎太和而成无过不及之节，则和又体而中其用也。仁者，中道之所显也；静而能涵吾性之中，则天理来复，自然发起而生恻隐之心，以成天下之用，道自弘矣。②

王夫之对"中道"的定义，并不能理解为一种直接的定义。他对中道的这种界说，实则是说明"中道"表示的乃是道体的流行及其和合状态。王夫之以"中道"来把握一本而万殊的历程，意在说明对于天道顺化产生的万有

---

① （清）王夫之：《周易外传》卷6，《船山全书》第1册，长沙：岳麓书社，2011年，第1050页。

② （清）王夫之：《张子正蒙注》卷4，《船山全书》第12册，长沙：岳麓书社，2011年，第158页。

的把握，不能从其已然形成繁杂万殊的层面进行具体的认识，只能总体地看待其始终之历程。这个历程就其形式看，就是"始于一，中于万，终于一"①，就其性质看乃是和谐的统一，这便是"中道"。因此，也只有如此理解，王夫之关于"中道"的定义才能落到实处。王夫之对于中道的定义，首先"中道"乃是"大中之矩"，也就是道体不偏不倚的表现。其次，"中道"这种不偏不倚的性质，还表现在道体气化流行的整个历程中："阴阳合一"指的是万物之同源，"阴阳合一"是说万有产生之前，作为万有之一本的天（道体）即包含了万有分殊、生化的一切可能性；"周流于屈伸之万象而无偏倚者"，中道主导了万有的生成变化，万有的生化可以多种多样，甚至出现互相对立、矛盾的情况，但这些都是阴阳合一之中道固有的，因此不能因其对立、繁杂便视之为没有独立存在的价值；最终，"合阴阳、健顺、动静于一而皆和"，天道顺化的归宿也一定是丰富发展之后和谐的统一。因此，中道就是道体流行的形式，中道就是道体的表现。

"中道"不仅是天道运行的基本形式，也应该是人对于天道一本而万殊历程进行整体把握的认识结果。从天道层面来看，阴阳运化这种"始于一，中于万，终于一"的历程，王夫之称之为"太和"。王夫之对"太和"的界说即"未有形器之先，本无不和，既有形器之后，其和不失"②。在《周易外传》中，王夫之把"太和""中道"表现出的这种性质表述为"杂因纯起，即杂以成纯；变合常全，奉常以处变……无不见之天心，无不可合之道符也"③。晚年的《周易内传》强调"理"乃是"分剂之之密，主持之之定，合同之之和"，更说明了这种模式。

因此，从更深层次来看，王夫之认为人在认识上出现上节所讲"强为一本"或"执一"的倾向，就源于对"中道"的把握不足。异端"以道之中于

---

① （清）王夫之：《周易外传》卷4，《船山全书》第1册，长沙：岳麓书社，2011年，第980页。

② （清）王夫之：《张子正蒙注》卷1，《船山全书》第12册，长沙：岳麓书社，2011年，第15页。

③ （清）王夫之：《周易外传》卷7，《船山全书》第1册，长沙：岳麓书社，2011年，第1112页。

万者以为大始,而昧其本"①,异端不能整体地认识气化一本流行的中道形式,只是从人的闻见出发,因此不能理解变化之不齐本就是天道顺化必然出现的情况,因此"以此疑为不足据,乃从而归并于无有"②。佛教有所谓"万法归一,一归何处"的话头,王夫之则认为"盖二本之变为归一,归一之变为无本,无本之变,又为枯木头上开花"③,极尽辩说之巧,但却对天道没有真切的把握。最终只能是"始于二,成于一"④,导致"二本而无分"。

王夫之所谓中道,总体看,至少有这样三层含义:第一,中道,就是道,完全符合道、没有不符合道的情况是为中道,在王夫之的表述中就是所谓诚体;第二,道之分化为理气、性理、心性等关系结构,而有理气合一、性理合一等,故有性即理也、心即理也等理念。由此,所谓中道便是天理,是良知。道之展开为一二三万历程,则一本而万殊,万殊而一本,道器合一,理势合一,遂能大化流行,生生不已,这也是中道,如自然,如历史,如日用饮食,如圣人气象。在船山看来,无论天理良知,还是自然历史,皆为客观的,可以经验的实在,皆为诚,亦皆为中道;而此中道也必然表现为两端、两个范畴的对立统一关系,必然表现为"××合一"(如天人合一、体用合一等)的命题形式。第一、第二两种情况相合,是正学。第三,由此,不符合中道就主要有两种情况:一是根本上就无道;二是或一本,或万殊,不能一本而万殊,也不能万殊而一本,是间或合道。

四、结 语

究其实质,王夫之的关注点还是在于为现实人道的建立奠定天道的基础,他念兹在兹地证明人本身固有的本性与形色功能就是人能够开拓人道、树立人极最重要的凭借。那么,王夫之为什么认为中道一本论是张载正学的实质内容

---

① (清)王夫之:《周易外传》卷4,《船山全书》第1册,长沙:岳麓书社,2011年,第980页。
② (清)王夫之:《周易外传》卷4,《船山全书》第1册,长沙:岳麓书社,2011年,第980页。
③ (清)王夫之:《读四书大全说》卷8,《船山全书》第6册,长沙:岳麓书社,2011年,第983页。
④ (清)王夫之:《周易外传》卷4,《船山全书》第1册,长沙:岳麓书社,2011年,第980页。

呢？从反面来看，王夫之发现了以往关于人本性的论说，虽然也有明之于天、区别于物的意识，但就其实际成就来看，并没有真正分别为天道与人道划分界限，说明其各自持权的范围，天道与人道在这种没有区分基础上的贯通，导致人道的实践必然流于两种错误的方向："无他，上用天德，则形器所域，固不能与天同其理；下用与物同有之性，则且与物同其偏而一往必穷也"①，要么以天代人，但因为人的能力局限，必然不可能达到真正的与天合一的状态；要么把天所赋予人的本性等同于物性，不能真正凸显出人的本性与现实能力所在。

在王夫之看来，中道一本论的理论内容则可以避免上述两种偏向，把人道的建立落在实处。可以说，王夫之对张载正学的论说实质上是他"天人相继"说的深化与展开。具体来看，首先，王夫之所谓一本论说明了万物生化的经验现实历程，他强调一本而万殊，但不可言万殊而一本，实质上为区分人与物的不同找到了区别于天理的论说方式。在他看来，以理来看待万物的生化历程，必然导致用抽象的"理一"代替具体事物的特性。也正因为一本而万殊的历程，让人的本性和形色皆出于天，这就为人何以建设人道找到了现实的基础。其次，他通过对这种人物化生的历程的追溯，明确了人真正能够礼敬天道的途径，就在于经验事实中对于父母的孝敬，这实际上是确认了人道的建设只能是立基于经验现实中人所保有的能力与本性，而不是以天道的运化功能来挑选人的哪些能力才是能够上达于天的。中道思维的介入则是为了说明，我们确认人的本性与形色功能是人最终能够建设人道的现实基础，但这不等于我们完全割裂了天道与人道的联系，尤其不等于我们要把能在经验现实中直接把握的形色能力当作人道建设的全部根据。人道的建设也非一蹴而就，也一定如天道般有一个逐步展开的历程。这反映在人的修养与政教伦理实践中，便是主张人的修养一定在各个层次与方面有具体的要求。人道最终的建立，一定是人的本性与形色统一，但在其中强调本性对于形色功能的引领。

王夫之通过中道一本论的确立，实质上把他的中道思维贯彻到了他的思想结构当中，既要重视实在的天道与固有的本性，也要注重人性在现实中实现需

---

① （清）王夫之：《礼记章句》卷31，《船山全书》第4册，长沙：岳麓书社，2011年，第1284页。

要现实的依据与复杂的途径。

第一，中道思维要求将形上与形下结合起来。因此，在本体论层面不仅有理，且须包含气，而且理气乃是理气合一的关系。这就从本体论层面断绝了把人的形色等现实存在视为不可靠之"化迹"的理论可能性。

第二，形色与本性有分有合。所谓"性"，王夫之称之为"天人授受之总名"，这就是说"性"是反映天人相继的连接点，"性"上通于天，下连于人。王夫之认为，从现实的气化历程来看，形色与本性皆为天所赋予，或者说源于天，但这不代表他不对二者进行区分。一方面，王夫之认为，虽然形色与本性皆为天所赋予，但其实真正"尽天所赋予"的只有人的"性"与"心"，因为人的耳目形色还需要后天的滋养才能真正发挥出实质的作用，"又以有命焉故"①。这就是所谓"心思之得于天者，不待取而与；耳目之得于天者，则人取之而后天与之也"②。另一方面，从人的本性的能力心之"思"与耳目之功能在实际的效用层面，耳目之感官发挥作用其实是不求自得，耳目自然而然就会去接受万物，即使在人注意力未到的地方耳目接触了就会发挥作用；心思在效用层面则是不求不得，只有人自己反思到这一层面，人的心思的能力才能真正发挥效用。王夫之对形色与本性的这种区分，是在修养层面说明人道的出发点、引领和落脚点，也即承认修养的经验现实历程，但却强调其中有本性的引领。这实质上就反映了他天道论与人道论的分合与统一。

第三，通过对形色与天性的肯定，王夫之在人禽之辨的问题上提出了人的形色、天性皆与禽不同，也因为肯定了人的形色与天性有其特殊性，王夫之最终认为人相对禽兽最大的不同，乃是能够创造文明。王夫之对历史的关注和对天理良知等的经验实在化，其实就是将其视为人的文明化的结果。这与王夫之区分"立人之道"与"成人之道"③的思路有一致性。把成人之道（道的层面），落实为人道层面的好学、力行和知耻这种经验实在化的品质，才能真正

---

① （清）王夫之：《读四书大全说》卷10，《船山全书》第6册，长沙：岳麓书社，2011年，第1089页。

② （清）王夫之：《读四书大全说》卷10，《船山全书》第6册，长沙：岳麓书社，2011年，第1089页。

③ 郑熊：《〈中庸〉学与儒家形而上学研究》，北京：人民出版社，2021年，第342页。

为人所把握。

宋明理学兴起时期所谓"实之以性"的展开，在理论形式上是强调"性之固有"，实则是把"形"及其相关活动进行了肯定，并在此基础上对于宋明理学中关于性形引申出的天道、心性、理欲问题的相关论述进行了澄清与阐发。与之对应，对历史之关注，其实也是源于两方面的考虑：一方面，从肯定的角度来看，儒学一本，则人类历史之展开必有其常则，且视为实有之常则。既然是实有的，便是可信可学可传承的；另一方面，从否定的角度来看，王夫之不仅重气，亦重理，特别是此理根基于天道基础上的随化现理。因此人也要随时而适应之，因时而变化，此之谓时中。因此，王夫之才在思想中看重历史与文明之开创。质言之，则是肯定人之心、理乃实有固有，因此也就必然肯定人依靠自身的能力可以开创文明。这也就越过了传统宋明理学局限在固化又虚泛之良知与抽象天理之中的问题。

总的来看，对于王夫之而言，中道一本论与其说是一个理论架构，毋宁说是一种更加整全的视野。在中道一本论的视野下，天、人及其关系重新划定了各自的内容，从而获得了层次和结构，通过这种层次和结构也使得王夫之获得了评判理学传统中相关理论成果的标准。

中华优秀传统文化与建设中华民族现代文明

论张载"为万世开太平"的价值目标和理论特征

赵馥洁

西北政法大学资深教授、陕西省社科联名誉主席

"为天地立心,为生民立命,为往圣继绝学,为万世开太平"是张载的学术使命,也是张载的人生理想。它含义丰富,哲理深邃,古今学人,多有阐发;虽见解纷纭,理解不一,然各有洞见,难分轩轾。我也曾多次撰文,表达浅见,此不赘述。最近重读张载著作和语录,对"横渠四句",特别是其中的"为万世开太平"的理想,又有一些新的理解,不揣浅陋,略陈管见。

所谓"为万世开太平",就是为社会指出前进的方向,为人类描绘美好社会的蓝图,并探索实现美好社会理想的途径。中国古代的儒家哲人主张"内圣外王"之道,具体说,就是通过格物、致知、诚意、正心、修身的"内圣"之道,开出齐家、治国、平天下的"外王"之道,最后达到"止于至善"的理想境界。张载继承了儒家这一传统,明确地把"为万世开太平"即展示美好的社会理想,作为自己哲学的崇高使命和人生的宏伟理想之一。那么,张载追求的太平之世是什么样的社会呢?张载自己没有具体解释"横渠四句"的含义,也没有对太平之世的特色、方略、价值目标予以说明。我们只能依据张载的思想体系和学说内容来进行分析。

一、太平之世的治世方略

张载所设计的理想社会蓝图和所选择的最佳治世方略,一方面仍然遵循着儒家的"大同""仁政""礼治"等基本原则,另一方面则针对他所生活的北宋时代所存在的社会问题。张载所处的时代,北宋社会已暴露出种种弊端,一些有志之士力主改革,张载也是其中之一。但与坚持现实主义路线的王安石不同,张载着眼于社会的一些根本问题的解决,他主张以儒家"三代"为榜样,确定治世方略。1069 年张载受诏回朝与神宗讨论治国方略时提出:"为政不法

三代，终苟道也。"明确表明了他"法三代"的治世思路。

第一，推行"井田"。主张通过实行"井田制"以解决土地的日趋集中问题。他说："论治人先务，未始不以经界为急""治天下之术，必自此始。今以天下之土棋画分布，人授一方，养民之本也。"（《经学理窟》一）他晚年回到故乡横渠镇著书讲学时期，一方面与弟子们读书论学、著书立说，另一方面仍联系实际，体察民情，试验井田制，为进一步把井田制广泛推行积累经验。

第二，实行礼制。张岱年先生曾云："张载学说有两个最重要的特点，一是以气为本，二是以礼为教。"张载的"以礼为教"，约有二义：一是重视礼的教化；二是崇尚古代的礼制。在礼教上，张载认为"知礼以成性，性乃存，然后，道义从此出"。这就把"礼"和"德"贯通了，由"崇礼"引申到"贵德"。在礼制上，张载平生用心于"复三代之礼"，主张实行礼制，确立治世之道。他说："欲养民当自井田始，治民则教化、刑罚俱不出于礼外。"司马光曾评论说："窃惟子厚平生用心，欲率今世之人，复三代之礼者也，汉魏以下盖不足法。"（《传家集》）

第三，恢复宗法。张载还主张推行古代的宗法制，他说："管摄天下心，收宗族，厚风俗，使人不忘本，须是明谱系世族与立宗子法。"并指出："宗法不立，则人不知来处""人不知来处，无百年之家，骨肉无统，虽至亲，恩亦薄。"（《经学理窟·宗法》）他认为宗法制可以使人知道自己的世代祖先，从而通过宗亲关系凝聚人心，并通过世系传衍继承传统美德，淳厚民间风俗。

第四，推行德治。孔子提出"为政以德"，张载继承孔子的治世思想也主张推行德治。他说："为政不以德，人不附且劳。"（《张子全书·正蒙·有司篇》）为了推行德治，张载从哲学高度论证了"民胞物与"的道德境界。他在《西铭》一文中说："乾称父，坤称母；予兹藐焉，乃混然中处。故天地之塞，吾其体；天地之帅，吾其性。民，吾同胞；物，吾与也。"（《张载集·正蒙·乾称》）就是说，人与我、物与人，都属于天地所生，都秉有天地之性，所以每个人都应该以万民为同胞，以万物为朋友。这种"民胞物与"的道德理想，既是修身的根本，也是治世的纲领。

二、太平之世的价值目标

张载提出的治世方略，并没有停止在急功近利的工具、手段上，而是有着对社会长治久安的长远思考,内含着十分崇高的价值意蕴,追求丰富美好的价值目标。概而言之,约有四端。

一曰富。张载认为井田制有两大优越性,首先是"足民"。所谓"足民",就是让老百姓富裕起来。他说:"为政在乎足民。""今以天下之土棋画分布,人授一方,养民之本也。"(《经学理窟》一)又说:"百姓足,君孰于不足!百姓不足,君孰于足!"(张载引孔子语)富民是儒家提出的重要社会价值,孔子把"足食""足兵""民信之"作为治国的基本要素,并主张"因民之所利而利之"。孟子提出:"明君制民之产",都把"富"作为太平之世的重要标志。张载继承了这些思想,也把"富"作为为万世开太平的首要价值目标。

二曰均。张载认为,井田制的第二个好处是"均"。他说:"治天下不由井地,终无由得平。周道止是均平。"(《经学理窟一》)又说:"井田亦无他术,但先以天下之地棋布画定,使人受一方,则自是均。"(《张子全书·经学理窟一》"均平"也是儒家追求的重要社会价值之一。孔子说:"不患寡而患不均,不患贫而患不安。盖均无贫,和无寡,安无倾。"这也是张载主张推行井田制的用心所在。

三曰安。社会平安、安定是张载提出的治世方略的又一重要价值。张载的井田制、礼制、宗法制、德治等治世方略的选择,其中都内含有一种秩序性的价值诉求,而这种秩序价值所呈现的社会面貌就是平安、安定。在张载看来,礼是天理秩序性的现实展现,礼制具有稳定社会秩序的实用价值。张载说:"天之生物也有序,物之既形也有秩。知序然后经正,知秩然后礼行。"(《正蒙·动物》)又说:"井田行,至安荣之道。"他之所以倡导宗法制,也在于宗法制具有明世系、凝人心、厚风俗等维护社会秩序和社会安定的重要作用。

四曰和。社会和谐也是张载提出的治世的又一重要价值追求。"礼之用,和为贵",推行礼制,可以实现和谐价值;实行德治,达到"民胞物与"的道德境界,对于社会的意义,更是和谐。张载在哲学上追求至高无上的"太和"境界。他说"太和所谓道"(《张载集·正蒙·太和》)。张载称"太和"为"道",就从本体和价值的统一上赋予了"太和"以崇高的地位。这种至高无上的和谐,就是张载追求的理想境界。在张载看来,世间的万事万物虽然存在着种种矛盾、对立和斗争,但终归会化解矛盾,实现和谐。"有象斯有对,对必反其为;有反斯有仇,仇必和而解。"(《张载集·正蒙·太和》)这种至高无上的宇宙和谐体现在社会上就是社会和谐。而社会和谐的价值目标必须通过美好的道德才能实现。而道德上"民胞物与"的境界就是实现社会和谐的最好途径。而为了做到"民胞物与",他提出每个人要培植"大心体物"的自觉精神,"大其心,则能体天下之物,物有未体,则心为外。世人之心,止于见闻之狭;圣人尽性,不以见闻梏其心,其视天下无一物非我,孟子谓尽心则知性知天以此。天大无外,故有外之心,不足以合天心"(《张载集·正蒙·大心》)。就是说每个个人应超越个体狭隘的见闻和私心,弘大其心境体察万物、承载万物,做到"体物未尝遗"(《张载集·正蒙·诚明》)、"视天下无一物非我",这样就会具备关怀万物、关爱他人的宏大道德情怀,这样就能遵循"立必俱立,知必周知,爱必兼爱,成不独成"的道德原则(《张载集·正蒙·诚明》),就能达到"民胞物与"的道德境界,从而使社会真正实现天与人、人与人、人与物的和谐境界。

总之,张载设计的上述治世方略,是由他所追求的价值目标所导引的。他追求的"富""均""安""和"等价值目标,也即是太平之世的构成要素和确立标志。富而平谓之"富平"、均而平谓之"均平"、安而平谓之"安平"、和而平谓之"和平",合而言之,即是"太平"。在张载看来,这几个具体的价值目标达到了,社会也就实现了"礼教备,养道足,而后刑可行,政可明,明而不疑"的理想状态,此即是"万世太平"!

三、"万世太平"理想的特点

张载"为万世开太平"的理想,义蕴丰富,思想深邃,具有突出的特点:

第一,万世太平理想是工具理性和价值理性的统一。张载提出的太平之世的治世方略属于达到太平之世的途径,实现太平盛世的手段,解决社会问题的方法,属于工具理性,而它追求的价值取向和价值目标,则属于价值理性。他的为万世开太平的理想是工具理性和价值理性的统一。我们对它的评议,既不能只着眼于工具理性,也不能只看到其价值理性。工具理性与价值理性是西方哲学的范畴,是德国社会学家马克斯·韦伯提出的概念。工具理性与价值理性约略相当于中国传统思想中的"术"与"道"。但中国传统思想强调"术"与"道"的统一,以治世言,治世之"术"由治世之"道"来指引,治世之"道"由治世之"术"来实现。两者不能割裂。张载的万世太平理想也体现了这种精神。

第二，万世太平理想是保守性和空想性的交织。张载为万世开太平的方略包括井田、礼制、德治、宗法等等都是传统儒家的特别是西周时期的治世经验，以此来作为北宋时期的解决现实社会问题的灵丹妙药，虽不能说完全无效，但标与本都难根治。所以张载的治世方略，确有"药方只贩古时丹"的保守主义色彩，而企图用这种方案来实现富有、均平、安宁、和谐等美好的价值目标和万世太平的宏伟理想，只会流于不切实际的空想。所以他的理想体现了保守性和空想性的交织。

第三，万世太平理想是历史传统和时代意识的结合。太平盛世的理想追求，为万世开太平的宏伟志向，并不只是张载个人的独立宣言，而是历史上诸多思想家、政治家所崇尚的社会最高评价标准。例如，《史记·秦始皇本纪》中记载，秦始皇南巡会稽时，命李斯"立石刻颂秦德"，其中曰："大治濯俗，蒙被休经，皆遵度轨，和安敦勉，莫不顺令，黔首修絜，人乐同则，嘉保太平。"《吕氏春秋·大乐》篇认为，先王定制音乐，并不仅仅是为了个人娱乐，其宗旨也是为了实现"天下太平，万物安宁"的美好社会理想。《后汉书·班彪列传》记述了班彪对周成王的赞美。他说，周成王年幼时受到周公等人的良好教育，所以他主政后"天下旷然太平"。温庭筠在诗中赞美他所处的唐代社会是："四方无事太平年"（《长安春晚之二》）。不但在历史传统中"太平"一直是美好的社会赞词，而且到了北宋时代"太平"更成为广泛流行的人们表达美好愿望和理想社会的美好语言。宋太宗赵光义于公元976年登基后，就改年号为"太平兴国"，表示要成就一番新的事业，公元977年后，赵光义还下令编纂了《太平御览》《太平广记》等几部大书。于是，"太平"就成为一种表达时代意识的话语，为人们所熟悉。关心朝政的知识分子们几乎莫不谈"致太平"之道。欧阳修（1107—1072）在《论澧州瑞木乞不宣示外廷札子》一文中说："臣谓前世号称太平者，须是四海晏然，万物得所。方今西羌叛逆，未平之患在前；北虏骄悖，藏伏之祸在后。一患未灭，一患已萌。加以西则泸戎，南则湖岭，凡与四夷连接，无一处无事。而又内则百姓困弊，盗贼纵横……以臣视之，乃是四海骚然，万物失所，实未见太平之象。"又云："夫自古帝王致太平皆自有道，得其道则太平，失其道则危乱。臣视方今，但见其失，未见其得也。"著名思想家李觏（1009—1059）认为《周礼》是"周公致太平"之书,他阐发《周礼》思想写成《周礼致太平论》51篇,寄给朝士官员,希望引起重视,用于实际,来致大宋的太平。可见张载的"万世太平"理想体现了历史感和时代性兼备的突出特点。

总之,张载用"为万世开太平"概括他的学术使命和社会理想,并不是空洞无物的宏大叙事,而是具体切实的殷切表达,是符合时代要求和百姓意愿的。尽管,同历史上其他哲学家一样,张载没有也不可能摆脱自身的历史局限性,来为社会描绘出一幅美轮美奂的理想图景。但他追求的富、均、安、和的社会价值目标,却是合理的,他"为万世开太平"的哲学使命也是十分崇高的!正如清人黄百家在《宋元学案》卷十七"横渠学案"的按语中写的:"先生……精思力践,毅然以圣人之诣为必可至,三代之治为必可复。尝语云:'为天地立心,为生民立命,为往圣继绝学,为万世开太平。'"(《宋元学案》第1册,第664页)

因此,张载为追求"万世太平"的理想所进行的学术探索和付出的实际努力,至今依然闪耀着不灭的精神光辉,值得我们继承和弘扬!为此,我们要永远纪念和不断研究这位为了实现万世太平、为了黎民百姓过好生活而用心良苦、艰苦探索的哲学家!

对中华文明从早期源头到
奴隶制文明出现的若干思考

任大援

北京外国语大学教授

关于中华文明取得的最新成果，重点可以概括为：大约从距今5800年开始，中华大地上各个区域相继出现较为明显的社会分化，进入了文明起源的加速阶段。

这项研究还认为，中华文明起源的加速阶段，可将从距今5800年至距今3800年划分为古国时代。古国时代第一阶段，为距今5800—5200年前后，以西辽河流域的牛河梁遗址为代表。古国时代第二阶段，为距今5200—4300年前后。社会分化进一步凸显，社会资源的调动能力加强。古国时代第三阶段，为距今4300—3800年前后，形成了一个以中原为中心的历史趋势，奠定了中国历史发展的基础。

从上述结论看，探源工程提出的这个时间点，比夏商周断代工程得出的夏王朝开始时间（公元前2070年）早1706年，即探源工程所说的"中国文明起源的加速阶段"从距今约5800年开始，那么这一年就是约公元前3777年，那么，这是一个什么时代呢？我们回过头来看夏商周断代工程的年表，其中记载"谯周曰：'自神农至榆罔，相承八代。'合520年（公元前3217年—公元前2698年）"①，也就是说，这一加速阶段比中国历史上传说的神农氏早500年。

史学界一般认为，中国历史上的神农氏，是中国农业革命（从采集农业到种植农业）的开创者，《商君书》说："神农之世，公耕而食，妇织而衣，刑政不用而治，甲兵不起而王。"《周易·系辞》中又说炎帝之时，"日中为市。

---

① 高俊信：《夏商周纪年表》，天津：天津古籍出版社，2019年。

致天下之民,聚天下之货,交易而退,各得其所"。这种男耕女织、物物交易的情况,不应该是农业革命的草莽阶段,在此之前500年,是农业革命的草莽和发展阶段,这样解释,如果可以接受的话,那么就可以得出结论,探源工程所说的第一个加速阶段,和中国农业开始走向革命阶段的历史相吻合,当神农出现时,历史学家把光环加在了他的身上,汉代的司马迁,也是这么想,也是这么做,把炎黄写在了《史记》本纪的第一篇《五帝本纪》之中。司马氏作为封建社会正统史学家,当然会把政治上的领袖——帝王突出出来,但他也给炎帝这种技术上的发明人以一定的地位。

我们可以做这样的推论吗?我想就教于各位大方之家。这里引出我的第一个思考,即探源工程应如何理解中国历史上的炎黄时代(包括几乎找不到文字记录的夏)?2019年9月,我在"五帝时代与中华文明学术研讨会"上发言说:"有一点让我困惑的,就是在2018年5月29日重大科研项目'探源工程'成果发布的《人民日报》和新华社的报道中,并没有出现'炎黄'二字。在我见到的相关文章中,考古学家很少谈到这一重大工程与'炎黄'二帝的关系。我们应该如何看待这一现象?这是一个值得思考的问题。"

在探源工程的一位重要参与者的著作的封底,写下了如下带有结论性的话:"公元前2000年,在所谓的夏王朝前夕,考古发现中看不到与传世文献相对应的'王朝气象'。"①其根据是,只要找不到夏朝的文字,就别跟我说有夏朝。事实是,人类有了文化,有了器物,有了城池,有了管理……就必然有思想。思想是大大早于文字的,也就是说,没有文字,就有了意识活动,有了谋划,有了思想……不然,就没有脱离动物。荀子正确地指出,人"力不若牛,走不若马,而牛马为之用,何也?人能群,彼不能群也。"三人成众,由众而群,必然有管理者,最早就是部落的领袖,当人类的文字出现,早已不知道最早的领袖具体姓甚名谁,于是将口耳相传的故事记录下来,史学家加以润色,成为历史。不然的话,上古只是砖头瓦片的历史,用一个发现地的地名把这些砖头瓦片集合起来,这就是合理的历史叙述吗?

第二个思考,从生产方式上看,在对探源工程的研究中,对中国早期农业的关心和研究,是重要的方面。著名史学家何炳棣先生曾指出:"中国历史很

---

① 许宏:《何以中国》,北京:生活·读书·新知三联书店,2022年。

多课题之中，最基本而又最困难的一个，莫过于中国文化的起源。在中国文化起源这个异常广泛的课题之中，中国农业的起源是一个重要的专门课题。"①

第三个思考，从思想史上看，当"国"（古国也是"国"）出现，就存在"城市国家的意识形态"问题，《礼记·表记》中说，"夏道尊命""殷人尊神""周人尊礼"，就是对夏商周国家意识形态的概括。如果说城砖、陶器没有意识形态，但使用陶器、坐拥城池的人也是泥坯陶俑吗？他们的意识如何？是否可以关注？不然怎么会有那些美轮美奂的彩陶？

第四个思考，从人类文明起源的角度看，探源工程与侯外庐先生中国进入早期文明的路径研究的衔接问题。

第五个思考，从方法论上看，考古研究与历史研究的结合问题。

以上五个思考，这里只是一个摘要，供批评指正。正文俟诸来日。

---

① 何炳棣：《黄土与中国农业的起源》，北京：中华书局，2017年。

中华文明三大认知体系的早期建构、发展与启示

郑杰文*　佟亨智

* 山东大学儒学高等研究院教授

习近平总书记 2023 年在出席文化传承发展座谈会时指出："中国文化源远流长，中华文明博大精深。只有全面深入了解中华文明的历史，才能更有效地推动中华优秀传统文化创造性转化、创新性发展，更有力地推进中国特色社会主义文化建设，建设中华民族现代文明。"要深入了解中华文明的历史，弄清楚"中华民族认知体系"是非常重要的一环。对此问题进行分析梳理，从中汲取思想文化养分，可以为建设中华民族现代文明提供更扎实的思想理论支撑。

本文所说的"认知体系"，主要是指一系列源自生产基础与文化背景的"原始思维"，这些思维大体可以覆盖中华民族在认识世界、思考问题时的所有基本认知方式。之所以用"认知体系"而非"知识体系"，是因为"认知"属于知识、技能、经验、思考的有机组合体，它永远在发展变化的过程中，不断在更新进步。

总体来说，中华文明认知体系从关系角度而言可分为三大板块：揭示生死关系的"生往之学"、研究人际关系以维系社会运行的"人人之学"、揭示自然奥秘及为人所用的"天人之学"。

一、生往之学的早期建构与发展

此处所说"生往之学"，主要指的是古人对于生死观念、生死关系的认知体系。"生往"一词是借用佛教的术语。

先秦时期，在神民易位、私田大增的社会经济大背景下，"人"开始被重视，开始有人讨论人性，于是产生了孔子"性相近"、孟子"人性善"、慎到至荀子的"人性恶"诸多观点。与此同时，也有很多人出现了对死亡的恐惧，

如齐景公曾于牛山"北临其国城而流涕"曰:"若何滂滂去此而死乎!"(《晏子春秋·内篇谏上》)又曾于泰山酒酣后"四望其地,喟然叹,泣数行而下",悲叹"寡人将去此堂堂国而死乎!"(《晏子春秋·外篇》)这些对于生死之事的考虑在神学社会中是没有的,由此也就催生出了对"生往之学"的讨论。

"生往之学"在秦以前有三大重点议题:求仙药(长生说)、齐生死(等生死)、追全生(追求享受),以下分论之。

(一)求仙药

求仙药,就是去寻找、拜见仙人,求取仙药,服之长生。它实际是后世道家炼丹概念的萌芽状态,其产生有着深远的文化背景。

它首先与我国东部沿海早期航海业的发展有关。今天考古界在山东长岛一带发现了榫口整齐的船体残骸、与今相差无几的船桨以及沉入海底的石锚,都说明东部沿海比较远的近海航行在龙山文化时期就已开始。发达的航海业又带来了形形色色的海外传说,人们开始相信东海之外有"大人之国""小人国""蔿国""君子之国""司幽之国""白民之国"等,有"日月所出"的大言山、明星山等,有人面鸟身的海神禺号,有浴日的汤谷,有出日的扶木(以上均见《山海经·大荒东经》),东海外有一大片神秘莫测的海外世界。

其次就是自然现象的影响。种种古人不可理解的自然现象,进一步增加了那个不可知的海外世界的神秘性。大海为什么"万川归之,不知何时止而不盈""春秋不变,水旱不知"(《庄子·秋水》)?为什么太阳和月亮在西方沉没后又从东海中升起?是什么东西使东海具有这种千秋万代不变其形,还能使日月"死则又育"(《楚辞·天问》)的神性呢?在古人眼中,在遥远的东海外有一种神秘的存在,这种存在既有无限的容纳能力,又具备复生更新的生命之力。

将上述由航海探索产生的海外传说及由自然现象想象出的海外神秘力量结合起来,古人便天真地推想:在神秘的海外世界中,存在一些有着长生、复生之力的灵药,于是东部海滨便产生了种种不死药的传说(包括燕齐方士的长生说):

> 玄洲在北海中,地方三十里,去南岸十万里,上有芝著玄涧。涧水如蜜味,服之长生。(《太平御览》卷五九引《龙鱼河图》)

祖州，东海中，地方五百里，上有不死草生琼田中。草似菰苗。人已死者，以草覆之，皆活。(《太平御览》卷六引《十洲记》)

包括东海三神山的传说。

自威、宣、燕昭使人入海求蓬莱、方丈、瀛洲。此三神山者，其传在渤海中，去人不远；患且至，则船风引而去。盖尝有至者，诸仙人及不死之药皆在焉。(《史记·封禅书》)

在此类传说的吸引下，曾数次与晏子讨论生死问题，为"去此堂堂国者而死"而悲叹流涕的齐景公，也不辞浪涛颠簸之苦，亲自到海上去祈求碰到仙人，在海上巡游数月，冀有所遇。"齐景公游于海上而乐之，六月不归，令左右曰：'敢有先言归者，致死不赦！'"。(《说苑·正谏》)

此后秦始皇派齐人徐福去东海中寻找三神山仙人的故事更为人耳熟能详：

齐人徐市（即徐福）等上书，言海中有三神山，名曰蓬莱、方丈、瀛洲，仙人居之。请得斋戒，与童男女求之。于是遣徐市发童男女数千人，入海求仙人。(《史记·秦始皇本纪》)

源自早期中国东部海滨交通与燕、齐方士的长生仙药说，影响了此后很长一段时期的中国历史。

（二）齐生死

先秦生往之学的第二个重点议题是庄子的"齐生死""等生死"学说。《庄子·至乐》记载：

庄子妻死，惠子吊之，庄子则方箕踞鼓盆而歌。惠子曰："与人居，长子、老、身死，不哭亦足矣，又鼓盆而歌，不亦甚乎！"庄子曰："不然。是其始死也，我独何能无慨！然察其始而本无生；非徒无生也，而本无形；非徒无形也，而本无气。杂乎芒芴之间，变而有气，气变而有形，形变而有生，今又变而之死，是相与为春秋冬夏四时行也。人且偃然寝于巨室，而我噭噭然随而哭之，自以为不通乎命，故止也。"

庄子妻子死后，庄子"方箕踞，鼓盆而歌"，惠施对此感到不满，认为庄子妻子，生养子女辛苦了一辈子，最终衰老而死，庄子这样做是对她的不尊重。但惠子未能理解到庄子其实是从自然的角度去看待妻子之"死"，他将死看作一种自然现象，认为生、死包括无形、无气各种形态间的转化就如同四季交替，生而复死、死而复生属于一种自然的过程。妻子现在或许"死"了，但她只是换了一种形态存在于天地之间而已，是以根本不必悲哀，顺应自然规律即可。这就是庄子关于人的生命的认识，体现了生与死界限的进一步消解。庄子还在《知北游》中总结说："人之生，气之聚也，聚则为生，散则为死"，亦是同理。

在庄子的哲学认识中，人就是自然的一部分，人的生命特质与自然界其他生物的生命特质是一样的，这是一种超脱的生死观。

(三) 追全生

战国时魏人子华子曾提出"全生说"，其著作今已不存（今传《子华子》系后人伪托之作），观点赖《吕氏春秋》所引保存：

> 子华子曰："全生为上，亏生次之，死次之，迫生为下。"故所谓尊生者，全生之谓；所谓全生者，六欲皆得其宜也。所谓亏生者，六欲分得其宜也。亏生则于其尊之者薄矣。其亏弥甚者也，其尊弥薄。所谓死者，无有所以知，复其未生也。所谓迫生者，六欲莫得其宜也，皆获其所甚恶者。服是也，辱是也。辱莫大于不义，故不义，迫生也，而迫生非独不义也，故曰迫生不若死。奚以知其然也？耳闻所恶，不若无闻；目见所恶，不若无见。故雷则掩耳，电则掩目，此其比也。凡六欲者，皆知其所甚恶，而必不得免，不若无有所以知。无有所以知者，死之谓也，故迫生不若死。嗜肉者，非腐鼠之谓也；嗜酒者，非败酒之谓也；尊生者，非迫生之谓也。（《吕氏春秋·贵生》）

六欲，高诱注："生、死、耳、目、口、鼻也"，即泛指人的生理欲望。在子华子看来，"亏生"（六欲只能部分满足）已经不是什么理想的状态了，而"迫生"（六欲都无法满足，过着一种服从、屈辱的日子）甚至还不如死亡。他认为最理想的生命状态是"全生"，也就是"六欲皆得其宜"，注重自我保养，满足自身欲望，这实际上是后世王公贵族及有权势者享乐主义的思想滥觞。

以上就是生往之学在秦以前的三大重点议题，中国古代与生死相关的思考基本上可以被这三个议题涵盖。这三个议题并非相互孤立，也并非只是纯理论的探讨，它们之间存在传递、过渡，同时也有实物证据。如马王堆出土的楚国帛画《人物御龙图》描绘人类驾龙去极乐世界,又如湖南长沙陈家大山楚墓出土的《人物龙凤图》展示在天国的欢乐景象,包括马王堆出土的棺衣图画描绘了从人间一步步地升到天国的过程等,这些出土发现都可以展示出早期先民对生往之学的幻想、思考与追求。

但要注意的是,"生死之学"三大议题中的"仙药"和"全生",主要都只流传于当时的上层人士中,比如秦始皇多次派方士求仙药,后来汉武帝不仅求仙,还炼黄金,包括前述帛画、棺衣描绘的生活,都是只有上层人士才能够企及的东西。说到底,他们求长生是为了长久享乐,这实际就把"长生"和"全生"结合在一起。也正是因为上层人士的带动,这两个议题也在历史上被长期延续下去。

而对于更广大的民众尤其是底层老百姓而言,他们没有财力和能力去追求"仙药""全生",最适合他们的"生死之学"更多地应该体现为个人对生命意义的认知,但最符合这一需要的,以追问生命本质为主导的"齐生死"论在中国历史上却始终没有被普及,包括在理论层面的研究都没有再继续下去。同时,早期中国民间也并未诞生系统的认知死后世界的学说,始终缺乏对临终关怀的研究,这就给汉代佛教的传入和发展留下了文化空间。侯旭东曾指出:"释教东来之时,中土文明史殆逾二千载,精神文化积淀殷实丰厚,已形成独具特色的对宇宙自然、人生人伦的态度和认识……释教欲进入民心扩展其势力,需要桥梁,需要寻找突破口,需要其说教更富有吸引力。"① 佛教传入后,其宣传的生往体系在一定程度上缓解了普通民众对生命逝去的恐惧,填补了中国文化中关于临终关怀的空白,这也正是佛教得以兴盛的原因之一。

从文化发展功能上说,佛教的传入当然有其好的一方面,比如说佛教劝善,鼓励"诸恶莫作,众善奉行"(《增一阿含》),告诉人们经过修行可以升梵天,去西方净土,或者转世时也会获得比较好的结果,这都为维持社会稳定带来了一定帮助。在文学领域,音韵包括文体的发展也都与佛教的传入有着分不开的关系。但佛教的盛行也带来了一些社会文化的弊端,比方说和国家争夺资产,甚或争夺国家文化的主导权,故后世帝王时有毁佛之举,很多知识分子

---

① 侯旭东:《五、六世纪北方民众佛教信仰——以造像记为中心的考察》,北京:中国社会科学出版社,1998年,第85页。

也对佛教的广泛流布感到担忧。这些都是题外话了。

二、人人之学的早期建构与发展

"人人之学"即研究人际关系，以维系社会运行的体系的学问，或者也可以称为"人际之学"，其在中国历史上主要体现为以儒家思想为主要代表的一套认知及社会治理体系。"人人之学"的生成与黄河流域原始农业生产方式密切相关，可以一直上溯到周人灭殷、神民异位与重民思潮。

（一）汉以前：重民思潮的发生与扩展

周人灭殷后，面临着两大社会思想问题：①周人是否有作为"天之子"的资格？②如果周人与殷人同有作为"天之子"的资格，"小邦周"凭何取代"大邑商"？

针对第一个问题，周公旦创"姜原履巨人迹生后稷"说，"周后稷，名弃。其母有邰氏女，曰姜原。姜原为帝喾元妃。姜原出野，见巨人迹，心忻然说，欲践之，践之而身动如孕者。居期而生子"（《史记·周本纪》）。这种说法实际上高度类似于殷人先祖传说的"殷契，母曰简狄，有娀氏之女，为帝喾次妃。三人行浴，见玄鸟堕其卵，简狄取吞之，因孕生契"（《史记·殷本纪》），也就是说后稷和殷人先祖契一样是"天之子"，具备做天子的资质。

第二个问题则是来自作为周初社会思想界主体的殷士子遗民的询问。针对此问题，周公旦承接伊尹的"天难谌，命靡常"（《尚书·咸有一德》）思想，主张"皇天无亲，惟德是辅"（《尚书·蔡仲之命》）。武王攻纣时，"纣师虽众，皆无战之心，心欲武王亟入。纣师皆倒兵以战，以开武王。武王驰之，纣兵皆崩畔纣"（《史记·周本纪》），也就是说周文王、武王有德而纣王失德，民心向周，故周应代殷享有天下。周公如此解答，便将"神佑"的关键由"享祭"转而"为民"——即"观民知德"。

周公主张的"惟德是辅"具备双面效应：一方面，在"惟德是辅"政治观念引导下，周人在治理思想方面生成了以"以德配天""敬德保民""明德慎罚"为主要内容的"德政文化"说，成为后代王朝君主追慕的政治理念；在治理措施方面产生训诫系统，"天子听政，使公卿至于列士献诗，瞽献曲，史献书，师箴，瞍赋，矇诵，百工谏，庶人传语，近臣尽规，亲戚补察，瞽、史教诲，耆、艾修之，而后王斟酌焉，是以事行而不悖"（《国语·周语上》），成为后代王朝效仿的政治制度。但另一方面，"观民定德"说也导致了春秋时期"神民易位"和"否神重人"等观念的出现，这些观念又进一步引发了社会信仰和社会生产的重大变化。否神，使天子脱离了"神"的威慑，僭越神灵，进而生活腐化，恣意挥霍；诸侯又效仿而僭越天子，无视天子所封，征战略地；大夫也同样效仿，开私田，待实力增长后又僭越诸侯。如此环环相扣、由上及下的"僭越"，加上以算术级数增长的社会物质生产速度越来越赶不上以指数规律增长的人口增加速度，最终引发了社会的大动荡。

在这种动荡环境下，诸子蜂起，各自探寻治世理民的新理念。其中孔子重讲周公"为政以德"的德政思想，主张以恢复周礼作为治世策略，并强调以礼作为社会成员的立身序列标准。他说"不学礼，无以立"（《论语·季氏》），主张每个社会成员都要"立于礼"（《论语·泰伯》），希望以此来重新建立稳定的社会结构。又主张"克己复礼"，"一日克己复礼，天下归仁焉"（《论语·颜渊》），加强自身的道德修养，道德修养提高达到"仁人"的程度后，"礼"便得以恢复。孔子还说："笃于亲，则民兴于仁。"（《论语·泰伯》）何谓"笃于亲"？孔子认为"弟子，入则孝，出则弟"（《论语·学而》）、"宗族称孝焉，乡党称悌焉"（《论语·子路》）便是"笃于亲"，下民做到了孝、悌，便是"仁人"，便可"复礼"，这就将礼、仁、孝统一起来。被孔门弟子称赞"言语如夫子"的有若也说："其为人也孝弟，而好犯上者，鲜矣；不好犯上，而好作乱者，未之有也。君子务本，本立而道生。孝弟也者，其为仁之本与！"（《论语·学而》）在家庭中，子对父孝敬，弟对兄顺从，这个家庭便会稳定。当每个社会成员都成为孝顺之人，"入则事父兄""出则事公卿"（《论语·子罕》）时，便会出现家家户户和睦稳定，整个社会秩序井然的大治局面了。

孔门儒学发展了春秋中期学者的"孝，礼之始也"（《左传·文公二年》）的治世理念，依据彼时以家庭、家族作为社会基本单位的事实，试图以人间血缘作为社会稳定的联系纽带。这种首重调节"人际关系"的思想学说，是在周公开启重民思潮，并特别强调以道德约束执政者思想基础上的进一步发展。同时，孔子还将周公"为政以德"的约束对象从执政阶层扩展到整个士阶层。

（二）汉以后：从"先孝后忠"向"忠而后孝"的转变

到了西汉前期，统治阶级进一步落实"孝道为治国之策"的思想。如传为汉高祖唐山夫人所作的《房中祠乐》(《安世房中歌》)便曰"清明鬯矣,皇帝孝德。竟全大功,抚安四极"(《古诗源》卷二)。高祖之子惠帝刘盈也因行"孝道"而保住了太子之位。文帝刘恒试图以"孝"的名义或联合、或安抚刘氏诸侯王。包括自惠帝起,汉代皇帝谥号均加"孝",这些都是汉初重孝思路的延续表现。

到了汉武帝时,对外扩张战争频仍,武帝开始逐渐意识到:战争越来越多,需要有人为国去当兵,不能每个人都秉持"父母在,不远游""身体发肤不可毁伤"的孝道。也正是在汉武帝时期,士人于忠、孝二端问题上开始越来越多地出现思想冲突,官方对忠、孝的宣传倾向也出现了一些变化。《汉书·李广苏建传》中围绕李陵的一系列事件记载,便是这种冲突和变化的典型表现。

天汉二年(公元前99),汉武帝派遣李广利带领三万骑兵自酒泉出击匈奴,又派李陵率领五千步卒为偏军。李陵在浚稽山被三万匈奴兵围困,苦战多日,矢尽粮绝而降。武帝震怒,群臣亦多罪李陵,唯有司马迁为李陵说话:

> 迁盛言:"陵事亲孝,与士信,常奋不顾身以殉国家之急……今举事一不幸,全躯保妻子之臣随而媒蘖其短,诚可痛也!……彼之不死,宜欲得当以报汉也。"(《汉书·李广苏建传》,下同)

司马迁认为"事亲孝,与士信""有国士之风"的李陵之所以投降,是因兵力确实不及匈奴,应该被同情和理解,且李陵此后一定还会报效汉朝。这令汉武帝大为震怒,"以迁诬罔,欲沮贰师,为陵游说",对司马迁处以腐刑。在此时的汉武帝眼中只有忠和胜,"事亲孝"作为重要的美德,参考价值已经不大了。后来武帝虽然有所反省,"悔陵无救",但过了一年多,在从公孙敖处听闻李陵(实为李绪)为匈奴练兵之事后,武帝还是选择"族陵家,母弟妻子皆伏诛"。后来李陵质问汉使"何负于汉而诛吾家?"在确定是李绪而非自己,家人乃因姓名误传而被误杀后,李陵不顾自身立场及安危,"痛其家以李绪而诛,使人刺杀绪",由此可看出李陵是一个重视孝道、"先孝后忠"之人。

在苏武被拘流放北海后,与苏武熟识的李陵作为"反面人物"出场,以苏武母、兄、弟均已亡故,妻子改嫁,秉承孝道已无用为由劝其投降:

> 前长君为奉车,从至雍棫阳宫,扶辇下除,触柱折辕,劾大不

敬，伏剑自刎，赐钱二百万以葬。孺卿从祠河东后土，宦骑与黄门驸马争船，推堕驸马河中溺死，宦骑亡，诏使孺卿逐捕不得，惶恐饮药而死。来时，大夫人已不幸，陵送葬至阳陵。子卿妇年少，闻已更嫁矣。独有女弟二人，两女一男，今复十余年，存亡不可知。人生如朝露，何久自苦如此！

李陵以此劝降，是因为他觉得苏武和自己一样是"先孝后忠"，若孝已难行，忠的价值便已不大。但苏武的立场却是"先忠后孝"，他斩钉截铁地拒绝了李陵：

武父子亡功德，皆为陛下所成就，位列将，爵通侯，兄弟亲近，常愿肝脑涂地。今得杀身自效，虽蒙斧钺汤镬，诚甘乐之。臣事君，犹子事父也。子为父死亡所恨。愿勿复再言。

昭帝初年，苏武即将归国时，李陵与其再次交谈，在对话中更清晰地阐明了自己"先孝后忠"的立场：

于是李陵置酒贺武曰："今足下还归，扬名于匈奴，功显于汉室。虽古竹帛所载，丹青所画，何以过子卿！陵虽驽怯，令汉且贳陵罪，全其老母，使得奋大辱之积志，庶几乎曹柯之盟，此陵宿昔之所不忘也！收族陵家，为世大戮，陵尚复何顾乎？已矣，令子卿知吾心耳！异域之人，壹别长绝！"陵起舞，歌曰："径万里兮度沙幕，为君将兮奋匈奴。路穷绝兮矢刃摧，士众灭兮名已聩。老母已死，虽欲报恩将安归！"陵泣下数行，因与武决。

从前述刺杀李绪之举，包括与苏武的两次对话中，都可以看出作为"反面人物"的李陵始终秉持的是"先孝后忠"的立场，尽管其后来时有报汉之意，但灭族之恨一次次地打消了他报汉的念头，"孝"始终是压过"忠"的。

而在官方宣传口径中，苏武忠贞不屈，"留匈奴凡十九岁"，返京后"拜为典属国，秩中二千石；赐钱二百万，公田二顷，宅一区"，得到高规格的奖赏与表彰，这可被看作是官方对其忠行的认可。而此前武帝听闻李陵降敌，族诛其全家后，"陇西士大夫以李氏为愧"，以其不忠为耻。上述记载（宣传）鲜明地体现出武帝时"先忠后孝""先孝后忠"两种观念的冲突。

另外，值得注意的是：前文所述司马迁指责"全躯保妻子之臣"对李陵的跟风攻击，其实也可被视作一种相对理性的，对"重家庭而轻王事"——

也就是"先孝后忠"行为的否定,只是汉武帝盛怒之下并未听进去。是以司马迁后来在《报任安书》中慨叹"明主不晓……拳拳之忠,终不能自列"。

正是自武帝之后,"先忠后孝""先国后家"的呼声日高,"先忠后孝"的认知理念逐渐被士人接受。如鲍峻以"《春秋》之义,不以家事废王事"之语批评逃封佯狂的丁鸿(《后汉书·丁鸿传》)。东汉后期袁绍上书说:"臣出身为国,破家立事""诚以忠孝之节,道不两立,顾私怀己,不能全功。斯亦愚臣破家徇国之二验也"(《后汉书·袁绍传》),都是这种理念的展现。

言归正传,人人之学由周公等奠基,他们答殷遗民之问而建立"神性血缘"宗法等级制,但物质增长速率与人口增长速率的矛盾性使私田大增,又导致社会动乱。孔子将礼、仁、孝统一起来,建立首重调节"人际关系"的思想学说。执政者"为政以德"作为表率,而社会精英努力做到"修齐治平",这种由稳定家庭出发进而稳定社会的治理模式后来被历代执政者所接受,辉煌至今。汉武帝时,在对外大肆扩张的背景下,忠、孝二端开始出现冲突。汉以后,忠、孝关系的辩论成为经典命题,被无数知识分子讨论不休。

三、天人之学的早期成就与命运

本文所说的"天人之学"并非后来道家在哲学思想层面所谈的"天人",主要指的是发生更早的,起源于手工业(而非农业)社会生产基础上的一种探索自然奥秘,研究自然如何为人所用的认知思维。

现在考古界基本已经证明,中华文化的发源有两大中心:一是长江流域冶炼铸造(也就是原始手工业生产)的发源;二是黄河流域原始农业社会的发源。与姬周控制诸侯的统治基础是农业、是粮食不同,殷商则是利用祭神器,尤其是对精美的青铜祭器的铸造权与铸造能力来控制诸侯。在那个神学笼罩世间一切的时代,谁的青铜祭器愈精美华贵,谁就愈能获得神佑而给臣民藩属带来福祉。针对这一问题,张光直先生曾指出:"商周的青铜礼器是为通民神,亦即通天地之用的。"他还进一步联系甲骨卜辞所见及萨满作法为例,论证商周的青铜祭器上的动物植物纹饰是帮助作法者、祭祀者沟通神灵用的①,其背

---

① 张光直:《中国青铜时代》,上海:生活·读书·新知三联书店,1983年,第322、326-327页。

后的原始动机理念实际是"物人相通",借助自然物不可见的力量去沟通神明(这种"物人相通"理念延续发展到春秋战国时期,又被道家和纵横家发展为"天道""自然")。这种根基于青铜冶炼、铸造与古代科技的,试图通过"物人相通"去了解、沟通自然的原始认识,就是本节所要谈的"天人之学"的主要思维背景。

在先秦时期,中华民族对"天人之学"的探索或者说早期表现的主要典型有二:第一,长江流域的青铜冶炼铸造;第二,墨家的科技成就。

1. 长江流域的青铜冶炼和铸造

1978年夏天,甘肃临夏州林家遗址出土了中国最早的金属刀(以及经过冶炼的含铜铁金属锈蚀残渣),经研究其铸造时间大约在公元前3000年(五帝与尧舜时期)。这证明当地已能进行冶铸铜器生产。

西北地区发掘出的冶炼残存固然时代较早,但根据考古发现来看,早期南方长江流域的青铜冶炼铸造实际上比北方(尤其是中原地区)范围更广,规模更大,技术也更为先进。在长江上游,三星堆文明(距今5000—3000年,大约在夏商时代)已具备高超的青铜冶铸、黄金冶炼以及玉石器加工技术。距离三星堆遗址不远的,时代稍晚的金沙遗址(距今3000多年)出土的文物则相对更为精细。沿江东下,湖北武汉盘龙城遗址(距今3500—3200年)也发现了大规模的青铜铸造遗迹,此处铸造遗迹的工作时间可以从商前一直延续到西周前后。再往下游则有湖北黄石大冶铜绿山,研究表明这里的古铜矿深井开采技术(其井、巷包括排水系统建设技术已较为成熟完整)始于商代后期,历经西周、春秋战国,一直延续到西汉。再往下游还有被专家称为"江南青铜王国",发现了许多十分锋利的吴越兵器的江西新干大洋洲遗址等。

通过对长江流域青铜冶炼铸造遗迹进行分析,我们可以肯定:楚人在接受顺江而下的三星堆青铜技术的同时,在南进过程中又占领了作为铜料主要来源的湖北铜绿山古铜矿,掌握了较为成熟的矿井建设、选矿、冶炼、铸造技术工艺。他们全面掌握并推广了分铸焊合技术,并独创出失蜡法和漏铅法等铸造工艺。相较同时期的中原人,楚人拥有更为先进的青铜文化。

2. 墨家的科技成就

《墨子》原有七十一篇(《汉书·艺文志》),现仅存五十三篇。这五十三篇大体可分为五个部分,其中涉及科技的有两部分。一部分是《墨经》四篇,主要讲科技理论（特别是制造业相关的理论），这些理论应该多数源自中原东部，也就是商人那里。《墨经》中记载了一百八九十条当时的定义，一半以上是关于自然科学的，几乎涉及古物理学的所有分支，其中对数学（点线面体、圆、数位）和物理（小孔成像、力、时空）的定义研究都可以代表彼时世界的最高峰水平。故诺贝尔物理学奖得主丁肇中曾说："在科学史里，尤其在物理学，光和物质相互作用最早的课题是公元前4世纪周朝《墨子》里就有详细的记载。"① 杨向奎先生更是评价说："墨子在自然科学上的成就决不低于古希腊的科学家、哲学家，甚至高于他们，他一个人的成就等于整个古希腊。这一点可以从现在残存的、并不完整的《墨经》中得到说明。"②

《墨子》中另一部分涉及科技的是《城守》十一篇，主要讲军备科技产品。如连弩车、转射机、籍车（攻城用）、藉车（类似投石机）、瓮听、灌水（防止敌人从地下攻城的掘进）、防火城门、救火车等，这些产品都凝聚着高度的科技智慧。何炳棣在清华讲演时评价墨家守城器械说"墨家所发明和改进的军事机械虽无法一一详考，但其最重要的发明之一，投石机的构造保存于《墨子》本书、《通典》和《武经备要》诸书。其威力之大，射程之远，命中率之高……在古代世界是无与伦比的。"③

3. 辉煌的古科技与"李约瑟之问"

秦墨被秦的中央集权所消融，其科技也被融入中华古科技大潮中一同滚动向前，铸就了中华古科技文明的早期辉煌。在后来很长一段时间中，中国古科技一直相当发达，除四大发明——造纸术、指南针、火药和活字印刷术之外，阴阳合历、石氏星表、算盘、马鞍、浑天仪、地动仪、水排、圆周率……再到后来沈括发现的磁偏角和磁倾角及其所编的《十二气历》之类均远远领先于同时期世界其他各国。但这些科技发现问世的时间基本都不在宋朝以后，这也正是著名的"李约瑟之问"（尽管中国古代对人类科技发展做出了很多重要贡献，但为什么近代科学和工业革命没有在近世的中国发生）提出的原因和背

---

① 丁肇中：《论基础科学和技术发展的关系——在科技演讲会上的报告》，《中国基础科学》，2001年第5期。
② 南平：《文化·社会·人生——访杨向奎先生》，《文史哲》，1989年第1期。
③ 何炳棣：《国史上的"大事因缘"解谜——从重建秦墨史实入手》，《光明日报》，2010年6月3日，第11版。

景。换种说法,"李约瑟之问"也可以表述为:"中国古代的经验科学很发达,但为何中国没有产生近代实验科学?"这实际上是两种科学研究范式的起源问题。

结合前文"人人之学"所论,应该说,后来中国古科技的发展越来越落后于世界,未能产生近代实验科学的原因可被归结为三点:

其一,思想原因。原始农业在从采集经济发展到种植经济后,在自然条件基本一致的情况下,想要获得更多的收获,生产经验的积累和传递便成为了主要的决定性因素。是以周人尚老,"养三老",后来儒家又法周制,应该说,是原始的农业生产方式造就了儒家以"从古而治""向后看"为特点的经验先导认知思维,儒家影响下的小农经济更习惯于"内求"而非"外借"。

其二,政治原因。农业社会传承一直重农抑商,压制商人,反对奇技淫巧。以儒学治理体系为主导的执政阶级始终对科技于社会发展的决定性作用缺乏认识,常以"奇技淫巧""坏民心"视之。故古代科技研究者始终缺乏政策支持和利益引导,社会上始终未能形成良好的科技生态环境。

其三,方法论原因。儒家古文经学实证寻源方法的桎梏,使得从方法论上出现了这个问题。作为反证,在今文经学方法复兴的时期(中唐后至宋),古代科技再次得到了长足发展。以火药为例,在唐孙思邈总结出硫磺伏火法配方后,唐昭宗天祐元年(904)杨行密率军围攻豫章,其部将郑璠"以所部发机飞火,烧龙沙门,率壮士突火先登入城,焦灼被体"(《九国志》卷二),这里的"飞火"实际上就是一种较原始的土火箭,是可看出火药开始被用于军事。后来北宋政府更是专门建火药作坊,制造火箭、火炮,使得火药军事科技更加发达。

概而言之,中国古代的天人之学与手工业社会生产同时起步,先秦时便已达到高峰,在宋代达到顶峰。但当中国社会发展到较高水平的稳定状态时,农业经济固有的尚老、守旧性质和人人之学保守的统治思想阻碍了科技的进一步发展。社会从上到下都不重视科技进步,遂使中国古代科技止步不前。

四、结 语

为了更好地建设中华民族现代文明,我们需要更全面地认识中华民族传统认知体系的形成过程,并从其早期发展、建构过程中吸取教训并得到启示。

生往认知体系启示我们：本土文化的缺失可能导致外来文化的进入和填补，落后就要挨打。人人认知体系与天人认知体系则启示我们：根源于传统农业，来自千百年儒家思想统治的经验主义与信古思维熏陶出了中国人"向后看"的从古、信古、崇古思维定式，这也正是我国传统学术思想方法的主要缺陷所在。信古思维、经验主义包括统治者的重农抑商思想，限制了社会思想进步，阻碍了科技和学术的发展。

新时代，新征程。在21世纪的今天，我们需要进一步坚定文化自信，在尊重传统的同时不盲目信古，时刻保持开阔的视野和创新的思维。在此基础上进一步确立文化主体性，推动文化繁荣，建设文化强国，建构具备中国特色、中国底蕴的学术体系，创造属于我们这个时代的新文化。这既是推进中国特色社会主义文化建设，建设中华民族现代文明的客观需要，也是我们文史工作者传承中华民族传统文化、赓续中华文明历史辉煌的责任与使命。

"祭祀黄帝陵与建设中华民族现代文明"
黄帝文化学术论坛论文选集

中华文艺思想与中华文脉的传承发展①

党圣元

中国社会科学院外文所研究员、中国社会科学院大学文学院特聘教授

盛世修文,旨在赓续文脉传承,是中华民族一以贯之的传统。习近平总书记在文化传承发展座谈会上提出:"盛世修文,我们这个时代,国家繁荣、社会平安稳定,有传承民族文化的意愿和能力,要把这件大事办好。"② 中华文艺思想是中华文明重要的有机组成部分,蕴藏着中华民族的精神基因和文化根脉,是中华文化发展的结晶和中华文脉传承的载体。中华文脉不仅为中华民族的生存和发展注入了强大的精神动力,也为中华文艺思想提供了不竭源泉和深厚土壤。中华美学精神是中华优秀传统文化在美学方面的重要体现,蕴含着中华民族对文学艺术独特的美学经验、理论创造和实践总结。中华美学精神浸润中华文艺创作,也赋予中华文艺思想以灵魂。当代文学艺术创作要结合新的时代条件传承和弘扬中华优秀传统文化,传承和弘扬中华美学精神。同样,中华文艺思想通史的研究与书写也应该将赓续中华文脉、弘扬中华美学精神,作为自己的学术使命和责任担当。

一、中华文脉是中华文艺思想的源与根

习近平总书记指出:"中华民族在长期实践中培育和形成了独特的思想理念和道德规范,有崇仁爱、重民本、守诚信、讲辩证、尚和合、求大同等思想,有自强不息、敬业乐群、扶正扬善、扶危济困、见义勇为、孝老爱亲等传统美德。中华优秀传统文化中很多思想理念和道德规范,不论过去还是现在,

---

① 中国社会科学院"长城学者计划"项目,"中国马克思主义文艺理论发展编年史"阶段性研究成果(编号:2024CCXZ010)。
② 《担负起新的文化使命 努力建设中华民族现代文明》,《人民日报》,2023年6月3日,第1版。

都有其永不褪色的价值。我们要结合新的时代条件传承和弘扬中华优秀传统文化，传承和弘扬中华美学精神。"① 这些独特的思想理念和道德规范，正是中华文脉之所在。中华文脉积淀着中华民族最深沉的精神追求，包含着中华民族最根本的精神基因，代表着中华民族独特的精神标识，为中华文明永续发展注入了强劲动力，也为中华文艺创作提供了丰厚滋养。中华文艺史上，凡是在创作上取得卓越成就的作家、艺术家，其作品都不同程度地浸润着中华文脉的汩汩清流。上古神话的抗争意识，《诗经》与汉乐府的民本情怀，《天问》的求索精神，司马迁的惩恶扬善，李白的激浊扬清，杜甫的博施众济，范仲淹的"先天下之忧而忧，后天下之乐而乐"②，龚自珍的"落红不是无情物，化作春泥更护花"③，鲁迅的"寄意寒星荃不察，我以我血荐轩辕"④等等，这些都是五千年中华文脉澎湃向前时冲波逆折的激响。

中华文脉不仅为中华文艺创作提供了丰厚滋养，同时也是中华文艺思想的泉源与本根。崇德尚善的中华文脉，直接孕育并型塑了中华文艺思想重视伦理道德、讲求审美教化的传统。音乐批评方面，"八音克谐，无相夺伦，神人以和"⑤ "乐者，圣人之所乐也，而可以善民心，其感人深，其移风易俗"⑥；诗歌批评方面，"诗三百，一言以蔽之，曰：'思无邪'"⑦ "诗者，持也，持人情性"⑧；绘画批评方面，"存乎鉴者，图画也"⑨ "图绘者，莫不明劝戒，著升沉，千载寂寥，披图可鉴"⑩；书法批评方面，"记善则恶自削，书贤则过必

---

① 参见《习近平总书记在文艺工作座谈会上的重要讲话学习读本》，北京：学习出版社，2015年，第28—29页。

② （宋）范仲淹：《范文正公文集》第1册，上海：商务印书馆，1937年，第19页。

③ 刘逸生：《龚自珍己亥杂诗注》，北京：中华书局，1980年，第5页。

④ 鲁迅：《鲁迅全集·集外集拾遗》，北京：人民文学出版社，2005年，第447页。

⑤ （清）阮元校刻：《十三经注疏》，北京：中华书局，1980年，第131页。

⑥ （清）王先谦：《荀子集解》，王星贤点校，北京：中华书局，1988年，第381页。

⑦ （清）阮元校刻：《十三经注疏》，北京：中华书局，1980年，第2461页。

⑧ 范文澜：《文心雕龙注》，北京：人民文学出版社，1958年，第65页。

⑨ （魏）曹植：《画赞（并序）》，载（清）严可均辑：《全三国文》卷17，北京：商务印书馆，1999年，第169页。

⑩ （南齐）谢赫：《古画品录》，王伯敏标点注译，北京：人民美术出版社，1959年，第1页。

改……与圣同功,参神并运"① "书之为功,同流天地,翼卫教经者也"②;戏曲批评方面,"举贤奸忠佞、理乱兴亡,搬演于笙歌鼓吹之场,男男妇妇、善善恶恶,使人触目而惩戒生焉"③ "戏园者,实普天下人之大学堂也;优伶者,实普天下人之大教师也"④,等等。中华文艺思想史上,诸如此类注重文艺社会功能、讲求道德教化的例子,不胜枚举,它们共同演绎了中华文脉向上向善的恢宏乐章。

二、中华美学精神是中华文艺思想的灵与魂

习近平总书记指出:"中华美学讲求托物言志、寓理于情,讲求言简意赅、凝练节制,讲求形神兼备、意境深远,强调知、情、意、行统一。我们要坚守中华文化立场、传承中华文化基因,展现中华审美风范。"⑤ 作为中华优秀传统文化在美学方面的重要体现,中华美学精神蕴含着中华民族对文学艺术独特的美学经验、理论创造和实践总结。在长期的文艺实践中,中华美学精神深刻地影响了艺术家的审美创造,涵养培育了中国人的审美趣味、审美理想和价值取向。周敦颐的《爱莲说》,全文不过百余字,却描绘出了莲花"中通外直"之形、"香远益清"之味、"出淤泥而不染"之洁、"濯清涟而不妖"之贞。同时,作者还以菊的隐逸、牡丹的富贵,衬托莲的君子品格。作品简洁凝练、格调清新,形神兼具,寄托遥深,具有强大的艺术感染力和审美感召力。傅抱石、关山月的《江山如此多娇》,选取最具中国特色的景观、最能代表民族精神的意象:黄河奔腾、珠峰耸立、长城蜿蜒、青松挺劲、红日喷薄、白雪皑皑……整幅画卷大气磅礴,视野纵横万里,既抒发了对祖国壮丽河山的无限热

---

① (梁)庾肩吾:《书品》,载华东师范大学古籍整理研究室选编:《历代书法论文选》,上海:上海书画出版社,1979年,第86页。

② (明)项穆:《书法雅言》,载华东师范大学古籍整理研究室选编:《历代书法论文选》,上海:上海书画出版社,1979年,第512页。

③ (清)李调元:《剧话序》,载中国戏曲研究院编:《中国古典戏曲论著集成》第8集,北京:中国戏剧出版社,1959年,第35页。

④ 陈独秀:《论戏曲》,载陈多、叶长海:《中国历代剧论选注》,长沙:湖南文艺出版社,1987年,第460页。

⑤ 参见《习近平总书记在文艺工作座谈会上的重要讲话学习读本》,北京:学习出版社,2015年,第29页。

爱,也表达了对新中国勃勃生机的深情礼赞①。这种以意象、意境传情达意的方式,很好地呈现了中华美学"外师造化,中得心源"②的独有风范。正是中华美学精神的浸润,才形成了中华文艺与众不同的风骨、趣味与审美传统。

习近平总书记有关中华美学的重要判断,不仅高度概括了中华美学精神的核心要义,同时揭橥了中华文艺思想的精神灵魂。中华美学精神浸润中华文艺创作,也赋予中华文艺思想以灵魂。自《尚书·尧典》提出"诗言志"的开山纲领,中华文艺思想便形成了讲寄托、寓情理的传统。"义理寄宿之蘧庐"的意象、"文情归宿之菟裘"的比兴③,是其光辉典范;周敦颐"文所以载道也"④,是其最显豁的传达。所谓的言简意赅、凝练节制,蕴含了修辞和抒情两个向度,言简意赅为修辞之原则,凝练节制乃抒情之规范。孔子的"辞达而已矣"⑤,强调的即为言简意赅的修辞原则;《礼记·经解》的"温柔敦厚"⑥,推崇的正是节制中和的抒情规范。所谓的形神兼备、意境深远,揭示了中华文艺在艺术存在样态上的独特追求。顾恺之的"以形写神""传神写照"⑦,苏轼的"钟、王之迹,萧散简远,妙在笔画之外"⑧等,就是这方面的经典表述。所谓的知、情、意、行相统一,则代表着中华文艺思想一以贯之的道德境界。孔子的"尽美矣,又尽善也"⑨,扬雄的"诗人之赋丽以则"⑩等,倡导的即是真善美相统一的道德境界。一言以蔽之,寄托之美、中和之美、形神之美乃至尽善尽美,集中诠释了中华文艺思想最崇高的审美境界和最深沉的价值追求。

---

① 参见《习近平总书记在文艺工作座谈会上的重要讲话学习读本》,北京:学习出版社,2015年,第115-116页。
② (唐)张彦远:《历代名画记》,俞剑华注释,上海:上海美术出版社,1964年,第201页。
③ 钱钟书:《管锥编》,北京:中华书局,1979年,第14页。
④ (宋)周敦颐:《通书》,载《周敦颐集》,北京:中华书局,1990年,第34页。
⑤ (清)阮元校刻:《十三经注疏》,第2519页。
⑥ (清)阮元校刻:《十三经注疏》,第1609页。
⑦ (唐)张彦远:《历代名画记》,俞剑华注释,第98、111页。
⑧ (宋)苏轼:《苏轼文集》,孔凡礼点校,北京:中华书局,1986年,第2124页。
⑨ (清)阮元校刻:《十三经注疏》,第2469页。
⑩ 汪荣宝:《法言义疏》,陈仲夫点校,北京:中华书局,1987年,第49页。

三、中华文艺思想与中华文脉、中华美学精神的双向互动

文运同国运相牵,文脉同国脉相连。"落其实者思其树,饮其流者怀其源。"① 中华文脉、中华美学精神与中华文艺创作、中华文艺思想之间呈现出相互生发、相互映照、相互绾结的逻辑关系,两者始终保持着融通契合的双向运动。一方面,中华文脉、中华美学精神为中华文艺创作、中华文艺思想提供了深厚的精神土壤,也塑造了后者独特的气质与神韵。文艺创作方面,《诗经》之《七月》《伐檀》《硕鼠》和汉乐府民歌《东门行》《病妇行》《孤儿行》等著名诗作所表现的忧民意识,屈原《离骚》《怀沙》《渔父》等不朽篇章所体现的高洁操守,司马迁《史记》"究天人""通古今"的思想旨趣所蕴含的探索精神,诸葛亮《出师表》"鞠躬尽瘁,死而后已"的铮铮誓言所寄寓的赤诚品格,等等,都是中华优秀传统文化思想理念与道德规范的集中体现。文艺批评方面,文道、教化、中和、比兴、兴寄、风骨、意象、意境、气韵、神韵等概念范畴,以及"诗言志""文质彬彬""文以载道""乐而不淫,哀而不伤""尽善尽美""充实为美""道艺合一""象外之象""韵外之致""味外之旨"等理论命题,也无不闪耀着中华文化基因与中华审美风范的独有光芒。另一方面,中华文艺创作、中华文艺思想对中华文脉、中华美学精神的培育与反哺作用,也是显而易见的。中华文艺创作、中华文艺思想,作为中华文明重要的有机组成部分,不仅是文明发展的结晶,也是文化传承的载体,为中华优秀传统文化的继承和发展带来了生生不息的创新活力。作为以审美的方式把握世界的意识形态,中华文艺创作、中华文艺思想是中华优秀传统文化精神追求、价值观念的重要载体与传播途径。中华优秀传统文化及其所蕴含的民族精神,既体现在中华民族的奋斗历程和奋斗业绩中,体现在中华儿女的精神生活和精神世界中,也反映在几千年来中华民族产生的一切优秀作品中,反映在我国一切文学家、艺术家、批评家的杰出创造活动中。正如黑格尔所言:"在艺术里,感性的东西是经过心灵化了,而心灵的东西也借感性而显现出来

---

① (北周)庾信:《周五声调曲·徵调曲》,见(清)倪璠:《庾子山集注》,许逸民校点,北京:中华书局,1980年,第496页。

了。"① 中华文艺创作、中华文艺思想兼收并蓄、与时俱进的理论品格，也极大地激发了中华文化的生机活力，推动了中华优秀传统文化的创新发展。中华文艺思想通史的研究与书写，不仅要对中华文脉、中华美学精神与中华文艺创作、中华文艺思想之间融通契合的双向互动做全方位的体认，而且要把文艺创新和中华文化价值融合起来，把中华美学精神和当代审美追求结合起来，在此基础上，深入发掘中华优秀传统文化的思想观念、人文精神、道德规范，激活中华文化的生命力，自觉肩负起赓续中华文脉、传承中华美学精神的时代重任。

---

① （德）黑格尔：《美学》第 1 卷，朱光潜译，北京：中华书局，1996 年，第 49 页。

中华文化的天道观
——以王充思想为论

陈福滨

辅仁大学哲学系所教授

前 言

"天道观"是指对天地万物的形成、运行及其相互关系所持的根本观点。而此观念往往决定一位哲学家的思想方向,因此,研究某位哲学家的天道观,是探究其思想的重要根源。汉代由于天人之学的发展,使得天道论成为汉代哲学家的重要课题。

王充(27—97?)在《论衡·自然篇》① 中自言对于天道的看法,是"依道家论之"。又于结尾指出:"虽违儒家之说,合黄老之义也。"可见其学术渊源有来自"黄老"之思想者。所谓的"黄老"指的是什么?《自然篇》言:"贤之纯者,黄老是也。黄者,黄帝也;老者,老子也。"又言:"黄、老之操,身中恬澹,其治无为,正身共己,而阴阳自和,无心于为而物自化,无意于生而物自成。"是见其天道观采取了黄老"自然无为"的思想。此"自然无为"之论,系本于《老子》所言:"人法地,地法天,天法道,道法自然。"(《道德经·第二十五章》)"道"代表了宇宙本体,"道"纯任"自然",而"自然"的观念是老子的基本精神②。然而,王充的天道观与老子的天道观是

---

① 本文采用之《论衡》版本,系依《四部备要》本为据,以下所引《论衡》仅注篇名。(汉)王充:《论衡》,台北:中华书局,1966年。并参酌黄晖:《论衡校释》,台北:商务印书馆,1983年。

② 陈鼓应言:"'道'法自然:'道'纯任自然,自己如此。""'道'以自然为归,'道'的本性就是自然;'自然'一观念是老子哲学的基本精神。"另河上公注:"'道'性自然,无所法也。"吴澄说:"'道'之所以大,以其自然,故曰:'法自然'。非'道'之外别有自然也。"陈鼓应注译:《老子今注今译及评介》,台北:商务印书馆,1980年,第116-117页。

有所区别的①，他援用了黄老"自然无为"之说来论证"世书俗说"之虚伪，故有"疾虚妄"之论。

一、"天"是"体"或是"气"

徐复观说："王充的理念，或者称为王充的哲学，更明确表现出唯气论的特色，但他不同于汉代一般唯气论者的，乃在于：（一）一般唯气论者是以气来贯通天人，由此而以人知天，王充则以气隔断天人关系，而认为天人不能互知。（二）汉人言气，逐渐将阴阳五行组成一个系统，以阴阳五行为气……王充实际用'元气'代替阴阳之气，并且在天地生物的历程中，排除五行的观念。（三）一般唯气论者虽然认为气凝结而为形体……气的作用，即由形体而见，王充实际由唯气论落实而为'唯形论'。（四）一般的唯气论，虽早有命运的观念，但谈到性与命时，依然是守住《中庸》'天命之谓性'的构造……但王充之所谓命，完全是命运之命。"② 因此王充所把握的天是"体"或是"气"呢？同时王充把天落在"自然无为"中去解释他的天道观，否认天有任何意志，"夫天，体也，与地无异"（《变虚篇》），"天平正与地无异"（《说日篇》），这一看法接近盖天说，有时他也吸收宣夜说，以天为气，然而天不论是体或是气，都是"自然无为"。王充用"气""气化"来说明万物与人的产生和各种自然现象，天地生物乃施气之过程，《说日篇》言："天之行也，施气自然也，施气则物自生，非故施气以生物也。"《自然篇》言："天地合气，万物自生。"气化生物是自然过程，物自生自成，非上天有意安排。因此，天究竟是体或是气，天道是自然无为或是有为，遂成为王充天道思想的主要论题。

天是什么？天究竟是什么样子？汉代天文学家有三种不同的看法：第一，宣夜说，第二，盖天说，第三，浑天说③。"宣夜说"认为"天了无质"（《隋

---

① 徐复观：《两汉思想史》第2卷《王充论考：王充的天道观与老子的天道观》，台北：学生书局，1985年，第617—621页。
② 同上注，《王充论考：王充的天道观》，第610页。
③ 《晋书·天文志》云："古言天者有三家，一曰：盖天；二曰：宣夜；三曰：浑天；汉灵帝时蔡邕于朔方上书言，宣夜之学，绝无师法。《周髀》术数具存，考验天状，多所违失。"

书·天文志》），只是无边的气，推动着日月星辰在虚空中自由飘浮，"无所根系"（《隋书·天文志》）。"盖天说"和"浑天说"都认为天是体。"盖天说"认为天是一个旋转着的圆盖子，一为"天圆地方"说，一为"天似盖笠，地法覆槃"说（《周髀算经》卷下），一为"天之居如倚盖"说（《隋书·天文志》）。"浑天说"则认为天是浑圆的壳，"天地之体，状如鸟卵"（《隋书·天文志》），大地浮在水面上，天从地东边的水里出来，经过上空，转到西边，又进入水中，然后从地底下穿过去，再从东边转出来。较早于王充的扬雄（公元前53—公元18）初信盖天说，因桓谭（公元前23—公元56之间）难之，而改认为浑天之论较盖天更合于天象的真实①。王充也很关心汉以来的这些论争，他的观点比较倾向于认为天是体不是气，《论衡·谈天篇》云："天，体，非气也。"虽说如此，他亦未完全否定天是气的说法，他从"宣夜说"中吸取了天是"气"的思想，又从"盖天说"和"浑天说"中吸取了天是"体"的思想②。因此，他经常用"体""气"来讲天，《谈天篇》云："且夫天者，气邪？体邪？如气乎？云烟无异，安得柱而折之？女娲以石补之，是体也，如审然，天乃玉石之类也。"然而有时天是"体"还是"气"，王充却有犹疑，《变虚篇》云："使天体乎？耳高不能闻人言。使天气乎？气若云烟，安能听人辞。"这句话好像他对于天到底是体是气，尚未决定。

---

① 扬雄对天文历数研究甚深，《太玄》之作本合乎律历，《太玄·玄攡》云："律则成物，历则编时，律历交道，圣人以谋。"杨泉《物理论》云："扬雄非浑天而作盖天，圆其盖，左转，日月星辰，随而东西。桓谭难之，雄不解。此盖天者，复难知也。元气皓大，则称皓天；皓然而已，无他物焉。"扬雄初信盖天说，因桓谭难之，而改认为浑天之论较盖天更合于天象的真实。《隋书·天文志》云："汉末扬子云，难盖天八事，以通浑天。"观此，扬雄在天文上采"浑天"之论。陈福滨：《扬雄》，台北：东大图书公司，1993年，第48-49页。

② 周桂钿认为：到王充时代，浑天说似乎还没有形成完整的体系，对于天球面的旋转是如何从地底下通过的，还缺乏恰当的解释，以为"天北际下地中，日随天而入地"（《说日篇》）。王充提出："天运行于地中乎？不则北方之地低下而不平也？如审运行地中，凿地一丈，转见水源，天行地中，出入水中乎？如北方低下不平，是则九川北注，不得盈满也？"（《说日篇》）在王充之后，天文学家张衡（78—139）提出"天如鸡子，地如鸡中黄，孤居于天内"，天"半覆地上，半绕地下"（《晋书·天文志》）。这才解决了王充提出的问题。可以说王充的责难促进了浑天说体系的完善。周桂钿：《王充评传》，南京：南京大学出版社，1993年，第187-188页。

但是在《论衡》很多篇章里，他认为天是"体"，如："夫天，体也，与地无异。"（《变虚篇》）"天之与地，皆体也。地无下，则天无上矣。"（《道虚篇》）

"天体，非气也。人生于天，何嫌于天无气？犹有体在上，与人相远。"（《谈天篇》）"天地有体，故能摇动。"（《卜筮篇》）"夫天者，体也，与地同。"（《祀义篇》）他又认为，天体运行，天象变化，都是有规律的自然现象，故《命禄篇》言："日朝出而暮入，非求之也，天道自然。"然而，有时王充又以"天地是含气的实体"来解释宇宙万象，天包括了日月星辰，都含有气；天地既含气，又能施气，天施气于地以生万物，故《说日篇》言："天之行也，施气自然也，施气则物自生。"天在运行中施气则万物出生；天施气，地出气，两者结合也就产生万物，《自然篇》云："天覆于上，地偃于下，下气蒸上，上气降下，万物自生其中间矣。"因此，王充有时说："一天一地，并生万物。"（《齐世篇》）有时用"夫妇合气，子自生矣"（《自然篇》）来作比喻。

王充论天是"体"抑或是"气"？罗光认为："实际上，王充的天观念，很恍惚不明。以天为气，又以天无气？以天为体，又以天有意志。苍苍形天，怎能担负万物互相贼害的责任？王充认为天应以一行之气生万物，不应以五行之气生万物；这样说来，不是承认天为有意志的神灵吗？否则一切都任凭自然，天又有何责任，'当以一行之气生万物，令之相亲相爱，不当令五行之气，反使相贼害也！'"① 我们知道在《论衡》不同的篇章里，常有不同的看法，但是由于他反对当时唯气论"同类通气，性相感动"（《偶会篇》）的主张，所以较偏向天是体的看法，即使王充以为由于气的感类作用，许多灾异或祥瑞的现象均可由气预先显现兆端，但此预兆作用亦只是自然如此，并非由天的意识预做安排；因此，王充自然也就反对天与人之间能相感应的说法了。

二、天道自然无为

王充的天道观主张天道"自然无为"，《初禀篇》云："自然无为，天之道

---

① 罗光：《中国哲学思想史·两汉、南北朝篇》，台北：学生书局，1985年，第259页。

也。"《寒温篇》云:"天道自然,自然无为。"《谴告篇》云:"夫天道,自然也,无为。如谴告人,是有为,非自然也。黄老之家,论说天道,得其实矣。变复之家,损皇天之德,使自然无为转为人事,故难听之也。"于是他反对所谓"天谴告人"的天人感应之观念。"天"是"自然无为",如果说它是有意志的,难以使人相信,《谴告篇》言:"损皇天之德,使自然无为转为人事,故难听之也。"天无意志,当然亦不随人之意志为转移,《变虚篇》云:"天道自然,人事不能却也。"而所谓天道"自然无为"的定义,王充自谓:"天动不欲以生物,而物自生;此则自然也。施气不欲以为物,而物自为,此则无为也。谓天自然无为者何?恬澹无欲,无为事者也。"(《自然篇》)王充所言之天,同时包括地,《变虚篇》云:"夫天体也,与地无异。"天之施气是"不欲而生""不为而成"的,它并非有目的的生,或有目的的为,而是"自然无为"。

在《自然篇》里,更集中此一论点,以"天无口目"来作为天道无为的主要论据,其言曰:"何以知天之'自然'也?以天无口、目也。案有为者,口目之类也。口欲食而目欲视,有嗜欲于内,发之于外,口目求之,得以为利欲之为也。今无口目之欲,于物无所求索;夫何为乎?"天道"恬澹无欲,无为事者也"。天无口目自然没有嗜欲,对于宇宙万物,一无所求,因此,天是"自然无为",然而,天何以无口目,其继之曰:"何以知天无口目也?以地知之。地以土为体,土本无口目。天地,夫妇也。地体无口目,亦知天无口目也。使天体乎?宜与地同;使天气乎?气若云烟;云烟之属,安得口目?"凡无口目则必无嗜欲,也正因为如此,"人"或"物"之出生既非出自上天有意之安排,则人与物之间的关系,亦完全取决于实际的需求,而非由上天所预做安排者,所以王充以为天不故生人,亦不故生万物。《物势篇》云:"夫天地合气,人偶自生也;犹夫妇合气,子则自生也。夫妇合气,非当时欲得生子,情欲动而合,合而子生矣。且夫妇不故生子,以知天地不故生人也。然则人生于天地也,犹鱼之于渊,虮虱之于人也,因气而生,种类相产。万物生天地之间,皆一实也。""夫天不能故生人,则其生万物,亦不能故也;天地合气,物偶自生矣。"

天是"体",天之性格是"自然无为";天生万物,由天之施气而成,生物仅由天施气于地,地以土承受天之气,并不是以阴气承受天的阳气,所以王充认为天生一般之物的气是"元气";《幸偶篇》云:"俱禀元气,或独为人,或为禽兽。"《无形篇》云:"人禀元气于天,各受寿夭之命,以立长短之形。"天生万物,完全是自然无为。王充以天道"自然无为",除了经验的论证之外,也从概念上探讨,故云:"且夫天者,气邪?体邪?如气乎,云烟无异。"又云:"如实论之,天体非气也。"(《谈天篇》)体就是形体,所谓"天有形体,所据不虚"。此与《老子》之天道观相异①,但是他是用来反对感应说的。既然如此,则"人不能以行感天,天亦不随行而应人。"(《明雩篇》)天道自然无为,自当也不谴告人君,《自然篇》云:"或复于桓公,公曰:'以告仲父'。左右曰:'一则仲父,二则仲父,为君乃易乎?'桓公曰:'吾未得仲父,故难;已得仲父,何为不易?'夫桓公得仲父,任之以事,委之以政,不复与知,皇天以至优之德,与王政而谴告人,则天德不若桓公,而霸君之操过上帝也。"王充认为:谴告的迷信是衰乱时代之统治者制造出来的,天道既然自然无为则不谴告人君,同时"黄帝尧舜,垂衣裳而天下治",黄帝尧舜亦不谴告人民,天亦不谴告圣王,此是以人道比拟天道,从而初步揭露了天人感应论的认识根源。天道虽然无为,但人们却不应在自然面前消极无所作为,如此,才能把握到王充自然主义之天道观的真义。

三、辩天人关系:对"天人感应"的批判

劳思光谓:"汉代儒生或一般知识分子,自西汉初年起,即深信'天人相应'之说,又以幼稚荒唐之宇宙论解释一切人事,终成谶纬怪谈。王充独以为'天人关系'之成说虚妄难信。"② 是以在《论衡》一书中,王充辩"天人关系",提出强烈的批判。王充反对所谓"天谴告人"的天人感应之观念,举出"曹参为汉相,纵酒歌乐,不听政治"(《自然篇》)的事实阐明无为之理,故云:"天道无为,听恣其性……故曰:政之适也,君臣相忘于治,鱼相忘于水,兽相忘于林,人相忘于事,故曰天也。"(《自然篇》)以天道无为之原则,谓圣君可以无为而治,自然亦无为而生、无为而成。他认为一切想借人力感动变

---

① 任继愈主编:《中国哲学发展史·秦汉篇》,北京:人民出版社,1985年,第501页。

② 劳思光:《中国哲学史》第2卷,香港:香港中文大学崇基学院,1971年,第136页。

化自然界的说法都是荒谬的，并且强调个人有注定的命，国家也有注定的命，一切都是自然的，不可有为；因此，他所谓的自然无为，就变成了绝对无为的思想，并非以无为之术行有为之事，此与传统黄老思想的垂拱而治的思想颇有出入。

在《论衡》一书中王充极力推崇桓谭，《案书篇》云："《新论》之义，与《春秋》会一也。"《定贤篇》云："孔子不王，素王之业在于《春秋》；然则桓君山素丞相之迹，存于《新论》者也。"《佚文篇》云："挟桓君山之书，富于积猗顿之财。"而且他也继承了桓谭反天人感应说、反谶纬迷信的论点。而由于汉代思想家吸收阴阳五行、同类相感等思想，把殷周时代的天命论改造成"天人感应"说，加上统治者的重视和提倡，风行一时。由此发展，经书、图识再和之以阴阳五行之类，编织成各种神话与迷信的"纬书"，从西汉末年到东汉之际，成为一股思潮，而此种思潮之基础即是天人感应说。应着天人感应说的兴起到盛行，有司马迁的慨叹、郑兴的辩解、尹敏的讽刺，再到桓谭"以乖忤沦败"（《后汉书·方术列传》），可以看出他们对虚妄迷信的批判。基于此，于是产生了王充之"疾虚妄"的思想，王充哲学就是集汉代反对天人感应说之大成者。

董仲舒（公元前179—公元前104）倡言"天人感应"，以人为天之副本，主张"天人同类""同类相动、物类相感""人副天数"等思想；王充则以自然主义之观点，提出天道"自然无为"之思想加以批判，《自然篇》云："何以知天之自然也？以天无口目也。案有为者，口目之类也……何以知天无口目也？以地知之。地以土为体，土本无口目，天地夫妇也，地体无口目，亦知天无口目也。"天道自然，"天道无为，人道有为"（《说日篇》）。人与物非由上天预做安排，《自然篇》云："万物之生，含血之类，知饥知寒。见五谷可食，取而食之；见丝麻可衣，取而衣之。或说以为天生五谷以食人，生丝麻以衣人；此谓天为人作农夫、桑女之徒也。不合自然，故其义疑，未可从也。"这显然是王充用来驳斥董仲舒"天有目的地生出了人，作为他自己的副本"的观念。王充反对天人感应、驳斥灾变的观念，以为鱼鼓水，影响不过数尺，人在天地间行动，所鼓的气也不过百步或一里，安能"从下地上变皇天"？故《变虚篇》云："使天体乎？耳高不能闻人言也。使天气乎？气若云烟，安能听人辞？说灾变之家曰：人在天地之间，犹鱼在水中矣，其能以行动天地，犹鱼鼓而振水也。"

天人不相通,而灾异感应的现象,乃是偶然出于同时;人的富贵寿夭,都决于命;人的一切遭遇,也决于命,无所谓天人感应之说,《偶应篇》云:"若夫物事相遭,吉凶同时,遇适相遇,非气感也。"命是人生来即有,人由命而生,自然依命成长;草木由种子出生,自然依种子而成长,《初禀篇》云:"草木生于实核,出土为栽蘖,稍生茎叶成为长短巨细,皆由实核。王者,长巨之最也……王者禀气而生,亦犹此也。"王者和祥瑞没有感应,命为自然,一切皆自然而有;一切都属于自然,则不能有所谓天人感应的谴责,王充在《异虚篇》中说:"谈灾之家,以为天有灾异者,所以谴告王者,信也。夫王者有过,异见于国,不改,灾见草木;不改,灾见五谷;不改,灾至身"是错误的理念,因为"天道,自然也,无为;如谴告人,是有为,非自然也"。

王充以天之生物,乃出于自然无为,所以"天人不相知""天人不相感应",以彻底否定汉代所流行的灾异说,《感虚篇》云:"夫天去人,非徒层台之高也。汤虽自责,安能自知而与之雨乎?"《指瑞篇》云:"或言天使之所为也;夫巨大之天,使细小之物,音语不通,情指不达,何能使物?物亦不为天使。"正因为如此,所以"人不能以行感天,天亦不随行而应人",此理至明。而《论衡》书中评当时言阴阳灾异、天人感应之说违天道自然之义的篇章很多,尤其是在《寒温》《谴告》《变动》《招致》诸篇中有很精辟的见解。《自然篇》云:"夫寒温、谴告、变动、招致,四疑皆已论矣。谴告于天道尤诡,故重论之。论之所以难别也,说合于人事,不入于道义。从道不随事,虽违儒家之说,合黄老之义也。"

所谓的"四疑",就是对于四种有关"天人感应"之说的怀疑,针对此,《论衡》各有一篇论述提出反驳。

(一)《寒温篇》的论点

"说寒温者曰:人君喜则温,怒则寒。何则?喜怒发于胸中,然后行出于外,外成赏罚。赏罚,喜怒之效。故寒温渥盛,凋物伤人。夫寒温之代至也,在数日之间,人君未必有喜怒之气发胸中,然后渥盛于外,见外寒温,则知胸中之气也。"

王充批判之曰:

"当人君喜怒之时,胸中之气未必更寒温也。胸中之气,何以异于境内之气？胸中之气，不为喜怒变，境内寒温，何所生起？"

王充举出了"六国之时，秦汉之际""夫有相杀之气，当时天下未必常寒也""父子相怒，夫妻相督"等事例反驳"说寒温者"；最后得出结论曰："由此言之，变非喜怒所生，明矣。""寒温，天地节气，非人所为，明矣。""然而温寒之至，遭与赏罚同时，变复之家，因缘名之矣。春温、夏暑、秋凉、冬寒，人君无事，四时自然。夫四时，非政所为，而谓寒温独应政治？"汉代论"阴阳五行"，作怪异荒诞之说者，以为政治之刑赏与天时之寒温间，亦有一种"相应关系"，王充却直指四时变化与政治无关，温寒亦与政治不相应。

（二）《谴告篇》的论点

汉代论"灾异"，或以为有灾异，是由于天对人君之"谴告"，或谓人君之政感动于天，故有"灾异"；王充否认"灾异"与"天"之意志有关，其言曰：

"论灾异者，谓古之人君为政失道，天用灾异谴告之也。灾异非一，复以寒温为之效；人君用刑非时则寒；施赏违节则温。天神谴告人君，犹人君责怒臣下也。"

"夫国之有灾异，犹家人之有变怪也。有灾异，谓天谴人君；有变怪，天复谴告家人乎？家人既明，人之身中，亦将可以喻。身中病，犹天有灾异也；血脉不调，人生疾病；风气不和，岁生灾异；灾异谓天谴告国政，疾病天复谴告人乎？"

王充分析谴告之说形成的原因有三：

1. "夫相谴告，德薄之验也。"（《自然篇》）

2. "凡言谴告者，以人道验之也。"（《自然篇》）

3. "六经之文，圣人之语，动言天者，欲化无道、惧愚者。"（《谴告篇》）

王充批判之曰：

"夫天道自然也，无为。如谴告人，是有为，非自然也。黄老之家，论说天道，得其实矣。""上天之心，在圣人之胸；及其谴告，在圣人之口。"与其舍近求远，求索天意，不如信从圣人之言也。王充认为"天道"应是"无为",否则,"天道"即非"自然",此近"黄老"之思想。①

(三)《变动篇》的论点

"论灾异者,已疑于天用灾异谴告人矣,更说曰:灾异之至,殆人君以政动天,天动气以应之。譬之以物击鼓,以椎扣钟,鼓犹天,椎犹政,钟鼓声犹天之应也。人主为于下,则天气随人而至矣。"

王充批判之曰:

"此又疑也,夫天能动物,物焉能动天?何则?人物系于天,天为人物主也。"

"故人在天地之间,犹蚤虱之在衣裳之内,蝼蚁之在穴隙之中。蚤虱蝼蚁为顺逆横从,能令衣裳穴隙之间气变动乎?蚤虱蝼蚁不能,而独谓人能,不达物气之理也。"

"夫人不能动地,而亦不能动天;夫寒温,天气也;天至高至大,人至卑小……"

且夫,"物"之不能动"天";"人"不过是"物"之一种,自是亦不能动"天"。而人力甚微不应能使"天"感动生变,王充否定了"天人感应"之说。

(四)《招致篇》阙,于《寒温篇》中言"招致"之论点

"或曰:以类相招致也。喜者和温,和温赏赐。阳道施予,阳气温,故温气应之。怒者愠恚,愠恚诛杀;阴道肃杀,阴气寒,故寒气应之。虎啸而谷风至,龙兴而景云起。同气共类,动相招致。故曰:以形逐影,以龙致雨。雨应龙而来,影应形而去。天地之性,自然之道也。"

王充批判之曰:

"夫比寒温于风云,齐喜怒于龙虎,同气共类,动相招致,可矣……齐鲁接境,赏罚同时。设齐赏鲁罚,所致宜殊,当时可齐国温鲁地寒乎?……往年,万户失火,烟焱参天;河决千里,四望无垠。火与温气同,水与寒气类;

---

① 劳思光认为:"按'黄老'之名原即是后人杜撰;……王充自己深信'无为''自然'之说,自觉与黄老合,遂在论及此类问题时,称引'黄老';其实《论衡》一书,皆是就常识立论,并非承老庄之道家观点。"劳思光:《中国哲学史》第2卷,香港:香港中文大学崇基学院,1971年,第138页。要知先秦"老庄"自有别于"黄老",劳氏之解可供参酌。

失火河决之时，不寒不温。然则寒温之至，殆非政治所致。"

除了以上四篇外，尚有《感类篇》，亦是评当时阴阳灾异、天人感应诸说违背天道自然主义的。《论衡》一书中，有专论当时之灾异变动者①，有专论当时瑞应的②，此皆王充言灾变符瑞，以"适偶"代替"感应"，以自然主义为宗的思想。至于评书传中有关天人感应说以及虚妄之言的，就是"三增""九虚"③之文了。

四、结 语

王充一本"疾虚妄"之责任，以力求破除当时世风之弊，故于《变虚篇》中，以"安能动天，天安肯应，何以效之"之言，谴责那些"祷祭求福，祭神解祸"的变复之说④。实则，王充借用道家"自然无为"的理论，主要是为了否定当时流行的感应说。黄晖在《论衡·校释》之《自序》云："《论衡》是中国哲学史上一部划时代的著作。自从董仲舒治《公羊》，明天人相感之说，以为天是有意志的，与人的意识相感应。大小夏侯、眭孟、京房、翼奉、李寻、刘向等都推演其说。儒家到了此时，内部起了质的变化，披着巫祝图谶的外衣。把天说得太神秘、太聪明，人的行动，是要受他的裁判，这就是一班

---

① 如：《明雩》《顺鼓》《乱龙》《遭虎》《商虫》等篇。
② 如：《治期》《齐世》《讲瑞》《指瑞》《是应》《宣汉》《恢国》《验符》《须颂》《佚文》等篇。
③ 《对作篇》云："《论衡》九虚、三增，所以使俗务实诚也。""九虚"是九种虚妄的世俗传说和迷信；"三增"是三种夸张，正因为夸张，所以就会"失本""离实"，此皆王充所要批判的。《论衡》中的"九虚"指的是：《变虚》《异虚》《感虚》《福虚》《祸虚》《龙虚》《雷虚》《书虚》《道虚》等篇章；而"三增"指的是《语增》《儒增》《艺增》等篇章。
④ 在《福虚篇》《祸虚篇》里，王充以"凡人穷达祸福，大人则命，小人则时"之说，否定了"善者福至，恶者祸来""天地报其德"的天地报应说。在《龙虚篇》中，他以"天地之间恍惚无形，寒暑风雨之气乃神"的观点，力辟"天取龙，龙为妖神"的迷信。在《道虚篇》里，他以"世无得道之效，而有有寿之人"痛斥服食求仙之术。对于鬼神有无之论，亦以自然主义的立场，在《论死篇》中说："人之所以为生者，精气也，死而精气灭""人之死，犹火之灭也……夫春水不能复为冰，死魂安能复为形"，建立了他的无神论思想。其他诸如禁忌、卜筮、祭祀，王充亦莫不以自然无为的观点，一一地加以驳斥。由此可见，王充"疾虚妄"的理论构成了《论衡》全书的主要内容。

汉儒所说的阴阳灾异的理论。这种荒谬迷信的理论，把儒家改装成为带有宗教性的儒教，自汉武帝时起到光武帝时止，一直持续了一百多年，才有了小小的反动：即郑兴、尹敏、桓谭一班人。但他们只知道攻击图谶的荒谬，对这些儒教徒所持天人感应说的原理，还不能从根本上击破，或者还相信这原理。到了仲任才大胆的有计划的用道家的自然主义攻击这儒教的天人感应说，使中古哲学史上揭开一大波澜。"① 诚不虚言。

---

① 黄晖：《论衡校释·自序》，台北：商务印书馆，1983年。

重思祭祀祖先的意义

谢阳举

西北大学中国思想文化研究所副所长、教授

一、祭祀在中华古代文明传统中的枢纽地位

祭祀是对中华民族血脉与文脉的传承都很重要的文化行为,朱用纯(1627—1698)《治家格言》里有句名言:"子孙虽愚,经书不可不读;祖宗虽远,祭祀不可不诚。"这句名言流传甚广,闪耀着历史智慧的光芒,也道出了炎黄子孙和中华民族一个标志性的行为特征。根据学者们的研究和共识,中华文明的底层文明是独特的礼乐文明,所以中国又得到了礼仪之邦的美称。关于礼乐文明,《礼记·曲礼上》有个总结性的评价:

> 道德仁义,非礼不成。教训正俗,非礼不备。分争辨讼,非礼不决。君臣上下父子兄弟,非礼不定。宦学事师,非礼不亲。班朝治军,莅官行法,非礼威严不行。祷祠祭祀,供给鬼神,非礼不诚不庄。是以君子恭敬撙节退让以明礼。鹦鹉能言,不离飞鸟;猩猩能言,不离禽兽。今人而无礼,虽能言,不亦禽兽之心乎?夫唯禽兽无礼,故父子聚麀。是故圣人作,为礼以教人。使人以有礼,知自别于禽兽。

根据这样的评论,"礼"是人之为人的本质,也是中国古代社会统序的纲领;没有礼,人就会蜕变为野蛮的非人;没有礼,社会必然陷入纷乱无序。换句话说,"礼"相当于今人所说的"文明"。礼仪文明正是西周礼乐文明的别称,《礼记·明堂位》载:"周公摄政六年,制礼作乐"。文中子认为:"吾视千载而上,圣人在上者,未有若周公焉。"足见周公被当成了圣人中之圣人。确实,西周最伟大的贡献,就是在对虞夏商周四代早期名物制度和礼仪文明精华损益的基础上创制了周礼,即西周礼乐文明。这可以说是上古文明承上启下的大体,也是中国古代文明的主要标志所在。文献记载的虞夏虽然至今仍有待

考古学家证实，但是虞夏商周四代礼乐制度一脉相承的遗制见于周礼，这可以说是中华文明长期绵延不断的突出一环。要问使得中华文明绵延长存的智慧是什么？可以答曰：礼乐文明正是关键。

那么，"经礼三百，曲礼三千"，礼目浩繁，构成礼仪文明的枢纽何在？古已有定论，《祭统》说：

> 凡治人之道，莫急于礼。礼有五经，莫重于祭。

有大量证据表明，《祭统》的说法不是向壁虚造。从考古发掘看，从旧石器末期、新石器以降我国发现有大量古墓葬，丧礼风俗浓厚发达，各个等级都重视。进入历史时期后，墓葬更见庞大奢华，有规有制。丧礼与祭礼密切相关，中国文明在殷祭天地祖先这点上形成了自己鲜明的风俗判决特质。考古学家一般认为判决文明起源的因素首先是文字、城市、国家等等，但是根据古代文献，识别中国文明的最显著的特点却少不了祭祀和军事，正如《左传·成公十三年》所概括的："国之大事，在祀与戎"。《路史》记载，"黄帝开国于有熊，作合宫，建鉴殿，以祀上帝，接万灵，以采民言"。说明黄帝和礼仪文明背景是互相创生的。《国语·鲁语》将三代祭祀黄帝称为"国之典祀"。

此外，从会通礼仪文明体制的视角看，吉凶宾军嘉五礼中其余四者也是从祭礼导源或衍变而发生发展以至于成为一体的（钱玄，《三礼词典·自序》），许多礼仪行为的施行或者是为了祖先，或者是以祖先的名义，这一点对于认识中国的生存和发展的文化机制颇为重要，为了祖先因而服从道德律与因为自律而践行道德律完全可以统一起来，在中国实际上也是统一的。所以我们可以说在《周礼·春官·大宗伯》标榜的五礼（需要注意，"五礼"名称首见于《尚书·舜典》）体系中，祭祀礼即吉礼是枢纽，是主干。国家施行的吉礼祭祀历代帝王、先圣先师、天地、祖先、国家社稷、日月山川、风神雨师等等。清朝秦惠田的《五礼通考》中"吉礼"多达127卷，几占全书的一半，也就是说，吉礼占据了古代中国人生活中的大部。

二、祭祀祖先是社会文明的定向和价值观的凝聚

祖先有家庭、宗族和民族等不同层次上的区别，我们这里谈的是获得民族公认的祖先，他们不仅仅是生物遗传学意义上的祖先，还必须是人文的、民族创始与融合的祖先，这样的祖先对国家和民族的生存及发展做出了巨大贡献，

这有其客观公认的历史性标准,《礼记·祭法》说:

夫圣王之制祭祀也:法施于民则祀之,以死勤事则祀之,以劳定国则祀之,能御大菑则祀之,能捍大患则祀之。是故厉山氏之有天下也,其子曰农,能殖百谷;夏之衰也,周弃继之,故祀以为稷。共工氏之霸九州岛也,其子曰后土,能平九州岛,故祀以为社。帝喾能序星辰以着众;尧能赏均刑法以义终;舜勤众事而野死。鲧鄣洪水而殛死,禹能修鲧之功。黄帝正名百物以明民共财,颛顼能修之。契为司徒而民成;冥勤其官而水死。汤以宽治民而除其虐;文王以文治,武王以武功,去民之菑。此皆有功烈于民者也。及夫日月星辰,民所瞻仰也;山林川谷丘陵,民所取材用也。非此族也,不在祀典。

由此可见,进入中国古代国家和民族共同祭祀对象序列的天神、地祇、王公圣贤都有其社会共识基础,祭祀体制绝非某某个体主观任意制作的产物,而是具有历史客观性和内在合法性。黄帝、颛顼、帝喾、尧、舜、鲧、禹、汤、文王、武王能开拓奠基、造福于民、光披华夏、功德显要,都是创业垂范的帝王,因而才获得后世的景仰歌颂。这是中华民族尊崇什么、贬黜什么的昭示,换言之也就是民族价值观的形成、发展和成熟问题。

就中华民族精神而言,享祭先祖礼仪内涵的社会价值观绝不是可有可无的,套用黑格尔评论世界史的说法,可以说,礼祀序列实质上拟设了一个中国历史的法庭,提供了基于国族立场的普遍历史评价尺度。一旦疏离了这个系统就等于背弃祖先人民,是对民族精神的异化。

历代祀典和祭统的延传已经成为中华民族主流价值观的一个风向标。我们不难发现,尧、舜、禹、汤、文王、武王与儒家所谓的道统有交叉,韩愈在其《原道》中创立道统说是根据儒家先王和圣贤的思想一脉相承而来的,它与祀典中的受祭序列不无关联,二者共同昭示了中华文化传统的内在一贯性,这就是"先王之道"的文明逻辑,也就是说,祭祀传统中的先王先公的精神正是中华文化精神的源头和具现。在这个意义上讲,先王之道和祭祖礼仪有待我们从思想上进一步发掘。"黄帝陵是中华民族的精神标帜"的论断也可以从敬祀祖先的基本层面阐释,这是立足于祀统和道统基础之上对先王之道本原精神的现代肯认。黄帝是中华民族的人文初祖,祭祀黄帝陵对中华文明的传承不息发挥了重大历史作用。清明祭祀黄帝陵一定会世代延续直到永远。

三、祭祀的基本原则是虔诚敬信

《祭统》有个著名的说法：

> 夫祭者，非物自外至者也，自中出生于心也；心怵而奉之以礼。
> 是故，唯贤者能尽祭之义。

这个说法与"利玛窦规矩"（承认和允许中国人祭天祭祖祭孔等）互为支撑，意思是说，从本原性理解，中国祭祀的实质在于某种人文心理结构和精神状态的构成，在于人文情志的抒发和表达，实际上无关于什么神学教义。

所谓"祭之义"，就是指完整理解和表达祭祀的意义，简言之就是要理解中国人的祭祀哲学，"祭之义"是一套整体性的精神原则，其中有历史的始基，有国族的本位，有文化的内涵，有意识的能动化，有虔敬感佩的自发心理，有价值逻辑的必然，有社会心理认同，有政治的考量，等等。中国人的祭祀不是出于外力驱使，不是崇拜外在化神灵，而是基于历史事迹，出于内心的情感，出于道德的崇敬和认同，是与祭的人和作为思想塑造对象的精神实体的人的沟通，是意识和精神的达成，这与中国人的心体和性体概念存在微妙深刻的背景关系。中国人有中国人的文化实践生活，有中国人自己的心性传统，祭祖、寻根、历史开端、文明探源，语词不一，实质则相通，都有人类独有的意识活动规定性，也是人类受因果时空范畴所决定而免不了的。中国人尊祖敬宗、敬服创业垂统的先王先公并发明出道统、设为礼仪制度，这是不忘历史，这就是中国人的诚恳厚道之处，可敬可佩！这些在17、18世纪旷日持久的"中西礼仪之争"过程中是中国士大夫立论的基础，曾发挥过积极作用。

《礼记》中有一篇《祭义》，集中解说如何体现祭祀的精神。其中论到：

> 天下之礼，致反始也，致鬼神也，致和用也，致义也，致让也。致反始，以厚其本也；致鬼神，以尊上也；致物用，以立民纪也。致义，则上下不悖逆矣。致让，以去争也。合此五者，以治天下之礼也，虽有奇邪，而不治者则微矣。

又说：

> 君子反古复始，不忘其所由生也，是以致其敬，发其情，竭力从事，以报其亲，不敢弗尽也。

报本反始，是祭祀精神的核心准则，一方面它是实际历史文化过程的写照，另一方面它具有唤醒良知、培育社会道德的多重功能。

《祭义》篇以"孝子之祭"为典型，特别强调祭祀行为必须保持内外主客的统一性，辨析了真诚的祭祀与伪而不诚的祭祀的差异。《祭义》一再申明祭祀的根本在于诚信虔敬，这是自我心性的净化、整肃、升华，是通过意识活动与祖先达成历史、文化和精神领域的交流融会，这是拨明精神自觉能力和重建以及全面提升与祭主体心性的活动。

祭祀需要沐浴斋戒的预备，而斋戒不只是外在规矩而是需要"心斋"（心灵的洗礼与净化）。一场盛大庄重的祭祀活动下来，相当于一次精神训练，每个与祭者理当精神充实，心灵受到洗礼，言行举止庄敬适度，内外都朝向文明，文质彬彬，能上达更高的文明台阶。

黄帝陵是筑在炎黄之孙心头，筑在中华民族历史和精神中的最高标帜，这就是事实和本质。我们祭祀黄帝陵就是要让黄帝精神更深地驻扎进我们的心灵。

四、祭祀是古代社会治理和道德风尚改良的有效途径

在中国古代，礼仪文明是教化的内容和载体，礼仪廉耻构建了道德教化的引力场。尤其是丧祭二礼具有化民成俗、导民向善的社会道德教化功能。孔子具有明确的人文去向，对待鬼神和祭祀，他主张敬祀鬼神，同时更坚持"神道设教"的道德化诠释立场（《易传·观·象》），这里，敬意其实来自道德的崇高，是主体的精神自觉。这使得中国文化世界观带有世俗化、道德化的鲜明特点。

丧祭礼制受到特别重视，原因主要就在于其感化、教化功能显著。《礼记·曲礼上》说：

> 墟墓之间，未施哀于民而民哀；社稷宗庙之中，未施敬于民而民敬，

所说完全合乎自然心理与情感规律。曾子说"慎终追远民德归厚矣"（《论语·学而》）。朱彝尊给徐乾学《读礼通考》的序中有云：

> 呜呼！慎终追远之义不讲，斯民德之归于薄矣。（转引自秦惠田《五礼通考》整理前言）

二者从正反两面申明了丧祭二礼良好的淑世价值。

祭祀是后代与祖先共荣共辱自觉意识的纽带,《祭义》说:

> 曾子曰:夫孝,置之而塞乎天地,溥之而横乎四海,施诸后世而无朝夕,推而放诸东海而准,推而放诸西海而准,推而放诸南海而准,推而放诸北海而准。

又说:

> 父母既没,慎行其身,不遗父母恶名,可谓能终矣。仁者,仁此者也;礼者,履此者也;义者,宜此者也;信者,信此者也;强者,强此者也。乐自顺此生,刑自反此作。

这种爱戴父母,珍惜祖先荣誉的荣辱观是儒家发明的调节社会道德秩序的基本机制。

近代以来受历次社会巨变影响,我国社会道德风貌有局部堪忧之处。党的十八大以来,党和国家更加重视利用中华优秀传统文化建设社会公德的工作,特别是2020年3月《中国民法典》颁行,该法典注意公序良俗的维护。可以预料,礼仪文明传统及其价值观必将逐渐回归其在社会生活中应有的地位,中华文明比较有更好的古今贯通。

五、祭祀实践的最高目的在于激发人心

尽管史迹渺远,黄帝时代的史实不可能一一复原,但是反思中国历史的开端和发展,不能不有逻辑的结论:黄帝是中华民族精神链条上必要的一环,而且是特别重要的、本源性的一环。这样的认识具有历史真理性。古代文献多有所谓"黄帝之道"的说法,应该是颛顼树立和发扬光大的。黄帝之道的根本原则是效法天地、保民爱民,这里潜藏着后来中国哲学倡导的天人合一的思想胚芽,值得我们无比珍视。

祭祀黄帝和先祖,缅怀他们的功德,在意向中和他们交流,有助于我们内心的净化、整肃和提升,有助于强化与本始和祖先的联系。祖先祭祀的终极目的在于继善成性,激发人心,唤醒人们的主体能动性,继承祖先遗志,效法祖先的创始精神,顺应时代潮流,排除困难,担当新时代的历史使命,推进中华民族全面现代化和祖国统一大业,早日实现中华民族伟大复兴的中国梦。

论古人论"墓祭":司马迁、顾炎武、阎若璩的对话

李纪祥

台湾中国文化大学史学研究所博士班教授

前 言

华夏传统中的陵墓祭祀文化,乃是华夏文化体中的一种悼念仪典模式,既是皇家陵寝,亦是民间安魄墓悼,具有东方独特性。本文因读顾炎武《日知录》之"墓祭"文,知有深意,既与清儒有关,亦与司马迁有关,遂撰此文,重读并发覆其义。

一、顾炎武与司马迁

清初顾炎武于《日知录》中特撰"墓祭"条,聚焦古之宗法血缘性,提出"古不墓祭"说,显是针对司马迁之文而发;顾氏引魏文帝诏、晋元帝博士傅纯之答诏,而言"墓葬"与"庙祭"二制有别,既有别,后世又复有皇室之陵祭,故顾氏于《日知录·陵》条考据墓、丘、陵之演变,驳宋人施宿《会稽志》"陵之名实自汉始"①的说法;继于《日知录·墓祭》条言"汉人以宗庙之礼,移于陵墓"②。又引魏傅纯言判墓庙异制礼别:

> 圣人制礼,以事缘情。设冢椁以藏形,而事之以凶;立庙祧以安神,而奉之以吉。送形而往,迎精而还。此墓庙之大分,形神之异制也。③

---

① (明)顾炎武撰:原抄本《日知录》卷18《墓祭》,徐文珊标点,台北:明伦书局,第435页。
② (明)顾炎武撰:原抄本《日知录》卷18《墓祭》,徐文珊标点,台北:明伦书局,第437页。
③ (明)顾炎武撰:原抄本《日知录》卷18《墓祭》,徐文珊标点,台北:明伦书局,第437页。

遂提出"古不墓祭,皆设于庙"①说。

顾氏之说,其最终意图仍在孔子,盖其欲与司马迁对话也;所欲对话者,则在司马迁《史记·孔子世家》中"孔子卒"后"孔门弟子墓祭"叙事。顾氏云:

> 《史记·孔子世家》:"鲁世世相传,以岁时奉祀孔子冢,而诸儒亦讲礼乡饮大射于孔子冢,孔子冢大一顷,故所居堂、弟子内,后世因庙藏孔子衣冠琴车书。"夫礼教出于圣人之门,岂有就冢而祭。至乡饮大射,尤不可于冢上行之。盖孔子教于洙泗之间,所葬之冢在讲堂之后,孔子既没,弟子即讲堂而祀之,且行饮、射之礼。太史公不达,以为祭于冢也。②

故知顾氏实欲纠正司马迁《孔子世家》中"祭冢"之文,并提出礼制与礼义上的"古无墓祭"说。案《史记·孔子世家》述云:

> 孔子葬鲁城北泗上,弟子皆服三年。三年心丧毕,相诀而去,则哭,各复尽哀;或复留。唯子赣庐于冢上,凡六年,然后去。弟子及鲁人往从冢而家者百有余室,因命曰孔里。鲁世世相传以岁时奉祀孔子冢,而诸儒亦讲礼乡饮、大射于孔子冢。孔子冢大一顷。故所居堂、弟子内,后世因庙,藏孔子衣冠琴车书,至于汉,二百余年不绝。高皇帝适鲁,以太牢祠焉。诸侯卿相至,常先谒然后从政。③

上引《史记》本文,系据今日最通行的中华书局点校本《孔子世家》所载。点校本《孔子世家》中,标点了孔门弟子之服丧,描述弟子于鲁城北泗上孔子冢处筑庐服心丧三年,而后子赣庐于冢上;并谓弟子及鲁人从冢而家,形成庐墓聚落;然后便是鲁儒世世岁时奉祀、讲礼乡饮大射于孔子冢传统的形成;此一奉祀传统形成后,乃有"后世因庙"而"至于汉,二百余年不绝"的回响之文。"高皇帝适鲁以太牢祀焉"之文,便接于此句之下,这使我们警觉到,对于刘邦祀孔的地点问题,必须要对司马迁《孔子世家》的叙事文字

---

① (明)顾炎武撰:原抄本《日知录》卷18《墓祭》,徐文珊标点,台北:明伦书局,第435页。
② (明)顾炎武撰:原抄本《日知录》卷18《墓祭》,徐文珊标点,台北:明伦书局,第436-437页。
③ (汉)司马迁:《史记》卷47,北京:中华书局,第1945-1946页。

进行重新阅读与断句,不同版本间的《孔子世家》异文,也应重新纳入思考。

前述《日知录》的顾炎武所论"墓祭"持论观点,便系针对司马迁此文而来,顾炎武实欲与司马迁进行对话也。在其对话中进行的考据,引用了《礼记·曾子问》篇,以返回孔门情境的孔子与弟子之问答。由是可知顾氏所考甚是,孔门中必有弟子提出奔丧、去国等无庙可以祭祀之问题情境与讨论,顾氏引《礼记·曾子问》篇而论之云:

> "曾子问:宗子去在他国,庶子无爵而居者,可以祭乎?孔子曰,祭哉。请问其祭如之何?孔子曰,向墓而为坛,以时祭。若宗子死告于墓而后祭于家。"此古人墓祭之始。《记》言古不墓祭。宗子去在他国,事之变也;将祭而为坛,礼之权也。①

顾氏引《曾子问》后,并云:"此古人墓祭之始。"顾炎武提出"古不墓祭"的观点,系通过《曾子问》中孔子与曾子有关"宗子在他国无法及时奔丧"的"应当如何"之问答,并提出孔子观点,欲说明虽在孔子亦主张之;凡有墓祭者,皆是事变、礼权之特殊情境,并非礼制常态,然而孔子仍认可其符合礼之意与情之本。则顾氏所言甚是,故其云"告于墓而祭于家""祭"之礼必是吉祭,乃在葬礼毕后除服、卒哭、祥练、虞祭后,设木主而祭于家庙宗庙以为吉祭礼之始。司马迁《孔子世家》叙事,重点在于有关孔子弟子的"墓祭叙事",正点出了孔门弟子的难处:异姓弟子的"无庙可祭";是故司马迁所描绘的庐墓服丧与岁祀,正指向弟子之权变礼制,此即是顾氏所云"事之变也,礼之权也"之义;然顾氏仍行文以为不可以"墓祭",故批评司马迁实应聚焦"讲堂",认为司马迁若聚焦于弟子之权变于"讲堂"处,方合礼制礼意之本。这是顾炎武撰"古不墓祭"条之大义所在,主旨实针对司马迁行文发论议。从笔者的角度,顾炎武的观点其实与司马迁本意相通,只是各自看待问题的角度不同。司马迁从孔子逝世后的"庐墓"描绘,而顾炎武则从孔子生前之"讲堂"立义,两个观点皆道出了作为非血缘性身份的弟子,在面对孔子之丧礼与祭礼时的困境与非常情境,顾氏尤其提出了一个极为重要的观察,此即"孔子教于洙泗之间,所葬之冢在讲堂之后",则顾氏的"鲁城外讲

---

① (明)顾炎武撰:原抄本《日知录》卷18《墓祭》,徐文珊标点,台北:明伦书局,第434页。

堂说"正与笔者推论相符合,其所提出"祭于讲堂"之"讲堂说",尤更进一步补充说明了弟子庐墓与岁祭的深层背景。顾炎武的"不墓祭"正好反衬了孔门弟子之"墓祭"的深刻性。

二、阎若璩与顾炎武:《孟子》与清儒

在传世《孟子》文本中,亦对"墓祭"与孔门的"三年丧"表达了特别的关注,《孟子·滕文公》载云:

> 昔者孔子没,三年之外,门人治任,将归,入揖于子贡,相向而哭,皆失声,然后归。子贡反,筑室于场,独居三年,然后归。①

孟子所云"三年之外","之"意谓"趋也",故此文重点在表述两个阶段的三年,前三年为门人"之外"治任丧事,后三年则子贡"筑室于场"独居三年。这里值得注意的是"三年之外"句,"之外"传达了门人系"之于外"而"治任"孔子丧事,而之所以必须"之于外"而非"在于内",便是因其身份:既非孔氏,亦非血缘亲属。"治任"一词表述的正是"之于外"亦有丧事,故弟子皆有"治任"。是故由《孟子》所记,我们遂可得知孟子语意,指向了门人的治丧地点,是在孔子宅外,故曰"之外";而此地点,当即子贡"筑室于场"所在,《孟子》文所云"筑室于场",则此"场"便系门人治丧三年之所,故《孟子》记述其为"三年之外"。东汉末赵岐(?—201)注云:

> 任,担也。失声,悲不能成声。场,孔子冢上祭祀之坛场也。子贡独于场左右,筑室复三年,慎终追远也。②

故赵岐所注便将"场"指向孔子冢处,并且就是弟子们祭祀孔子的坛场;孟子与赵岐都没有提到后来的"庙"事,但依赵岐所注,已明确将门人"之外"所在,指出即为孔子家所在,更是门人祭祀孔子的坛场所在。清阎若璩《四书释地续》有《庐于墓上》条,云:

> 惟子贡庐于墓上,《索隐》曰:"《家语》无'上'字",且《礼》云:'适墓不登垄',岂合庐于墓上乎?盖上者,亦边侧之义,余谓总不若《孟子》'筑室于场'佳。筑室处在今孔墓之右十数步,

---

① (汉)赵岐注:《孟子》卷5《滕文公章句上》,台北:新兴书局,第51页。
② (汉)赵岐注:《孟子》卷5《滕文公章句上》,台北:新兴书局,第51页。

户东向。""反"云者,子贡送诸弟子各归去矣,独还,次于墓所。
或曰:"反",复也。①

按:此是阎若璩对《孟子》中子贡"反筑室于场"的解释,在其释义中,可以看出他欲与赵岐"孔子冢上祭祀之坛场也"的对话企图,特别是针对"场"与"孔子冢"的关联处,阎氏最后回归《孟子》本文,曰:"总不若孟子'筑室于场'佳",注意阎氏的句读,系撷取"筑室于场",已将"反"字排除。其后焦循《孟子正义》引诸古籍以释"场",以为系"祭神道之所",其释云:

> 正义曰:《尔雅·释宫》云"场,道也"。《说文》土部云:"场,祭神道也。"《国·楚语》云:"坛场之所",注云:"除地曰场。"盖于冢墓之南,筑地使平坦以为祭祀,杨子《法言》谓之"灵场",《说文》谓之"祭神道也",后人树碑于此,谓之神道碑。神道在冢前,未可当正中而室,故知在偏左偏右,犹倚庐垩室之偏倚东壁也。②

焦循不仅解释了子贡筑室左右之意,也解释了"场"实是一可为祭祀的平坦之地,而非"高坛"之义;焦循又以为读"子贡反筑室于场"当作一句,"反字连筑室也",不可于"反"字断句,应连下读,则焦循此读"反筑室于场",即针对阎若璩;笔者以为焦说似为长。而《孟子》中"治任三年"句,即是弟子于鲁城外孔子墓冢处治任丧事,"治任"义指此,故曰"三年之外,门人治任"。三年丧毕后,子贡筑室于场独居,此独居处便是司马迁叙事中所提到的"孔里";但在赵岐的注中,显然皆未参考司马迁的叙事来注解《孟子》;赵岐之所关注,主旨在其失声之情,以及坛场祭祀。这样看来,由《孟子》到司马迁,"弟子服丧三年"是一不变的基调,但司马迁用了"心丧"一词来与"三年"之词联缀,似乎更能把握门人弟子服丧事件的意义。司马迁笔下的"心丧"一词,明确传达了弟子有服丧却未丧服,是故用"心丧"正是以"心"字作为"内"词,以相对"服"之为"外"词。因此,我们实可

---

① (清)阎若璩:《四书释地续》,《钦定四库全书》,文渊阁本,经部,第162册,第49页。

② (汉)赵岐注:《孟子正义》卷11,焦循正义,沈文倬点校,台北:文津出版社,第394页。

以看出：表面上阎若璩系继承顾炎武的课题，但是却持一种反对顾炎武观点的立场，认为古人实有墓祭之存在传统。阎氏之所以不够深刻者，在于不能体察到顾氏评论司马迁而提出古人不墓祭的对话别有深意，正是在为非血缘关系的孔门诸弟子发言立论，解释其师生关系在古人墓祭与服丧行为中的特殊情境；阎氏不察，仅以考据为论，境界自在顾炎武之下，遂未能达《四书》文本与孔门、孔子关系的非血缘性主轴义谛，以及司马迁《孔子世家》孔门叙事弟子墓祭情节的意义。

三、结 论

阎若璩说虽自顾炎武而来，然其主要批评者，实在顾炎武，年代近也；其盖以顾氏说为非；阎氏并举古文献例，以证明"古有墓祭"。顾炎武则批评太史公，以为"古不墓祭"；然顾氏持论与司马迁叙事，却又皆主"孔子家"，非惟孔子讲学在洙泗讲堂，即便孔门弟子于孔子逝世后之纪念、悼念、三年心丧、三年筑庐等，亦皆在城外孔子墓处。就此点而论，顾炎武与司马迁之对话反而相近，能知孔门弟子所欲联结者，在"非血缘性"的两方：孔子与弟子。阎若璩则似非真正能达意者，故主张"孔子家"，盖非能知太史公本意，实在孔子死后之弟子叙事也；弟子与孔子无血缘关系，故不得祭祀于孔子宅，亦不得服三年丧于常礼；故彼等服三年心丧与三年庐伴孔子，皆在孔子冢；此正顾氏所谓"事之变，礼之权"也；故区别孔子家与孔子冢，其意深矣；顾氏之批评司马迁，正反映彼等之角度虽不同，而趋丧祭庐墓本意，仍在礼变之权，其对话固仍在同一世界中；阎氏之说，则仍有隔，似非知道者。

张载的气质论对现代人格培养的启示及思考

王维生

中国书院学会副会长、厦门筼筜书院创院山长

一、从变化气质而知礼成性——张载的修养功夫论

作为北宋著名的思想家和教育家、"关学"创始人,张载的思想体系十分庞大,不仅其哲学思想体系博大精深,而且他的社会教化思想也是十分丰富,它是张载思想体系的重要组成部分,与他的哲学思想和社会政治抱负密切相关。在经世致用、集义养气、学思结合、德智结合方面,张载都提出了自己的主张。这些思想对当代公民人格培育同样具有很大的启示作用。在下非专业人士,学浅才疏,本文仅就其气质论给我们的启示,谈谈自己几点非常肤浅的学习体会:

在张载的哲学思想体系中,"太虚即气"的本体论是其整个哲学的基础,也是最具特色的部分。他提出了人性二元论学说,认为人有气质之性和天地之性之区别,强调"为学在变化气质",追求圣人境界等。学习并归纳一下张载气质论的相关论述,主要内涵大致如下:

第一,张载从气一元论出发看待人性,提出了人性二元论命题,认为人有"天地之性"和"气质之性",二者相互对立。他在《正蒙·诚明》里说到:"形而后有气质之性,善反之,则天地之性存焉。故气质之性,君子有弗性焉。""天地之性"也就是太虚的本性,是天地万物共有的本性,是先天的善性,人天生就具备这种本性,它是人性善的依据。"天地有正气,杂然赋流形",张载推崇儒家的天人一体观,他提出的"天地之性"其实就是指儒家推崇的伦理道德,是为了给儒家伦理道德寻找一个超越性的支撑。

而"气质之性"即凝聚之"气"性,是指人后天形成的本性,是人禀受阴阳二气而形成形体之后所具之性,它因人而异,人各有别,气质不一。气有清浊之分,所以"气质之性"有善有恶,这是人性恶的依据。他认为每个人

都有"天地之性",也都有"气质之性",而且"气质"并非永恒不变,主张加强道德修养,变化"气质之性",使之恢复"天地之性"。

第二,学以变化气质,这是张载气质论中非常重要的观点,无论古今,不论中外,都是至理名言。张载认为,气质之性虽然有恶,但经过学习和道德的修养,可以使气质之性发生变化,因此他提出了学以变化气质的学说。他认为自我修养的目的就是摒弃"气质之性",归复于"天地之性",成就圣人、君子式的人格!这就是他倡导的"变化气质":"为学大益在自求变化气质,不尔皆为人之弊,卒无所发明,不得见圣人之奥。"①"如气质恶者学即能移,今人所以多为气所使而不得为贤者,盖为不知学。"②;通过学习可以使性不美转化为美,使恶转化为善,以克服气质之性的蔽塞,恢复先天的本然的善性,这称作"善反之,则天地之性存焉"③。

那么,如何变化呢?他说"由太虚,有天之名;由气化,有道之名;合虚与气,有性之名"。这种贯通虚和气的过程,就是气化之道。气化有两种主要形式,一种是变,一种是化。"变言其著,化言其渐""变则化,由粗入精也。化而裁之谓之变,以著显微也"。张载认为化是不显著的、不可察觉的变化和积累。变则是显著阶段,是渐化过程的中断,而且这种中断蕴含着人的决断意志,因此变是化的不同阶段。最能说明变化过程的典型例子就是孔子所说的:"吾十有五而志于学,三十而立,四十而不惑,五十而知天命,六十而耳顺,七十而从心所欲不逾矩。"这是圣人对自己变化的自知与自觉。不仅有由化到变的质的飞跃,而且有由变到化的积聚、沉淀、精炼的过程,即"由粗入精"。

第三,为了变化气质,应该怎么学。张载反复强调人可以通过学来移易"气"质:"领恶而全好者,其必由学乎!""如气质恶者,学即能移。""苟志于学,则可以胜其气与习。"既然学具有移易"气"质的力量,那么怎么学?张载说,学就是"正心":"为学所急,在于正心求益。""学"——"正心"——由此具有广义上的"修身"之意,它与儒家的经典之一、曾子的《大学》开篇所言的正心诚意修身齐家治国平天下的儒家功夫论是一脉相承

---

① (宋)张载:《张载集·语录中》,北京:中华书局,1978年。
② (宋)张载:《张载集·气质》,北京:中华书局,1978年。
③ (宋)张载:《张载集·诚明》,北京:中华书局,1978年。

的。从最广泛的意义上来说，这个学就是"立"："学者当须立人之性。"

张载认为学习的目标就是"始成大人者"和"大而就圣者"，因此他把学习的过程分为两个阶段："由学者至颜子一节，由颜子至仲尼一节，是至难进也。二节犹二关。"在第一阶段由始学之人进而至于"大人"，第二阶段的目标在于成圣，但是朝着这一目标的进展只能是自然生发。与之相比，在第一阶段由始学之人进而至于"大人"，却是可以黾勉修为而至的。张载十分强调这一点："盖大则犹可勉而至，大而化则必在熟，化即达也。""始则须勉勉，终则复自然。"这与传统儒家的"成人"教育思想也是一脉相承的，人格完善和提升的途径是修身、核心是修心、精髓是修中。

所以，至关重要的是，一个人必须坚持学习，直到达到和孔子一样的境界，能够遵循天性而不至于迷失："自非成德君子必勉勉，至从心所欲不逾矩方可放下。"也就是所谓的"知礼成性"吧！

由上可见，倡导读书从而变化气质而后知礼成性，这应该就是张载的修养功夫论。这一思想理论对当今社会培育现代公民（君子）人格，有着非常重要的借鉴意义。

二、张载气质论对当今社会公民人格培育的启示

前述张载的"气质论"强调了道德修养对于一个人的性格、行为和命运的影响。他认为，人的气质是由其天生的"品性"和后天的"修养"共同决定的！鉴于此，人们可以通过学习和实践来塑造变化自己的气质。

1. 倡导读书、立人之性

如上所述，张载认为学习的目标就是"始成大人者"和"大而就圣者"，现实中能"大而就圣者"毕竟少之又少，但"始成大人者"，则是应该大力提倡的，这也是传统儒家成人教育思想的现代活用。

在儒家的成人教育思想中，所谓的"成人"并不是指个子长高了而是指一个人的人格养成与全面发展，成人教育思想就是关于"成人教育"的学说，实际上就是构建如何做人、如何养成健全的道德人格的教育体系和思想。

儒家的"成人"教育理念主要在于"人文化成"，即通过教化完善个体的人，关注个体发展，重视个体的精神人格，培养美好品德，使人成为真正的"人"和完全的人，即"君子"。先秦儒家对圣贤境界和君子人格极为推崇，

孔子最早提出"成人"教育的理念以应对"礼崩乐坏"的时代困境与危局，后经过孟子、荀子等继承并进一步深化发展，对礼乐文明进行反省，强调礼乐教化的重要性，力求从各种教化的方法中发掘出社会普通成员的"仁爱"精神，通过普遍性的原则与伦理规范为人情日用之常，旨在"教之以人伦""文之以礼乐"，从而最终实现普遍意义上的"君子"人格的培塑和"礼乐文成"的公序良俗。张载提出的把"始成大人者"作为学习的第一个目标，与上述成人教育思想亦是一脉相承的。

在今天的学校教育和社会教育中，上述"成人"教育的思想普遍缺失，青少年的身体长势普遍很好，但道德人格的养成却问题很多，这不能不引起深思！比如在20天前（3月10日）河北邯郸市发生的三个初中生杀害一名同学的案件，更是引发全国性的关注，其手段之残忍、性质之恶劣，令人发指、人神共愤！而且根据相关报道，此类青少年恶性犯罪案件几乎是年年都有，这不能不引起全社会的深刻反思和高度重视！

除了青少年的人格教育存在不少问题之外，当今国人成年人读书少或者不读书的状况也是不容乐观的。根据中国新闻出版研究院发布的"全国国民阅读调查报告"，我国成年国民的人均纸质图书阅读量：2017年为4.5本、2020年4.70本、2021年4.76本、2022年4.78本。而相关统计数字显示2017年犹太人每人每年读64本书、美国人每人每年读50本书。

不读书何以改变气质，何以培育君子道德人格呢？所以首先还是要倡导读书，尤其是多读经典书籍，建立人人爱学习的学习型社会。

2. 从童蒙教育开始重视传统文化教育

张载特别重视童蒙教育，认为儿童教育在人的气质形成过程中，发挥着至关重要的作用。他说："'蒙以养正'，使蒙者不失其正，教人者之功也。"主张在儿童蒙昧无知时及时给予正确的教育，使孩子们养成良好的道德思想品质。"所观所求皆学也，长而学故谓之学，其幼时岂可不谓之学？直自在胞胎保母之教，已虽不知谓之学，然人作之而已变以化于其教，则岂可不谓之学？"①。

可见，张载不仅重视儿童教育，而且强调教育要从小抓起，甚至要从胎教

---

① （宋）张载：《张载集》，北京：中华书局，1978年。

抓起，幼而教之，长而学之。张载的这些早教思想，对后世的著名理学家朱熹产生了影响，朱熹对小学教育也非常重视，他在总结前人教育经验与自己教育实践的基础上，把一个人的教育分为"小学"和"大学"两个既有区别又有联系的阶段。他把小学阶段的教育形象地比喻为"打胚璞"，认为小学教育的任务就是培养"圣贤胚璞"。今天国内大多数书院在普及传统文化教育过程中，亦是遵循先贤们重视儿童教育的思想，重视从小抓起，从儿童读经典抓起。

3. 构建现代君子人格、树立现代公民人格标杆

窃以为，"经济"的现代化和"人"的现代化是一个国家现代化的两个主要标志。在今后很长一段时间里，"人"的现代化，即如何实现"公民"的现代化的问题，是实现中华民族伟大复兴的关键之一。而人的现代化的核心是人格的现代转型与构建，公民人格是现代人格的具体表现，培养符合当代中国精神的现代公民人格已成为最迫切的时代课题之一。

因为每个时代的人都应有他胸中的生命标杆，如果没有，人们就会丧失方向。四十多年来，现代化的发展使我们社会的面貌日新月异，现代人的物质生活条件得到空前的改善。但是，人们在普遍得到发展实惠的同时，也持续面对和承受着越来越严重的伴随着发展而来的自然生态危机、道德伦理危机、精神信仰危机、人的生存意义和价值迷失等问题。人们不断地在反思，我们的社会为什么并没有随着现代化的发展而更加和谐，相反却更加贫富悬殊、矛盾丛生；我们的内心为什么并没有随着现代化的发展而更加宁静，相反却浮躁郁闷，甚至充满戾气。我们究竟从现代发展中得到了什么，而又失去了什么，忽略了什么。现代化发展的终极目的又是什么，等等。产生这一系列问题的因素很多，但其中最主要最根本的原因之一是在现代化发展过程中忽略了"人"的精神成长。社会学者普遍感到人的"物化"问题，也就是见物不见人的问题越来越突出，人的精神没能因现代经济社会的发展，而更加挺立、更加自信，相反，却更加迷茫、失落和不知所措。不知如何安身立命而只好选择躺平、做"四无"青年！这恐怕是现代人最感到无助和无可奈何的。如此种种皆和主流精神的缺失、生命标杆的缺失有着很大的关系。

虽然目前我国学界、教育界关于人格教育的探索并不少，但还远远适应不了现实社会发展的要求，人格教育的理论建设和实践还未被人们所普遍重视，现代公民的人格建构和培养途径尚在探索之中。

因此，以新的维度，借鉴上述张载等诸先贤的社会教化思想，融合当代社会的人文特点，吸收人类具有普世价值的人格精神，建构现代君子人格，并以此作为现代社会公民人格的理想标准，这对于培育符合现代社会要求的现代公民具有重要的现实意义。

三、对当下公民君子人格培育的几点思考

第一，君子人格的核心精神需要回归与超越。

当今社会，复兴传统文化的主要社会功用之一就是培育当代君子人格，通过君子人格的道德典范引领社会风尚，重塑道德人心，促进人的全面发展。但是，由于时代的变迁，传统君子人格的文化基础已发生根本性的改变，因此，当代君子文化的研究与构建也必须与时俱进，君子人格必须有创造性转化与超越。

中国传统的君子文化在几千年的发展演变过程中，在核心价值体系方面发生了巨大且致命的变化，这个变化表现在要素丢失、比例失调、结合失当等与时代发展要求不相符的"结构性问题"上。比如：知行脱节，义利脱节，乾坤（阴阳）脱节，礼义仁智信与刚强勇毅新的脱节，等等。正因为知行脱节，所以今天要提倡知行合一；正因为义利脱节，所以今天要提倡义利结合；正因为乾坤脱节，所以今天要提倡"自强不息"精神与"厚德载物"精神的结合；正因为过于强调礼义仁智信，而忽略刚强勇毅新等，造成偏颇、刚柔不相济；等等。所以今天要提倡刚强勇毅新与礼义仁智信的二元结合。

因此，在新时代传承君子文化必须首先促使其核心价值的回归和与时俱进，必须立足当下面对未来。

第二，现代君子人格构建的难点与痛点。

一方面，当今社会逆淘汰现象非常严重，在社会上吃得开的那些人，用传统的君子标准来衡量的话，恐怕差距甚远；另一方面，基于不便讨论的原因。因此，对当代君子品格的界定和建构难点诸多，需要新的维度，建立新的范式。

第三，人文学界和教育学界的责任之一，就是要厘清"教育"与"成人"的关系，从"文化自信"到"文化融合"。

概括上述张载的教育思想,简言之,教育是人的需要,"成人"是教育的最本质目标,或者说人格培养是人文教育的根本宗旨。道理似乎不复杂,但出现的问题却是最多,现代教育高度发达,但人的问题却是层出不穷。教育能否"成人"成为颇为争议的话题。在2023年清华大学出版社出版的《中华经典教育三十年》一书中写道:

>自1979年以来,儒学教育、读经教育、人文教育、通识教育、全人教育、古典教育、传统文化教育、国学教育、经典教育等教育思潮先后涌现,相互激荡。儒学教育、读经教育、传统文化教育、经典教育偏向于本民族文化在教育中的渗透,人文教育、通识教育、全人教育、古典教育都是欧美教育发展过程中出现而后引进到中国教育中的,但其都是中西学者站在现代社会的立场,在当代教育快速发展并在普及教育基本实现之后的一种教育反思,其主题就是如何成就一个完整的"人",尽管名称不一致,出现的时间点也有先后,但都是当代教育对"人"的教育的不断反思和总结。①

换句话说,"人"的教育问题的不断提出,是对当代教育的反思和批判。而解决问题的路径之一应该是从"文化自信"到"文化融合"。在这方面,人文学界和教育学界任重道远。

---

① 祝安顺:《中华经典教育三十年》,北京:清华大学出版社,2023年。

先秦儒家"智"德思想对中国普通民众社会地位的影响*

陈荣庆

宜春学院教授

"智"作为先秦儒家"三达德""四德"之一,是儒家治理天下与成人思想体系中不可或缺的重要德目,是中国传统社会道德观念的重要基石。近三十年来,学者们对"仁""义""礼"等德目的研究,成果众多,已经形成"仁学""礼学""义之发生学"等系统性研究体例,但对"智"的研究却非常薄弱。虽说有不少研究"智"的论文,但却不见有系统性、体系性、创新性的专著面世,与"智"在儒家思想体系中的作用很不相称。本文拟从天下治理与人的社会地位规定等本原角度出发,演绎儒"智"对"民智"的重视、对普通民众的尊重,并通过比较儒道法墨诸子的"智"论思想,简述先秦儒家"智"论对中国普通百姓获得社会地位、推动中国传统社会发展的重要影响。

一、"智"的内涵

从先秦儒家使用"智"一词来看,"智"主要有两个方面的内涵:

一是指人应该具有掌握客观世界万事万物知识的能力。这种能力可以通过学习而逐步丰富与发展,"学而知之"。

二是对社会现实与历史发展、人类所做事件进行是非对错判断的品质与能力。这种品质与能力主要体现在对人类活动所造成的结果与后果进行评判,即孟子所言"是非之心,智之端也"。这种品质与能力能够表现出人心向背,体现普通民众对统治的认可或反对。

---

* 本文为国家社科基金"先秦诸子'智'论研究"的阶段性成果(编号:24BZX018)。

这两种能力，都可称之为"智能"①。先秦儒家将"智"作为一种人的全面发展必须具备、甚至天生就有、"非外铄我也"的德目，蕴含着先秦儒家对普通民众的尊重，对人类社会历史发展的正确认识。

二、孔孟荀对"智"的认识

"智"作为人应具有的一种重要品质与能力，在先秦时期的甲骨文、金文、石刻文中就已出现。先秦时期的"智"字，主要包括智慧之"智"与知识之"知"这两个义项，具体之义则需要根据文献的具体语境来判断是"智"还是"知"②。

孔孟荀都认为"智"是一个人全面发展过程（"成人"）中不可或缺的重要能力与道德品质。"无是非之心，非人也"（《孟子·公孙丑上》）③，没有健全之"智"的人，不是完全的人，是一个非完成体。人人都有成为尧舜的可能，每一个人都应该展现、发展、完善他的"智"。也由此，先秦儒家倡导"民智"。

（一）孔子之"智"

《论语》一书中，"知"共出现 116 次。依杨伯峻言，这 116 次出现的

---

① 学界有人将"智"分为"智能"与"智德"两个部分：侧重于自然知识方面的，称之为"智能"；侧重于道德方面的，称之为"智德"。我认为不恰当。一是只有儒家才将"智"作为德目，二是智能包含道德知识与道德评判。

② "智"与"知"两个字，在先秦并没有严格区别，都兼有知识义和智慧义，大约到汉代用法分工才逐渐确定，分用为两字。李冬鸽利用出土文献测查了"智""知"的出现时代，提出"智"在商代就已经出现，最初是记录"知道、了解"义；"知"字在春秋时代出现，义为"认识、知道"；"智"的出现早于"知"，"知"并非"智"的古字（《从出土文献看"智"与"知"》，《文献》，2010 年第 3 期）。林志强的看法与李冬鸽略有不同。他认为：从字形和字用的角度看，应该是先有"智"后有"知"，"知"是通过省文的方式从"智"分化出来的字形。商周以后，早期字形只作"智"，既用作"智慧"之"智"，也用作"知识"之"知"；春秋战国时期开始出现字形"知"，则"知"也用作"智慧"之"智"，"智"也用作"知识"之"知"。"知"和"智"的关系，应是异体通用关系（《"知""智"关系补说》，《汉字汉语研究》，2019 年第 4 期）。

③ 陈来在《论儒家的实践智慧》中指出儒家的哲学特点是突出人的实践智慧，也体现在突出人的修身成己，最终实现知行合一，他认为将"好学"与"智"联系在一起，这提示了一个通向实践智慧的诠释方向。

"知",有2次是作为名词的"知识"义,89次是作为动词的"知道""知晓"义,25次是为"智",作聪明、有智慧解。①

第一,"智"与"仁""勇""礼"是一个统一体,是作为君子,或者说作为一个全面发展的人必须具备的品德与能力。不能说一个人只需要具备某一品质即可为君子,而是必须同时都具备。"君子有道者三,我无能焉:仁者不忧,知者不惑,勇者不惧。"(《论语·宪问》)仁、智、勇不可分离,人必须智与仁、勇、礼同行,相互补充促进,才能达到人性完美的境界:"知及之,仁不能守之,虽得之,必失之。知及之,仁能守之,不庄以莅之,则民不敬。知及之,仁能守之,庄以莅之,动之不以礼,未善也。"(《论语·卫灵公》)②

第二,无"智"则无"仁"。"智"是实施仁德的一个前提条件。"仁者安人,知者利仁。"(《论语·里仁》)"未知,焉得仁?"(《论语·公冶长》)仁智必须统一,"智"是实现仁德的前提基础,无"智"则无"仁",无智者不可能正确了解仁德、实施仁德。要成为一个有品德的君子,必须有"智"。无智而又有一腔道德热血、时时刻刻想做一个好人者,只能是一个"德之贼"的乡愿。(《论语·阳货》)

第三,人人都应该接受教育,提高品德与能力。孔子特别强调"学",认为人要通过"学",从而提高人的知与智,实现人的全面发展。"学而时习之","温故而知新"。③ 儒家重"智"推动了重"民智",由重"智"而强调"学",为普通民众向上发展提供了实现的可能与希望。

第四,治理天下需要"智"。"务民之义,敬鬼神而远之,可谓知矣。"(《论语·雍也》)重人而远鬼神,是治理天下的正确方法与智慧体现。樊迟"问知。子曰:知人……子夏曰:富哉言乎!舜有天下,选于众,举皋陶,不

---

① 杨伯峻:《论语译注》,北京:商务印书馆,第252页。
② 正如《中庸》所讲:"好学近乎知,力行近乎仁,知耻近乎勇。"智是通过不断学习,仁心是通过不断行善,勇敢是通过不甘人后的上进心而来。君子正是在生活中通过不断好学、力行、知耻,渐渐完善三种品格,成为世人模范。
③ 也有学者认为孔子并不是提倡全面的"民智"。孔子说过:"民可使由之,不可使知之。"(《论语·秦伯》)明显是不提倡民智,孔子此语与商鞅"民不可与虑始,而可于乐成"(《商君书·更法》),为中国历代愚民政策之渊薮。

仁者远矣。汤有天下，选于众，举伊尹，不仁者远矣"（《论语·雍也》）。在政治领域的治国之智就是要知人善任，推举贤能。推贤举能，就是重视"智"。

（二）孟子之"智"

《孟子》一书中，凡"知"共出现112次，其中同"智"者至少3次。孟子虽然重仁，强调仁政，但同样重视"智"对人的全面发展的重要性。"仁义礼智"并称首先出现在《孟子》一书中。

第一，"智"是人天生拥有的、对事物的是非对错进行分辨与评判的品质与能力，这种能力与"仁""义"等品行相互配合，形成一个健全人的全面品格要求。

孟子提出，"智"为人的"是非之心"（《孟子·告子上》），是分辨事物对错的品质与能力。没有"智"这种能力，人就不可能做好、坚持"仁"与"义"这两种品行："仁之实，事亲是也；义之实，从兄是也；智之实，知斯二者弗去是也。"（《孟子·离娄上》）

"智"这种品质是每个人天生就有，是上天的赐予，不是人世间帝王的施舍。《孟子·尽心上》说："人之所不学而能者，其良能也；所不虑而知者，其良知也。"人不用通过学习就有的能力叫良能，不用思虑就获得的知识叫良知，"智"是良知良能的一种体现。这种良知良能生发于人的内心（"仁义礼智根于心"），是先天就有、人皆有之的天赋，体现在恻隐之心、羞恶之心、辞让之心、是非之心等四个方面，并称"四端"，是不需要后天习得就有的仁、义、礼、智四德的萌芽。

第二，仁智统一是成圣的必备要求。孟子"仁义礼智"并称。这四德中，"智"具有不可或缺的重要作用。人只有在对事物作出"是非"判断后，才有主动进行抉择与践行的可能。孟子将"智""仁"并举，认为孔子"学不厌，智也；教不倦，仁也。仁且智，夫子即圣矣"（《孟子·公孙丑上》），强调了"智"对"仁"、对人的全面品格的重要性。孟子强调仁智统一，体现了对孔子仁智一体思想的继承。

孟子还评论周公近乎"仁且智"（《孟子·公孙丑下》），认为由于孔子具有完美的"智"，故而"可以速而速，可以久而久，可以处而处，可以仕而仕"，成为"圣之时者"（《孟子·万章下》）。可见，孟子仁义礼智四德中，最基本的品德是"仁"与"智",羞恶之心"义"和辞让之心"礼"是"仁"与"智"融合后产生的形态,所以孟子有时候直接用"仁""智"来代指理想的人格,强调"仁""智"是成圣的根本德性与德行。

(三) 荀子之"智"

先秦儒家中,荀子对"智"论述最多。荀子曾专门解释"智":"所以知之在人者谓之知,知有所合谓之智。"(《荀子·正名》) 在继承孔子仁智礼等思想方面,如果说孟子突出了"仁",荀子则突出了"智"与"礼"。[①]

第一,荀子认为,"智"是人在掌握丰富的知识基础上所作出的综合判断,也就是智慧。为此,荀子强调要掌握丰富的知识,要"解蔽",要"化性起伪",反对迷信,主张"不占""非相",对于鬼神、巫术的批判表现了荀子强烈的科学精神与重智思想。荀子强调礼智对显、"辨合符验"与"物理可知",其逻辑观念、理性智识是对"智"的深耕。

第二,荀子重智,将"智"标举为仅次于"礼"的范畴。《荀子》一书"知"字共487处,"知""智"互通者超过50次;"礼"在《荀子》中出现342次。从"礼"与"智"出现的频率与荀子论述的程度、力度综合看,荀子重智仅次于重礼。

三、"智"与儒家理想天下的关系

(一) 先秦儒家的理想天下设定

《尚书·洪范》记载周武王向箕子请教如何治理天下。箕子讲述了治理天下需要注意的九件大事("洪范九畴"),提出应在知晓五行、五事、八政、五纪等基础上,践行王道,熟悉正直、刚克、柔克三种管理心术,做好卜筮决疑,避免六种恶事,实现全天下的五福:"寿""富""康宁""好德""考终命"。"五福"是王道的指向目标,先秦儒家继承了这一王道思想。

孔子虽然生在东周,但一向认为自己是周公的精神传人,他的思想主张继承了西周德治天下的主旨,其最终目的也是为天下人实现"五福"。

孔孟荀认为理想天下是一个有道德、有制度、有规范的和谐世界,这个世

---

① 牟宗三先生曾以重仁与重智的二分法来解析儒家哲学两大系统,认为荀子继承了自孔子以来的智性主义,荀子讲"仁知之极""仁知且不蔽",将仁与智同重并列,启发了后世儒家的重智传统。

界政治道义第一、礼制规范第一，德行与道义的力量最为强大（仁义礼智治天下），天下治理的合法性在于民心所向（"得民心者得天下"）；治理天下的基本方式是以圣人为榜样，人人做君子，圣人依靠不断改进的仁德、智慧及其礼义制度来治理社会，通过提高每个人的道德自觉与智能来维护社会的良好运行及平稳发展；整个天下，每个人都是相对等的主体（讲礼尊礼，"君君臣臣，父父子子"），每个人都努力向上，力争做君子；每个人都有判断是非对错的能力（"智"），能够反对不仁义的战争与暴政；统治者"富民"而"教民"，实现全天下的"五福"。

（二）"智"在理想天下中的作用

第一，天下治理的合法性在于民心所向，所以"民"必须要有良好的是非判断能力与品质，必须要有"智"。人人有"智"，社会才能维持正常状态，才有能力维护正道、改正错误（汤武革命），才使人有坚持正确信仰的可能，可以对社会发展、人类行为作出正确的评判。无"智"，不可能有理想天下。

第二，治理天下的基本方式是以圣人为榜样，人人做君子。要做君子，必须要有"智"，仁智一体，成为一个健全的人。无"智"之人是不健全的人，无"智"不成人，不成社会。理想天下是由一群积极向上、努力丰富"智"的人所组成。

（三）儒家重"智"，确立了普通民众在天下中的地位与作用

在儒家的理想天下场景中，人人有"智"，天下才是有制度、有规范的和谐世界。如果普通民众没有"智"，只有一些生存所需的职业技能①，那就不可能是一个美好的、能坚持正义并能改正错误的世界。理想天下，需要普通百姓有"智"；社会的完善与修正，也需要有"智"的百姓来完成。

人有"智"，才有社会地位。先秦儒家思想中，有智之人是社会平稳发展的主体，人人有智，才能有理想的天下。理想的天下不是靠圣人个人来创造（圣人只是作为一个表率），而是大家共同努力向上做君子而完成。普通民众享有获得更多"智"的机会和权利，普通民众也是社会发展的主体，享有应该享有的权利。

---

① 墨家就认为普通老百姓不需要拥有对社会发展和天下治理的"智"，有圣王一人拥有即可。臣属与百姓跟着走就行，百姓只需要拥有职业技能。

四、儒家之智与墨家、道家、法家之智的不同

儒家认为"智"是人天生就有的一种能力和德行之端,提出每个人都有对世界作出正确判断的能力与品质,强调每个人都有向好向上的可能,重视教育与学习,不断提高人的智性水平,实现理想的天下。但先秦其他诸子,源于对理想社会的不同认识,在对"智"的认知上,也有各自不同的立场与看法。

（一）墨子之"智":普通民众只能有固化的职业技能,人是工具

1. 墨子的天下理念

墨子以西周天下的结构为蓝本,建构了他的理想天下秩序。其纵向结构为天子——三公——诸侯——正长（乡长——里长）。理想状态下,里长、乡长与诸侯的施政理念一致,诸侯与三公一致,三公与天子一致,由此组成一个上下高度同一、天子发令全社会严格遵守的运行模式。

在此状态中,人人相亲相爱,上下高度同一,全天下只听天子一人的号令行事,没有杂音,三公、诸侯以至百官,严守职责,只做事,无治权,没有权力边界等问题；墨子提倡专家治国,尚贤尚同,要求君王重视选拔人才、使用人才,但这些人才只有良好的职业技能,而没有对国家、对社会的治理思想,机器一般地完全听从天子的指示。

2. "智"在墨子天下理想中的作用

在墨子的天下场景中,"智"也有其作用。墨子非常强调贤能,"尚贤"而专家治国,似乎也很重智。但事实上,墨子之"智",只是一般性的生活之知和普通的职业技能（含有一些管理之术）,不含有对社会发展可以作出是非判断的能力,不含有治理天下的知识与能力。若"智"含有此种能力,则与墨子主张的"尚同"产生矛盾。"尚同"需要的是无条件的服从,不需要每个个体都具有管理社会与治理天下的"智"。"智"在墨子理想天下中的作用,只是一个工具人实现其工具职能的作用。

所以,拥有墨子之"智"的人,只是天下治理中的固化的岗位人与技能人,是单面的人,而不是全面发展、智性健全的人；墨子之贤人,也只是一个贤能的机器人。墨子之"智"的设定中,普通民众只需要、也只能接受职业技能教育,没有对天下治理进行思考的能力。由此,在墨子的规划中,普通民众不可能提升为圣人,只是机器人。

（二）道家之"智"：人不需要提升与发展小智，而是应该追求大智

道家对理想世界的认识、对人自身幸福的理解、对"智"在社会发展与人的自我认知中的作用的思考与儒、墨全然不同。道家认为人应该放弃"小智"，不需要提高、学习普通的知识与技能，不需要学习如何管理社会，而是应该顺应自然的"大智"，去智弃欲，同于万物而无欲无求。

1. 道家的理想世界

老子创新、升华了"道"这个概念，认为人与世界万物都由"道"而生，天下万物起源于一个共同的原点，"道生一"而"生万物"，人与万物共处于一个唯一存有的"天下"中。这个世界，是先有"道"、有自然，然后才有人类，自然的存在高于人类的存在。因此，人类的最佳生存法则是以"道"为师，以自然为师。

老子的理想天下，是"小国寡民，使有什伯之器而不用，使民重死而不远徙。虽有舟舆，无所乘之；虽有甲兵，无所陈之。使民复结绳而用之。甘其食，美其服，安其居，乐其俗。邻国相望，鸡犬之声相闻，民至老死不相往来"。社会宁静祥和，民风纯朴，浑然天真；世界永远是那样，按下了暂停键，没有发展与变化。

2. "智"在理想天下中的作用

老子的理想天下设定，排除了"智"的存在价值。老子认为天下治理的最佳模式是"无为"，是"绝圣弃智"（《老子·十九章》），放弃智谋，反对尚贤，才能达到"至德之世"；仁、义、礼、智都是对道的误解，人们应该顺从自然，舍弃人为，无智无欲，才能达到大治，实现天下的宁静祥和。废弃人为的小智，顺应自然流变，这才是大智。

庄子继承了老子"绝圣弃智"的思想，强调"绝圣弃知，大盗乃止；擿玉毁珠，小盗不起"（《庄子·胠箧》）。认为只有绝圣弃智、抛弃才智，才不会出现窃国的大智之人。庄子认为天下不需要治理，只要自身清静，自我超脱，天下自然无事；即使要治，也应放任不为，不需要任何一点人的私欲。

在老庄的思想中，"智"有害于人性的自由发展，妨碍人回归原本的自由，带来社会的变化。老庄认为自然之道是最好的治理天下之道，人"智"的运用只会干扰"道"的正常运行，使其偏离正确轨道。所以，治国不需要用"智"，治国不能用智。

老庄认为，普通百姓有"智"就会坏事，所以普通百姓不需要、也不能有"智"，治理天下就需要"愚民"："古之善为道者，非以明民，将以愚之。民之难治，以其智多。故以智治国，国之贼；不以智治国，国之福。知此两者，亦稽式。常知稽式，是谓玄德。玄德深矣，远矣，与物反矣，然后乃至大顺。"（《老子》第六十五章）要治理天下，就要反"智""愚民"，这种反智论，对普通民众的社会地位是极大的摧残。①

统治者以道家思想治国，标榜"清静无为"，或许能给百姓一些自主权，但也许更有可能是愚民。②

（三）法家之"智"：全体臣民没有自我主体的存在，不能有"智"，只能被奴役，做奴才

法家的最大特点是与时俱进。与时俱进有时也会带来另一种可能：回不了初心。法家思想遭到众多的批评或与之不无关系。

1. 法家的理想世界

法家理想的天下状态是个按法令条文精密运转的社会，各级官吏守土有责，全体民众高度一致；天子制定法令，全天下的臣民无条件遵守，天子自身不需要遵守；全体民众都是君主的臣民或奴才，都为君主服务；反智才能国富兵强，百姓不需要知道其职业技能以外的任何知识与智慧。

2. "智"在国家治理中的作用

按照商鞅、韩非子的天下治理逻辑，"智"在国家治理中是一个反面存在物，对国家法令的执行、社会思想的统一、天下的稳定起着反作用。

其一，法家反智。韩非子说："去好去恶，臣乃见素；去旧去智，臣乃自备。故有智而不以虑，使万物知其处；有行而不以贤，观臣下之所因；有勇而

---

① 或许有人为老庄辩解，认为站在老庄的视角，人的幸福不需要太多外在的东西，现有的一切就已经是最好，放弃更多的欲望与争执，人就自然会得到幸福。这种观点，是为愚民策略辩护。

② 老庄为何反智，可能的理由有：一是道的不可知性，人所能掌握的智，都是残次的、不正确的"道"，"道"本身深不可知；二是人的生命有限，而道是无限的，"吾生也有涯，而知也无涯。以有涯随无涯，殆已；已而为知者，殆而已矣"；三物无是非，变化无定，"物无非彼，物无非是。自彼则不见，自知则知之"，物之彼此是非只是一个相对的概念，而且事物总在不断地变化，人们对于物的认识永无止境；四是认为人性为恶，有"智"就会诈伪。

不以怒，使群臣尽其武。是故去智而有明，去贤而有功，去勇而有强。"（《韩非子·主道》）去"智"才能"有明"。"仁义辩智，非所以持国也"（《韩非子·五蠹》），"智"有害于国家治理。"圣人之道，去智与巧。智巧不去，难以为常"（《韩非子·扬权》）。

其二，法家反贤。法家认为"治法之至明者，任数不任人"（《韩非子·制分》），故而治国用法而不用贤："人主有二患，任贤则臣将乘于贤以劫其君，妄举则事沮不胜。故人主好贤，则群臣饰行以要君欲，则是群臣之情不效，群臣之情不效，则人主无以异其臣矣。"（《韩非子·二柄》）"今夫上贤、任智、无常，逆道也，而天下常以为治。是故田氏夺吕氏于齐，戴氏夺子氏于宋。此皆贤且智也，岂愚且不肖乎？是废常上贤则乱，舍法任智则危。故曰：上法而不上贤。"（《韩非子·忠孝》）"上贤者，以道相出也；而立君者，使贤无用也。"（《商君书·开塞》）

法家反对以"贤"和"智"治国，缘于法家强调、尊崇君主专制。尊贤任智提倡的是品德和能力，而普通民众若追求智慧和道德完美，就会削弱权势的吸引力，削弱君主的权势，降低君主的独尊，这与法家通过君主专制来实现天下统一的政治理想相背离。韩非子说："夫贤之为势不可禁，而势之为道也无不禁；以不可禁之贤与无不禁之势，此矛盾之说也。夫贤、势之不相容亦明矣。"（《韩非子·难势》）慎子也有同样的思考："立君而尊贤，是贤与君争，其乱甚于无君。"（《慎子·佚文》）说明若要实施君主专制，则必须要反贤、反智。

对如何实现天下统一，法家有自己清晰的思路。法家认为纵横家的如簧巧舌没有任何意义与作用，儒家的仁义治国、墨家的"兼爱""非攻"也不是良方，只有走"富国强兵"一途才是时代的大道与大智。而要实现富国强兵，君主专制是最有效率的方法，任贤用智则只能增加内耗，拖累国家的前进脚步。

在反贤、反智的场景下，普通民众的社会地位就被固化为一个又一个的机器、奴才，没有任何社会地位，只有被奴役、被工具化。中国传统社会中，底层民众的无地位，恰是专制君王明儒阴法的后果。

五、结 语

先秦诸子缘于他们对理想天下的设定不同,对"智"的理解呈现出不同的内涵。

墨子强调规范、机械般的天下一致,认为治理天下只需圣王思考、制定规范,全体臣民百姓只要有基本的岗位技能、按照圣王的指令行事即可,不需要有自己的头脑与思考。在墨家的思想体系里,普通民众处于被管理、被服从地位,没有主人翁的地位,只是一个工具人。

道家认为最好的天下场景是高度自然化的世界,人遵循自然的法则而行动,人的最大智慧体现在顺从自然,而不是增进知识、提高自身的智能与智巧,所以在天下治理中,要弃智。在这样的思想场域里,普通民众似乎拥有自由的可能,可以实现自我管理、自我做主,地位崇高;但更多的时候,普通人是被忽视的存在,没有受教育的权利,只能处于被管理、被欺骗的地位。

法家认为战国时期最好的天下治理方式是诸侯实行君主专制,从而国富兵强,兼并天下。在这个阶段,农战最为重要,百姓需要的只是服从,不需要、也不能有更多的"智","智"是君主统一天下的绊脚石。天下之民,只是君王统一天下的工具与战力,是国家实力的提供者,处于被奴役地位,没有提高智的可能。

儒家认为最好的天下状况是以德治天下,是君王用自身高尚的仁智来感化百姓,使百姓自动参与管理。在这个天下中,每一个人都有成为仁智兼备的圣人、君子的可能,成为君子、圣人也是每一个人的自发冲动,拥有"智"是每一个人德行完备的必要基础,"智"决定了人能够拥有什么样的仁德。所以,儒家的理想天下中,每一个人都对社会发展、对国家构成起着非常重要的作用,在社会中有着非常重要的地位。先秦儒家是真正意义上的重"智",重"民智"。

正是由于先秦儒家对"智"的重视与倡导,才为普通民众获得提升与发展带来了可能,给庶民以自尊,给百姓以地位,为每一个普通人的上升发展提供了通道,带来了中国历史的辉煌。中国普通民众能够有尊严、有地位的可能,儒家重智思想奠定了根本基础。

构建人类命运共同体的文化考量

张志宏

上海社会科学院哲学所研究员

一、"共同体"的文化内涵

共同体的概念对应于英语的"community"。community本身包含许多含义，但其中能够提取出来对应于共同体的主要是三个方面。其一是能够体现存在性质的含义：团体；其二是能够体现成员之间关系特征的含义：共同性、一致性；其三是能够体现成员与团体之间关系本质的含义：共有、共享、共同责任。英国社会学大师齐格蒙特·鲍曼（Zygmunt Bauman）在其《共同体》一书的《序曲》中对人们想象中的共同体进行了感性而美好的描述："预示着快乐""温暖而舒适的场所""安全的""友善的""相互依靠""互相帮助"等。这是一个有着共同的生活经历、为着共同的美好心愿，共同担当、共同分享、互相关爱的集体及其他们容身的场所。但是鲍曼将之称为"失去了的天堂"与渴望"重归的天堂"①。虽然这只是对一个理想的共同体的描述，但是它却为我们提供了一个理解西方文化意义上的共同体的模板，即这个共同体所指向的是一个每个人的联合体，它并不是每个人的存在方式，而是每个人存在的某种条件。正因为对共同体是这样一种利益性的理解，所以才会发生实存的共同体假理想共同体之名行有条件地换取理想生存的事件：以服从（放弃一部分自由）换取服务（满足对确定性的需要）②。然而确定性与自由就像孟子所说的鱼与熊掌，在现实中是不可兼得的。唯一的方法就是平衡人们对它们的需要。所以事实上对共同体的追求就转化为了如何实现自由与确定性的平衡的追求，

---

① （英）齐格蒙特·鲍曼：《共同体》，欧阳景根译，南京：江苏人民出版社，2003年，第2-5页。
② （英）齐格蒙特·鲍曼：《共同体》，欧阳景根译，南京：江苏人民出版社，2003年，第6页。

正如其书名的副标题所说,"在一个不确定的世界中寻找安全"。

以西方文化为基石的共同体概念在现实意义上强调的是一个具有"分离隔绝"的封闭性质的集体。也就是说,由于共同体的建构,世界被划分为在这个集体之内与在这个集体之外。内部的成员需要以某种条件为代价换取他们认为具有更重要价值的确定性的方面——这些方面得到了共同体的承诺;而外部的他者则遭到排斥和打击,且对他者的排斥和打击反而是维持内部成员生存状态的方式或路径。所以在鲍曼看来,现实的"共同体,决不是痛苦和不幸——它们是在法律意义的个体的命运,和事实意义的个体的命运,这两种命运之间的、没有逾越的、看来也是不可逾越的鸿沟中,产生的疗救办法,它们反而是流动现代性条件下的社会失序的征兆,甚至有时是这种社会失序的原因"①。

西方学者之所以对共同体充满担忧甚至批评,一个重要的原因就是对共同体本身的认识是基于其文化传统中人与人之间生存利益的对立。正是为了减少这种对立造成的相互伤害,人们在彼此之间寻求同质感与共同性,以形成一个彼此认同的、力量集中的集体和场域,从而获得相对的确定性,并共同对抗来自在核心方面缺乏同质感与共同性的他者的可能侵害。

然而当我们将 community 翻译为汉语的"共同体"时,这个共同体概念之中所寄寓的是植根于中华文化基础的社会认知和期望。如果说 community 的构成形式和机制是每个独立的个体的利益联合,那么中华文化意义上的共同体的构成形式和机制则是差异个体,或者说每个价值意义上不具有独立完整性的个体之间优势互补的有机结合。如果像鲍曼所说,前者的发展可能带来社会失序,那是因为前者的利益联合必然会受到实现利益的条件的制约。人们在追求个体利益最大化的原则下,当利益实现的条件发生变化时,必然会倾向于"四散开来",与利益更为趋近于自己的新势力相结合,从而导致共同体原有的同质感与共同性被削弱,共同体内外界线被模糊。而基于中华文化意义上的共同体则不是这样一种存在状态。它本身是一个开放的系统,并不存在严格的内外界限,其所依据形成共同体的原则是价值的。在它看来,个体在价值意义上都是一种"片面"的存在,而不是像西方的上帝一样"全能全有"的存在。世

---

① (英)齐格蒙特·鲍曼:《流动的现代性》,欧阳景根译,北京:生活·读书·新知三联书店,2002年,第313页。

界上的任何事物,包括人,都是天道之赋形于一偏的结果,有各自的优势与弱势,只有通过与其他事物的互资互补才能存在和发展。因而每一个个体与他者之间天然存在一种彼此"欣赏""尊重"和"欢迎"的潜在倾向,因为他者都有自己所没有的和必须的,相互之间按照各自的特点和需要形成紧密且多面的互补关系结构。因此,这个共同体更像一个具有不断重组机能的生物体,一方面始终保持结构的完整性,不论有多少成员;另一方面始终保持开放性,不论增加什么样的成员——这使其始终处于一种动态的生成和重组状态,新的成员的加入并不会造成其秩序的混乱,而是很快地获得与其自身相适应的位置,并与其他成员紧密地契合起来,重新构成一个完整的和谐的生物体。

在中华文化中"体"这个字具有重要的内涵和性质。《说文解字注》中说:"总十二属也。十二属许未详言,今以人体及许书核之。首之属有三,曰顶,曰面,曰颐。身之属三,曰肩,曰脊,曰臀。手之属三。曰厷,曰臂,曰手。足之属三,曰股,曰胫,曰足。合说文全书求之,以十二者统之,皆此十二者所分属也。"① 体之引申出来的重要含义在一定程度上都与此相关。一则是与身体相关,表达某种切身感,如体态、体贴;二则是与总(统)属相关,表达的是整体结构感,如体制、格局;三则是将身体与结构结合起来加以抽象化,表达的是事物具有稳定性和基础性的部分,如实体、本体。还有一个非常重要的,总括这三个层面的含义的基本性质就是"活体性":身体感是基于活生生的人;整体结构感不是某种机械累积式的,而是有机构成式的;实体是各种元素的有机构成体,而本体则是具有生发和收摄功能的活泉。以这"三层一质"来理解"体"的丰富性,才能够更好地理解中华文化的共同体所涵涉的意义。

如前所述,西方的 community 所表达的更多倾向于个体以一种相互认可、自愿组合的方式聚集在一起而形成的一个组织或机构,比如社区、某种性质的联合体等。而中国人翻译它的时候,不可避免地会按照中华文化造词的会意思维方式去理解和领会 community 的这种组织或机构所展现的人文精神。从其所把握的两个方面——"共同"与"体"来看,结合上面对"体"的内涵分析,

---

① (汉)许慎撰,(清)段玉裁注:《说文解字注》,上海:上海古籍出版社,1981年,第166页。

这个共同体应当被寄寓了以下几个方面的意义：

其一，这个组织或机构的成员有着共同的生活基础、共同的现实问题，以及唇齿相依的利益关系，他们共同行动、风险共担、责任共负、利益共享。但是这种"共"并不是齐头并进、均等无差，而是分工协作、均衡和谐。

其二，这个组织或机构具有某种一致性或者说统一性，这种一致性或统一性源于其内部成员所具有的文化认同的倾向性。在共同的劳作和生活中，组织或机构的成员锻造了共同的经验和文化纽带，因而能够产生共情。例如从正向倾向性来说，均对某种文化传统表示认同、均对某种价值表示认同、均对某种社会生活及其社会关系模式表示认同等等。从负向倾向性来说，均对与正向倾向性相反的事物或现象表示反感或排斥。当然，这种一致性或统一性是大的根本趋势上的，并不是完全的绝对的同一。

其三，这个组织或机构具有整体的性质，这种整体的性质是通过前两个方面建立起来的。正如人体是一个各组成部分、各构成要素精密"合作"、微妙平衡的有机统一体，共同体的整体性质也体现了这种有机系统性。一方面，每个成员的个体性的生存需要都要依赖于其他成员的存在所带来的价值释放来满足；另一方面，每个成员都具有其他成员所无可取代的价值和"功能"，在共同体所形成的整体的社会生态中担负着自己的职责。对外来看，共同体作为整体所具有的对外力量源于共同体内部的和谐运转所产生的合力。共同体内部越和谐，共同体越紧密牢固，其对外展现的合力就越强劲，从而其所能实现的现实功能也越强大。这种现实功能往往表现为共同体成员的共同利益目标的推进和达成。

综上所述，对共同体这一概念的理解，中西方是存在差异的。西方文化语境下的共同体关注的是它的价值，即该共同体的存在对于个体成员的利益实现是否具有积极意义；而中华文化语境下的共同体关注的是它的功能，即如何使一个共同体能够发挥最大功能，而个体成员的利益则在这一共同体功能的最大化发挥过程中自然而然地得到最大限度的实现。很明显，西方的"共同体"是一种存在论意义上的建构，即将它作为一种"人造物"，打造其关于人的存在的合法性。因此，西方的共同体实际上是一个与人对立的存在物，是一个被设计的理想空间，其理论前提是个体的人本身是具有自我存在的完全性的。但是人又不是单独存在的，在资源有限的群体生活中，必然存在自利导致的冲突。为此，共同体的存在意义就是被期待能够成为一个理性设计的合理的"社会机器"，通过这个机器的各个组成部分的良序运行，将个体之间的冲突降低到最小程度，使个体在这个机器中能够像被服务的顾客一样自由享受自我存在的完全性。这样一个共同体就是美好的。反之则是败坏的。而中华文化的"共同体"是一种系统论意义上的建构，即将它作为由人本身构成的大写的人的"活体"，它基于每个人所具有的存在特质，即差异，而思考如何使每个人处于其最合理的最能够发挥其特质与价值的位置，从而与其他共同体成员形成一种良性互补的结构和功能关系，然后在每个人自为的创造性活动过程中推动这一共同体"自然"地活动起来——每个人的自为活动及其与其他共同体成员之间形成的互补性协作就是共同体得以"自然"地活动起来的动力来源。通过共同体这一"活体"更为强大的活动力，实现个体所无法实现的更大利益。所以可以说，西方的共同体是实体共同体；而中华文化的共同体是活体共同体。本文所讲的共同体是中华文化意义上的共同体。

二、"人类命运共同体"：人类关系的本然形态

"人类命运共同体"是我们基于对当代国际关系及经济全球化形势的判断提出的一个具有中华文化特征的概念。2017年2月、11月，"构建人类命运共同体"的理念两次被写入联合国决议①，这表明"人类命运共同体"的概念及其理念获得了国际社会的广泛认同。

"人类命运共同体"概念提出以后，国内学者对其进行多角度的学理透析，揭示其深厚的中华传统文化底蕴。包括"协和万邦，万国咸宁""大同世界，天下为公""民胞物与，物吾与也""天下和平，修齐治平""天下和合，共为一家"等在内的思想和观念是中华传统文化精华的体现，也是中华文明根脉之所在。从古到今，正是这样一种和而不同、成己成人、携手共进的人我观、天下观，"引领着中华民族对价值理想世界（天下）的憧憬和永恒价值的追求"。而这样一种极具族类文化主体性的概念和理念之所以能够得到其他族类文化主体的认同，恰恰体现了文化的世界性，证明"人类命运共同体是人类

---

① 参见《人民日报》，2017年2月12日，第3版；《人民日报》，2017年11月3日，第21版。

的精神价值世界,是真善美的艺术理想世界,它蕴含在世界各文明思想之中"①这样一个基本事实。然而如前所述,对于"共同体"的认知,不同文化是有差异的。为此,我们不仅是要阐述它的现实意义和价值,更要进一步明确基于中华文化传统及其精神提出的这一概念和理念的完整内涵,及其能够为其他族类文化主体广泛认同的根据所在。

众所周知,人类存在并不是一种单纯的本能性的生存状态,而是一种创造性的人文的生存状态。如果说创造是"有",那么这种"有"是产生于"无"的,即创造是一种从无到有的活动及其过程。所谓"无",就是无先例。也就是说,创造性活动本身是人类面对层出不穷的无先例可循的现实问题而展开的,本质上是一种解决问题的活动。人类存在于宇宙间,存在于与他者,包括自然界、异类与同类等生命物的各种关系系统当中,这些关系系统以其自身的同时也是人文性的存在构成了人类的生存和发展的前提、基础、条件。人类的存在过程就是与这些已有的前提、基础和条件相互塑造的过程。这就是人类命运的现实形态。从文化层面来看,"命"在中华文化中有许多含义,但是与人类本身直接相关的,主要是《周易·乾·文言传》中的"各正性命"的那个"命",即人所禀受于天地(自然)的存在性质,比如生命的长短、男性或女性、天资好坏、身体素质等等,其主要特征是不由人类主观意志决定的。而与"命"相联系的"运",则是指运动及其过程,特别强调的是"流转不息"之意。"运"的主词是"命",因此命运是"命"的流转不息,即命运应当是指人之先天所禀受的存在性质不断变化发展的过程及其表现。后来人们不断引申其产生机制,将"命"与"气"相联系,将"运"与"道"相联系,从而使"命运"有了更为深层的内涵。总体来说,排除那些神秘化倾向的理解,还原《周易》的人文立场,我们可以对人类命运作出这样的解释:人类存在于自然与社会这两个既相对独立又相互交织的环境中,自然赋予人类先天的资质,而社会对这种先天资质进行雕凿。不论是自然赋予还是社会雕凿都是有某种确定的根据的,即这一过程有天道与人道的交互干预。但天道是人去认识和把握的,人道是人在认识和把握天道的基础上建立起来的,并且与天道保持内在一

---

① 张立文:《中华传统文化与人类命运共同体》,《光明日报》,2017 年 11 月 6 日,第 15 版。

致。因而，人类的命运实质上就是指人类在由自身认知与实践所打造的现实境遇——人文的自然与社会环境条件下所呈现出的存在过程与状态。这一解释的基本要义包括如下几点：一是人类的存在本质决定着人类的命运。所谓人类的存在本质在这里就是指人类是一种文化存在。人类通过特有的文化活动，即认识和实践活动，自为地塑造和构造了自身的生存与发展的环境和条件；二是人类的命运是人类共同打造的。自然是一个整体，人类社会则是各族类的聚集；文化活动不是单个人的活动，而是人类的活动。这就决定了人类的现实命运是由族类乃至人类共同打造的。个体的命运表现为在族类（人类）命运的宏观背景之中的个性和细节的变化；三是每一个个体的人都参与了族类（人类）命运的打造，因而对族类（人类）共同命运，当然也包括他者命运的形成负有责任。

基于以上理解，我认为，人类命运共同体就是在共同打造命运的过程中所必然形成的人类关系格局。这种必然性就是说，只要承认人类命运是人类共同打造的（因而荣辱与共），就等于承认人类是一个命运共同体，即人类命运共同体是人类存在的本然形态；这种人类关系格局，简单来讲，就是2011年《中国的和平发展》白皮书中所表述的"相互依存、利益交融""你中有我，我中有你"。

然而，人类存在的人文性即在于本然不等于应然、应然不等于实然。尽管人类命运共同体是一种事实性即客观性的本然存在，但现实的世界关系却并非会顺理成章地自动地达成这一结果。从表象来看，各个国家都有自身的利益要求，都有实现自身利益要求的方法、路径的规划。虽然在部分国家之间结成了某种同盟或伙伴关系，但是这种同盟或伙伴关系在很大程度上只是一种基于利益权衡的脆弱关系。正如中国古代战国时期的合纵连横一样，一旦相互之间的利益天平失衡，原来的同盟或伙伴关系就可能中止，甚至反目成仇。在当代，全球化虽然突破了国与国之间的界限，将各个国家的利益紧密关联起来，甚至表现出牵一发而动全身的连锁反应的特性，但是总体来看，世界关系格局仍然处于强（大）国主导、各国发展不平衡、民族利益（实际上被视为）高于人类共同利益的状态。一些国家缺少共同体意识或者这种意识并不强烈，它们更多采取的是维护自身利益的短视的狭隘民族主义的价值立场，甚至为了维护自身利益而不惜牺牲别国利益。表现在现实中，世界范围内区域性的冲突不断尖锐化，国家或地区间的贫富差距仍然在扩大，既得利益者不仅在国际关系上，而且在人类面临的危机问题方面主导着话语权。因此，"人类命运共同体"概念及其理念的提出，正是着眼于解决世界经济复杂化与全球化带来的人类社会的普遍问题，寻求建立一种更为合理的国际关系新秩序，构筑一个真正由全世界各个民族国家平等参与、友好协商、携手共建、公平共享的更为有效的全球治理体系。从文化层面看，提出"人类命运共同体"概念及其理念的现实意义就在于将人类关系的本然性凸显出来。这种本然性虽然寓于一切人类文化当中，是不同族类文化的根本共性，但是由于不同族类文化的现实关切不同或思维方式不同，这种本然的人类关系性质并未能得到普遍的重视和形成明确的认知，这是造成当代世界关系格局的深刻的文化根源。提出"人类命运共同体"这一概念和理念，既用力于解蔽，也志在达成共识。因为，只有对自身存在本质——作为人类共同体成员有清醒认知和自觉认同，各主体国家才有可能突破狭隘的民族主义的阈限，致力于构建人类命运共同体，一体性地规划人类共同命运的发展方向。而从世界范围来看，各个民族国家大都是独立的族类文化主体，都有自身的文化传统和文化立场，以及本族类的现实利益关切。即使是认识到作为人类命运共同体成员的事实，如果彼此之间只是类似"一根藤上的蚂蚱"，基于某种利益考量而不得不合作或者强行捆绑在一起，而不是出于自觉自愿，那么就不可能与其他成员保持积极的良性互动。也就是说，解蔽只能解决知的问题，却无法强制于行。有共识还要有行动。所以，在知与行之间，尚存在一个共同体文化观念的建设问题。各成员不仅要知道并重视自身作为人类命运共同体成员的本质存在，还必须真正接纳并转化人类命运共同体理念，相应地从自身文化传统中发展出与人类命运共同体的运作精神相一致的观念体系，以成为本族类知行合一地参与共同体一致行动的指导。

三、共同体精神与构建原则

《世界人权宣言》第一条："人人生而自由，在尊严和权利上一律平等。他们赋有理性和良心，并应以兄弟关系的精神相对待。"这句话从某种意义上讲也是一种对人类共同体关系的描述。在西方，这种共同体精神或许来源于基督教。因为基督教认为人类都是上帝创造的，所以在上帝面前一律平等，因而这种平等的归属，为人类之间建立起一种共同体关系打下了基础。但是这种共同体精神与我们所讲的共同体精神是有差异的。我们主要不是在某种天然的基础上讨论人类是一个共同体，因为天然的基础可以说在社会动物中都存在，但只有人类才可以冠之以共同体。天然的基础虽然很重要，但是我们更是在一种人为的意义上讨论人类共同体。所谓人为就是指人类是在其自身的文化活动，一种自为的生存与发展性的活动中，感受到"共同性"的。这种共同性不仅是指其具有如西方所讲的平等归属性，更体现为其具有文化创造力，并通过与同类的文化创造力的联合，共同塑造和构造了整个人类的生存与发展的环境和条件。可以说，我们所谓的共同体精神强调的是一种有机生成的人类关系，一种与人类发展动态相关的活动精神。因此，这种人类命运共同体概念及其理念由中国率先提出具有文化上的必然性。

中华文化在人我观、天下观方面所具有的系统思维、辩证思维赋予了人类命运共同体鲜明的合作精神。这种合作精神不止是体现为人类有着共同的命运、共同打造了命运这样一些表面的现象，还包括共同体成员——个体的人与族类的人之间存在一种差异基础上的相互补充、相互支撑、共商共建、共同成长的内在机制。正因为如此，人类命运共同体才不能被理解为某种利益的或正义的联盟，或者某种人类可以诗意地栖居的空间场域，而应当被理解为一个不断开辟人类可持续发展前景的大写的"人"，在这个大"人"的内部是和而不同、井然有序的人文生态。也就是说，人类命运共同体实际上是集各就各位、各尽所能的责任共同体，互利互惠、各得其所的利益共同体，相互欣赏、己达达人的关系共同体，平等协商、协调一致的行为共同体为一体的有机共同体。这样一个有机共同体的精神总结起来就是和衷共济。

"和衷"取意于共同体内各成员虽然存在文化差异，但是能够客观公平地相互尊重，相信每一种文化及其传统都是该族类的文化智慧，都具有真理性的价值，都为人类的生存和发展做出了贡献，从而主动寻求共识，积极建立相互合作的基础。"共济"取意于共同体内各成员虽然有各自的利益，也不排斥良性竞争，但是能够意识到彼此之间在根本上不仅唇齿相依，而且民胞物与，因而致力于相互扶持、共同进步，有福同享、有难同当。《中庸》说："万物并育而不相害，道并行而不相悖。"这既可以看作是对共同体精神更为具体的表达，也应当成为构建共同体的基本原则。

"万物并育而不相害"本义是指万物都是天地造物，理应先天地共享天地资源，也共同遵守天道生生而存存的规则，既不能逞一己之力强而凌弱，也不能专一己之意强为统治。两种情形都是有违天道的，因而也是于他者有伤的。"万物并育"，育者非人也，乃天地也。人可以赞天地之化育，却不能代天地而行化育。因此万物并育本身就强调的是使物各付物，维护多样性，成性存存之意。"不相害"的要求主要针对的是人，因为只有人才有伤害他者的主观企图。将这种原则落实到构建人类命运共同体上，就是要真正尊重和维护各成员国的主体性，实现共同体公共资源共享，保障各成员国的自我发展权和文化独立性，警惕各种狂妄自大、自以为是的主观施为所造成的对他者主体性及其相应权利的侵犯和伤害。

"道并行而不相悖"的本义是万物各因其道而生发动静，如水往下流、季候轮转、生老病死等天道，如父慈子孝、兄友弟恭、君仁臣义等人道。万物各行其道，既不应相互干扰，也不应相互僭越，这样才能实现和谐有序。万物是形而下之器，而道是形而上的生机。"道并行"，就是承认万物各具道性，各有其自然而然的因由。整个世界之所以千姿百态、丰富多彩就是因为万物都具有这种因道而生的自性。"不相悖"强调的是有序性与合理性。有序性要求万物存守自性，确保基本的生态秩序，即源自天道自然而然形成的秩序。合理性的要求也主要只针对人来说，因为除人之外的事物在本质上都遵从天道本能，因此无不合理。而人类则不同。人类的主观意志往往会使其偏离自己的"道"，或者对他者的"道行"形成干扰，或者逆"道"而行与他者发生冲突，甚至伤害他者。因此这一原则落实到构建人类命运共同体上，就是要求切实尊重和有效发挥滋养了各成员国及其国民的族类文化价值。文化是人类共同的存在方式。每个族类的文化都是在其族类的生存实践中产生和发展起来的，都有着各自合理的内容、合理的视角，都看到了真理的某一面向，因而都有其存在的价值和意义。而构建人类命运共同体是一项复杂和艰巨的人类实践。有学者认为，"人类命运共同体理念涉及政治、经济、安全、社会、文化、生态等多个领域，是对政治共同体、经济共同体、安全共同体、社会共同体、文化共同体等的进一步概括和升华"[①]。也就是说人类命运共同体的构建是一个全面和

---

① 王存刚：《人类命运共同体理念引领人类文明进步方向》，《人民日报》，2017 年 7 月 27 日，第 7 版。

全效的活动:人类命运共同体所面对和要解决的是全人类的可持续发展问题,只有建立更具真理性和全面性的认知,才有可能更加趋近和达成这一宏远目标。这就要求各个民族国家、各个族类文化主体共同参与,集思广益、群策群力,以对治当前以及未来人类在政治、经济、社会、文化、生态等各个领域出现的问题,推进人类共同进步。在这个意义上的道并行不相悖,就是要将话语权交还给每个族类文化主体,使他们都有发挥作用的空间,都有贡献智慧的机会;不仅要尊重其族类依据其文化指导进行发展的自主性,而且要鼓励和加强文化合作,通过不同文化主体根据自己的文化思路拿出特色方案,来寻求"多文"齐下、"综合"治理的更为缜密和优化的路径。

至此我们不难看出,基本原则是普遍性的、宏观的。而就微观层面来看,每一个共同体成员参与构建人类共同体同样存在一些必要的文化原则。

第一个原则就是先要有"自我",即文化的主体性原则。世界各个族类由于各自的生存环境及其所决定的生产生活方式,使得其文化的创造活动必然是千差万别的。这是人类活动的规律。因而,没有任何一种文化能够取代其他文化的存在及其价值。同样,也没有任何一种其他文化能够代替本族类的文化,成为本族类生存与发展的精神支撑。所以文化上的历史虚无主义是无知和荒谬的,持这种文化观,则本族类在人类共同体中注定会被湮没而丧失作为成员的资格。坚持文化的主体性原则就是要有文化自知,明确自身文化的价值和定位,这既包括本土文化对族类文明发展的历史价值和时代意义,也包括本土文化之于人类共同追求之真理的价值,以及对人类共同体未来发展的价值。只有首先建立起这样的文化观才有可能进一步自信地作为共同体成员,与其他文化主体平等地交流、贡献自己的意见和建议。这也才符合我们上面所提出的人类命运共同体的精神。

第二个原则就是自觉与其他文化保持互动和交流,即文化的互补性原则。如果说文化的主体性原则是基于对自身文化的积极价值的认知和认同,那么文化的互补性原则就是基于对自身文化缺陷的理性认知和努力弥补缺陷、寻求更好发展的自觉要求。如前所述,人类的文化创造有其特殊性,这种特殊性不仅包括文化主体之思维所能接触到的对象的特殊性,而且包括主体思维本身的特殊性。因此,任何文化都只是从自身的立场和角度去认识自然界、人类社会乃至整个宇宙的真理,虽然一定都有其合理性,但是也一定存在片面性,这是必然的事实。因为真理是关于事物的全体,而即使是整个人类,其所能认识的也永远只能是部分。因此为了获得对真理的更多认识,就有必要去了解其他文化的立场、视角、观点、方法,找到其能够与自身文化形成互补的方面。当然这里所谓的"找",强调的既不是别人给而直接接受,也不是拿来主义,而是基于自身文化的主体性,基于对自身文化的深刻认知,去寻求真正有益于自身发展的因素,是一种自觉的自主的"找",具有自主选择的意义。自主选择就是以我为主,择其善我者而从之,择其不善我者而舍之;就是以发展的眼光,通过持续地接触和比较①,根据族类发展的不同阶段的需要,寻求其他文化不同方面的有益资源。如果丧失了这样一种自主选择性,就等于放弃了文化的自主性。而放弃了文化自主性,只会沦为其他文化的附庸,失去话语权,当然也就谈不上文化互补。

第三个原则就是文化的贡献性原则,即主动地贡献"我"文化的意见和建议,为共同体的建设提供参考。人类命运共同体所面对的是整个人类的共性问题、根本问题,这些问题往往具有累积性(历史性)、全局性、复杂性和紧迫性。如前所述,人类的命运是人类共同造就的,这就意味着,人类所面临的一切问题,其成因不是某一两个国家造成的,因而其解决也不是某一两个所谓的优势或强势文化主体可以决定的。每一种族类文化都有能力从自己的文化立场思考这些问题的解决办法,并且,任何问题都不只是我们所看到的表面方面,还存在许多暂时看不到或看不清的隐性方面。因而关于某一现实问题的真理性认识就需要依赖所有人类文化尽可能提供自己的智慧和思考,以作为一种知识储备。即使当前不一定能用上,但是在问题进一步发展的过程中却可能用得上。总之,每一个共同体成员都需要具备共同体意识,既共担责任,也共同行动,当然也共享成果。各成员在明确本族类文化价值的基础上,要积极、自信地行使话语权,贡献自己的意见和建议,提出解决共同体面临的问题的文化方案,以供参考。

"自从人类在地球上出现以来,大部分的时间都生活在隔绝的小团体中,

---

① 之所以需要长期持续地接触和比较,是因为要了解各个族类文化的精神及其文化精华并不是一件容易的事。浅尝辄止、浮光掠影、急功近利等方式都无法真正将其他文化对于"我"文化的有益资源合理发掘和有效利用。不同文化之间的差异是深层而巨大的,一旦在理解上失之毫厘则在实践上就可能谬之千里,会造成重大损失。

每个团体有自己的语言、自己的世界观、自己的风俗制度、自己的前提。现在当全体人类亟需彼此了解以达到世界大同之境的时候,这些差别分化了不同的民族,成为痛苦和冲突的来源。"① 因此,构建人类命运共同体不仅是中华文化天下大同的美好愿景,更是当前世界形势和人类整体发展的紧迫需要。从古到今,人类追求的意义归根到底是两个方面,一是自由,二是确定性,如何将看似矛盾的二者完美地统一起来,考验着人类的智慧。"仇必和而解。"我们所遭遇的一切矛盾和问题从某种意义上看都只是存在于平面世界。在立体的多维空间,看似纠缠的事物,总能在某个角度巧妙地错开。大到宇宙,小到个体,和而不同、井然有序是唯一能够达至自由与确定性双赢的路径。因此,各族类文化主体必须正视和尊重人类文化多样性的事实,跳出狭隘的民族主义的立场,建立全局和长远视野,包容异己文化,相互鼓励、相互欣赏、相互补充、共同进步。正如张立文先生所总结的,"人类命运共同体理念,以和平、发展、合作、共赢为宗旨,以尚和合思维为指导,以和生、和处、和立、和达、和爱为原理,融合、协调、化解各种错综复杂的冲突、对抗,而达尚和合的目标。天地自然、草木禽兽、民族国家、人民大众,都是实存的生命体,应遵循'和实生物'的'万物并育而不相害'的共生、和生原理;政党集团、宗教派别、民族种族、冲突各方,应按照'和而不同'的'道并行而不相悖'的共处、和处原理;社会制度、道路选择、价值观念、思维方式,应根据'己欲立而立人'的'己所不欲,勿施于人'的共立、和立原理。这是人类之所以生存和持续存活的根源,也是和生、和处、和立、和达之所以能实施的基础。唯有如此,才能通达人类命运共同体的愿景"②。

四、构建人类命运共同体的行动基础

在理论层面,不同族类的文化是有差异的,这是一个客观事实。然而我们也知道作为人类存在的方式,文化之间必然具有共性,这也是客观事实。因此,不能将差异作绝对观。事实上,族类文化的差异是在人类文化这一中观视

---

① (美)基辛:《当代文化人类学》,陈其南校订,于嘉云、张恭启译,高雄:台湾巨流图书公司,1980年,第9页。
② 张立文:《中华传统文化与人类命运共同体》,《光明日报》,2017年11月6日,第15版。

野中加以辨析的结果，一旦跳出人类世界，在更为宏观的层面，从包括自然在内的整个生命世界来看，人类文化的共性就不言而喻了。以这种宏观视野所得到的认知反观中观世界的族类文化差异的相对性，就有可能突破族类文化主体之间的异己思维局限，实现不同文化之间的尊重与欣赏、认同与唱和。而在构建人类命运共同体问题上，也只有作为共同体成员的不同族类文化主体首先在文化层面建立起对人类命运的共识，建立起共同体意识，才有可能超越狭隘的民族主义立场，采取相互配合的联合行动，共同迎接命运的挑战，开创人类发展的新阶段。在现实层面，当今世界，随着全球化的深入发展，一方面，整个人类及其社会生活越来越紧密地联系在一起。经济、政治、文化、生态及其内部的各个组成部分之间的一体互动关系越来越显明化；另一方面，人与人之间、人与政府之间、国与国之间、民族与民族之间、不同文明体系之间的冲突与对抗仍然存在，并且以时而激亢狂暴时而潜流暗涌的方式在世界的不同区域、社会的不同阶层、文明的不同形态当中或之间发生。这样一种时代境遇下，人们更加追求和谐、和平、安宁的社会生活，追求彼此尊重、相互理解，期望通过沟通对话达成关于社会生活与人类关系的基本共识。所以我们认为，建立文化共识是构建人类命运共同体的行动基础。

我曾撰文将共识划分为两种类型，一种是指人们之间就某一问题形成基本一致的认知，另一种是人们之间在对某一问题的认知上存在基本一致性①。在我看来，前者是以尊重差异为前提，通过沟通对话寻求不同文化的某种交集来建立的一种相互理解，比如翻译中所体现的文化精神；后者是以人的同类性为前提，表现为英雄所见略同的共鸣。

就第一种情况来说，共识实际上是在相互磨合中达成一致认同并人为设定的"置换观念"，其作用类似于市场交换中的世界货币。作为"置换观念"的观念并不是凭空想象出来的，而是基于不同文化中的共性因子，即那些"不受时代生活的局限、不被民族性格所约束的成分，非时代性非民族性的成分，或人类性的成分""这些成分，或适用于全人类，或适用于全历史，而成为民族传统中的超历史者"。这些"超越成分的存在，是不同民族能以相互理解的根

---

① 张志宏：《论思维特质与文化观念之共识》，《江汉论坛》，2017年第12期。

据，不同时代得以前后传承的基因"①。比如在权利概念的翻译中，最早就是日本学者结合其所理解的中国传统文化中的相关概念的内涵和外延与西方文化中的"right"所包含的内涵和外延，通过相互比较而人为设定的一个新名词。这个新名词从根本来说，既不等于中国传统文化中他所选择的相关概念，也不等于西方文化中的 right，而是一个"置换观念"。一旦这个"置换观念"得到了双方的认同，就意味着双方在这个置换观念所包含的内容方面取得了共识。这是一种理性基础上形成的共识。通常意义上的不同文化之间进行交流所形成的共识大多是这种情况。

第二种情况的共识所赖以形成的基础是人类自身的类特质。"作为动物的人类，彼此是相同的；作为人性的人类，存在和发展的样式也大体相似。"②因而人类在精神与实践活动两个方面的表现往往可以直观地相互理解。比如我们在语言不通的情况下，可以通过肢体的动作、面部表情等身体语言，和音乐、绘画等直观方式直觉或领悟到彼此想要表达的意思。这种共识不必依赖于某种创制文化，而可以直接基于人类先天的或者说天然具备的相互理解力，以人的类感性经验为媒介而形成直观的认同。这种共识的原理也是中国儒家"推己及人"的内在理据。推己及人之所以可能，就是预设了己与人之间在基本面，特别是心理层面具有达成共识的基础，即所谓人同此心，心同此理。所以，己之所欲亦可能为人所欲，反之己所不欲亦可能为人所不欲。于是就有了"忠恕"原则："己所不欲，勿施于人"与"己欲立而立人，己欲达而达人"。这种共识在不同族类之间的文化交流中往往具有先期的重要价值，原因就在于其感性的基底使得文化交流成为情感共鸣。

然而不论是理性基础上的共识，还是感性基础上的共识，必须认识到，人类文化之间的共识总是相对的，或者说只是一种自以为是的共识，并不存在某种绝对的共识，绝对的人类标准。正因为如此，不同文化之间在建立共识的过程中经常会产生一些差强人意的问题："形形色色的民族主义者将自己的传统吹嘘为人类的，强迫或诱使别人接受，是没有根据的，也难以奏效；除去证明他自己的无知或狂妄。民族内部某些成员鼓动大家效法外族传统，民族领袖规

---

① 庞朴：《文化传统与传统文化》，《中国社会科学季刊》，1993年第4期。
② 庞朴：《文化传统与传统文化》，《中国社会科学季刊》，1993年第4期。

定人民遵循外族传统，都只能停留在宣传上或法令上，而难以深入人心。"①要避免这样的情况，寻求在不同族类文化之间消除隔阂、催生共识的合理路径，我们需要秉持三个基本原则：第一个原则就是乐观但谨慎地强调共性；第二个原则就是有底线地尊重差异；第三个原则就是以共性观念为倡导，差异化地自然趋近②。正如《周易·系辞传》所说"天下同归而殊途，一致而百虑"。不同人类文化作为各自族类存在的方式，必然是千差万别的，但同时也必然因为种或类的一致本质而有着共同的生存基质。基于这样的双重事实，以这三个原则为基准，在不同族类文化之间建立共识，就是在共同价值的倡导下，坚持文化主体平等的原则，认同并允许他者文化自由选择、自然"生长"、自觉地趋近。

中华文化在处理异质事物之间的关系上有一个黄金定律，即"和而不同"。"和而不同"的奥义在于，不仅承认不同，而且强调保持这种不同的重要意义，因为和恰恰是建立在差异的基础上的动态平衡状态。换句话说，没有不同，就无所谓和。构建人类命运共同体在某种意义上就是构建一个不同族类文化共存共进、和而不同的人文生态系统，使多元各方之于共同目标的实现的积极效用尽可能充分地发挥出来。这个过程必然是具有明显差异的不同族类文化相互影响、相互渗透，终至相互融合的过程。这个过程不应当是文化差异的取消，而应当是差异文化的自我成长，其成长的原理恰如身体对营养的消化吸收，会经历由排异到逐步适应和接受的过程，其结果不是产生新的机体，而是使原有的机体更为健康、能力更为增强。所以文化之和必须是一个自然而然的过程，不可强行为和而和。在建立文化共识、构建人类命运共同体的过程中必须坚持本族类的文化特色，这种坚持不能一概贬斥为民族中心主义。对于各族类文化之间的不可通约性我们应当予以充分认识和尊重。"不同的群体自然有不同视界，然而成为规范的，却只有属于权势群体的视界。这是相互理解的困难所在。"③ 在西方占据近一个世纪的话语霸权的情况下，让西方学者甚或是

---

① 庞朴：《文化传统与传统文化》，《中国社会科学季刊》，1993年第4期。

② 这三个原则我在之前的文章当中已经作出了论证，此处不再赘述。参见张志宏：《论思维特质与文化观念之共识》，《江汉论坛》，2017年第12期。

③ 申小龙：《前言：语言的人文性与汉语的人文性》，载《汉语与中国文化》，上海：复旦大学出版社，2003年，第15页。

被西方文化所挟持而不自觉的中国学者认识到每一种族类文化都有权要求一个能够与西方文化在真正平等意义上进行交流对话的地位是不容易的，都有可能被敲打或责难。因而，"在一种占优势的权威话语之下，起而对话的总是弱势的一方，此时惟有深刻的民族文化立场才能揭示民族文化的精髓，才能使对话真正具有意义"。也就是说，在这样一种文化偏见和独断依然存在的全球文化局势下寻求共识，不仅是那些倨傲于西方文化中心论而不自觉的学者需要反省地把心态放平、姿态放低，我们也要能够立足于并且彰显我们自己的文化立场，不屈不挠、不卑不亢。"我们在'文化认同'中确认了自己的文化立场和在世界文化中的位置，从这里开始与其他文化对话；我们通过对话，通过对其他文化和理论的理解和悦纳，又找到了更真实、健全的自我。"① 这不仅是当代及未来中国学者应有的人文精神和应担当的历史使命，也是任何一个族类文化主体参与构建人类命运共同体所必须坚持的基本立场。

---

① 申小龙：《前言：语言的人文性与汉语的人文性》，载《汉语与中国文化》，上海：复旦大学出版社，2003年，第17页。

圣贤祭祀的天道依据及其秩序体验
——以朱熹的论述为中心

张清江

中山大学哲学系教授

引言：重探礼乐的精神根基

现代学术框架下对儒家礼乐的研究，偏重于礼经、礼制、礼意等向度，讨论重心在礼学思想、制度安排及其在塑造社会秩序上所起到的作用。以祭礼为例，除了礼制文本的文献学考订外，研究者多着眼于祭祀的现实功能，强调其在心理情感和社会整合等方面的作用。确实，儒家重视祭祀礼仪，视之为"慎终追远""崇德报功"的最重要体现，而且，祭礼等级反映着社会等级，是社会秩序的重要表现，因而，功能主义视角的解读对于理解儒家礼仪在中国传统社会中的作用非常重要。不过，这种研究视角在某种程度上忽视了礼仪经验在儒者精神实践中扮演的角色，属于对研究对象"后"（其产生结果）的研究，它可能无法在深层次上完整揭示出礼仪实践的精神意义，或者说，它不能真正彰显这一功能得以发挥的深层精神根基，也无法完全呈现祭祀实践作为一种原发性信仰行为的本真含义。

以对黄帝或孔子这样的圣贤的祭祀为例，这种行为对于儒者到底意味着什么，尤其是对那些亲身参与祭祀的儒者来说，是否仅仅是遵从一种礼俗？抑或只是为了凝聚共同体的向心力？对于这些问题的回答，不能以现在的眼光和预设去笼统解释所谓"儒家"的态度和看法，因为这种预设很可能是出于后世知识偏见的塑造，而必须回到礼仪行为实践者的个体经验，这种经验，构成了儒家精神传统下儒者的基本生活经验。作为一种生活经验，祭祀带给儒者的更多的是内在体验和精神性的内容，这并不直接体现在理论论说之中，而是作为一种"深层语法"在发挥作用。它跟对经典的思想言说之间，是一种双向的互动关系：经典言说可能塑造或强化祭祀过程中的情感经验，但另一方面，在祭祀过程中获得的经验,也构成了在根本上影响观念理解的"生活形式"。因而,如果着眼于礼仪实践者的精神经验,需要拓展功能主义的研究视界,深入实践者原发的信仰意向行为之中,重返礼乐实践这一充满"意义"的精神现场,努力诠释和呈现这种经验的独特结构和意义发生,进而深度刻画礼仪、信仰与生活之间的辩证互动。

本文聚焦朱熹对圣贤祭祀的思想论述,着重梳理其对祭祀精神的系统阐述,以及基于这种信念所建构的意义经验,由此呈现礼乐信仰者视角下圣贤祭祀的深层依据和现实展开,揭示行动背后的信仰结构和精神意向性,为更深入理解古典文明的思想经验提供一条不同的研究思路,进而更好地推动学界对儒学传统及其当代价值进行丰富而有深度的理解和诠释。

一、因何祭"圣贤"?

圣贤祭祀是儒家祭祀体系的重要组成部分,其对象属于历史上曾经出现、对人类历史做出过特别贡献的真实人物。"礼有五经,莫重于祭"(《礼记·祭统》),祭祀是礼乐文明传统的最核心部分,彰显着传统中国人最深沉的精神信仰。现代学者一般认为,春秋战国时期的思想转变带来了人文精神的觉醒,改变了前代祭祀作为宗教表达的"事神"意涵和"降神"功能,转而强调"人心"的超越性意义和"德"的根本价值,这一转变构成了中国文明"轴心时代"的核心内容,也奠定了礼乐文明的精神根基。①笔者赞成对这种转变及其意义的基本描述,但并不认为这是礼乐文明从宗教形态转向非宗教形态的象征,而应将之理解为宗教传统中不同信仰形式的改变,因为构成祭礼宗教性意涵的最重要因素及其结构关联(祭祀者以面对"神圣"的态度参与祭祀实践,并从中获得"感应"神圣的精神经验),并未发生根本变化。对祭祀者来说,这一原发性的信仰经验,构成了祭礼所有心理情感和社会功能的基础②,《礼记》《荀子》等经典侧重从德性培养和政教秩序建构等视角对祭礼进行论述,

---

① 参见徐复观:《中国人性论史》,上海:华东师范大学出版社,2005年,第56页;余英时:《论天人之际:中国古代思想起源试探》,台北:联经出版社,2014年,第121-133页。

② 对这一问题的详细分析,参见张清江:《朱熹"如在"诠释的哲学维度及其精神蕲向》,《哲学研究》,2023年第6期。

也仍然建基于祭祀者的这种"诚敬"态度与体验。由此,脱离天人关联而单纯从人自身角度对祭礼的理解,都可能产生将儒者所信仰的"神圣对象"化约为更低等价值的结果。①经学、理学等思想传统对儒家经典中祭祀论述的不同解释,都没有否定祭礼中的"人—神"关联和感通,朱熹等理学家更是试图从理气论角度给予这一关联的真实性以哲学意义的普遍性论证,从而进一步说明儒家祭祀礼制的自然正当性,使祭祀者能够真正知晓行为的意义和正确的施行方式。来看朱熹如何论说圣贤祭祀。

《朱子语类》卷三载:"问:祭先贤先圣如何?曰:有功德在人,人自当报之。古人祀五帝,只是如此。"②这个简短的说法重申了《礼记》等经典对祭祀的原则主张,其中蕴含着的基本关系是:圣贤有对人的"功德",人基于"报"的原则应当祭祀他。现代学者对这种祭祀关系的解读,多从人的角度强调"崇德报功"的伦理和社会功能意义,这当然有其特定的文献依据,但这里的问题首先在于,在中国传统的思想架构下,功和德是否仅只包含人的向度?"报"又是否仅仅是今天一般理解中的报答和感谢?对此,需要指出,作为文明传统价值依据和行为准则的"礼乐",是圣人取法"天地运行之道"确立的"人道"行为方式,是从"於穆不已"的天地运行中透过"观天取象"以定时空,为人类生活确立"协于天地之性"的礼乐文制。因而,古人的礼乐生活,建基于天道的自然与必然,来自具有超越性的神圣规范,其实践皆关联着天道"原型"和宇宙神圣秩序,是在"对越天地"的精神关联中践行属于人的"天命"。在儒家对天地宇宙的整体理解中,"受天地之中以生"的人通过礼乐实践参与宇宙的大化流行,"尽性至命"以"事天",最终达到"赞天地之化育"的功效。儒家理想社会秩序的建构,即依赖于贤人君子在"天地之道"的关联指引下不断践行"人道",在居于"天地之中"的"间际性"中上下通达。

由此,儒家重视的"德"绝不单纯是人自身角度的道德,而是始终指向

---

① 对"化约主义"的讨论,参见陈立胜:《宗教现象的自主性:宗教现象学与化约主义的辩难及其反思》,载金泽、赵广明编:《宗教与哲学》第1辑,北京:社会科学文献出版社,2012年,第362-381页;黎志添:《宗教研究与诠释学》,香港:香港中文大学出版社,2003年,第26-31页。

② (宋)黎靖德编:《朱子语类》卷3,北京:中华书局,1986年,第53页。

对天命呼召的人性回应,"功"则包含着对天道秩序流行的实质性贡献,这一点在《中庸》对圣人孔子的赞颂和圣人之道的描述中至为明确①,朱熹强力推动各地兴建濂溪祠,理由也正是基于周敦颐重新发现天道、天理,使得天人关联的真意得以复明。②因而,圣贤的"功德",虽然首先表现在对人间社会秩序的优化上,但其意义却始终蕴含着从天道超越性角度的价值评判,立德、立功(以及立言)最重要的意义,在于其通过完善人间秩序的努力去参与天道秩序的构建和流行。由此,我们转向朱熹对圣贤祭祀精神意涵的思想论证。

二、祭者的"负荷"与"感应"

如前所述,祭礼的核心精神,在于祭祀者在礼仪实践中基于特定信仰意向而获得的精神经验,问题在于,这种经验如何发生?朱熹对祭祀经验的解释,是放在其理气论的整体框架中作出的,对此,学界近来有不少成果详述其思想论证的内在逻辑。③概括来说,朱熹强调祭祀场景中祭祀者能够"感应"所祭对象的真实性,而不能接受仅仅是在假设意义上的鬼神"在场"。这种"感应"发生于"气"的层面,但其有着"天理"的根基依据,因而又有其必然性和真实性。在朱熹的思想体系中,这种"感应"最难解的地方,正是圣贤和祖先等祭祀,因为他们面对的并非像山川一样长存的气,而是在人物死亡时已经"消散无余"的气。朱熹坚持人死气散,已经散尽的气如何重回祭祀空间与祭祀者进行感应,颇令人费解,也是引起争议最大的地方,但可以确定的是,朱熹构建了一套在其体系内部的精巧论证,来为自己的看法提供后发解释。朱熹坚持的主要看法包括:第一,祭祀场景是"感应"发生的真实空间,绝非"心知其不然而故为是言以设教";第二,人死气散尽,祭祀场景中与祭祀者"感应"的气,并非祭祀对象的"生前之气"(否则就会陷入轮回学说),

---

① 《中庸》:"大哉,圣人之道!洋洋乎!发育万物,峻极于天。优优大哉!礼仪三百,威仪三千,待其人然后行。故曰:苟不至德,至道不凝焉。故君子尊德性而道问学,致广大而尽精微,极高明而道中庸,温故而知新,敦厚以崇礼。"

② 参见朱熹为各地濂溪祠所写祠记,以及他自己祭祀周敦颐的祝文。如"盖有以阐夫太极阴阳五行之奥,而天下之为中正仁义者,得以知其所自来"(《韶州州学濂溪先生祠记》)等说法,即清楚表达了这一看法。

③ 赵金刚:《朱子思想中的鬼神与祭祀》,《世界宗教研究》,2017年第6期;张清江:《朱熹"如在"诠释的哲学维度及其精神蕲向》,《哲学研究》,2023年第6期。

但又绝非祭祀者的"自家精神"（自身之"气"，否则祭祀就是在祭自己）；第三，这其中的理论关键，在于气可以"根于理而日生"，从血脉的气的延续性与"理生气"而有的气的创生性上，便可解决"气尽"但祭祀时又"感格得来"之间的形式冲突。①由此，祭祀者与祭祀对象之间的"气脉相属"尤其关键，这种"相属"也是儒家判定祭礼是否合宜的首要依据。

具体到圣贤祭祀，朱熹这样说："圣贤道在万世，功在万世。今行圣贤之道，传圣贤之心，便是负荷这物事，此气便与他相通。"②圣贤及其在历史中的具体行谊和事实（功与德），皆是"道"的象征表达，且只有在跟超越历史具体性的普遍"天道"关联起来时，才能得到后世的理解和尊奉。这个意义上的圣贤祭祀，包含着"祀其道""祀其教"而非"祀其人"的超越性价值旨归。祭祀者是圣贤事业的参与者（或者应该说，只有圣贤事业的参与者，才有资格祭祀圣贤），自然承续着圣贤的气脉，便具有了类似祖先血缘的"道统"关联，也便能够在祭祀场景中"感应"圣贤之"神"。这里的"神"当然不是一般民间信仰意义上的人格化神灵，而是构成宇宙生生流行背后的"灵妙"力量，也是朱熹反复坚持可以在祭祀空间前来感格的气之"精神"。祭者"负荷"所表征的，首先是儒者对圣贤事业的承继，而圣贤事业在根本上是天道生化的秩序落实。因而，圣贤祭祀并不只是外在的形式礼仪，在"理—气"的宇宙论架构下，它有着实现与神相接的"感应"内涵，祭祀中"引聚"的圣贤之气真实存在，流动充满在礼仪空间中，与祭祀者发生"神气交感"，正是这种"鬼神之气"的流动充满使人"畏敬奉承"（参见《中庸》第十六章的表述）。

祭祀时与圣贤精神的"感应"，首先意味着祭者在礼仪实践中遭遇到超越自身之上的存在形态，并在其中获得不同于日常生活的意义经验。当然，这一经验的获得，并非单靠"负荷"圣贤事业便可以在祭祀中自然实现，而是要包含着祭者身心意识的整备、礼仪空间氛围的布置和祭祀者一系列合宜的行动等，换言之，它来自实践者基于信仰意向的身心意识与文化象征符号下意义空间建构的共同作用。

---

① 前引赵金刚文对这里的第三点作了细致论证。参见赵金刚：《朱子思想中的鬼神与祭祀》，《世界宗教研究》，2017年第6期。

② （宋）黎靖德编：《朱子语类》卷3，北京：中华书局，1986年，第46页。

三、圣贤祭祀的精神"经验"

祭祀涉及与超越存在的遭遇和交流,"感应"意味着祭祀不是祭祀者单纯的主观想象,而是包含着圣贤之"鬼神"的真实"共在"。对祭祀实践者来说,礼乐参与以体验觉知为基础,通过身体的气动以及与仪式空间氛围的融合,获得一种强烈的情感经验和对宇宙秩序的体认。为了达致这种经验,礼乐文明对参与礼乐实践有精神上极高的预备要求,比如祭祀前的"斋戒",通过居处、服饰、饮食的改变,意在净化身心达致"精明之至",在气化的宇宙论和身体观下,对饮食的控制具有转化身心的效果,能够让人摆脱世俗结构进入神圣体验。又如对祭祀时"尽其诚敬"的内心要求,认为"能尽其诚敬,便有感格",可以让消散之气"流动充满"于仪式现场。①正是由于这种认知,圣贤祭祀首先是承继圣贤事业的祭祀者通过这一礼乐实践,回向自身生活的意义来源和生命"原型"。这一礼仪行动出于一种真实的信仰和认同,在"生于心"的前提下,祭祀空间的神圣性和意义世界在各种"气味"的氤氲共构中得到开显,与祭祀者的身体之气融摄相感,促成其在"诚""敬"的内心状态下产生强烈的情感和意义经验,进而引发祭祀者的身心转化和生存状态上的改变。

由此,圣贤祭祀不是单纯对历史先贤的纪念或表彰,"崇德报功"或"报本反始"不能单纯从感谢或追念的道德心理角度来理解,而是蕴含着更为深刻的精神意涵。"圣贤"是天道在人类社会的历史显现,其功其德皆关联着宇宙秩序的超越性来源和从人道角度的"事天"追求,因而,祭祀圣贤首先意味着体认其在"三才之道"的宇宙秩序中所做出的努力,以及对这种事业的认同和参与,甚至应该说,祭祀圣贤本身即是在参与天道流行的宇宙秩序。由于跟天道的这种超越性关联,儒家祭祀的"报本"主张包含着回向"原型"和"始源"的宗教性意义,是伊利亚德所谓"太初存有论"的思想表达,蕴含着早期儒者对宇宙神性实在的意识性体验,而并非只有人文道德维度的意涵。对此,唐君毅先生早已有深刻辨析,在唐先生看来,并不是只有将赎罪和拔除苦难作为祭祀祈求目标(像基督教和伊斯兰教那样)才是宗教精神的唯一表达,

---

① (宋)黎靖德编:《朱子语类》卷3,北京:中华书局,1986年,第46页。

儒家祭礼的"报本复始"重在强调"使吾人之精神，超越吾人之自我，以伸展通达于祖宗、圣贤与天地，而别无所求者"，这种不依"人的需要"而显发的神圣意识，更凸显着宗教精神的"纯粹性"和"独特性"。①

因而，当朱熹说圣贤"有功德在人，人自当报之"时，并不是说人可以出于自主选择祭或不祭圣贤，而是只要担负圣贤事业的人，都必然出于天道的要求参与祭祀圣贤的礼乐实践（"自当"），并在这种实践中借由对圣贤事业的"负荷"达到气的"相关"与"感应"。对儒者来说，只有在现实生活中不断趋向"天道"的要求，才能凸显人之为人的本真价值，在这个意义上，祭祀圣贤虽然只是由"道"的要求所建构的"礼"的秩序的其中之一，却是直接遭遇"神圣"（"道"之象征）的重要时机，其礼仪实践带来的意义经验与生命成长之间具有紧密关联，蕴含着丰厚的精神转化意涵。"圣贤"也并非仅对当下具有怀念、追缅意义的已逝过往历史人物，而是借由祭祀场景的临在感通，以"活"的形态参与当下的意义建构，并发挥其精神影响。圣贤是天道秩序神圣性的象征显现符号。

四、结　语

礼乐文明的深层精神及其意义发生，植根于实践者对礼乐神圣根基及其超越性的信仰而生发的回应性行动。礼乐传统的象征符号与实践者"诚之"的身心践履，交织构建起一个特定时空下的意义世界，深入其中的实践者会获得与日常不同的"感应"经验。礼乐文明的精神逻辑，正蕴含和体现于这一来自实践者原发性的信仰意向行为之中。在孔子和早期儒家经典所确立的价值观念系统中，参与礼乐实践绝非基于世俗政治目的或伦理道德规范的外在要求，而是人类回应天道要求的内发性必然行动，其导向的政治伦理功能，是遵循天道而行的后发秩序结果，"礼乐"社会政治功能的发挥，也必须以唤起人性"感通"天道这一具有超越性向度的精神经验为基础。对圣贤祭祀精神的解读，尤其需要关注其内涵的超越性体验及其意向结构，才能更深刻地认识其深层逻辑和精神基础。

---

① 参见唐君毅：《中国人文精神之发展》，桂林：广西师范大学出版社，2005年，第328页。唐先生的这一辨析非常重要，它凸显出构成宗教传统最为核心的"神圣"在不同文明传统中具有不同显现和表达形式。

重新审视和发掘圣贤祭祀的深层精神意涵，不是要单纯回到古代的思想和生活方式，而是借由面向古典世界的哲学"想象"，勾联起古典与当下思想的经验性关联，从而激活传统思想经验面对时代精神问题的资源性内容，激发中国哲学的思考力和创造性。

理同道合
——从中华文明的哲理理解中华文明的包容性与文明互鉴①

赵金刚

清华大学哲学系副教授

习近平总书记在文化传承发展座谈会上的讲话中指出:"在五千多年中华文明深厚基础上开辟和发展中国特色社会主义,把马克思主义基本原理同中国具体实际、同中华优秀传统文化相结合是必由之路"②,在文化传承发展座谈会上的讲话中明确指出"'第二个结合'是又一次的思想解放"③。马克思主义基本原理之所以能够同中华优秀传统文化结合,"前提是彼此契合"④,从中华文明的哲理的角度来看,马克思主义基本原理同中华优秀传统文化"理同道合",二者在基本原理上理念相通,在价值追求上同向同行,在发展道路上高度一致。习近平总书记指出中华文明具有突出的连续性、创新性、统一性、包容性、和平性⑤。我们同样可以从"理同道合"的视角理解中华文明的这些特性,特别是从中华文明的哲理的角度理解中华文明的包容性,进而思考文明交流互鉴,这可以促进我们深入理解"第二个结合"的重要意义。

中华文明的基本原理尊重事物的差异性,能在差异性的基础上追求共同价值,在多样性的基础上思考人类共同发展之理、文明当行之道。中华文明看待道、理的基本思维方式,决定了它能够包容、借鉴文明的多种内容,与不同的

---

① 国家社会科学基金重大项目"新编孟子正义"(编号:22&ZD036);北京市社会科学基金青年学术带头人项目"孟子:现实的理想主义者"(编号:21DTR001)。
② 习近平:《在文化传承发展座谈会上的讲话》,《求是》,2023年第17期。
③ 习近平:《在文化传承发展座谈会上的讲话》,《求是》,2023年第17期。
④ 习近平:《在文化传承发展座谈会上的讲话》,《求是》,2023年第17期。
⑤ 习近平:《在文化传承发展座谈会上的讲话》,《求是》,2023年第17期。

文明和谐相处。中华文明的哲理强调"道理最大"①，凡事求一个"合理"，认为不好的事是"没有天理"。中国古代哲学家用"理"和"道"讲这个世界的至理，讲世界的本质、根源。从字上讲，"理"有条理、秩序的意思，是我们生活的规范；"道"在汉语里的本义，有"说"的意思，有"路"的意思，是人所共由的行动方式。但中华文明的哲理所讲的"道""理"不是教条的、静止的、抽象的道理，而是"随时""尊生""包容""具体"的道理。站在中华文明的哲理的角度，今天应该如何看待道、看待理呢？世界上究竟有没有人人都承认的道理呢？当今世界不同文明的人，如果不崇奉强权，究竟该如何讲道理呢？或许可以回到中华文明的基本原理，对这些问题做一观察。

一、理一分殊

理一分殊是宋明理学的重要思想，也是中国人思维方式的重要呈现。张载的《西铭》是最能代表理学家"理一分殊"思想的文献之一。张载讲：

> 乾称父，坤称母；予兹藐焉，乃混然中处。故天地之塞，吾其体；天地之帅，吾其性。民，吾同胞；物，吾与也。大君者，吾父母宗子；其大臣，宗子之家相也……②

张载最为人熟知的是"横渠四句"，即"为天地立心，为生民立命，为往圣继绝学，为万世开太平"。《西铭》可以说是对这四句话最好的诠释。张载把整个宇宙比喻成一个大家庭，乾坤阴阳就是我们的父母，每个人、每个事物都是禀受天地之气而成，因此都是这个家庭中的一员，人民是我的同胞，万物与我交好，所以我们相互之间应该充满关爱；而我们又处于这个家庭的不同位置，我们也需尽自己不同的义务，尤其是处在优势地位的人更应该照料这个家庭中的弱者。程颐讲《西铭》所说的道理是"理一分殊"，就是就以上所言，而这也体现了中华文明对待"他者"的基本态度。

"理一分殊"的提出影响深远，理学的集大成者朱熹的哲学的基本构架就是"理一分殊"。南宋绍兴二十三年（1153）将赴同安县任主簿的朱熹第一次

---

① （宋）沈括著，金良年点校：《梦溪笔谈》，北京：中华书局，2015年，第327页。

② （宋）张载著：《张载集》，章锡琛点校，北京：中华书局，1978年，第62-63页。

到延平拜见李侗。此时的朱熹 24 岁，虽然受到儒家的影响，但在思想的根本方向上还没有归本儒家。通过李侗的劝导，朱熹最终放弃了"禅学"而归本儒学。李侗为何能影响青年朱熹做出自己思想方向上的抉择呢？晚年的朱熹对此段交往的回忆值得注意，《朱子语类》记载：

> 初见李先生时，说得无限道理，也曾去学禅。李先生云："汝恁地悬空理会得许多，而面前事却又理会不得。道亦无玄妙，只在日用间著实做工夫处理会，便自见得。"后来方晓得他说。①

李侗劝导朱熹，不要只看到道理玄妙的一方面，而要注意道理跟现实生活的关系，真正深刻的道理是在千差万别的现实中通过人的实践逐渐理解到的，而非凭空把捉、玩弄一个道理。注重在事上体贴道理，注重从千差万别的世界中去体会宇宙的最高原理，这点深刻影响了朱熹的哲学，特别是在"理一分殊"这一问题上，李侗对朱熹的影响是根源性的。朱熹回忆道：

> 余之始学，亦务为笼统宏阔之言，好同而恶异，喜大而耻小，于延平之言则以为何为多事若是，天下之理一而已。心疑而不服。同安官余，以延平之言反复思之，始知其不我欺矣。②（《延平答问跋》）

朱熹自己为学的开始，就已经有追求、探索世界统一性的愿望，希望能够通过穷索把握那个抽象的"理一"，也就是世界的统一性、世界的根源性道理。这时的朱熹比较在乎对圆融的"理一"的直接把握。但李侗却教育朱熹：

> 吾儒之学，所以异于异端者，理一分殊也。理不患其不一，所难者分殊耳。③

抽象地讲，世界有一个根源的、统一的道理很容易，但真正困难的是从世界的差异性中去把握"理一"。只讲一个空洞的原理，就会"自说自话"，各自都觉得自己讲的有理，人人都可以从观念上构造出无数种统一性，构造出各种各样的最高存在。但在李侗看来，儒家构造的不是一个抽象的、无内容的最高存在，而是深切地体认世界的多样、多元，在每个具体事物中体贴道理，会

---

① （宋）黎靖德编：《朱子语类》，北京：中华书局，1986 年，第 2568 页。
② （宋）赵师夏：《延平答问跋》，《朱子全书》第 13 册，上海：上海古籍出版社；合肥：安徽教育出版社，2002 年，第 354 页。
③ （宋）赵师夏：《延平答问跋》，《朱子全书》第 13 册，上海：上海古籍出版社；合肥：安徽教育出版社，2002 年，第 354 页。

通现实的世界,从万紫千红的大千世界中把握到那个一致的"理"。这是李侗和朱熹认为的寻找世界统一性的方式。

如此,认识世界的"理一"或"理同",就要回到生活世界中去格物穷理。对于学者来讲,不能"眼高手低",一上来就要直悟本体(直接就悟到最高的存在),而是要"下学上达",通过踏实的学习,逐步接近最高的存在。正是在这个意义上,朱熹特别强调格物穷理的重要意义:我们都有追求"理一"的欲望,但我们要从现实的、眼前的事物入手,投身于现世生活,在自己力所能及的范围内做"格物"的功夫。这是理一分殊这一原理对于实践的要求,这也代表了中华文明的哲理投身于现实世界的基本态度——要通过实践,把握具体事物具体的"理",进而思考如何面对事物的行为是恰当的,再进一步考察事物的"所以然",也就是事物背后的根据,由此,最终达到对天理的体会。

明代哲学家湛若水提出"随处体认天理",与朱熹的观点有异曲同工之处。他讲:

> 随处体认天理,六字千圣同行。万里一心感应,虚灵中正观生。①

在湛若水看来,儒家历代圣贤的行为,都可概括为"随处体认天理"。每个人都有"虚灵中正"的心,要通过人人具有的本心,以此心感应天地万物,此心感应此理,最终识得天理。他如此解释"随处":

> 吾之所谓随处云者,随心,随意,随身,随家,随国,随天下,盖随其所寂所感时耳。②

随处,就是随人生境遇,在不同的环境中都要体会、实践自己心中的天理。不同的处境都展现天理,宇宙万物莫非一心、一气、一理。随处体认天理,即是以一种"格物"的精神积极地面对现实生活,在人生的每一个"事几"当中去寻求"理"。这样的一种人生态度,就无分动静,也就是自己默坐无思时要体认天理,面对纷杂的世俗世务时也不要遗忘了对天理的追寻。这样一种态度,就不是单纯书斋中的哲理研究,也不仅仅是仪式中的顶礼膜拜,而是随时随地的"实行"。

---

① (明)湛若水:《湛甘泉文集》卷26《示学六言赠六安潘汝中黄门》,第173页。
② (明)湛若水:《湛甘泉文集》卷7《答明阳王都宪论格物》,第27页。

二、同归殊途

强调理一分殊，即是在差异中发现至理，能够接受差异、允许不同。现实生活中总有不少人"喜同厌异"，总不喜欢和自己不同的信仰、思想、行为。遇见和自己一致的行为则引为知己，若他人与自己不同，则视若仇雠。殊不知，如果以此同异的态度看待世界万物，那么天下全然找不到两个完全相同的事物，每个个体、每个国家、每种文明都有其存在的独特性。

十七世纪德国哲学家莱布尼茨讲，世上没有两片完全相同的树叶（凡物莫不相异）①。当宫女听到莱布尼茨此一论断，竟然走入御花园，一一去比对树叶，想要证明他说的不对。可见此"异"论让时人感到诧异。然而，中国古人却早已洞察此论。孟子讲"夫物之不齐，物之情也。或相倍蓰，或相什百，或相千万。子比而同之，是乱天下也"②。天下的事物总有不同，只是有的差别小，有的差别大罢了。若是按照一个"同"的标准去衡度万物，则会导致天下的混乱。因此，就不能强拿一个自己认为正确的道理去衡量别人，而需要站在各自的处境、立场，去体贴他者，进而发现"同理"。当然，莱布尼茨也是如此，他有"凡物莫不相异"之论，但也讲"任何事物都有共性"。这就需要我们辩证地看待"差异"与"共性"的关系。当然，站在中国古代哲学家的观点上看，我们需要从承认差异出发，进而把握"共性"。这一论断，至今仍适合于我们看待世界上不同的民族文明、宗教文化。

中国古代哲学家不追求绝对的"同"，而强调差异中的"和"。《国语》讲："夫和实生物，同则不继。"③"和"的状态能够维持万物的生生发展，而绝对的同则会使这种发展无法延续下去。什么叫"和"？能够站在他者的视角看待他、对待他，这叫"和"，这样就能顺其性而长之、育之。什么叫"同"？按照一个绝对的标准看待事物、要求事物，这就是"同"，这样就看不到事物的好处。万物之成，靠的是金木水火土五种要素相互作用；最好吃的食物绝不是一种味道，最美的音乐也绝不是一种调子。只有一种声音，就没了音乐；只

---

① （德）莱布尼茨：《莱布尼茨与克拉克论战书信集》，北京：商务印书馆，1996年，第29页。

② 金良年：《孟子译注》，上海：上海古籍出版社，2010年，第110页。

③ （春秋）左丘明：《国语集解》，北京：中华书局，2002年，第470-472页。

有一种东西，就没有了问礼；只有一种味道，就没有了美食。不同的要素的合理组合，造就了世界的多彩，也使世界生生不息。

龚自珍《病梅馆记》讲当时的人都认为有一种判断梅花漂亮的标准，"梅以曲为美，直则无姿；以欹为美，正则无景；以疏为美，密则无态"，这种看法本身无可厚非，但当时的文人却把这个标准绝对化，以之要求所有的梅花。本来的标准，其实强调的是梅花的自然、多样，但把这个标准绝对化，反而又成了"单一"，这样长出来的所有梅花也就没了生气，成了一副模样。如果美的标准一旦绝对化，反而成了对美的戕害。这就是一味要求"同"，而不接受"异"所带来的问题。这对今天理解不同的思想、不同文明的"美"依旧具有警醒意义。

《周易·乾卦·彖》言："乾道变化，各正性命。保合太和，乃利贞。"世界有了阴阳两种不同的变化要素，万物因为阴阳的不同组合而产生，万物虽不同，却能各自恪守其性命。真正的"太和"——至高的和谐，就是在差异中拥有的和谐，而此种和谐才是世界之"大利"。《中庸》中说："万物并育而不相害，道并行而不相悖。"这些论述体现着中华文明基本原理内在的包容性。

那么这千差万别的世界背后的同理、同道究竟该如何看待。宋代理学家张载在《正蒙》中讲"太和所谓道，中涵浮沈、升降、动静、相感之性，是生絪緼、相荡、胜负、屈伸之始"①，那至高的和谐、至高的道理，本身就是动态的，本身就包容了世界的变化，包含了各种各样的矛盾因素，这些看似矛盾的要素组合在一起，才可能有最高的和谐。

当然，这代表了儒家的讲法，还可以看道家的讲法，再看道与多彩的万物的关系。魏晋玄学家王弼讲"以无为本"，认为"无"是世界的"本体"，他说：

> 夫物之所以生，功之所以成，必生乎无形，由乎无名。无形无名者，万物之宗也……②

世界的本体（至理）没有某一种确定的规定性，而是能够兼容各种不同的"规定性"。他举例说，如果世界的本体只是"温暖"这一种属性，那么就

---

① （宋）张载：《张载集》，章锡琛点校，北京：中华书局，1978年，第7页。
② （魏）王弼注：《老子指略》，载《王弼集校释》，北京：中华书局，1980年，第195页。

无法容纳凉,只是"宫"这一种声调,就不能容纳"商"。有了某种固定的、成形的要求,那么必然排斥其他。这就是王弼为何强调"无"(无规定性)是世界本体的原因——正是此种无的存在,方能容纳世界的多彩。

《周易·系辞》讲:"天下何思何虑?天下同归而殊途,一致而百虑。天下何思何虑?"① 这其实与我们平时的日常语言差别很大。日常语言讲"殊途同归",而不是"同归殊途"。殊途同归是讲,虽然道路千万条,但最终却有共同的归宿,是尚同的讲法;而同归殊途却讲,大家有共同的归宿、愿望,却可以有不同的实现方式,我们可以用不同的方式来实现共同的愿景②。《周易》的这种讲法,不是一种"尚同"的论调,而恰恰是一种包容精神下的"理同道合"。

三、心同理同

上面侧重从理一分殊出发,强调差异对寻求"理一"的重要意义。那么究竟该如何理解"理一"呢?尤其是如何在不同文明、不同文化处境中去发现人类共同追求的理一呢?

首先,从三教关系来看这一问题。孔子是儒家的创始人,老子则被认为是道家的创始人。他们都生活在春秋末期。孔子和老子有共同的思想处境,他们的处境就是"礼坏乐崩",原有的社会秩序崩塌,战争频仍,人民生活困苦。如何结束这样一个混乱的时代,是孔子、老子乃至于之后的诸子思考的重点,虽然他们给出了不同的解决方案,但从思想出发点来说是一致的。孔子和老子的思想实际上就是面对同一个时代处境、同样的思想和文化问题,提供不同的解决方式。可以说,孔子与老子的思考正是"同归而殊途,一致而百虑",从不同的关注点给出了实现人类美好生活的方案。中国思想史上的"三教"关系,亦是孔老关系的延展。唐高祖李渊讲,"三教虽异,善归一揆",认为儒释道三教共同追求着人类生活的"善"。唐代宗密在《华严原人论序》中说:"孔、老、释迦皆是至圣,随时应物,设教殊途,内外相资,共利群庶,策勤

---

① (魏)王弼撰:《周易注》,楼宇烈校释,北京:中华书局,2011年,第366页。
② 参见张文江:《〈史记·太史公自序〉讲记(二)》,《上海文化》,2014年第3期。

万行……惩恶劝善，同归于治，则三教皆可遵行。"① 他承认孔子、老子、释迦牟尼都是圣人，认识到他们是在不同的环境中探索善的实现方式，最终目的都是为了"惩恶劝善"，达到天下大治。中华民族是一个多民族共处的大家庭，正如费孝通先生所说，中国是一个"多元一体"的国家。由于各民族所处的地理环境、历史文化传统不同，因此风俗、习惯和信仰不可能全同。中国历史上有不同的宗教，但中国却没有发生过宗教战争。可以说，中国的各个宗教、思想流派都时时刻刻牢记"初心"，不忘各自的圣人、先知在创立时的"本愿"。

其次，可以看中华文明对伟大人物历史使命的认识。《孟子·滕文公下》有一段话描述历代圣人的使命②，在孟子看来，人类的美好生活不是一蹴而就的，一个好的时代或许会因为各种原因败坏，而这就可能出现人民生活的困苦。在这样的时代，就会有圣人应运而生，去承担他在那个时代应当承担的使命。各个时代圣人的行动不同、做法不同，但从"心"上看，却是一致的，他们有着共同的初衷，那就是救民于水火。

孟子这里讲的是儒家历代圣人的使命，但何尝不适用于世界各大文明呢？各大文明、宗教的先知、圣贤，无不是在需要有人奋起承担广大人民幸福的时刻出现，并以他们的生命热情与超凡智慧提出一套解决方案，并在一定的时间、地域施行下去。从这个出发点来看，各文明有其"理一""理同"之处。陆九渊讲：

> 东海有圣人出焉，此心同也，此理同也；西海有圣人出焉，此心同也，此理同也；南海北海有圣人出焉，此心同也，此理同也；千百世之上有圣人出焉，此心同也，此理同也；千百世之下有圣人出焉，此心同也，此理同也。

陆九渊此言放在今天的世界语境下同样适用。世界各地各个历史时期的圣人、先知，他们身上都承载着人类美好生活的共同愿景，并为之奋斗。他们至公无私，不是站在自己"小我"的立场思考问题，而是从"大我"出发，思考全人类的普遍问题。这何尝不是"同归"？怎么不是"一致"？

---

① 李锦全释译：《华严原人论序》，北京：东方出版社，2020年，第28页。
② （宋）朱熹撰：《四书章句集注》，北京：中华书局，1983年，第271-273页。

此种对人类美好生活的善的追求，就是"理同道合"的根源性的"心理"基础。

四、充生达理

上面分析了对人类至理追寻的"初心"上的"同"。下面可以进一步看从内容上来讲，"理一"的"理"是什么。这里以儒家的基本哲理为主进行思考。

梁漱溟先生在《东西文化及其哲学》中说："这一个'生'字是最重要的观念，知道这个就可以知道所有孔家的话。"① 可见"生"在儒家哲学中的重要位置。《周易·系辞上》讲"生生之谓易"。"生生之谓易"可以说是"易道"演变过程的实质的体现，也是对"易道"的总结阐释。张载在《横渠易说》中解释"生生"时说到："生生，犹言进进也。"② 《说文解字》讲："生，进也。象草木生出土上。"③ 张载将"生生"解释为"进进"也在于强调"生生"有"不息"与"活力"两个意思。而这种解释我们是可以从《易传·系辞》中得到印证的。在讲"道"的演绎时，《系辞》用"继""成"两个表示连续过程的词解释，同时强调"日新"，"日新"与"生生"可以互释，这些都在强调"不息"与"活力"。

"生生"还具有另一个特性，那就是"生生含德"，即生生的不息与活力中是包含道德要素的。《系辞传》强调"生生"的过程中的一个重要环节是"善"，而且"生生"的每一个环节的终点又是以"仁""用"表现出来的，"日新"中又含有"盛德"。同时，《系辞传》还讲"天地之大德曰生"。这些都是在强调"生生"之中包含"道德"。而这种"道德"含义的赋予又突显了"生生"的另一重要特性：秩序性。即"生生"不仅是生命冲动的不息与活力的体现，还是宇宙万物生命秩序的体现。

程颢认为"万物之生意最可观，此元者善之长也，斯所谓仁也"④。他以

---

① 梁漱溟：《东西文化及其哲学》，上海：上海人民出版社，2006年，第117页。
② （宋）张载：《张载集》，章锡琛点校，北京：中华书局，1978年，第190页。
③ （东汉）许慎：《说文解字》，陶生魁點校，北京：中华书局，2020年，第196页。
④ （宋）程颢、程颐著：《二程集》，北京：中华书局，2004年，第120页。

"生意"和仁德解释"生",认为此生理便是善,他说"天只是以生为道",这生生就是天道的体现和本质。张载也讲"天地则何意于仁?鼓万物而已"①,认为鼓动天地万物的动力就是仁。朱熹在其重要哲学文章《仁说》中讲:

> 天地以生物为心者也,而人物之生,又各得夫天地之心以为心者也。故语心之德,虽其总摄贯通,无所不备,然一言以蔽之,则曰仁而已矣。②

在朱熹看来,天地没有人格性的意识,没有造作、妄为。生物就是天地之心,天地不停息地创造宇宙万物,而在这一创造过程中,每一个现实的被创造物也就获得了天地生生之理,并以之作为自己的本性。人物禀得的这一生生本性就是"仁"。在这个意义上,作为道德的"仁",与作为宇宙根本原理的"生生"是一致的,朱熹还讲"生底意思是仁"③。此生生之理与仁的关系也被王阳明所继承,他讲"仁是造化生生不息之理,虽弥漫周遍,无处不是,然其流行发生,亦只有个渐,所以生生不息"④。最高的道理与最根本的道德高度合一,这原则便是"生生"。宋明理学家特别强调这种"生生之意"。

可以说,儒家特别强调"生生",并将之与儒家的最高道德理想"仁"连接在一起。万物之千差万别,正是由于大化流行生生不已,能够维护、促进此一生生就是"仁",就是"善",而对此生生的阻碍就是不仁。王夫之讲"新故相推,日生不滞"⑤,正因为有"生生"之不息,宇宙生命才能延续下去。

朱熹把"理"规定为"所以然之则,所当然之故",所当然之故讲的是事物产生的根据、背后的道理,所当然之则强调的是人们行动的准则。可以从"生生"的角度进一步理解所以然和所当然:万物之所以存有,就是因为天地生物生生不息,宇宙流行,生生不息,是存有的根源;对于人来讲,最根本的当然就是维护"生生",以维护生生之心行动,就是"当然"。当然,在具体

---

① (宋)张载:《张载集》,章锡琛点校,北京:中华书局,1978年,第189页。
② (宋)朱熹:《朱子全书》,上海:上海古籍出版社;合肥:安徽教育出版社,2002年,第23册,第3279页。
③ (宋)黎靖德编:《朱子语类》,北京:中华书局,1986年,第107页。
④ (明)王阳明:《传习录注疏》,邓艾民注疏,上海:上海古籍出版社,2012年,第59页。
⑤ (明)王夫之:《尚书引义》,王孝鱼点校,北京:中华书局,1962年,第57页。

的处境中,要细致地辨别此种情景下的"生生"原理为何,怎么做才能符合此生生之理。如照料老人、小孩,保障他们的生命,就是按生生之理行动,任意伤害他人则是对生生之理的违背。儒家讲的仁义礼智,都是对"生生"之理不同侧面的把握:仁是生物之心,义是按生物之心合宜行动,礼是按照生生原理制定出的生活规范,智则是对什么符合生生、违反生生的判断。

这一生生之理不仅被古代哲学家强调,近现代很多中国哲学家也都特别强调"生生"与中国哲学的关系。这其中最具代表性的当属张岱年先生,张先生的哲学中有两个密切相关的命题,即"理生合一"与"充生以达理"。

张岱年先生讲,"所谓生,即是生命、生活;所谓理,即是当然的准则,或道德的规律"①。他讲的理生合一强调,"一方面要培养生命力,充实生活,扩大生活;一方面要实践理义,以理裁制生活,使生活遵循理"②。要做到"理生合一"就需要"充生以达理"。"充生",不但包括维持生命力,更强调发展、扩充生命力,如此才是人的合理的生活。张先生认为,"人生之大务有二:一曰生力之充实,二曰道德之提高。生力之充实,所以扩充其异于先生之物质者;道德之上达,所以发扬其贵于非人之禽兽者"③。人从生生中来,要在自己生生扩充此生命力,亦要维护世界的生生。从生生中来,而又自觉此生生,是人与禽兽的区别。因此,张先生讲"人由物的生生演化中来,又投身生生的创造过程中去。前者生生是不自觉的,后者生生则是自觉的。后者更显人的本质力量","人的最高本质是自觉的创造,调整自然,参赞化育,改造自然与人性,以达到理想境界,人研求生之意义,亦即求自觉。人生意义是创造出,且在创造中"④。此生生的自觉,不仅仅是只考虑自己生命力的维持、发展,也要强调与"群"的关系,他认为要"遂我之生,亦遂人之生,善我之

---

① 陈来主编:《北大哲学门·张岱年卷》,长春:吉林人民出版社,2005年,第48页。
② 陈来主编:《北大哲学门·张岱年卷》,长春:吉林人民出版社,2005年,第50页。
③ 陈来主编:《北大哲学门·张岱年卷》,长春:吉林人民出版社,2005年,第211页。
④ 张岱年:《张岱年全集》,石家庄:河北人民出版社,1996年,第380页。

生，亦善人之生"①，"每一个人，作为一个人，必须保持自己的生命力。生命力的保持与发展有待于欲望的满足。追求欲望的满足，亦即追求利益。人与人之间，各追求自己的利益，往往发生矛盾冲突。如果人与人之间的矛盾冲突过于激烈，毫无调和的余地，势必同归于尽。为了保持社会的继续存在，必须对个人利益的冲突加以调节，使人与人之间遵守一定的行为准则。这种准则即是道德。道德即是调节社会中人与人之间关系的基本准则"②。

可以说，张岱年先生的观点与中国古代儒家学者对生生的强调一脉相承，而又用现代的哲学话语表达了出来，对今天认识至理的具体内容，以及如何按照此至理生活提供了当代参照："生生"以及落实到人身上的生命力，就是天地万物之理，每个人身上都体现着此理，而扩大此理、按此理生活则是每个人理所当然的生活准则。

五、文明互鉴

以上分析了中国哲学对于宇宙至理与万物的关系，以及从生生来看此理的一些思想。可以说"理一分殊"以及"生生之理"对于解决当下的诸多问题依旧有借鉴意义。习近平总书记指出："文明因交流而多彩，文明因互鉴而丰富。文明交流互鉴，是推动人类文明进步和世界和平发展的重要动力。"③ 中华文明具有突出的"包容性"特征，在悠久的发展历程中，不断吸收、借鉴外来文明，丰富、更新自身文明。中华文明何以能够在文明互鉴中得以连续、更新呢？这与以上谈到的中华文明的基本原理是密不可分的。

用今天的话来讲，只在抽象的思维层面追求"理一""理同"，只不过是某种形式的智力游戏、逻辑试验罢了，而只有回到多元而丰富，充满了差异，人与人各不相同的现实世界当中，看到每个不同的事物、个体真正"同"的、"一"的道理，这个道理才是人类生活最具意义的原理。如果不从分殊中看理一，而是各自坚守各自所信的根源道理，那么对于个人来讲就只会有信仰上的

---

① 陈来主编：《北大哲学门·张岱年卷》，长春：吉林人民出版社，2005年，第48页。
② 陈来主编：《北大哲学门·张岱年卷》，长春：吉林人民出版社，2005年，第49页。
③ 习近平：《在联合国教科文组织总部的演讲》，《人民日报》，2014年3月28日。

冲突，而对于文明体来说则会落入"文明的冲突"的局面。各信各理，其实就是"笼统宏阔"的"理一"，每个人都坚持自己的"意见"，而忽视了最高原理可能有的不同呈现方式。如果从理一分殊看待理解世界的根本原理，就要注意两个方面：首先，从现实来讲，由于地域、文化、发展状况的不同，人类的最高原理、最高理想，在现实中可能有不同的展现方式；其次，从历史上看，在不同的历史阶段，这一最高原理也会以不同方式呈现，在流变的世界中以不同的方式实现自身。每一种文明都具有"分殊"的独特性、差异性与多样性。文明的普遍性是要在文明的特殊性中存在的，文明的特殊性中包含了文明的普遍性，二者不是割裂的。

以理一分殊的观点观察现实，就会发现，多彩的世界文明，多样的生活方式，都可能是那最高原理的展现，只有承认了这一点，才可能通过文明交流互鉴，进一步地去体会这世界的根源性原理。从理一分殊的观点看待与自身存在差异的对象，就不会以一种拒斥的态度对待他者，而是首先将他者作为自我"格物""体认"天理的"对象"，接近、走近异己者，了解他们不同讲法背后的义理性诉求，比较这些诉求和"我们"的关系，最终实现"我"与"他"的交融。

这里亦可从生生之理再看世界文明的多样性。生生必然产生多种多样的物的形态，进而有不同的文化模式。不同的文化、文明，都是生生之理的展现，也是促进人类生命力的元素。如果生生只产生一种样态，那么这个世界必然一片死寂，无法继续创造、生生。以一种文明、文化要求其他的文明、文化，就是"害生"，而能够维持世界文化、文明的生命力，则是对此生生之理的维护。

今天的时代，各文明、文化交往、交融的局面，前所未有，在这一过程中，是否必然走向亨廷顿所讲的"文明的冲突"的局面呢？可以说，认为文明彼此间会冲突，是坚持只有自己的"理"是普遍的理的态度，认为各种文明、文化不能兼容、共存。这不是中国古代哲学家讲的"理一分殊"的态度。更进一步地讲，认为文明之间会冲突，那就是坚持世界的文明只有一种普遍性，进而要求用这种具有普遍性的道理压倒、征服其他文明，这种文明态度是排他的，没有看到分殊可能的"和而不同"。陈来先生认为，一方面，多元化的道德体系和宗教系统是世界现实，另一方面，地方性和普遍性也不是绝对排斥的，地方文化也可以具有普遍性，也可以普遍化。"在精神、价值层面，必须承认东西方各文明及其价值都具有普遍性，都是普遍主义，只是它们之间互有差别，在不同历史时代实现的程度不同。正义、自由、权利、理性、个性是普遍主义的价值；仁爱、平等、责任、同情、社群也是普遍主义的价值。"①"从哲学上讲，以往的习惯认为普遍性是一元的，多元即意味着特殊性；其实多元并不必然皆为特殊，'多元的普遍性'是否可能及如何可能，应当成为全球化时代哲学思考的一个课题。"② 陈来先生的讲法正是立足"理一分殊"看世界不同文明在当下的存在价值。

晚年费孝通归纳中国文化的特点有四：第一，注重文化的继承、传承，通过家庭实现传承；第二，"天人合一"的自然观；第三，"和而不同"与"多元互补"；第四，"推己及人"的精神气质。③ 费先生总结出的这四点，可以说对当下看待中国文化乃至世界文化都有积极意义。注重文化传承，就是尊重生生，天人合一就是看到小我的理与天地的至理是一致的，和而不同、多元互补是从"和"的角度看差异，"推己及人"则是不害生，尊重生。

费孝通先生晚年还总结出了"各美其美，美人之美，美美与共，天下大同"这一处理不同文化关系的十六字"箴言"。所谓"各美其美"，就需要文化自觉，了解孕育自己思想的文化，深入自己的文化和生活当中去认识自己文化的历史和现状，对其文化有"自知之明"。每个民族的文化都有自己的精粹。在一个民族的历史与现实中，民族文化起着维系社会生活、维持社会稳定的重要作用，是本民族生存与发展的精神根基。"各美其美"就要求各种文明、文化形态中的人对各自的文化有深入了解，而"美人之美"则要求走出自我，感知他者，能够看到其他文明、文化的优点，看到其他文化对善的追寻。"美人之美"就是要尊重其他民族文化。承认世界文化的多样性、尊重不同民族的文化，必须遵循各国文化一律平等的原则。在文化交流中，要尊重差异，理解个性，和睦相处，共同促进世界文化的繁荣。"美美与共"则是对和而不同、理一分殊的发挥，各种不同的美在此世界"共生""共存"，进而

---

① 陈来：《孔夫子与现代世界》，北京：北京大学出版社，2011年，第290页。
② 陈来：《孔夫子与现代世界》，北京：北京大学出版社，2011年，第291页。
③ 周飞舟：《从"志在富民"到"文化自觉"：费孝通先生晚年的思想转向》，《社会》，2017年第4期。

"共生生",尊重文化多样性是实现世界文化繁荣的必然要求。只有保持世界文化的多样性,世界才会更加丰富多彩,充满生机和活力。如此,方能避免走入文明的冲突的陷阱,避免不同文明之间你死我活、非此即彼的状况。如此,才能天下大同,而此生生不息的大同之道,才是人类应该追求的至理,是全人类的共同愿景。

中华文明突出的连续性的哲学基础①

胡海忠

中国社会科学院哲学研究所助理研究员

中国思想中纯粹时间的哲学意义始终是一个被悬置的问题,与之相关的另一个突出倾向则是,中国的历史学构建起一个异常发达的理解古今关系的场域、开辟出一个独特的思考时间的样式。基于对变化的绝对性的深刻领悟,中华文明以随时变易、与时偕行的历史自觉,探索出维持人类系统既久且大、既深且远的复杂机制,使大规模政治文明体得以产生和发展。

因此,在中华文明五个突出特性中,连续性尤为重要,突出的连续性不仅是传统中国的典型特征,也是当代中国政治展开的历史前提,更是在世界文化浪潮中保持独立自主的根本依托,继承中华文明的连续性,是当代中国之所以为中国的原因。从这一意义上说,中华文化不是因为迷恋古代而追求连续,而是理性主体的自我确立、自我主张、自我捍卫,是以"通古今之变"的历史意识来"究天人之际",从存在的连续性确立人在天地之间的主体位置。

一、与时偕行的连续性自觉

中华文化对于变化的绝对性有深刻的认识,认为唯一不变的恰恰在于变化。以《周易》为代表,构建起以"简易"之理来领会"变易"本身的"不易"的世界观。变易是定义人事意义和价值的前提。专注于变易本身,也就是专注于物与物所关联成的事,对于事的重视孕育了深沉的历史意识。

个体从客观变化的绝对性、时空的无限绵延中领会到变化是连续的、无始无终的,变化不仅生成和塑造着个体,也消解和否定着个体,个体在变化中朝生夕死,而变化却永无绝期,所以个体在以有限的自身来面对无限的变化时,

---

① 本文获中国社会科学院"青启计划"资助(编号:2024QQJH032)。

只能将尽可能维持肉身、延续血脉确定为最基本的追求。对连续性变化的应对方式，也激发人自觉地构造起人类系统的更复杂的连续性，中华文明突出的连续性就是文明运作的"势"，被中华文明重视的保持人类系统的连续性的方式大体有以下三种。

首先，重视家庭及其连续，以应对变化施加于个体的境遇。变化给人带来的最大震撼莫过于以死亡对个体进行根本性的否定，"殉生执有"① 的道教虽在一定程度上缓解了人必有一死的紧张，但因为超越的世界无法证实和证伪，所以有死的一生始终是中国人生活的重心。家庭生活就是自觉到有死的人，以不同方式建构起对个体自然生命的延续方式。由此衍生出一套在具体历史条件下有利于存在的连续存在的文化形态，这种文化形态是以家庭伦理为核心的"继—承"关系。在血缘、恩义、劳动分配、祭祀等方面进行严格的区别，以保证家庭成员的权利在一个合理的范围内得到尽可能的维持。比如重视对失去劳动能力的老年人的孝养，以使其寿命被尽可能地延长，这不仅是对抗亲情在长期连续中突然中断——变化对亲人的根本否定——而出现的不舍的情感，同时也是一种理性，即亲代与子代之间形成一种不断传递的孝养意识，让终究将成为老人的所有人能够活得更久，由此整体性地延长人群的寿命。

其次，将连续性自觉转化为保持大群一体的生命力。从重视自我保存意义上的连续性，上升到家族种群的连续，这是以一种历史意识将个体的努力扩大到更大范围，让个体将主动性定位在家庭上，个体的贡献之所以能够得到继承和发扬，正是因为这些贡献对于家庭的继续存在有用，对他者有用意味着在客观上能够延续整体。当意识到家庭之外的群体性生存对于个体、家庭的存续的意义之后，中华文化就倾向于将个体的主动性自觉地定位在保持大群一体的生命力的方向上，在家、国之间保持一种协调关系，以家庭保证个体的生存、安全、幸福，以国家的统一和稳定保证家庭的存续，最终形成了以集体主义来维持国家、民族、文明的连续性的机制，这是中华文化中深厚的家国情怀的根源。

时间虽是不舍昼夜地连续，但人却只能经验到局部的时间，历史记忆也只是由一个个事件构成的，强调存在在时间中的连续，就意味着建立起一种将历

---

① （宋）张载：《张载集》，北京：中华书局，1978年，第7页。

史的片段时间化为整全的解释策略,也就是将不同个体所经验的局部时间纳入永无终始的时间整体之中,个体间的关联性、统一性由此被建立起来。所以中国文化所理解的时间就不是一种线性时间,而是一种以空间关联(或者说是事的关联)为内在结构的时间。人所构建起的时间的统一性就是以至大无外的天地宇宙为范围的,由时间观发展出的政治文化整合视域就指向无限的空间,更具体地说是天下。刘家和在讨论"通史"之"通"时指出:"'通'字本来是指空间意义上的由此及彼,而空间上的往来不穷又是在时间里进行的,因而也就变成了时间上的连续不断。"① 我们也可以反过来说,因为最整全的连续性要内含天下所覆盖的所有存在者的时间,所以必然也关涉了所有存在者所占有的空间,最彻底的时间连续性必然蕴含了最整全的空间。

因此,对连续性的彻底自觉,就是将循环往复、无始无终的天时确立为人类时间的依据。《论语》载颜渊问为邦。孔子回答说:"行夏之时,乘殷之辂,服周之冕。"为什么"行夏之时"是为邦的首要举措?《左传》"夏数得天",孔颖达疏:"斗柄所指,一岁十二月,分为四时。夏以建寅为正,则斗柄东指为春,南指为夏,是为得天四时之正也。若殷、周之正,则不得正。"② 天文星象与四季正相对应的关系,增加了夏历的神圣意蕴。当然,更重要的原因如朱熹所揭示,这是一种"取其时之正与其令之善"③ 的时间制度,也就意味着这是一种更符合生存的时间制度。作为岁首的正月,往往处在立春、雨水两个节气,此时万物兴发萌动、天地生意开启,较之以十一月为岁首的周历和以十二月为岁首的商历,夏历的优点可能在于,以正月更直观地突出天地的生生之德,也提示人在此时实现这一生生之德最为恰当。天地在正月生成万物,农耕在正月启动,以天时为根据,人就是以对时间的掌握来参赞化育。历朝历代均重视"改正朔",即以新的时间秩序重建属于"当代"的政治时间,同时历朝历代又强调要"正朔相承",其深意在于将"当代"的政治秩序理解为连续的天时中的自我更化,新的政治秩序是在统一的整体时间中的人为创制,在理想的情况下,这种新的政治秩序指向了人开显天地之德的时间形态。授时制度作

---

① 刘家和:《论通史》,《史学史研究》,2002年第4期。
② (清)阮元校刻:《十三经注疏(清嘉庆刊本)》,北京:中华书局,2009年,第4526页。
③ (宋)朱熹:《四书章句集注》,北京:中华书局,1983年,第164页。

为一种技术政策的推广,分享了法天时的知识理性,也为受此影响的文化圈带来了实际的利益,不同的政治单位因共享了统一的时间制度而不断融合,围绕着时间的文化建构(礼仪祭祀等)则进一步巩固了政治共同体的凝聚力。

最后,通过继承文化传统来组建"当代"的结构、掌握未来的时间。保持人类系统的连续性,也意味着是在处理与他者的关系中维持整体的稳定性。只有构建合理的秩序,才能维持整体在未来的继续存在。历史上对于政治合法性主要从两种途径进行伸张:空间场域的所有权、文化传统,这也构成了正闰之争的两个最常见的理据。正闰之争必定发生在未能实现完全统一的时期——因为文化传统所期待的理想政治形态与实际掌控的地理空间不能重合。占据地理空间,是一个关于力量的博弈的短期战略问题。要想长期占据地理空间,就要处理既有秩序与新的统治力量的适应性问题,既有秩序往往由文化传统所塑造,所以对待文化传统的态度,就在很大程度上影响着政权的连续性。在古代,通常以新的身份塑造为途径,把历史溯源至主流文化中的某个符号或人物,以此将自身纳入有影响力的历史谱系之中,通过占有对自身及整体历史的解释权,消除文化隔阂,以获得民众支持,由此组建"当代"的稳定结构,最终掌握未来的时间。

文化传统应该是多元并存的,但中原地区三代以来所孕育的经史传统往往在历史的转折点奇迹般地胜出,原因应该在于经史传统具有最强的吸引力和说服力——这是最有利于存在的连续存在的机制。

二、经史传统与实际哲学

三代以来的思想传统奠定了中华文明的根基,一旦进入就无法脱身的"中国旋涡"成了逐鹿中原最重要的精神资源。[①] 这一套成熟的文化系统的突出特点就在于以不断吸引外部的方式保持着自身的连续性发展,其内在逻辑是以经、史之间的互动推动文化生命体不断演进。张志强将《史记》置于经史关系中进行分析:"司马迁的通史撰述,在《春秋》经史合一、以史为经的意义上发挥着经学的作用。一方面是三代历史的经典化,另一方面是经典进一步导引后世的历史,让后世的历史发展不断自觉自己的价值目标,由史及经,由经

---

① 赵汀阳:《惠此中国》,北京:中信出版社,2016年。

及史，这就是中国文明中的经史关系。"① "经"来源于三代以后学者将三代历史经验总结为具有典范意义的原理，"史"则是实践主体所扎根的不断变化的实际。经学原理必须植根于历史中的真切经验，且以导正历史发展的方向为用途，新的历史实际促成新的经学原理的产生，新的经学原理则以推动未来的历史发展为旨归。"经""史"不仅相互作用，同时也在各自体系内前后相承，构建起在理想性与现实性之间相互质询的实践逻辑。这种理想主义的核心在于"经"所揭示的原理的应然性，要求不同主体不断突破自身的限制，将自身纳入至大无外的时空和永无改易的变易中，形成一种以天下为一体的整体感，效法天道来安顿最普遍的存在者，这是历朝历代都将承天统物、以德配天作为政治合法性的来源的原因，这也是我们的思想传统中重视道德伦理，强调"立必俱立，知必周知，爱必兼爱，成不独成"②的原因。

从天人之际来说，历史的变革本质上是人对于整体性的天道的变化的重新适应过程，比如"'汤武革命'之所以'顺天应人'，是因为汤、武适应历史状况的变化而实现了'天命'，维护了'天道'，'汤武革命'正是'道'穷变通久的表现和实现，是天道生生的表现和实现"③。古今之变是由作为整体性的天道的变动所引发的人事上的应变实践。对以变化为内涵的天道、人道的理解，构成了"经"的核心，因为变化的恒常性，任何个体都在变化之中，这意味着与变化为一体的个体实践也是整体性的局部表现，所以"道必抵于全量"④，个体的实践必然要以包容全体作为最理性的政治逻辑。

经、史的持续互动，以及在各自体系内的自我更新，让中华文化、中国历史具有连绵不绝的运作逻辑。我们无法将中国历史、中华文化截然分开，抽离出不相互关涉、纯之又纯的历史形态、文化形态。所以既不能忽视中国历史本身就孕育了丰富的价值理想，也不能将中华文化视为超离于历史母体而构筑的形而上学。我们要从中华文明的整体视野来理解中国历史、中华文化——文明的总体性背景至关重要。王朝有头有尾，而作为其存在载体的文明则是绵延不

---

① 张志强：《"三代"与中国文明政教传统的形成》，《文化纵横》，2019年第6期。
② （宋）张载：《张载集》，北京：中华书局，1978年，第21页。
③ 张志强：《"三代"与中国文明政教传统的形成》，《文化纵横》，2019年第6期。
④ （清）章学诚撰：《文史通义校注》，叶瑛校注，北京：中华书局，1985年，第166页。

断的，政治史只是通史的划段标志。① 经史传统就是中国历史、中华文化的文明载体。

邵雍对比了不同政治文化的影响力："自古当世之君天下者，其命有四焉：一曰正命，二曰受命，三曰改命，四曰摄命。正命者，因而因者也；受命者，因而革者也；改命者，革而因者也；摄命者，革而革者也……革而革者，一世之事业也；革而因者，十世之事业也；因而革者，百世之事业也；因而因者，千世之事业也。可以因则因，可以革则革者，万世之事业也……万世之事业者，非仲尼之道而何？是知皇帝王伯者，命世之谓也；仲尼者，不世之谓也。仲尼曰：'殷因于夏礼，所损益可知也。周因于殷礼，所损益可知也。其或继周者，虽百世可知也。'"② 孔子的"不世"，就是创造了一种超越具体时代限制的精神资源，从而能够与时偕行、因革损益、应物变化。超越于具体时代的限制的"不世"，指向了变化的"不世"，是从变化的无限性中，领悟到一种与天地无终穷的世界观，从时间上指向了万世不竭，从空间上指向了至大无外。这种世界观具有的彻底性，要求突破个体生存的直接性视域的限制，从更为深远的文明史视野来定位个体的价值。

经史传统孕育了追求文化的连续性的诸种形态，直笔撰史、著书讲学，不仅是学者通过文化间接影响现实的一种途径，同时也是在克服某些客观的限制中（如生命衰竭、王朝崩溃、怀才不遇）探索出的一条延续文化生命的路径。中国历史上突出的历史编纂学，除了撰述同条共贯的通史，同时也以修前代史、断代史来占有对历史的解释权，在本纪、列传之外，还以志、书、表、"三通"等形式，在改朝换代的剧烈变动之外讨论经济社会的发展大势、历史文化的缓慢沉积、天文地理的稳定秩序、典章制度的因革演变。这是将多线的历史进程所形成的差异尽可能地纳入当下的一体共在之中，守先待后、继往开来，"承百代之流而会乎当今之变"③，在包容历史性的"当代"努力之中成为历史上不可或缺的一环。将历史划入自身的同时，也将自身化入历史，因为历

---

① 刘家和：《论断代史〈汉书〉中的通史精神》，《北京师范大学学报（社会科学版）》，2021年第3期。

② （宋）邵雍著：《邵雍集》，北京：中华书局，2010年，第20—21页。

③ （晋）郭象注，成玄英疏：《南华真经注疏》，北京：中华书局，1998年，第303页。

史是抽刀断水水更流的连续,所以将自身化入历史,也就是将有限的生命汇入无限的时间洪流之中,让个体的文化生命在通史的场域中得到长期延续。此外,中华文化中还有一些突出的机制保证着文化生命的延续,如通过道统的确立和捍卫,强调文化主体的连续性,通过崇德尚义、表彰先进,强调道德生命的连续性。

张志强认为中国哲学体现了一种实际哲学的精神,指出"知行合一的基础是情理合一、事理合一,内在于情、内在于事的理,就不是希腊式的超感性的理念。不过,不论是情理还是事理,也还都是一种理,理的存在,保证了实际哲学的精神,不是与教条主义、理性主义正相反对的经验主义,而是一种虚心实照的实事求是精神。实际并不取消真际,而是以真际为导引的力量,更深入地投身现实"①。希腊式的超感性的理念预示着终极实在与现象的根本不同,现象是时间和变化中的存在者,对于现象的认识只是"意见",而不是"知识",现象是"可见世界"的肖像、事物,理念则是可知世界的概念和数学对象。因为理念超出了一切时间与变化过程,所以重视理念,自然就会轻视变化。而重视情理合一、事理合一的中国哲学,始终是在情、事之中理解理,始终在历史之中理解历史之道。吕思勉说:"历史虽是记事之书,我们之所探求,则为理而非事。理是概括众事的,事则只是一事。天下事既没有两件真正相同的,执应付此事的方法,以应付彼事,自然要失败。根据于包含众事之理,以应付事实,就不至于此了。然而理是因事而见的,舍事而求理,无有是处。所以我们求学,不能不顾事实,又不该死记事实。"② 这种理解充分体现了与西方形而上学传统的反历史倾向的不同。中国史学中突出的实录精神强调对于变化的现象的忠实态度,这种态度要求充分尊重事实的独立性,在书写中让事实的意义、人物的价值自然地呈现出来。实录精神自然会引出历史实践的合理性问题,而历史变迁中最具稳定性的是天道、民心——其重点就是如何在变化中恢复系统的稳定性、百姓对于变化的自然倾向,这就自然会将道德伦理蕴含在反映现实的史笔之中。所以中国的历史学是高度理性化的实践理论,是如实呈现天道、民心运作逻辑的认识论,也是在客观之"势"中提示历史主体去把

---

① 张志强:《重释中国哲学的核心、边界与未来》,在中国哲学史学会 2021 年年会开幕式上的致辞。
② 吕思勉:《中国通史》,北京:北京联合出版公司,2019 年,第 1 页。

握历史主动的教化系统。实际哲学要求在动态时空中对实践进行定位、刻画、评价,人事活动的意义并非来源于彼岸的判定,只有在变化之中突破困境、克服共同体的具体困难、维持共同体连续存在,才是个人的意义所在。

"实事求是"的精神被现当代中国高度重视,"从实际出发"的客观精神与"能动的革命的反映论"体现的就是在实际中把握真际、以真际导引实际的辩证统一。"实事求是"最早是指向经史之学这种客观存在的实践态度,《汉书》载河间献王刘德"修学好古,实事求是。从民得善书,必为好写与之,留其真……献王所得书皆古文先秦旧书,《周官》《尚书》《礼》《礼记》《孟子》《老子》之属"①。这种"务得事实,每求真是"②的客观态度,也要求主观能动性的充分发挥。以实事求是的精神保证经史合一、理事合一,就是要保证主观性与客观性之间的辩证关系。即事以显理、以理来导引事,从变化中探寻历史之道,以历史之道指引未来的历史。毛泽东说:"'实事'就是客观存在着的一切事物,'是'就是客观事物的内部联系,即规律性,'求'就是我们去研究。"③ 因为"历史"也是客观存在,"实事求是"就要求一种"不要割断历史"的态度,"不单是懂得希腊就行了,还要懂得中国;不但要懂得外国革命史,还要懂得中国革命史;不但要懂得中国的今天,还要懂得中国的昨天和前天"④。实事求是的精神要求在对客观事物的规律性的深刻把握基础上,来改造客观事物,"实践、认识、再实践、再认识,这种形式,循环往复以至无穷,而实践和认识之每一循环的内容,都比较地进到了高一级的程度。这就是辩证唯物论的全部认识论,这就是辩证唯物论的知行统一观"⑤。这种认识论、实践论可以说是对经史传统的创造性表达。

经史传统、实际哲学要求我们从中华文明的整体及其不同的历史形态来理解中国的哲学、思想、学术、生活。中国哲学作为对中华文明特质的最为核心部分的表达,是建立在中华文明整体及其不同历史形态的基础之上的精神形态,中国思想则是中华文明中最为活跃的主体状态,中国的学术是对不同文明

---

① (东汉)班固:《汉书》,北京:中华书局,1962年,第2410页。
② (东汉)班固:《汉书》,北京:中华书局,1962年,第2410页。
③ 《毛泽东选集》,北京:人民出版社,1991年,第801页。
④ 《毛泽东选集》,北京:人民出版社,1991年,第801页。
⑤ 《毛泽东选集》,北京:人民出版社,1991年,第296—297页。

形态内在体系的总结和反思，中国人的生活则是文明的日用而不觉的生动呈现。思考中国问题，要有基于文明实际的整体性态度，同时这种整体性并非内在无差别的，而是以学术、哲学、思想等构成了灿然分明的层级结构，在完整理解中国时就不能遗漏任何一种形态所发挥的作用。

经史传统、实际哲学是一种基于现实来理解应然性，进而改造现实的哲学实践，所以必定是一种改造主观世界与改造客观世界相统一的实践，是在突破自身、克服主观之蔽的前提下以文明的整体性视野展开的实践，要求在充分整合中华文明不同层级的要素的基础上来开创新的形态。

三、突出的连续性为中华文化主体性奠基

在世界各大文明体系中，唯有中国能够以大规模的政治文明体延续至今，不断发展出"守先待后""源流互质"的历史自觉、"刚健笃实，辉光日新"的奋斗精神、"万物一体""四海一家"的天下秩序、"廓然大公""物我兼照"的道德境界、"应物变化""与物为春"的共生理念。这些思想精华不仅是在中华道术的历史展开中取精用宏的结果，更是在马克思主义中国化、时代化的真理检视下焕发蓬勃生机的智慧结晶。

中华文化的主体性是在中华文明5000多年历史长河中不断被确立、不断被锻造的，主体性被自觉、开显、捍卫的过程也是思想家们在各自的历史困境中突围的过程。由历史经验所塑造的中国道理，指引着中华民族不"丧己于物"，不"失性于俗"，这种刚健不息、独立不倚的能动指向，为当代巩固文化主体性提供了源头活水。新时代对中华文明价值的高度重视，指向的是对中华文化主体性的深刻自觉，中华文化中"收拾精神，自作主宰"的主体意识为中国道路提供了自我抉择、自我超越的实践理性，中国道路的独立自主充分显示了中华文明既久且大、既深且远的智慧密码。

对中华文明五个突出特性的深刻揭示，也是对中华文明主体性的准确刻画。中华文明突出的连续性、统一性分别是在时间性、空间性中对文化主体的描摹，突出的创新性揭示的是文化主体维持自身的动力来源，突出的包容性强调的是文化主体内在结构的有机性，突出的和平性指向的是文化主体处理外部关系的开放态度。

中华文明五个突出特性是相互支持、相互作用的。首先，连续要在创新、

统一、包容、和平中才能实现。只有创新才能使文明克服"古教条""穷变通久"而生生相续；只有统一才能克服各类离心力量，为文明培本固元，保证民族、国家、文明的绵延不断；只有包容才能不断容纳异质性因素，为文明的连续注入活力；只有和平才能将各种矛盾和冲突导向积极健康的方向，为文明的连续营造良好的外部环境。

更为重要的是，只有在连续性之中，才能返本开新，在根本上锚定文化生命体自我创新的独立方向；只有在连续性之中，才能兼赅本末，维持文化生命体的内在统一；只有在连续性之中，才能做到论古必恕，真正地包容历史所塑造的现实的差异性；只有在连续性之中，才能中和位育，充分尊重文化生命体的生存发展的权利。所以，中华文明生生不已的连续性，体现的就是创新性；源流互质的连续性，体现的就是统一性；博厚悠久的连续性，体现的就是包容性；中和顺通的连续性，体现的就是和平性。

连续性所指向的自成体系、独立自主，为中华文化的主体性提供了坚实的历史根据和强大的精神支持。中华文化之所以能够自信自立，就在于以突出的连续性保证道路的独立性、自主性。突出的连续性从根本上决定了中华民族必然走自己的路，这条道路就是中国式现代化的新道路。我们要继承和发展中华文明突出的连续性，深刻认识到中国式现代化与中华文明之间一气贯通的内在关联，充分挖掘和释放中华文明发展进程中积累的强大能量，担当使命、奋发有为，努力建设中华民族现代文明。

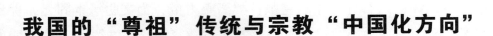

我国的"尊祖"传统与宗教"中国化方向"

曹振明

西北大学哲学学院副教授

2023年6月30日,习近平总书记在中共中央政治局集体学习时强调:"不能丢了老祖宗,数典忘祖就等于割断了魂脉和根脉,最终会犯失去魂脉和根脉的颠覆性错误。"2021年12月3日,习近平总书记在全国宗教工作会议的重要讲话中强调:"必须坚持我国宗教中国化方向。"

"祖先崇拜""尊祖敬宗"是我国自古以来的根本传统观念,蕴含着中华民族的深层精神追求、深刻价值理念和独特精神标识,其中所尊之"祖"既包括与自己有着直接宗法血缘关系的先祖先辈,又包括"三皇""五帝"等在内的先王先圣。由域外传入我国的佛教原本与中国的"尊祖"传统存在明显冲突,但我国佛教逐渐接纳、发展并转化、创用了中国的"尊祖"传统,最终创构出自己既深具中国特色,又契合佛教原理的别具一格、内容丰富的深厚"尊祖"传统,成为佛教"中国化"的突出标识,承载着我国佛教的深沉"文化自信",至今仍具广泛国内和国际影响。我国佛教浓厚"尊祖"传统的"中国化"创构,并未使佛教丧失自身主体性和教义原理,对其他外来宗教在我国坚持"中国化方向"具有重要启示意义,这关乎中华文化和中华民族未来发展或者说中华民族现代文明建设的重大方向问题。

一、我国的"尊祖"传统及其思想意涵

我国"祖先崇拜""尊祖敬宗"的"尊祖"传统可谓源远流长,持久而深厚,它起源于原始社会,发展于夏商周以来的数千年历史长河,滋盛于以血缘

关系为基本纽带的中国传统宗法社会①，始终伴随并支撑着中华民族和中华文化生生不息的不断延续和发展。在数千年乃至上万年的历史长河中，尊祖敬宗始终是中国固有的根本观念，甚至取得了与尊天祀地并列的独特地位②，尊奉祭祀祖先的外在形式（如庙祭等礼乐制度）日趋规范，其内在人文意义日益凸显而"形成了一种特有的以人为本的人神关系"③，在中国传统社会中具有独特而丰富的思想意涵。

它首先表现在尊奉和祭祀与自己有着直接宗法血缘关系的先祖先辈。除延续原始社会祖先崇拜的宗教性敬畏与祈福外，中国传统宗法社会尊奉和祭祀与自己有着直接宗法血缘关系的先祖先辈被赋予了更多的思想文化意义。其一，严格区分"嫡""庶"与"大宗""小宗"之别，突出嫡长子和"宗子"的优先承继权特别是祖先主祭的特权④，以此形成以血缘关系为基础的尊卑有序的宗法统绪及其伦理道德。其二，《礼记·大传》曰："人道，亲亲也。亲亲故尊祖，尊祖故敬宗，敬宗故收族，收族故宗庙严，宗庙严故重社稷"⑤，尊祖敬宗能够维系家族成员的情感归属与文化认同，激发延续和光大家族功德与家

---

① 侯外庐指出，因中国古代文明的"维新"路径，"大量氏族遗制保存在文明社会里"，以血缘关系为基本纽带的宗法制成为中国古代社会的根本组织形式。参见侯外庐等著：《中国思想通史》第1卷，北京：人民出版社，1957年，第10-11、16-17、77-78页等。

② 《礼记·礼运》曰："夫礼，必本于天，肴于地，列于鬼神，达于丧祭射御、冠昏朝聘。"《荀子·礼论》曰："礼有三本：天地者，生之本也；先祖者，类之本也；君师者，治之本也。无天地恶生？无先祖恶出？无君师恶治？三者偏亡焉，无安人。故礼，上事天，下事地，尊先祖而隆君师，是礼之三本也。"参见（汉）郑玄注，（唐）孔颖达正义：《礼记正义》，《十三经注疏》，北京：中华书局，1980年，第1415页；（清）王先谦撰：《荀子集解》，沈啸寰、王星贤点校，北京：中华书局，1988年，第349页。

③ 洪修平：《殷周人文转向与儒学的宗教性》，《中国社会科学》，2014年第9期。

④ 《礼记·大传》曰："别子为祖，继别为宗，继祢者为小宗。有百世不迁之宗，有五世则迁之宗。百世不迁者，别子之后也。宗其继别子之所自出者，百世不迁者也。宗其继高祖者，五世则迁者也。尊祖，故敬宗；敬宗，尊祖之义也。"《礼记·曲礼下》曰："支子不祭，祭必告于宗子。"《礼记·丧服小记》曰："庶子不祭祖者，明其宗也。"参见（汉）郑玄注，（唐）孔颖达正义：《礼记正义》，《十三经注疏》，北京：中华书局，1980年，第1508、1269、1495页。

⑤ （汉）郑玄注，（唐）孔颖达正义：《礼记正义》，《十三经注疏》，北京：中华书局，1980年，第1508页。

国情怀的志气担当。其三，中国古代强调对先祖先辈要"生，事之以礼；死，葬之以礼，祭之以礼"①，认为祖先祭祀可以培养人们的人文情怀和道德情操，实现敦本善俗的社会教化，即《论语·学而》所谓"慎终追远，民德归厚矣"②。

不过，我国先民所尊奉和祭祀的"祖"还有另外一种对象——先王先圣。自夏商周乃至更早以来，中国将在历史上作出丰功伟绩的黄帝、颛顼、帝喾、尧、舜、禹、汤、文王等等先王先圣视为自己的始祖而加以崇拜祭祀："有虞氏禘黄帝而祖颛顼，郊尧而宗舜；夏后氏禘黄帝而祖颛顼，郊鲧而宗禹；商人禘喾而祖契，郊冥而宗汤；周人禘喾而郊稷，祖文王而宗武王"③，并特别强调对先王先圣"道德"的授受与传承。唐代儒家学者孔颖达疏之曰："祖，始也，言为道德之初始，故云祖也。宗，尊也，以有德可尊，故云宗。"④ 先秦以来的历代统治者继承了这一传统，借以表明自己继承了先王先圣的"道德"、占据王临天下的正统地位，并借此塑造族群的文化认同与民族凝聚力。此种"道德"意义上的祖述与授受观念也出现于先秦诸子的相关论述中。孔子"祖述尧舜，宪章文武"⑤，孟子继而补充"由尧舜至于汤""由汤至于文王""由文王至于孔子"⑥ 等细节。《易传·系辞》进而提出伏羲、神农、黄帝、尧、舜等系统。⑦ 先秦道家亦提出有巢氏、神农、黄帝、尧、舜、汤、武

---

① （魏）何晏注，（宋）邢昺疏：《论语注疏》，《十三经注疏》，北京：中华书局，1980年，第2462页。

② （魏）何晏注，（宋）邢昺疏：《论语注疏》，《十三经注疏》，北京：中华书局，1980年，第2458页。

③ 《国语》《礼记》等有诸多类似记载。参见徐元诰撰，王树民、沈长云点校：《国语集解》，北京：中华书局，2002年，第159页；（汉）郑玄注，（唐）孔颖达正义：《礼记正义》，《十三经注疏》，北京：中华书局，1980年，第1587页。

④ （汉）郑玄注，（唐）孔颖达正义：《礼记正义》，《十三经注疏》，北京：中华书局，1980年，第1587页。

⑤ （汉）郑玄注，（唐）孔颖达正义：《礼记正义》，《十三经注疏》，北京：中华书局，1980年，第1634页。

⑥ （汉）赵岐注，（宋）孙奭疏：《孟子注疏》，《十三经注疏》，北京：中华书局，1980年，第2780页。

⑦ （魏）王弼注，（唐）孔颖达疏：《周易正义》，《十三经注疏》，北京：中华书局，1980年，第86页。

王等传续谱系①，道教亦将自己的"道德"之祖追溯到"三皇""五帝"等。这些都说明自先秦以来，我国先民在对先王先圣之"祖"的祭拜与祖述活动中已形成了对"道德"授受与传承的自觉意识和正统观念。

习近平总书记强调："我们生而为中国人，最根本的是我们有中国人的独特精神世界。"中国自古以来的深厚"尊祖"传统——包括直接血缘之"祖"和先王先圣之"祖"的尊崇和祭拜，是中华儿女的民族身份自觉、民族身份认同、民族主体性得以明确和不断传承的最直接、最坚实的支撑、保障和象征，它寄寓着中国传统社会所孕育的宗法伦理与礼制规范及其人文价值，承载着先王先圣传授的"道德"内容——中华传统思想文化（包括儒家和道家等等）和中华优秀传统文化，寄托着中国传统社会政治的"王道"治世精神与治理原则，形塑着中华民族的深层精神追求，积淀着中华民族的深刻价值理念，代表着中华民族的独特精神标识，构成了中华民族的"根脉"，数千年来为中华民族生生不息、发展壮大提供了丰厚滋养。2023年6月30日，习近平总书记在中共中央政治局集体学习时强调："不能丢了老祖宗，数典忘祖就等于割断了魂脉和根脉，最终会犯失去魂脉和根脉的颠覆性错误。"我国自古以来的深厚"尊祖"传统及其蕴含的丰富深刻的思想意涵，需要我们认真反思和充分重视。

二、我国佛教"尊祖"传统的"中国化"创构

由域外传入我国的佛教，原本与我国的浓厚"尊祖"传统存在明显冲突，如"剃发出家"被视为不敬祖先、抛弃祖宗的不孝子孙，"众生平等"和"轮回转世"（祖辈与后辈相互转世轮回）破坏祖辈与后辈的尊卑血亲统绪，"缘起性空"更将中国信以为真的祖宗血亲统序和宗法伦理、先王先圣之祖的"道德"等视为虚假和幻化的，等等。但我国佛教逐渐接纳、发展并转化、创用了我国自古以来的"尊祖"传统，最终创构出自己既深具中国特色、又契合佛教原理的别具一格、内容丰富的深厚"尊祖"传统，多方位、立体化、系统性地展现出佛教在思想理论、信仰对象、情感认同、组织制度、实践活动

---

① （清）郭庆藩撰：《庄子集释》，王孝鱼点校，北京：中华书局，1961年，第995页。

等众多方面的鲜明"中国特色",成为佛教"中国化"的突出标识,承载着我国佛教的深沉"文化自信",至今仍具广泛国内和国际影响。

面对我国固有的浓厚"尊祖"传统,我国佛教以其独特教义的潜在契合,逐渐弥合、接纳并发展、创新了中国血缘祖先尊崇传统。由域外传入我国的佛教,虽然原与我国的浓厚"尊祖"传统存在明显冲突,但同时亦存在着潜在的契合,如"轮回转世""因果报应"将"此岸"人生由"现世"而延长为"三世"乃至"无数世"及其业报轮回,"十法界"将世界拓展为丰富而具体的"四圣"和"六凡"(含地狱、阎王等)以及"六道轮回"等,从而对中国固有的"以一生为限"①和"事死如事生,事亡如事存"②的人生构造和世界构造予以"全新"的拓展和扩充,加之佛教的"慈悲"和"功德"等教义,佛教不仅能给活着的祖宗带来福报,而且更能"超度"亡灵,为"六道轮回"中的所有祖宗"度一切苦厄",能够救渡"三世"乃至"无数世"的所有祖宗而使其得到功德福报,由此我国佛教不仅弥合、接纳,而且发展、创新了中国血缘祖先尊崇传统,从而逐渐获得中国佛教僧尼和中国官民的广泛认可和自觉自信的践行,成为中国血缘祖先尊崇传统更趋稳固、更趋深化的重要推动力量,深刻影响了中国的社会文化风俗。

面对我国固有的浓厚"尊祖"传统,我国佛教以其独特教义尊重、认可、包容、接纳和融合了中国的先王先圣之祖及其传授的"道德"内容和"王道"治世精神。外来的佛教原与我国固有的传统思想文化存在诸多差异,时常受到中国固有的尊祖敬宗观念和先王先圣之祖"道德"授受的正统观念的排斥,长期处于儒佛道三教的碰撞和斗争之中,乃至遭遇世俗政权的"灭法"运动等,但我国佛教以"真空"与"假有"的"二而不二"和"世间"与"出世间"的"二而不二"等思想为基础,对中国的先王先圣之祖及其传授的"道德"予以尊重、认可和包容(认可他们的圣人地位、"道德"教化和助于"王道"地位等),并迎合、吸收和接纳、融合了中国先王先圣之祖传授的"道德"内容(特别是其中的忠孝、仁义、礼乐等伦理道德和治世准则)及其"王道"治世精神(包括世俗政权在现实社会中的至高权威等),于是,我国

---

① (晋)慧远:《三报论》,(梁)僧祐编:《弘明集》,《大正藏》第52册,第34页。
② (汉)郑玄注,(唐)孔颖达正义:《礼记正义》,《十三经注疏》,北京:中华书局,1980年,第1629页。

佛教逐渐融合了中国重视"此岸"现实社会人生和"道德"教化、"王道"治世等的深厚固有传统及其所承载的中华传统思想文化特别是中华优秀传统文化的丰富深刻内容，从而"中国化"程度不断加深、"中国特色"日益显著。

面对我国固有的浓厚"尊祖"传统，我国（汉传）佛教在秉持其自身教义的基础上，以《萨婆多部记》《达摩多罗禅经》《付法藏因缘传》等具有"法统"① 性质的著述为基础，将我国先王先圣之祖"道德"授受正统观念和宗法血缘之祖传承观念特别是其"大宗""小宗"之分传统等加以结合性吸收和转化，在隋唐之际以来②，逐渐创造出以各宗派"祖师"崇拜为核心的祖统法脉与传承崇拜浓厚传统。我国佛教宗派创造出的祖统法脉与传承崇拜浓厚传统，并不关注血缘关系，而是恰当地借用并极大地发扬了中国宗法伦理下的尊

---

① 汤用彤：《中国佛教宗派问题补论》，载《汤用彤学术论文集》，北京：中华书局，2016年，第389页。

② 如吉藏（549—623）、灌顶（561—632）等较早地对此做出了努力（三论宗吉藏在阐发"三论"玄义时，特意声明"关河相承"，将学说追溯到罗什僧团的"长安旧义"；天台宗灌顶在《摩诃止观》中提出"智者师事南岳""南岳事慧文禅师"与慧文远承"龙树"的四祖之说。参见吉藏：《百论疏》，《大正藏》第42册，第303页；灌顶：《摩诃止观》，《大正藏》第46册，第1页），其后禅宗弘忍弟子法如（638—689）、神秀（606—706）门下后学和惠能（638—713）门下后学等对构建祖统法脉的自觉意识更加明确（《唐中岳沙门释法如禅师行状》曰："南天竺三藏法师菩提达摩，绍隆此宗……入魏传可，可传粲，粲传信，信传忍，忍传如。"参少林寺藏碑，另见赵超主编：《新编续补历代高僧传》，北京：社会科学文献出版社，2011年，第24页。《唐玉泉寺大通禅师碑》（即《神秀碑》）曰："自菩提达摩天竺东来，以法传惠可，惠可传僧璨，僧璨传道信，道信传弘忍，继明重迹，相承五光……服膺六年，不舍昼夜，大师叹曰：东山法门，尽在秀矣！"参张说：《张说之文集》，上海：商务印书馆，1936年，第12页。《舒州山谷寺觉寂塔隋故镜智禅师碑铭》曰："菩提达摩大师始示人以诸佛心要……惠可大师传而持之……迨禅师三叶……二祖之微言，始灿然行于世间……其后信公以教传宏忍，忍公传惠能、神秀。能公退而老曹溪，其嗣无闻焉。秀公传普寂，寂公之门徒万人，升堂者六十有三……"参阅李昉等编：《文苑英华》，北京：中华书局，1966年，第4561-4562页。《嵩山会善寺故景贤大师身塔石记》曰："始先祖师达摩西来，历五叶而授大通，赫赫大通，济济多士，寂、成、福、藏，灿其□□门，同波派流，分景并照，亦东□□之盛也！"参阅周绍良主编：《全唐文新编》第2部第3册，长春：吉林文史出版社，2000年，第4147页。神会曰："一代只许一人，终无有二，终有千万学徒，只许一人承后。"参阅杨曾文编校：《神会和尚禅话录》，北京：中华书局，1996年，第27-30页）。隋唐之际以来，中国佛教各宗派逐渐纷纷建构出各自的祖统法脉及其传承谱系。

祖敬宗观念以及关于先王先圣之祖"道德"授受与传承的自觉意识和正统观念，并且严格地继承了其严分"嫡""庶"与"大宗""小宗"之别的宗法统绪，强调祖统法脉每代正统承嗣者的唯一性的观念十分强烈。自古以来，我国佛教对其建构出的"中国化"祖统法脉特别是"东土"之"祖师"及其"中国化"的思想创说的大量涌现，抱有高度的认同、真诚的尊崇和坚定的信心，并将其升华为自己的精神"血脉"，多方位、立体化、系统性地展现了佛教在思想理论、信仰对象、情感认同、组织制度、实践活动等众多方面的鲜明"中国特色"，寄寓着中国化佛教厚重的精神内涵和文化价值，承载着中国佛教的深沉"文化自信"，而且引起隋唐以来的众多儒家学者、道教人士的强烈共鸣和积极参与，进而激起唐代后期儒者关于儒家"道统"的自觉反思而开启儒家"道统"观念高扬的两宋时代。

三、对坚持我国宗教"中国化方向"的深刻启示

我国佛教浓厚"尊祖"传统的"中国化"创构（包括尊重、接纳和深化中国血缘祖先尊崇传统，尊重、接纳和融合中国先王先圣之祖及其传授的"道德"内容和"王道"治世精神，创造出以各宗派"祖师"崇拜为核心的祖统法脉与传承崇拜，高度认同和崇拜"东土"祖师及其中国化思想创说等等），一方面使我国佛教具有了鲜明的"中国特色"，实现了佛教的"外来"主体向"中国"主体的身份转化，另一方面并未使佛教丧失自身的主体性，并未违悖佛教的基本教义原理，这对我国宗教特别是外来宗教在我国坚持"中国化方向"具有重要参考、借鉴和启示意义。

其一，是否尊重、接纳和融合中国血缘祖先尊崇传统问题。尊崇血缘祖先是中国自古固有的难以割舍的深厚传统。道教是我国土生土长的宗教，深深扎根于中国社会文化土壤之中，始终秉持着中国固有的血缘祖先尊崇传统。外来的佛教原本与中国血缘祖先尊崇传统存在明显冲突，但它又在保持自身主体性和基本教义原理的同时，自觉发挥自身教义特点而尊重、接纳和融合并拓展和深化了中国血缘祖先尊崇传统，从而获得中国佛教僧尼和中国官民的自觉践行和广泛认可，这是外来佛教逐渐中国化并与中国固有思想文化逐渐水乳交融的重要突破口。对于其他的外来宗教而言，若要在中国得到顺利的存续，也需充分考量、尊重乃至接纳、融合中国深厚而持久的血缘祖先尊崇传统，在此方面

的"中国化"程度越深,就越能在中国得到顺利的存续;倘若要挑战或排斥乃至否定中国血缘祖先尊崇的深厚悠久传统,拒绝此方面的"中国化"努力,在中国大地上的存续将遭遇到很大挫折和困难,也将与中华文化和中华民族始终存在巨大的隔阂。

其二,是否尊重、接纳和融合中国先王先圣之祖及其传授的"道德"内容和"王道"治世精神问题。自古以来,中国有着尊崇先王先圣之祖及其传授的"道德"的深厚传统和正统观念,造就出中华优秀传统文化、中华民族深层的精神追求和价值理念,并蕴含着世俗政权推行"王道"治世和"道德"教化的基本理念与原则,成为我们之所以是中华民族最深层、最根本的决定性精神力量。我国土生土长的道教即深深扎根于此。外来的佛教原本与此存在冲突,但又在保持自身主体性和基本教义原理的同时,自觉发挥自身教义特点而尊重、接纳乃至融合了中国先王先圣之祖及其传授的"道德"内容和"王道"治世精神,深化了佛教的中国化。对于其他的外来宗教而言,若要在中国顺利地存续,也需充分考量、尊重乃至接纳、融合中国先王先圣之祖及其传授的"道德"内容和"王道"治世精神,特别是其中所蕴含的中华优秀传统文化、中华民族深层的精神追求和价值理念,从而推动自身的中国化进程,并实现外来宗教的"外来"主体向中华文化和中华民族的"中国"主体的身份转化;否则,将难以与中华固有传统文化水乳交融,将很难在中国大地上真正地落地生根。

其三,是否产生、认可和尊奉中国自己的宗教代表人士及其传教传法的正统性问题。这主要是从"对外"的角度而言。道教是中国自己创立并不断保持和延续其正统性的宗教。佛教传入我国初期,我国佛教的正统性更多地依赖于外来的高僧和译经;隋唐之际以来,创宗立派的"东土"之"祖师"不断纷纷涌现后,虽然我国佛教的正统性仍以印度佛教为基础,我国佛教宗派也常将自己的"祖师"追溯到"西土",但是"东土"之"祖师"开始受到我国佛教乃至海外佛教的更多重视和尊奉,"东土"之"祖师"也能够彻底地完全掌握传教传法的正统性和合法性,甚至成为我国佛教各宗各派的正统性的不二象征,并受到海外人士的认可,使我国佛教的正统性和合法性得以不断保持和历代延续,这是佛教中国化发展的重要成果。对于其他的外来宗教而言,并不是必须都要不断地产生各自的中国"祖师",但是,是否能够不断地产生、认可乃至尊奉中国自己的宗教杰出人士或代表人物，这些中国自己的宗教杰出人士或代表人物是否能够彻底地完全掌握传教传法的正统性和合法性，并使传入中国的各宗教的正统性和合法性得以不断保持和历代延续，也就将成为外来宗教是否能够真正完成中国化的重要试金石；否则，外来宗教的中国化就是不够彻底的。

其四，是否产生、认可和尊奉中国自己的宗教代表人士的中国化思想创说问题。作为中国自己创立的宗教，道教自然尊奉中国自己的道教人物和祖师的思想创说。佛教传入中国后，在中国固有思想文化的熏陶与影响下，中国佛教展现出巨大的创新精神和创造气魄，特别是隋唐时期，中国佛教各宗派"祖师"纷纷创立出各具特色的中国化佛教宗派理论、修行与制度等思想创说及思想体系，甚至产生了唯一一部由中国人撰说而被称作"经"的佛教典籍，使中国佛教在不忘佛陀本怀和并未违悖佛教基本教义原理的基础上，呈现出不同于印度佛教的崭新形态，它们构成"中国特色佛教文化"最为主要的核心内容，受到中国佛教徒乃至其他各界人士、海外人士的真诚信仰、极力尊崇和广泛认可，也始终是古代和今天中国佛教注释、研修或遵循的热点和重点，这是佛教中国化的重要创造成果。对于其他的外来宗教而言，并不是必须要重新制造出各自的中国"祖师"，但是，中国自己的宗教杰出人士或代表人物是否能够在中华优秀传统文化的熏陶与影响下，发展出中国化的思想创说及思想体系，建构出富有"中国特色"的宗教文化，并受到中国各相关宗教信徒、其他各界人士乃至海外人士的尊崇或认可，也同样成为外来宗教是否能够真正完成中国化的重要试金石；否则，外来宗教的中国化也同样是不够彻底的，也将不能真正成为中华文化的有机组成部分。